安元御賀記注釈

浜畑圭吾
北山円正
鈴木徳男　著

和泉書院

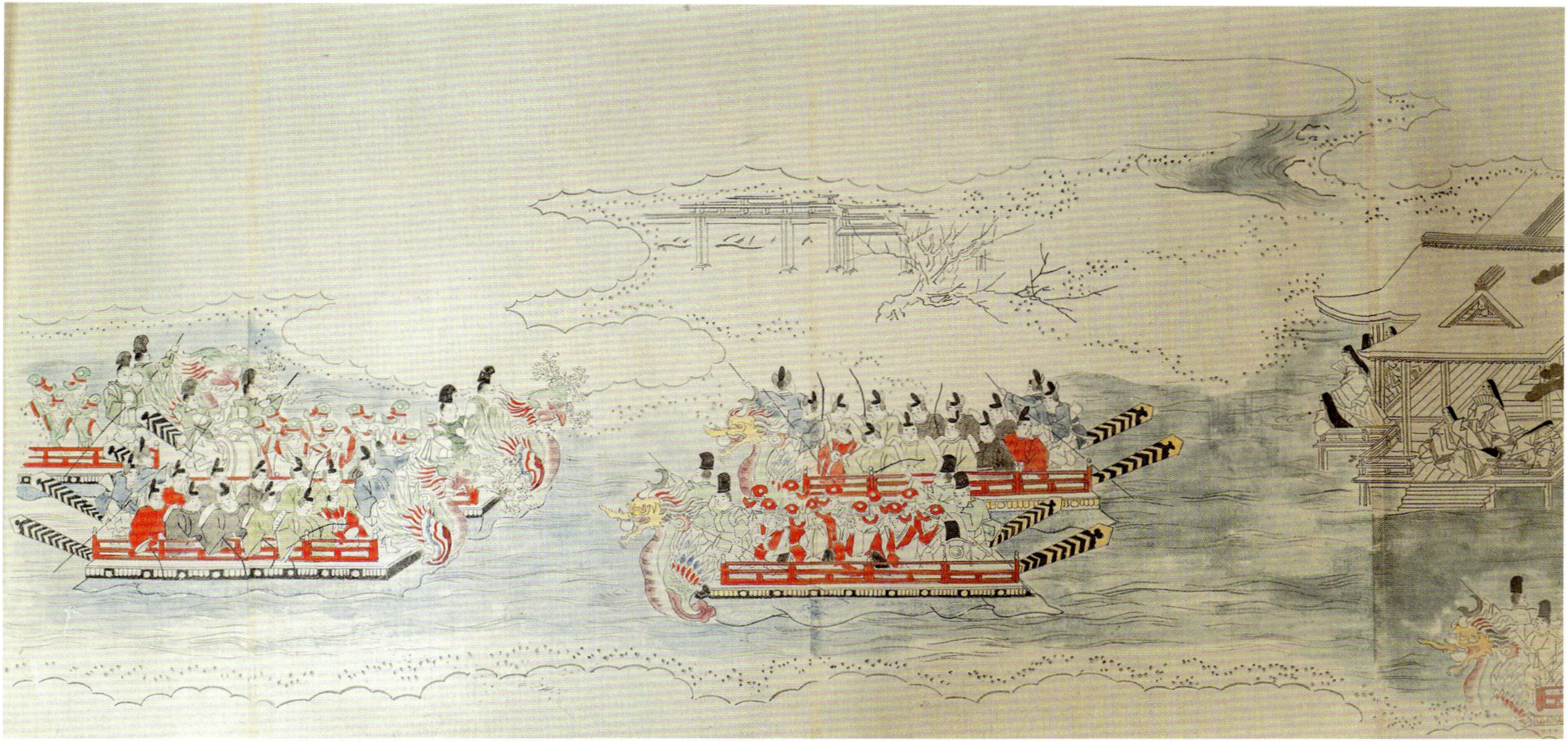

『安元御賀図』（鈴木徳男蔵）船楽の場面

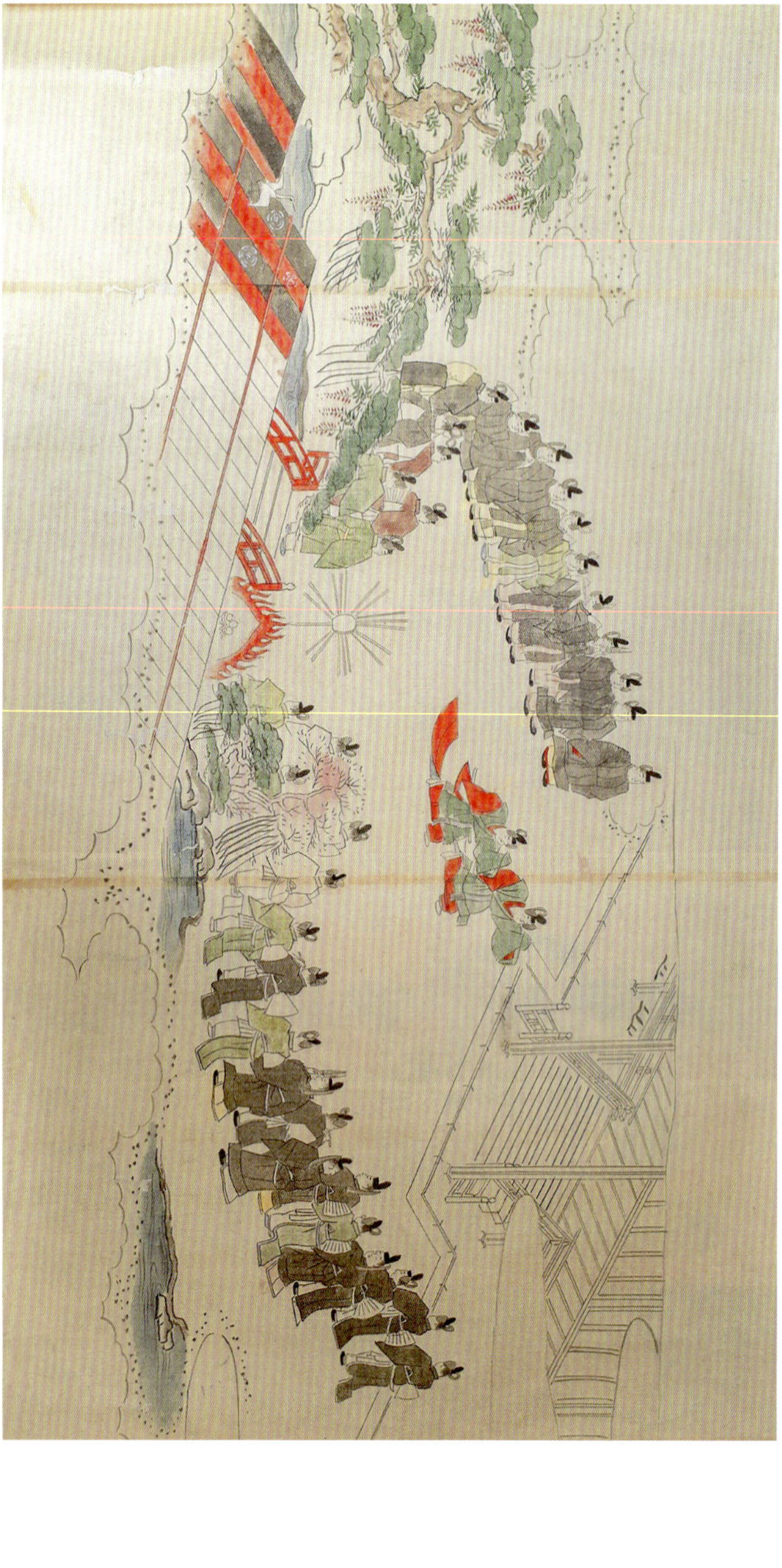

青海波の場面

はじめに

『安元御賀記』は、安元二年（一一七六）三月、法住寺南殿で催された後白河院五〇賀の三日間を描いた作品である。当時右近少将の官職に就いていた藤原隆房によって書かれた。

三日間にわたって催された、院の五〇歳を慶賀する祝宴は、もとより百官ことごとく参上する、優美盛大な賀宴であった。天皇が父院の長寿を祝うのは、天皇の孝の姿勢、天皇と治天の君との紐帯を、内外に示すことにつながる。

算賀・賀宴は長寿をことほぐ集いであり、その主な催しは、雅楽であり御遊（音楽）であった。古来蓄えてきた雅楽・音楽の粋を披露して、祝うのである。安元御賀の三日間は、王朝文化を集大成したともいうべき盛儀であり、どの場面を切り取ってもこの上ない見物であったに違いない。芸能だけではなく、儀式全体の威儀、登場する人々の衣装や武具、会場となった法住寺南殿の設え、宴の模様をみる人々の華やいだ表情等々、すべてが書き残しておくべきことだったであろう。それらを『安元御賀記』は記録している。中宮徳子・建春門院滋子らの女房たちの華やかな打出（出し衣）、下級官人の派手な衣装による自己主張、蹴鞠の模様、晴の場であるにもかかわらず、検非違使や随身らが繰り広げる乱闘など、生彩をもって描き出している。この点からもこの記はたんなる記録ではないことがうかがえよう。また平家の人々を追慕する文学作品、『平家物語』『建礼門院右京大夫集』『平家公達草紙』等々に関わりを持つことはすでに知られており、その文学性に注目することができる。

この『安元御賀記』は、賀宴の歴史、政治史上の諸問題、雅楽・音楽の歴史、文体や表現、後続の文学との関連等々、さまざまな検討課題を抱えている。それぞれの研究分野からの言及があり、今後の進展が期待できるところである。ところが、この記には肝心の注釈研究がなく、作品があまり知られていないという状況にある。そこで、『安元御賀記』を読み解こうとした次第である。

このように三日間の催しを取り上げて、その概略を述べることができるのは、この記以外にもこの賀宴に参加した貴族の記録が残っているからである。おもなものには、当時右大臣であった藤原（九条）兼実の『玉葉』、左中将であった藤原定能の『定能卿記』がある。ともに準備段階および四日から六日まで役割を担いながら、見聞した事柄を記録したのである。したがって、ある役割を果たすために宴の進行に立ち会えなかった場合もあり、記録できない局面があった。それでも詳細に宴の模様を書き記している。後日の利用に供するためであろうし、後に自分と同じ役割を担わねばならないであろう子や孫たちのためであろう。

さかのぼって康和四年（一一〇二）三月に白河院五〇の算を堀河天皇が、仁平二年（一一五二）三月には鳥羽院の算を近衛天皇が、それぞれ慶賀している。高倉天皇も前例を踏襲して賀宴を催したのである。前年八月の行事所始にはじまり、試楽（二月二一日）と賀宴の無事遂行を祈願するための御賀諷誦使の発遣（二月二九日）および、天皇・上皇に賀宴の式を奏上する（三月二日）まで、周到に準備をしてきた。天皇・上皇の長寿をことほぐ宴は、聖武天皇以来しばしば行われている。その中でその内容は次第に整備されたようであり、ことに白河院の華やかな賀宴は範となっており、仁平・安元度に受け継がれた。そして、康和・仁平度の場合にも、種々の記録類が残っている。それぞれ『中右記』と『殿暦』、『仁平御賀記』と『兵範記』である。『仁平御賀記』を除く三書は、賀宴に参加した貴族の日記であり、右と同様の理由から書き留めたのであろう。記者不明の『仁平御賀記』は公式の記録として、または次回以降の賀宴で活かすべく書き記したのではないか。

このような男性貴族の日記つまり古記録も含む記は、慶滋保胤の「池亭記」（『本朝文粋』巻一二）や大江匡房の「洛陽田楽記」（『朝野群載』巻三）などから明らかなように、通常漢文によって表記するものであった。

ところが、『安元御賀記』は仮名文による記であり、他の記録とは一線を画している。異例のできごとと言わねばならない。なぜ仮名による記を書いたのであろうか。女性のためであったかもしれない。だとすれば、それはどのような人たちであったのか。考えてみる必要があろう。

仮名による記とはいえ、記という文体の特徴をある程度保持しており、漢文の特性を有する部分がある。また漢詩文の表現を取り入れている場合もある。一方当然のことながら、和文の表現たとえば和歌を踏まえた記述も随所にあり、文章・文体としては複雑な様相を呈している。記録を主眼とする作品ではあるものの、読み味わうべき内容を備えた記と捉える必要があるだろう。

本書は、『安元御賀記』の詳細な注釈である。おもに先例を記した儀式書や、同時代の記録類を参照・比較して、内容を辿るという手法を用いた。それがこの記を理解する上で最も有効な方法と考えたからである。この方法を理解してお読みいただきたいと思う。

目次

はじめに……i
凡例……ix

本文注

安元二年三月四日　賀宴……三
1　高倉天皇、法住寺南殿行幸……三
2　臣下参集……一一
3　御方々の打出……一二
4　後白河院・天皇出御……二一
5　献物の事……三一
6　御膳、御座所の設え……四二
7　舞人の装束……五五

8　舞人・楽人の行列……六七
9　舞人・楽人の楽屋……八五
10　奏舞……九二
11　院へ引出物の御馬十疋……一〇八
12　管絃の御遊……一一四
13　見参、賜禄、入御、退出……一二七

三月五日　中の日……一三六
14　臣下参集、随身のこと……一三六
15　船楽……一四六
16　蹴鞠……一六一
17　管絃の御遊……一七〇

三月六日　後宴……一七九
18　御方々の打出……一七九

19 龍頭鷁首の船……一九〇
20 院・天皇出御……二〇〇
21 船楽……二〇四
22 童舞、そして騒動……二〇九
23 春鶯囀・古鳥蘇……二一五
24 輪台……二二六
25 青海波……二四一
26 引き続き奏舞……二五八
27 管絃の御遊、天皇への送物……二七〇
28 天皇へ引出物の御馬十疋、中宮への送物……二七六
29 入御、勧賞、還御……二八三
30 奥書……二九一

解題……鈴木徳男　二九三
人物伝……三一三

使用テキスト一覧……四九七
あとがき……五〇八

凡　例

本文について

・徳川美術館所蔵の定家本を底本とする（徳川黎明会叢書『古筆聚成』一九九四年・思文閣出版、所収）。定家本の詳細は解題参照。

・本文作成に際し、読みやすさを考慮して、以下のように表記等を改めている。

内容により底本にはない章段（1〜30）・段落を設け、各章段に標題を付す。

句読点、濁点、会話文に「　」を付す。

表記は歴史的仮名遣いに統一する。なお、底本の仮名遣いが異なる場合は底本の表記をルビに残す。

漢字は通行の字体を用いる。

仮名に適宜漢字を宛て、元の表記をルビに残す。

反復記号は開いて示し、元の表記をルビに残す。

著者が付したルビは（　）に入れて示す。

行間の勘注や割書注記は〈　〉で示す。

ミセケチ・補入などによる修訂は本文に反映し、注釈で適宜言及する。

・諸本との校異は特に示さないが、系統の異なる群書類従所収本（類従本）との異同は注釈で述べる。

・なお、底本六丁裏六行目の注記「役送、両頭巳下四位五位、重衡左馬頭……」（章段番号6）には、「重衡」の後に踊字のような字がみえるが、衍字と見なした。そのほかは、幸いなことに定家監督書写本が現存し、注釈するうえで、他本による校訂を必要とする箇所は見出せなかった。定家本の詳細は解題を参照されたい。

注解について

・章段ごとに注釈を行う。

・見出しを挙げて、語釈、用例、他文献との比較など解釈を施す。

・『安元御賀記』の書名は、注解中では「御賀記」と略して示す。
・古記録の引用について
　安元御賀の先例である、康和四年三月の御賀の記録は㊏、仁平二年三月の御賀の記録は㊁、その他の儀式書は○の記号で示し、注釈中に掲げる。
・人物伝に取り上げている人物については、適宜人物伝の通し番号を参照として付す。
・引用文献は巻末に示す。

解題について
・御賀の意義や、底本（定家本）について述べる。

人物伝について
・安元御賀参加者についての略伝をまとめる。

本文注

安元二年三月四日　賀宴

1　高倉天皇、法住寺南殿行幸

安元二年、歳《とし》の次《つい》で丙申《ひのえさる》、やよひのはじめの四日、世治《おさ》まり、時春《はる》なれば、鳥の歌《うた》ふ声《こゑ》、花の咲《ゑ》める色《いろ》、折《おり》につけ、事にふれて、まことにいひしらず。ことし太上法皇五十《いそち》に満《み》ちたまふ《給》によりて、我君の御賀をたてまつらせたまふ《給》なりけり。その日の暁《あかつき》、法住寺の南殿《みなみとの》に行幸《みゆき》あり。百《もゝ》の官《つかさ》どもまゐ《い》りしたがへること常《つね》のごとし。院御所一町にお《を》よぶほどに前駆《さき》の声《こゑ》をとど《ゝ》む。御輿《みこし》を西の四足《よつあし》に舁《か》きたつ。神祇官《かむつかさ》、御麻《ぬさ》をたてまつる。雅楽寮《うたつかさ》、立楽《たちかく》を奏《そう》す。院別当権大納言隆季《たかすゑ》、事のよしを申す。その後《ゝち》、中門に御輿《こし》を寄《よ》せて入御。大刀契《たいとけい》・鈴印《れいいん》を中門の北の廊《らう》にお《を》く。人々《〱》まかり出《い》づ。

安元二年――一一七六年。高倉天皇（→人物伝38）の治世九年目に当たる。

歳の次で丙申、やよひのはじめの四日――「歳の次で丙申」は、「歳次丙申」を和風に訓んでいる。訓読すれば、「歳《ほし》丙申に次《やど》る」となる。歳星（木星）の宿る位置つまり干支によって年次を示すのは漢文の記において一般的な提示方法。

世治まり、時春なれば、鳥の歌ふ声、花の咲める色、折につけ、事にふれて、まことにいひしらず――ここは対句を用いた表現となっている。治世の安定に春が重なり、鳥の声花の色が、言いようもなくすばらしいと、治下を讃える。この箇所は次のように対をなしており、漢文の文体にならう。

（世治まり、（鳥の歌ふ声、（折につけ、
　時春なれば、　花の咲める色、　事にふれて、まことにいひしらず。

ことし太上法皇五十に満ちたまふによりて―「太上法皇」は後白河院（↓人物伝30）のこと。後白河院が五〇歳におなりになる。底本は「ことし」の次で平頭抄出による改行がある。

我君―天皇のこと。「我君」（我后）は、帝王の唐名。『拾芥抄』（巻中・官位唐名部）に、「帝王　天子・皇帝、主上、天皇……我后……」とある。後漢の張衡「東京賦」（『文選』巻三）の「惟我后能殖《ウウルニ》レ之、以二至和平一」（薛綜注「后《ハ》帝也」）、『俊頼髄脳』（序）の「俊頼のみひとり、このことをいとなみて、いたづらに年月を送れども、わが君もすさめたまはず」は、その例。ここも底本は平頭抄出による改行がある。

御賀をたてまつらせたまふなりけり―高倉天皇が父後白河院の五〇の賀宴をしてさしあげるということ。『玉葉』（三月四日条）には、「此日公家被レ奉レ賀二太上法皇五十宝算一」、『定能卿記』には、「今日天皇依レ奉レ賀二太上法皇五十宝算一、寅刻有二行幸法住寺殿一」、『顕広王記』には、「今暁行二幸法住寺殿一。中宮同行啓。是依二法皇賀二五十算一也。巳刻法親王参也。為二見物一」、『百錬抄』には、「公家奉レ賀二太上法皇五十算一。於二法住寺仙居一有二此事一。今日行幸」と記す。また、『たまきはる』に「安元二年、五十の御賀といふことありき。三月四日より六日まで、三日ありしことにや。確かにもおぼえず」と見える。すでに、延喜一六年（九一六）三月七日に醍醐天皇が宇多院に、康和四年（一一〇二）三月一八日に堀河天皇が白河院に、仁平二年（一一五二）三月一七日に近衛天皇が鳥羽院に賀宴を催している。

○延喜十六年三月七日辛酉、天皇依二法皇御賀事一、幸二朱雀院一（『西宮記』臨時八・太上天皇賀事）

(康)天皇依レ奉レ賀二太上皇五十算一、可レ有三行二幸鳥羽殿一也（『中右記』）

辰刻許、幸二鳥羽院一給。……御賀（『殿暦』）

㊁今日公家〈夜前行幸〉、於二鳥羽仙洞一〈南殿〉、被レ奉二上皇知命御算一（『仁平御賀記』）

今日公家被レ奉レ賀二太上法皇五十宝算一（『兵範記』）

なお、このたびの賀宴を催すに当たっては、「今度賀宴、偏康和例也。仍無二法会一〈延喜・康和無二法会一。天永・仁平有二法会一〉」（『玉葉』三月四日条）と、康和の賀宴を先例として重視し、そのため法会は行わないと述べている。

その日の暁、法住寺の南殿に行幸あり——三月四日の法住寺殿への行幸は、『玉葉』に「此日公家被レ奉レ賀二太上法皇五十宝算一。於二東山御所南殿一有二此事一。……今暁先中宮行啓、次天子臨幸」、『顕広王記』に「今暁行二幸法住寺殿一」とあり、暁に行幸している。康和御賀の行幸では、「寅刻行幸」（『中右記』康和四年（一一〇二）三月一八日条）と、寅刻に進発している。『定能卿記』には、「寅刻有三行二幸法住寺殿一」とあり、先蹤に倣ったことが分かる。なお、仁平御賀の時は、「今日公家〈夜前行幸〉、於二鳥羽仙洞〈南殿〉一、被レ奉二上皇知命御算一」（『仁平御賀記』）とあり、賀宴の主催者近衛天皇は、前夜「鳥羽仙洞」へ行幸している。したがって、仁平の時に百官が扈従する盛儀はなかった。

御賀記に記事はないが、行幸に先んじて、「先レ是中宮有二行啓一」（『定能卿記』）と中宮の行啓があった。定能は、「予依レ為二楽人一、強不二供奉一。仍不レ見二此儀一。後聞、自余舞人・楽人等同不レ参云々」とこれを見ていなかったと述べている。また兼実は、「参二法住寺殿一、於二東面外垣南門一下車〈依二行幸以後一也〉、入レ従二東四足一」（『玉葉』）と、行幸以後に参上しており、行啓・行幸の模様については書いていない。記者の置かれた立場によって記事の内容は変わってくるということである。『玉葉』は頭書に「後聞、関白及内府参入之間、制二止前駆随身等一之間、頗有二諠譁事一云々。余参之間、已以無為。是不慮之事也」と追記しており、伝聞などによる情報を書き加えることもある。古記録によってその内容は自ずと異なるものである。

平安京外の東、七条大路末を挟む南北に広大な敷地を占めた後白河院の御所を法住寺殿と呼ぶ。その南側の敷地に建てたのが法住寺南殿である。後白河院が法住寺殿にはじめて移徙したのは永暦二年（一一六一）四月一三日。その模様を記録した『法住寺殿御移徙部類』所引の『重方記』は、「其地故入道信西居也。去年逆乱之時、舎屋為二灰燼一。令三壊二渡故信頼卿中御門西洞院雑屋一被レ造レ之。播磨守家明朝臣募二重任之功一令二営作一」と、信西の邸の跡地に藤原信頼の邸宅を移築したと記している。その後仁安二年（一一六七）正月一九日に、院が新造の法住寺南殿へ移る。「上皇御二移三徙《ス》法住寺南殿一。件御所、元壊二渡故信頼卿中御門屋一被レ立レ之。而依二狭少一周防守季盛所二造進一也」（『百錬抄』）とあるように、信頼の邸を移築して充てた殿舎が狭小であったために、それを毀って新たに建てたという。朝覲行幸などの儀式に用いるにはより広い空間を必要としたのである。法住寺殿のうち七条殿が居住の建物であったのに対して、南殿は儀式の場として用いられた。南殿は蓮華王院の南に位置し、寝殿の南に池を穿ち東・中・西の釣殿を設けている。池は新熊野・最勝光院と共有していた。『重方記』には、「有二高閣一有二平台一、有二緑地一有二碧山一。尤足二仁者之楽一哉」とあり、緑豊かな地に池を有した中に殿舎を構えていた。

法住寺殿で賀宴を催す経緯について、『玉葉』が次のように記している。

長方云、御賀三月四日、後宴六日、試楽二月廿一日云々。又其所改二鳥羽南殿一、於二当時御在所〈法住寺〉一可レ被レ行云々。万人所二庶幾一云々（正月二日条。長方は人物伝81）

此日公家被レ奉レ賀二太上法皇五十宝算一。於二東山御所南殿一有二此事一〈此謂二之《ヲ》法住寺殿一。任二康和・仁平例一、於二鳥羽殿一、可レ被レ行之由、去年雖レ有二議定一、彼皆当時御在所、依レ為二勝地一、便被レ用レ之。今又御所之体、水石有レ便。何求レ外乎。加之《シカノミナラズ》鳥羽殿、其地本荒蕪、専難レ行二此礼一。仍重有レ議被レ改レ之。雖下違二乖両度

例㆒之恨㆖、猶有㆘省㆓衆庶煩㆒之悦㆖。緇素莫㆑不㆓甘心㆒〉（三月四日条）

前年の議では、康和・仁平の例にならって鳥羽殿で行うことになっていた。ところが、前例はともに院の「御在所」で催している。しかも「勝地」である。「東山御所南殿」は後白河院の御在所であり、「水石の便り」がある。他の地で催す必要はなく、議を経て改めたという。人々が望み歓迎するところでもあったとある。

院御在所の「南殿」で賀宴を催すのは、康和・仁平の先例にならう。

㊗至㆓鳥羽南殿西門㆒、暫留㆓御輿㆒（『中右記』）

㊐今日公家〈夜前行幸〉、於㆓鳥羽仙洞㆒〈南殿〉、被㆑奉㆓上皇知命御算㆒（『仁平御賀記』）

百の官どもまゐりしたがへること常のごとし―「百の官」は数多くの官人。『定能卿記』には、「寅刻有㆔行㆓幸法住寺殿㆒。百官侍衛、鈴奏如㆑例」とある。また、鳥羽院の五〇賀の時には、賀宴前日に鳥羽御所への行幸があり、『兵範記』仁平二年（一一五二）三月六日条は、「天皇行幸、百官諸衛、供奉如㆑恒。関白殿下、令㆓扈従㆒給」と百官の随従を記している。「常のごとし」は、「如㆑常」として古記録に頻出する語。前出『定能卿記』の傍線部のように、ここでは常の行幸のごとしということ。

院御所一町におよぶほどに―「院御所」は法住寺殿のこと。『玉葉』は、賀宴当日に「此日公家被㆑奉㆑賀㆓太上法皇五十宝算㆒。於㆓東山御所南殿㆒有㆓此事㆒〈此謂㆓之《ヲ》法住寺殿㆒。……〉」と記しており、「東山御所」とも称した。その一町手前。一町は約一〇九メートル。

前駆の声をとどむ―「前駆の声」は、貴人が通行する時、前方の人や物を追い払うために、付き随う者が発する声、警蹕。『西宮記』（臨時五・行幸）に、「元正、幸㆓太上皇及母后宮㆒者、王卿着㆓魚袋㆒、到㆓后宮近辺㆒、停㆓警蹕声㆒〈蹕《ハ》謂㆓幸臨儀㆒〉。到㆓中門外㆒、停㆓御輿㆒降御」とあるように、先例に則るとともに、父院への敬意・孝心を示したのである。

御輿―鳳輿。高倉天皇が乗る輿。『西宮記』（臨時八・太上天皇賀事）に、「延喜十六年三月七日辛酉、天皇依㆓法皇御賀事㆒、幸㆓朱雀院㆒。乗㆑輿、経㆓建礼・朱雀〈東腋〉門等㆒、至㆓彼院㆒。於㆓北屏下㆒、下㆓於御輿㆒、歩行御㆓東対休所㆒」とあり、『新儀式』（第四・天皇奉㆑賀㆓上皇御算㆒事）にも、「時刻皇輿出㆑自㆓朱雀門東掖門㆒、至㆓朱雀院㆒。入㆑自㆓北門㆒、於㆓北屏下㆒下㆓御輿㆒、歩行入御〈所司設㆓縁道㆒〉」と見える。

（康）至㆓鳥羽南殿西門㆒、暫留㆓御輿㆒（『中右記』）

辰始卯了間、幸㆓鳥羽院㆒給。宮御車寄間、御輿暫御㆓門外㆒（『殿暦』）

西の四足に昇きたつ―「四足」は四足門のこと。円形の大柱の前後に方形の補柱をそれぞれ二本添えた門。兼実は、「参㆓法住寺殿㆒。於㆓東面外垣南門㆒下車〈依㆓行幸以後㆒也〉、入㆑従㆓東四足㆒」（『玉葉』）と、東の四足門から殿内に入っている。「昇きたつ」は、御輿を担いだまま所定の位置に止まることであろう。『中右記』の「至㆓鳥羽南殿西門㆒、暫留㆓御輿㆒」（康和四年〔一一〇二〕三月一八日条）によれば、輿を担いだまま四足門でとどまっていたことになる。

神祇官―令制における、神祇の祭祀・大嘗・鎮魂などをつかさどる官司。『令義解』（巻二・職員令・神祇官）に、「伯一人〈掌、神祇祭祀、祝部神戸名籍、大嘗・鎮魂、御巫、卜兆〉」とある。『和名抄』（巻五・官名）には、「官本朝式職員令云、神祇官〈加美豆加佐〉」の訓が見える。

御麻をたてまつる―「麻」によって天皇の行幸途上に身についた穢れを祓った。「麻」と「幣」は穢れを祓うものとしては同じ。黒川本『色葉字類抄』には、「祓麻《ヌサ》〈ヌサ〉」とある。『西宮記』（臨時五・行幸）には、還御の時のこととして、「帰欲㆑入㆓宮門㆒、中臣奉㆑麻〈外記催㆑之〉」と記している。『中右記』康和四年〔一一〇二〕二月二六日条の「至㆓法勝寺西大門外㆒、暫留㆓御輿㆒。神祇官奉㆓御麻㆒」（堀河天皇、法勝寺に方違えの行幸）は、その一例。

雅楽寮―治部省に属し、歌舞音曲をつかさどり、楽人の教習を行った官司のこと。『令義解』（巻二・職員令・治部省・雅楽寮）に、「頭一人〈掌、文武雅曲、正儛、雑楽、男女楽人音声人名帳、試二練曲課一事〉」とある。『和名抄』（巻五・官名）に、「寮　職員令云、……雅楽寮〈宇多末比乃豆加佐〉」の訓がある。『西宮記』（臨時五・行幸）には、「雅楽寮候二路辺一奏レ楽」とあり、この時の奏楽は御賀記の四足門での「立楽」に相当すると考えてよいだろう。

立楽を奏す―「立楽」は、庭で楽人が立ちながら音楽を奏すること。朝儀またはそれに準じる儀式の際に奏することが多い。楽書には、「此楽、参音声《マキリオンジヤウ》、幷ニ船楽立楽ニ奏ス」（『教訓抄』巻一・万歳楽）、「拍子十六、はやきものなり。行幸のたちがくに是をす」（『龍鳴抄』上・長慶子）と見える。康和御賀の場合にも、堀河天皇が鳥羽殿に到着した時に、雅楽寮が立楽を奏している。

㊌至二鳥羽南殿西門一、暫留二御輿一〈雅楽寮立楽〉（『中右記』）

院別当権大納言隆季―藤原隆季（→人物伝98）のこと。賀宴の行事上卿であった。

事のよしを申す―高倉天皇の法住寺南殿への入御を申し上げるということ。ただし、後白河院に対してかどうかは明らかではない。『定能卿記』は、「寅刻有三行二幸法住寺殿一。百官侍衛・鈴奏如レ例」のあとに、「申二次中宮大夫隆季卿一云々」と記しているので、天皇到着の知らせを隆季が受けて、それを伝えた。康和御賀での行幸の時には、源雅俊が院に奏している。

㊌至二鳥羽南殿西門一、暫留二御輿一〈雅楽寮立楽〉、令三院司左衛門督雅俊卿奏二事由一（『中右記』）
御輿暫御二門外一、御車引出後、召二院司公卿一、奏二行幸之由一。雅俊也〈余仰レ之〉（『殿暦』）

その後、中門に御輿を寄せて入御―中門は南殿の外郭に設けた「西の四足」門より内側にある門。西対代から南にある西釣殿に延びる廊の途中に設けている。『新儀式』（第四・天皇奉レ賀二上皇御算一事）には、「時刻皇輿出レ自二朱雀門東掖門一、至二朱雀院一。入レ自二北門一、於二北屏下一下二御輿一、歩行入御〈所司設二縁道一〉」と、御輿は朱雀院の「北門」から院内に入り、「北屏下」で輿を降りて歩いて入御している。これも院への敬意をあらわすためである。高倉天皇の場合も同様であろう。ただし門の名は異なる。

(康)於二西中門一、寄二御輿一入御（『中右記』。前項所引の記事につづく）

於二中門一従二御輿一下給（『殿暦』）

大刀契—平安時代に天皇が践祚する時に受けて、皇位の印とした宝物。大刀と契からなる。大刀は節刀とも呼び、出征する将軍などに与え、大権を委任する印とした。契は魚の形をした割符で、兵を進発する時に賜った。行幸の際には携えることになっている。『御堂関白記』長和五年（一〇一六）正月二九日条に、「近衛将監四人、奉レ置二御前南廊大刀契櫃一。女官賜レ之、置二内侍所一」（後一条天皇受禅）とあるように、櫃（辛櫃）に収めて内侍所に置いていた。大石良材「大刀契—平安時代における神器観—」（『日本王権の成立』一九七五年・塙書房、所収）参照。

鈴印—駅鈴と内印。駅鈴は、令制で官の使いが諸国へ向かう時に支給された鈴。駅馬利用の資格を証明した。内印は天皇の御璽であり、五位以上の位記と諸国に下す公文に捺印した。駅鈴と内印はともに皇権を象徴する。行幸の際には、「凡行幸従駕、内印幷駅鈴伝符等、皆納二漆篭子《ロウシ》一、主鈴与二少納言一、共預供奉」（『延喜式』巻一二・主鈴）とあるように、ともに篭子（竹製の四角い箱）に納め、主鈴と少納言が携えて供奉した。

中門の北の廊におく—天皇が南殿にいる間、大刀契と鈴印を中門の北廊に保管しておくのであろう。『春記』長暦四年（一〇四〇）一〇月二二日条の「同中門南廊内西面、為下置二鈴印辛櫃一之所上」（後朱雀天皇、内大臣藤原教通の二条第に移御）は、同類の例。

人々まかり出づ—高倉天皇の行幸に扈従した人たちが、勤めを終えて一旦退出したということ。

(康)於二西中門一寄二御輿一入御〈人々退下休息〉（『中右記』）

2 臣下参集

午《むま》の時に、関白、左大臣、右大臣、内大臣、大納言六人〈定房、重盛右大将、公保、隆季、実房、実国〉、中納言七人〈邦綱、資賢按察、宗盛左衛門督、兼雅、時忠別当、雅頼、実綱〉、二位中将〈兼房〉、宰相八人〈成範左兵衛督、頼盛右兵衛督、教盛、朝方、家通、実家左中将、実守右中将、頼定〉、三位七人〈信隆、基通右中将、基家、信範、隆輔、俊経右大弁、脩範〉、殿上人、蔵人頭実宗《さねむね》、長方《なかゝた》をはじめて、残《のこ》るはすくなし。

午の時―午後〇時頃、関白ら臣下が改めて参上した。
(康)午刻人々参集（『中右記』）

関白、左大臣……―次の【表1】参照。御賀記にあらわれる人物については、人物伝参照。

【表1】

御賀記本文	氏名	人物伝	御賀記本文	氏名	人物伝	御賀記本文	氏名	人物伝	御賀記本文	氏名	人物伝
関白	藤原基房	17	左大臣	藤原経宗	21	右大臣	藤原兼実	25	内大臣	藤原師長	41
定房	源定房	87	重盛右大将	平重盛	58	公保	藤原公保	33	隆季	藤原隆季	98
実房	藤原実房	53	実国	藤原実国	50	邦綱	藤原邦綱	90	資賢按察	源資賢	42

宗盛左衛門督	平宗盛	77	兼雅	藤原兼雅	23	時忠別当	平時忠	47	雅頼	源雅頼	9
実綱	藤原実綱	49	兼房	藤原兼房	26	成範左兵衛督	藤原成範	69	頼盛右兵衛督	平頼盛	94
教盛	平教盛	18	朝方	藤原朝方	82	家通	藤原家通	5	実家左中将	藤原実家	48
実守右中将	藤原実守	51	頼定	藤原頼定	95	信隆	藤原信隆	65	基通右中将	藤原基通	15
基家	藤原基家	12	信範	平信範	64	隆輔	藤原隆輔	101	俊経右大弁	藤原俊経	59
脩範	藤原脩範	55	実宗	藤原実宗	52	長方	藤原長方	81			

……をはじめて、残るはすくなし―関白・大臣・公卿・殿上人が多数賀宴に参上したため、朝廷に残っている高官は少ないという。院・天皇の威勢の大きさを現している。『玉葉』三月四日条の末尾には、「不㆓参入㆒人々」として、藤原成親・資長・忠親・俊盛・俊成・永範・重家・平経盛の八人を挙げている。その事由は、「重服」「脚病」「近年無㆓晴出仕㆒」「所労」であった。したがって、特別の事情がない限りは参加していたことになる。なお、『定能卿記』には、四日の献物受け渡しの際の、左大臣以下が西中門外に降り立った記事に、「先㆑是公卿参㆓集饗饌座㆒、公卿太略皆参歟」と注する。「公卿」のほとんどが参上していた。『源氏物語』（紅葉賀）も、桐壺院の朱雀院行幸の盛儀を、「行幸には、親王たちなど、世に残る人なく仕うまつりたまへり」と描く。

3　御方々の打出

これより先《さき》に、献物百捧、中門より外《と》の南《みなみ》のわきに立《た》つ。屯食《（とんじき）》百荷、同《おな》じき廊《らう》の東《ひむかし》の庭《には》に立《た》つ。寝殿《しむてん》の辰巳《たつみ》のすみ二間、東《ひむかし》の小寝殿《しむてん》四間に女院の御方《かた》の打出《うちいて》あり。紅《くれなゐ》の薄様《うすやう》の衣《きぬ》、白《しろ》き五重《いつへ》の単衣《ひとへ》、唐《から》衣《きぬ》、裳《も》の腰《こし》、赤地《あかち》の錦《にしき》、おのを〱の金《かね》の文《もん》を付《つ》く。西《にし》の対《たい》の南《みなみ》二間 東《ひむかし》 四間に中宮御方《かた》の打出《うちいて》あり。唐衣《からきぬ》、青鈍《あおにひ》の打《う》ちたる。裳《も》の腰《こし》、蘇芳《すはう》の匂《にほひ》の打《う》ちたる。打衣《うちきぬ》、山吹《やまふき》の匂《にほひ》。衣《きぬ》、紫《むらさき》の匂《にほひ》。単衣《ゝとへ》、紅《くれなゐ》の匂《にほひ》。桜《さくら》を結《むす》びて付《つ》けたり。釣《つり》殿の北《きた》の廊《らう》に上西門院の打出《うちいて》あり。白薄様《しろうすやう》。釣《つり》殿の上下《うへしも》に方々《かた〱》の雑仕《さうし》・端者《はした物》、いろ〱さま〱の袖《そて》を連《つら》ねたり。

これより先に―臣下らが参集する前に。「先是」の訓読語。「先レ是余出レ自二御休息所一、到二中門廊辺一」（『玉葉』）。三月四日、院着座、天皇渡御の前）のように、古記録によく見える語。事柄の進行や内容の転換をあらわす時に用いる。この記の文体の特徴があらわれている。

献物百捧―「献物」は、神や貴人などにたてまつる品物。献上物。「捧」は、献上品などを数える単位。

○貞信公御記云、九日、奉二仕中宮御賀一。御厨子六基〈納二雑物一〉、御屏風六帖〈之《コノ》中四尺《ハ》二帖〉、献物百捧、屯物五十具（『西宮記』臨時八・皇后御賀事。藤原忠平、中宮藤原穏子の五〇賀宴を催す）

㊮次献物、左大臣以下、取二献物一天、諸大夫取レ之授（『殿暦』）

㊥大膳職、献二献物百捧一。舁二立中門外南腋一〈幔外〉（『仁平御賀記』後宴）

籠物百捧安二台二荷一、儲二中門外南腋一〈色法如レ例。大膳職儲レ之〉……次太政大臣〈実〉……左宰相中将師長朝臣、列二立西中門外一。各取二献物一〈籠物百捧、覆二紅薄様一、付二松枝一□〉、入レ自二中門一、列二立南庭一（『兵範記』後宴）

中門より外の南のわきに立つ――「献物」を西中門廊の中門外に置いていた。『定能卿記』には、「左府以下起レ座、下二立西中門外一、〈南面、先レ是公卿参二集饗饌座一、公卿太略皆参歟〉、各挿レ笏取二献物一」と見える。『玉葉』には、「次左大臣以下、降レ従二中門廊外方一、列二立西中門外一」とあり、その後献物を受け取っている。

(康)公卿以下執二御贄一〈献物歟〉、進レ自二西中門一、列二立前庭中一（『中右記』）

屯食百荷、同じき廊の東の庭に立つ――「屯食」は、元服・賀・産養の宴などにおいて庭にいる卑位の者に賜った食事。強飯を握り固めて卵形にしたものであり、庭に台を出してその上に据えた。「荷」は、天秤棒で担ぐ荷物を数える語。「同じき」とあるので、「献物」を西中門廊の門外（西側）に置いたのに対して、「屯食」は同じ門の東側の庭に置いたことになる。このあたりは、次のような対句構成となっている。

献物百捧、中門より外の南のわきに立つ。
屯食百荷、同じき廊の東の庭に立つ。

○諸衛舎人持二屯物一退出〈屯物未レ御之前、立二流水東庭一也。召使院司頒二給之一〉（『新儀式』第四・天皇奉レ賀二上皇御算一事）

(仁)大蔵省、二寮以下〈凡八司云々〉、調二屯物百荷一、立二並北屏南幔外一（『仁平御賀記』後宴）

大外記師業、仰二六府々生以下一、令三舁二立屯物於西中門内一、其地程狭庭樹枝繁、難レ立二百捧一、僅卅荷、中門北廊東砌対代廊南砌所二立並一也、中門内南梅樹下又十余荷、其残在二御輿宿辺一歟（『兵範記』後宴）

寝殿の辰巳のすみ二間、東の小寝殿四間――「寝殿」に、後白河院と高倉天皇の御座所があり、女院も同座していた。「辰巳」は南東。「小寝殿」は、東の対、西の対の代わりに建造する小規模の寝殿風の建物。「被三勘二申賀陽院西対立直日時一〈件対一日棟上了。而依二法王仰一俄被三立二直小寝殿一也。是依二皇居便一歟〉」（『中右記』永長二年（一〇九七）八月二日条。賀陽院西の対の建て直し）。「高陽院のありさま、いとおもしろくをかし。西に対を例の清涼殿にて、寝殿を南殿などにて、小寝殿とてまたいとをかしくてさし並び」（『栄花物語』根合）は、「小寝殿」の一例。「東の小寝殿」は、建春門院の女房達の居所。

女院の御方の打出あり—「女院」は建春門院平滋子（↓人物伝28）。建春門院の女房らの「打出」。「打出」は、女房の衣服の裾・袖口などを、御簾の下から出して、外から見えるようにすること。『玉葉』三月四日条の「所々打出」には、「建春門院御方十一具〈六間分〉」と打出の範囲を示しており、「寝殿の辰巳のすみ二間」「東の小寝殿四間」の計「六間」であった。「紅の薄様の衣」以下の「打出」は、「紅薄様衣五領、紅薄様五倍《イツヘ》単衣、紅薄様五倍打衣、紅薄様二倍織物、五倍表着〈以二紫濃薄黄白色菱方文一唐機に織レ之、付二金同《コンドウノ》 菱文一〉、赤地錦五倍唐衣〈付二金菱文一〉、赤地錦裳腰〈付二金丸文一、在二玉上差一、葵固織物、三倍同裳、以二紺青一図二荒海一〉、樺桜二倍織物、五倍御几帳帷、散二出御所一間一」（『玉葉』）にほぼ対応する。

（康）今日中宮女房打出〈皆紅〉（『中右記』）

（仁）西対代前斎院女房打出、花山吹衣、青単衣、萌木表着、蒲萄染唐衣、山吹打衣、樺桜裳腰、……他事如レ常（『兵範記』）。美福門院の女房の打出の記事は欠損している）

紅の薄様の衣—「薄様」は、襲の色目の一種。衣を何枚か重ねて着るとき、上からだんだんと色が薄くなるように重ねること。「今日余女房幷一条殿女房、皆有二打出事一〈余女房紅薄様、紅梅にほひ〉」（『殿暦』永久四年（一一一六）正月一日条）とある。

白き五重の単衣—「五重」は、五枚重ね着したと見えるように重ね縫いしたもの。『玉葉』では「五倍」と記している。「下仕十人、麴塵五重唐衣・紅袙・打袴・蘇芳染袙・山吹袙」（『御堂関白記』寛弘九年（一〇一二）閏一〇月二七日条。三条天皇大嘗会御禊）、「大宮は葡萄染の五重の御衣、蘇芳の御小袿たてまつれり」（『紫式部日記』寛弘五年（一〇〇八）一一月一日。敦成親王の五十日の産養）は、その例。この賀宴の模様を追懐して記している『たまきはる』には、「織物の五つ小袖、五重の打袴、泥にて下絵したり」と見える。「単衣」は、裏地がついていないもの。

唐衣―官女の正装で上半身につける表衣。丈の短い胴着。襟を外に折り返して着る。『和名抄』（巻一二・衣服類）に、「背子　弁色立成云、背子〈和名加良岐沼〉形如半臂、無腰襴之袷衣也」とある。『後二条師通記』（寛治六年〔一〇九二〕三月一三日条、石清水臨時祭の祭の使発遣の儀）の「宮女房二人東向戸打出之。躑躅〈蘇芳色也〉、紅打衣、唐衣萌木也」は、その例。「女院の御方の打出」の項の㊁参照。

裳の腰―「裳」は官女の正装の時、表着や袿の上に腰部より下の後方にだけまとうもの。「裳の腰」は腰に当たる部分。左右に長く紐を垂らして装飾とする。その例には、「余問云、織物唐衣・裳腰等如何。不可有制者」（『小右記』万寿二年〔一〇二五〕一一月八日条。五節の過差禁制）、「女御殿女房車三両、紫衣染衣五、紅同打衣、松同唐衣、款冬同裳腰、御車後出款冬匂衣」（『愚昧記』仁安二年〔一一六七〕三月一三日条。後白河院女御平滋子の女房車）などがある。

赤地の錦―赤色の地に錦によって装飾したもの。『愚昧記』仁安元年（一一六六）一〇月一〇日条の「御随身……近武〈赤地錦、蒲萄染打衣〉……兼任〈赤地錦〉、兼頼〈赤地大文錦、付銀鶴〉」（後白河院、東三条殿へ御幸）は、その一例。五日の記事には、「将監重近」の派手な衣装を、「赤地の錦の衣に白地の錦の単衣」（14）と描いている。これらの例は随身の衣装についていう。『たまきはる』（安元御賀）には、「三条殿、みな織物の二つ色、紅打ち、紅梅の表着、赤色地の錦の唐衣、玉の紐とかや」「堀川殿、初め匂ひ尽くし、中日、みな織物の桜、赤色地の錦の唐衣、玉の紐」とある。

おのおの金の文を付く―刺繡などで衣服に金で模様をほどこしている。紅の薄様の衣以下、それぞれにほどこしたか。「此間於北中門内、女房乗車〈山吹衣、エヒソメノ唐衣、同打衣、同表衣、付金文〉」（『殿暦』永久四年

（一一一六）三月五日条。藤原忠実春日社参詣）は、その例。『たまきはる』には、「青色地、上の青匂ひの唐衣、おなじ金の文を表着の定に付く」とある。「女院の御方の打出」の項の『玉葉』の記事参照。

西の対の南二間東四間―「西の対」は西対代。寝殿の西側の建物。『玉葉』には「中宮御方十具〈五間〉」とあって、「打出」の範囲が計六間とある御賀記とは異なる。

中宮御方の打出あり―「中宮」は平徳子（→人物伝88）。その女房らの「打出」。『玉葉』に、「中宮御方十具〈五間〉紫匂衣五領、紅匂三倍単、山吹匂三倍打衣、蘇芳匂三倍裳腰、萌黄匂三倍唐衣、紅袴」とあり、中宮方は「山吹」「萌黄」などで春を表現する、「匂」尽くしであったことがうかがえる。『たまきはる』は健御前自身の衣装を記しており、それには「初めの日、匂ひ尽くし、紫の匂ひ、紅の匂ひの単衣、山吹の匂ひの打衣、紅梅の匂ひの表着」とある。『兵範記』仁平二年（一一五二）一二月一二日条の「有観以下色目同前。但三衣。紅匂、萌木匂、紅梅匂、山吹匂、蘇芳匂、青匂等給レ之。皆是前后御衣歟。美麗珍重」（高陽院修善結願の布施）も匂い尽くしである。

唐衣、青鈍の打ちたる―「唐衣」は先の「女院の御方の打出」の項を参照。「青鈍」は鼠色。『玉葉』には「萌黄匂三倍唐衣」とある。「青鈍」は、ほとんどが喪服に用いる色彩。あるいは「萌黄」の誤りか。青鈍の衣装については、『小右記』正暦元年（九九〇）一二月三〇日条の「今日為二故小女児一、以二青鈍綾合掛・一重袴等一、令三諷二誦清水寺一」（亡き女児のための諷誦）、『春記』長暦三年（一〇三九）一一月三日条の「今日主上着二御青鈍色掛御衣一也」（賀茂臨時祭の調楽に、後朱雀天皇心喪により青鈍の御衣を着る）があり、そこでは弔意を表すために青鈍の衣装を身につけている。

裳の腰、蘇芳の匂の打ちたる―「裳の腰」も、「女院の御方の打出」の項を参照。「蘇芳」は濃い赤色。「匂」は、襲の色目のことか。『兵範記』仁安元年（一一六六）一〇月一〇日条の「次宮出車五両〈注略〉、蘇芳匂掛青単衣、出二車前後一」（憲仁親王立太子の儀）は、「蘇芳の匂」の例。「打ち」は、衣服に柄や色彩を施す意か。『後二条師通記』寛治七年（一〇九三）一〇月三日条の「日吉御行儀　殿下……、予蘇芳打下襲也。……」（白河院・郁芳門院、日吉社御幸）は、その一例。「裳の腰」が「蘇芳」である例としては、『御産部類記』一八に「保延二年正月廿六日　皇女御五十日　裏濃蘇芳掛五領　青単、濃打衣、亀甲浮文織物表着、萌木唐衣　蘇芳裳腰」（御五十日并御百日間女房打出色目事。「皇女」は叡子内親王）とある。

打衣、山吹の匂―「打衣」は、砧で打ってつやを出した衣服。袿などに用いる。「山吹」は赤味がかった濃い黄色。『兵範記』長承元年（一一三二）一二月二二日条に「出二几帳一為二女房候所一〈有二打出一。山吹匂、紅打衣〉」（崇徳天皇・聖子中宮の御仏名）、同仁安四年（一一六九）三月二六日条に「左衛門佐舞人儀……、随身……、小舎人童二人、二藍狩襖袴〈付二躑躅花一〉、山吹打衣〈不レ出〉、結髪、令レ著二山藁沓一、挿レ裾」（皇太后宮滋子平野社行啓）、『愚昧記』承安二年（一一七二）二月一〇日条に「南・西両面女房出レ袖〈山吹匂衣五領、白単衣、紅打衣、梅表着……〉」（徳子女御皇后冊立の儀）とある。また、『たまきはる』にも「初めの日、匂ひ尽くし、紫の匂ひ、紅の匂ひの単衣、山吹の匂ひの打衣、紅梅の匂ひの表着」（安元御賀の賀宴）とある。

衣、紫の匂―『兵範記』仁安四年（一一六九）三月二六日条の「次車五両、毎レ車前後出二紫匂衣一」、同嘉応元年（一一六九）一一月二五日条の「出車三両、出二紫匂衣一」（八十島祭の使い進発の模様、建春門院滋子に従う車の打出）は、その例。

単衣、紅の匂―『兵範記』仁安二年（一一六七）一二月一五日条に「次女房車四両、皆出二紅匂衣一」（八十島祭の使い発遣）、『愚昧記』仁安四年（一一六九）二月一三日条に「檳榔毛車五両〈紅匂、萌黄表着。献レ車之人々……〉」（皇太后宮滋子日吉社行啓）とある。

桜を結びて付けたり―唐衣や裳などに桜の造花をつけること。『兵範記』仁平四年（一一五四）正月三〇日条に

「左衛門尉源頼賢〈結桜、狩襖、紅打衣……〉」（春日祭の使い発遣）、同仁安四年（一一六九）三月一三日条に「柳桜狩襖〈注略〉、……又所々付二柳桜結花一〈花少々加二銅薄一〉、櫨末濃唐綾指貫〈注略〉、紅匂衣単衣、水豹毛沓」（後白河院高野山参詣の進発、藤原隆房の衣装）、『愚昧記』仁安三年（一一六八）四月三日条に「舞人　……兵衛佐公綱〈雑色薄蘇芳、濃蘇芳出衣、付二桜花一。小舎人童二人薄物二藍上下、付二款冬花一衣〉」（石清水臨時祭）とある。承安三年（一一七三）一〇月の最勝光院御堂供養の様子を記す『たまきはる』には、「表着、唐衣には花結び、縫物、置き物、金を延べ、箔を押しなどし合ひたりき」「『折てかざさん菊の花』と置きて、三四寸ばかりなる菊の枝に露を置きて付く」「唐衣に、日を出だして、『長生殿の裏、不老門』のよし、左右の袖に春秋の梅紅葉など付けたり」（「折てかざさん……」は『古今集』秋上・270・紀友則、「長生殿の……」は『和漢朗詠集』祝・774・慶滋保胤）とある。

釣殿の北の廊―「釣殿」は、寝殿造の東西の廊が南にのび、その端で池に臨んだ建物。遊宴・納涼などに用いる。この法住寺南殿には、「西釣殿」「東釣殿」「二階釣殿」があった（『兵範記』仁安三年（一一六八）八月四日条）。この「釣殿」は、『玉葉』三月五日条の「次余・内府以下、歴二寝殿南面一〈庇簾皆垂レ之、不レ出二几帳一〉、及二東小寝殿・上西門院御所廊等一、於二中釣殿一乗レ船」によれば、東小寝殿から東釣殿（二階釣殿か）に至る途中に「御所の廊」があり、この「釣殿」は東釣殿。東小寝殿と東釣殿を結ぶ廊が北の廊。上西門院方はその北の廊を座所としていた。

上西門院の打出あり―上西門院統子内親王（↓人物伝61）の女房らの「打出」。

白薄様―右の上西門院方の白尽くしの衣装を象徴したものか。『玉葉』には、「上西門院御方六具〈三間〉、白衣五領、白単、白打衣、白表着、白唐衣、紅袴、白腰裳」とある。

釣殿の上下―『兵範記』仁安三年（一一六八）八月四日条には、「東釣殿土馬道以北三ヶ間、西面格子間、各垂二翠

簾一、出二几帳等一、宮女房出二綵袖一。南東北三面幷西廂南面二面格子妻戸等各閇レ之」（六条天皇、法住寺殿に朝覲行幸）とあり、東釣殿は馬道によって北の西面三間と南東北の三面に分けられていたらしく、ここでの「上下」は、北とその他の場所を指すか。あるいは釣殿の一階と二階か。

方々の雑仕—「雑仕」は、雑役や使い走りなどをする下仕えの者。行幸や儀式などに奉仕する。『小右記』長元五年（一〇三二）一一月二一日条の「余車、車副着二褐冠一。出車〈春宮大夫、右宰相中将、左・右大弁、中将車、童女・下仕・雑仕、編代〉」（五節の帳台の試み）は、その例。定家本「かた〱のさうし」を、類従本は「女院上西門院中宮の御方〱のさうし」に作る。

端者—召使いの女。『殿暦』康和五年（一一〇三）一一月一五日条の「斎院御方半物三人装束、自二内方一被レ進」（五節の淵酔）は、その例。『玉葉』の頭書は、「今日女院半物《はしたもの》四人、中宮半物二人、上西門院半物二人、幷雑仕等、在二東釣殿一見物。其装束尽レ善尽レ美」と、善美を尽くした衣装の一端を伝えている。

いろいろさまざまの袖を連ねたり—打出の着物の袖が、御簾の下に連なっている。『栄花物語』（殿上の花見）の「今日は女房、白き衣どもに、濃き打ちたる、紅梅の唐衣打出でわたしたり。はえわたり、をかしう見ゆ」は、同様の情景である。『兵範記』仁安二年（一一六七）一一月一四日条の「下官着二端座一、右中将実宗朝臣、左少将脩範朝臣、右少将泰通朝臣以下廿余人連レ袖」（五節の淵酔）や、『六百番歌合』の「いつしかと袖を連ぬる百敷に万代めぐる春のさかづき」（元日宴・四番右8・藤原隆信）は、官人が並んでいるさまをあらわしている。

【資料1】関係図（四角は出席している女院）

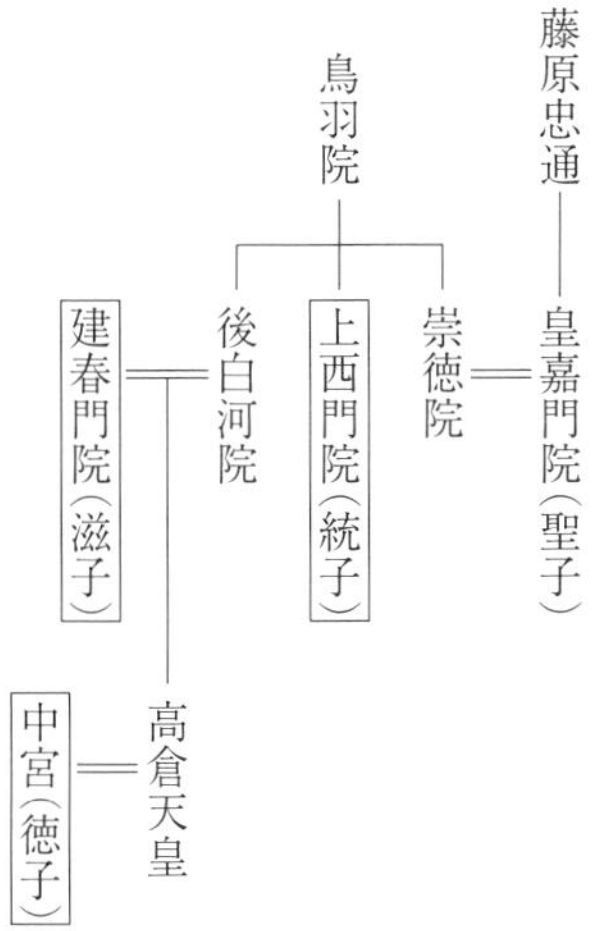

4　後白河院・天皇出御

南の島《しま》には武者所その数《かず》ならびゐる。楽屋《かくや》の西《にし》の方《かた》には院《ゐん》の御随身《みずいしん》ども狩装束《かりさうぞく》にてふるまひあへり。汀《みきは》の松《まつ》には藤《ふち》の花《はな》を結《むす》びかけて鶴《つる》の巣《す》くひたるかたをすゑ《へ》たり。軒《のき》の前《まへ》の植木《うへき》どもにはいろいろの花《はな》を作《つく》りつけたれば風《かせ》にも散《ち》らず。すべて山《やま》の勢《いきは》ひ、水の色《いろ》、万代《よろつよ》をよばひ、十《と》たび澄《す》まむけしき、かねて知《し》りぬべし。

その時、法皇出御。大床子《(だいしやうじ)》の戌亥《いぬゐ》の方《かた》に立《た》ちたまへれば、仁和寺法親王、三衣《(さんえ)》の筥《はこ》を取《と》りて御前に置《を》く。次《つき》に、関白《くわんはく》、帛袷《はかう》を敷《し》きて後《のち》、天皇出御。すでに御拝はてて二所《ふたところ》入御。その後《ち》、三所の殿上をかけたる五位まゐ《い》りて御拝《はい》の座《さ》を改《あらた》む。また《又》法皇出御。法親王三衣の筥《はこ》を大床子の辰巳《たつみ》のすみに置《を》きたまふ《給》。次《つき》に天皇大床子につかせたまひをはりぬ。

南の島―法住寺南殿の池にある島。池には大小の島があり、小さい島が「南の島」にあたる。反橋によって南庭とつながっている。また、その南にある大きい方の島、中島に向かって橋がかかっていた（太田静六「後白河上皇の御所「法住寺南殿」の考察」、『寝殿造の研究』一九八七年・吉川弘文館、所収）。『兵範記』仁安二年（一一六七）正月二〇日条に「南庭反橋南小嶋、餝大鼓鉦鼓、其東南池上、敷レ板立二楽屋一」（皇太子憲仁親王、法住寺殿へ朝覲行啓）とある。

武者所その数ならびゐる―「武者所」は、院の御所を警護する武士の詰所のこと。ここでは、伺候する武士のこと。南の島には警備のための武者たちが詰めていた。『後二条師通記』寛治五年（一〇九一）閏七月二日条の「院武者所依二仰旨一、各致二美麗一、調二儲狩襖・袴一云々」（相撲の時の装束）、『中右記』長治元年（一一〇四）四月一八日条の「武者所卅人許、候二御車後一」（白河院、賀茂祭を見物）は、その例。「その数」は多数の意。『九暦』天暦元年（九四七）一二月一七日条の「奏云、不参及申二故障一之輩有二其数一」は、その例。

楽屋の西の方―「楽屋」は、楽人・舞人の控え所。御賀記に「おのおの池の汀を東にゆきて楽屋へいたる」（9）とあり、その後に詳細な描写がある。『玉葉』三月四日条には、「次行事参議〈左、左近中将実家卿、右、右近中将実守卿〉、率二舞人・楽人等一、入レ自二西中門一、渡二南庭一〈胡床南〉、着二楽屋一」とあり、南殿の東にあったものと思われる。また、楽屋の中についても、「左行事・舞人・楽人、歴二左鉦鼓北一、入レ自二楽屋北第一間一。右行事舞人・楽人、歴二右鉦鼓南一、入レ自二楽屋南第一間一、其座二行対座」と記している。行幸などのあるごとに仮に設けており、ここでは池の東側にあった。

院の御随身ども―護衛兵であり、上皇の場合は近衛将曹二人、府生二人、番長二人、近衛八人の計一四名。行幸の際の警衛をする役であり、また夜回りをして院の御所を警備するのが役目であった。『玉葉』には、「此間隆季卿、召二院御随身一人一〈在二巽角池畔一〉」とある。「御随身」らは「楽屋の西の方」にいた。

狩装束―遊猟の際の装束。しかし、狩りに限ったことではなく、『栄花物語』（布引の滝）には、関白藤原師実が布引の滝を見に行った際、「道の程いとをかしう、さまざまの狩装束などいふ方なし」として遠出の際に着用しており、身動きのしやすさなどから、賀宴の警備などにも適していたと思われる。『中右記部類』第二七・斎宮群行下・天治二年（一一二五）九月一四日条に、「於二京極東二条辺一、女房等祓。乗二網代車一、東河前駆留レ之。或女房以下、着二狩装束一騎レ馬云々」（斎宮守子内親王賀茂川の御禊）があるが、これは女房の衣裳。

ふるまひあへり―威儀をつくろって身のこなしをする。『蜻蛉日記』（天延二年（九七四）一一月）に「六位なるものの太刀佩きたる、ふるまひ出で来て、前のかたにひざまづきて、ものを言ふに」（賀茂臨時祭）とある。

汀の松には藤の花を結びかけて―松に藤の花のかかる取り合わせは、神仙思想や隠逸思想の象徴。『続日本後紀』嘉承二年（八四九）三月二六日条の「磯の上の緑の松は百種《ももくさ》に葛《かづら》に別《こと》に藤の花開き栄えて万世に皇《きみ》を鎮《いは》へり」（仁明天皇四〇賀の長歌）は、神仙世界を表現するとともに、天皇の長寿をことほいでいる。以後、「緑なる松にかかれる藤なれどおのがころとぞ花は咲きける」（『貫之集』50、「（延喜十五年の春、斎院の御屏風の和歌、内裏《うち》の仰せによりてたてまつる）池のほとりに、藤の花、松にかかれる」）などと、屏風歌に詠まれることが多い。片桐洋一「松にかかれる藤浪の」（『古今和歌集の研究』一九九一年・明治書院、所収）参照。

鶴の巣くひたるかたをすゑたり―鶴が巣くう作り物を松に置いた。松と鶴の取り合わせは、不老長寿を託した神仙思想を表し、めでたさを象徴する。すでに中国の詩文にみえる。「かた」は作り物のこと。「磯の上の緑の松は百種に……沢の鶴命を長み浜に出でて歓び舞ひて満ち潮の断《た》ゆる時無く万代に皇を鎮へり」（前項に引いた仁明天皇四〇賀の長歌)、「万世を松にぞ君を祝ひつる千年のかげに住まむと思へば」(『古今集』賀・356、「良岑経也が四十の賀に、むすめに代りて詠みはべりける」素性法師)など、長寿をことほぐ和歌に詠むことが多い。

㈡造二亀鶴鷺鴛之類一、或居二庭樹一、或浮二池水一(『仁平御賀記』)

『定能卿記』や『玉葉』にはこの記述はなく、御賀記の独自である。また、「藤の花を結びかけて」・「鶴の巣くひたるかたをすゑたり」と対になっている。御賀記は、この後楽屋の様子を「楽屋のありさま、まことにいかめしかりき。裏表唐錦の幔に金の文をつく。螺鈿の柱に唐茜の綱、棟には銀の鶴をすゑたり」(9)としており、楽屋の棟にも作り物と思われる「銀《しろがね》の鶴」を置いている。

軒の前の植木どもにはいろいろの花を作りつけたれば風にも散らず――造花を植木につけた。御代の平穏、安泰を象徴する表現であろう。

すべて山の勢ひ、水の色、万代をよばひ、十たび澄まむけしき、かねて知りぬべし――この部分は、次のような対句になっている。

すべて（山の勢ひ、　（万代をよばひ、
　　　（水の色、　　（十たび澄まんけしき、　かねて知りぬべし。

「山の勢ひ」は、漢語の「山勢」に同じか。「海天東望夕茫茫、山勢川形濶《ヒロク》復長」(『白氏文集』巻二〇・1374、「江楼夕望招レ客」)とあるように、山の形勢、ありさまの意。「山」は、ここでは法住寺殿の東に迫る東山。「万代をよばひ」は、天子の御代を讃えるかのように、山から万歳と呼ぶ声が聞こえたということ。山から「万代(万歳)」の声が聞こえてきたという瑞祥の故事を踏まえる。『史記』(巻一二・孝武本紀)の「三月、遂東幸二緱氏一、礼登二中嶽太室一。従官在二山下一、聞レ若レ有レ言二万歳一云。問レ上、上不レ言。問レ下、下不レ言」にある、漢の武帝が太室山に登ったときのできごとを踏まえている。「万代と三笠の山ぞ呼ばふなる天の下こそ楽しかるらし」(『和漢朗詠集』祝・776、『拾遺集』賀・274・仲算法師、初句「声高く」）は、その一例。

「水」は、法住寺南殿の池の水。中国では、黄河を流れる水の「色」が「澄む」と、聖人が現れると言われており、これを踏まえている。「黄河清而聖人生、里社鳴而聖人出」（『文選』巻五三、魏の李康「運命論」）、「丹丘千年一焼、黄河千年一清。今案云、同趣也。出㆓王子年拾遺記第一㆒。周易云、千年一聖人生則黄河清」（『世俗諺文』上巻「俟《マツ》㆓河之清㆒」）は、その例。日本では、「千歳すむ池の汀の八重桜かげさへ底にかさねてぞ見る」（『千載集』613・賀歌「堀河院御時鳥羽殿行幸日、池上花といへる心をよみはべりける」藤原俊忠）、「君が代に十たび澄むべき水の色を汲みて知りける山の声かな」（『千五百番歌合』祝・2150・藤原有家）ほか、天皇の御代がいつまでもつづくと描くことが多いが、千年に一度の聖人の出現について言うことはない。また、河の水が「十たび」澄むという典拠は未見。河の水の色が千年に一度澄むという故事が対をなす例には、藤原有国「讃㆓法華経廿八品㆒和歌序」（『本朝文粋』巻第一一・349）の「鴨河東流、一清之色浪静、亀山西峙《ソバダチテ》、万歳之声風伝」や、「なほこの院のけしき有様の、山の嵐万代呼ばふ声を伝へ、池の水も千歳の影を澄まして、待ち取りてたてまつりたまひき」（『今鏡』すべらき上・初春）などがある。

かねて知りぬべし―「山の勢ひ」「水の色」のたたずまいによって、早くも今が聖代であるとわかることを示そうとしている。つまり、高倉天皇の御代を称えるとともに、父後白河院をも称える表現である。

その時、法皇出御―「その時」は、『定能卿記』によれば、「未時」。後白河院のお出まし。

○上皇到㆓御座㆒、天皇到㆓地敷㆒（『新儀式』巻四・天皇奉㆑賀㆓上皇御算㆒事）

(仁)次上皇出御〈但簾南中歟〉（『仁平御賀記』）

巳刻法皇出㆓御御簾御座㆒（『兵範記』）

大床子の戌亥の方に立ちたまへれば―「大床子」は、天皇がすわる、机の形をした四脚の腰掛け。ここでは上皇が用いている。食事・理髪などの際に用いる。『源氏物語』（桐壺）には、「朝餉のけしきばかりふれさせたまひて、大床子の御膳などは、いとはるかにおぼしめしたれば」とある。形状やその敷物については、「大床子一脚〈長四尺五寸、広二尺四寸、高一尺三寸〉」（『延喜式』巻三四・木工寮）などの説明がある。「未時上皇御二大床子乾辺一」（『定能卿記』）、「法皇〈御法服、赤色御袍、平絹平袈裟、御草鞋〉、出レ自二母屋東第一妻戸一、歴二東御厨子北頭一〈仁平出三御自二北母屋際障内一〉、立二御大床子乾辺一」（『玉葉』）とあり、院は、まず「大床子の戌亥の方に立」っている。

○于レ時法皇出レ自二南廂中戸一、大床子辺立御（『西宮記』臨時八・太上天皇賀事）

(康)但上皇出三御自二寝殿母屋中障子戸一、御二大床子乾角一（『殿暦』）

午刻人々参集。上皇出二御大床子辺一〈当二西角程一云々〉（『中右記』）

仁和寺法親王―守覚法親王（↓人物伝54）のこと。後白河院の御子。

三衣の筥を取りて御前に置く―「三衣の筥」は、法衣を納める箱。「三衣」は、僧尼の着る僧伽梨《そうぎゃり》（大衣・九条衣）・鬱多羅僧《うったらそう》（上衣・七条衣）・安陀会《あんだえ》（中衣・五条衣）の三種の衣。袈裟。『殿暦』天永三年（一一一二）三月一八日条の「先有二御拝一。其儀余取二上皇三衣筥一、置二大床子上一」（白河院六〇賀後宴）は、その例。法親王が「三衣の筥」を院の御前に置いた。賀宴における守覚法親王の奉仕の内容は、『法親王供奉御賀儀』に見える。『玉葉』には「仁和寺法親王〈守覚法親王者院御子也〉、着二法服一〈赤色袍、浮線綾平袈裟等也、予雖レ有下可レ着二香染一之儀上、不レ然〉参上、自二東方一取二法皇三衣筥一〈在二北庇仮御所一〉、置二法皇御前一、歴二本路一退下〈余不三臨二見此作法一、追可三尋二記之一〉」、『定能卿記』には「未時上皇御二大床子乾辺一〈御室取二三衣筥一、令レ置二御前一給〉」とある。『仁平御賀記』の後宴の記事には、「大床子乾方〈左大臣、持二三衣筥一〉」とあり、「三衣の筥」を用意したのは左大臣藤原頼長であった。

次に、関白、帛袷を敷きて後、天皇出御―「帛袷」は、置畳の上に用いる白絹の裏付きの敷物。四方に鎮子（おもし、おさえ）を置き天皇の御拝の座とする。『玉葉』には「次関白出レ自二一棟廊一、……進二跪母屋際屏風下一、取二帛袷一、更出レ庇東進、覆二御座上一、取二鎮子一置二四隅一」とあり、関白藤原基房（→人物伝17）が「帛袷」を取って高倉天皇の「御座」に敷いている。『定能卿記』は、「御装束儀如レ式。仍不二委記一」と省略している。次に引く康和の賀宴では、関白ではなく右大臣藤原忠実が御拝の地鋪を敷いている。

㊈天皇進二地鋪一御拝舞〈先御拝以前、右大臣参進、敷二御拝地鋪一、暫退帰之後、有二御拝儀一者〉（『中右記』）

次頭弁来、仰下可レ敷二御拝座一之由上。余則進二御座辺一、取下置二御敷物上一之鎮子上〈犀形、銅〉置レ傍。取二御敷物一天開、敷二御座上一〈東西サマニ敷レ之〉。御座ヨリ余四乃端ヲ畳下ニ挿。是前例也（『殿暦』）

㊁次関白殿下、取二帛袷一覆二御座茵上一、〈四方余押《ヲ》二入座下一、置二犀形金銅鎮子一〉（『仁平御賀記』後宴）

同第四間東面西却二立平文大床子一、為二主上御座一、当二上皇御座南庇一、敷二繧繝端帖二枚一、其上供二帛袷一〈臨レ期供レ之〉（『兵範記』後宴）

すでに御拝はてて―「御拝」は、儀式で祝意、謝意などを表す礼の形式。まず再拝し、立ったまま上体を前屈して左右を見、袖に手をそえて左右に振り、次にひざまずき左右を見て一揖、さらに立って再拝する。『玉葉』の「主上出レ自二一棟廊東第一間南面妻戸一〈注略〉、経二寝殿西簀子一、入レ自二南庇西向妻戸一〈於二件戸下一召二御笏一〉、自二廂東一進、於二帛袷上一拝舞」の「拝舞」が「御拝」に当たる。『定能卿記』には、「天皇渡御。即御拝如レ常。即還御」とあり、院が出御した後、天皇出御して「御拝」におよぶ。この次第は、次に引く『中右記』に同じ。

○暫天皇褰二東戸簾一参入、至二地鋪上一拝舞〈把レ笏着レ靴。衆樹・兼茂持二璽剣一候。右大臣以下候〉（『西宮記』臨時八・太上天皇賀事）

天皇到二地敷一、拝舞訖出御矣（『新儀式』巻四・天皇奉レ賀二上皇御算一事）

(康)次御拝如㆓元二日行幸㆒（『殿暦』）
上皇出㆓御大床子辺㆒〈当㆓西角㆒程云々〉、天皇進㆓地鋪㆒、御拝舞〈先御拝以前、右大臣参進敷㆓御拝地鋪㆒。暫退帰之後、有㆓御拝儀㆒者〉（『中右記』）
(仁)御拝之儀〈右左右云々。違㆓凡人㆒歟〉、無㆓見及之人㆒（『仁平御賀記』後宴）
上皇出御。……次主上〈注略〉自㆓西北廊南面東第一間戸㆒出御。……至㆓于御拝座㆒、有㆓御舞踏事㆒（『兵範記』後宴）

『玉葉』の自注には、「此間閉㆓東中門㆒、不㆑使㆔雑人見㆓此儀㆒。是康和例也。延喜・天永、御拝之間、垂㆓廂御簾㆒。先㆑是関白問㆑余曰、康和垂㆓御簾㆒之由、覚悟如何。余対曰、先雖㆑垂㆑之、猶有㆑議被㆑上之旨、見㆓日記㆒者」とあり、「東中門」を閉じて「雑人」には「御拝」の儀を見せなかった。頭書にも、「検非違使入㆓中門内㆒、近衛者及関白已下随身、皆悉追㆓出之㆒。如㆓去正月行幸㆒。時忠立㆓中門廊㆒行㆑之」と、「随身」を追い出している。『中右記』も、「雖㆑上㆓廂御簾㆒、衆人不㆑見㆓其儀㆒〈閉㆓中門㆒、万人被㆑出㆑外也〉」と、「中門」を閉じて「万人」を追い出したので、「衆人」には見られなかったと記している。『仁平御賀記』にも、「又中門内雑人、皆悉被㆔追㆓出之㆒〈閉㆓中門扉㆒〉」。御拝之儀〈右左右云々。違㆓凡人㆒歟〉、無㆓見及之人㆒」とある。なお『殿暦』によれば、「御拝」は元日二日の朝覲行幸の時のようであったという。

二所入御――「御拝」のあと、院と天皇が御休息所へ還御。『定能卿記』には「即御拝如㆑常。即還御。上皇入御」、『玉葉』には「訖経㆓本路㆒還㆓御休所㆒〈注略〉。次法皇入御」とある。

(康)御拝訖退㆓御御休所㆒（『殿暦』）
(仁)御拝畢、両主入御（『仁平御賀記』後宴）
御拝礼畢、経㆓本路㆒暫還㆓御御所㆒。法皇入御（『兵範記』後宴）

この後、『定能卿記』には「御室取二三衣筥一、令レ置二本所一云々」、『玉葉』には「法親王参上、撤二三衣筥一云々〈同不二見及一〉」とあり、いったん「三衣筥」を「本所」に移している。その模様を『法親王供奉御賀儀』は、「法親王取レ筥　入レ自二南面東第三間一、跪二法皇御前一取レ之。法皇入御〈経二本路一〉。法親王返二置筥於本所一退、経二本路一置レ之、出レ自二南廂東第三間一左廻、跪着二挿鞋一暫退、復二休所座一」と記している。

その後、三所の殿上をかけたる五位まゐりて―「三所をかけたる五位」は、『玉葉』の「兼二三所一〈内、院、建春門院〉殿上之五位侍臣」によれば、高倉天皇、後白河院、建春門院滋子の殿上を許された五位の侍臣の意。「かく」は兼任するの意。『紫式部日記』寛弘五年（一〇〇八）一〇月一六日の、「かねてより、うへの女房、宮にかけてさぶらふ五人は、まゐりつどひてさぶらふ」（一条天皇の土御門殿行幸）は、内裏の女房で中宮彰子の女房を兼ねる例。また『西宮記』（太上天皇賀事）には、「次供二法王膳一〈右兵衛督当時等、舁二御台盤二基一。殿上侍臣等奉仕。用二院内相兼者一〉」と、院・天皇の殿上侍臣を兼ねた者が御膳に奉仕するとある。

御拝の座を改む―『定能卿記』には「御室取二三衣筥一、令レ置二本所一云々。即撤二御拝座一」と、守覚法親王が「三衣筥」を移した後、「御拝座」を撤去したとある。『玉葉』には「次兼二三所一〈注略〉殿上之五位侍臣、撤二御拝座一〈帛袷・茵・畳皆撤レ之〉置二鬼間一〈注略〉。康和例、此間垂二庇御簾一。是白川院御出家之後、不レ令レ見レ人給一之故也。今度不レ垂レ之、仁平例也」とあり、「御拝座」を撤去してから、仁平時にならって御簾は下ろさなかった。これによれば、「座を改む」の中身は敷物を撤去する程度のようである。

(仁)両主入御。……次雅頼、信頼、朝雅等、撤二御拝座一（『仁平御賀記』後宴）

法皇入御。次撤二御拝座一（『兵範記』後宴）

また法皇出御。法親王三衣の筥を大床子の辰巳のすみに置きたまふ。次に天皇大床子につかせたまひをはりぬ―ふたたび法皇と天皇の出御。また、法親王もふたたび法皇の御前に「三衣の筥」を置き、ついで天皇は「大床子」

に着いた。「次上皇御二大床子一〈三衣筥如レ初〉。主上同御二床子一」（『定能卿記』）、「次法皇着二御大床子御座一〈南面〉。法親王置二三衣筥一退下如レ初〈不二見及一〉。次主上渡御〈今度召二御草鞋一。於二西向妻戸下一脱二御之一〉。歴二初路一着二御大床子一〈東面。今度猶不レ置二剣璽一〉」（『玉葉』）は、御賀記のとおり。大床子は二つあり、院は南面、天皇は東面とある。なお御賀記に記述はないが、出御の由を、「此間頭弁長方朝臣、告二出御之由一」（『定能卿記』）、「次頭弁長方朝臣、依二関白命一、告二出御之由於諸卿一」（『玉葉』）と、頭弁藤原長方が「諸卿」に伝えている。『法親王供奉御賀儀』には、

又候二同筥役一事〈第二度〉

撤二御拝座一了、近臣告二召由一。

法親王参進取レ筥。

其路如レ初。

法皇着二御床子一。

於二大床子北一、脱二御挿鞋一、昇二着御座一。

法皇王置二筥於大床子上巽角一

跪二大床子巽辺一置レ之。進二寄大床子北方、直二御挿鞋一〈鼻向レ北〉退。到二簀子敷一左廻、着二挿鞋一退、復二休所座一。

とあり、先の奉仕と変わらない。『定能卿記』の「三衣筥如レ初」は、「御室取二三衣筥一、令レ置二御前一給」（『玉葉』）と同じ。なお康和の御賀には、入御と再度の出御の記事がない。

(仁)次上皇着二御大床子一〈自二東第三間母屋一出御。其儀如レ初〉。次主上着二御大床子一〈自二東第四間東面一出御。其儀如レ初〉（『仁平御賀記』後宴）

次上皇着二御大床子一。左府参進如レ前。随二御旨一、主上重渡御、御二西大床子一」（『兵範記』後宴）

5　献物の事

その後《ゝち》、大臣以下、饗の座を起《た》ちて中門のほかに出《い》づ。蔵人を経《へ》たる五位、籠物《こもの》をとりて公卿にたてまつる。蔵人を経《へ》ざる五位、殿上人にさづく。侍従よりしもつかた、みづからよりてとる。おのおの《を〱》これをささ《ゝ》げて御前の庭に立《た》つ。公卿ひとならび、殿上人、侍従、内竪、諸衛判官、已上ひとならび、立《た》ちさだまりてのち、物《もの》の《ゝ》名をとなふ。左大臣、院の別当を召《め》す。右大弁長方朝臣、中門の外《と》より、別当、判官代をひき具《ぐ》して公卿の前《まへ》によりて籠《こ》物をたまはる。その後《ゝち》、おのおの《を〱》中門の外《と》へ出《い》でぬ。行事の主典代《すてんたい》、献物《こんもち》を御厨子所《みつしところ》へ運《はこ》びわたす。このたびの上卿にて、中宮大夫、事お《を》こなはる。献物《こんもち》物の折《おり》に、東《ひむかし》の釣《つり》殿の上《うへ》に、院の殿上人その数《かす》立《た》ち出《い》でたりしを、御随身近武を召《め》して追《を》ひ入《いゝ》れられぬ。

その後―頭弁長方（→人物伝81）が後白河院、高倉天皇の出御を諸卿に伝えた後、院への献物の事が始まる。
㊁告二御出之由一。次有二献物事一。蔵人弁範家・外記俊兼、立二中門外幔門際一、行二此事一（『仁平御賀記』）ただ、『西宮記』（臨時八・太上天皇賀事）には、「次依レ仰召二太子一〈参否無レ見〉。此間有二捧物事一」とあって、延喜一六年（九一六）三月七日の宇多院五〇賀の時は、天皇の御拝が終わって、皇太子を召す間に行っていた。

大臣以下、饗の座を起ちて中門のほかに出づ―院への献物のために、左大臣以下が、参集していた「饗饌座」から

「西中門外」へ降り立った。『定能卿記』に「左府以下起レ座、下二立西中門外一〈南面。先レ是公卿参二集饗饌座一。公卿太略参歟〉」、『玉葉』に「次頭弁長方朝臣、依二関白命一、告二出御之由於諸卿一〈左大臣以下在二饗座一〉、次左大臣以下、降レ従二中門廊外方一、列二立西中門外一〈左大臣立二中門中央北際一。並東上南面〉」とある。

(康)此間王卿着二饗饌座一。但余依二別屋一、不レ着二件座一（『殿暦』。院の御座の装束を改める間に、王卿らが饗饌の座についた）

(仁)今度無二中門外列立一。雑人猥雑、難レ得レ列レ庭之故歟。仍太政大臣以下、下二立中門一。侍従大夫取二籠物一献（『仁平御賀記』後宴。雑人が紛れ込んだため中門外の列立は取りやめている。『兵範記』とは異なる）

太政大臣・左大臣・右大臣・内大臣以下公卿、参二集西廊饗一。……次太政大臣〈実〉・左大臣〈頼〉……左宰相中将師長朝臣、列二立西中門外一（『兵範記』後宴）

蔵人を経たる五位―蔵人を経験したことのある五位。『玉葉』に「歴二蔵人一之五位〈地下〉取二献物一、授二大臣以下参議已上一〈不レ歴二蔵人一之五位、授二殿上人一〉」とある。

籠物をとりて公卿にたてまつる―「籠物」は、果物を籠に入れて木の枝を付けたもの。「籠物百捧」（3）として用意されていた。その項を参照。これを「西中門外」で、公卿らに手渡している。『源氏物語』（桐壺）に、「その日の御前の折櫃物、籠物など、右大弁なむうけたまはりて仕うまつらせける」（光源氏元服の儀）とあり、『河海抄』は、「献《コ》物也。或籠物〈葉籠ともいふ〉。西宮記云、木物枝物〈共菓子也〉。籠を組みて、薄様を敷きて、五菓を入れて、木枝或松に付なり」と注しており、籠の中に、木の枝などに付けた菓子を入れていた。『定能卿記』には、「大臣以下、……」の項の引用につづいて、「各挿レ笏取二献物一〈公卿新《ニ》蔵人五位進レ之、侍臣新《ニ》式部民部大夫等之《ママ》〉」、『玉葉』も前項の引用につづいて、「歴二蔵人一之五位〈地下〉取二献物一、授二大臣以下参議已上一〈不レ歴二蔵人一之五位、授二殿上人一〉」とある。

○有二捧物事一〈親王以下諸衛官人・内豎等取レ之〉（『西宮記』臨時八・太上天皇賀事）
次親王以下、侍従内豎諸衛判官執二御贄一、進レ自二東台南辺一（『新儀式』巻四・天皇奉レ賀二上皇御算一事）
＊ともに親王も献物を受け取っている。

(康)公卿以下、執二御贄一〈献物歟〉、進レ自二西中門一、列二立前庭中一〈公卿先参二集西屋饗饌座一〉。左大臣〈俊〉……
新宰相中将〈家政。遅参歟〉（『中右記』）
次献物、左大臣以下、取二献物一天、諸大夫取レ之授。諸卿入レ自二西中門一立二庭中一。先左大臣、次余、次内大臣、以下次第立了。二行（『殿暦』）
(仁)仍太政大臣以下、下二立中門一。侍従大夫取二籠物一献。殿上人已上〈公卿皆立レ之。為二院司一之輩不レ立レ之。可レ給之故也。舞人同立レ之。蔵人五位進二公卿一、次五位進二殿上人一〉（『仁平御賀記』後宴）
＊中門で手渡すところを記録している。
籠物百捧、安《オキ》二台二荷一、儲二中門外南掖一〈色法如レ例。大膳職儲レ之〉（『兵範記』後宴）

蔵人を経ざる五位、殿上人にさづく—さきの「蔵人を経たる五位」の項に引いた『玉葉』に同様の記事がある。

(康)殿上人一列、右近中将顕実朝臣以下卅人許也。地下諸大夫等在二列末一（『中右記』）

(仁)殿上人已上〈……蔵人五位進二公卿一、次五位進二殿上人一〉（『仁平御賀記』）

次殿上侍臣、右中将師仲朝臣以下、侍従諸衛判官以下、同以取レ之、列二公卿後一〈公卿一列、四位以下一列、総二行也。東上北面。諸大夫幷六位以下列二中門外一。侍従大夫一々取レ之、伝二大臣以下雲客以上職官人一。又伝二侍従以下件役人一。外記催レ之〉。雁列定畢（『兵範記』）

「籠物」は、「蔵人を経たる五位」は「公卿」に、「蔵人を経ざる五位」は「殿上人」に渡すと、位階による区別があった。「蔵人を経ざる五位」からここまでは、

（蔵人を経たる五位、籠物をとりて公卿にたてまつる。
　蔵人を経ざる五位、　殿上人にさづく。

と、対を考慮した構成になっている。

侍従よりしもつかた、みづからよりてとる――「侍従」以下の者はみずから「籠物」を受け取った。『玉葉』『定能卿記』にこのことは記さないが、『仁平御賀記』には、「侍従大夫取二籠物一献」と見える。

おのおのこれをささげて御前の庭に立つ――公卿・殿上人らが寝殿の前庭に並ぶ。『定能卿記』には「公卿・殿上人為二衛府一人、皆副レ弓〈注略〉。列二立庭中一」とある。『玉葉』については、「公卿ひとならび……」の項を参照。

○次親王以下、侍従内竪諸衛判官執二御贄一、進レ自二東台南辺一、列二立庭中一（『新儀式』）

(康)公卿以下執二御贄一〈献物歟〉、進レ自二西中門一、列二立前庭中一〈公卿先参二集西屋饗饌座一〉（『中右記』）

次献物、左大臣以下、取二献物一天、諸大夫取レ之授。諸卿入レ自二西中門一立二庭中一（『殿暦』）

(仁)殿上人已上〈注略〉、公卿以下、各捧二献物一、入レ自二中門一（『仁平御賀記』後宴）

次太政大臣〈実〉・左大臣〈頼〉……左宰相中将師長朝臣、列二立西中門外一。各取二献物一〈籠物百棒、覆二紅薄様一、付二松枝一□〉、入レ自二中門一、列二立南庭一（『兵範記』後宴）

公卿ひとならび、殿上人、侍従、内豎、諸衛判官、已上ひとならび――公卿の列の後に四位以下が、献物を持って二列に並ぶ。『玉葉』に「入レ従二中門一〈不レ練依レ持レ物也〉、列二立前庭一〈立定之時不レ揖、依レ持レ物也〉。参議已上一列、四五六位一列、〈四五位殿上・地下大夫・六位外記・史、諸衛判官・内豎等也。非参議院司不レ立レ列、為二受二取献物一也。此列末立二於中門外一。……〉」、『定能卿記』に「公卿・殿上人為二衛府一人皆副レ弓〈注略〉列二立庭中一。……頭中将実宗朝臣以下、舞人・楽人皆立レ之〈公卿一列、侍臣一列。皆浅沓〉。地下諸大夫・諸衛判官等有二列末一〈但中門外立レ之〉」とある。その並び方は、「並東上北面」（『玉葉』）であった。

(康)左大臣〈俊〉……大蔵卿〈道良。已上一列〉。藤大納言〈公実卿〉・新宰相中将〈家政。遅参歟〉・殿上人一列。右近中将顕実朝臣以下卅人許也。地下諸大夫等在二列末一（『中右記』）

先左大臣、次余、次内大臣、以下次第立了。二行（『殿暦』）

(仁)殿上人已上〈注略〉、公卿以下、各捧二献物一、入レ自二中門一。列立二行〈東上北面、公卿一列、殿上人一列。……〉（『仁平御賀記』後宴）

次殿上侍臣……同以取レ之、列二公卿後一〈公卿一列、四位以下一列、総二行也。東上北面。……〉（『兵範記』後宴）

立ちさだまりてのち―献物をする人々の立つ位置が定まること。『玉葉』には、「左大臣以下、指レ笏取二献物一〈注略〉、入レ従二中門一〈注略〉、列二立前庭一〈立定之時不レ揖。依レ持レ物也〉」と見える。また、「並東上北面、中門内人皆列立了〈左大臣始当二南階西開柱一而立、依二人数多一、漸東進、当二同階東柱一而立〉」とあり、人数が多いために列が次第に東へ移っていったことが分かる。反対に『定能卿記』は、「地下諸大夫・諸衛判官等有二列末一〈但中門外立レ之〉」と、中門外すなわち西に延びたと記している。仁平の後宴では、「列立二行〈……今日侍従大夫以下不レ立レ列。雲客以上人数、已満之故也〉」（『仁平御賀記』）、「諸大夫幷六位以下、列二中門外一」（『兵範記』）と、「侍従大夫以下」は並ばなかった、中門外にはみ出たなどと記している。

(康)以下次第立了。立定後称二物名一（『殿暦』）

(仁)列立二行〈注略〉、立定之後（『仁平御賀記』後宴）

列二公卿後一〈注略〉、雁列定畢（『兵範記』後宴）

物の名をとなふ―献物（籠物）を捧呈する際に、その物品の名を言うこと。はじめに大臣が「松の実」を言うのが恒例であった。この時の声は、みな「微音」であったらしい。『定能卿記』には、「次左府以下称二物名一〈松実、微音〉」、『玉葉』には、「左大臣以下称二物名一〈松実、余同称レ之、共微音。内府以下不レ聞〉」とある。

○有二捧物事一〈親王以下諸衛官人・内豎等取レ之。各称二物名一。……〉（『西宮記』）

次親王以下、侍従内豎諸衛判官執二御贄一、進レ自二東台南辺一、列二立庭中一。訖各称二物名一（『新儀式』）

（康）立定後称二物名一、左大臣称二松子一。余又同。次々同前（『殿暦』）

（仁）大相国称二侑松子一（『兵範記』後宴）

なお「松実」については、御賀記にはみえないが、『玉葉』や『定能卿記』にはみえる。『小右記』長元五年（一〇三二）一一月二六日条に「中納言来、同車向二新造西家一〈亥時〉。不二反閇一。只始宿許也。食二五菓一〈松実・栢・栗・干棗・柘榴〉。中納言陪膳。少時退。食夕膳」（藤原実資、新築の西家に初めて宿す）、『後二条師通記』寛治七年（一〇九三）六月一〇日条に「御高坏一本居二五菓等一〈松子・干棗・李・桃・啓《ママ》栗〉。女房居レ之。供レ之次第松子。次自レ東廻而食レ之云々」（藤原師通、東三条院から高陽院へ移る）とある。

左大臣、院の別当を召す——左大臣らが院別当を召した。院の官人をとおして献物するためである。「大臣両三歩傍二行東方一、召二院司名一〈其詞、長方朝臣。二音召レ之。自称物名ハ頗高召レ之、……〉」（『玉葉』）、「其後召二院別当、長方朝臣一。各二音」（『定能卿記』）とある。

○有二捧物事一〈……各称二物名一〈若不レ問歟〉。貫主式部卿親王、召二院別当宗岳一給レ之〉（『西宮記』）

次親王以下、……訖各称二物名一。貫主親王、喚二院別当名一〈延喜六年、只称二物名一退帰。同十六年、雖レ喚二別当一、依二不参一直退出〉（『新儀式』）

（康）貫主左大臣召二院司一。別当修理大夫顕季朝臣以下、至二六位判官代十余人一出二庭中一〈進レ従二西中門一〉（『中右記』）

称二物名一了後、左大臣召二院司一〈二音、顕季朝臣ト召レ之〉（『殿暦』）

㊁太政大臣、召二朝隆朝臣一。二声〈院司也。忠盛朝臣、雖レ為二上首一、不レ召レ之。如何。朝隆朝臣、位階雖二下﨟一、為二貫主一之故歟〉（『仁平御賀記』後宴）

次大相国召二院司名一〈朝隆朝臣二音〉。右大弁朝隆、率二院司刑部卿忠盛朝臣〈頭弁上﨟也。依レ為二貫主一、列二彼下﨟一歟。但院中役不レ可レ然云々〉、……右中弁光頼朝臣、已上別当、蔵人左少弁右衛門権佐範家、……下官、已上判官代一（『兵範記』後宴）

右大弁長方朝臣、中門の外より、別当、判官代をひき具して―院司らが、献物を受け取るために、御前の庭に入ってきた。

於二中門外一称唯参、以上院司・別当・判官代等廿一人也〈自二西中門一入〉（『定能卿記』）

即長方朝臣以下別当判官代等、入レ自二西中門一（『玉葉』）

長方が院別当らを率いることについては、

其後召二院別当・長方朝臣一各二音〈長方朝臣院司五﨟也。然而依レ為二頭弁一立レ上。是仁平例也〉（『定能卿記』）

大臣両三歩傍二行東方一、召二院司名一〈其詞、長方朝臣。二音召レ之。自称物名ハ頗高召レ之、抑親信朝臣位、在二長方上一。而仁平忠盛朝臣位、雖レ在二朝隆朝臣上一〈大弁蔵人頭〉、奏二事由一列二忠盛上一。今依二彼例一、長方列二親信上一歟〉（『玉葉』）

と、二つの注記がある。つまり、長方は院司としては「五﨟」と序列は低いが、官職が「頭弁」であるので上に立った（『定能卿記』）。もう一つには、藤原親信は長方より上位であるが、事の由を奏して忠盛の上に立たせたという前例に則って、親信を越えて長方を召したという（『玉葉』）。『玉葉』のいう「事由」が何かは不明であるが、『定能卿記』の「依レ為二頭弁一」、前項の『仁平御賀記』に「為二貫主一之故歟」、『兵範記』に「依レ為二貫主一」とあることからすると、蔵人頭であることが根拠と考えてよい。つまりこの前例をもとに、長方が召され、院別当、判官代を率いることになったのである。この問題については、浜畑圭吾「安元御賀と故実―『玉葉』における仁平御賀の先例を中心に―」（『国文学論叢』六二輯・二〇一七年二月）参照。

(康)別当修理大夫顕季朝臣以下、至二六位判官代一十余人出二庭中一〈進レ従二西中門一〉、進二公卿列前一（『中右記』）

左大臣召二院司一〈二音、顕季朝臣ト召レ之〉、顕季朝臣率二院司等一参（『殿暦』）

(仁)朝隆朝臣、称唯、率二忠盛、師行等朝臣以下院司等一。入レ自二中門一、経二公卿前一、至二太政大臣前一（『仁平御賀記』後宴）

右大弁朝隆、率二院司刑部卿忠盛朝臣……右中弁光頼朝臣、已上別当、蔵人左少弁右衛門権佐範家、……下官、已上判官代一入二西中門一、経二上達部前一、進レ東頭弁至二于大相国前一（『兵範記』後宴）

公卿の前によりて籠物をたまはる―長方ら院司が、「東上北面」（『玉葉』）して並んでいる公卿らの前に進み出て、天皇から院への「献物」を受け取った。『定能卿記』には「各請二取公卿物所《ママ》レ持献物一退帰」、『玉葉』には「入レ自二西中門一、経二公卿列前一。請二取左大臣以下所レ持之献物一。院司跪指レ笏〈注略〉、立受二献物一。公卿乍レ立授二献物一〈注略〉。左府授二長方一〈注略〉、余授二親信一〈注略〉。以下院司不二覚悟一」とある。

(康)進二公卿列前一、各取二公卿持《モチタル》献物一、帰二於西中門一〈殿上人以下付二院司一、後付二院司一〉（『中右記』）

顕季朝臣率二院司等一参、各取二献物一（『殿暦』）

(仁)至二太政大臣前一、搢《ハサミテ》レ笏跪、給二献物一。退出。忠盛朝臣、給二左大臣献物一。師行朝臣、給二右大臣献物一。参議已上、次第如レ此。殿上人乍レ持、帰二出中門外一（『仁平御賀記』後宴）

進レ東頭弁至二于大相国前一、跪差レ笏。大臣同跪授二籠物一、頭弁取レ之。左廻還出。忠盛以下作法次第如レ此。殿上人以下、乍レ捧二籠物一還出（『兵範記』後宴）

その後、おのおの中門の外へ出でぬ―献物の受け渡しが終わって、院司らは御前の庭から退出した。『定能卿記』には「各請二取公卿物所《ママ》レ持献物一退帰。侍臣乍レ持出二中門一、賜二主典代等一了」とある。『玉葉』には「左大臣揖、離レ経二列前一〈不レ練〉退帰。出レ自二中門一之間、雑人濫吹。仍還入昇二中門内方一。次余〈左府一許丈進出間也〉揖離レ列、同昇レ自二中門内方一。以下亦復如レ是。納言已上皆歴二此路一。参議少々有下出二中門外一之輩上歟」と、「中門外」に出ようとしたものの、「雑人」の乱暴狼藉があって阻まれたとある。御賀記の記事は実際とは異なる。『新儀式』には「貫主親王、喚二院別当名一。以レ次退出」とあり、公卿らの退出について述べている。

公卿皆毎レ授二献物一抜レ笏。此間殿上人乍レ持二献物一右廻、歴二列後一退出〈注略〉。院司皆請取了〈今日院司甚多。大略人別請取之間、列立歴レ程、太以難レ堪。於二納言以下者一、一身請二取両三之献物一、是先例也。法皇後日、令難《ママ》給人数繁多由云々〉、左大臣揖、経二列前一〈不レ練〉退帰（『玉葉』）。「ママ」の箇所の訓は、「人数繁多の由を難ぜしめ給ふと云々」。院の苦情である。

(康)帰二於西中門一〈殿上人以下付二院司一、後付二院司一〉（『中右記』）

各取二献物一、出二中門一之後、諸卿又帰出。其儀如二拝礼一。余昇レ自二中門内方一（『殿暦』）

(仁)殿上人乍レ持、帰二出中門外一、授二院司一。或又有二入已《ヲハル》之人一。雲客退出之後、公卿自二上臈一退出〈其父過レ前之時、其子退レ列居レ後〉（『仁平御賀記』後宴）

殿上人以下、乍レ捧二籠物一還出。……大臣以下還二出中門外一、各昇殿（『兵範記』）

行事の主典代、献物を御厨子所へ運びわたす―「行事」は、朝廷の公事、儀式などにおいて主としてその事を掌った役。「主典代」は、院庁の文書・記録の作成や雑事に従事した職員。「従僧群参、取二香爐筥一。行事兼雅卿、仰二主典代一雖二制止一、全不二承引一」（『愚昧記』安元二年八月一三日条。建春門院五七日の法会）は、「行事」と「主典代」の例。「御厨子所」は、内膳司に属し、天皇・上皇の御膳を供し、節会などに酒肴を調える所。『中右記』寛治七年（一〇九三）一二月一六日条に「御厨子所供二菓子・干物等一」（弓場始）とある。「献物」は、中門外で引き継がれ、「行事の主典代」が「御厨子所」へ運び込んだ。『定能卿記』には、「侍臣乍レ持出二中門一、賜二主典代等一了」とあって、さらに中門で「主典代」が受け取っている。

(仁)殿上人乍レ持、帰二出中門外一、授二院司一（『仁平御賀記』後宴）

殿上人以下、乍レ捧二籠物一還出、於二中門外一、付二院司一畢〈献物役《ハ》昇殿人除二院司一外皆列レ之。雖二舞人楽人一、不レ遁レ役也。院司又雖レ為二楽人一、請二取之一。六位捧物《ハ》主典代庁官等、直請レ之〉（『兵範記』後宴）

献物を「御厨子所」へ運んだとする記録は他にない。献物の儀の後、「次諸衛舎人舁二長物一、退三出自二西中門一授二召仕一」（『玉葉』）、「賜二主典代等一了。……諸衛舎人、荷二出長物於中門外一」（『定能卿記』）と、「長物」（屯物）を召使いらに渡しているが、御賀記には何も記していない。「長物」は屯食（屯物）に同じ。屯食は「屯食百荷、……」（3）の項を参照。「長物」はその大きな入れ物でもある。

○亦有二屯物一（『西宮記』）

諸衛舎人、持二屯物一退出〈屯物未レ御之前、立二流水東庭一也。召使院司頒二給之一〉（『新儀式』）

(康)諸衛舎人、持二屯物一退出〈屯物未レ有二行幸一前、預置二西中門内外一也〉、付二院司一（『中右記』）

(仁)次令三舁二出長物於中門外一。次令三諸陣吉上舁二出四足之外一、院二ノ呂《ママ》次於二門外一請二取之一（『仁平御賀記』後宴）

次六府舎人・府生・番長、舁二出屯物於中門外一、授二院司年預主典代以平一。相二逢大外記師業一、如レ数請預。即二支配院中下部一云々（『兵範記』後宴）

このたびの上卿にて―「上卿」は、朝廷の公事における執行の責任者に指名された公卿。『九暦』天慶八年（九四五）一二月二〇日条の「先レ是左右兵衛陣、列二於長楽門以南一也。依レ遅レ列而上卿仰二外記一令レ催レ列」（荷前）は、その一例。『山槐記』安元元年（一一七五）八月一六日条には、「太上法皇明年満二五十御算一。仍公家可レ被レ行二賀礼一。……今日被レ仰二上卿一、始二行事所一。伝聞、未始刻、蔵人左衛門権佐光雅〈注略〉、向二中宮大夫〈隆季大納言〉亭一〈大宮西、四条北四条面〉。大夫〈冠直衣〉出二客亭一、権佐着レ座。仰云、明年御賀事令レ行ヨ者《テヘリ》〈行事所始日二被レ仰二上卿一事、仁平例云々。已上大夫後日被二注送一旨如レ此〉」とあり、権大納言藤原隆季が賀宴の上卿に命じられていた。白河院の五〇賀宴では、「先以二権大納言家忠卿一、為二御賀上卿一由、被二仰下一也」（『中右記』康和四年〔一一〇二〕三月七日条）とあり、権大納言藤原家忠が行事執行の上卿であった。

中宮大夫、事おこなはる――「中宮大夫」は藤原隆季（→人物伝98）。隆季はさきに「院別当権大納言」（1）とあった。その項を参照。中宮大夫を兼任（『公卿補任』）。「事おこなはる」は、隆季が賀宴の進行を執り行ったということ。「おこなはる」の「る」は尊敬の助動詞。つづく「追ひ入れられぬ」の「られ」も同様。以下の記事では隆季の行為については敬語を用いる。記者隆房が父への敬意を表しているのであろうか。

献物物の折に――「物」は衍字か。

東の釣殿の上に、院の殿上人その数立ち出でたりしを――「東の釣殿」は、法住寺南殿の東小寝殿から南に向かって東透廊が延び、その先端が池に臨む所にあった。『兵範記』仁安三年（一一六八）八月四日条に「東釣殿土馬道以北三ケ間、西面格子間、各垂二翠簾一、出二几帳等一、宮女房出二綵袖一」（高倉天皇朝覲行幸）とあり、『玉葉』（三月五日）にも、「次建春門院・中宮女房、於二東釣殿一乗レ船」と見える。「上」とあることについては、「釣殿の上下」（3）の項を参照。「その数」は、数の多いことをいう。「南の島には武者所その数ならびゐる」（4）とある。その項を参照。「院の殿上人」が多数入り込んでいた。

御随身近武を召して追ひ入れられぬ――「近武」は、中臣近武のこと（→人物伝19）。後白河院の「御随身近武」に、「院の殿上人」を追い払わせた。この騒ぎを『玉葉』は、左大臣以下が、「献物」を取って「前庭」に整列していた時のこととして、「此間、隆季卿召二院御随身一人一〈在二巽角池畔一〉、令下追中入在二東廊一院殿上人等上。先隆季揚レ声、称二可レ突レ頸之由一。付二其声一見二遣東方一、院殿上人等数人、群二居上西門院御所南広庇一。大臣以下列二立庭中一、彼輩等居二堂上一直下《ミオロス》。未曾有事也。今隆季之所レ行、人以為レ可」と記している。院の殿上人たちが「群居」していたのは「東の釣殿の上」ではなく、上西門院の居所であった。上西門院の居所は、『玉葉』（三月五日）に「次余・内府以下、歴二寝殿南面一〈庇簾皆垂レ之、不レ出二几帳一〉、及二東小寝殿・上西門院御所廊等一、於二中釣殿一乗レ船」とあるとおり、東小寝殿から池に向かう東透廊にあった。「東の釣殿」の北側に当たる。庭に居並ぶ大臣たちを見下ろすのは、「未曾有事」であり、その輩を追い払った隆季の行為は評価された。先に「その後、おのおの中門の外へ出でぬ」の項で、『玉葉』が記す、献物受け渡しの後、「中門」での「雑人の濫吹」によって、公卿らの「退帰」が妨げられたできごとを取り上げた。催しを見物する人々の乱暴狼藉や非礼等は常のことであった。

6　御膳、御座所の設え

次に、院の御方《かた》の御前の物を参《まい》らす。陪膳、権大納言隆季《たかすゑ》。役、宰相。内の御方《かた》の御前物、左衛門督宗《むね》盛《もり》。役、四位。

〈役送、両頭已下四位五位、重衡左馬頭、経房右中弁、時実少将、親宗権弁、資盛侍従〉

その後《ゝち》、入御。五位の殿上人、御装束をあらたむ。母屋《もや》の御簾《みす》を垂《た》れて、南《みなみ》の廂《ひさし》の西第七の間《ま》に繧繝《うけん》二枚を敷《し》く。その上《うへ》に錦《ゝしき》の縁《へり》の龍鬢《りうひん》をのべて、唐錦《からにしき》の茵《しとね》を敷《し》きて、院の御座《さ》とす。東西北《ひむかしにしきた》、五尺屏風三帖《てう》を立《た》てめぐらす。おなじき間《ま》の南西《みなみにし》の御簾《みす》を垂《た》れて、おなじき廂《ひさし》の第五間、繧繝《うげむ》二枚を敷《し》く。その上《うへ》に東京の錦《にしき》の茵《しとね》を敷《し》きて、天皇の御座とす。階《はし》の東の簀子《すのこ》に、菅円座を敷《し》きて、法親王の座とす。おなじき階《はし》の西の簀子《すのこ》に、円座を敷《し》きて、公卿の座とす。左右近衛、胡床《（こしやう）》を立《た》つ。掃部寮《かもんれう》、階《はし》の下《もと》に座を敷《し》く。

次に、近衛司《つかさ》、胡床につく。

次に、二《ふた》所出御。関白、御前の座につく。頭中将実宗《さねむね》、公卿を召《め》す。大臣以下、御前の座につく。関白、右兵衛督頼盛《よりもり》を召《め》して、法親王召《め》すべきよしをおほす。次に、三所の殿上人、階《はし》の下《もと》の座につく。

次に、院の御方の御前の物を参らす——「院の御方」は後白河院。「御前の物」は天皇・上皇・中宮・東宮・摂関ら貴顕に供する食事。御膳。おもの。『殿暦』天永元年（一一一〇）二月二四日条の「午刻許主上御出、其儀如㆑常〈主上御前物、余勤㆓仕之㆒〉。陪膳右大将」（鳥羽天皇、六条殿へ朝覲行幸し、引きつづき滞在）は、その一例。ここは後白河院に供する御膳。『定能卿記』は、「次供㆓上皇御膳㆒。陪膳中宮大夫隆季、役送参議成範卿以下六人歟」とのみ記し、『玉葉』は、「次供㆓上皇御膳㆒」以下に、公卿らが「御膳」を備えているところへ向かうこと、陪膳の中宮大夫（隆季）が「打敷」を上皇の「御座」に敷いてその南に候したこと、役送の参議成範以下が御膳を運び入れ、隆季が供しおわって退くところまでを、詳細に記録している。

○次供㆓法王膳㆒（『西宮記』）

献物之間、供㆓上皇御膳㆒（『新儀式』）

(康)次供㆓上皇御膳㆒（『中右記』）

次供㆓上皇御膳㆒（『殿暦』）

(仁)次供二法皇御膳一（『仁平御賀記』後宴）

次供二上皇御膳一（『兵範記』後宴）

陪膳、権大納言隆季――「陪膳」は、天皇や貴人の食事の際に給仕をすること、またそれをする人。『源氏物語』（桐壺）の「ものなども聞こし召さず、朝餉《あさがれひ》の気色ばかりふれさせたまひて、大床子の御膳《おもの》などはいとはるかに思し召したれば、陪膳にさぶらふ限りは、心苦しき御気色を見たてまつり嘆く」、『殿暦』天仁二年（一一〇九）九月六日条の「此間供二御膳一。……参議為二役送一、民部卿為二陪膳一〈北第二間簾中供レ之。陪膳候二簾中一、役送候二於簾外一〉」（白河院、高陽院に御幸）は、その例。『定能卿記』に、「陪膳中宮大夫隆季卿」とあり、隆季が奉仕した。『玉葉』は、「次中宮大夫〈在二対代東面弘庇北辺一〉、向二便所一解レ剣、指レ笏取二打敷一、経二二棟廊南簀子并寝殿西簀子一、入レ自二西面妻戸一、敷二法皇御座南辺一留候」と、「陪膳」は「御座」へ向かい、「打敷」を敷いて控えた。

○参議一人陪膳（『新儀式』）

(康)民部卿陪膳（『中右記』）

陪膳民部卿俊明卿、委趣見二右大弁記一（『殿暦』）。『中右記』の記者藤原宗忠の「記」に詳しいと述べており、宗忠には賀宴の記があったのだろう）

(仁)権大納言公教卿、取二打敷一、経二西簀子一、入二南庇西一向レ戸、東行至二御座間一、大床子前敷レ之、少退候（『仁平御賀記』後宴）

権大納言公教卿□二打敷一、入レ自二南廂西一向レ戸、経二庇東一行、入レ自二御座間一、供二大床子前一（『兵範記』後宴）

『仁平御賀記』によれば、「御膳の物」の際には、まず「陪膳」が上皇の御膳に控える。なお、右の『兵範記』の欠字は、『仁平御賀記』によって「取」と考えられる。

役、宰相――「役」は役送のことで、儀式や饗宴での食事において、その場へ貴人の膳を運び給仕役（陪膳）に取り次ぐこと、また「役送」をする人。益送も同じ。

次居二御前物一具一、陪膳左少将有家朝臣。依二他人遅参一、二人御料、共為二陪膳一。役送大夫八人〈清実朝臣……〉（『中右記』康和四年〔一一〇二〕二月一七日条、高陽院で藤原忠通・泰子の着袴の儀）

次御前物〈大納言雅俊陪膳〉、参議役送〈但参議数少、両頭供レ之〉」（『殿暦』天永二年〔一一一一〕二月一四日条。鳥羽殿にて小弓・鞠・管絃の興）

は、「御前物」「陪膳」「役送」がともに見える例。「役、宰相」は、役送を勤めるのは宰相（参議）であるということ。役送を勤めた「宰相」は、「役送参議成範卿以下六人歟」（『定能卿記』）、「参議成範以下、及散三位等〈二位兼房・三位基通等不レ役レ之〉、舁二御台盤二脚一〈各二人〉、取二御盤六枚一、一々供二進之一。其路皆同二陪膳一〈御膳体可二尋記一。但台盤・御盤等有二螺鈿一〉」（『玉葉』）によって、藤原成範（→人物伝69）以下の者であったことが分かる。隆季が御前に控えてから、御膳を運び入れる。また、「役送」の者の通る道筋は、陪膳と同じであった。

○右兵衛督当時等、舁二御台盤二基一。殿上侍臣等奉仕。用二院内相兼者一（『西宮記』）

参議一人陪膳、殿上四位五位供膳〈兼二院殿上一者用レ之。延喜六年、供二銀御台四基幷高坏物一矣。又献物之前供レ之〉（『新儀式』）

(康)次供二上皇御膳一〈民部卿陪膳、宰相等益二供之一〉（『中右記』）

(仁)次従二位兼長卿・参議教長卿、舁二一御台盤一、従三位忠能卿・参議経宗朝臣、舁二二台盤一。次参議公通朝臣、供二四種一。次参議為通朝臣、供二御飯一。次参議雅通朝臣、供二盛物六杯一。次参議師長朝臣、供二六杯一。次兼長卿、供二窪杯物・四杯汁盃一。次教長卿、供二汁一盃・焼物二杯・汁実一杯一。次忠能、供二水垸一。次経宗朝臣、供二御酒盞一（『仁平御賀記』後宴。注は省略）

二位中将兼長、宰相中将教長、舁二御台盤一、修理大夫忠能卿・参議為通朝臣、舁二御台盤一〈件御台盤蒔絵螺

鈿鏤㆓金銀㆒、入㆓瑠璃㆒云々〉。四種蓋盤以下、参議次第役㆑之云々（『兵範記』後宴）

内の御方の御前物、左衛門督宗盛―高倉天皇の御膳。陪膳は、左衛門督宗盛（↓人物伝77）。陪膳とはことわっていないが、「陪膳左衛門督宗盛卿」（『定能卿記』）、「陪膳左衛門督宗盛卿〈……康和宗通卿、仁平重通卿。共為㆓左衛門督㆒。勤㆓主上陪膳㆒〉」（『玉葉』。「仁平重通卿」は国書刊行会本によって補った）によって、宗盛が陪膳を勤めたことは明らかである。

○次供㆓御膳㆒〈兼茂朝臣供㆑之〉（『西宮記』）

次供㆓御膳台盤二脚㆒（『新儀式』）

(康)次供㆓主上御膳㆒〈陪膳《ハ》左衛門督、役供《ハ》二所殿上四位〉（『中右記』）

(仁)次供㆓主上御膳㆒。陪膳中納言重通卿幷蔵人頭右大弁朝隆。一御台盤〈注也。其路如㆓公教卿㆒〉、師仲、成雅、行通、光忠等朝臣以下、相互役㆓送之㆒〈両方殿上四位也。如㆓尋常昼御膳㆒云々〉（『仁平御賀記』後宴）

又供㆓主上御膳㆒。左衛門督重通卿〈解㆓弓箭㆒挿㆑笏〉・頭弁等、舁㆓一御台盤㆒。左衛門督為㆓陪膳㆒。忠盛・家長、舁㆓二台盤㆒。三方《ヲ》兼殿上四位勤㆓益送㆒（『兵範記』後宴）

左衛門督が天皇の陪膳を勤めるのは、康和・仁平の御賀にならっている。なお、『定能卿記』には「両方不㆑供㆓御酒㆒」とあり、院・天皇に酒を供さなかった。前例は「次供㆓御酒㆒〈延喜十六年、法皇供㆓御茶㆒也〉」（『新儀式』）、「次経宗朝臣、供㆓御酒盞㆒。……両方御膳居畢、供㆓主上御酒㆒三行。陪膳如㆑前。参議取㆓瓶子㆒」（『仁平御賀記』）と、酒を供する場合と、『中右記』の「供㆓参議㆒被㆑止也〈供㆓御酒㆒儀、同被㆑止〉」のように供しない場合とがあった。

役、四位―高倉天皇の「役」（役送）は「四位」。ただ底本の勘注によれば、「両頭已下四位五位」つまり蔵人頭である藤原実宗（↓人物伝52）・藤原長方の二名と平重衡（↓人物伝57）らである。「院の御方の」からここまでの文章は、次のように対をなしている。

（院の御方の御前の物を参らす。陪膳、権大納言隆季。役、宰相。
内の御方の御前物、　左衛門督宗盛。役、四位。

〈役送、両頭已下四位五位、重衡左馬頭、**経房**右中弁、**時実**少将、**親宗**権弁、**資盛**侍従**〉**―定家による注。「重衡」の左下に踊字のようなものがあり、櫻井陽子・渡邉裕美子・鈴木裕子「『安元御賀記』翻刻」（『平家公達草紙―『平家物語』読者が創った美しき貴公子たちの物語』二〇一七年・笠間書院、所収）では「朝臣」とするが、衍字と見なす。高倉天皇の「役送」が重衡以下五名であったことは、他の資料に所見がない。『定能卿記』には、「役送両貫主以下三所四位殿上人七人歟〈頭中将実宗昇二御台盤一後、舞人楽人、不レ勤二此役一〉」とある。なお、『玉葉』には、「陪膳左衛門督宗盛卿〈注略〉与二実宗朝臣一、昇二第一御台盤一参進〈注略〉。入レ自二主上御座東辺一供、大床子東面廼《スナハチ》留候〈実宗退下〉。長方朝臣以下、兼二三所昇殿一四位侍臣等、供二第二御台盤及御盤等一〈如二昼御膳一。台盤無二螺鈿一〉。舞人楽人、不レ預二此役一」とある。これによれば、陪膳役の宗盛は役送も兼ねていた。また実宗は、御膳を搬送の後その場に控えることなく退いている。舞人楽人は役にはあたっていない。

その後、入御―御膳がすんで、院・天皇が御休所に退いたということ。『定能卿記』に、「次上皇入御〈三衣筥如レ初〉、次天皇入御」、『玉葉』に、「次主上経二本路一還御〈於二西面戸下一、供二御挿鞋一。関白候二御裾一〉。次法皇入御〈隆季卿先参進、申下可二入御一之由上。若二先例一歟。可レ尋レ之〉」とある。両記では「入御」の順序が異なっている。

『西宮記』『殿暦』『新儀式』にこの件の記事なし。

（康）上皇・主上入御（『中右記』）

（仁）次両主共入御（『仁平御賀記』後宴）

両方供膳畢、上皇・主上入御（『兵範記』後宴）

五位の殿上人――五位で昇殿を許された人。『玉葉』には、「次兼二三所殿上一五位之侍臣、改二御装束一」とあり、「三所」つまり高倉天皇・後白河院・建春門院への昇殿を許された人のことである。「三所の殿上をかけたる五位」（4）の項を参照。

（仁）次直二御装束一。……為二上皇御座一〈南向〉。……為二主上御座一〈東向〉。……為二公卿座一〈御装束役等、三方兼殿上五位勤レ之。五位蔵人範家・顕遠等為二統領一〉（『兵範記』後宴）

御装束をあらたむ――院・天皇が「入御」している間に、寝殿の調度・装飾などの設えを改めた。以下「御装束」の中身を詳細に記している。『殿暦』天永三年（一一一二）三月一八日条には、「次改二御装束一、垂二母屋御簾一〈注略〉。主上御座東面〈常行幸儀南面也〉、御装束了」とあり、白河院六〇賀の後宴において、宴を行う母屋の装束を改めている。『定能卿記』には、「次改二御装束一、供二平敷御座一〈公卿以下座、如二朝覲行幸一〉」とある。『玉葉』の対応する記述は右に引いた。

（康）上皇主上入御。次供二平敷御座一〈母屋中央間以西御簾垂〉（『中右記』）

（仁）次両主共入御。次供二平敷御座南庇東第三間一。……（『仁平御賀記』後宴）

上皇主上入御。次直二御装束一。南庇東第三間、垂二西南御簾一。……（『兵範記』後宴）

母屋の御簾を垂れて――寝殿の母屋の装束を改める時に御簾を下ろした。『玉葉』には「母屋南西二面御簾皆垂レ之、……同庇東第三間〈建春門院御座西間也〉、垂二南西二面簾一」とあって、南と西二面の御簾を降ろしている。母屋を垂れる先例については、前項の『中右記』『兵範記』参照。

南の廂の西第七の間――『玉葉』に「同庇東第三間〈建春門院御座西間也〉」とあり、その位置はこれに同じ。

繧繝二枚を敷く――「繧繝」は、錦の名。同じ色を濃・中・淡の三層にぼかして染めあるいは織り出すこと。ここは繧繝端（縁）の畳のこと。畳のへりが繧繝となっている。『後二条師通記』寛治七年（一〇九三）二月二二日条の

「南廂当二御帳間一、敷二繧繝端畳二枚一、加二地鋪一。謂二之龍尾筵一。有二唐錦茵一枚一」（篤子内親王の立后、高陽院の装束）は一例。『玉葉』は後白河院の座所を「其中鋪二繧繝端畳二枚一〈東西妻〉、其上敷二唐錦縁龍鬢二枚一、其上敷二唐錦茵一」と記しており、以下の記述と対応している。

その上に錦の縁の龍鬢をのべて―「龍鬢」は、畳の上などに敷いて座席とした筵。彩り豊かな細藺《ほそい》で織る。その縁に錦を施していた。『後二条師通記』寛治五年（一〇九一）一〇月二五日条に、「御帳前敷二繧繝二枚一。有二龍鬢一其上敷二茵一枚一」（篤子内親王入内）とある。

唐錦の茵を敷きて―唐錦の模様がある座布団を敷いて。「唐錦」は、外国渡来の錦。「宮御方に被レ設二御座一。繧繝二枚、其上龍鬢唐錦茵等也」（『殿暦』嘉承二年（一一〇七）一〇月二八日条。鳥羽天皇、令子内親王のもとへ渡御）、「立二大床子一、其前供二平敷御座一〈唐錦茵、龍鬢地鋪、繧繝帖〉」（『御産部類記』巻七所引『大記』康和五年（一一〇三）正月二五日。白河院、女御藤原苡子所生の宗仁親王と対面）は、その例。

院の御座とす―『玉葉』は、右の「繧繝」の語釈に引いた記事につづいて、「為二法皇平敷御座一〈法皇御座与二主上御座一、隔二一間一〉」と記している。高倉天皇とは「一間を隔て」ていた。『中右記』には、「上皇・主上入御。次供二平敷御座一〈母屋中央間以レ西御簾垂〉」とある。「平敷御座」は、高御座《たかみくら》に対して床に畳の上に敷物を敷いた御座。

(仁)次供二平敷御座南庇東第三間一、敷二繧繝端帖二枚一、其上供二龍鬢地鋪二枚、唐錦茵等一、為二上皇御座一〈南面〉（『仁平御賀記』後宴）

南庇東第三間、垂二西南御簾一、其中敷二繧繝縁畳二枚一、其上施二龍鬢土敷二枚一、供二唐錦茵一、為二上皇御座一〈南向〉（『兵範記』後宴）

東西北、五尺屏風三帖を立てめぐらす―上皇の座の三方に屏風を置いた。『御産部類記』巻八の「東西北面、立二五尺白御屏風一」（元永二年（一一一九）六月七日）では、顕仁親王（崇徳天皇）の御湯殿儀の折に寝殿の南庇に屏風を立てたとある。『殿暦』永久三年（一一一五）九月二一日条の「母屋西第二三四間東西北三方、立二廻五尺泥絵〈倭絵〉御屏風五帖一」では、藤原忠実の富家別業へ御幸した白河院の御座所に立てている。『兵範記』仁平二年（一一五二）三月六日条（仁平御賀前日）は、「母屋巡北庇東第一間、東西北三面、立二五尺御屏風三帖一、……為二美福門院御所一」と、鳥羽殿の美福門院の御座に屏風を巡らしたことを記している。『玉葉』には、「東西北三面、立二廻五尺屏風三帖一」とある。天皇の座所については記事が見えない。

おなじき間の南西の御簾を垂れて―「おなじき」は、さきの「院の御座」と同じということ。『玉葉』に「其儀、母屋南西二面御簾皆垂レ之」と見える。

おなじき廂の第五間―「第五間」と「第七の間」とは、『玉葉』の「法皇御座与二主上御座一、隔二一間一」によって、一間の間隔のあったことが分かる。『玉葉』には、「母屋南西二面御簾皆垂レ之〈注略〉。南庇階間敷二繧繝端畳一枚一〈南北妻〉、其上加二東京茵一〈已上皆始ノ所ニ敷レ之。御拝座也〉、為二主上平敷御座一」とある。

繧繝二枚を敷く―院と同じく「繧繝畳二枚」を敷いている。先例である仁平の賀宴の設えに倣うものである。

(仁)同第五間、敷二繧繝端帖、東京錦茵一、為二主上御座一（『仁平御賀記』後宴）

同第五間、敷二繧繝縁畳一枚一、其上施二東京錦茵一、為二主上御座一〈東向〉（『兵範記』後宴）

その上に東京の錦の茵を敷きて―「東京の錦の茵」は、唐の東京で産出した錦、またはそれに似せて日本で織ったもの。白地に赤く蝶・鳥などの文様を織りだしている。『源氏物語』（初音）に、「唐の東京《とうぎやう》錦《き》のことごとしき縁《はし》さしたる褥《しとね》に、をかしげなる琴《きん》うちおき」（河内本・別本）と見える。『花鳥余情』は、「唐東京錦茵、藤の円文の白綾方一尺八寸、縁《へり》白地錦四方二寸許、裏蘇芳平絹無レ縁也。今案、白地錦を東京錦といへるなり」と注する。『殿暦』永久三年（一一一五）五月二五日条に、「東第二間敷二高麗端帖一枚一〈注略〉、其上敷二土敷幷東京錦茵一、為二大臣座一」（東三条院にて、源雅実、任右大臣の慶を申す）とある。

天皇の御座とす―「天皇の御座」の設えはさきの「おなじき廂の第五間」の項に引いた『玉葉』に対応し、『仁平御賀記』『兵範記』とも一致する。

階の東の簀子―「簀子」は、寝殿の外周部の濡縁。『定能卿記』には、「次召二法親王一〈注略〉。即着レ座〈注略〉。自二東簀子一着レ之。其座南階東簀子也」、『玉葉』には、「次敷二法親王及公卿円座一〈法親王座、当二法皇御座間簀子敷一鋪レ之。公卿座、南階西簀子及透渡殿二行敷レ之〉」とある。

菅円座を敷きて―「菅円座《すげのわろうだ》」は、菅を縄に綯い、渦状に巻いて平たく組んだ敷物。『後二条師通記』寛治七年（一〇九三）四月二一日条の「傍《ソヒテ》二身屋《モヤ》御簾一、立二四尺御屏風五帖一。……置二菅円座一枚一」は、その例。これを法親王の座とした。敷物としては簡素であり、院・天皇との相違は歴然としている。

法親王の座とす―『玉葉』の記事はさきの「階の東の簀子」の項に引いた。『法親王供奉御賀儀』には、「法親王着座　取二三衣一〈不レ用二従僧一〉参進、跪二南栄東第二間一〈加二孫廂一計レ之〉。於二菅円座北頭一脱二挿鞋一、右廻着レ座、座右押二遣挿鞋一、座前置レ笏」とある。

おなじき階の西の簀子に、円座を敷きて、公卿の座とす―『定能卿記』には「公卿以下座、如二朝覲行幸一」とあり、朝覲行幸の時と同じ場所に設えたという。

（康）公卿以下座如レ式……蔵人頭左中弁重資朝臣召二公卿一。一々着座（『中右記』）

（仁）以二西南階簀子一、敷二菅円座一、為二公卿座一（『仁平御賀記』）

南簀子階間、以二西并西南及渡殿等一、敷二菅円座一、為二公卿座一〈御装束役等、三方兼殿上五位勤レ之。五位蔵人範家、顕遠、為二統領一〉（『兵範記』）

左右近衛、胡床を立つ―「胡床」は貴族や武官が、おもに戸外で用いた腰掛け。『和名抄』（巻一四・坐臥具）に

「風俗通云、霊帝好胡服、京皆作胡床〈此間名阿久良〉」と見える。ここでは「こしやう」と読んだが、『和名抄』によれば「あぐら」とも読むか。『小右記』寛仁二年（一〇一八）一〇月二二日条の「諸卿復幄座、左右近陣立胡床祗候」（後一条天皇、上東門第へ行幸）は、その例。『定能卿記』には、「次立胡床」、『玉葉』には、「南階東西庭、立左右胡床」とある。近衛府の下官が設置し、ここでは、後文のとおり「近衛司」が座っている。

(仁)巳刻法皇出御御簾中御座、左右近衛立胡床於南庭（『兵範記』）

掃部寮―宮中の清掃や種々の儀式の設営等をつかさどる役所。『和名抄』（巻五・官名）に「掃部寮〈加牟毛里乃豆加佐〉」とある。『枕草子』（なほめでたきこと）に、「清涼殿の御前に、掃部寮《かもんづかさ》の畳を敷きて」とあって、賀茂・石清水臨時祭での職務に触れている。

階の下に座を敷く―御賀記以外の記録には、「掃部寮」が「座を敷く」とする記事は見えない。「可令敷宜陽殿座之事、仰左少弁説孝、掃部寮敷座了」（『小右記』長徳二年（九九六）一〇月一三日条。郡司読奏）は、掃部寮が座を敷くという例。「掃部寮」が「座を敷く」のは、『玉葉』の「南階東西霤《アマダレ》外、敷両方殿上侍臣座〈内西《ハ》、両院東《ハ》〉」に当たるのだろう。

(仁)南階以東砌、敷黄縁畳、為院殿上人座。同西敷同帖、為内殿上人座（『兵範記』後宴）

『玉葉』の記事によって、「階の下に」敷いた座に座るのは、後白河院・建春門院・高倉天皇の「殿上侍臣」であることが分かる。右の『兵範記』は仁平御賀の後宴の記事であるが、これも院・天皇の殿上人の座について記している。

次に、近衛司、胡床につく―先に立てた「胡床」に近衛府の官人が座ること。『定能卿記』は、「次立胡床、次将陣前庭」と記し、その注に、「左中将雅長朝臣」以下八人（藤原雅長・平知盛・源通資・平時実・藤原光能・源通親・藤原清通・藤原家光）の、「胡床」に座る近衛府官人の名前を挙げている。

次に、二所出御――「二所」は、後白河院と高倉天皇。『定能卿記』には、「次主上渡御〈二位中将兼房・右宰相中将実守候㆓剣璽㆒〉」とあるが、院の出御については触れていない。『玉葉』には、「次法皇着㆓御簾中平鋪御座㆒〈注略〉。……次主上歴㆓初道㆒〈仁平自㆓母屋際簾㆒出御云々〉、著㆓御平敷御座㆒〈注略〉」とある。院・天皇が順次着座している。

（康）上皇随㆓御旨㆒、主上出御〈宰相中将二人候㆓剣璽㆒〉（『中右記』）。「上皇」の下、「出御」を脱するか

（仁）次上皇出御、随㆓御旨㆒、主上出御（『仁平御賀記』後宴）

次上皇出㆓御簾中御座㆒。……次主上随㆓御旨㆒出御（『兵範記』後宴）

関白、御前の座につく――『定能卿記』は、天皇の渡御につづいて、「関白令㆑着㆑座」と記している。『玉葉』は関白の着座については述べず、公卿らの着座の後、「次関白被㆑仰㆓参議一人可㆑参之由㆒」と、関白の指示を記しているので、すでに着座していたことが分かる。

（仁）次以㆓朝隆朝臣㆒召㆓公卿㆒。関白以下、参㆓着欄下座㆒（『仁平御賀記』後宴）

殿下令㆑着㆓南階円座㆒給（『兵範記』後宴）

頭中将実宗、公卿を召す。大臣以下、御前の座につく――藤原実宗が公卿を召し、大臣以下が御前の座についた。『定能卿記』には、「次頭中将実宗朝臣召㆓公卿㆒。左大臣以下一々着座」とある。『玉葉』は、天皇の着座と御剣・神璽をその座に供すると記した後に、「次以㆓実宗朝臣㆒召㆓公卿㆒〈実宗向㆓饗座㆒召㆑之〉、次左大臣以下着㆓簀子敷座㆒〈余於㆓西対代東弘庇辺㆒立㆓加之㆒〉」とある。

（康）蔵人頭左中弁重資朝臣召㆓公卿㆒。一々着座（『中右記』）

（仁）次頭弁依㆓天気㆒、召㆓公卿㆒。次太政大臣・左大臣・右大臣・内大臣以下卿相等、次第着㆑座（『兵範記』後宴）

＊『仁平御賀記』の記事については前項を参照。

関白、右兵衛督頼盛を召して、法親王召すべきよしをおほす――関白藤原基房の指示で平頼盛（→人物伝94）が守覚法親王を召す。『定能卿記』には、「次召㆓法親王㆒〈仁和寺守覚法親王、右衛門督頼盛卿召㆑之。起㆑座廻㆓寝殿北㆒。彼宿所小御堂也〉。即着座〈自持㆓三衣筥㆒〉」と見えるが、関白の指示によることは述べていない。『玉葉』には、「次関白被㆑仰㆓参議一人可㆑参之由㆒、隆季卿伝《ツタヘ》㆓仰《オホス》之㆒。廼《スナハチ》参議右兵衛督頼盛卿参進、跪《ヒザマヅキテ》候㆓関白座下㆒〈先隆季卿問㆓左府㆒曰、参上可㆑承歟、将《ハタ》可㆑伝㆑仰歟。左府曰、可㆓参進㆒者〉。関白被㆑仰㆘可㆑召㆓法親王㆒之由㆖〈其詞不㆑聞〉」と、関白がまず隆季に命じて平頼盛を参上させ、法親王を召すように指示している。なお、隆季は命令を伝えるに当たって、頼盛に参上させるのか伝言すればよいのかを経宗に問い、経宗は来させよと返答している。『玉葉』には、つづいて「頼盛卿退下、廻㆓寝殿北面㆒、就㆓彼在所㆒〈以㆓東小御堂㆒、為㆓法親王休所㆒〉、告㆓召由㆒。次法親王手《テヅカラ》取㆓衣筥㆒〈其袋赤色二倍織物也〉、自㆓東方㆒参上、着㆓円座㆒」と法親王の参上について記している。また『法親王供奉御賀儀』には、「関白令㆔蔵人頭召㆓諸卿㆒、大臣已下着㆓御前座㆒。令㆔参議召㆓法親王㆒。関白奉㆑仰仰㆓下臈参議㆒、即向㆓休所㆒召㆑之」とある。法親王の座は、『定能卿記』に「其座南階東簀子也」、『法親王供奉御賀儀』に「跪㆓南栄東第二間㆒〈加㆓孫廂㆒計㆑之〉、於㆓菅円座北頭㆒、脱㆓挿鞋㆒右廻着座」と見える。

㊑召㆓法親王㆒〈仁和寺御宮。右宰相中将忠教召㆑之。起㆑座廻㆓寝殿北面㆒召㆑之〉（『中右記』）

次に、三所の殿上人、階の下の座につく――「三所の殿上をかけたる五位」（4）の項に示したように、「三所」は、高倉天皇・後白河院・建春門院。『玉葉』には、「三所〈内、院、建春門院〉」とある。なお、『定能卿記』には「此間両方侍臣、着㆓階下座㆒」、『玉葉』には「此間両方侍臣等、着㆓階下座㆒〈先内御方〉」とある。「階の下の座」は、寝殿の南側の階下に設えた座。次の仁平御賀のように、天皇方・院方が東西に分かれて座に着いていたかもしれない。

(仁)此間内弁両院殿上人、参二着階下座一〈階東西相分着レ之、如二昨日一〉（『仁平御賀記』後宴）
両方侍臣着二階下座一〈下官列二東方座一〉（『兵範記』後宴）

7　舞人の装束

中宮大夫、座を起《た》ちて、音声《(おんじやう)》を催《もよお》さる。行事よりはじめて、舞人楽人、中門にならび立《た》つ。乱声《(らんじやう)》三度、まづ左、次《つき》に右、次《つき》に左右、おなじくこれを吹《ふ》く。

舞人の装束、左、青色《あおいろ》の表《うへ》の衣《きぬ》、葡萄染《えひそめ》打《う》ちの半臂《はんひ》、桜《さくら》の下襲《したかさね》、蘇芳《すはう》の表《うへ》の袴《はかま》、紫緂《むらさきたん》の平緒《ひらを》、虎豹《こへう》の尻鞘《しりさや》、糸鞋《しかい》、そのほか、剣《たち》、胡簶《やなくひ》、老懸《おひかけ》、常《つね》のごとし。右、おなじき表《うへ》の衣《きぬ》、青打《あをう》ちの半臂《はんひ》、柳《やなき》の下襲《したかさね》、山吹《やまふき》の袴《はかま》、青緂《あをたん》の平緒《ひらを》、竹豹《ちくへう》の尻鞘《しりさや》、そのほか常《つね》のごとし。このほど、蔵《くら》人所《ところ》の衆、挿頭《かさし》の花をくばる。左は尾上《おのへ》の桜《さくら》、右は井手《ゐて》の山吹《やまふき》。

中宮大夫、座を起ちて、音声を催さる——中宮大夫藤原隆季が座を起って、参入音声《まいりおんじょう》を指示したということ。参入音声は、楽人・舞人らが演奏しながら入場すること。『御堂関白記』寛弘二年（一〇〇五）三月六日条に「試楽。召二上達部ヲ御前ニ一。参音声発二於馬場殿北一」（中宮彰子の大原野行啓の試楽）とある。これについて、『玉葉』『定能卿記』に記載はない。「催さる」の「る」は尊敬の助動詞。「中宮大夫、事おこなはる」（5）の項を参照。

行事よりはじめて、舞人楽人、中門にならび立つ——舞楽の行事と舞人・楽人らが中門の外に列立したことを言う。

「行事」は、宮廷の儀式や祭祀・法会等の際に、奏楽の執行を差配する役。ここでは楽の行事。藤原実家と藤原実守の二人。『殿暦』天永三年（一一一二）三月一八日条の「次於二西中門外一、三度乱声。了楽行事宰相中将実隆、率二舞童幷楽人・殿上人等一、渡二南庭一向二楽屋一」（白河院六〇賀）、『古今著聞集』巻六・273「豊原時秋、垣代の笙の音取を勤むる事並びに大神正賢垣代の笛を吹く事」の、「朝覲行幸に輪台いでんとしける。左の楽行事にて大炊御門の右府の中将とておはしけるが」（保延三年（一一三七）、崇徳天皇の行幸）は、その例。『定能卿記』には、「次於二中門外一、三度乱声〈注略〉。……次行事宰相二人相二分列一〈左、宰相中将実家卿立レ北、右、宰相中将実守卿立レ南。皆引レ裾。浅沓〉」、『玉葉』には、「次殿上伶人、於二西中門外一、発二三節乱舞一。……次行事参議〈左、左近中将実家卿。右、右近中将実守卿〉、率二舞人楽人等一、入レ自二西中門一」とある。

○三献之後、日行事公卿令レ奏レ楽。楽所於二西門内一、奏二乱声一三度。訖奏二参入音声一。参議二人相分立二童親王前一。行事大夫二人立二舞童前一、相牽参入。上下楽工者、相随在レ後、曲訖各着座（『新儀式』）

（康）下官依レ為二楽行事一、在二西中門外一、楽人之殿上人・舞人等集会、随二気色一発二乱声一三度〈先左乱声、次右乱声、次左右合二乱声一〉。尾張守長実朝臣・左中将宗輔朝臣〈狛笛〉・越前守家保朝臣吹レ之〉」（『中右記』）

（仁）次舞人楽人、群二立西中門外一、乱声三度。次奏二賀王恩一、為二参入音声一。即行事以下二行相引渡二南庭一（『仁平御賀記』）

次参議左近中将経宗、師長朝臣等、為二楽行事一〈延喜参議保忠卿、隆清卿、康和参議右大弁宗忠、左大弁基綱、為二行事一之例也〉。率二舞人楽人一、於二西中門外一、発二参音声一〈賀王恩〉。行事参議、一童・舞人楽人二行、相引入二中門一、進二南庭一東行（『兵範記』）

乱声三度、まづ左、次に右、次に左右、おなじくこれを吹く……――「乱声」は、舞楽において、舞人の出場や競馬・相撲・賭弓の最終番の時に、笛に太鼓・鉦鼓などを加えて合奏すること。新楽乱声・古楽乱声・林邑乱声・

高麗乱声などの種類があり、その後に奏せられる楽は定まっていた（『教訓抄』巻一・乱声事。なお山田孝雄『源氏物語の音楽』（一九三四年・宝文館）の「舞楽及び管絃 乱声」参照）。『殿暦』天永二年（一一一一）二月一一日条に「次発二乱声一、左右奏楽〈万歳楽、賀殿、龍王、地久、長保楽、納蘇利〉」（鳥羽天皇、春日社行幸）とある。「三度」は、『玉葉』に「次殿上伶人、於二西中門外一、発二三節乱声一〈先左、次右、次左右合奏。……〉」とあるように、奏者が左の楽・右の楽・左右の楽と変わって行くことを示している（この「三節」は「三度」と同じであろう）。『定能卿記』には、前項の引用に「次於二中門外一、三度乱声」とある。他の例についても前項の引用参照。『兵範記』は、参入音声を奏する二列が楽屋へ入った後のこととして、「次発二乱声一。左近権少将家明朝臣振レ桙。次右乱声。右近少将公親朝臣、同振レ桙。次左右令レ振」と記しており、次第が異なる。

舞人の装束――『定能卿記』はこの日の記事の末尾に、

　舞人装束〈注略〉、
左、小豹尻鞘、紫綾平緒、馬脳、剣装束〈紫革〉、樺桜下襲〈重打〉、半臂〈青色〉、表袴〈款冬、裏濃打〉、
左右共表衣青色、腋闕、糸鞋、平胡籙、螺鈿野剣。
此内、頼実朝臣　織物〈青色、文杏葉〉、織物〈半臂〉、下襲、禁色人也。
　隆房朝臣　表袴〈以二色々糸一縫二丸文一〉、半臂幷下重裏〈以レ薄押二桜散花一〉。
　雅賢朝臣　平緒打二金物一、村濃糸鞋。
　維盛朝臣　着二立文表袴一。

と記し、さらに、「舞人箙或鏡或付二金銅鳥一、皆非二普通物一歟。楽人装束如二行幸供奉一〈注略〉」と、舞人の身に付ける物や楽人の装束の特徴を指摘している。なお『定能卿記』は、左右の舞人を分けて記していない。『玉葉』には、

舞人装束、
左　麹塵綾闕腋袍、樺桜打下重、同色打半臂、濃蘇芳打表袴、螺鈿野剣、紫綖平緒、小豹尻鞘、弓、平籙、
韉、糸鞋、巻纓、指頭《かざし》桜花〈以レ銀造レ之〉、緌《おいかけ》。
此中、頼実　依レ為二禁色人一着二織物一。
維盛　青色〈立文〉。
清経　唐綾青色。
成宗　竪文織物袍、打表袴。
右　袍、巻纓、緌、韉、糸鞋、弓、平籙〈已上同レ左〉、柳打下襲、青打半臂、欵冬打表袴〈濃淡任レ心、
其色不レ同、猶可二一同一歟〉、螺鈿細剣、青綖平緒〈或萌黄〉、竹豹尻鞘、指頭欵冬〈以レ銀造レ之〉。
此中、隆房　半臂・下重・鍐薄、如二薄様一。又造二桜散花一付レ之。又表袴縫二色々窠文一。遠見偏如二織
物一。
雅賢　糸鞋、以二村濃糸一造レ之。他人不レ然。

とあり、左右を分けて記している。舞人の装束を特記するところなどは、賀宴の記の共通点といえよう。

(康)舞人装束、
左〈豹尻鞘、紫淡緒、馬脳、紫革装束、樺桜下襲、〈表薄蘇芳、中重濃蘇芳、裏桜打〉、半臂〈蒲陶染〉、
表袴〈濃蘇芳、裏紅打〉〉
右〈竹豹尻鞘、青淡緒、巡方、青革装束、柳色下襲〈裏打〉、半臂〈青色〉、表袴〈款冬、裏濃打〉〉
左右共表衣青色闕腋、糸鞋
平胡籙、螺鈿野剣（『中右記』）

㈡次舞人、右近少将藤家明朝臣、同実長朝臣、右近少将源定房朝臣、左近少将藤隆長朝臣、同実定、蔵人左衛門佐藤忠親〈已上左〉、青色闕腋袍、桜下重、打半臂、濃蘇芳表袴、虎皮尻鞘、剣〈野剣〉、平胡籙、巻纓、老懸、桜挿頭。此中隆長朝臣、忠親等着二織物、表袴、半臂、下重一〈依レ聴二禁色一也〉。左近少将藤公親朝臣、同俊通朝臣、同公保朝臣、右近少将同公光朝臣〈已上右、袍同レ左。柳下重、青打半臂、款冬表袴、竹豹尻鞘、款冬挿頭。自余如レ左。此中公親朝臣、依レ聴二禁色一、着二織物、表袴、半臂、下重等一〉（『仁平御賀記』賀宴）

次左右奏レ舞。先左萬歳楽〈家明朝臣、実長朝臣、定房朝臣、隆長朝臣、実定、忠親着二青色袍、樺桜下襲〈立文面。但禁色人織物〉、濃蘇芳打表袴〈禁色人織物〉、濃打半臂〈禁色人以下、下襲面織物用二半臂一〉、螺鈿野剣、豹皮尻鞘、紫淡平緒、馬瑙帯一。帯二平胡籙一、着二糸鞋巻纓冠一。老懸如レ例。挿二桜花一〉。次右地久四人〈公親朝臣、俊通朝臣、公保朝臣、公光朝臣、着二青色袍、柳下襲〈立文面禁色人用二織物一〉〉、青打半臂〈禁色人着二下襲織物一〉、山吹打表袴〈或黄立文〉、螺鈿野剣、竹豹尻鞘、青淡平緒、斑犀帯、平胡籙、糸鞋、巻纓冠、老懸。挿二山吹花一（『兵範記』賀宴）

左、青色の表の衣——「表の衣」は、朝服の上衣。文官は縫腋の袍、武官は闕腋の袍を着る。ここでは闕腋を着ている。『和名抄』（巻一二・衣服類）には、「袍　楊氏漢語抄云、袍〈薄交反、和名、宇倍乃岐沼、一云、朝服〉著レ襴之袷衣也」とある。『御堂関白記』長和二年（一〇一三）三月二三日条に、「件禄御衣一襲、加二青色御袍一」（三条天皇の親王二人の元服）、『殿暦』天永四年（一一一三）正月一日条に「余禄〈青色御袍、御下襲〈打〉、御半臂、表袴〉……」（鳥羽天皇元服の儀）と見える。上衣である袍から半臂、下襲、袴へと順に装束を述べ、袴に次いで身に付けるものを紹介している。以下、御賀の舞楽における装束の例については、「舞人の装束」の項に引いた記録を参照。なお、『玉葉』には「麹塵綾闕腋袍」とある。

葡萄染打ちの半臂――「葡萄染」は、染色の名、薄い赤紫色。『源氏物語』（花宴）に「桜の唐の綺《き》の御直衣、葡萄染の下襲、裾《しり》いと長く引きて」と見える。「打ち」は砧で打ってつやを出したということであろうか。『定能卿記』は「青色」、『玉葉』は「樺桜」とある。「半臂」は、束帯の袍と下襲の間につける垂頸の胴衣。身二幅で袖のない短い衣。着ると臂の半ばまで届くのでこの名がある。『和名抄』（巻一二・衣服類）には、「半臂　蒋魴切韻云、半臂〈此間名如レ字。但下音比〉衣名也」とある。『殿暦』天仁元年（一一〇八）一〇月二一日条には、「女御代一車〈青糸毛〉、車副十四人。……着二麹塵褐衣一〈縫二黄色窠文一。……蒲萄染打単半臂・下襲……〉」（大嘗会御禊の折に女御代に付き添う者の装束）と見える。

桜の下襲――「下襲」は、束帯の時半臂の下に着る衣。背後の裾を長くして地面に引いた。『源氏物語』（行幸）の「葡萄染の御指貫、桜の下襲、いと長う裾ひきて、ゆるゆるとことさらびたる御もてなし」、『山槐記』寿永二年（一一八三）二月二一日条の「今日朝覲行幸、巳刻帯二束帯一〈唐綾大三重多須幾《タスキ》、桜下重、裏張レ之。……〉」（後鳥羽天皇、法住寺殿へ朝覲行幸）は、その例。

蘇芳の表の袴――「蘇芳」は染色の名。「裳の腰、蘇芳の匂の打ちたる」（3）の項を参照。『源氏物語』（若菜下）に、「童は、青色に蘇芳の汗衫《かざみ》、唐綾の表袴《うへのはかま》、衵《あこめ》は山吹なる唐の綺《き》を、同じきさまにととのへたり」とある。「表の袴」は、束帯の時に、大口袴の上につける袴。『枕草子』（などて、官《つかさ》得はじめたる六位の笏に）に、「袍《うへのきぬ》、表の袴はさも言ふべし。下襲よし」とある。『兵範記』仁安元年（一一六六）一〇月一〇日条の「右中将実守朝臣候二御車後一〈萌木織物下襲、蘇芳表袴着レ之。……〉」（憲仁親王立太子の儀、東宮の車に随従する藤原実守の装束）は、その例。

紫緂の平緒――「紫緂」は、白い紐と紫の紐とを交互に組んだ平組の紐。『和名抄』（巻一四・服玩具）は、「緂　四声字苑、緂〈吐敢反、俗音、奴含反〉青而黄也」と記しており、青と黄を交互に組むということであろう。『源氏物語』（梅枝）には、「延喜の帝の、古今和歌集を、唐の浅縹《あさはなだ》の紙を継ぎて、同じ色の濃き紋の綺の表紙、同じき玉の軸、緂の唐組の紐など、なまめかしうて」とある。古記録では「緂」を淡と書くこともある。「平緒」は、束帯の時に佩用する大刀の緒。腰に巻いて大刀を吊るし、あまりを正面中央で結んで長く垂らした。『山槐記』元暦元年（一一八四）七月二八日条の「右少将忠季〈桂甲自二松殿一調二給之一、螺鈿野剣、幷豹尻鞘、紫緂平緒、平胡籙、同自二彼殿一給レ之〉」（後鳥羽天皇即位の儀、中山忠親男の装束）などの例がある。

虎豹の尻鞘―「虎豹」は、『定能卿記』『玉葉』には「小豹」とある。『仁平御賀記』には「虎皮尻鞘剣」とあるので、虎皮であろう。「尻鞘」は、太刀の鞘を覆う毛皮でできた袋。『檜垣嫗集』（8）には、「虎の皮の尻鞘を題にて、肥後守詠ませしに／海へとて行くみなとらのかはのしりさやけからぬは波の濁すか」と、「とらのかはのしりさや」を隠した珍しい物名歌がある。『中右記』長治元年（一一〇四）七月二九日条には、「左近大夫将監狛光末振レ桙〈……弘燕尾巻纓、虎皮尻鞘、紺地平緒、平胡籙、水精波須《はず》、浅履、……〉」（相撲御覧の時の楽人の装束）とある。平藤幸「「尻鞘」考」（延慶本注釈の会編『延慶本平家物語全注釈 別巻』二〇二一年・汲古書院、所収）参照。

糸鞋―糸を編んで作った靴。『和名抄』（巻一二・履襪類）に、「糸鞋　弁色立成云、糸鞋〈伊止乃久都、今案、俗云、之賀伊〉」とある。『殿暦』天仁元年（一一〇八）一二月一五日条の「早旦越中守宗章、於二院御使一来〈注略〉。中将今日装束幷冠、祭打衣、下袴、冠、糸鞋、扇二、襪持来。返々恐《カシコマリ》申由申了」（白河院、装束を中将藤原忠通に賜う）は、その例。

剣―本文は「たち」。『類聚名義抄』には「剣」に「タチ」の訓がある。「舞人の装束」の項にあるように、『定能卿記』の左の舞人装束には「剣装束」「螺鈿野剣」とある。『玉葉』にも「螺鈿野剣」とある。『中右記』には「螺鈿野剣」、『仁平御賀記』には「野剣」、『兵範記』には「螺鈿野剣」などとある。

胡籙―矢を入れて背中に負う容器。『仁平御賀記』『定能卿記』の「平胡籙」、『玉葉』の「平籙」と同じであろう。

『和名抄』（巻一三・征戦具）には、「箙　周礼注、箙〈音服、和名、夜奈久比〉盛レ矢器也。唐令、用二胡祿一字一。唐韻云、箶簏〈胡鹿二音〉箭《ノ》室也」とある。胡簶は、「虎豹の尻鞘」の項に挙げた『中右記』にみえるほか、「衛督平簶、将壺簶如レ例」（『後二条師通記』承徳三年（一〇九九）正月二四日条。大神宮奉幣使の装束）がある。

老懸―緌、老繋などとも記す。『和名抄』（巻一二・冠帽具）には、「緌　兼名苑云、緌《ズイ》〈儒誰反、与レ蕤同〉一名老繋〈和名、冠乃乎、一云、保々須介、又云、於以加計。或説云、老人髻落以レ此繋レ冠使レ不レ墜。故名二老繋一也。今不レ論二老少一、武官皆用レ之〉」とあって、冠を頭から落とさないために繋ぐ紐のこととするが、ここでは、武官が正装する時、冠に付けて顔の左右に覆いかけるもの。馬の毛などで作り、もとを束ねて半月形とし、懸尾《かけお》で左右に付ける。『山槐記』仁平二年（一一五二）一〇月一一日条に、「於レ院有二舞御覧事一。……右古鳥蘇、冠二老懸一挿二菊花一」（鳥羽院御所において舞御覧）とある。

常のごとし―「如レ常」として古記録に頻出する語。さきに「百の官どもまゐりしたがへること常のごとし」（1）とあった。その項を参照。

右、おなじき表の衣―ここからは右の舞人の装束について記している。「同じき」は左の「青色」に同じということ。『定能卿記』に「左右共表衣青色」とあり、袍は全体的に青色であった。左の舞人の装束と同様、袍・半臂・下襲・袴など身に付けているものを書き留めている。

青打ちの半臂―「半臂」は、さきに「葡萄染打ちの半臂」とあった。その注参照。『兵範記』久寿三年（一一五六）三月五日条の「院唐御車……御車副八人〈着二赤色張褐衣、青半臂下襲、青末濃袴、……老懸等一如レ例〉」（姝子内親王、東宮守仁親王に入内）、同仁安二年（一一六七）一〇月二五日条の「次御車〈注略〉車副十二人〈冠二老懸一。赤色狩袴、襖黄丸文縫レ之。青打半臂下重、称《ママ》柳也。布帯レ菜〉」（後白河院、日吉社に御幸）は、「青打半臂」の例。

柳の下襲―「柳」は衣装の色彩。明るい黄緑色。「下襲」は「桜の下襲」の項で述べた。『九暦』天慶九年（九四六）一〇月二八日条の「第一庇指車〈用二尚侍殿一〉……六位十人　少監物源道……前春宮坊帯刀源清延　同連以上著二柳色下襲一、乗二葦毛馬一」（村上天皇大嘗会御禊における随従する者の衣装）、『兵範記』仁安二年（一一六七）正月二日条の「尊者被レ着二柳下襲一〈面固文織物、青張単、黒半臂〉」（摂政藤原基房、三条南高倉邸での臨時客）は、その例。

山吹の袴―山吹の色の袴。その例には、『小右記』寛弘二年（一〇〇五）三月八日条の「今日権中納言隆家卿、着二織物下襲〈桜色〉・山吹表袴等一」（中宮彰子、大原野社行啓）、『殿暦』天永二年（一一一一）二月一日条の「中納言中将装束〈桜萌木下襲、花款冬表袴〉」（鳥羽天皇、白河院御所六条殿に朝覲行幸。「中納言中将」は藤原忠通）などがある。

青綟の平緒―さきの「紫綟」と同類の平組の紐。『飾抄』（中・平緒）に「青綟〈或称二樗綟一。剣装束、藍革〉四五月比《コロ》用レ之。……保元元七相撲節、或記曰、出居次将、或青朽葉下襲、青綟平緒云々」と見える。『権記』正暦四年（九九三）正月一日条の「卯時行二幸八省院一云々。仍便自二此門一参也。装束〈無文冠……青綟平緒〉、依二故東院御服一也」（一条天皇、八省院行幸）は、その例。

竹豹の尻鞘―「竹豹」は、筑豹とも記す。豹の毛皮で円形の大きな模様のあるもの。『殿暦』嘉承二年（一一〇七）一二月一日条の「辰刻少将着二装束一〈今暁来二此直盧一也。闕腋位袍、白縮線綾袴〈御堂唐狩〉、紫檀地螺鈿野剣、竹豹尻鞘、紫淡平緒、浅沓、取レ笏〉」（鳥羽天皇即位の儀。「少将」は記者の息藤原忠通）、『山槐記』治承三年（一一七九）三月一五日条の「左少将、闕腋如レ恒〈注略〉、後緒等押レ貝〈竹豹尻鞘、夾形摺《(押)》レ貝〉」（高倉天皇、平野社行幸。「左少将」は藤原兼宗、記者忠親の息）。「尻鞘」は、「虎豹の尻鞘」の項参照。

そのほか常のごとし―「常のごとし」は前出。

このほど、蔵人所の衆、挿頭の花をくばる―「このほど」は「乱声三度」の間。蔵人所の雑色の下役。定員二〇人。

『左経記』長元九年（一〇三六）四月二二日条の「蔵人所衆五六人、秉レ燭候二御車辺一」（後一条天皇の棺を上東門院に遷す）、『兵範記』保元二年（一一五七）七月三日条の「蔵人大膳亮高階重章、率二参蔵人所衆一、始二清涼殿御装束一」（東三条殿行幸の日時を定む）は、その例。『定能卿記』『玉葉』ともに、「蔵人所の衆」が挿頭の花を配ったという記事は見えない。ただ『定能卿記』には、「此間舞人挿レ花。左桜花、右款冬。各金銅也」と、「三度乱声」の間に花を挿頭にしたことを記している。この間に配布があったのだろう。また康和の御賀には、庭前に入る前に「先於二中門外一、左右舞人指二挿頭花一〈左桜花、右款冬〉」とある。これ以前の諸記録も同様。「かざし」は草木の花や枝などを折って髪に挿すこと。また、挿したもの。冠にさすことをもいう。安元御賀では造花を用いた。『中右記』康和四年（一一〇二）三月一五日条には、石清水の臨時祭で、「給二挿頭花一〈五位蔵人不レ候。仍蔵人大舎人助永雅、取レ花伝二奉公卿一〉。右大臣殿以下取レ之」とある。また、同じく『中右記』承徳二年（一〇九八）一一月二九日条に、「取二挿頭花一役、両五位蔵人。共入二舞人一」（賀茂臨時祭の御神楽）とあり、賀宴の際も蔵人が差配している。

左は尾上の桜、右は井手の山吹―「尾上の桜」は、例えば「高砂の尾上の桜咲きにけり外山の霞立たずもあらなむ」（『後拾遺集』春上・120・大江匡房）、「井手の山吹」は、例えば「かはづ鳴く井手の山吹散りにけり花のさかりにあはましものを」（『古今集』春下・125・よみ人しらず）とあり、どちらも和歌で詠まれる。挿頭の桜と山吹に歌枕を冠する例は、古記録などでは未見。歌枕を用いているのは、記録のみにとどまらない御賀記の表現の特徴と言えよう。季節の花を挿頭としている。『玉葉』には左の舞人の装束について、「指頭桜花〈以レ銀造レ之〉」とあり、右の舞人の装束も「指頭款冬〈以レ銀造レ之云々〉」としており、それぞれ銀製であった。『九条家歴世記録』所収の「大嘗会記」（久寿二年〔一一五五〕一一月二四日）には、「取二御挿頭花一〈以レ銀造レ之云々〉」とあり、銀で作られることがあった。なお『定能卿記』には、「次於二中門外一、三度乱声〈此間舞人挿レ花、左桜花、右款冬、各金銅也。……〉」とあり、「金銅」製とする。中門外で「三度乱声」の間に挿すとある。これも康和御賀の例に倣ったものと思しく、『中右記』には「先於二中門外一左右舞人指二挿頭花一〈左桜枝、右欵冬〉」とある。『仁平御賀記』には左の舞人は「桜挿頭」、右の舞人は「欵冬挿頭」とある。『兵範記』には、「挿二桜花一」（左）、「挿二山吹花一」（右）とある。仁平御賀ではいつ挿頭を挿したか記していない。舞人の装束を白河院の時、鳥羽院の時と比較すると【表2】の通りである。

【表2】康和、仁平、安元の舞人の装束

康和（『中右記』）	仁平（『仁平御賀記』）	安元（『玉葉』）
左	左	左
豹尻鞘	虎皮尻鞘	小豹尻鞘
紫緂緒		紫緂平緒
瑪脳紫革装束		
樺桜下襲〈表薄蘇芳、中重濃蘇芳、裏桜打〉	桜下襲	樺桜打下襲
半臂〈蒲陶染〉	打半臂濃蘇芳	同（樺桜）色打半臂
表袴〈濃蘇芳、裏紅打〉	表袴	濃蘇芳打表袴
青色闕腋	青色闕腋袍	麹塵綾闕腋袍
糸鞋		糸鞋
平胡籙	平胡籙	平籙
螺鈿野剣	剣〈野剣〉	螺鈿野剣
	巻纓	巻纓
	老懸	緌

桜枝	右 竹豹尻鞘 青緂緒 巡方、青革装束 柳色下襲〈裏打〉 半臂〈青色〉 表袴〈欵冬、裏濃打〉 青色闕腋 糸鞋 平胡籙 螺鈿野剣 款冬
桜挿頭	右 竹豹尻鞘 柳下襲 青打半臂 欵冬表袴 青色闕腋袍 欵冬挿頭 ※「自余如左」
弓 韛 指頭桜花〈以銀造之〉	右 竹豹尻鞘 青緂平緒〈或萌黄〉 柳打下襲 青打半臂 欵冬打表袴 袍 糸鞋 平籙 螺鈿細剣 巻纓 弓 韛 緌 指頭欵冬〈以銀造之〉

安元の際の左右の舞人の装束も、概ね康和、仁平の例に倣っている。

8　舞人・楽人の行列

すでに賀王恩を吹《ふ》きて御前の庭《には》をわたる。まづ一の鼓《つゝみ》の童《わらは》、源の雅行《まさゆき》。次《つき》に行事の宰相二人、左、実家《さねいゑ》、右、実守《さねもり》。次《つき》に童舞《わらはまひ》、藤原宗国。次《つき》に左右の舞人《まひ》ふたへに立《た》ちならぶ。左舞人《まひ》、中将頼実《よりさね》、少将維盛《これもり》、清経《きよつね》、公時《きむとき》、成宗《なりむね》、右舞人《まひ》、少将隆房《たかふさ》、雅賢《まさかた》、時家《ときいゑ》、公守《きむもり》。次に楽人、まづ鞨鼓《（かつこ）》、治部卿顕信《あきさね》。次《つき》に三鼓、少納言師家《もろいゑ》。次に笙四人、中務権大輔経家《つねいゑ》、少将有房《ありふさ》、刑部少輔隆雅《たかまさ》、丹後守師盛《もろもり》。次《つき》に篳篥《ひちりき》三人、中将定能《さたよし》、中務少輔季信《すゑのふ》、右兵衛権佐盛定。笛五人、中将泰通《やすみち》、右兵衛佐基範《もとのり》、少将公時《きむ》、左兵衛佐資時《すけとき》、侍従隆保《たかやす》。次に太《大》鼓、遠江守季能《すゑよし》。鉦鼓、侍従家俊《いゑとし》、少納言信季《のふすゑ》。このほかに舞《まひ》の師、多忠節《おほのたゝとき》、拍子をとりて一の鼓《つゝみ》の童《わらは》にあひしたがへり。

すでに賀王恩を吹きて――「賀王恩」は、「皇恩ヲ賀心」の意（『教訓抄』巻三・賀王恩）。同書によれば、嵯峨天皇の時、大石峯良によって作られたとある。「太上天皇御賀参音声ニ、奏㆓此曲㆒〈用㆓古楽㆒。懸㆓舞人一鼓㆒故也〉」ともあり、上皇賀宴の参入音声として用いる曲であった。『定能卿記』には「次吹㆓調子㆒〈大食調〉、奏㆓賀王恩㆒、為㆓参音声㆒」、『玉葉』には「次吹㆓賀王恩曲㆒〈笙調子中間。横笛吹㆓出之㆒。代々御賀参入音声用㆓此曲㆒。……〉」とある。御賀記はこの後、「このほど楽人舞人、龍頭鷁首の船に乗りて賀王恩を奏す」（9）と記しており、船楽においても奏している。また『玉葉』は曲調を巡っての問題があったことを記している。右の『玉葉』の引用につづいて、「〈抑延喜十六年、依㆓楽行事左近少将忠房奏請㆒、以㆑渡㆓双調㆒奏㆑之。是依㆑合㆓時音㆒也。康和・仁平以㆓本調子一奏レ之。今度、予内府依二延喜例一、被レ奏下可レ渡二双調一之由上。法皇以二此趣一、問二行事上卿隆季卿一。隆季卿奏下康和・仁平例、専不レ可二乖違一之由上。法皇随二此言一、不レ用二延喜例一〉」とあり、延喜の例によって「双調」を用いるべきであると主張した兼実と内大臣師長の意見は、康和・仁平の例に相違してはならないとする隆季の主張を採用した後白河院によって退けられた。これは試楽の際からの論争であり、安元元年（一一七五）一一月一五日には、「又左大将、以二賀王一可レ渡二双調一之由、被二上奏一。被レ問二隆季一之処、申二不レ可レ然之由一云々。是又可レ然歟」（「左大将」は藤原師長）と、以前から主張の対立があった。

(康)次吹二調子一〈大食調〉。参入音声〈賀王恩〉（『中右記』）

(仁)次奏二賀王恩一、為二参入音声一（『仁平御賀記』）

発二参音声一〈賀王恩〉（『兵範記』）

御前の庭をわたる—参入音声の賀王恩を奏しながら、西中門から南庭を渡って楽屋へ向かった。『玉葉』は、「次行事参議〈左、左近中将実家卿、右、右近中将実守卿〉、率二舞人・楽人等一、入レ自二西中門一、渡二南庭一〈胡床南〉、着二楽屋一。左行事・舞人・楽人、歴二左鉦鼓北一、入レ自二楽屋北第一間一。右行事・舞人・楽人、歴二右鉦鼓南一、入レ自二楽屋南第一間一」と、左右の行事の参議に率いられた舞人・楽人らの動きを記している。なお『玉葉』はこの記事の後、改めて「其行列」として、行列の順序・構成を詳細に書き記している。『定能卿記』も、「其行列先二一鼓童一〈注略〉、次行事宰相二人相二分列一〈注略〉。次龍王童〈注略〉、中央列〈注略〉。次左舞人五人〈注略〉、次右舞人四人〈注略〉、次楽人殿上人一列、治部卿顕信朝臣〈注略〉、……少納言信季〈注略〉、各経二胡床南一。此間龍頭・鷁首各一艘、同奏二賀王恩一、於二南岸辺一入二楽屋一〈注略〉。一童鼓舞〈注略〉。行事宰相幷左右舞人等入二楽屋一。楽人暫可レ列二楽屋前一、而鼓舞無レ程。仍直入二楽屋一」とある。ただし龍頭・鷁首に乗っていた楽人らも楽屋に向かったとある。『玉葉』にも、「其行列」の記事につづいて、「各入二楽屋一了止レ楽。此間召人・舞人・楽人、

乗㆓龍頭鷁首各一艘㆒、容㆓与池上㆒。同奏㆓賀王恩㆒。下㆑自㆓東岸㆒、着㆓楽屋㆒復㆑座〈北上西面〉」とある。

㊗参入音声〈賀王恩〉……入㆑従㆓西中門㆒、次第列立、渡㆓南庭㆒入㆓東楽屋㆒（『中右記』）

㊁即行事以下二行、相引渡㆓南庭㆒（『仁平御賀記』）

行事参議一童、舞人楽人二行、相引入㆓中門㆒、進㆓南庭㆒東行（『兵範記』）

まづ一の鼓の童―「一の鼓」は、舞楽の行列で先頭に立つ鼓。あるいは楽器名「一鼓」を訓読したものか。『教訓抄』（巻七・一鼓事）に「左ノ一者懸㆓一鼓㆒事ハ、御賀・楽所始参音声〈左一者一人懸㆑之〉……太上天皇ノ御賀ノ参音声、賀王恩」とあり、これによれば、「童」の役とはなっていない。『古今著聞集』巻六・247「多政資、平等院一切経会に秘曲を奏する事」の「大行道楽に渋河鳥を奏しけるに、多政資一の者にて、一鼓かけて池辺をめぐるとて」（平等院一切経会）、『春記』永承三年（一〇四八）正月某日条の「次雅楽寮立楽〈入㆑自㆓両中門㆒。左近将監狛光高打㆓一鼓㆒。光高八十余者也。上下憐㆑之〉」（某大臣の大饗）は、「一鼓」の例。『定能卿記』には、「其行列先一鼓童〈胡飲酒《ノ》童也。舞師忠節着㆓重装束㆒、取㆓大拍子㆒相従〉」とあり、『玉葉』は「其行列」として、「先一鼓童〈小舎人源雅行、……〉」以下、参入音声に加わった楽人・奏者を列挙している。「一の鼓の童」が列の先頭である。康和では、『中右記』に、「先一鼓童〈納蘇利童也。左近将監狛光末着㆓重装束㆒、取㆓大拍子㆒相具〉、行事宰相二人〈左右大弁〉相㆓分列㆒〈雖㆑可㆑在㆓一童前㆒、有㆑議、今日在㆓一童次㆒。是依㆓左大臣申請㆒也〉」とあって、「一鼓童」が先頭を行くが、これは左大臣源俊房の求めに応じたのであり、本来は「行事宰相」が先を行くべきであった。『新儀式』は、「参議二人、相分立㆓童親王前㆒、行事大夫二人、立㆓舞童前㆒」と、「行事大夫二人」に付き、『仁平御賀記』は、「先行事参議経宗朝臣〈左〉、師長朝臣〈右〉。次舞童打㆓台鼓㆒前行〈狛光時、取㆓大拍子㆒相従〉。小舎人藤定家〈左〉、源雅仲〈右。已上二人着㆓赤色闕腋袍㆒。総角〉」、『兵範記』は、「先参議二人、一鼓童二人〈小舎人隆成八歳、中納言家成卿男。小舎人雅仲、右中将師仲朝臣男、十歳〉」とあり、仁平では先頭に立つ楽の行事の後に付いている。

康和―一鼓童（一人）・行事宰相二人・童舞一人・左右舞人

仁平―行事参議（二人）・舞童（二人）・舞人

安元―一鼓童（一人）・行事参議二人・龍王童（一人）・左右舞人

安元御賀は、『玉葉』に「件行列偏如二康和一」ともあるように、康和御賀の列の構成にならい、仁平御賀とは異なる。つまり、鼓の童は列の先頭で、舞の童は行事参議の後に付いている。

源の雅行―源雅行（→人物伝7）は、定房の子。当時九歳。『玉葉』の頭書には、「件児今日被レ聴二院昇殿一。名簿曰、蔭孫源雅行云々」とある。『定能卿記』は「胡飲酒童也」とだけあって、雅行の名を記していない。また『玉葉』には、「先一鼓童〈小舎人源雅行、天冠及装束等如二試楽一。但表袴二倍織物、有二赤地錦足続一〈打二銀文一付レ之〉〉」とあって、雅行は「小舎人」であった。

○参議二人、相分立二童親王前一。行事大夫二人、立二舞童前一、相牽参入（『新儀式』）

(康)先一鼓童〈納蘇利童也。左近将監狛光末、着二重装束一、取二大拍子一相具〉（『中右記』）

(仁)先行事参議経宗朝臣〈左〉、師長朝臣〈右〉。次舞童打二台鼓一前行〈狛光時、取二大拍子一相従〉。小舎人藤定家〈左〉、源雅仲〈右。已上二人着二赤色闕腋袍一。総角〉（『仁平御賀記』）

先参議二人、一鼓童二人〈小舎人隆成八歳、中納言家成卿男。小舎人雅仲、右中将師仲朝臣男、十歳〉（『兵範記』）

＊『仁平御賀記』と『兵範記』は、舞童の一人の名前が異なっている。

装束については、二月二一日条の試楽の記述に、「先一鼓童、〈小舎人源雅行、大納言定房卿息生年九歳。装束如レ常。天冠垂二総角一、頸懸二一鼓一〉」（『玉葉』）とあり、鼓は首からかけていたようである。

次に行事の宰相二人、左、実家、右、実守――「行事」については、「行事よりはじめて……」（7）の項参照。「宰相」は参議の唐名。『定能卿記』には、「一鼓童」の後に「次行事宰相二人相二分列一〈左、宰相中将実家卿立レ北、右、宰相中将実守卿立レ南、皆引レ裾。浅沓〉」とあり、庭前の北側には左が、南側には右が列を作ったらしく、その先頭にそれぞれの行事の参議が立っている。『玉葉』には、「次行事参議〈左、左近中将実家卿、右、右近中将実守卿〉」とあり、その行列は「一鼓童」に続いて、「次左右楽行事参議二人〈左北、右南、各垂レ裾〉左、参議左近中将実家卿、右、参議右近中将実守卿」としており、裾を引いていたようである。そのことについて、『玉葉』は続けて「仁平、左行事経宗懸レ裾、右行事師長垂レ裾云々」と、仁平の例を記す。

○参議二人、相分立二童親王前一（『新儀式』）

㊗下官依レ為二楽行事一、在二西中門外一。……爰有レ勅左大弁基綱、相加為二楽行事一。……行事宰相二人〈左右大弁〉相二分列一〈雖レ可レ在二一童前一、有レ議、今日在二一童次一。是依二左大臣申請一也〉（『中右記』）

㊀先行事参議経宗朝臣〈左〉、師長〈右〉（『仁平御賀記』）

参議左近中将経宗、師長朝臣等、為二楽行事一〈延喜《ハ》参議保忠卿・隆清卿、康和《ハ》参議右大弁宗忠・左大弁基綱、為二行事一之例也〉（『兵範記』）

次に童舞、藤原宗国――童による舞。『小右記』永観三年（九八五）三月三〇日条の「覧二童舞一。於二西中門外一発二音声一、奏二参入音声一。……童舞《ハ》春鶯囀、次散手、次大平楽、次龍王、次納蘇利」（円融院、童舞御覧）は、その例。

○行事大夫二人、立二舞童前一、相牽参入（『新儀式』）

㊗次童舞〈龍王童也。胡飲酒童、今日不レ参也。所労云々〉（『中右記』）

㊀即行事以下二行相引渡二南庭一〈左北、右南〉。先行事参議経宗朝臣〈左〉、……次舞童打二台鼓一前行〈狛光時、取二大拍子一相従〉。小舎人藤定家〈左〉、源雅仲〈右。已上二人着二赤色闕腋袍一。総角〉（『仁平御賀記』）

次参議左近中将経宗、……為㆓楽行事㆒。……行事参議、一童、舞人楽人二行、相引入㆓中門㆒、進㆓南庭㆒東行。

先参議二人、一鼓童〈注略〉（『兵範記』）

仁平御賀では、「まづ一の鼓の童」の項の表にも示したとおり、康和・安元とは行列の順が異なる。『定能卿記』には、「一鼓童」「行事」に続いて「次龍王童〈不㆑懸㆓一鼓㆒〉」とあり、鼓をかけていない。『玉葉』も「先一鼓童」「次左右楽行事参議二人」につづいて「次龍王童在㆓中央㆒〈小舎人藤原宗国、装束同㆓一童㆒。但表袴無㆓足継㆒、又不㆑懸㆓一鼓㆒〉」とある。「龍王童」は、この場で「龍王」を舞うことを言うのではなく、後に「龍王」を舞う予定であることを断っているのであろう。仁平の例では、「一鼓童」は二人いる。しかし、康和の際は、「一鼓童」「行事」に続いて「次童舞一人〈龍王童也。胡飲酒童、今日不㆑参也。所労云々〉」とあって、安元御賀に同じ。康和は順序を変更しており、安元ではこの変更に準拠したのである。「龍王」は「陵王」。『定能卿記』は続けて「中央列〈両童舞装束、如㆓試楽日㆒〉」としており、装束などは試楽の時と同様であった。

次に左右の舞人ふたへに立ちならぶ―左と右の舞人らが二列にならぶ。「ふたへ」は二列。『中右記』寛治二年（一〇八八）七月二十七日条の「奏㆓舞曲㆒。蘇合……新鳥蘇〈二行十人〉、太平楽〈二行十人〉」（相撲御覧）、『山槐記』仁平二年（一一五二）一月四日条の「御殿第一二間、敷㆓掃部寮筵東西行㆒、以㆑西為㆑上、南北二行敷㆑之」（近衛天皇、神宝御覧）は、その例。『玉葉』には、「次左右楽行事参議二人〈左北、右南……〉。……次左右舞人二行左五人……右四人在㆑南」、『定能卿記』には、「次行事宰相二人相㆓分列㆒〈左、宰相中将実家卿立㆑北、右、宰相中将実守卿立㆑南。……〉」とある。南北二列に並び、左が北、右が南となっている。

○参議二人相分立㆓童親王前㆒、行事大夫二人立㆓童舞前㆒、相牽参入（『新儀式』）
(康)左右舞人相並列立〈左六人……〈已上一列、北〉、右四人……〈已上一列〉〉（『中右記』）

(仁)即行事以下二行、相引渡㆓南庭㆒〈左北、右南〉。……次舞人、右近少将藤家明朝臣……蔵人左衛門佐忠親

〈已上左〉。……左近少将藤公親朝臣……右近少将同公光朝臣〈已上右……〉（『仁平御賀記』）

舞人楽人二行、相引入中門、進南庭東行。次舞人十人〈左六人、……右四人、……已上左右各相並〉

（『兵範記』）

左舞人、中将頼実、少将維盛、清経、公時、成宗―類従本は、「少将維盛」を「権亮少将これもり」とし、清経は「兵衛佐きよつね」とする。維盛の官職を、『玉葉』は「右近中将」、『定能卿記』では「右少将」と記す。これは『玉葉』の誤り。『玉葉』には、「次左右舞人二行〈已上皆垂裾持弓。糸鞋如例。随行事直入楽屋了〉」とあり、つづけて「左五人〈成経依所労不参。此中公時吹笛渡前庭〉右近中将藤原頼実朝臣、右近中将平維盛朝臣〈青海波〉、右近少将藤原成経朝臣〈不参〉、左近少将平清経朝臣、右近少将藤公時〈実教重服替〉、左近少将藤成宗〈青海波〉」とする。康和の際も、仁平の例でも左は六人、右は四人であり、本来は六人であった、藤原成経は「所労」のため「不参」。『定能卿記』も「次左舞人五人〈右中将頼実朝臣・右少将維盛朝臣・左少将清経朝臣・右少将公時、実教朝臣ノ重服替也、同成宗、以上一列立北。成経朝臣自去廿六日所労。依率爾不被入替。仍左舞五人也〉」と、ほぼ同様のことを記しており、成経の「所労」が「卒爾」であったために替わりを立てられなかったと説明している。以下、【表3・4】に、左右舞人について整理する。なお、荻美津夫『平安朝音楽制度史』（一九九四年・吉川弘文館）にも同様の表「御賀における舞人・楽人」（一一二一～一一二七頁）がある。

【表3】左舞人

康和（『中右記』）	仁平（『仁平御賀記』）	安元（『玉葉』）
右近中将藤原宗輔	右近少将藤原家明	右近中将藤原頼実
左近少将藤原実隆	右近少将藤原実長	右近少将平維盛
左近少将藤原師重	右近少将源定房	右近少将藤原成経（不参）
左兵衛佐源能明	左近少将藤原隆長	左近少将平清経
右兵衛佐藤原通季	左近少将藤原実定	右近少将藤原公時
左兵衛権佐藤原宗能	蔵人左衛門佐藤原忠親	左近少将藤原成宗

(康)左右舞人相並列立〈左六人、右近中将宗輔朝臣、左少将実隆朝臣、同師重朝臣、左兵衛佐能明、右兵衛佐通季、左兵衛権佐宗能、〈已上一列、北〉。……〉（『中右記』）

(仁)次舞人、右近少将藤家明朝臣、同実長朝臣、右近少将源定房朝臣、左近少将藤隆長朝臣、同実定、蔵人左衛門佐忠親〈已上左〉。……（『仁平御賀記』）

舞人十人〈左六人、左近少将家明朝臣、実長朝臣、右少将定房朝臣、左少将隆長朝臣、実定、蔵人左衛門佐忠親。……〉（『兵範記』）

舞人、左、左少将家持《ママ》朝臣、右中将実長朝臣、定房朝臣、左少将隆長朝臣、実定、蔵人の左衛門の佐忠親

（『古今著聞集』巻一三・451「仁平二年正月、鳥羽法皇五十算の御賀の事」）

右舞人、**少将隆房**、**雅賢**、**時家**、**公守**―康和・仁平の際も四人。『玉葉』は「右四人在㆑南　右近少将藤原隆房朝臣、左近少将源雅賢朝臣、右近少将平時家、左近少将藤公守」、『定能卿記』は「次右舞人四人〈右少将隆房朝臣・同雅賢朝臣・同時家・右少将公守。舞人皆取㆑弓。以上一列立㆑南、左右舞人等相並〉」とあり、左の舞人の南に横

一列に並んだ。

【表4】右舞人

康和（『中右記』）	仁平（『仁平御賀記』）	安元（『玉葉』）
左馬頭源師隆	左近少将藤原公親	右近少将藤原隆房
右近少将源師時	左近少将藤原俊通	左近少将源雅賢
蔵人左少将源顕国	左近少将藤原公保	右近少将平時家
左近少将源家定	右近少将藤原公光	左近少将藤原公守

㊎左右舞人相並列立〈左六人、……右四人、左馬頭師隆朝臣、右少将師時朝臣、蔵人左少将顕国、左少将家定〈已上一列〉（『中右記』）

㊁次舞人、……左近少将藤公親朝臣、同俊通朝臣、同公保朝臣、右近少将同公光朝臣〈已上右〉（『仁平御賀記』）

舞人十人〈左六人、……右四人、右近少将公親朝臣、俊通朝臣、左少将公保朝臣、同少将公光朝臣。已上左右各相並〉（『兵範記』、「公親」「公光」の官名が『仁平御賀記』『古今著聞集』とは異なる）

舞人、左、……右、左少将公親朝臣、左少将俊通朝臣、左少将公保朝臣（『古今著聞集』巻一三・451「仁平二年正月、鳥羽法皇五十算の御賀の事」。藤原公光の名前が見えない）

次に楽人、まず鞨鼓、治部卿顕信――『玉葉』には「次楽人一列〈皆指レ笏、垂レ裾。浅履。衛府不レ持レ弓。依レ有レ所レ役也〉」とある。舞人が「二行」であったのに対して、「楽人」は「一列」であった。舞人は皆弓を持っているが、楽人の中の「衛府」は役があるため持たない。また、「先掲鼓　治部卿源顕信〈左袖上置レ之、右手取レ撥撃レ之〉」とある。『定能卿記』にも「次楽人殿上人一列、治部卿源顕信〈鞨鼓〉」とある。「鞨鼓」は唐楽に用いる鼓。一名「両杖鼓」。胴は中腰を太めに、唐木、樫、桜などで作る。両革面を革紐で締め、革紐をさらに紫か紅の組紐で締めて、張力を加減する。台にのせ二本の桴《ばち》で打つ。桴は長さ一尺二寸（36・3㎝）で唐木を用いる。奏法は両手の「諸来」、片手のみの「片来」「正」の三種類あり、これを組み合わせてリズムパターンを作る（『雅楽事典』）。『和名抄』（巻四・鐘鼓類）に「鞨鼓　律書楽図云、答臈鼓者、今之鞨侯提鼓〈鞨音曷。俗用二掲字一。未レ詳〉。即鞨鼓也」とある。『中右記』康和四年（一一〇二）三月九日条の「次楽人殿上人、笙、篳篥、笛、鞨鼓〈右馬頭兼実朝臣〉、揩鼓、太鼓、鉦鼓少納言、兵部大輔雅兼又相従」（康和の試楽。「鞨鼓」以外は注を省略）は、その一例。『玉葉』によると、左の袖の上に置き、撥を右手に持っていた。『雅楽事典』とは奏法が異なるのは、台に乗せるのと歩行して袖の上に乗せるのとの相違に拠るか。

㊗次楽人殿上人一列、右馬頭兼実〈鞨鼓〉、……（『中右記』）

㊀次楽人、……鞨鼓、治部大輔源雅範《頼歟》〈左〉、……（『仁平御賀記』）

次楽人、皇后宮亮師国朝臣打二鞨鼓一、……（『兵範記』）

＊「雅頼」は、『兵範記』では揩鼓を奏しているとある。『仁平御賀記』は揩鼓については記していない。

次に三鼓、少納言師家――『玉葉』には「次三鼓　少納言源師家〈懸レ頸以二左右手一撃レ之〉」とあり、一の鼓同様鼓は首に懸けている。『定能卿記』には、「少納言師家〈三鼓〉」とある。康和の際には「少納言実明〈三鼓〉」（『中右記』）とあるが、仁平の際には、『仁平御賀記』に「三鼓」の記事は見えないが、『兵範記』には、「四位少納言成隆朝臣三鼓」とある。「三鼓」は『教訓抄』（巻九・三鼓）に、「師説云、此鼓者、為二古楽拍子之鼓一、手ニテ打レ之」とあり、日本思想大系『古代中世芸術論』（一九七三年・岩波書店）は、「中央が細い木の胴の両面に皮を張り調緒でしめたもの。現在は、直接床に置き左手で調緒をにぎり、右手の桴で打つ」と注しており、『玉葉』の記す「以二左右手一撃レ之」とは奏法が異なる。『和名抄』（巻四・鐘鼓類）に「腰鼓　唐令云、高麗伎一部、横笛腰鼓各一〈腰鼓、俗云三乃豆々美二〉」、『江談抄』（第三・67「三鼓」）に「三鼓　黒筒《くろとう》、神明寺〈号二神明黒筒一〉」とある。『兵範記』仁平二年（一一五二）八月二八日条に、「鞨鼓皇后宮亮師国、揩鼓治部大輔雅頼、三鼓少納言成隆朝臣、……鉦鼓少納言実経」（前太政大臣藤原忠実主催の鳥羽院五〇賀宴）とある。『定能卿記』と『玉葉』には、この源師家の前に、「侍従兼忠〈摺鼓〉」・「次揩鼓　侍従兼忠〈同上、但不レ取レ撥〉」とあるが、御賀記は「摺鼓（揩鼓）」について記載していない。

(康)少納言実明〈三鼓〉（『中右記』）

(仁)四位少納言成隆朝臣三鼓（『兵範記』）

次に笙四人、中務権大輔経家、少将有房、刑部少輔隆雅、丹後守師盛―「笙」は、古くは笙笛と称し、その形により鳳笙ともいう。吹口がついた頭に十七本の竹を立て、銀製の帯で束ねる（『雅楽事典』）。『玉葉』には「次笙四人　中務権大輔藤経家朝臣、左近少将源有房朝臣、刑部少輔藤隆雅、丹後守平師盛」、『定能卿記』にも「中務権大輔経家朝臣・左少将有房朝臣・刑部少輔隆雅・丹後守師盛〈以上四人笙〉」とある。

【表5】笙

康和（『中右記』）	仁平（『仁平御賀記』）	安元（『玉葉』）
刑部卿源顕仲	左馬頭藤原隆季　左	中務権大輔藤原経家
備後介有賢	中務権大輔藤原季家　右	左近少将源有房
右衛門佐家保	摂津守藤原重家　左	刑部少輔藤原隆雅
	侍従藤原信能　右	丹後守平師盛

(康)刑部卿顕仲朝臣〈笙〉、備後介有賢朝臣〈笙〉、右衛門佐家保〈同〉（『中右記』）

(仁)笙、左馬頭藤隆季朝臣〈左〉、中務権大輔同季家朝臣〈右〉、摂津守藤重家朝臣〈左〉、侍従同信能〈右〉

（『仁平御賀記』）

左馬頭隆季朝臣〈装束如二行幸儀一。柳下襲、打半臂、帯、平胡籙。他事如レ例〉、中務大輔季家朝臣〈帯レ剣挿レ笏〉、摂津守重家、侍従信能吹レ笙（『兵範記』）

次に篳篥三人、中将定能、中務少輔季信、右兵衛権佐盛定――「篳篥」は、表面には七孔、裏面に二孔のある管に、蘆で作った舌（ダブルリード）を差込んで吹く楽器（『雅楽事典』）。『玉葉』には「次篳篥三人〈不レ論二左右一、任二位次一立レ之〉左近中将藤定能朝臣〈左〉、中務権少輔藤季信〈右〉、右兵衛権佐藤盛定〈左〉」、『定能卿記』には「下官、中務少輔季信、右兵衛権佐藤盛定〈以上三人篳篥〉」とあり、左右に拘わらず位の順によって並んでいる。なおここでの三人（康和・仁平の賀宴での奏者二人から三人に増えている）は、従兄弟の関係にあり、定能の父季行と季信の父季兼が仁平の御賀での篳篥を担当し、二人の父敦兼が康和の際の篳篥を担当している（【表6】【資料2・3】参照）。

【表6】篳篥（傍線は【資料2】に見える）

康和（『中右記』）	仁平（『仁平御賀記』）	安元（『玉葉』）
安芸守藤原経忠	備後守藤原季兼　左	左近中将藤原定能　左
越後守藤原敦兼	土佐守藤原季行　右	中務権少輔藤原季信　右
		右兵衛権佐藤原盛定　左

㊊安芸守経忠朝臣〈篳篥〉、越後守敦兼朝臣〈同〉（『中右記』）

㊓篳篥、備後守藤季兼朝臣〈左〉、土左守同季行朝臣〈右〉（『仁平御賀記』）

中宮亮季兼朝臣、土左守季行朝臣、篳篥（『兵範記』）

【資料2】『尊卑分脈』「道綱卿孫」　※適宜抜粋、改変

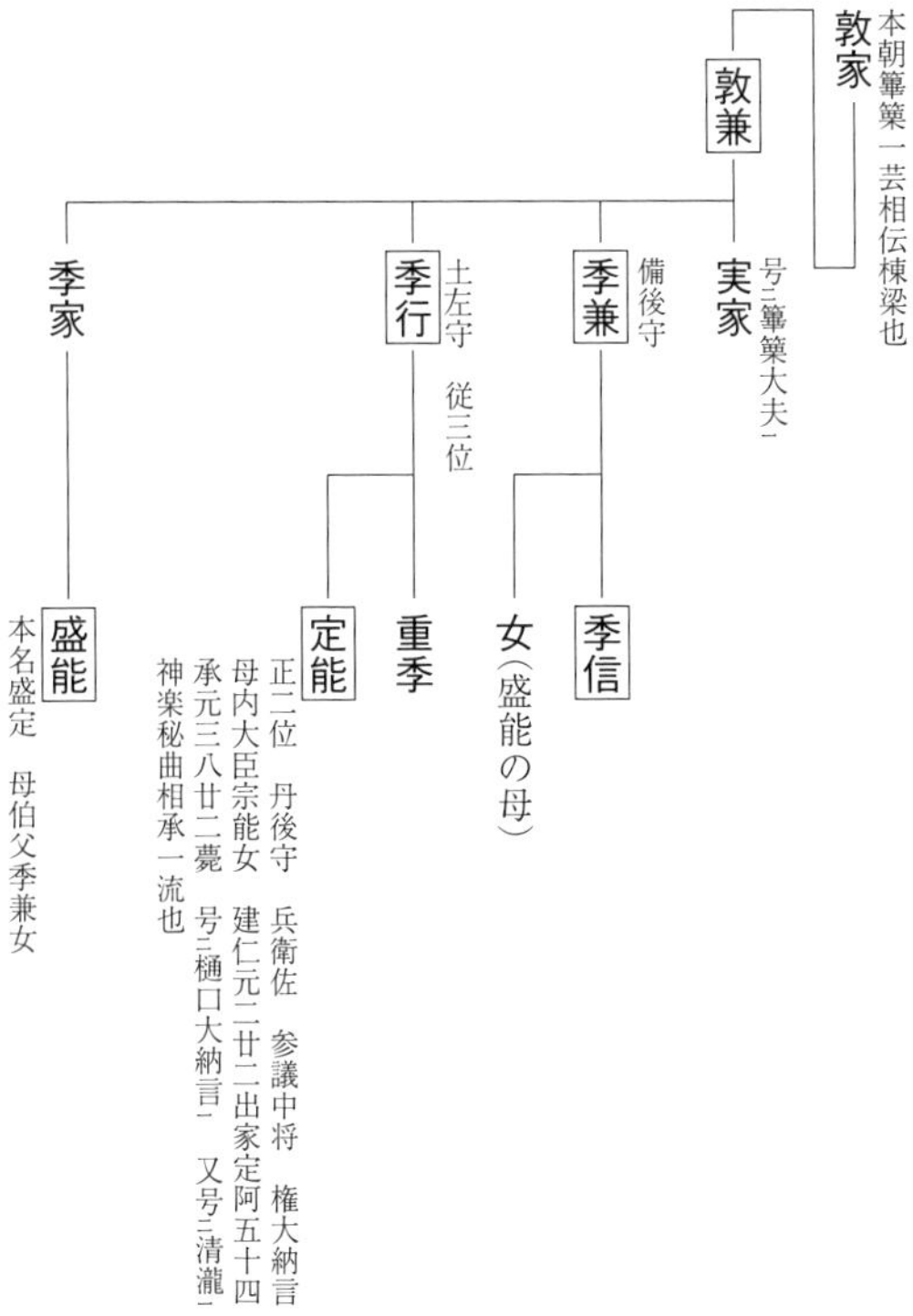

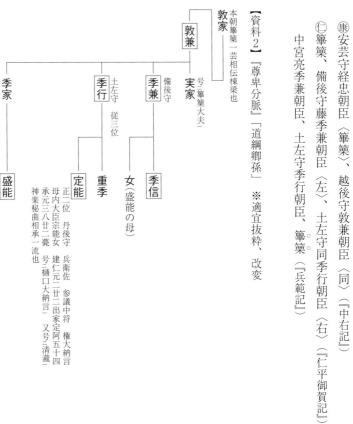

【資料3】『篳篥師伝相承』※適宜抜粋、改変

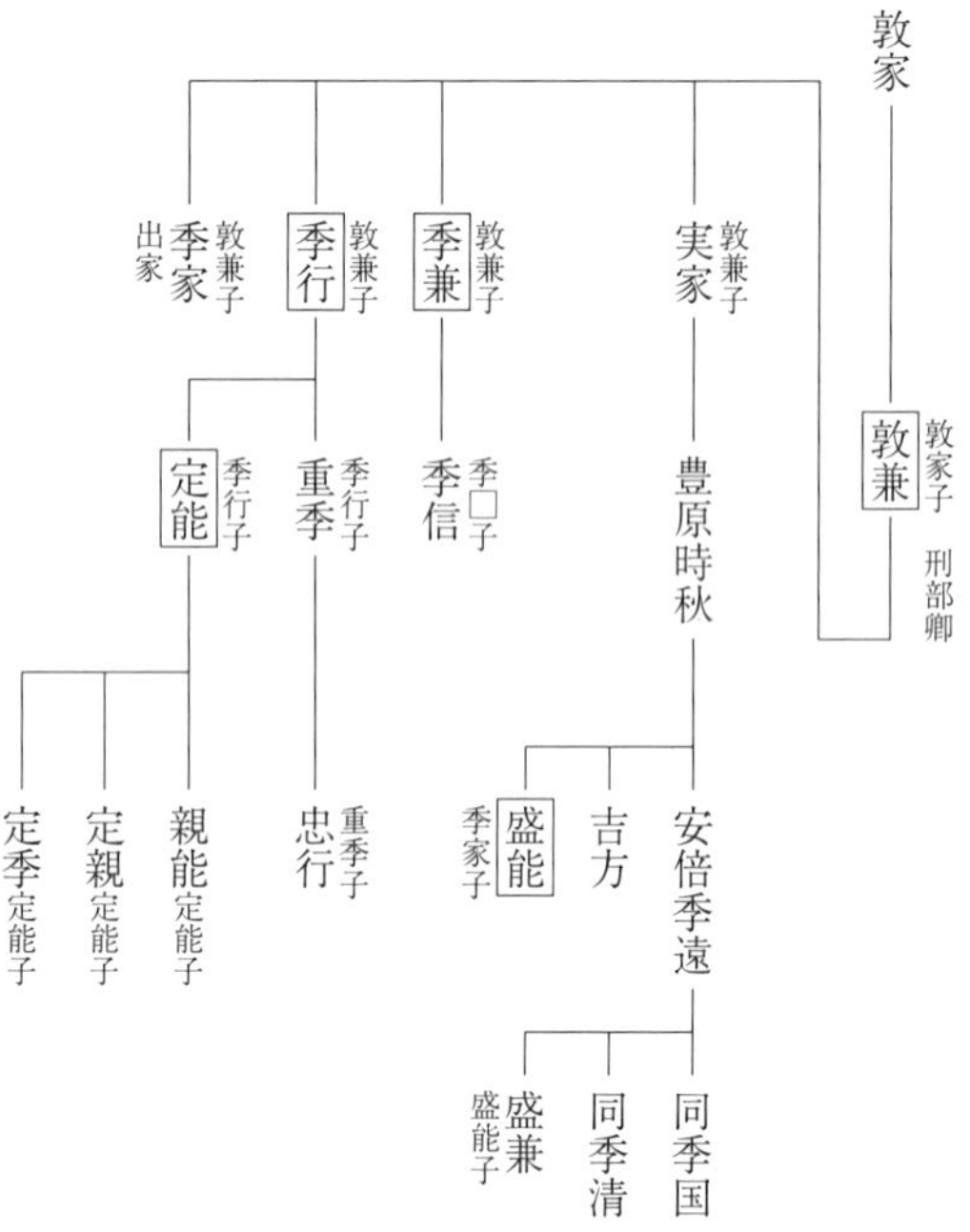

笛五人、中将泰通、右兵衛佐基範、少将公時、左兵衛佐資時、侍従隆保—笛は、広義には気鳴楽器の総称であるが、雅楽においては神楽笛、横笛、高麗笛を指す（『雅楽事典』）。『玉葉』には、「次笛四人〈同上〉左近中将藤泰通朝臣〈左〉、右兵衛佐藤基範、左兵衛佐源資時、侍従藤隆保。公時入二舞人替一、被レ入二基範一了。然而公時猶吹レ笛。是康和宗輔例云々。但彼時笛三人。依レ不レ足時々吹レ之、今笛四人、猶被レ入二公時一。仍笛五人始例也」とある。本来「少将公時」（藤原公時）は楽人であったが、左舞人であった藤原実教の母（藤原経忠女）が安元二年二月二四日に没した（『定能卿記』、「今日成親卿母堂死去了。実教朝臣同母也」）ため、「仍舞人事有二其沙汰一、被レ申二殿下一

云々」（同）とあって、舞人の入れ替えが発生した。その結果、翌々日の二六日に「今日実教替以二公時一被レ入二舞人一、以二右兵衛佐基範一為二笛吹一」（同）とあって、実教の代わりに舞人となった公時の後任として、基範が笛の役に就いている。『定能卿記』は「左中将泰通朝臣・右兵衛佐基範・左兵衛佐資時・侍従隆保〈以上四人笛〉」としており、『玉葉』と同様である。御賀記が「笛五人」として記すのは、公時が舞人を務めながら笛も吹いたことを反映しており、『玉葉』の記す「仍笛五人始例也」と合致する。なお、「康和宗輔例」とは、左の舞人を務めた「右近中将宗輔朝臣」であり、公時と同様に舞人を務め、笛の役も務めた。『中右記』には、「随二気色一発二乱声一三度〈先左乱声……右中将宗輔朝臣〈狛笛〉……〉」「左右舞人相並列立〈左六人、右近中将宗輔朝臣……〉」とあり、賀宴において藤原宗輔は、狛笛を吹くとともに左の舞人でもあった。ただし宗輔は替わりではなく、すでに九日の試楽において楽人・舞人をともに勤めていた。なお、宗輔については、小川剛生「藤原宗輔年譜考」（『雅楽資料集　論考篇』二〇〇六年・二松学舎大学21世紀COEプログラム中世日本漢文班、所収）参照。

【表7】笛

康和（『中右記』）	仁平（『仁平御賀記』）	安元（『玉葉』）
尾張守藤原長実	蔵人頭右中将藤原伊実　左	左近中将藤原泰通　左
越前守藤原家保	上総介源資賢　右	右兵衛佐藤原基範
侍従藤原伊通	侍従藤原成親　左	左兵衛佐源資時
	左兵衛佐藤原実国　右	侍従藤原隆保
		（藤原公時）

＊同種の傍線は直系を示す。家保と成親（波線）は祖父・孫、その他は父子。

(康)尾張守長実朝臣〈笛〉、越前守家保朝臣〈同〉、侍従伊通〈同〉（『中右記』）

㊀横笛、蔵人頭右中将藤伊実朝臣〈左〉、上総介源資賢朝臣〈右〉、侍従藤成親〈左〉左兵衛佐同実国〈右〉

（『仁平御賀記』）

蔵人頭右中将伊実朝臣、上総守資賢朝臣、侍従成親、右兵衛佐実国吹二横笛一（『兵範記』）

次に太鼓、遠江守季能。鉦鼓、侍従家俊、少納言信季――「太鼓」は、大太鼓《だだいこ》、荷太鼓《にないだいこ》、釣太鼓《つりだいこ》の三種類がある。

このうち大太鼓、荷太鼓は枠つきの締め太鼓だが、釣太鼓は革を鋲で胴にうちつける鋲うち太鼓である。大太鼓は野外の舞楽に、荷太鼓は野外の道行の時に、釣太鼓は室内の管絃に用いられる（『雅楽事典』）。『定能卿記』には、「侍従家俊〈鉦鼓、左右近衛将監荷二大鼓等一。其装束如二行幸供奉一〉」とある。「鉦鼓」は、金属製の打楽器。木製の枠につるし、凹面を二本の桴で打つ。通常、太鼓に付随して打たれることが多く、太鼓にわずかに遅れて打つ。舞楽に用いる鉦鼓を大鉦鼓といい、管絃に用いる小型の鉦鼓は釣鉦鼓という。このほか携帯用の荷鉦鼓がある。鉦鼓の使用が確認されるのは平安時代になってからで、奈良時代の文献には見あたらない（『雅楽事典』）。『和名抄』（巻四・鐘鼓類）には、「鉦鼓　後漢書云、鉦鼓之声〈鉦音征。鉦鼓、俗云二常古一〉。兼名苑云、鉦一名鐃〈女交反〉、金鼓也。越王勾践造ル也」とある。『玉葉』には、「次太鼓一人〈近衛将監二人舁レ之〉遠江守藤季能朝臣〈立二大鼓南一撃レ之〉。次鉦鼓二人〈舁人同二大鼓一。抑鉦非二行道具一、如二方磐台一也。可レ尋レ之〉侍従源家俊〈左、傍二立鉦南一撃レ之〉、少納言平信季〈右、依レ無二所作一取レ笏〉」とある。太鼓も鉦鼓も同じ近衛将監が二人で運んだらしいが、鉦鼓は本来移動しながら演奏するものではないとしている。『定能卿記』には、「遠江守季能朝臣〈大鼓〉、侍従家俊〈鉦鼓、左右近衛将監荷二大鼓等一。其装束如二行幸供奉一〉、少納言信季〈右鉦鼓保也。仍向二楽屋一、正レ笏〉」とあり、左右の近衛将監が太鼓と鉦鼓を運んだことを記したあと、その装束は行幸に供奉した時のようであったとしている。仁平の例でも「大鼓鉦鼓、近衛将監荷ハレ之」（『仁平御賀記』）としており、先例に倣ったと思われる。康和の例に同様の記述はない。

【表8】太鼓と鉦鼓

康和（『中右記』）	仁平（『仁平御賀記』）	安元（『玉葉』）
太鼓	太鼓	太鼓
左京権大夫源俊頼（侍従師親の替わり）	左近中将源師仲　左	遠江守藤原季能
	右近少将藤原行通　右	
鉦鼓	鉦鼓	鉦鼓
少納言藤原実行（兵部大輔雅兼が従う）	少納言藤原教宗　左	侍従源家俊　左
	少納言藤原実経　右	少納言平信季　右

(康)右京権大夫俊頼朝臣〈太鼓、是侍従師親朝臣、俄有二所労一不レ参替〉、少納言実行〈鉦鼓、兵部大輔雅兼又相具。是右鉦鼓所役人也。仍只相二従之一也〉（『中右記』）

(仁)鉦鼓、少納言藤教宗〈左〉、同実経〈右、大鼓鉦鼓。近衛将監荷レ之〉（『仁平御賀記』）

右中将師仲朝臣、右少将行通朝臣等、打二大鼓一。少納言実経、教宗、打二鉦鼓一（『兵範記』）

【補説】一鼓童から始まる舞人と楽人の行列は、康和四年（一一〇二）三月一八日の白河院の御賀に倣っている。行列の次第を表にすると【表9】のようになる。

一鼓童を先頭とするのをはじめとして、その順番は康和の例と一致する。ただし、御賀記は「揩鼓」の「侍従源兼忠」を記しておらず、記録という点では正確ではない。兼忠（↓人物伝・補）は二月二一日の試楽にも、「次揩鼓、侍従兼忠〈同上、但右手不レ持レ撥〉」（『玉葉』。『定能卿記』も同じ）と、揩鼓の役に就いている。また、御賀記や『定能卿記』には先例を意識した記述がないのに対して『玉葉』は笛の役であった公時が舞人に替わりながらも笛を吹いたことを「是康和宗輔例」としたり、行列について「件行列偏如二康和一」とするなど、康和の例にならうと述べている。

【表9】

康和（『中右記』）	仁平（『仁平御賀記』）	安元（『玉葉』）	御賀記
一鼓童		一鼓童	一鼓童
行事	行事	行事	行事
童舞	舞童	龍王童	童舞
舞人	舞人	舞人	舞人
鞨鼓		鞨鼓	鞨鼓
揩鼓		揩鼓	
三鼓		三鼓	三鼓
笙	笙	笙	笙
篳篥	篳篥	篳篥	篳篥
笛	横笛	笛	笛
	鞨鼓		
大鼓	大鼓	大鼓	大鼓
鉦鼓	鉦鼓	鉦鼓	鉦鼓

このほかに舞の師、多忠節――「おほの」（多）を、底本は「をのゝ」をミセケチにして「おほの」と傍書している。『定能卿記』が行列を記す中に、「其行列先一鼓童〈胡飲酒童也。舞師忠節、……着二重装束一。取二大拍子一相従〉」

とあり、「一鼓童」源雅行に、舞の師である多忠節（↓人物伝80）が従っている。『玉葉』も、「先一鼓童〈注略〉右近大夫多忠節着二襲装束一、取二大拍子一相従。但頬寄レ南」と記している。

拍子をとりて一の鼓の童にあひしたがへり――「拍子をとりて」とは、笏拍子や扇・手などを打ち、また楽器などを鳴らして調子をとること。『和名抄』（巻四・鐘鼓類）には、「拍子　蔣魴切韻云、拍〈普伯反、拍子俗云二百師一〉打也。拍板《ハ》楽器名也」とあり、板を打って奏でる楽器という。『源氏物語』（梅枝）に、「弁少将拍子取りて、梅が枝出したるほど、いとをかし」、『小右記』長和二年（一〇一三）九月一六日条に「召二雲上伶人一、令レ奏二竹肉一。大納言公任取二拍子一乗レ月棹レ舟奏二音楽一」（三条天皇、上東門第に行幸）とある。

㊖先一鼓童〈納蘇利童也。左近将監狛光末、着二重装束一、取二大拍子一相具〉（『中右記』）

㊁次舞童打二台鼓一前行〈狛光時、取二大拍子一相従〉（『仁平御賀記』）

舞人列二大鼓前一、一童二人、婆二娑前庭一。左近大夫将監狛光時、右近大夫将監多近方〈各着二舞服一〉、取二大拍子一相副（『兵範記』）

9　舞人・楽人の楽屋

お《を》のおの《〱》池《いけ》の汀《みきは》を東《ひむかし》に行《ゆ》きて楽屋《かくや》へいたる。左は左の鉾《ほこ》の北《きた》より、右は右の鉾《ほこ》の南《みなみ》より、南北《みなみきた》の一の間《ま》より入《い》る。一の鼓《つゝみ》の童《わらは》、庭《には》にとど《ゝ》まりて袖《そて》をひるがへす。このほど楽人舞人、龍頭鷁首の船《舟》に乗《の》りて賀王恩を奏《そう》す。中島《なかしま》をこぎめぐりて楽屋《かくや》の岸《きし》に着《つ》く。その後《ゝち》、お《を》のおの《〱》の座につきをはりぬ。楽屋《かくや》のありさま、まことにいかめしかりき。裏表唐錦《うらおもてからにしき》の幔《まん》に金《かね》の文《もん》をつく。螺鈿《らでん》の柱《はしら》に唐茜《からあかね》の綱《つな》、棟《むね》には銀《しろかね》の鶴《つる》をすゑ《へ》たり。

おのおの池の汀を東に行きて楽屋へいたる。左は左の鉾の北より、右は右の鉾の南より、南北の一の間より入る――楽の行事・舞人・楽人等の行列が、「賀王恩」を奏して南庭を渡り楽屋へ入る。『玉葉』は、

次行事参議〈左、左近中将実家卿、右、右近中将実守卿〉、率二舞人・楽人等一、入レ自二西中門一、渡二南庭一〈胡床南〉、着二楽屋一。左行事・舞人・楽人、歴二左鉦鼓北一、入レ自二楽屋北第一間一。右行事・舞人・楽人、歴二右鉦鼓南一、入レ自二楽屋南第一間一。其座二行対座〈左在二西座一、右在二東座一、並以レ北為レ上。各舞人在レ北、楽人在レ南。件座体異二試楽日一〉。行事参議各着二東西座上頭一〈如二康和例一者、行事楽屋前敷二高麗縁畳二枚一着レ之。今度無二此儀一〉。

＊右の「康和例」は、『中右記』に記す「先レ是参議行事二人着座〈楽屋前敷二高麗端畳二枚一、為二参議行事座一也〉」。また、「各入二楽屋一了止レ楽」とある。『定能卿記』には、

一童鼓舞〈此間上二拍子一。古楽定〉、行事宰相幷左右舞人等入二楽屋一、楽人暫可レ列二楽屋前一。而鼓舞無レ程。仍直入二楽屋一〈左行事・舞人・楽人等、経二桙北一入二北一間一。右行事・舞人・楽人等、経二桙南一入二南一間一。其相分儀見二試楽日一〉。其座二行〈左右対屋、左西、右東。左右行事宰相、各着二北第一間一。舞人各着二其南一。楽人又有二其南一。不レ論二吹物・打物一、依二位次一着レ之。今日座異二試楽日一。是先例也。今度不レ敷二行事宰相座一〉。

と、ともに詳しく記録している。御賀記の記すように、左の行事・舞人・楽人は桙の北を通って楽屋の「北第一間」から、右の者は桙の南を経て楽屋の「南第一間」から入った。「桙」については、同じく『定能卿記』安元

二年二月二一日条の試楽の際の記述に次のようにある。「南殿南階当二西程一引レ幔〈南北行〉、其前立二錦楽屋一〈東面、此楽屋康和御賀楽屋云々〉、其前立二大鼓一面一、北南立二左右鉦鼓一〈左北、右南〉、左右桙各七本、楽屋南二間寄二立狛桙棹一、辰巳角池北岸引レ幔〈当二御座一敷〉」とあり、桙は七本立っていたようである。「楽屋」は、楽人の控室。のちの(22)では「楽屋」で音楽を奏している。『源氏物語』(胡蝶)の「わざと平張《ひらばり》なども移されず、御前に渡れる廊を、楽屋のさまにして、かりに胡床《あぐら》どもを召したり」(秋好中宮の季の御読経)、『古今著聞集』(巻六・256「藤原博定、池の中島にて太鼓を打ち大神元正感じ入る事」)の「堀河院の御時、六条院に朝覲行幸ありけるに、池の中島に楽屋を構へられたりけるに」などがその例。

【資料4】楽屋見取図(北を上とする)

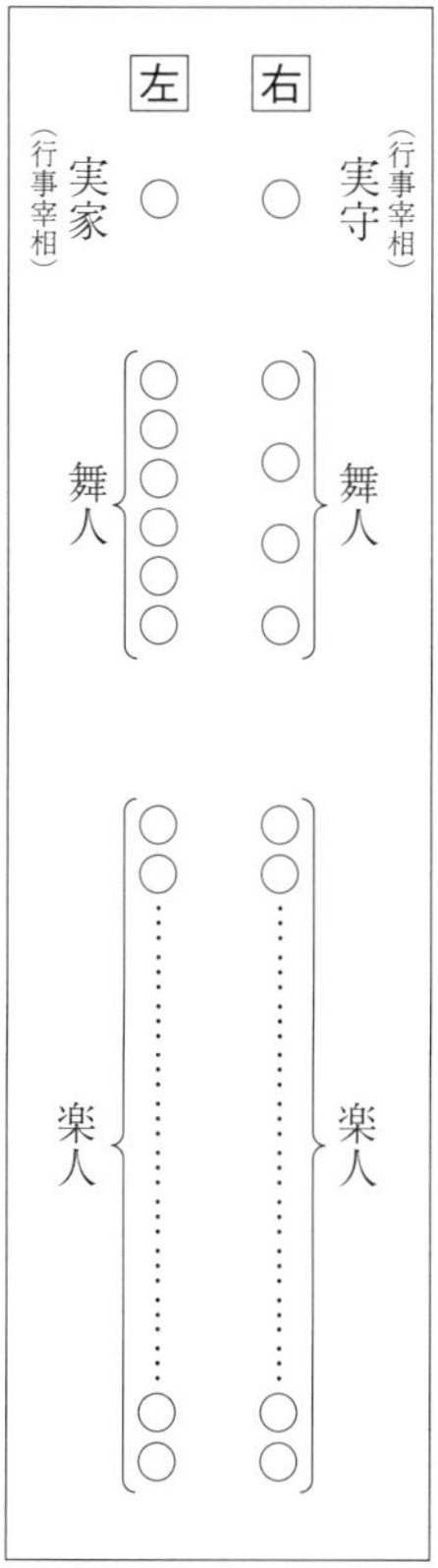

『定能卿記』安元二年二月二一日条の試楽の記述に行事宰相は「横座」、そのほか舞人・楽人は「対座」とある。

(康)爰有レ勅左大弁基綱相二加楽行事一。入レ従二西中門一次第列立、渡二南庭一入二東楽屋一。……左右舞人以下入二楽屋一〈左北一間、右南一間。舞人出入路此儀也〉(『中右記』)

(仁)即行事以下二行、相引渡二南庭一。……次舞人直入二楽屋一、次両童鼓舞、次伶人入二楽屋一(『仁平御賀記』)

行事参議・一童、舞人楽人二行、相引入二中門一、進二南庭一東行。……楽人直入二楽屋一、舞童二人一曲了、同入二楽屋一（『兵範記』）

は、先例。ただし、「池の汀」を渡ったとは記していない。この点は、『定能卿記』『玉葉』も同様。

「桙」は、木の長い柄に刃を付けた武器。ここでは武威・権威を示すものとして庭上に立てている。『小右記』治安元年（一〇二一）一二月一四日条の「滝口前立二大鼓一、大鼓後立二鉾等一」（後一条天皇、東宮敦良親王とともに童舞御覧）、『中右記』嘉承二年（一一〇七）正月三日条の「次発二乱声一〈楽屋一宇在二東方一。右大鼓一面立レ之、左右鉾立二南北各七一〉」（堀河天皇、土御門第に朝覲行幸）などがその例。

一の鼓の童、庭にとどまりて――一童源雅行が庭にとどまって舞う。その様子は、『玉葉』に「行事参議、各着二東西座上頭一〈注略〉、一童暫以鼓舞、即入二楽屋一了〈歴二左鉦鼓北一〉。楽人雖レ須二列立一、楽屋前婆娑無レ程。仍不レ及二列立一」、また『定能卿記』に、「一童鼓舞〈此間上二拍子一。古楽定〉、行事宰相并左右舞人等入二楽屋一。楽人暫可レ列二楽屋前一、而鼓舞無レ程。仍直入二楽屋一」とある。行事の参議と舞人らが楽屋に入った時、「一鼓の童」はなお庭で舞っていたが、すぐに終わって楽屋へ入ってしまったために、楽屋前で整列するはずであった楽人らも、楽屋へ入ることになってしまった。

(康)暫一鼓童来間、上二大鼓拍子一〈古楽定〉、左右舞人以下入二楽屋一〈左北一間、右南一間、舞人出入路此儀也〉（『中右記』）

(仁)次舞人直入二楽屋一。次両童鼓舞、次伶人入二楽屋一（『仁平御賀記』）

舞人列二大鼓前一、一童二人、婆二娑前庭一。左近大夫将監狛光時・右近大夫将監多近方〈各着二舞服一〉、取二大拍子一相副。楽人直入二楽屋一、舞童二人一曲了、同入二楽屋一（『兵範記』）

袖をひるがへす――舞うさまをいう。大江維時「村上天皇供二養雲林院御塔一願文」（『本朝文粋』巻一三・402）の「落花飄颻之光、寧如レ翻レ袖、垂柳婆娑之態、難レ及レ転レ腰」、『中右記』寛治六年（一〇九二）正月一九日条の「舞人左近将監狛光季、打二一鼓一翻二両袖一」（興福寺北円堂供養）は、漢語での例で、これを翻読した表現か。『定能卿記』では、「一童鼓舞」に相当し、「行事宰相并左右舞人等入二楽屋一。楽人暫可レ列二楽屋前一、而鼓舞無レ程。仍直入二楽屋一」の「鼓舞」でもある。『仁平御賀記』にも「次両童鼓舞」と見える。前項に挙げた『玉葉』『兵範記』の「婆娑」も同じ。「婆娑」は、舞人の袖が翻るさま、ひらひらと舞いおどるさま。前掲『本朝文粋』の「婆娑」も舞姿を表現しており、柳が揺れるさまに喩えている。

このほど―一の鼓の童・楽人・舞人らが、賀王恩を奏しながら御前の庭を経て、楽屋へ至る間。記録類は、いずれも「此間」と記している。この例は次の項を参照。

楽人舞人、龍頭鷁首の船に乗りて賀王恩を奏す―引きつづき、船に乗った楽人舞人らが賀王恩を奏して池を廻っている。「龍頭鷁首」は、一艘の船首に龍頭を付け、あと一艘には鷁首を付けた二艘の船。おもに船楽に用いた。『源氏物語』（胡蝶）には、「龍頭鷁首を、唐《から》の装ひにことごとしうしつらひて、楫取の棹さす童べ、みな角髪《みづら》結ひて、唐土《もろこし》だたせてさる大きなる池の中にさし出でたれば、まことの知らぬ国に来たらむ心地して、あはれにおもしろく、見ならはぬ女房などは思ふ」とある。『定能卿記』は、「此間龍頭鷁首各一艘、同奏二賀王恩一」、『玉葉』は、「此間召人舞人楽人、乗二龍頭鷁首各一艘一、容二与池上一、同奏二賀王恩一」と記している。

(康)此間又龍頭鷁首各一艘、同吹二賀王一（『中右記』）

(仁)此間龍頭鷁首各二艘〈龍頭二叟内、左近一艘、左衛門一艘。鷁首二叟内、右近一艘、右衛門一艘〉、着二池岸一、向二楽屋一。召人楽人乗レ之、同奏二賀王恩一（『仁平御賀記』この時の船は四艘）

＊『兵範記』には船楽の記事なし。

中島をこぎめぐりて楽屋の岸に着く。その後、おのおの座につきをはりぬ―龍頭鷁首の船は、寝殿の前にある池を廻って、楽屋近くの岸に着いた。その後舞人楽人は楽屋に入って着座している。『定能卿記』には、前項に引いた記事につづいて、「於二南岸辺一入二楽屋一〈是召人楽人等、着二重装束一、乗レ船参入〉」、『玉葉』にも、「下レ自二東岸一、着二楽屋一復レ座〈北上西面〉」とある。

（康）寄二船於南岸辺一、入二楽屋一〈是召人楽人等、着二重装束一、乗レ舟参入也。召人楽人之外、雖二有レ召乗一楽人三四人、不レ入二楽屋一退帰〉（『中右記』）

（仁）此間龍頭鷁首各二艘〈注略〉、着二池岸一、向二楽屋一。召人楽人乗レ之、同奏二賀王恩一。本府将監以下番長以上、艘別四人〈将監装束、如二行幸時一。番長着二蛮絵・青袴一。末濃右・左蘇芳半臂、下重右柳・左躑躅〉（『仁平御賀記』）

楽屋のありさま、まことにいかめしかりき―「いかめしかりき」は、盛大で威厳のあるさま。楽屋であっても「いかめし」と、当代の威勢を強調しているのであろう。

裏表唐錦の幔―「唐錦」は、中国から渡来した錦。『枕草子』（めでたきもの）に、「めでたきもの、唐錦、飾り太刀、作り仏の木絵《もくゑ》、色あひ深く、花房長く咲きたる藤の花、松に掛かりたる」、『御堂関白記』長和元年（一〇一二）閏一〇月二七日条に「又唐錦ノ二丈ノ幄一、是立二自車一料」（大嘗会御禊）とある。道長の車を駐める場所に廻らしているので、高級な錦であったと思われる。「幔」は、引き幕、垂れ幕。上端の乳《ち》（幕の縁につけた輪。綱や紐を通す）に綱などを通して張りめぐらす。『殿暦』天仁二年（一一〇九）一〇月二二日条に「馬場殿南西両面幷上達部殿上人座東庭・桟敷屋南庭、立二唐綾幔一〈以二銀薄一押レ文、用二平文幕柱一〉」（白河院、忠実の高陽院に御幸）、『兵範記』仁平二年（一一五二）三月六日条に「幄四面、引二同一色唐綾幔一」（仁平御賀の設え。庭上の幄に廻らした幔）とある。五色の糸で模様を織り出した美しい「唐錦」に、金銀の紋を刺繍した幔幕を張っているのであろう。そうした様子は『玉葉』には記されていないが、『定能卿記』の試楽の様子を記した二月二一日条には、わずかに「南殿南階当二西程一引レ幔〈南北行〉、其前立二錦ヲ楽屋一」とあり、これに「東面、此楽屋康和御賀楽屋云々」と注している。康和の際の仕様に倣ったものと思われるが、『中右記』康和四年（一一〇二）三月一八日条には楽屋内についての記述はない。

金の文をつく―「金の文」は、金によってつけた文様。『御産部類記』（巻一八・御五十日幷御百日間女房打出色目事）に「天治元年九月十三日　皇子御百日　中御門右大臣記云　打出、……濃蘇芳唐衣、以㆑銀置㆓丸文画図㆒」（通仁親王の百日産養）、『殿暦』永久四年（一一一六）三月五日条に「此間於㆓北中門内㆒女房乗㆑車〈山吹衣、エヒソメノ唐衣、同打衣、同表衣、付㆓金文㆒〉」（藤原忠実春日社参詣）とある。「唐錦の幔」に「金の文」を施しており、豪華なものであったことがうかがえる。

螺鈿の柱―螺鈿で装飾を施した柱。「螺鈿」は、屋久貝・鸚鵡貝などの殻の光沢ある部分を薄く切り取って、漆器等の表面にはめ込んだもの。『兵範記』仁平二年（一一五二）三月六日条に、「母屋中央間、敷㆓唐両面地鋪㆒〈注略〉、其上居㆓黒漆帳台㆒〈注略〉、其上居㆓螺鈿地蒔帳台㆒〈注略〉、其四角、立㆓同螺鈿柱㆒〈高九尺許〉」とあって、帳台の四角に立てた柱の飾りとしている（仁平御賀における寝殿の母屋の設え）。

唐茜の綱―中国渡来の染料（通常の暗い赤よりも明るい赤色か）によって染められた綱か。それを「螺鈿の柱」に懸けていたか。『兵範記』仁平四年（一一五四）二月二日条の「清則　橘馬助　京出、……。還御、不志久々利襖〈地黒、唐綾、袂上懸㆓黄伏輪㆒〉、唐茜衣、黄単、唐綾浅黄指貫」（「春日詣前駆人々装束目録」）の「唐茜衣」は、同類の色彩か。

棟には銀の鶴をするゑたり―銀製の鶴の作り物を棟に据えていた。『九暦』天暦七年（九五三）一〇月二八日条に、「洲浜長八尺、広六尺許。以㆓沈香㆒作㆓舟橋㆒、以㆑銀作㆓鶴一双㆒。但一鶴食㆓菊一枝㆒」（殿上の菊合）、『小右記』治安三年（一〇二三）一〇月一三日条に、「或折敷幷雑具器盛物等□、或以㆓銀鶴㆒為㆑足有㆓神妙㆒。過差不㆑可㆓記尽〻㆒」（源倫子六〇賀宴）とある。螺鈿の柱に唐茜の綱を張り、棟に銀の鶴を据えた様子は、諸文献では確認できないが、御賀記では池の汀の様子を「汀の松には、藤の花を結びかけて、鶴の巣くひたる形を据ゑたり」（4）としており、楽屋も含めて、そうした縁起物を置いたのだろう。こうした詳細な様子は他文献になく、貴重である。

10　奏舞

とばかりありて、左右たがひに舞《まひ》を奏《そう》す。左、万歳楽《まんさいらく》〈廿拍子〉、太平楽〈破一遍〉、陵王〈破二遍〉。右、地久。小松の西《にし》のほどにて一のつらばかりこまかなであり。新鳥蘇《（しんとりそ）》、合肘《あはせかひな》を舞《ま》ふ。少将隆房、入綾《いりあや》を舞《ま》ふ。雅賢《まさかた》、蘇利古《そりこ》を取《と》る。落蹲《尊》・入綾《いりあや》を舞《ま》ふ。見る者《もの》みな目《め》をおどろかす。舞《まひ》終《を》はりて帰《かへ》り入《い》る時、院の殿上人、禄《ろく》をとりて、帰《かへ》り入《い》る舞《まひ》人にたまふ、白《しろ》き細長《ほそなか》一領。童舞《わらはまひ》は桜《さくら》の細長《ほそなか》。次に殿上の楽人に禄《ろく》をたまふ、白《しろ》き単衣《ひとへ》襲《かさね》。行事の宰相は白《しろ》き大褂《おほうちき》。舞《まひ》人楽《かく》人、六丈の衣《きぬ》をたま《給》はす。これより先《さき》、万歳楽《まんさいらく》のほどに、親王《しんわう》公卿《くきやう》に衝重《ついかさね》をたま《給》ふ。舞《まゐ》終《を》はりぬれば、長慶子《ちやうけいし》を吹《ふ》きてまかり出《い》づ。童舞《わらはまゐ》のほか、行事よりはじめて、禄《ろく》を左の肩《かた》にかけて西《にし》の中門へ出《い》づ。その後《のち》、胡床とる。

とばかりありて―しばらくして、そしての意。記録類における「次」に相当するか。

左右たがひに舞を奏す―左右の舞人が交互に奏した。左右の舞の様子を『玉葉』から示せば左の通りである。

次左右奏レ舞、〈皆不レ袒《カタヌギセ》、舞頗遅々。仍中宮大夫以二陣官一催レ之〉

〈頭書〉〈中宮大夫起二御前座一、坐二西対代巽広庇辺一。為レ催二如レ此雑事一歟〉
左、万歳楽〈廿拍子。出レ自二楽屋北一間一、歴二左鉦鼓北一。已下舞皆如レ是〉
第一頼実立レ西、第二維盛立レ東、第三清経立レ西、第四公時立レ東、第五成宗立レ西〈並二行、以レ北為レ上。〈後聞、雅頼卿云、成宗立二中央一云々。余見誤歟。又々可レ尋レ之〉〉。
進二左右胡床中央一舞レ之。
右、地久〈出レ自二楽屋南第一間一、歴二右鉦鼓南一。已下舞皆如レ此〉
第一隆房立レ東、第二雅賢立レ西、第三時家立レ東、第四公守立レ西。
進二左右胡床中央一舞レ之。
左、泰平楽〈各持レ桙参上如レ常〉
公時未レ習レ舞。仍四人立レ之。舞了帰入之間、於二左胡床辺一賜レ禄。院殿上五位取レ之。禄行事右衛門権佐光長、率二禄辛櫃幷主典・庁官等一、予候二楽屋辺一。
右、新鳥蘇〈雅賢朝臣取二曾利古一。康和一人取レ之例也〉
帰入之間賜レ禄如レ左。但進二大鼓南辺一給レ之。取二曾利古一之人、帰入之間賜レ之。
左、陵王〈装束如二試楽一。自レ上給二装束一。天冠如レ元。其舞絶妙、勝二于試楽日一〉
還入之間賜レ禄。行事光長取レ之。康和顕隆取レ之例也。
抑式雖レ被レ載二胡飲酒一、有レ議止レ之。奏二陵王一、是又康和例云々。余案レ之、彼度賀宴日、件童依二所労一不二出仕一。忩以二陵王一替レ之。今日胡飲酒童已出仕、可レ舞二納蘇利一云々。至二于胡飲酒一、何可レ被二停止一哉。雖レ似レ追二康和之例一、還可レ謂レ乖二彼儀一歟。
右、納蘇利〈装束自レ上所レ給也。其舞又以優美〉

帰入之間賜レ禄同レ前。

『定能卿記』は次のとおり。

次奏二左右舞一〈打物所作二召人一、見二試楽日一。但今日清撰《ハ》外楽人等少々参歟。皆着二装束一〉。万歳楽五人〈不レ祖。後々舞如レ此。成宗中央、末方出二北一間一、経二桙北一。後々如レ此〉。……地久四人〈不レ祖。後々如レ此。於二一間一、経二桙南一。後々如レ此〉。太平楽四人〈公時未レ習二此舞一云々。退入間、於二楽屋前一賜レ禄。先レ是院司等、自レ後廻二楽屋辺一取レ之〉。新鳥蘇〈雅賢取二蘇利古一。賜レ禄儀如レ前〉。龍王〈退入之時同賜レ禄如レ前。綾桜細長〉。納蘇利〈賜レ禄儀同レ前〉

『玉葉』とほぼ同様である。左の「万歳楽」と右の「地久」、左の「太平楽」と右の「新鳥蘇」、左の「龍王」に右の「納蘇利」の順で舞っている。櫻井利佳「白河院五十賀の試楽覚書」（『東洋学研究』四七号・二〇一〇年三月）は、最初の番が「万歳楽」と「地久」であるのは朝覲行幸の場合であることを指摘する。御賀記はそれを左右に分けて記述している。また、右の「納蘇利」は御賀記にないが、かわって落蹲とある。康和・仁平の賀宴の記事は、次のとおり。

(康)次吹二調子一〈平調〉。左右各三曲〈左万歳楽六人、太平楽・龍王。胡飲酒童不参。仍俄召レ之也。右地久四人、古鳥蘇〈師時朝臣取二蘇利古一〉、納蘇利〉（『中右記』）

(仁)次左右互奏レ舞。先左万歳楽、次右地久、左太平楽、次家成卿率二忠能・雅通等一、向二楽屋一。為三出二立龍王童一歟。次右古鳥蘇、俊通朝臣取二曾利古一、公親朝臣、入綾。次左陵王、小舎人定家舞レ之。次右納蘇利、小舎人雅仲舞レ之（『仁平御賀記』）

次左右奏レ舞。先左万歳楽〈家明朝臣・実長朝臣・定房朝臣・隆長朝臣・実定・忠親着二青色袍・樺桜下襲〈立文面。但禁色人織物〉・濃蘇芳打表袴〈禁色人織物〉・濃打半臂〈禁色人以下襲面織物用二半臂一〉・螺鈿野剣・豹皮尻鞘・紫淡平緒・馬脳帯一。帯二平胡籙一、着二糸鞋巻纓冠一、老懸如レ例。挿二桜花一〉。次右地久四人〈公親朝臣・俊通朝臣・公保朝臣・公光朝臣、着二青色袍・柳下襲〈立文面、禁色人用二織物一〉・青打半臂〈禁色人着二下襲織物一〉・山吹打表袴〈或黄立文〉・螺鈿野剣・竹豹尻鞘・青淡平緒・斑犀帯・平胡籙・糸鞋・巻纓冠一。老懸挿二山吹花一〉。次左太平楽〈舞人如二万歳楽一〉。右古鳥蘇〈舞人如二地久一〉、俊通朝臣〈已上左右舞人、不レ袒舞レ之〉、取二反古《ソリコ》一施二曲節一。……次陵王出レ奏〈小舎人隆成、天冠・総角・赤袍、錦剣襠袴指レ腰執レ撥。無レ面件装束云々。内々自レ院調給云々〉（『兵範記』）。このあと本文の脱落により、「納蘇利」の記事を欠く）

康和・仁平・安元の賀宴の舞について整理すると、【表10】のごとくである。

【表10】

康和（『中右記』）	仁平（『仁平御賀記』）	安元（『玉葉』）	御賀記
【左】	【左】	【左】	【左】
万歳楽（六人）	万歳楽	万歳楽	万歳楽
太平楽	太平楽	泰平楽	太平楽
龍王（胡飲酒童不参）	陵王	陵王	陵王
【右】	【右】	【右】	【右】
地久	地久	地久	地久
古鳥蘇	古鳥蘇	新鳥蘇	新鳥蘇
納蘇利	納蘇利	納蘇利	落蹲

左、万歳楽〈廿拍子〉――「万歳楽」は、唐国で賢王の時に鳳凰が現れ「賢王万歳」と囀り、その言葉を楽に作り、

姿を舞に作らせたもの。拍子は二〇（現行は一〇まで、末三拍子加）。左方舞、答舞は「延喜楽」「地久」など。舞人四人。左方襲装束。片肩袒。鳥甲（『雅楽事典』）。底本には「廿拍子」と傍注がある。これは『玉葉』に「左万歳楽〈廿拍子。出レ自二楽屋北一間一、歴二左鉦鼓北一。已下舞皆如レ是〉」とあるのと一致する。また、『教訓抄』（巻一・万歳楽）にも「拍子二十」とある。同書には、「是ハモロコシニ、隋陽帝ト申御門ノ御作セ給タル也。唐国ニハ、賢王ノ世ヲヲサメサセ給時ニ、鳳凰ト云鳥カナラズ出来テ、賢王万歳万歳ト囀ナルヲ、囀詞ヲ楽ニ作リ、振舞姿舞ニツクラセ給テ侍也。此朝ヘハ誰人ノワタシタルトイフ事ミエズ」と、その由来を記している。『中右記』長治二年（一一〇五）正月五日条の「次乱声三度〈注略〉、万歳楽〈六人、重装束〉、地久〈六人〉」（堀河天皇、大炊殿へ朝覲行幸）は、その例。

太平楽〈破一遍〉――「太平楽」には、次のような背景がある。漢の劉邦と項羽が鴻門で会見した時に、項羽の臣の項荘が剣を抜いて舞いながら劉邦を殺害しようとした。項羽の季父の項伯もまた剣を抜き舞いながら劉邦を守ったので、項荘は劉邦を殺害出来なかった。この剣舞のかたちを模して太平楽という。左方舞。舞容は武舞。答舞は「狛桙」「古鳥蘇」「陪臚」など。舞人四人（『雅楽事典』）。『教訓抄』（巻三・武将太平楽）に、「貞保親王ノ譜ニ云、吹二乱声一罷出。天安天皇御二梨本一、移二内裏一之時、左近衛府奉二献物一、常澄当経以レ剣攬舞。四十人被レ甲。合二此三曲一、号二府装楽一。或云、公魚舞即内舞也。項荘剣舞、項伯以レ袖隔レ之。便不レ得レ害二高帝一」とある。『殿暦』永久四年（一一一六）二月一九日条の「舞後有二御遊一。今日舞〈左、万歳楽、太平楽、三台、散手、龍王。右、千久、林歌、貴徳、納蘇利〉」（鳥羽天皇、白河新御所へ朝覲行幸）は、その例。「破」は、雅楽の楽章を三分割した序破急のうちの破。

陵王〈破二遍〉――「蘭陵王」のこと。北斉の蘭陵王長恭は才知武勇にして形が美しかったので、兵が戦をせず将軍ばかりを見ようとしていた。そこで仮面を着して周の師を金墉城下に撃ち、勇は三軍に冠したのでこの舞を作り、蘭陵王入陣曲という。左方舞。答舞は「納蘇利」。舞人は一人（『雅楽事典』）。『教訓抄』（巻一・羅陵王）に、「此曲ノ由来ハ、通典ト中文ニ中タルハ、大国北斉ニ、蘭陵王〈長恭〉ト中ケル人、国《クニヲ》シヅメンガタメニ、軍《イクサ》ニ出給フニ、件王ナラビナキ才智武勇ニシテ形ウツクシクオハシケレバ、軍ヲバセズシテ、偏ニ将軍ヲミタテマツラム、トノミシケレバ、其様ヲ心得給テ、仮面ヲ着シテ後ニシテ、周師《いくさ》金墉城《セイ》下ニウツ。サテ世コゾリテ勇、三軍ニカブラシメテ、此舞ヲ作。指麾撃刺《クヰゲキラツ》ノカタチコレヲ習。コレヲモテアソブニ、天下泰平国土ユタカ也。仍テ、蘭陵王入陣《しうぢむの》曲ト云。此朝伝来様未二勘出一。尾張連浜主ノ流ヲ正説トスル也。蓮道譜ニ云、此曲沙門仏哲伝へ渡ス。唐招提寺留置也」とある。この舞は、「次左陵王、小舎人定家舞レ之」（『仁平御賀記』）、「権中納言〈家〉……右兵衛督〈雅〉、起二御前座一、経二南庭一副二池畔一、至二楽屋一。為レ伝二陵王童一也。頃之帰参着座。次陵王出レ奏〈小舎人隆成、天冠・総角・赤袍、錦剣襠袴指レ腰執レ撥。無レ面件装束。内々自レ院調給云々〉」（『兵範記』）とあるように、童の舞である。先に引いた『玉葉』にあるように、「式」（儀式・儀礼の次第書）では「胡飲酒」を奏するとあるが、「議」によって取りやめとなり、「陵王」を奏した。これは「康和例」と同じであった。『玉葉』はこの件について、康和の折は童の所労による変更であり（「左右たがひに舞を奏す」の項に引く）、今日の場合は「胡飲酒童」が出仕している、なぜ停止するのか、康和の例にならうといいながら、かえって背いていると苦言を呈している。『小右記』治安三年（一〇二三）一〇月一三日条の「次舞人四曲、万歳楽〈注略〉、賀殿〈注略〉、陵王童〈殿上、参議経通二郎〉、納蘇利〈注略〉、舞了」（源倫子六〇賀）は、その例。

右、地久—由来不詳。右方舞。舞人四人（『雅楽事典』）。『教訓抄』（巻五・地久）に「而仁平御賀ノ比、三月一日、於二鳥羽殿一、院殿上人舞御覧ノ日、俊通小将カタヌグ手ヲ舞給ケルニ、半臂ヲトモニグシテ、肩袒給タリケレバ、万人見レ之、耳目ヲヲドロカシタリケリ。舞入之後、父卿起レ座、向二子少将一、雖レ被二勘発一、無二其益一云々。ヨクヨクカヤウノ事ニテ心ツクベキ也」とあり、仁平御賀の舞御覧における逸話を記している。右の舞人である隆房・雅賢・時家・公守が舞っている。なお、『隆房集』（73）に「なにの舞とかやに入りて……／ふる袖は涙にぬれてくちぬるをいかにたちまふわが身なるらん」とある歌が、『玉葉集』（恋三・1530、第三句「くちにしを」）では「安元御賀に地久をまひ侍りける中にも……」として入集している。『御堂関白記』寛仁二年（一〇一八）一〇月二二日条の「楽人乗レ舟参来、楽人在レ舟。舞童六人於二庭中一舞〈万歳楽・太平楽・龍王・地久・胡《ママ》・納蘇利〉。奏了退出」（後一条天皇、土御門第行幸）は、その例。

小松の西のほどにて一のつらばかりこまかなであり――「一のつら」は、一列の意。舞人の列。『玉葉』には、「次左右舞人二行〈注略〉左五人……右四人……」とあり、左右いずれかが「こまかなで」を奏した。「こまかなで」は、高麗奏か。『玉葉』『定能卿記』には、この件と思しき記述はない。『教訓抄』（巻五・地久）の「先欲レ奏二此曲一時、吹二禰取之詞一〈如二常説一〉。准二大曲一時ハ、吹二狛調子一〈品玄也。或人謂二之大調子一云、是秘事也。当世不レ用レ之〉。肩袒手《カタヌグテ》アリ。此舞ノ秘事ノ内也」に見える、「吹二狛調子一」とかかわりがあるか。ここは「地久」とは切り離して扱うべきか。

新鳥蘇――由来不明であり、『教訓抄』（巻五・新鳥蘇）にも説くところがない。右方舞。舞人六人または四人。『口遊』（音楽門）に「納序、古弾、新鳥蘇〈謂二之高麗楽一〉」とあり、高麗楽である。『和名抄』（巻四・曲調類）でも、「高麗楽曲」の一つに数えられている。『西宮記』（恒例第二・相撲事）に引く『醍醐天皇御記』には、「延木十二年七月廿七日御記云、覧二召合一云々。……右乱声、奏二納曾利一。訖左奏二陵王一。……次右奏二新鳥蘇一。未レ訖還レ殿云々」（相撲の召合）、『殿暦』長治元年（一一〇四）三月三日条に記す、平等院一切経会での舞の曲名に、「舞十六　左　安摩……陵王　右　千《（地）》久　新鳥蘇……納蘇利」と見える。康和・仁平の御賀では「古鳥蘇」であったが、安元では「新鳥蘇」に変わっている。

合肘を舞ふ――『教訓抄』（巻七・舞譜名目）に「合肘《アハスルカイナ》　左右手合、諸手」とある。『雅楽事典』によれば「右足披―両手披―左足寄、左足突、左足出、……」といった舞方の名称。「合肘舞也。執㆓後参㆒」（『教訓抄』巻五・新鳥蘇。「後参」は桴の名）とある。他の賀宴記録には見えない語である。

少将隆房、入綾を舞ふ―「入綾」は、舞い終わって退場する直前に引き返して舞うこと。『玉葉』『定能卿記』には、隆房が「入綾」を舞った記事は見えない。『教訓抄』（巻七・舞出入作法）には、「入綾可㆑舞口伝、舞台ノ中半ニシテ、御前ノ方へ立直テ、舞始メテ、登橋ノ程マデ舞ナリ。口伝云、舞台ノ上ノ入綾ハ、一者舞也。次者不㆑舞。庭ノ入綾ハ、庭トヲケレバ、足ヲコマカニフミテ、二寄バカリハ寄テ舞始ナリ。楽屋ノ近ニハ、トク始テ打返テ、楽屋へ舞廻リテ舞也。借一者タル時ハ、庭入綾舞也。舞台ノ上ニテ舞手ヲバ、庭ニテハ舞替也。久不㆑可㆑舞、楽一返余吉ナリ。左ニモアレ、右ニモアレ、入綾ハ以㆓御前㆒為㆑本舞ナリ。但、為㆓正方㆒所ニハ、不㆑及㆓立返㆒、始也」と見える。『源氏物語』（紅葉賀）に、「今日はまたなき手を尽くしたる入綾のほど、そぞろ寒く、この世のこととおぼえず」、『兵範記』仁平二年（一一五二）三月二日条に、「次青海波。少将殿光時被㆑舞㆑之。終頭、左府召㆓光時㆒、於㆓階下㆒賜㆓御衣㆒〈白掛〉。光時纏頭、舞㆓入綾㆒退去」（仁平御賀の舞拍子合）とある。

雅賢、蘇利古を取る―「蘇利古」は、舞に用いる楚（訓は「すはゑ」または「すはえ」）。白楚。「すはゑ」は、まっすぐに伸びた木の枝。『教訓抄』（巻七・舞譜名目）に「白楚《ズハヘ》　皇麞・蘇利古〈或書云、蘇理古楉《ズハヘ》名歟〉」とある。ここでは「新鳥蘇」において用いている。『中右記』の「合㆓奏音曲㆒、古鳥蘇〈入綾之間、師重朝臣舞㆑之。師時朝臣・顕国朝臣、取㆓蘇利古㆒〉」（康和四年〔一一〇二〕三月九日条、御賀の試楽）、「次古鳥蘇〈顕国取㆓蘇利古㆒〉」（同三月二〇日条、御賀の後宴）、「次吹㆓入調㆒。安摩〈行高・光則〉二舞如㆑恒。……地久〈八人、取㆓蘇利古㆒〉……崑崙八仙〈八人〉」（同七月二一日条。尊勝寺供養）のように、「新鳥蘇」以外の舞曲で用いることもある。『玉葉』の「新鳥蘇」には、「雅賢朝臣取㆓曾利古㆒。康和一人取㆑之例也」、『定能卿記』にも、「新鳥蘇〈雅賢取㆓蘇利古㆒。……〉」と注がある。ここで雅賢ひとりが「蘇利古」を取るのは、『玉葉』の記すとおり、『中右記』の「左右各三曲〈左……右地久四人、古鳥蘇〈師時朝臣取二蘇利古一〉、納蘇利〉」にならうものである。

落蹲・入綾を舞ふ—「落蹲」は、納蘇利の一人舞とされる。「落蹲」とその「入綾」をだれが舞ったかは記していない。『教訓抄』（巻五・納蘇利）は、「双龍舞有二異名一。可レ謂二一人舞時一云々。双龍王故也。入道左大臣説ニ、納蘇利三文字ヲ落尊トヨムベシ。其外ノ異名ハ不レ可レ然也。……常ニハ二人舞レ之。一人落蹲、スコシ事アル時ニ舞ナリ」つまり、「納蘇利」を一人で舞う場合の呼称と説明している。『枕草子』（舞は）に「落蹲は、二人して、膝踏みて舞ひたる」、『源氏物語』の「日暮れかかるほどに、高麗の乱声して、落蹲の舞ひ出でたるほど、なほ常の目馴れぬ舞のさまなれば、舞ひはつるほど、権中納言、衛門督おりて、入綾をほのかに舞ひて紅葉の蔭に入りぬる名残、飽かず興ありと人々思したり」（若菜上）は、二人の舞。「今は源中納言の御子皇麞、右の大殿の三郎君陵王、大将殿の太郎落蹲、さては太平楽喜春楽などいふ舞どもをなむ、同じ御仲らひの君たち、大人たちなど舞ひける」（若菜下）は、一人舞。『仁平御賀記』には、「次右納蘇利、小舎人雅仲舞レ之」とあるので、一人舞であった。『兵範記』仁安三年（一一六八）八月四日条には、「次右林歌、次左陵王、右落蹲」と見える。御賀記には「落蹲」とあるが、『玉葉』『定能卿記』は、ともに「納蘇利」である。

見る者みな目をおどろかす—舞への高い評価をあらわしている。『玉葉』も「右、納蘇利〈装束自レ上所レ給也。其舞又以優美〉」と、称賛している。「目をおどろかす」は、『高野山御参詣記』永承三年（一〇四八）一〇月一二日条の「浮雲按レ轡、半漢執レ鞭。綾羅争レ粧、錦繡驚レ眼」（藤原頼通、住吉社参詣）や『後二条師通記』寛治六年（一〇九二）二月六日条の「余召二公利一、給二白衣一重一。万人驚レ目」（藤原忠実、春日祭の使いとして下向）など、記録によくみえる「驚眼（目）」の訓読語か。

舞終はりて帰り入る時、院の殿上人、禄をとりて、帰り入る舞人にたまふ—「禄」は今日の儀式に参加・奉仕した者への褒美。『玉葉』に、「左、泰平楽」について、「舞了帰入之間、於二左胡床辺一賜レ禄。院殿上五位取レ之。禄行事右衛門権佐光長、率二禄辛櫃并主典・庁官等一、予候二楽屋辺一と記している。禄をたまわった場所は、「左胡床辺」。「院殿上五位取レ之」は、「院殿上五位」が禄を取って舞人に手渡した。またそのために「禄行事」らが「禄」を用意して、「楽屋辺」に待機していたとある。「右、新鳥蘇」については、「帰入之間賜レ禄如レ左。但進二大鼓南辺一給レ之。取二曾利古一之人、帰入之間賜レ之」と、「大鼓南辺」で「曾利古」を取った「雅賢」がたまわったことが分かる。「左、陵王」では、「還入之間賜レ禄。行事光長取レ之。康和顕隆取レ之例也」とある。「右、納蘇利」については、「帰入之間賜レ禄同前」とみえる。『定能卿記』には、「太平楽四人〈……退入之間、於二楽屋前一賜レ禄。先レ是院司等、自レ後廻二楽屋辺一取レ之〉、新鳥蘇〈……賜レ禄儀如レ前〉、龍王〈退入之時同賜レ禄。如レ前。綾桜細長〉、納蘇利〈賜レ禄儀同レ前〉」とある。後につづく「殿上の楽人」「行事の宰相」「舞人楽人」とは、たまわる物や時・場所がそれぞれ区別がある。また「万歳楽」「地久」については、『玉葉』『定能卿記』ともに禄の記事がない。

(康)舞了於二楽屋一給二禄ヲ於行事宰相以下舞人・楽人等ニ一〈殿上人取レ之〉(『中右記』)

＊「楽屋」で禄を賜っている。

(仁)左右曲終之後、院庁給二舞人禄一〈在レ差。太平楽・古鳥蘇・陵王・納蘇利等、各舞終欲三帰二入楽屋一之間、落々《ママ》給レ之〉(『仁平御賀記』)

已上舞等退二入楽屋一之間、院司惟方朝臣〈判官代〉、率二四位五位殿上人一〈院殿上人〉、於二鉦鼓辺一、各賜二禄掛一(『兵範記』)

＊「鉦鼓辺」でたまわっている。

白き細長一領―「帰り入る舞人」への禄。「細長」は、貴族の女子が幼年から若年にかけて着る衣服。方領《かたえり》で衽《おくみ》がなく、身幅の細長いもの。禄として与えられることが多い。仁平の時は、前項に引いた『兵範記』に記すとおり、

「掛」であった。『九暦』〈天慶八年〈九四五〉一二月二〇日条〉の「次亦給レ禄。将監白張細長一襲、将曹同細長一領……」〈荷前の使いへの禄〉、『枕草子』〈関白殿、二月二十一日に〉に、「殿の御方より、禄は出させたまふ。女の装束に、紅梅の細長添へたり」と見える。

童舞は桜の細長—「童舞」への禄は「桜の細長」であった。『玉葉』には、「陵王」については「還入之間賜レ禄、行事光長取レ之。康和顕隆取レ之例也」、「納蘇利」については、「帰入之間賜レ禄同レ前」、『定能卿記』には、「龍王〈退入之時同賜レ禄。如レ前。綾桜細長〉、納蘇利〈賜レ禄儀同レ前〉」とみえる。童舞以外の舞人については禄物の名を記していない。他の記録は、童の禄については取り立てて記してはいない。

次に殿上の楽人に禄をたまふ、白き単衣襲—殿上人の楽人に禄を賜るということ。『玉葉』には「殿上の舞人」への賜禄についての記事はない。『定能卿記』によれば、舞楽が終わって、「次於二楽屋一、行事参議以下舞人・楽人賜レ禄〈殿上人取レ之。先レ是殿上人等、自レ後廻二楽屋辺一。宰相白掛一重。舞人・楽人同掛一領。召人楽人疋絹云々。召人禄殿上人不レ取レ之〉」とあり、楽屋で「殿上人等」から「掛一領」をたまわっている。

（康）舞了於二楽屋一給二禄《ヲ》於行事宰相以下舞人・楽人等《ニ》一〈殿上人取レ之〉〈『中右記』〉

（仁）次給二楽行事幷楽人禄一〈院殿上人取レ之〉〈『仁平御賀記』〉

行事の宰相は白き大掛—楽の「行事」である「宰相」つまり参議には、「白掛一重」を賜った。前項の『定能卿記』には「宰相白掛一重」とある。康和・仁平の記事も前項を参照。

舞人楽人、六丈の衣をたまはす—この「舞人楽人」は、召人の「舞人楽人」。昇殿を許されずに「舞人楽人」をつとめる人たち。「各入二楽屋一了止レ楽。此間召人舞人楽人、乗二龍頭鷁首各一艘一、容二与池上一」〈『玉葉』〉と記される人たちのことであろう。「殿上の楽人」とは立場が異なる。『定能卿記』には「召人禄殿上人不レ取レ之」とあり、その禄は「殿上人」から受け取るのではなかった。おそらく置いてある「疋絹」をみずから取るのであろう。

「六丈の衣」は、「次に殿上の楽人に禄をたまふ、……」の項に引いた、「召人楽人疋絹」に相当する。『中右記』康和五年（一一〇三）一二月一七日条に、「今日右大臣殿若君昇殿之後、給二物於主殿司等一。……候二蔵人所一大盤左右、五位職事、取レ禄給レ之。六丈絹各二疋・綿二屯」（藤原忠通昇殿の後、主殿司に禄を給う）、『兵範記』保元三年（一一五八）三月一九日条に、「今夕被レ仰二昇殿一。……入レ夜自二殿下一内々蒙レ仰。頃之御蔵小舎人矢田部則弘来、告下聴二昇殿一由上。即召二東面乙板敷一賜レ禄、謝二遣之一。小舎人長絹一疋〈号二六丈絹一〉、侍伝《へ》取《リテ》給レ之」（平信範昇殿を許された後、使いの小舎人に禄を与える）に同じか。

(仁)次給二召人禄一〈疋絹、庁官取レ之〉（『仁平御賀記』）

これより先、万歳楽のほどに、親王公卿に衡重をたまふ—舞の第一曲である左の「万歳楽」を奏する間に、「親王公卿」に「衡重」をたまわった。「衡重」は、檜の白木を四角に作った折敷の下に台を付けた物。これに食器などをのせた。ここでは各座に据えている。『源氏物語』（柏木）の「御方々、さまざまにし出でたまふ御産養、世の常の折敷、衡重、高坏などの心ばへも」（薫の産養の食膳）、『御堂関白記』寛仁二年（一〇一八）一〇月二二日条の「次供二御膳一。中宮大夫〈無レ警〉、宰相等取二懸盤一、上達部給二衡重一、献二御酒一」（後一条天皇道長の土御門第へ行幸）などがその例。『定能卿記』には、「万歳楽五人〈注略〉、此間居二法親王・公卿前《ニ》衡重《ヲ》一〈五位侍臣役レ之〉」、『玉葉』には、「万歳楽間居二衡重一〈公卿衡重羞二魚味一〉。先法親王料、光雅〈康和行事為隆役レ之例歟〉・親雅各渡二御前一居レ之。次居二関白一〈五位蔵人兼光・基親等役レ之〉、以下大納言已上、今日無二勧盃一。康和例也〈今案、法親王被レ候之間、無二便宜一歟〉」とある。また『法親王供奉御賀儀』には、「舞間賜二衡重一事　臨レ期置二三衣筥於東方一、可レ居《スウ》二衡重一。五位蔵人役レ之、六位為二後取一〈共経二公卿座前一渡二御前一〉」とある。奏舞の始まりであるが、「万歳楽」の間に「衡重」を給うのは、すでに『中右記』に見えており、故実であった。なお、「親王」とはあるが、守覚法親王のことである。

（康）万歳楽之間、居二親王公卿衝《ニ》重《ヲ》一〈公卿料、二所ノ殿上ノ五位六位等益送〉（『中右記』）

舞終はりぬれば、長慶子を吹きてまかり出づ—舞人らの退場の時、退出音声《まかでおんじょう》である「長慶子」を奏する。「長慶子」は、法会や舞楽などの儀式の散会・退出の時に奏する。『教訓抄』（巻六・長慶子）には、「此楽、博雅三位造レ之。モロモロノ退出音声、幷立楽ノ下高座等用レ之」とあり、源博雅の作とされる。『紫式部日記』（寛弘五年〔一〇〇八〕一〇月一六日）に、「万歳楽・太平楽・賀殿などいふ舞ども、長慶子を退出音声に遊びて」（一条天皇土御門第へ行幸）とある。『定能卿記』には、楽屋で「行事参議以下舞人・楽人」が禄をたまわった後、「各立二出楽屋前一。笙取二大食調音一、奏二長慶子一、経二本路一退出〈行列如レ前。宰相以下、皆懸二禄於左肩一。童舞二人、従二楽屋後一退出、不二行列一〉」とあり、楽屋の前から、「長慶子」を奏しながら入場した路を戻っている。『玉葉』も、「舞了、発二退出音声一〈長慶子〉。行事参議以下肩レ禄、歴二本路一退出。其儀如二参入之時一〈但両舞童、直自二楽屋一退出、不レ加二此列一。又大鼓・鉦鼓之人、立レ北撃レ之〉」も同様に記している。なお、『仁平御賀記』には退出についての記事がなく、『兵範記』は、このあたりの記事が脱落している。

（康）晩頭舞了。退出音声、従二本路一帰二西中門一〈長慶子〉。行事参議為レ前。行列次第如レ前。各取レ禄帰。但童舞二人、従二楽屋後一早退出。依二年少一也。仍退出音声之間、不二行列一也（『中右記』）

童舞のほか、行事よりはじめて、禄を左の肩にかけて西の中門へ出づ—行事の参議以下、舞人・楽人らの退出を記す。「童舞のほか」は、童舞を舞った二人以外はの意。前項に引いた『定能卿記』『玉葉』『中右記』にあるとおり、二人はすでに楽屋の後から退出していて、退出の行列には加わっていない。なお「童舞二人」が行列に加わらないのは、この康和の例にならっている。行事の参議以下の退出についての記事は、右に引いたとおり。入場の時には、「行事よりはじめて、舞人楽人、中門にならび立つ」とあり、退場するときには、この「（西）中門」へ戻ることになる。

その後、胡床とる―前庭に置いていた「胡床」を撤去した。「胡床」は寝殿の「南階」の東西に置いていた（『玉葉』）。ここには近衛府の次将らが座った（『定能卿記』）。次の行事である、引出物の馬を前庭に引き回すためである。「胡床」は、「左右近衛、胡床を立つ」（6）の項を参照。『後二条師通記』寛治四年（一〇九〇）正月七日条の「内弁起レ座微音揖、向レ西徐行、到二第二間一〈此間以二随身一下襲整了。胡床暫程令レ撤〉、出レ自二二間一斜徐行」（白馬節会）、『兵範記』仁安三年（一一六八）正月一六日条の「次抜レ標撤二胡床一、舞妓経二橋樹北一進出、南庭三匝《メグリ》了還入」（踏歌節会）は、庭上の「胡床」を取り去った例。『定能卿記』には、「次撤二胡床一」、『玉葉』には、「次近衛撤二胡床一。此間主殿官人、奉二仕立明一。池岸炷《トモス》レ篝〈堂上掌燈末レ供如何〉」とある。この間庭前で立明（松明を立てる）をした。なお、『中右記』では「其後及二秉燭一供レ燈。主殿寮立二明南庭一」と、天皇から馬を献呈した後に、点燈しており、「胡床」については記していない。

【補説】（10）の部分は、【表11】に示すように、定家本と類従本で本文の異同が大きい。上段が定家本、下段が類従本。傍線部分は異同のある箇所を示す。適宜段落を設け句読点を付す。

類従本では前段の維盛の落蹲入綾を舞う箇所からつづいて、維盛の舞は院の称賛を受け、建春門院からの禄（織物のかず、御ぞに紅の御袴具して）を、関白が御使を介して、父重盛に賜り、重盛は右肩に御衣をかけ拝舞する。この場面は類従本の追補と考えられる。定家本には、維盛の登場はなく、「舞終はりて帰り入る」の主語が異なる。

定家本には誰が舞ったかの記載がない「落蹲入綾を舞ふ」について、『玉葉』に次のような記述がある。「左、陵王〈装束如二試楽一。自レ上給二装束一。天冠如レ元。其舞絶妙、勝二于試楽日一〉還入之間賜レ禄、行事光長取レ之。康和顕隆取レ之例也。抑式雖レ被レ載二胡飲酒一、有レ議止レ之。奏二陵王一、是又康和例云々。余案レ之、彼度賀宴日、件童依二所労一不二出仕一、忩以二陵王一替レ之。今日胡飲酒童已出仕、可レ舞二納蘇利一云々。至二于胡飲酒一、何可レ被二停止一

【表11】

定家本

とはかりありて、左右たかひにまひをそうす。左、まんさいらく《廿拍子》、太平楽《破一遍》、陵王《破二遍》。右、地久。小松のにしのほとにて一のつらはかりこまかなてあり。新鳥蘇あはせかひなをまふ。少将隆房、いりあやをまふ。まさかた、そりこをとる。落尊いりあやをまふ。見るものみなめをおとろかす。

まひをはりてかへりいる時、院の殿上人ろくをとりて、かへりいるまひ人にたまふ。しろきほそなか一領、わらはまひはさくらのほそなか。

次に、殿上の楽人にろくをたまふ。しろきひとへかさね、行事の宰相はしろきおほうちき、まひ人かく人、六丈のきぬを給はす。

これよりさき、まんさいらくのほとにしんわうくきやうについかさねを給。

まゐをはりぬれは、ちやうけいしをふきてまかりいつ。わらはまゐのほか、行事よりはしめて、ろくを左のかたにかけてにしの中門へいつ。そのゝち、胡床とる。

類従本

とはかり有て、左右たかひに舞を奏す。左、まんさいらく、太平楽〈破一反〉、陵《つゝみイ》王〈破二反〉。右、地久。小松のにしのもとにて一のつらはかりこまかなてある。新鳥蘇あはせかひなをまふ。少将隆房、左の舞人にはやうとすゝむれは、しはし有て、権のすけ少将これもり出て落尊入綾をまふ。青色のうへのきぬ、すほうのうへの袴にはへたる顔の色、おももち、けしき、あたり匂ひみち、みる人たゝならす、心にくゝなつかしきさまは、かさしの桜にそことならぬ。舞終りて帰り入時、院の御まへより殿上人を御使にてめして、けふの舞のおもてはさらに〳〵是にたくふ有ましくみえつるをとて、女院の織物のかす《重盛》、御そに紅の御袴くして、関白御使えたまはするに、父の大将座を立て参りて御衣を取て右のかたにかけて、院を拝し奉り給程のめいほく、其時に取ては、たくひなくそ見えし。かたへの人〳〵もいかにうらやましう覚えけん。

つきに、殿上人、楽人にろくを給ふ。しろきひとへかさね、行事の宰相は白き大うちき、舞人楽人、六丈のきぬを給はす。

是よりさき、万歳楽の程に親王公卿についかさねを給ふ。

まひをはりぬれは、ちやうけいしを吹てまかりいつ。童舞の外、行事よりはしめて、ろくを左の肩にかけて西の中門にいつ。其後、胡床をとる。

哉。雖レ似レ追二康和之例一、還可レ謂レ乖二彼儀一歟」とあり、これによれば、納蘇利（落蹲）を舞ったのは胡飲酒童である源雅行であった。そのあとに続く「見る者みな目をおどろかす」は、『玉葉』の「其舞又以優美」という評と重なる（久保田淳「平家文化の中の『源氏物語』」、『藤原定家とその時代』一九九四年・岩波書店、所収）。

類従本が奏舞の最後に維盛を登場させ、見事な舞への称賛を記すのは、一連の平家賛美を目的とした改変によるものと思われる。類従本の維盛の装束描写「青色のうへのきぬ、すほうのうへの袴」は『玉葉』が左の舞人の装束として「麹塵綾闕腋袍、樺桜打下重、同色打半臂、濃蘇芳打表袴……指頭桜花〈以レ銀造レ之〉。……此中、頼実依レ為二禁色人一着二織物一、維盛青色〈立文〉。……」とあるのに一致し、奏舞を維盛の見事な舞で締めくくったということになるが、左の舞人である維盛の登場はそもそも不自然である。定家本は、右舞の新鳥蘇の入綾を隆房が務め、雅賢が蘇利古を取るとある。『玉葉』が「雅賢朝臣取二曾利古一。康和一人取レ之例也」、『定能卿記』が「雅賢取二蘇利古一。賜レ禄儀如レ前」と記すように、定家本が事実に沿っていよう。注釈中に述べたように、仁平御賀では「次左陵王、小舎人定家舞レ之。次右納蘇利、小舎人雅仲舞レ之」（『仁平御賀記』）とあり、右の納蘇利を小舎人雅仲が舞っている。

維盛が美しく落蹲・入綾を舞ったという改変は、『源氏物語』（紅葉賀）での光源氏の青海波の舞について、「入綾の程、そぞろ寒く、この世のことともおぼえず」とあることに着想を得たものか。春日井京子はこうした類従本の改変を「不自然」とし、そこからは「権勢を誇る平家嫡流という極めて恵まれた境涯にある者の驕奢なまでの華やかさが見て取れる」としている（「『安元御賀記』と『平家公達草紙』―記録から〈平家の物語〉へ―」、『伝承文学研究』四五号・一九九六年四月）。さらに春日井は、「（覚一本『平家物語』）巻十「熊野参詣」に維盛が安元御賀で青海波を舞ったことが記されるが、その描写に前掲した類従本の加筆記事、維盛が落尊を舞った後の重盛拝舞の部分が引用されている」とも指摘している。

定家本と類従本の相違については、(25)の【補説】も参照。

11　院へ引出物の御馬十疋

御馬《むま》十疋、平文の移鞍《うつし》を置き《ゝ》て院にたてまつらせたまふ《給》。殿上の衛府を口取《くちと》りとして〈櫳左中将雅長、右馬頭親信、左中将知盛、右中将光能、右中将通親、右少将清通、左馬頭重衡、左少将通資、左馬権頭信基、左少将時実〉、近衛舎人〈将曹已下番長以上〉差縄《しなは》を取《と》る。立《た》ち処《と》も知《し》らずいばえ《へ》たるけしきは、花山のふもとにもかくやあらむとおぼえたり。御前を三《み》めぐり引《ひ》くほどに、左大臣、仰《おほ》せられていはく、「乗《の》れ」。差縄《しなは》取《と》り、おのお《を》の《〱》乗《の》りてうちまはす。下《お》るべきよし仰《おほ》せらるれば、おのお《を》の《〱》下《お》りて御前に引《ひ》きたつ。又仰《おほ》せられていはく、「院の御厩《みまや》にたまへ」。その後《ゝち》、東《ひむかし》の釣《つり》殿の馬道《めたう》より引《ひ》き出《い》でて《ゝ》、御厩舎人《みまやとねり》にたまはす。

御馬十疋、平文の移鞍を置きて院にたてまつらせたまふ―後白河院への馬一〇頭の献上である。『定能卿記』に「次被㆑献㆓御馬十疋㆒〈注略〉」とあり、『玉葉』には「次被㆑引㆓御馬㆒。龍蹄十疋、置㆓平文移㆒、牽㆔入自㆓西中門㆒〈近衛次将・外衛佐・馬頭等引㆓上手㆒。関白・予幷左右大将随身上臈引㆓下手㆒。今一人不㆑足。仍御馬乗府生下毛野厚経引㆑之。着㆓襖袴㆒〉」とある。

○次有㆓引出物㆒〈馬十疋也〉(『西宮記』)

次左右近衛次将馬助等、牽二出御馬十疋一、於二庭中一奉レ覧。訖有レ仰、更召下近衛官人番長已上堪二騎乗一者上令レ騎レ之。訖大臣仰令レ給二於御厩一（『新儀式』）

(康)次近衛次将・馬頭等、引出物御馬十疋、引二渡前庭一〈置レ移〉、近衛官人番長以上、相従引レ之（『中右記』）

(仁)次有二御引出物事一。龍蹄十疋〈置二平文移鞍一〉（『仁平御賀記』後宴）

次牽二寮御馬十疋一、置二平文移鞍一（『兵範記』後宴）

「御馬十疋」を院に送るのは、先例による。賀宴で天皇から院へ馬を送る場合は「移鞍」を置くが、後宴で院から天皇へ送る場合は「移鞍」を置かない。なお『兵範記』のみは院から天皇へ送ることが先に記されている。「平文の移鞍」は、平文（漆の文様）の移鞍。「平文」は、金銀などで模様を描いたものを漆で塗り込め、研ぎだして平にした飾り。『飾抄』（下・移）に「近衛次将、乗二用平文移一〈或摺レ貝入レ玉、或入レ銀、或押二薄文一〉」とあり、装飾の内容を説明している。『殿暦』天仁二年（一一〇九）九月六日条の「次貢馬十疋〈栗毛三疋、……葦毛一疋〉、置二平文移鞍一」（白河院、高陽院に御幸して、競馬御覧）、『中右記』永長元年（一〇九六）二月二三日条の「大殿令レ進二馬六疋一給〈……御随身相共取レ之、置二平文移一〉」（藤原師実の京極殿で和歌管絃会。師実、白河院に馬を奉る）は、その例。「移鞍」は、武官や蔵人所の衆が公務に用いる鞍。『和名抄』（巻一五・鞍馬具）に、「鞍　説文云、鞍〈音安、字或作レ鞌。和名久良、俗有二唐鞍・移鞍・結鞍等名一〉馬鞍也」、『類聚名義抄』（僧中）に、「移鞍　ウツシ」とある。『源氏物語』（夕霧）の「御厩《みまや》に足疾《と》き御馬にうつし置きて、一夜の大夫をぞ奉れたまふ」、『兵範記』仁安二年（一一六七）一〇月二五日条の「左右番御馬廿疋、置二平文移鞍一、引二集西町庁辺一」（後白河院日吉社に御幸）がその例。『定能卿記』に、「三匝之後、左府仰曰、乗《の》礼《れ》。各騎レ之。次将・馬頭等退帰。三匝之後、左府仰曰、下《おり》。皆下馬。左府又仰曰、院御厩《へ》給へ。各経二東釣殿一、於二小御堂前一、付二院御厩一〈今度次将等、不レ寄二御馬乗等許一牽レ之〉。先例半漢馬一両疋、皆有レ之。今度不レ然、可レ謂レ無レ興歟」、『玉葉』に、「三

匝〈右廻也〉之後、左大臣向レ座仰云、乗れ〈先請二益関白一後仰レ之〉。次引二上手一之次将等、棄レ綱退出。舎人等各取二合之一。跪二右膝一挟二褐前一騎レ之〈不レ使二人取一レ口、独騎レ之。但此中一両人、以二下臈随身一、令レ取二差縄一。非二沛艾蹄一、尤見苦事也〉。康和・仁平、共有二陸梁之龍駒一。仍催二一座之壮観一〈康和ハ下毛野敦清、仁平ハ秦兼盛、各彰二其誉一云々〉。今度其馬皆以柔和也。已無二比興一。三匝之後、左府又向レ奥仰云、下り。即各下馬了。跪二右膝一低二褐前一、対二御前一引二立之一。大臣又仰云、給二御厩一へ〈但此詞不レ聞〉。次牽三出自二東方一了〈次将等不二帰参一。先例也〉。於二東透廊外一、院御厩舎人等請二取之一云々」とある。

(康)依レ仰騎レ之。依二大臣仰一給二院御厩一（『中右記』）

(仁)入レ自二中門一、引二立南庭一。三匝。了後官人以下、依レ仰騎レ之、依レ仰下レ之。次殿下仰云、給二院御厩一。即於二東潺湲外一、付二御厩一了（『仁平御賀記』後宴）

引二立前庭一、三匝之後、近衛騎レ之。沛艾御馬有二一両一。左近番長敦頼、兼盛等乗レ之、善馭之間、尤為二壮観一。次依レ仰下了。引二出東方一、渡二院御厩一了。次牽二院御馬十疋一、舞人十人引レ之〈左近将曹秦兼弘、右近将曹大中臣重親以下、相共引レ之〉。自二東方一引二出之一、引二廻南庭一了。於二西中門外一、授二左右馬寮一（『兵範記』後宴）

殿上の衛府を口取りとして〈籠左中将雅長、右馬頭親信、左中将知盛、右中将光能、右中将通親、右少将清通、左馬頭重衡、左少将通資、左馬権頭信基、左少将時実〉 ―「殿上の衛府」は、『玉葉』に「近衛次将・外衛佐・馬頭等引二上手一、関白・予幷左右大将随身上臈引二下手一。……」、『定能卿記』に「次被レ献二御馬十疋一〈皆置二平文移一、左中将雅長朝臣・右馬頭親信朝臣・左中将知盛朝臣・右中将光能朝臣・通親朝臣・左馬頭重衡朝臣・左少将通資朝臣・左馬権頭信基朝臣・左少将時実朝臣・家光等牽レ之。殿下随身四人・右大臣殿二人・左大将二人・右大将一人・本府一人・府生下野敦経有二番長上一、各取二後縄一。……〉」とあり、近衛府や馬寮の官人および公卿らの随身

が「口取り」をしている。御賀記の勘注の「䌫」は「くちとり」と読む。勘注が記す人名のうち、「右少将清通」が『定能卿記』には見えず、かわって「家光」が記されている。清通は時に正四位下右近衛少将、家光は、時に従五位下右近衛権少将（↓人物伝3・72）。

㊗近衛官人番長以下、相従引レ之（『中右記』）

㊓諸衛将佐〈帯二胡六一〉……其䌫《ハ》則右馬頭藤信輔……左兵衛権佐同清成等也（『仁平御賀記』後宴）

右馬頭信輔朝臣……右中将光忠朝臣、以下外衛佐馬助等牽レ之。近衛官人番長以上、取二片口一（『兵範記』後宴）

「口取り」は、馬を操るための轡や手綱をとる人。『和名抄』（巻二・微賤類）に、「䌫人　唐韻云、䌫〈唐紅反〉䌫馬人〈和名、久知止利〉」とある。『枕草子』（よろづの事よりも）の「雑色など下りて、馬の口取りなどして、をかし」は、馬を駆する意の例。

近衛舎人〈将曹已下番長以上〉差縄を取る——「近衛舎人」は、近衛府の下級官人で、随身としての護衛や宮殿等の警護などを職務とする。『枕草子』（えせ者のところ得る折）の「春日の祭の近衛舎人ども」や、『源氏物語』（松風）の「近衛府《このゑづかさ》の名高き舎人、物の節どもなどさぶらふに」がその例。勘注の「将曹」は、近衛府の四等官。『小右記』永観二年（九八四）一〇月一七日条の「左近将曹率二近衛一、開二左腋門一」（堀河院の庁事始め）、『殿暦』康和四年（一一〇二）九月二五日条の「次御馬十疋、近衛次将幷諸衛佐引レ之〈片口《ハ》近衛将曹・将監・府生等取。一両廻後引出了〉」（堀河天皇、高陽院から内裏へ遷幸）は、その例。「番長」は、令制の衛府の下級官人、舎人らの長。『中右記』寛治二年（一〇八八）正月一三日条の「上皇有二御随身詔一。左右近将曹・府生・番長各一人、舎人各三人、合十二人」（白河院に御随身の詔）は、その例。「差縄」は、馬の口に付けて動きを操作するための縄。「さしなは」ともいう。『兵範記』仁平四年（一一五四）正月三〇日条の「次牽二御馬一〈安二水精地鞍、豹下鞍、泥障一、懸二伏輪、紫村濃差縄一、……〉」（春日祭の使い発向）は、その例。『定能卿記』に「次被レ献二御馬十疋一〈……殿下随身四人……府生下野敦経有二番長上一、各取二後縄一……〉」とある。

立ち処も知らず―踏み立つべきところが分からなくなる。馬の激しく動き回っているさまを表す。「立ち処」は、立つ足もと。『方丈記』に「なぎさ漕ぐ船は波にただよひ、道行く馬は足の立ちどをまどはす」とある。

いばえたるけしき―「いばえ」は、馬が嘶《いなな》くこと。『和名抄』（巻一一・牛馬体）に「嘶　玉篇云、嘶〈音西、訓以波由。俗云以奈々久〉馬鳴也」、『類聚名義抄』（仏中）に「嘶　イバユ、……馬イナヽク」とある。『源氏物語』（総角）に「御供の人々、起きて声づくり、馬どものいばゆる音も……をかしく思さる」とある。

花山のふもとにもかくやあらむとおぼえたり―「花山のふもと」は、次の『尚書』（武成）にみえる「放二馬於《ヲ》華山陽《ミナミニ》一」の故事をふまえた表現。

偃レ武修レ文。帰二馬于華山之陽一、放二牛于桃林之野一、示二天下弗一レ服。

商を征伐した周の武王は、武器をしまって、文徳によって天下を治めることとし、馬を華山の陽におくって、牛を桃林の野に放ち、もう用いないことを天下に示した。

山南有二牧野一、放馬数十匹、踊躍奔逸、無二人羈絆《ノツナギホダスコト》一（『菅家文草』巻七・527、「左相撲司標所記」）

風塵自静、放二馬花山一（『本朝文粋』巻一三・393、大江朝綱「臨時仁王会呪願文」）

このように故事を用いて御代をことほぐ表現は、漢詩漢文学などにおいてよく用いられる。御賀記のこの表現は、この手法に倣ったものと言えよう。なお、『玉葉』に「康和・仁平共有二陸梁之龍駒一。仍催二一座之壮観一〈康和下毛野敦清、仁平秦兼盛、各彰二其誉一云々〉。今度其御馬皆以柔和也。已無二比興一」、『定能卿記』に「先例半漢馬一両疋、皆有レ之、今度不レ然。可レ謂レ無レ興歟」とある。その通り『兵範記』には「沛艾御馬有二一両一。左近番長敦頼、兼盛等乗レ之。善馭之間、尤為二壮観一」（後宴。鳥羽院から近衛天皇に馬が送られたときの様子。「沛艾」は性質が荒くはねてあばれる馬）と見える。これによると、この場面の「立ち処も知らずいばえたる」という表現は実際とは異なっていた。

御前を三めぐり引くほどに、左大臣、仰せられていはく、「乗れ」。差縄取り、おのおの乗りてうちまはす――院に献上する馬を庭前で三回引き回し、さらに騎乗させた。『玉葉』に「三匝〈右廻也〉之後、左大臣向レ座仰云、乗れ。……三匝之後、左府又向レ奥仰云、下リ、即各下レ馬了。跪二右膝一低二褐前一、対二御前一引二立之一。大臣又仰云、給二御厩一へ〈但此詞不レ聞〉。次牽二出自二東方一了〈次将等不二帰参一。先例也〉。於二東透廊外一、院御厩舎人等請二取之一云々」、『定能卿記』に「三匝之後、左府仰曰、乗礼。各騎レ之。次将・馬頭等退帰。三匝之後、左府仰曰、下。皆下レ馬。左府又仰曰、院御厩給へ。各経二東釣殿一、於二小御堂前一付二院御厩一」とある。賀宴では、天皇から馬を贈る場合は庭前をめぐってから騎乗させるが、後宴で院から馬を贈る場合は騎乗しない。

(康)近衛官人番長以上相従引レ之。依レ仰騎レ之、依二大臣仰一給二院御厩一（『中右記』）

(仁)入レ自二中門一、引二立南庭一、三匝。了後官人以下、依レ仰騎レ之、依レ仰下レ之。次殿下仰云、給二院御厩一。即於二東瀉渓外一、付二御厩一了（『仁平御賀記』後宴）

近衛官人番長以上、取二片口一、入レ自二西中門一。引二立前庭一、三匝之後、近衛騎レ之。沛艾御馬有二一両一。左近番長敦頼、兼盛等乗レ之。善駁之間、尤為二壮観一。次依レ仰下了、引二出東方一渡二院御厩一了（『兵範記』後宴）

仁平はこの後院からの引出物の馬が引かれるが、康和・安元では、最終三日目のことである。院に献上する馬一〇頭を引いて、御前の庭を三度めぐる。三めぐりの後、左大臣経宗の指示によって、馬を引いている雅長ら一〇人が騎乗した。『定能卿記』に「殿下随身四人……本府一人、府生下野敦経有二番長上一、各取二後縄一」、『玉葉』に「跪二右膝一挟二褐前一騎レ之〈不レ使二人取一レ口、独騎レ之。但此中一両人、以二下臈随身一令レ取二差縄一。非二沛艾蹄一、尤見苦事也〉」とあるように、貴顕の随身らが「差縄」を取った。

下るべきよし仰せらるれば、おのおの下りて御前に引きたつ。又仰せられていはく、「院の御厩にたまへ」。その後、東の釣殿の馬道より引き出でて、御厩舎人にたまはす―左大臣藤原経宗の下馬の指示で、下馬の後、院の御前に馬を引いてきた。このことは、御賀記と『玉葉』のみが記録している。さらに、馬一〇頭を院の厩舎へ移すようにとの、左大臣からの指示で、東釣殿の馬道を通って馬を引き、院の厩舎の舎人に渡したということ。「東の釣殿」は、「東の釣殿の上に、……」（5）の項を参照。『兵範記』仁安三年（一一六八）八月四日条には、「東釣殿土馬道以北三ケ間、西面格子間、各垂二翠簾一、出二几帳等一、宮女房出二綵袖一」（高倉天皇、法住寺殿へ朝覲行幸）とある。「馬道」は、ここでは、釣殿近くにある東透廊を穿って、馬を通すことができる位の、出入口のようなものか。『和名抄』（巻一〇・道路類）には「馬道　弁色立成云、馬道〈俗音米多宇〉向レ堂之道也」とあり、建物に向かうための道と説いており、法住寺南殿の状況にはふさわしい。ただ、諸説あってその意は定まらない。『定能卿記』には、「各経二東釣殿一、於二小御堂前一、付二院御厩一〈今度次将等、不レ寄二御馬乗等許一牽レ之〉」、『玉葉』には、「於二東透廊外一、院御厩舎人等請二取之一云々」とあり、その記すところは同じである。康和と仁平における、院の御厩に馬をたまう記事については、前項に引いた。

12　管絃の御遊

次《つき》に、管絃の具を召《め》す。笙　きさきゐ、笛　小鷹《こたか》、篳篥《ひちりき》は名《なゝ》なし、琵琶《ひは》　玄上、箏　伏見《ふしみ》、和琴　鈴鹿《すゝか》、これらを殿上人もてまゐ《い》る。すでにして御遊《あそ》びはじまる。関白、御笛《ふえ》を筥《はこ》の蓋《ふた》にいれて、天皇にたてまつる。

中宮大夫隆季《たかすゑ》〈笙〉、大納言実国《さねくに》〈笛〉、按察使資賢《すけかた》〈拍子〉、左宰相中将実家《さねいゑ》〈和琴〉、定能《さだよし》〈篳篥《ひちりき》〉、雅《まさ》賢《かた》〈付歌《つけうた》〉。

まづ、双調《そうてう》、安名尊《あなたふと》、鳥《とり》の破《は》、席田《むしろた》、鳥《とり》の急《きう》。次《つき》に、平調《てう》、伊勢《いせ》の海《うみ》、万歳楽《さいらく》、更衣《ころもかへ》、三台《たい》の急《きう》。さても御笛《ふえ》の音《ね》こそ今《いま》もたぐひなく、いにしへもかくやありけむと聞《き》こえしか。夢《ゆめ》か夢《ゆめ》にあらざるか、神なり《也》又神なり《也》。

この間《あひた》、法親王に禄《ろく》をたまふ。三重《みへ》の白《しろ》き織物《おりもの》の褂《うちき》一《ひと》かさね、紅《くれなゐ》打《う》ちの細長《ほそなか》一領、白き大褂《おほうちき》二領、左兵衛督成範《しげのり》、これをとりかさねたり。

次に、**管絃の具を召す**——『玉葉』には、馬の献上後、「堂上」に「掌燈」を灯そうとしたが、「猛風」が吹き消したとある。それで、「仍且可ㇾ召二御遊物具一之由、関白被ㇾ仰ㇾ之〈遂不ㇾ挙二掌燈一〉」とあり、しばらくして関白基房が「御遊物具」を召した。『定能卿記』は、左大臣経宗が「見参」を見たことを記した後、院・天皇・建春門院の「絃管具」を、召している。『中右記』は、「其後及二秉燭一供ㇾ燈、主殿寮立二明南庭一」と明かりを灯してから、「次御遊」の次に、「天皇御笛、右大臣〈箏〉、宗忠〈拍子〉、左大弁〈琵琶〉、右宰相中将〈笛〉、顕仲朝臣〈笙〉、俊頼朝臣〈篳篥〉。呂〈安名尊、席田、鳥破・急〉、律〈青柳、万歳楽〉」と、楽器の担当者と曲名を記している。『仁平御賀記』は、「次召二管絃之人一、有二律呂之御遊一」（後宴）と簡略な記述であり、この後、「可二書入一」補入するべきであると記している。また、『兵範記』には、「次召二御遊具一」の次に、「頭中将伊実朝臣、上総守資賢朝臣、中宮亮季兼朝臣、為二殿上召人一。内大臣取二拍子一云々」と楽人について記すものの、「此間下官有二北面廻事一。仍不ㇾ見二御遊以後儀一」とあって、「北面」を廻っていたために御遊を見なかったたとことわっている（後宴）。

『西宮記』は、「次㆓御遊事㆒〈召㆓書司㆒〉」とのみある。『新儀式』は、「又上皇有㆑命召㆓書司㆒、令㆑供㆓御琴等㆒。有㆓絃歌之事㆒」と、上皇の仰せによって管絃の遊びが始まるとする。仁平までの御賀の記録には、総じて記述の量が少ない。

○次御遊事〈召㆓書司㆒〉（『西宮記』）

(康)但御遊間主上御笛、余箏（『殿暦』）

＊『殿暦』の一八日の記事はここまで。

次御遊。天皇御笛、右大臣〈箏〉、宗忠〈拍子〉、左大弁〈琵琶〉、右宰相中将〈笛〉、顕仲朝臣〈笙〉、俊頼朝臣〈篳篥〉。呂〈安名尊、席田、鳥破・急〉、律〈青柳、万歳楽〉（『中右記』）

(仁)次召㆓管絃之人㆒、有㆓律呂之御遊㆒〈可㆓書入㆒〉（『仁平御賀記』後宴）

次召㆓御遊具㆒。頭中将伊実朝臣、上総守資賢朝臣、中宮亮季兼朝臣、為㆓殿上召人㆒。内大臣取㆓拍子㆒云々。此間下官有㆓北面廻事㆒。仍不㆑見㆓御遊以後儀㆒。……此間、呂律御遊、糸竹合奏（『兵範記』後宴。「此間」は、賜禄、見参を読み上げる間）

にとどまり、追記するべきであると断っている。「きさきゑ」など楽器の名器については、安元においてはじめて取り上げている。

笙　きさきゑ―「きさきゑ」は笙の名器。『江談抄』（第三・54・「笙」）に「大蚶界絵《キサキヱ》、小蚶界絵……」、『中右記』康和四年（一一〇二）三月九日条に「于㆑時有㆑仰、右衛門督〈宗通卿〉幷下官、立㆓加垣代中㆒。右衛門督吹㆑笛、下官吹㆑笙〈木佐絵〉……」（康和御賀の試楽。「木佐絵」は「きさきゑ」に同じ）とある。

笛　小鷹―『玉葉』に「主上取㆓給御笛㆒〈小鷹丸云々〉」と見える。他の例未見。笛の名器か。

篳篥は名なし―篳篥の名は特にないということ。『玉葉』は、奏者が藤原定能であることを記すのみで、名については触れていない。

琵琶　玄上――「玄上」は琵琶の名器。『江談抄』（第三・57「玄象牧馬本縁事」）に「予問、玄象牧馬元ハ者、何時ノ琵琶哉。被レ答云、玄象牧馬者、延喜聖主御琵琶歟。件御時、琵琶上手玄上ト云モノアリ云々」とある名器。『兵範記』仁安三年（一一六八）二月一九日条にも「今日被レ渡御物等　玄上、鈴鹿、笛筥〈在二納物一〉」（六条天皇の譲位に伴う渡物）、『百錬抄』に「平家党類前内大臣已下、率二一族一出二奔西国一。天皇建礼門院、同奉二相具一。内侍所神鏡、神璽、宝剣、時簡、殿上御倚子、玄上、鈴鹿、皆以相具」（寿永二年（一一八三）七月二五日）、「玄上出来、大夫尉知康、於二路頭一見付、即進レ院」（八月五日）とあり、後に平家とともに西下するものの、発見されて後白河院に進上される。楽器の名物についての『玉葉』の記事は後の【補説】に引く。他の楽器についても同じ。『定能卿記』は名物には言及していない。

箏　伏見――「伏見」は箏の名器。「臥見」とも。『拾芥抄』（巻上・楽器部・箏）に「秋風……臥見……已上承平四年九月入二目録一」、『楽家録』（四一・音楽珍器）に「塩竈　秋野　臥見……〈已上十一絃、無二詳所レ載之旧記一〉」と見える。

和琴　鈴鹿――「鈴鹿」は和琴の名器。『御堂関白記』寛弘七年（一〇一〇）正月一一日条に「左宰相中将志二和琴一。是故小野宮殿第一物〈鈴鹿〉」（源経房、藤原道長に和琴「鈴鹿」を献上）と見え、『江談抄』（第三・65「鈴鹿河霧事」）には「和琴ハ鈴鹿。是ハ累代帝王ノ渡リ物也」とあり、『山槐記』保元四年（一一五九）正月二一日条にも「次侍臣置二箏於俊通朝臣前一、置二和琴〈鈴鹿〉於予前一」（内宴の御遊）と見える。「琵琶　玄上」の注も参照。

【補説】御遊における名器の列挙は、康和御賀・仁平御賀の記事にはなく、『定能卿記』にも記さないが、『玉葉』には、「次五位殿上人、取二御笛筥蓋〈納二笙笛一〉、及琵琶〈玄上〉・箏〈伏見〉・和琴等一、居二長押上一。……主上取二給御笛一〈小鷹丸云々〉」とある。ただ、篳篥については何も触れていない。

『玉葉』によれば、御賀第二日の船楽で、「内府〈箏　伏見〉」、第三日には、「余召二五位侍臣一、取二琵琶〈玄上〉・箏一〈伏見〉、令レ置二余及兼雅卿前一、各調レ之」、「次御遊　……所作人〈主上御笛、余琵琶　玄上……〉」と記しており、第一日の御遊で用いた楽器の一部で再度演奏している。

これらを殿上人もてまゐる―『玉葉』には、「次五位殿上人、取二御笛筥蓋〈納二笙笛一〉、及琵琶〈玄上〉・箏〈伏見〉・和琴等一、居二長押上一」と、殿上人が楽器を持って参上し、長押の上に置いたとある。『定能卿記』には、「此間召二絃管具一、三所五位侍臣持参」とある。

すでにして御遊びはじまる―「すでにして」は、「既而」の訓読語。ここにいたって、もはや、ちょうど、などの意がある。

関白、御笛を筥の蓋にいれて、天皇にたてまつる―『定能卿記』には、「主上〈御笛、関白令レ進レ之給〉」とある。『玉葉』には、「次依二関白命一、次第取二上御笛一〈取二出余笙《ノ》一、置二長押上一。納二笛於筥蓋一、如レ例〉。内府授レ予、余献二関白一。関白取レ之〈懐レ笏歟、指レ之由不二見及一〉参上。主上取二給御笛一〈小鷹丸云々〉。関白持二空蓋一復レ座、置二前長押一」（「取二出余笙《ノ》一」の「余」は、残りの意）と、天皇へ渡って行く次第を詳細に記している。これによれば、「五位殿上人」が持ってきた「御笛筥蓋」を順次引き継ぎ、「蓋」から「笙」を取り出して「長押上」に置き、笛の入った蓋を内大臣藤原師長が兼実に渡し、それを関白基房に渡し、関白は天皇のもとへ参上して、天皇が受け取っている。その後『玉葉』によれば、基房がもとの座に帰ったところで、兼実は、「此間余示二関白一云、御笛之間、御座可二南面一歟〈本御二東面一、頗無二便宜一之故也〉。関白然諾、即被レ奏二其由一。仍居直御了」と、兼実は、御笛の間天皇は南面するのがよいだろうと基房に伝え、そのように基房が奏し、天皇は居直ったとある。兼実の機転である。

中宮大夫隆季〈笙〉、大納言実国〈笛〉、按察使資賢〈拍子〉、左宰相中将実家〈和琴〉、定能〈篳篥〉、雅賢〈付

歌〉―御遊における、奏者が担当する楽器を列挙している。その人たちはほとんどが貴顕である。「付歌」は、発声の者が第一句を歌うと、助音の者が第二句から和して歌うこと。「付歌」の例には、『中右記』長治二年（一一〇五）正月五日条の「有二御遊一。右大臣殿取二御笛一、令レ進二主上一給。召二内大臣童一令レ吹レ笙。下官取二拍子一……右衛門督幷左兵衛佐宗能付歌。呂〈此殿・席田・鳥破〉、律〈青柳・万歳楽・三台急〉」（堀河天皇、白河院の御所大炊殿に朝覲行幸）、『山槐記』保元四年（一一五九）二月二一日条の「次御遊。拍子内大臣、付歌信能朝臣、笛実国朝臣、笙左京大夫隆季卿、篳篥亮季行卿、琵琶大夫、箏兼雅〈注略〉、和琴予也。御遊不レ悪不レ善」（姝子内親王を二条天皇の中宮とする儀）などがある。

【補説】 類従本にみえる、「右大臣〈兼実〉琵琶・内大臣〈師長〉箏」「左中将知盛」の本文が、定家本にはない。「知盛」の名がここにあるのは、平家の公達を華やかな場に登場させようとする、類従本の意図によるものか。『定能卿記』には、「主上〈御笛、関白令レ進レ之給〉、右大臣殿〈琵琶〉、内府〈箏〉、中宮大夫隆季卿〈笙〉、権大納言実国卿〈付笛〉、按察使資賢〈拍子〉、左宰相中将実家卿〈和琴〉、下官〈篳篥〉、右少将雅賢〈付歌〉」、『玉葉』には、「所作人〈拍子資賢卿、付歌維盛朝臣、琵琶余、箏内府、和琴雅賢朝臣、笛実国卿、笙隆季卿、篳篥定能朝臣〉」とある。類従本と『玉葉』とを比べると、類従本の「左宰相〈さね家〉和琴」「まさかたつけうた」が、『玉葉』では、「和琴雅賢朝臣」「付歌維盛朝臣」となっている。類従本は『定能卿記』と一致する。定家本・類従本・『玉葉』・『定能卿記』には、相互に一致しない点がある。「笛」を奏するのは、「大納言〈さねくに〉笛」（類従本）、「笛実国卿」（『玉葉』）とあって、さきに「笛〈こたか丸〉」を受け取っている天皇が演奏しないかのようであるが、すぐ後に天皇の演奏を讃える記事があるので、確かに奏している。ここは、『定能卿記』に「権大納言実国卿〈付笛〉」とあるように、実国の担当は「付笛」であり、天皇とは演奏内容が異なるらしい。「付笛」が「付歌」と同じ働きを意味するとすれば、天皇の笛につづいて助音を奏でることであろう。

康和の御賀でも、「次御遊。天皇御笛……」と、天皇の楽器は笛であった。天皇が笛を吹く慣習があったのであろう。「中宮大夫隆季〈笙〉、……」の項に引いた『中右記』長治二年（一一〇五）正月五日条の朝覲行幸の時も、同様である。康和の時も「右宰相中将〈笛〉」（『中右記』）とあり、天皇と同じ楽器を担当する場合は、この安元の場合と同じく「付笛」だったということか。なお仁平の御賀については、『兵範記』『仁平御賀記』ともに御遊の記事がほとんどない。

双調―そうじょう。雅楽の六調子の一つ。双調を主音とする呂旋音階。春の調子といわれる（池田亀鑑編『源氏物語事典 上巻』（一九六〇年・東京堂出版）による）。二十巻本『和名抄』（巻四・曲調類）の「双調曲　柳花苑、……催馬楽」、『源氏物語』（胡蝶）に「物の師ども、ことにすぐれたる限り、双調吹きて、上に待ち取る御琴どもの調べ、いと華やかに掻き立てて、安名尊遊びたまふほど、……春の調べ、響きはいとことにまさりけるけぢめを」（六条院の春の町における船楽）とある。『玉葉』には「双調〈安名尊・鳥破・席田・賀殿急〉。平調〈伊勢海・万歳楽・更衣・三台急〉」、『定能卿記』には「呂〈阿名尊、席田、鳥破、鳥急〉。律〈青柳、更衣、万歳楽、三台急〉」とある。

㊡呂〈安名尊、席田、鳥破・急〉、律〈青柳、万歳楽〉（『中右記』）

安名尊―あなとうと。催馬楽の曲名。呂の歌。

あな尊　今日の尊さや　古も　はれ　古も　かくやありけむや　今日の尊さ　あはれ　そこよしや　今日の尊さ

『源氏物語』（少女）に「安名尊遊びて、次に桜人。月朧にさし出でてをかしきほどに、中島のわたりに、ここかしこ篝火どもともして、大御遊びはやみぬ」（冷泉院の朱雀院行幸の折の御遊）、『兵範記』仁平二年（一一五二）正月二六日条に「次堂上庭中、呂律合曲。……次双調調子。次安名尊、席田両歌、権大納言宗能卿助音。次鳥破急、

賀殿急。次平調調子。伊勢海、更衣、鷹子。次万歳楽、三台急」（左大臣家大饗の御遊）、『山槐記』治承三年（一一七九）正月二日条に「秉燭之後舞。畢有二御遊一。……呂　安名尊、鳥破、席田。律　青柳、万歳楽、更衣、五聖楽急〈歌四、楽三〉」（朝覲行幸の御遊）とある。

鳥の破―とりのは。「鳥」は、舞楽の曲名「迦陵頻」の別名。呂の歌。『教訓抄』（巻七・舞番様）の「迦陵頻　又鳥ト云フ。各羽懸ク。銅拍子持ツ」、『龍鳴抄』（上巻・一越調）の「迦陵頻〈とりなり〉……序拍子八、二反すべし、破拍子十六、六反すべし。……急拍子八、いくかへりといふ事なし」、『枕草子』（舞は）の「舞は、駿河舞。求子、いとをかし。……鳥の舞」。「破」は、雅楽の楽章を三分割した序破急のうちの破。拍子が細かくなり、緩やかな演奏となる。『源氏物語』（胡蝶）には「鶯のうららかなる音に、鳥の楽華やかに聞きわたされて、池の水鳥もそこはかとなく囀りわたるに、急になりはつるほど、飽かずおもしろし」（秋好中宮の季御読経）と見える。また、『中右記』嘉保三年（一〇九六）二月二三日条にも「召二御遊物具一、有二御遊一。……呂〈安名尊、席田、鳥破・急〉。……律〈青柳、万歳楽〉」（京極御堂十種供養の和歌管絃会）とある。

席田―むしろだ。催馬楽の曲名。呂の歌。

席田の　席田の　伊津貫川《いつぬきがは》にや　住む鶴《つる》の　住む鶴の　住む鶴の　千歳をかねてぞ　遊びあへる　千歳をかねてぞ　遊びあへる

『紫式部日記』（寛弘七年（一〇一〇）正月一五日）に「双調の声にて、安名尊、次に席田・此殿などうたふ。曲《ごく》の物は鳥の破・急を遊ぶ」（敦良親王五十日の祝）とあり、また『山槐記』治承二年（一一七八）六月一七日条にも「次置二御遊具一〈注略〉。次有二御遊一。……呂　安名尊破、席田、賀殿。律　伊勢海、万歳楽、五常楽急〈催馬楽ノ律、可レ有二今一一之由、人々雖レ被レ示、不レ歌云々〉」（高倉天皇の内の作文）と見える。

鳥の急―とりのきゅう。唐楽の曲名。類従本「賀殿のきう」。「鳥」については、「鳥の破」の注参照。その項に引いた『中右記』に用例がある。『教訓抄』（巻一・賀殿）に「破有二二帖一、拍子各十。急有二四帖一、拍子各二十。此曲ハ、モロコシへ承和御門ノ御時、……舞ハ同御門ノ御時ニ、有レ勅作レ舞時、以二嘉祥楽一為レ破、以二嘉殿一為レ急」とあるように、「急」は、雅楽における三楽章序破急の最後の楽章。拍子が細かく速い。『御産部類記』巻一八・御五十日幷御百日間歌楽事の「天治元年七月廿日　皇子御五十日　呂〈安名尊・鳥破・席田・賀殿急・鳥急〉、律〈伊勢海・万歳楽〉」（「皇子」は通仁親王）は、「鳥の急」の例。

平調―ひょうじょう。雅楽の六調子の一つ。平調の音を主音とする律旋音階。秋の調子という（池田亀鑑編『源氏物語事典 上巻』による）。『教訓抄』（巻八・管絃物語・序）に「凡ソ時ノ音ヲタガヘジト思ベキ也。先此道ニ心ユベキ事、ソノカズアリ。先ヅ時ノ音ト云ハ、春ハ双調〈注略〉……秋ハ平調〈注略〉」とある。『和名抄』（巻四・曲調類）には「平調曲　相夫憐、万歳楽……三台塩」と見える。

伊勢の海―催馬楽の曲名。律の歌。『定能卿記』には、「青柳」とある。

伊勢の海の　清き渚に　潮間《しほがひ》に　なのりそや摘まむ　貝や拾はむや　玉や拾はむや

『源氏物語』（明石）の「今の世に聞こえぬ筋弾きつけて、手づかひいたう唐めき、揺《ゆ》の音《ね》深う澄ましたり。伊勢の海ならねど、清き渚に貝や拾はむなど、声よき人にうたはせて、我も時々拍子とりて、声うち添へたまふを、琴弾きさしつつめできこゆ」（明石の入道箏の琴を弾き、光源氏、供の者に「伊勢の海」を唱わせ、自らも声を添える）、『中右記』康和五年（一一〇三）正月二二日条の「有二御遊一。……呂、安名尊、席田、鳥破・急〈注略〉。律、伊勢海、万歳楽、三台急」（宗仁親王〈鳥羽天皇〉第七日の産養）。『定能卿記』にある「青柳」も、催馬楽の曲名。律の歌。

青柳を　片糸によりて　や　おけや　鶯の　おけや　鶯の　縫ふといふ笠は　おけや　梅の花笠や

『源氏物語』（胡蝶）の「夜もすがら遊び明かしたまふ。返り声に喜春楽立ちそひて、兵部卿宮、青柳折り返しおもしろくうたひたまふ。主の大臣も言加へたまふ」、『中右記』寛治二年（一〇八八）一二月一四日条の「次召二召人一有二管絃事一。……呂、安名尊、席田、鳥破。律、青柳、万歳楽」（藤原師実の任太政大臣の節会）が、その例。

万歳楽—唐楽、平調の曲。律の歌。（10）の「万歳楽」の項参照。『うつほ物語』（菊の宴）に「御船ども漕ぎ連ねて、よろづの上手、舟歌にものの音ども吹き合はせて、船ごとに遊びかはりておはします。万歳楽の所に御唱歌して待ちたてまつる」（難波での祓え）とある。また、『中右記』元永二年（一一一九）六月四日に「有二御遊一。……呂、安名尊、席田、鳥破。律、庭生、万歳楽、三台急之間、給二禄於公卿以下一」（顕仁親王〈崇徳天皇〉、産養七夜の儀）と見える。

更衣—ころもがえ。催馬楽の曲名。律の歌。

　更衣せむや　さきむだちや　我が衣《きぬ》は　野原篠原　萩の花摺《はなずり》や　さきむだちや

『狭衣物語』（巻一）に「我は琵琶を取り寄せて更衣をひとわたり落として、「萩が花摺り」とうたひつつ、少し心に入れて弾きたまへるゆの音おもしろうあはれげなるに、掻きかへさるる撥の音、愛敬づきてめでたうて、雲の上に響きのぼる心地するを」（狭衣大将の歌）、『殿暦』天永二年（一一一一）二月一四日条に、「有御遊一。……先双調、安名尊二返、鳥破・急。次吹返、青柳、万歳楽、三台急」（鳥羽殿において小弓・蹴鞠・管絃の遊び）と見える。

三台の急—「三台」は、雅楽の曲名「三台塩」の略。『教訓抄』（巻三）には「三台塩　中曲　新楽。　破二帖〈拍子各十六〉、急三帖〈破各十六〉。此曲唐国物ナリ。酔郷日月曰、高宗ノ后則天皇后所レ造也。モロコシニ張文成ト云、イロコノム男アリケリ。后イカガシタマヒタリケン、アイ給ニケリ。ソノ、チ、ユメカウツ、カニテ、御心ハカヨヘドモ、ヒマヲヘ（得）ザリケルアヒダ、心ノナグサメガタサニ、彼ノ后ノ作リ給ヘリ〈可レ尋〉。此朝ヘハ犬上是成ガ渡シ侍ニヤ」とある。『中右記』寛治六年（一〇九二）四月一二日条の、「先有二管絃事一。……席田、賀殿急、万歳楽、五常楽急、三台急」（女御篤子内親王方の和歌管絃）は、その一例。

【表12】

康和（『中右記』）	安元（『玉葉』）	安元（『定能卿記』）	御賀記
呂	双調	呂	そうでう
安名尊	安名尊	阿名尊	あなたふと
席田	鳥破	席田	とりのは
鳥破	席田	鳥破	むしろだ
鳥急	賀殿急	鳥急	とりのきう
律	平調	律	平でう
青柳	伊勢海	青柳	いせのうみ
万歳楽	万歳楽	更衣	万ざいらく
	更衣	万歳楽	ころもがへ
	三台急	三台急	三だいのきう

＊仁平御賀の曲目については記録がない。

(仁)次召㆓管絃之人㆒。有㆓律呂之御遊㆒。可㆓書入㆒（『仁平御賀記』後宴）

此間下官有㆓北面廻事㆒。仍不㆑見㆓御遊以後儀㆒（『兵範記』後宴）

さても御笛の音こそ今もたぐひなく、いにしへもかくやありけむと聞こえしか―高倉天皇の吹く笛の音は類するものなく、昔はここまでありえたかと賞賛している。これは、先に引いた催馬楽「安名尊」の「あな尊　今日の尊さ　古も　はれ　古も　かくやありけむや　今日の尊さ　あはれ　そこよしや　今日の尊さ」にもとづく表現であろう。「今……」「いにしへ……」と対をなしている。

夢か夢にあらざるか、神なり又神なり――これも天皇の演奏がいかに見事であるかを、「夢」「神」の対を用いながら描き出している。この表現は、菅原道真「早春内宴、侍二仁寿殿一、同賦三春娃無二気力一。応レ製」序（『菅家文草』巻二・148、『本朝文粋』巻九・236）の「変態繽紛、神也又神也、新声婉転、夢哉非レ夢哉」にもとづいている。大江匡房「三月三日、陪二安楽寺聖廟一、同賦三禜流叶二勝遊一詩」序（『本朝続文粋』巻八）の「潘江陸海、玄之又玄也、暗引二巴字之水一、洛妃漢女、夢而非レ夢也、自動二魏年之塵一」は、類似の例。『山槐記』保元四年（一一五九）正月二一日条にも、「御琵琶可レ謂二神妙一」と二条天皇の奏でる音色を讃える表現がある。

この間、法親王に禄をたまふ――天皇らの御遊の間に、守覚法親王に今日の禄を賜ったということ。『玉葉』によれば、「三台急之間、成範卿取二法親王禄一、渡二御前一置二其御前一、歴二本路一退下」と、「三台急」を奏している間のことであった。『定能卿記』には、「此間給二法親王禄一。参議左兵衛督成範卿取レ之。此間殿上召人起レ座」とある。『法親王供奉御賀儀』には「御遊間賜禄事」として、「参議一人取レ禄置二座前一〈蔵人伝二参議一〉」と、蔵人から受け取った禄を参議が法親王の御前に置いたと記し、「往還共経二公卿座前幷御前一」と、成範が公卿と法皇の前を行きと帰りに渡ったと記している。『中右記』康和四年（一一〇二）三月一八日条では、「次給二法親王禄一〈源宰相能俊取レ之〉」と、御遊の次のこととして記している。『仁平御賀記』『兵範記』には、法親王への賜禄に相当する記事はない。「この間」は、記録語「此間」を訓読した語であり、平安時代の仮名文学にほとんど用いられない語。御賀記では、(15)(21)(22)(25)にみえる。峰岸明「今昔物語集における変体漢文の影響について」（『平安時代古記録の国語学的研究』一九八六年・東京大学出版会、所収）参照。

この間に、雲の上も海の底も、同じごとくになむありける（『土佐日記』承平五年〈九三五〉正月一七日）

未一刻諸卿起レ座、向二左衛門陣一。此間中納言藤原実頼、自二里第一参会云々（『九暦』承平七年〈九三七〉八月一五日条・駒牽）

三重の白き織物の袿一かさね――「袿」は、婦人の褻の上着。「袿」も同じ。晴の祝儀・式日などの時には、この上に唐衣・裳を重ねて着る。打ち掛けて着るためにうち着という。『和名抄』（巻一二・衣服類）に「袿　漢書音義云、諸于〈今案、于宜、作レ杅。見二玉篇一〉、大裌衣《ハ》婦人《ノ》袿衣也。釈名云、袿〈音圭、漢語抄、作レ掛、云二宇知岐一〉、婦人上衣也」とある。『小右記』寛弘二年（一〇〇五）三月八日条の「上達部以下扈従上下〈右大臣白織物掛〉皆給レ禄」（中宮彰子大原野社に行啓）、『兵範記』仁安二年（一一六七）正月二〇日条の「次院司賜二公卿禄一。摂政御料白織物掛一重、頭弁献レ之」（皇太子憲仁親王法住寺へ行啓、後白河院に覲す）はその例。『法親王供奉御賀儀』には禄物を、「三重白織物掛一重・紅打細長一領・白大掛二領。一度取加賜レ之。往還共経二公卿座并御前一」と記している。

紅打ちの細長一領――「紅打ち」は、糊張りをして砧で打った紅色の絹。『御堂関白記』寛弘九年（一〇一二）四月二八日条の「公信朝臣、御使参二中宮御方一。有二御書一。賜レ禄。織物掛・紅打掛一重・同色袴」（三条天皇の使い藤原公信へ中宮妍子から禄）はその例。「細長」は、袍を簡略にしたもので、童男童女や成人女性が着る。『満佐須計装束抄』（巻一）には、「ほそながといふは、例のきぬのおほくびなきなり」とある。『九暦』承平八年（九三八）正月一八日条の「饗禄如レ例。予禄桜色綾細長一襲・袴一具・又鷹一聯」（賭弓の禄）、『枕草子』（関白殿、二月二十一日に）の「殿の御方より、禄は出ださせたまふ。女の装束に、紅梅の細長添へたり」はその例。

白き大袿二領――「大袿」は袿のゆきたけを普通の服より大きく、長く仕立てている。通常禄としてたまわる。『九暦』天慶八年（九四五）正月五日条の「禄法　親王・中納言以上各《オノオノ》〈白大掛二領〉」（藤原実頼の大饗）、『源氏物語』（桐壺）の「御禄の物、上の命婦取りてたまふ。白き大袿に御衣一領《くだり》、例のことなり」はその例。

左兵衛督成範、これをとりかさねたり――『法親王供奉御賀儀』には、「参議」が「一度取加賜レ之」とあり、藤原成範が禄物の三点を一つにまとめて法親王にたまわった。類従本は、「左兵衛督成範」を「左兵衛督教盛」に作る。

定家本は、『定能卿記』『玉葉』と一致し、「成範」が正しい。「教盛」は、この時参議丹波守（『公卿補任』）。平家の公達を華やかな場に登場させようとする、類従本記者の意図による創作であろう。『玉葉』は、「見参」を奏した後のこととして、「即光雅参進、取二法親王禄一、自二東方一賜二従僧一云々」と記している。光雅から法親王の従僧に禄物を手渡している。

【補説】『中右記』は、御遊の次に「次給二法親王禄一〈源宰相能俊取レ之〉」と記しており、御遊の間でのこととする御賀記・『玉葉』『定能卿記』『法親王供奉御賀儀』とは異なる。『兵範記』の仁平御賀後宴には法親王への賜禄はないが、「禄」を列挙する中に、「白織物三重褂一領　代百八十疋、紅打細長一領　代八十疋……白綾大褂十三重　代二千六百疋〈重別二百疋〉、白大褂十四重　代千四百疋〈重別百疋〉」と御賀記の法親王の禄と同じ物がある。『法親王供奉御賀儀』の「御遊間賜禄事」には、「法親王持レ禄退」に、「或親王起レ座以後、五位蔵人取レ之送二宿所一」（「五位蔵人」は、右の「光雅」か）とあり、法親王が禄を持って退出したとも、蔵人が送り届けたとも見える。

13 見参、賜禄、入御、退出

これより先《さき》に、左大臣、公卿の座《さ》に着《つ》きて、見参を見《み》る。〈大臣立中門奏見参。付頭中将、中将置弓取杖奏之〉。中門に立《た》ちて、少将時実《ときさね》を召《め》して、院司見参をたまふ《給》。〈御覧之返給。大臣召時実、給院司見参〉。時実《ときさね》、中門にして、院司の名をとなふ。その時、いちいちに座を起《た》つ。

〈以中務少輔隆成、給行幸見参〉

中門の東《ひむかし》の砌《みぎり》に、禄《ろく》をたまはりて帰《かへ》りのぼる。次《つき》に御供《共》の公卿以《い》下に禄《ろく》をたまふ。その後《のち》、二所《ふたところ》入御。上下皆帰《かへ》り出《い》でぬ。

これより先に、左大臣、公卿の座に着きて、見参を見る―「これより先に」は、御遊の始まる前にの意。「先是」の訓読語。「これより先に」（3）の項を参照。「見参」は、儀式・法会などに参加した人の名簿。『御堂関白記』長和二年（一〇一三）三月二三日条に「左右近奏二楽舞一間雨下。……了奏二見参一。付二公信一。夾二書杖一進レ従二簀子敷一、当二御座一間奏レ之。返給。給二外記一。可レ給二少納言一也。而入レ夜人々不レ着二宜陽殿座一。仍給二外記一。即給也」（三条天皇の二・三宮〈敦儀・敦平親王〉の元服）と見える。『玉葉』には、五位殿上人が御遊の楽器を寝殿の長押の上に置いた記事の次に、「此間左大臣被レ向二饗座一了。為レ見二見参一歟」とある。『定能卿記』では、馬の献上の次に、「次左府起レ座、於二殿上一召二外記一、見二見参一返給」とある。御賀記は、御遊の前に左大臣経宗が「見参」を見るとあるのに対して、『玉葉』は楽器を運び入れる間のこととし、『定能卿記』は馬の献上の次としている。書き方はそれぞれ異なるが、次第は同じ。「公卿の座」は、「饗座」（『玉葉』）、「殿上」（『定能卿記』）のこと。『玉葉』は、「大臣見二見参一之間事」として、後日「源納言」（雅頼）の語るところを追記しており、それには「左大臣着二殿上端座一。外記指二見参於杖一、乍レ立二小庭一献レ之〈不レ昇二縁上一〉。大臣取レ之、見了〈此間大臣前駆等、取二松明一進二小庭一照レ之云々〉返給」と詳細に記している。

○中務省唱二見参一。非侍従并未レ得二解由一者、外記注二見参一、後日給レ之（『新儀式』）

(康)次左大臣於二西中門一、令三頭弁奏二見参一。左少将有家朝臣於二西中門内一唱二見参一。院司公卿以下給レ禄〈於二閑所一、庁官以下禄昼間給レ之云々〉（『中右記』）

(仁)次奏二見参一。其儀、自二院庁一書二院司見参一、付二外記一令レ書二公家見参一〈草四《ハ》藺外記以降、清書二師尚〉。已上二通〈各在二懸紙一〉挿二書杖一〈院司見参立夾、公家見参横夾〉儲レ之。先左大臣着二公卿座一、召二外記一。仍行事外記俊兼帯二書杖一、参二進縁上一〈不レ脱レ沓无二膝突一〉、廻レ杖進レ之。抜取覧レ之。其間帯二空杖一祗候。覧了返給。取二具杖一、退二出於南幔外一、如レ元夾レ之。次大臣下二立西中門内一、召二見参一。爰中門之前、雑人済々、闘諍出来、欲レ及二刃傷一。仍俊兼不レ能二参入一。使部助正、持二書杖一押入了。以二少外記師尚一、進二大臣一畢〈跪レ地進レ之〉。次以二頭弁朝隆朝臣一奏聞〈乍レ杖〉。其間道開、俊兼参入、次奏了。返二上書杖一。次召二右近少将行通朝臣一、給二院司見参一。召二中務権大輔季家朝臣一、給二公家見参一。次召二外記俊兼一、給二書杖一。次行事所給二院司禄一〈公卿以下〉。右近少将行通、進二立庭中一〈北面〉、開二見参文一、唱二其名一（『仁平御賀記』後宴）

左大臣着二殿上座一〈西子午廊〉、召二外記一覧二見参一。次於二西中門廊辺一、給二院司以下禄一。左近中将光忠朝臣、唱二見参一云々。中務大輔季家、唱二扈従公卿以下見参一云々（『兵範記』後宴）

【補説】『仁平御賀記』は、「見参」を詳細に記している。まず、院司は院庁が、公家は外記が見参を書くとある。そして、左大臣（藤原頼長）が公卿の座について、「行事外記俊兼」が持参した見参（「書杖」に挿んでいる）を披覧して返却。俊兼は杖を持って退出。左大臣は、西中門へ向かい見参を召す。ところが中門で雑人の闘諍が起こり刃傷に及ぼうとしたため、俊兼が参入できない。かわって「使部助正」が割って入り、「少外記師尚」を介して左大臣に渡す。ついで「頭弁朝隆」による奏聞、天皇からの返却があって、左大臣に書杖がもどる。そして、「右近少将行通」「中務権大輔季家」「俊兼」を召して、「院司見参」「公家見参」「書杖」を賜り、最後に行通が庭中に進み出て、「見参文」を開いて「其名」を読んでいる。記の末尾に「見参案」を載せている。「院司見参書様」「公家見参書様」に、それぞれ「別当大納言藤原朝臣伊通」「関白」以下の位階・姓名を記している。

〈大臣立中門奏見参。付頭中将、中将置弓取杖奏之〉——「大臣中門に立ちて見参を奏す。頭中将に付け、中将弓を置き杖を取りて之を奏す」。

中門に立ちて、少将時実を召して、院司見参をたまふ――「中門」に「立」つのは左大臣藤原経宗。『定能卿記』によれば、「見参」を見た経宗は、これを「外記」に返し、中門に下りたって「頭中将実宗朝臣」に奏させた。天皇から返された「見参」は経宗に戻されている。

次左大臣下二立中門一、以二頭中将実宗朝臣一奏二見参一〈挿二文刺二通一也。一通院司見参、一通供奉公卿以下見参〉。実宗朝臣降レ自二中門内方一取二文杖一、経二簀子并透渡殿等一、蹲二居南殿未申角簀子一、依二気色一経二南簀子一。自二御座間一奏レ之。自余事大略如レ矢奏。即返給。経二本路一〈不レ挿二文杖一〉、返二給左府一（『定能卿記』）

次頭中将実宗朝臣指二見参於杖一、於二寝殿巽辺一伺二気色一〈不レ正二作法一、只蹲居気二色于関白一也〉、（頭書）〈後聞、源納言云、非参議奏レ文之習、入レ自二御座次間一、而用二当間一如何。又先候二巽角簀子一、可レ伺二御目一。而只蹲居、尤無二礼儀一。若不二相存一歟云々〉関白被レ目レ之。廼歴二座前一、跪二御座間簀子敷一、指二寄文杖一〈此間主上猶南面〉。主上抜二取之一御覧〈有二礼紙一〉。了返給。実宗進寄給レ之。取二加杖一、歴二本路一退下〈凡奏二見参一之間、更無二礼儀一、兼不二存知一歟〉（『玉葉』）

御賀記は、経宗が「中門」に「立」って、「少将時実」を「召」したと記しているが、右の『定能卿記』『玉葉』にあるように、実宗を介して見参二通を奏し、天皇が返却して経宗のもとに戻るまでの記事を省略している。

次左府召二左少将時実朝臣一、賜二院司見参一。跪置レ弓立賜レ之、跪取二副弓一退出（『定能卿記』）

次左少将平時実朝臣入レ従二西中門一、於二対代南庭一〈寄レ南〉、唱二院司見参一〈不レ見二及作法一〉。応レ唱左大臣〈為レ見二見参一起レ座之後、不レ復レ座〉、降レ自二中門内方一、賜レ禄一拝退出了云々（『玉葉』）

「見参」の一通「院司見参」は、経宗から平時実に渡された。『玉葉』は、「後日源納言云」として、「召二少将時家《ママ》一、給二院司見参一」（「時家」は時実の誤り。以下、訂して引く）と、補足の記述をしている。御賀記は「院司の見参」についてしか記さないが、『定能卿記』は、あと一通の「供奉公卿以下見参」つまり高倉天皇に従う公卿以下の官人らの名簿を、「次召二中務少輔隆成一、賜二供奉五位以上見参二」と、隆成に賜っている。『玉葉』にも、「召二中務少輔隆成一、給二供奉見参一云々」と同様の内容を記している。

〈御覧之返給。大臣召時実、給院司見参〉——「之を御覧じて返し給ふ。大臣時実を召し、院司の見参を給ふ」。

時実、中門にして、院司の名をとなふ——左大臣から「院司見参」を賜った時実が、「中門」で、「院司」らの「名」を読み上げたということ。『定能卿記』には、「左少将時実取二具見参於弓一、入レ自二中門一、於二中門南砌一〈砌去レ東許丈〉、跪置レ弓立唱レ之〈公卿以下、其音不レ聞〉」、『玉葉』には、「次左少将平時実朝臣入レ従二西中門一、於二対代南庭一〈寄レ南〉、唱二院司見参一〈不三見二及其作法一〉」とあり、「後日源納言語云」として、「召二少将時実一、給二院司見参一」を補っている。『中右記』では、左大臣が頭弁に見参を奏させた後、「左少将有家朝臣、於二西中門内一唱二見参一」と簡略に記している。天皇に従う官人らの名簿つまり「供奉五位以上見参」の読み上げについては、御賀記に記さないが、『定能卿記』には「次中務輔唱二見参一。其儀太略如レ前歟〈但不レ見二此儀一〉」とある。ただし、『玉葉』には、「中務少輔隆成」に「供奉見参」を給うとはあるものの、「唱」えるところまでは記録していない。『兵範記』には、「次於二西中門廊辺一、給二院司以下《ニ》禄《ヲ》一。左近中将光忠朝臣、唱二見参一云々」〈後宴。院司に禄を賜った後、その見参を読み上げている〉とある。なお『玉葉』は、賀宴の模様を記した後に、「今日参入公卿〈付二装束一。法親王装束見レ端〉」と、参入した公卿の氏名とその装束を記している。「関白」以下「散二位三位」までと「不二参入一人々」の名前を挙げている。

その時、いちいちに座を起つ——先例や他の記録には、見参を読み上げる時に、各人が「座を起つ」と記すものはない。

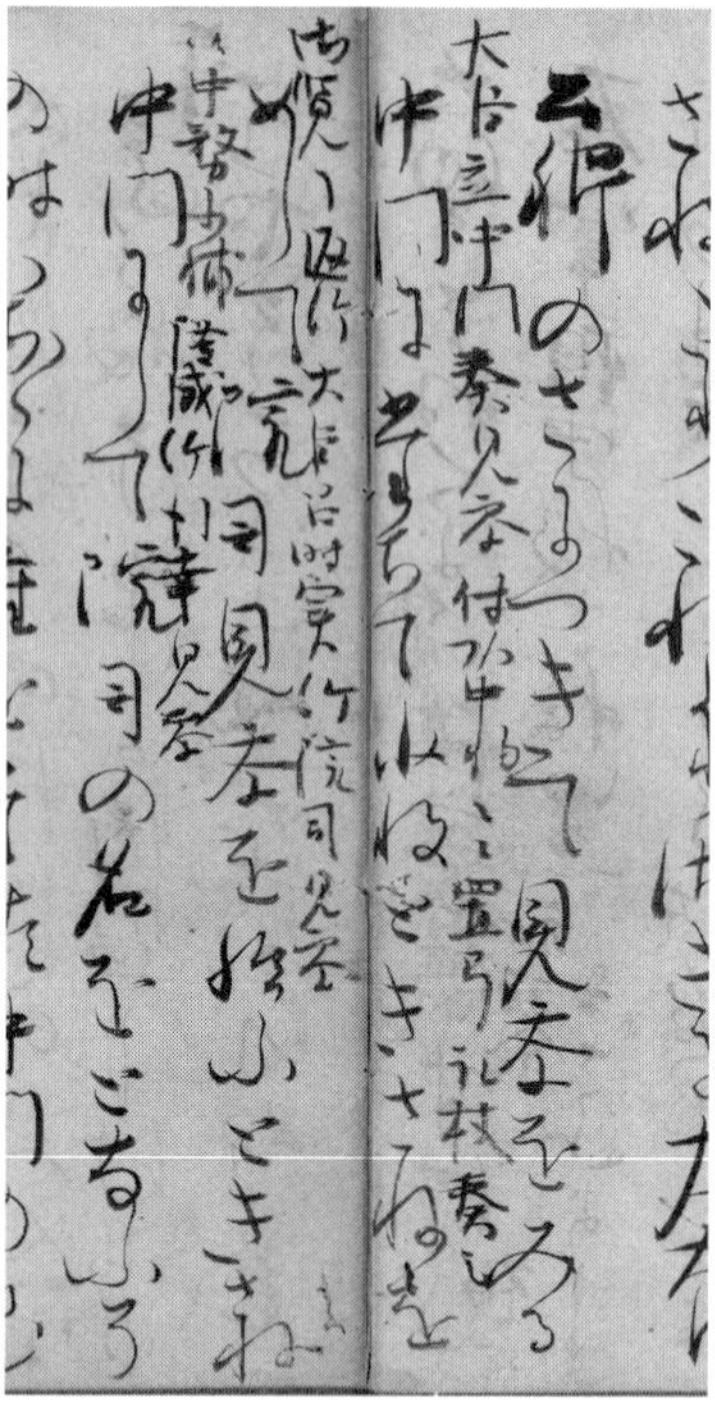

定家本『安元御賀記』(徳川美術館所蔵　Ⓒ徳川美術館イメージアーカイブ／DNPartcom)

〈以中務少輔隆成、給行幸見参〉―「中務少輔隆成を以て、行幸の見参を給ふ」。ここまで三ヶ所にわたって、定家が勘注をつけている。図版参照。この部分の勘注について、鈴木徳男「定家本『安元御賀記』をめぐって」(『国文学論叢』六一輯・二〇一六年二月)は、「本文には、天皇に供奉した公卿以下の官人の「見参」についての記事がないので、それを補足している」などとしている。

中門の東の砌に、禄をたまはりて帰りのぼる―動作の主体を明示していないが、『定能卿記』に「左府下㆓立中門㆒賜㆑禄〈殿上四位五位取㆑之〉、一拝帰昇。次々如㆑此」とあるので、左大臣を始めとする殿上にいる官人らのことであると分かる。『玉葉』は、「応㆑唱《フルニ》左大臣、降㆑自㆓中門内方㆒、賜㆑禄一拝退出了云々」と、左大臣について触れるだけである。

○次於㆓西廊㆒、賜㆓院司以下禄㆒〈法師等就㆓殿上㆒給㆑之〉(『西宮記』)

(康)院司公卿以下給㆑禄〈於㆓閑所㆒、庁官以下禄昼間給㆑之云々〉(『中右記』)

(仁)次院司公卿、下㆑堂進㆑階。諸大夫取㆑禄〈禄辛櫃舁㆓立中門内㆒。出納能是取㆓出之㆒。与㆓諸大夫㆒也〉、献㆓公卿以下㆒。進㆓庭中㆒、一拝退出。次縫殿寮給㆓公家見参禄㆒〈公卿許也。以下不㆑給㆑之〉。中務輔季家朝臣、唱㆓見参㆒。縫殿頭為兼頒㆑禄、諸大夫取㆑禄。其儀同前。次院庁賜㆓禄於公家見参公卿殿上人㆒〈其外不㆑給歟〉。主典代主計権助以平行二其事一。已上禄物等白衾也。大臣二領〈称二白重一〉、其外各一領云々。召使枉申請之間、已似二押奪一云々。自レ院給二女房禄一云々（『仁平御賀記』後宴）

＊『兵範記』『新儀式』は「これより先に……」の注に引いた。

次に御供の公卿以下に禄をたまふ—天皇に供奉した公卿以下の官人らへの賜禄。『定能卿記』については前項に引いた。『玉葉』によれば、藤原光雅が「院司分散之間、一切不レ得レ賜二其禄一云々〈左大臣一人之外、大略不レ賜歟〉」と、院司らが禄を賜らなかったと告げている。中宮大夫隆季が光雅を介して内大臣師長に「不下令レ預二院司禄一給上如何」と疑問を呈している。この後兼実が加わって、院司に禄を賜るか否かを議論している。康和御賀では、「院司公卿以下給レ禄〈於二閑所一、庁官以下禄、昼間給レ之〉」（『中右記』）、『仁平御賀記』では、「院司公卿」に「諸大夫」から禄を賜り、「縫殿寮」から「公家」側の「公卿」に禄を賜り、「院庁」からも「公家見参公卿殿上人」に禄を献っている。『仁平御賀記』に記す禄物は「白衾」であり、大臣は二領、それ以外は各一領であった。なお鳥羽院からは女房に禄を賜ったとある。『兵範記』の同日条には、「次於二西中門廊辺一、給二院司以下ニ禄ヲ一」とだけあり、天皇に供奉した公卿以下の官人らへの禄については記していない。なお、この記事につづいて、「中務大輔季家、唱二扈従公卿以下見参一云々」と、見参を読み上げている。

その後、二所入御—天皇と院が内（控室・自室）へ戻ること。つまり退席。『定能卿記』では、賜禄の間のこととして、「此間上皇入御、主上入御」とある。『玉葉』では、法親王退下の後、「次主上入御」と記している。兼実はこの入御を見ていないと述べ、院の入御については何も記していない。『中右記』は、「院司公卿以下」への賜禄の次に、「上皇入御、天皇還二御御所一」、『仁平御賀記』では、女房への禄を述べ、「次両主上入御」と記している。『兵範記』は、還御については記していない。『西宮記』は、「唱名」賜禄の後に、「事訖、天皇還御」とある。『新儀式』には、見参と賜禄の後に、「御輿還宮」とある。

上下皆帰り出でぬ――「上下」は身分の上下、賀宴に参加した人々のこと。臣下らの退出をいう。ここで一日目が終わるので、底本は二字分残して改行している。『定能卿記』に「亥終事了退出」、『玉葉』は、兼実が禄を賜った後、「所労」のために「直退出了」と記しているので、官人らが退出する様子を記録していない。『中右記』には、「亥時許事了退出」とある。『兵範記』は記事に脱落があって不明。『仁平御賀記』は、「両主上入御」につづいて「申刻事終。衆僧群卿一々退出」と記している。

【補説】御賀記は、見参に関する記事を、左大臣経宗が御遊の前に見参を見るところから記している。『玉葉』は、「大臣見二見参一之間事」として、その作法を次のように追記している。

　後日源納言語云、左大臣着二殿上端座一、外記指二見参於杖一、乍レ立二小庭一献レ之〈不レ昇二縁上一〉。大臣取レ之、見了〈此間大臣前駆等、取二松明一進二小庭一照レ之云々〉返給。降二立中門外一、付二頭中将実宗一奏レ之。返給。召二少将時実一、給二院司見参一。召二中務少輔隆成一、給二供奉見参一云々。

まず経宗が見参を見て、実宗に奏させており、定家の勘注〈大臣立二中門一奏二見参一。付二頭中将一、中将置レ弓取レ杖奏レ之〉はこれにあたる。天皇が返してから、時実と隆成にそれぞれ見参を渡している。同じく勘注〈御二覧之一返給。大臣召二時実一、給二院司見参一〉〈以二中務少輔隆成一、給二行幸見参一〉と重なる。兼実の記した見参の次第は、

　次頭中将実宗朝臣、指二見参於杖一、於二寝殿巽辺一伺二気色一〈不レ正二作法一、只蹲踞気二色于関白一也〉。関白被レ目レ之。廼歴二座前一、跪二御座間簀子敷一、指二寄文杖一〈此間主上猶南面〉。主上抜二取之一御覧〈有二礼紙一〉。了返給。実宗進寄給レ之。取二加杖一、歴二本路一退下〈凡奏二見参一之間、更無二礼儀一。兼不二存知一歟〉。次左少将平時実朝臣、入レ従二西中門一、於二対代南庭一〈寄レ南〉、唱二院司見参一〈不三見二及其作法一〉。応レ唱左大臣〈為レ見二見参一、起レ座之後不レ復レ座〉、降レ自二中門内方一、賜レ禄一拝退出了云々。

これによれば、時実が庭前に現れて「院司見参」を読み上げている。隆成が供奉の見参を読み上げるところにつ

いては、何も記していない。なお、見参を奏する前に、兼実は基房から、見参を奏するのは、入御の前か後のどちらにするべきかと質問を受け、前例には、「康和無二所見一。但如二為隆記一者、似二入御以前一歟。仁平入御之後覧レ之」とあって、どちらでもよいが、道理とすれば入御以前であろうと回答している。これに対して基房は、自分の考えも同様であると応じている。『定能卿記』には、

次左大臣下二立中門一、以二頭中将実宗朝臣一奏二見参一〈挿二文刺一二通一也。一通院司見参、一通供奉公卿以下見参〉、実宗朝臣降レ自二中門内方一取二文杖一、経二簀子幷透渡殿等一、蹲二踞南殿未申角簀子一。依二気色一経二南簀子一、自二御座間一奏レ之。自余事大略如レ矢奏。即返給。経二本路一〈不レ挿二文杖一〉、返二給左府一。次左府召二左少将時実朝臣一、賜二院司見参一。跪置レ弓立賜レ之、跪取二副弓一退出。次召二中務少輔隆成一、賜二供奉五位以上見参一〈両通文不レ加二懸紙一〉、即退帰。左大臣帰昇後、左少将時実取二具見参於弓一、入レ自二中門一、於二中門南砌一〈砌去東許丈〉、跪置レ弓立唱レ之〈公卿以下、其音不レ聞〉。左府下二立中門一賜レ禄〈殿上四位五位取レ之〉、一拝帰昇。次々如レ此。此間上皇入御、主上入御〈剣璽役如レ前〉。次中務輔唱二見参一。其儀太略如レ前歟〈但不レ見二此儀一〉。亥終事了退出。

とある。これによれば、見参は、時実に「院司見参」を、隆成に「公卿以下見参」を渡して、読ませている。隆成が見参を読み上げたのは、院・天皇入御の後であった。

三月五日　中の日

14　臣下参集、随身のこと

かくて明《あ》くれば五日になりぬ。明日《あす》は後宴にて、今日《けふ》はさしたることなけれども、ただにやは暮《くら》さむとて、関白以下、宿直装束《とのひさうぞく》にて参《まゐ》り集《あつ》まれり。右大臣、紅《くれなゐ》の打衣《うちきぬ》を出《いだ》さる。衛府《ゑふ》なる人々は老懸《おいかけ》をかけて壺《つぼ》胡簶《やなくひ》を負《を》へり。

院御随身、思《おも》ひ思ひのなりどもにて、西《にし》の釣殿《つりどの》の辺《へん》にさぶらふ。その中に将監重近《しげちか》、年は八十《やそち》にもや及《をよ》びぬらむ、唐《から》の麹塵上下《きちんかみしも》に、白銀《しろかね》の泥《てい》にて鶴《つる》をかく。赤地《あかち》の錦《にしき》の衣《きぬ》に白《しろ》地の錦《にしき》の単衣《ひとへ》、革《かは》の帯《おひ》をさして、征矢《そや》かきたりしこそ、まことに翁《おきな》さび人なとがめそと思《おも》へるけしきなりしか。将監兼頼《さうけむかねより》、柳上下《やなきかみしも》、おもて雲母《きらゝ》、はりうち、青纐纈《あをかうけち》、唐紅《からくれなゐ》の衣《きぬ》に、黄《き》なる単衣《ひとへ》、紅《くれなゐう》打ちの帯《おひ》、これ又おもしろかりき。次々《つき〳〵》は我《われ》も我もと劣《おと》らぬさまなりき。

関白随身四人、四季《しき》の心を装束《さうぞ》きたり。春は青打《あをう》ちに、桜《さくら》の花《はな》をつけ、夏《なつ》は白打《しろう》ちに、松《まつ》に藤《ふち》をつけ、秋は蘇芳打《すはうゝ》ちに、菊《きく》をつけ、冬《ふゆ》は葡萄染打《えひそめう》ちに、芦《あし》に水鳥《みつとり》をつけたり。

かくて明くれば五日になりぬ――御賀に加わった健御前の『たまきはる』はこの日を「中の日」とする。同日については、浜畑圭吾「安元御賀の日程構成―三月五日の位置づけをめぐって―」（『京都語文』三一号・二〇二四年一一月）参照。

明日は後宴にて、今日はさしたることなけれども、ただにやは暮さむとて―『定能卿記』には「今日日次不レ宜。仍不レ被レ行二後宴一」とあり、日次《ひなみ》が悪かったので後宴は行われなかったとする。康和の際も三日目に後宴があった。仁平の場合は、賀宴の翌日（三月八日）に後宴を催している（「御賀後宴也」『仁平御賀記』『兵範記』）。『百錬抄』には、「仙蹕猶留。建春門院、中宮等女房乗レ船。月卿雲客乗レ船、有二管絃興一、又有二蹴鞠一」とある。「さしたることなけれども」とあるように、公式な日ではなかったが、事前に予定されていた日であった。『玉葉』は、四日条に、「頭弁長方」から兼実と師長に、「明日於二御船及御前一、可レ有二御遊一。可二参入一〈両日共可レ弾二琵琶一云々〉者《テヘリ》」と言われ――天皇の仰せか――、「相扶申二可レ参之由一了〈背有二小二一禁一。当時付レ薬参入。仍有二此答一〉。内府又申二可レ随レ体之旨一」と答えているので、高位高官の参加は随意だったのであろう。「ただにやは暮さむとて」とあるとおり、御遊や蹴鞠などあらかじめ計画していたと思しい催しがある。康和の時は、「依二御物忌一、今日無二後宴一。……終日於二池上一楽。……事了於二宮御方一御遊」（『殿暦』）、そして「十九日〈甲戌、欠日〉、内堅固一日御物忌也。仍無二指事一也。……中宮女房有二乗船興一、……於二中宮御方一、聊有二糸竹興一」（『中右記』）。「欠日」は「坎日」に同じ。万事に凶である日）と船楽・管絃の遊びを行っている。『殿暦』に「無二指事一」とあるように、「さしたることなし」は記録語を訓読したもの。『御堂関白記』寛弘元年（一〇〇四）六月一八日条に「雖レ非二指事一、不浄依レ有レ恐、召二晴明・光栄一令レ占」（藤原頼通の乳母の死により賀茂詣を延引す）とある。「ただにやは暮さむ」は、『建礼門院右京大夫集』に「花の盛りに、月明かりし夜、「あたら夜を、ただにや明かさむ」とて」（95詞書、安元二年春ごろか）と類似の表現がある。

関白以下、宿直装束にて参り集まれり―『定能卿記』によれば、「未刻許」（午後二時頃）に「人々」が「参集」したとある。「宿直装束」は『満佐須計装束抄』（巻二）に「宿直装束といふは、つねの衣冠なり」とある。また、あかね会編『平安朝服飾百科辞典』（一九七五年・講談社）にも「衣冠」のこととあり、「宿直装束」とは、本来束帯の略服である衣冠のことを指す。『後二条師通記』寛治二年（一〇八八）一一月一一日条の、藤原忠実が春日祭の使いとして発遣される際の記事には、「左大臣・右大臣直衣也。内大臣宿直装束也」とあり、また『帥記』の同日条にも「右府左府〈以上直衣〉、内府〈宿衣〉」と見える。ただし、安元御賀では、『定能卿記』には「公卿殿上人皆着二直衣一」とあり、九条兼実も「着二直衣一」（『玉葉』）として、直衣を着用したとある。

右大臣、紅の打衣を出さる—「打衣」は表地に光沢や張りを出す処理を施した衣類。右大臣兼実の当日の装束は「着二直衣一〈薄色竪文奴袴、出二紅打衣一。……〉」（『玉葉』）、「右大臣殿〈琵琶、名賢円。出衣紅打堅織物、指貫〉」（『定能卿記』）である。『玉葉』には次のようにある。

中刻着二直衣一〈薄色竪文奴袴、出二紅打衣一。康和知足院殿令レ出二紅打一給例也。又仁平宇治左府同出レ之。抑近代殿上人等、於二年齢闌《タケタル》人一者、入レ綿着レ之。余其年雖レ不レ及レ老、其職已高。若可レ入レ綿歟。但伝聞、知足院殿仰曰、打衣入レ綿、古来不レ見事也。近代人々甚見苦。専不レ可レ然云々。加レ之、康和・仁平共不レ被レ記二入レ綿之由一。仍今度不レ入レ之〉。

装束は康和の際右大臣であった祖父忠実に倣っており（「右大臣殿同乗レ船給、管絃〈着二直衣一給、紅打衣出給。……〉」『中右記』）、仁平の際の左大臣頼長も同様であった。そして、近代の例に倣って、打衣に綿を入れるべきかどうかを問題としている。ただし康和・仁平の記録に見えないことから今回は入れなかったとしている。「打衣を出さる」については、『満佐須計装束抄』（巻二）の「衣冠直衣にきぬを出だすこと」に、「衣冠直衣にきぬを出だすこと。打衣厚衣いづれもつねのことなり。五節には蔵人は紅打を出だす。わかき殿上人またつねの事なり。又殿上人はおめらかして五重も三重も紅葉がさねなどにしても出だす」とある。また、「うらうへのつまを指貫のまへよりまへによくひきちがへて帯をするなり。うしろはたかく引あげて。まへのつまさきは指貫のうへにたけ三四寸たらぬほどにあぐべし」と見える。指貫の上、直衣の下に衣を出したようである。『栄花物語』（はつはな）でも、「濃紫の固文の指貫着て、紅の打衣などぞ着たまへる」（藤原伊周死去後の子女たち）とあり、蔵人少将藤原道雅が「紅の打衣」を着ている。

㊊右大臣殿同乗㆑船給。管絃〈着㆓直衣㆒給、紅打衣出給。……〉（『中右記』）

余午刻許参㆓御前㆒。着㆓直衣㆒。皆紅衣同色打衣を出。綾物さしぬき（『殿暦』）

衛府なる人々―「衛府」は古代宮城の護衛に当たった官司の総称。このころは左右近衛、左右衛門、左右兵衛の六衛府。

老懸をかけて―第一日の舞人の装束の描写に、「そのほか、剣、胡籙、老懸、常のごとし」（7）とある。その項を参照。『後二条師通記』寛治五年（一〇九一）七月三〇日条の「相撲長・番長・近衛等装、冠、老懸、紅染彩〈白半臂〉……」（相撲御覧）は、その一例。

壺胡籙を負へり―「壺胡籙」は、矢を入れて背中に負う壺状の道具。『玉葉』には、楽の船に乗る「衛府」の衣装について、「衛府負㆓胡籙㆒。兼綱壺、能盛胡籙、已上共為㆓衛府㆒」、また「殿上人警固、野剣・壺胡籙。持㆑弓、緌如㆑恒」と記している。『殿暦』天永二年（一一一一）一二月一六日条の「今日中納言随身装束、垂袴、壺胡籙」（藤原忠実春日社参詣。「中納言」は藤原忠通）は、その一例。

院御随身、思ひ思ひのなりどもにて―「随身」は、貴人の外出の際、勅命により警護に従った近衛府の官人。院には一四人、摂政・関白には一〇人、大臣・大将には八人など、人数が一応決められていた。また、公的な従者であったことから、その人物の威勢を示すことが多かったらしく、『枕草子』（をのこは、また随身こそ）には、

をのこは、また随身こそあめれ。いみじう美々しうてをかしき君たちも、随身なきはいとしらじらし。弁な

どは、いとをかしき官に思ひたれど、下襲の裾《しり》みじかくて随身のなきぞいとわろきや。

とある。院の御随身の様子は『玉葉』が「院御随身重近・兼頼已下、着二布衣一〈各有二風流一〉候二東方一」と記しており、華美で派手な衣装と飾りを身に付けていた。随身は衣装に制約がない場合には、自由に飾り立てていた。

西の釣殿の辺にさぶらふ―後白河院の「御随身」は、『玉葉』では「東方」に祗候していたとあるが、御賀記には「西の釣殿」とある。一方、関白基房・兼実・内府師長の随身については、「在二西方一」（『玉葉』）とあった。「辺」は「あたり」の意。

その中に将監重近、年は八十にもや及びぬらむ―院の御随身の一人、将監重近は左近将監中臣重近（→人物伝56）。「将監」は近衛府の三等官。主として六位の官だが五位での任官もある。『定能卿記』は、「今日、院御随身等皆布衣、其中将監中臣重近、殊折レ花。齢及二八旬一也。平礼。指二角帯一、着二錦衣一。同単」と、高齢でありながら派手な衣装の随身について特筆している。重近の衣装を表現した「折レ花」は、華やかで派手にすること。『落窪物語』（巻三）に「三の君の御方のそれ、四の君の御方の何の君、かのおもと、まろやさへなむさぶらひつる。花を折りてさうどきて、いとよしと思へるや」（中納言家に仕える女房たちの衣装）、『栄花物語』（つぼみ花）に「御乳母たち、我も我もと花を折りて仕うまつるほどもあらまほしげなり」（禎子内親王の乳母らが美しく着飾る）とある。重近もこの女性たちと同様華美な出で立ちであった。なお、池田亀鑑「花を折る」（『随筆集 花を折る』一九五九年・中央公論社、所収）参照。

唐の麴塵上下―「麴塵」は、黄色がかった緑色で、ここでは「麴塵」の表着のこと。それに加え、同じ色の下衣を着ていた。『愚昧記』仁安元年（一一六六）一〇月一〇日条に、「重近〈唐綾麴塵、以二黄糸繡一、着二錦衣一〉」とあり、御随身重近自身が憲仁親王立太子の儀において身に付けている。『兵範記』同日条にも、「次御随身上臈六人、左将曹中臣重近〈麴塵狩襖袴、……〉」と見える。

白銀の泥にて鶴をかく―「泥」は顔料の一種で金銀の粉末をにかわで溶いたもの。前項の「上下」に「白銀の泥」で「鶴」を描いていた。『愚味記』仁安元年（一一六六）一〇月一〇日条に、「兼頼〈赤地大文錦、付二銀鶴一〉」（御随身秦兼頼の衣装）は、その例。『兵範記』同日条には、「右番長秦公景〈紫唐綾狩袴、縫二鶴文一……〉」とある。

赤地の錦の衣に白地の錦の単衣、革の帯をさして―麴塵上下に赤地の錦の衣を纏い、白地の錦の単をあわせ、革の帯を締めていた。先に「その中に将監重近……」の項に引いた、重近の衣裳についての『玉葉』『定能卿記』の記事参照。『愚味記』仁安元年（一一六六）一〇月一〇日条に、「近武〈赤地錦、葡陶染打衣〉……兼任〈赤地錦〉」（御随身中臣近武と秦兼任の衣装）と右の兼頼の例がある。『兵範記』同日条には、「右将曹秦兼依〈赤地錦狩襖袴、……〉、左府生秦兼任〈同錦狩襖袴、……〉、右府生中臣近武〈錦同二兼任一〉」とある。「革の帯」は、「佩二続命縷一体〈件縷緒有二四筋一〉……以二二筋一当二革帯上一、自レ後前廻、而結二右袖下一」（『九暦』天慶七年〔九四四〕五月五日条、節会における続命縷の結び方）、『枕草子』（雪高う降りて、今もなほ降るに）に「袍《うへのきぬ》の色いときよらにて、革の帯のかたつきたるを、宿直姿にひきはこへて」とある。

征矢かきたりしこそ―「征矢（箭）」は、実戦において用いる矢。『和名抄』（巻一三・征戦具）に「征箭　唐式諸府衛士人別、弓一張、征箭三十隻〈征箭、和名曾夜〉」とある。『今昔物語集』（巻二八・37）の「打出の大刀を帯《は》きて、節黒の胡録《やなぐひ》の、雁股《がりまた》二並《ふたなみ》・征箭四十ばかり差したるを負ひたり」は、その例。

まことに翁さび人などがめそと思へるけしきなりしか―重近の、衣に鶴の絵を描いたことが、『伊勢物語』一一四段の「翁さび人なとがめそ狩衣けふばかりとぞ鶴《たづ》も鳴くなる」（在原行平）を彷彿とさせるということであろう。光孝天皇の芹川行幸での鷹狩りに勇躍して加わった元鷹飼の老人を意識した「やそち」の重近の様子は、かなり華美であり、賀宴の中でひときわ目立っていたのである。仁安元年（一一六六）一〇月一〇日の憲仁親王立太子の際にも「重近〈唐綾麴塵、以二黄糸繡一、着二錦衣一〉」（『愚味記』）として、美々しい姿で行列に加わっている。

また、仁安三年（一一六八）四月一八日の賀茂祭に参じた際にも「左将曹中臣重近、如レ付二風流一」（同）とあり、こうした際には、随身が派手な姿で彩りを添えたのであろう。

将監兼頼―院の御随身の一人、右近将監秦兼頼（→人物伝27）。仁安元年（一一六六）一〇月一〇日の憲仁親王立太子の際には「兼頼〈赤地大文錦、付二銀鶴一〉」（『愚昧記』）と華やかな姿で従っている。また、同三年（一一六八）四月一八日には右の中臣重近と同様に飾馬を引いており、「院右将曹秦兼頼、褐衣、襖袴、如レ常」という姿で従っている（同）。重近とほぼ同時期に左右の将曹、将監を務めたことから、諸史料では二人で記されることも多く、嘉応二年（一一七〇）四月一九日には、後白河院が受戒のために東大寺へ向かった際にも、行列には「召次長左近将監中重近、右将監秦兼頼」とみえ、続けて「各著二不志くゝり、襖末古袴一。五人同様装束如何」（『兵範記』同日条）とあり、両人はほぼ同じ装束であったようである。「これ又おもしろかりき」とあるように、御賀記でも両人は対として取り上げられている。

柳上下、おもて雲母―「柳」は表が白、裏が青の重ね衣。その上衣下衣。『山槐記』治承三年（一一七九）三月三日条の「右番長中臣種友柳上下付レ花」（宇治一切経会に向かう関白藤原基房の随身の装束）は、その例。そこに雲母紙のようにきらを布の表にちりばめている。『兵範記』仁平四年（一一五四）二月二日条に「行通朝臣　右少将〈京出、魚綾狩襖、……還御、縹打裏狩襖〈面顕文紗、振二雲母一〉、唐山吹匂黄単、薄色指貫〉」（春日祭還立、「春日詣前駆人々装束目録」）とある。

はりうち、青纐纈―「はりうち」は不明。『後二条師通記』寛治五年（一〇九一）一一月一七日条の「綾地摺裳一腰〈腰白織物、半張打裏也〉」（師通、五節舞姫の装束を息経実に送る）のことか。「纐纈」は、布の一部を縛り、染料がしみこまないようにして模様を作る絞り染めの一種。『和名抄』（巻一二・錦綺類）に「夾纈　東宮切韻、釈氏曰、纈〈胡結反。夾纈、此間《ココニ》云、加宇介知〉結レ帛為二文綵一也。孫愐曰、繪之有二夾花一也」とある。白居易

「黄纐纈林寒有レ葉、碧瑠璃水浄無レ風」（『和漢朗詠集』巻上・302・紅葉）は、斑に紅葉する林を描いている。『内宮長暦送官符』（伊佐奈岐伊佐奈弥宮二所）に「青纐纈綿御衣二領。〈長各二尺。納二綿各六両一〉」（長暦二年〔一〇三八〕皇大神宮式年遷宮時の御装束・神宝についての太政官符）と見える。『春記』長久元年（一〇四〇）一一月四日条には「女房八人候二御共一〈今日内侍已下不レ用レ簪。又不レ着二纐纈裳一。只着二目染裳等一。是例也〉」（後朱雀天皇紫宸殿へ初出御）とあり、青色の纐纈の「はりうち」をまとっていたということか。

唐紅の衣に──濃い紅色の美々しい衣。『兵範記』仁平四年（一一五四）二月二日条に「行通朝臣　右中将〈京出魚綾狩襖〈付二紅美染打裏一、有二唐草文一〉唐紅衣、白重、白単、薄色指貫〉」「基行　越前権守〈京出　顕文紗青色唐染狩襖、唐紅衣、白衣、同単衣、薄紫指貫〉」（春日祭使還立の「春日詣前駆人々装束目録」）と見える。

黄なる単衣──「単衣」は裏布の付いていない衣。「黄」は黄金、山吹の花の色。『蜻蛉日記』（天禄元年〔九七〇〕三月、賭弓）には試楽の際に胡蝶楽の舞を舞った多好茂に対して、「黄なる単衣脱ぎてかづけたる人あり。折にあひたるここちす」と見え、胡蝶楽の際のかずけ物である山吹の造花に「黄なる単衣」が合っているとしている。『兵範記』仁安二年（一一六七）一一月二七日条の「次舎人十人〈二行相並、着二赤色狩襖袴一。以二黄糸一縫二窠文一。山吹袙、黄単衣、件居飼舎人自レ院被レ献レ之〉」（摂政藤原基房春日詣）とあり、『山槐記』治承三年（一一七九）三月一五日条にも「舎人二人、萌黄款冬衣、黄単衣、……」（高倉天皇平野行幸）とあるのはそうした組み合わせ。

紅打ちの帯──「紅打ち」は糊ばりをした上を砧で打った紅色の絹のこと。『実躬卿記』弘安八年（一二八五）一〇月一九日条に「為忠朝臣　香水干〈裏纐纈、閉目ニ以二紫糸一縫二一雁一〉、木蘭地帷〈書二牡丹唐草一〉、褐袴〈瑩付二水文一〉、紅打帯、帯剣、藺沓」（住吉社御幸）とある。

　(康)舞人装束　左〈豹尻鞘……表袴〈濃蘇芳、裏紅打〉〉（『中右記』賀宴）

これ又おもしろかりき──兼頼の華やかな装束は重近と同様であった。「将監兼頼」の項参照。

次々は我も我もと劣らぬさまなりき―華やかな装束は重近と兼頼だけではなく、随身らはこぞって華美を競った。前日の賀宴に比べると、装束について制約は少なかったと思われる。

関白随身四人、四季の心を装束きたり―関白基房の随身四人は、四季の装束で従ったらしく、院の随身同様、華やかな衣装で参じている。『玉葉』には「先レ之関白被レ候〈……随身上臈四人着二四季装束一。主依レ不レ被レ着二打衣一、各所レ省二打衣一也〉」とある。

春は青打ちに、桜の花をつけ、夏は白打ちに、松に藤をつけ、秋は蘇芳打ちに、菊をつけ、冬は葡萄染打ちに、芦に水鳥をつけたり―「打」は、布を砧で打って光沢を出したもの。前項に引いた『玉葉』には、随身は「打衣」を「省」く、つまり着ないとあり、御賀記の記すところとは異なる。引用した『玉葉』は図書寮叢刊によったが、国書刊行会本は「省」を「着」に作る。これであれば御賀記の記述と一致する。両書はいずれも九条家本を底本とするが、「省」と「着」は崩した場合の字形が似ているため、翻刻の際に違いが生じたのであろう。一方兼実の随身の上臈二人は、「共不レ着二打衣一」と打衣を着ていない。それは、「其主着二打衣一之日、随身不レ着二打衣一。是故実也」つまり主君が打衣を着ない日は、随身も着ないという故実があるからだという。

青打ちに、桜の花をつけ―「雑色装束色萌木、裏摸、蘇芳打衣。小舎人一人、二藍青打衣」（『殿暦』嘉承二年〔一一〇七〕四月一八日条。白河院賀茂祭の使いの還るをみる）、「青海波二人〈通季・宗能〉、着二青打半臂一〈以レ銀押二浜形・海浦・波文等一〉」（『中右記』康和四年〔一一〇二〕三月二〇日条。康和御賀後宴）などはその例。「つけ」るとは、刺繍などで絵柄をほどこすことか。

白打ちに、松に藤をつけ―「殿下白打御下襲・檀地螺鈿幷金作御剣等被レ帯云々」（『後二条師通記』寛治五年〔一〇九一〕正月二日条。師実第臨時客）、「右大臣〈御装束如レ常。……御馬舎人菊方着二白打狩襖袴・唐縹衣一。……〉」（『兵範記』保元二年〔一一五七〕一〇月八日条。後白河天皇新造大内へ遷幸）などはその例。「松に藤」の組み合わせは「汀の松には藤の花を結びかけて」（3）の項を参照。

蘇芳打ち—「蘇芳」は、「裳の腰、蘇芳の匂の打ちたる」（3）の項を参照。「予装束蘇芳下襲幷黒袍、美也。……馬副蘇芳打衣也……」（『後二条師通記』寛治四年（一〇九〇）一一月二九日条。白河院石清水八幡御幸）、「次左右奏レ舞。先左万歳楽〈家明朝臣、……濃蘇芳打表袴〈禁色人織物〉……〉」（『兵範記』仁平二年（一一五二）三月七日条。御賀の舞人の装束）などはその例。

葡萄染打ちに、芦に水鳥をつけ—冬の装束「葡萄染」は、薄い赤紫色。「雑色四人〈款冬狩衣・袴〈縫二款冬折枝一〉〉、蒲萄染打衣、青単。……〉」（『殿暦』嘉承二年（一一〇七）四月一六日条、藤原忠実賀茂社参詣）はその例。その衣に芦と水鳥を描き出している。「右大将忠雅〈注略〉随身上﨟一人、着二花蒲萄染打狩衣・袴等一〈以レ糸結二置葦・水鳥等形一〉、……」（『愚昧記』仁安元年（一一六六）一〇月一〇日条。憲仁親王立太子の儀。『兵範記』の同日条にも同様の記事あり）は、その例。枯れた芦と水鳥を組み合わせた和歌には、「水鳥のゐるにさはらぬうす氷芦間やしばし消えのこるらむ」（『為仲集』173、「芦間の薄氷」）や「水鳥は霜のさ衣かさねてやさゆる芦間のうきねをばする」（『堀河百首』1018・水鳥・藤原顕仲）などがある。

『玉葉』には院の随身が「候二東方一」とあることは、「院御随身、……」の項ですでに指摘したが、『玉葉』には続けて「関白及余・内府随身、在二西方一」とある。

【表13】

	御賀記	『玉葉』
院	西の釣殿	東方
関白他	不明	西方

法住寺南殿には「西釣殿」「東釣殿」「二階釣殿」があった（『兵範記』仁安三年（一一六八）八月四日条）。『玉葉』に従えば院の随身は「東の釣殿」とあるべきかも知れないが、不明。

15　船楽

かくて昼《ひる》かたにもなりぬ。いまは船《ふね》に乗《の》り遊《あそ》ぶべしとて、中宮・女院、女房《はう》の船《ふね》を東《ひむかし》の釣《つり》殿に寄《よ》す。〈此船《舟》、右大将・平宰相教盛、所造進也。各一艘〉女院の女房《はう》の船《ふね》は、その院の蔵《くら》人を船差《ふねさし》とす。中宮の女房《はう》の船《ふね》は、内の蔵人《くら》〈基行・能成〉を船差《ふねさし》とす。いろいろ《〱》さまざま《〱》の袖口《そてくち》を御船《ふね》の裏表《うらうへ》に出《い》だせり。玉《たま》をつらぬき、錦《にしき》をかさね、黄金《こかね》をのべ、縫物《ぬひ》をほどこせり。ことばにもいふばかりなし。筆《ふて》にも書《か》きのぶべからず。

その後《ゝち》、右大臣、内大臣、権大納言隆季《たかすゑ》、実国《さねくに》、中納言兼雅《かねまさ》、資賢《すけかた》、頭中将実宗《さねむね》、定能《さだよし》、泰通《やすみち》、少将隆房《たかふさ》、雅賢《まさかた》、維盛《これもり》、〈近衛司、各老懸、帯胡簶。頭中将不帯〉この人々《〱》をえらび召《め》して、船《ふね》に乗《の》せられはべり《侍》。寝殿の簀子《すのこ》より中の釣殿《つりとの》にゆきて船《舟》に乗《の》る。蔵人〈兼綱・清定〉棹《さお》を差《さ》す。

これより先《さき》に管絃の具を院の御方より運《はこ》び乗《の》す。関白召《め》されて御前の簀子《すのこ》にさぶらひたまふ。内の御方よりはじめて両院、御簾《みす》のうちより御覧じ出《い》だす。池水の底《そこ》、清《きよ》く澄《す》めるさまも、瑠璃《るり》を敷《し》けるかとおぼゆ。花の夕《ゆふ》ばえの、心ことなるも、錦《にしき》をさらすけしきなり《也》。すでにして、めづらしく飾《かさ》りたてたる御船《みふね》どもを、みなれ棹《さほ》いそがぬさまにて、御前《おまへ》の沖《おき》へさしまはすほどに、中宮大夫隆季《たかすゑ》、双調《そうてう》を吹《ふ》きいだす。少将隆房《たかふさ》、ひきおくれて又吹《ふ》く。中将定能《さだよし》、篳篥《ひちりき》の音《ね》をおとづれて後《のち》、大納言実国《さねくに》、笛《ふえ》の音《ね》をとる。泰通《やすみち》、維盛《これもり》、おなじく笛《ふえ》を継《つ》ぐ。

この間《あひた》、右大臣、内大臣、琵琶《ひは》、琴《こと》をひきよせて調《しら》べらる。中納言兼雅《かねまさ》、頭中将実宗《さねむね》、又同《おな》じく調《しら》ぶ。調子《てうし》のはてつ方《かた》に、按察使資賢《あんせちすけかた》、拍子《ひやうし》をとりて桜《さくら》人をうたふ。折《おり》につけて、その船《ふね》、島《しま》つたふことは、げにたよりありき。その後《のち》、鳥《とり》の破《は》、難波《なは》の海《うみ》、賀殿《かてん》の急《きふ》、さて、律《りち》に吹《ふ》きかへしつ。伊勢《いせ》の海《うみ》、万歳《まんさい》楽《らく》、大路《おほうち》、釣殿《つりとの》の前《まへ》にて、三台《たい》の急《きう》を吹《ふ》きて、人々船《ふね》よりおりぬ。女房の船《ふね》二艘《そう》は、なほ御前《をこせん》の汀《みきは》に漕《こ》ぎとどめたり。

かくて昼かたにもなりぬ。いまは船に乗り遊ぶべしとて――「昼かた」は日中の意。『玉葉』によれば、兼実は「申刻」（午後四時前後）に法住寺南殿へ参じているが、『定能卿記』には「未刻許人々参集。建春門院・中宮御方等女房乗船」となっており、「未刻」（午後二時前後）に人々が集まり、船楽が始まったように読める。康和御賀では、藤原忠実が「未刻許」に「御前」「院御方」に参上し、御前での奏楽につづいて、船楽が行われている。「昼かた」は午後二時頃ととるべきか。

中宮・女院、女房の船を東の釣殿に寄す――『玉葉』には「次建春門院・中宮女房、於㆓東釣殿㆒乗船」、『定能卿記』には、「建春門院・中宮御方等女房乗船」とある。

㊊中宮女房有㆓乗船興㆒（『中右記』）

次乗船、宮女房又同。終日於㆓池上㆒楽（『殿暦』）

〈此船、右大将・平宰相教盛、所造進也。各一艘〉—定家による勘注。「此の船、右大将・平宰相教盛、造進する所なり。各おの一艘」。『玉葉』にも「次建春門院・中宮女房、於二東釣殿一乗船」の割注に、「其船、右大将及平宰相教盛卿、依レ仰造進。無二殊風流一。有二屋形一、懸二翠簾一。二艘共内蔵人着二衣冠一為レ棹。衛府負二胡籙一。兼綱壺、能盛胡籙。已上共為二衛府一」とあり、中宮徳子と建春門院滋子の船は、右大将重盛と参議教盛の造進によることが確認される。兼実は「無二殊風流一」としているが、『定能卿記』には「於神《ママ》風流面々有レ興」としており、それなりに工夫を凝らした船であったと思われる。

女院の女房の船は、その院の蔵人を船差とす。中宮の女房の船は、内の蔵人〈基行・能成〉を船差とす—「その院の蔵人を船差とす」とあるが、蔵人は平安後期には院・女院・東宮・摂関家・大臣家にも置かれたらしく、蔵人所の蔵人は「内蔵人」と呼ばれるようになった（『平安時代史事典』）。ただし『玉葉』は、「二艘共内蔵人着二衣冠一為レ棹。衛府負二胡籙一。兼綱壺、能盛胡籙。已上共為二衛府一」（前項に掲出）としており、二艘とも内蔵人によるとしている。『定能卿記』には、「女院女房船、同蔵人四人取レ棹。中宮女房船、同蔵人四人取レ棹」とある。つづいて「月卿雲客等」の船は、「内蔵人二人」が棹を取ったと記していることを踏まえると、「同蔵人」は「女院の蔵人」「中宮の蔵人」のことであり、建春門院と中宮のそれぞれの蔵人が棹を操ったと考えるべきであろう。御賀記は、中宮の船のみ内蔵人とし、基行（↓人物伝13）・能成（↓人物伝89）の名を挙げる。『玉葉』や『定能卿記』の当該部分に、両名の名前は見えないが、『玉葉』では同日条に「次蔵人基行〈挟レ端取レ鞠、不レ付レ枝〉、置二前庭一」と、蹴鞠のところに基行の名前が見え、御賀記でも基行は（16）の蹴鞠の箇所に名前が見える。「能成」は『玉葉』三月八日条に、「御賀行事頭弁長方朝臣・蔵人左少弁光雅・右衛門尉藤原能成〈六位使〉等」（御賀の調度目録を具して参入）とある。

いろいろさまざまの袖口を御船の裏表に出だせり—女房らは色とりどりの装束を舟の左右から出していた。打出のこと。「女院の御方の打出」（3）の項を参照。『玉葉』『定能卿記』には、これについての記述がない。ただ、『定能卿記』は、船中の兼実について、「右大臣殿〈琵琶、名賢円。出衣紅打堅織物、指貫〉」と、「出衣」をしたと記す。一方『玉葉』は、「人々皆直衣。内府已下青鈍指貫、不㆑出㆑衣」と、衣を出さなかった——右大臣兼実は出したということか——とする。康和御賀では、「中宮女房有㆓乗船興㆒〈色々出㆑衣、面々有㆑興〉。右大臣殿同乗船給。管絃〈着㆓直衣㆒給、紅打衣出給。随身布衣指㆑船〉」（『中右記』）とあり、中宮の女房らと右大臣が打出をしている。これによれば、右大臣の打出は慣例であったらしい。「御船の裏表」は船の左側と右側。『たまきはる』には、

三日がほど、女房皆日々に装束《さうぞ》き替ふ。中の日は物の具をば着ず。初め果て、いづれを晴と、かねて聞こえざりしかば、三日劣らじと装束きたりしさまこそ、うたておどろおどろしかりしか。金、錦など制と聞こえしかど、身をはじめて、破りたる人々多かりき。

とあり、女房たちは三日とも衣装を替えてたがいに張り合い、禁制を破って華美な者が多かったという。同じく、中の日の裳、唐衣ばかりなりし日は、さながら浮線綾、織物などの桜の衣どもを、桜の散り花織り浮かし、錦、織物の裳、唐衣などにも桜の歌、詩などを衣の褄、唐衣、裳の腰に、いかにせんと置き縫ひ、金にても し、木を打ちなど、心々に袴、小袖、扇などまで、ただ春の花、珍しく清らなる色ふしを、人にまさらんと心を尽くしたりし。

とある。

玉をつらぬき、錦をかさね、黄金をのべ、縫物をほどこせり——意匠をこらした装束であることをいう。

承和年中、従㆓山峰㆒落来珠玉、玉有㆓小孔㆒。蓋是仙簾之貫珠也（『本朝文粋』巻一二・371、都良香「富士山記」）

透垣《すいがい》の羅文《らんもん》、軒の上などは、かいたる蜘蛛の巣のこぼれ残りたるに、雨のかかりたるが、白き玉をつらぬき

たるやうなるこそ、いみじうあはれにをかしけれ。（『枕草子』九月ばかり夜一夜）

また、装束を重ねた様子はこれまでにも見えたが、「黄金をのべ」は『増鏡』（第一〇・老のなみ）に、

かなたこなたの御随身ども、近くさぶらひつるを、院出でさせ給ぬれば、しぞきて、御階《はし》の西に並みゐたる装束ども、色々の花をつけ、高麗《こま》・唐土《もろこし》の綾錦、こがね・白かねを延べたるさま、いとあまりうたてあるほどにぞ見ゆる。

とあるように、金泥銀泥で意匠をつけることを指す。縫物は、刺繍のことで、これも装束の意匠としては、『うつほ物語』（楼の上下）に「紫の裾濃《すそご》に縫物して唐組を紐にしたる三十人」など、多くの用例がある。

ことばにもいふばかりなし。筆にも書きのぶべからず―贅を尽くした衣装は表現のしようがないと評する。これは『周易』（繋辞伝上）の、「書不レ尽レ言、言不レ尽レ意」によるもので、文字に書かれたことは言いたいことを十分には表現しておらず、また言葉も考えていることを十分には表現していないという意味。書簡の末尾によく用いる。『万葉集』（巻五・793・大伴旅人）に、「筆不レ尽レ言、古今所レ歎」とあり、また『本朝文粋』（巻七・185）の菅原文時「為二右丞相一贈二大唐呉越公一書状」にも「書不レ尽レ言」と見える。この表現については、小島憲之『国風暗黒時代の文学　中㊤』（一九七三年・塙書房）八五九～八六一頁、北山円正「慈円と源頼朝の贈答歌―「壺のいしぶみ」詠の漢籍受容について―」（『神女大国文』三三号・二〇二二年三月）参照。

その後、右大臣、内大臣、権大納言隆季、実国、中納言兼雅、資賢、頭中将実宗、定能、泰通、少将隆房、雅賢、維盛、〈近衛司、各老懸、帯胡籙。頭中将不帯〉この人々をえらび召して、船に乗せられはべり―建春門院・中宮の女房達の船二艘につづいて、公卿らの乗る管絃の船について記している。『玉葉』には、「余・内府以下」が「於二中釣殿一乗船」したとあり、『定能卿記』にも、「月卿雲客等乗船〈注略〉」とみえる。「男女船幷《アハセテ》三艘、浮二遊池上一」（『玉葉』）であった。『中右記』には、「中宮女房」の「船」に「右大臣」が「乗」り、さらに「殿上人

堪二管絃一之輩五六許輩候レ舟、下官着二衣冠一、依レ召参入乗レ舟」と、召された藤原宗忠らが乗船して楽を奏している。類従本はこの一文の次に「かたみの心つかひをろかならす」とあり、それは、「此人々をえらひめして、女

【表14】

定家本	類従本
1 右大臣	1 右大臣兼実
2 内大臣	2 内大臣師長
	3 右大将重盛
3 権大納言	4 権大納言隆季
4 さねくに	5 さねくに
5 中納言かねまさ	6 中納言かねまさ
6 すけかた	7 あせち資方
	8 左中将知盛
7 頭中将さねむね	9 頭中将さねむね
	10 中宮亮重衡
	11 左中将頼実
12 これもり	12 権亮少将これ盛
10 少将たかふさ	13 左少将たかふさ
	14 侍従資盛
11 まさかた	15 まさかた
8 さたよし	16 さたよし
9 やすみち	17 やすみち

房達の船にのせられ侍り」つまり女房の船に公卿以下が同船したと理解した結果、追記されたと考えられる。定家の勘注「近衛司、各老懸、帯胡籙。頭中将不帯」(近衛司、各おの老懸、胡籙を帯ぶ。頭中将は帯びず)は、近衛府の官人が老懸・胡籙を帯びているのに対して、頭中将藤原実宗は帯びていないということ。「老懸」、「胡籙」は、四日の舞人の装束として「剣、胡籙、老懸、常のごとし」(7)とあり、また、五日にも「衛府なる人々は老懸をかけて壺胡籙を負へり」(14)とある。この「右大臣」兼実らが乗る船を含めて、船楽の船は三艘であった。女院の船は、院の蔵人、中宮の船は、「内の蔵人」基行、能成(六位蔵人)が、それぞれ棹差しをつとめている。乗船した人々の顔ぶれにも、定家本と類従本で異同がある。類従本に記される一七名を基に一覧すると【表14】のようになる。

寝殿の簀子より中の釣殿にゆきて船に乗る――『玉葉』には、「次余・内府以下、歴二寝殿南面〈注略〉及東小寝殿・上西門院御所廊等一、於二中釣殿一乗船」とあり、兼実や師長らは、中釣殿から乗船している。さらにこの自注には「其釣殿東面有二船寄一。然而依レ

無二便宜一、於二南面汀一乗レ之。其道敷二縁道一。仍不レ着レ沓」とあり、「中釣殿」の「東面」の船寄せが不都合なため、南の汀まで縁道を敷き、そこから乗船したとしている。

蔵人〈兼綱・清定〉棹を差す―公卿らの乗った船について、『玉葉』は「蔵人為レ棹」、『定能卿記』は「次月卿雲客等乗船〈内蔵人二人取レ棹。……〉」と記す。なお、『玉葉』は女院・中宮の女房等が乗った船について、「……二艘共内蔵人着二衣冠一為レ棹。衛府負二胡籙一。兼綱壺、能盛胡籙。已上共為二衛府一」とあって、ここにも兼綱の名前が見えており、疑問がある。

これより先に―「先是」の訓読語。古記録によく見える。「これより先に、献物百捧、中門より外の南のわきに立つ」（3）とある。その項を参照。ここでは、女房や公卿以下が乗船する前にということ。

管絃の具を院の御方より運び乗す―後白河院のところから楽器を搬入した記事は、『定能卿記』には見えない。楽器の名物は、次の『玉葉』にあるとおり、蓮華王院宝蔵から持って来ている。なお、兼実らの乗った船について「予置二絃管一」と注しており、前もって楽器を船に運び入れてあった。

【補説】『定能卿記』には「月卿雲客等乗船」の次に「右大臣殿〈琵琶、名賢円。出衣紅打堅織物、指貫〉、内府〈箏、伏見〉、中宮大夫隆季卿〈笙〉、藤大納言実国卿〈笛〉、按察使〈拍子〉、花山院中納言兼雅〈箏。公卿有二屋形内一〉、頭中将実宗朝臣〈琵琶、今御前〉、下官〈篳篥〉、左中将泰通朝臣〈笛〉、右少将隆房〈笙〉、雅賢朝臣〈和琴〉、維盛朝臣〈笛〉」とあり、定家本と一致する（資賢と兼雅が前後するが他は記載順も同じ）。

『玉葉』には「乗船人、余〈琵琶、字若御前、在二蓮花王院法蔵一〉、内府〈箏、伏見〉、中宮大夫〈笙、私笙歟〉、藤大納言〈笛、私笛歟〉、按察〈拍子〉、花山中納言〈箏、不レ知二其名一〉、已上在二屋形中一、実宗朝臣〈琵琶、字賢円、在二同宝蔵一、依レ無二其絃一忽懸レ之〉、定能朝臣〈篳篥〉、隆房朝臣〈笙〉、雅賢朝臣〈和琴〉、維盛朝臣〈笛〉」とあり、兼実と実宗の琵琶の名に異同があり、笛を担当した泰通の名が見えない。なお、「右大臣」兼実から「中納言兼雅」までの「公卿」は、船の「屋形内」におり、「頭中将実宗」から「維盛」までは「屋形」の外にいた。

これらの奏者は前日の御遊にも参加している。中納言兼雅は御賀記（2）の参加者列挙の部分に「中納言七人」のひとりとして名前が見える。

兼実の演奏した琵琶の名は、『定能卿記』には「賢円」、『玉葉』には「若御前」（蓮華王院宝蔵）とあり、一方、実宗の弾いた琵琶が『定能卿記』では「今御前」、『玉葉』では「賢円」（蓮華王院宝蔵）とあり異なる。『八音抄』には、

　蓮華王院の宝蔵に賢円、御前丸とて二あり。賢円まことに音うつくしけれども、雑木の甲にてみめいとあやしげなり。甲は桑つみ、腹はしらめなる槻のまさ、腹のわれたるはせわには、目のとほり程にふたかたながらかしの木を入たり。御前は紫檀の伏甲なり。うちきゝたるまことによき物なり。既に宝物になりにたり。されど、したゝか二三日もひきなやしては、音うせむずるものなりとみき。是はゆゝしきおこの申様なり。

と見え、蓮華王院蔵の琵琶に「賢円」と「御前丸」があった。後者は『玉葉』（『定能卿記』）にいう「若御前」（「今御前」）のことであろう。なお、これら二つの琵琶は蓮華王院の所蔵であるので、後白河院側から提供されたことがわかる（四日の場合は管絃の具は「殿上人もて参る」とある）。『玉葉』によれば、隆季の笙、実国の笛は、私物であったらしい。師長の弾いた琴「伏見」は、四日に師長が弾じており（御賀記にも見える）、六日（後宴）では兼雅が用いている。

関白召されて御前の簀子にさぶらひたまふ。内の御方よりはじめて両院、御簾のうちより御覧じ出だす──「内の御方」は、高倉天皇。『玉葉』に「男女船幷三艘浮二遊池上一、竹肉合レ声〈此間関白出二居南簀子敷一、主上・法皇・女院・中宮御二坐簾中一。以二東一二間一為二御所一〉」とある。『定能卿記』に「主上・法皇於二御簾中一御覧、関白令レ

候二簀子一給」とある。「竹肉」（『玉葉』）の「竹」は糸（絃楽器）に対する管楽器、「肉」は人の歌う声。笛の音と歌声。ここでは管絃と歌。

池水の底、清く澄めるさまも、瑠璃を敷けるかとおぼゆ。花の夕ばえの、心ことなるも、錦をさらすけしきなり――

この記述は、

池水の底、清くすめるさまも、瑠璃を敷けるかとおぼゆ。
花の夕ばえの、心ことなるも、錦をさらすけしきなり。

と、対によって美文を構成している。類従本には「池水のそこ、うろくずすめるさまも……」とあり、「うろくず」は、鱗あるいは魚の異称の意で、「いろくづ」の転。これによれば、池に住んでいる魚の様子が瑠璃を敷いたようだと解せる。魚の姿がみえるほどに水が澄んでいることも表すが、魚の様子を瑠璃と喩えるのは如何であろう。瑠璃は古代インド、中国などで珍重した宝玉。『和名抄』巻一一・玉類に「瑠璃　野王案、瑠璃〈流離二音、俗云二留利一〉青色而如レ玉者也」とある。『仏説阿弥陀経』をもとにした今様に「極楽浄土の宮殿は、瑠璃の瓦を青く葺き、真珠の垂木を造り並め、瑪瑙の扉《とぼそ》を押し開き」（『梁塵秘抄』巻二・178・極楽歌）とあり、瑠璃を敷いた池水の「清く澄める」状態をいう底本の本文の方がよい。

さらに、『和漢朗詠集』（巻上・紅葉）に、

黄纐纈林寒有レ葉、碧瑠璃水浄無レ風（302・白居易）
洞中清浅瑠璃水、庭上蕭条錦繡林（303・慶滋保胤）

とあって、とくに後者は、御賀記における当該箇所と同様、「瑠璃」と「錦繡」が対をなす。『栄花物語』（布引の滝。法勝寺落慶供養の記事）の描写、

青やかに見えわたされたる御堂の飾りなど、極楽に違ふ所なげなり。瑠璃の地に黄金の砂子などを敷かぬば

かりなり。池の水澄みわたり、船楽、打たぬに鳴ることぞなかりけれと、

が、この場面に似る。また、『往生要集』（上巻・大文第二）の極楽浄土を表した、

講堂精舎宮殿楼閣内外左右、有二諸浴池一。黄金池底白銀沙、白銀池底黄金沙、水精池底瑠璃沙、瑠璃池底水精沙。珊瑚虎魄、硨磲瑪瑙、白玉紫金、亦復如レ是。

などが背景にあるかと思われる。とくに「水精の池底に瑠璃の沙」は類似の表現である。

「花の夕ばえ」は、日没ごろの薄明りの中で、物の色合いや姿が、ほんのりと浮き上がったように美しく見えること。『日葡辞書』に「Yubaye（ユウバエ）。歌語。ユウベニ　イロヲ　マス〈訳〉夕暮に花などが一層見事に、美しく見えること」とある。

さうびは、近くて、枝のさまなどはむつかしけれど、をかし。雨など晴れゆきたる水のつら、黒木の階《はし》などのつらに乱れ咲きたる夕ばえ（能因本『枕草子』草の花は）

「心ことなる」は、格別な感じ・趣の意。『紫式部日記』に、

「池の浮草」とうたひて、笛など吹きあはせたる、暁がたの風のけはひさへぞ、心ことなる（仏事終了後の船楽）

と見える。

「錦をさらす」を類従本は「錦をしける」に作る。「瑠璃を敷ける」と対をなすので、底本の方がふさわしい。

『和漢朗詠集』に、

山桃復野桃、日曝二紅錦之幅一、門柳復岸柳、風宛二麹塵之糸一（巻上・21・春興・紀斉名）

とある。

すでにして――「既而」の訓読語。「すでにして御遊びはじまる」（12）の項を参照。

めづらしく飾りたてたる御船どもを――『定能卿記』は、女院・中宮の女房の乗った船について、「於神《ママ》風流面々有レ興」と記し、『玉葉』は、平重盛・教盛の造進したその二艘は、「無二殊風流一。有二屋形一、懸二翠簾一」とさほどの「風流」はないという。また、兼実らの乗った船については、「屋形張二纐纈一。大略如二東楽屋一。不レ懸レ簾敷レ畳〈隆季卿調二進之一。予置二絃管一〉」と記している。

みなれ棹いそがぬさまにて――「みなれ棹」は、水になじみ古びた舟の棹。「見馴れ」「さして」にかけて用いることが多い。「いそがぬさまにて」とつづく表現は未見だが、ゆっくりと船を漕ぐさまをいう。

大井河くだすいかだのみなれ棹みなれぬ人も恋しかりけり（『拾遺集』恋一・639・題知らず・よみ人知らず）

もかり舟音す鵜舟のみなれ棹さしてはいかではやきなるらん（『散木奇歌集』359・鵜川をよめる）

御前の沖へさしまはすほどに――類従本には「御前の沖へ御前さまにさしまはすほどに」とある。「御前の沖」は、院・天皇から遠ざかった池の沖。『玉葉』には、「一両度廻レ棹之後、到二始所一下レ船」とあって、池を一二度廻ったとある。

中宮大夫隆季、双調を吹きいだす。少将隆房、ひきおくれて又吹く。中将定能、篳篥の音をおとづれて後、大納言実国、笛の音をとる。泰通、維盛、おなじく笛を継ぐ――奏者については、【表15】でまとめた。『玉葉』には「双調〈桜人、鳥破、難波海、賀殿急〉」、『定能卿記』には「呂〈桜人、難波海、鳥破、賀殿急〉」とあるのみ。

(康)右大臣殿、同乗レ船給。管絃〈着二直衣一給。紅打衣出給。随身布衣指レ船〉。殿上人堪二管絃一之輩五六許輩候レ舟。下官着二衣冠一依レ召参入乗レ舟（『中右記』）

次乗レ船。宮女房又同。終日於二池上一楽。右大弁宗忠・左京大夫俊頼・越前守家保・尾張守長実・別当宗通子等也（『殿暦』）

頃之乗レ船。相共人々、尾張守長実・越前守家保、件両人顕季朝臣男也。侍従、別当男也。次送二乗人々一。右

【表15】船楽の奏者・担当楽器

奏者名	担当楽器など	楽器の銘（『定能卿記』）
藤原隆季	笙	
藤原隆房	笙	
藤原定能	篳篥	
藤原実国	笛	
藤原泰通	笛	
平維盛	笛	
藤原兼実	琵琶	賢円　＊『玉葉』は「若御前」
藤原師長	箏	伏見
藤原兼雅	箏	
平重衡　＊類従本のみ	箏	
藤原実国	琵琶	今御前　＊『玉葉』は「賢円」
源資賢　＊『定能卿記』は雅賢	和琴　拍子	

大弁宗忠朝臣・左京大夫俊頼・中将宗輔・少将顕国・兵衛佐宗能等也。件船龍頭也。宮女房同乗レ船。数刻廻レ池、其間鳥向楽数遍。酉刻許各下了（同。『殿暦』は同様の内容を繰り返し記している）

【補説】この箇所を類従本は「……中将定よし、ひちりきの音をとつれて後、大納言さねくに、笛の音をとる。やすみち、権亮少将惟盛はよこふえ、雲井とをりておもしろし。天皇ををき奉りて、是なん笛すくれたりける」とある。「雲井とをりておもしろし。天皇ををき奉りて、是なん笛すくれたりける」は、平維盛と高倉天皇の笛の演奏を称賛する記述であり、前日の御遊の場面にも「さても御笛の音こそ今もたくひなく、いにしへもかくや有けむと聞えしか。夢か夢にあらさるか、神なり又神也」と、天皇の演奏を讃える記事がある。「雲井とをりておもしろし」は、天にも響きのぼるくらい趣深いの意。

蔵人所の方にも、明日の御遊びのうち馴らしに、……宮の御前に琵琶、大臣に箏の御琴まゐりて、頭中将和琴賜りて、はなやかに掻きたてるほどに、いとおもしろく聞こゆ。宰相中将横笛吹きたまふ。をりにあひたる調子、雲居とほるばかり吹きたてたり（『源氏物語』梅枝）

は、その一例。ここも類従本における維盛を讃える表現の一環かと考えられる。

この間、右大臣、内大臣、琵琶、琴をひきよせて調べらる。中納言兼雅、頭中将実宗、又同じく調ぶ―類従本は「此あひた、右大臣、内大臣、ひわ、琴を引よせてしらへらる。権中納言かねまさ、中宮亮重衡、頭中将さねむね、又おなしくしらふ」とある。「この間」は「この間、法親王に禄をたまふ」(12)の項を参照。

調子のはてつ方に、按察使資賢、拍子をとりて桜人をうたふ。折につけて、その船、島つたふことは、げにたよりありき―「調子のはてつ方」は、演奏していた「双調」の終わりのあたり。「島つたふ」は島から島へと伝って行く航法。これは、奏している「桜人」を踏まえた表現。「桜人」は、催馬楽、呂歌。

桜人、その舟止《ちぢ》め、嶋つ田を、十町作れる、見て帰り来むや、そよや、明日帰り来むや、そよや

「桜人」の「嶋つ田」については、「しまつたは島つたふ也」（一条兼良『催馬楽注秘抄』康正元年〔一四五五〕成立）と解され、そうした理解に基づき、船が「島つたふ」情景を、「げにたよりありき」、催馬楽の詞章と一致していると評した。

楽人〈着㆓衣冠㆒〉七八人許、棹㆓軽舟㆒付㆑岸、聊合奏〈安名尊、桜人、席田、鳥破・急、春鶯囀、春庭楽〉
（『中右記』寛治五年〔一〇九一〕三月一六日条。藤原師実の六条邸において、藤原師通曲水の宴を催す）

その後―「その後」以下、次の曲名を列挙している。＊は前日の御遊で演奏された曲。

〈双調〉呂
桜人
鳥破　＊
難波海
賀殿急　＊
〈平調〉律
伊勢海　＊
万歳楽　＊
大路
三台急　＊

『定能卿記』には、「呂〈桜人、難波海、鳥破、賀殿急〉、律〈伊勢海、大路、万歳楽、三台急〉」、『玉葉』には、「双調〈桜人、鳥破、難波海、賀殿急〉、平調〈青柳、万歳楽、大路、三台急〉」とある。

鳥の破―「鳥」は、舞楽の曲名「迦陵頻」の別名。「破」は、雅楽の楽章を三分割した序破急のうちの破。(12)管絃の御遊の「鳥の破」の項を参照。

難波の海―催馬楽。呂歌。

難波《なむば》の海　難波の海　漕ぎもて上《のぼ》る　小舟《をぶね》大船　筑紫津《つくしつ》までに　今少《すこ》い上れ　山崎までに

賀殿の急―「賀殿」は、『教訓抄』（巻一）に、「此曲ハ、モロコシへ、承和御門ノ御時、判官藤原貞敏ト云ケル者ヲツカハシタリケルニ、簾承武ト云人ニ琵琶ヲナラヒテ、此朝ニハヒロメタルナリ〈注略〉。舞ハ同御門ノ御時ニ、有レ勅作レ舞時、以二嘉祥楽一為レ破、以二嘉殿一為レ急、以二伽陵頻急一為二道行一。物師林直倉作レ之。或書云、大宋人云々。然者、儛ハ此朝作云々〈此朝へ渡テ作歟。可レ尋。尤不審云々〉」とある。『中右記』長治元年（一一〇四）四月二四日条の「講了後有二御遊一。……呂、此殿、席田、鳥破・急、賀殿急。律、更衣、万歳楽」（中宮御所堀河殿和歌管絃御会）は、その例。

さて―話題を転じる時に用いる語。漢語「扨」の訓読語と考えてよいであろう。ただここは記の内容が変わるのではなく、呂から律へ転換するところであり、「そして」に相当する語であろう。

律に吹きかへしつ―呂の曲から律の曲に変わること。『殿暦』天永二年（一一一一）二月一四日条の「有二御遊一。……先双調。安名尊二返、席田、鳥破・急。次吹返。青柳、万歳楽、三台急」（鳥羽殿において蹴鞠・管絃等）、『山槐記』仁安二年（一一六七）二月一一日条の「次御遊、吹二返律一之間、置二宰相禄一」（藤原忠雅内大臣大饗）は、その例。「返り声」のことでもあろう。類従本の「青柳」は、呂から律に変わる「返り声」になったとき歌われた。『源氏物語』（胡蝶）には、「返り声に喜春楽立ちそひて、兵部卿宮、青柳折り返しおもしろく唱ひたまふ」とある。

伊勢の海―定家本・『定能卿記』では「伊勢海」、類従本・『玉葉』は「青柳」に作る。催馬楽。律歌。(12)管絃の御遊の「伊勢の海」の項を参照。

万歳楽―舞楽名。唐楽、平調の曲。(12)の注参照。

大路―底本は「おほうち」、類従本は「おほみち」に作る。これは催馬楽の曲名なので「おほぢ（大路）」とあるべきだろう。律歌。

大路《おほぢ》に　沿ひて上《のぼ》れる　青柳が花や　青柳が花や　青柳が撓《しな》ひを見れば　今盛りなりや　今盛りなりや

釣殿の前にて、三台の急を吹きて、人々船よりおりぬ―「三台」は、雅楽の曲名「三台塩」の略。(12)管絃の御遊の「三台の急」の項を参照。この曲で船楽が終わった。『玉葉』に「一両度廻レ棹之後、到二始所一下レ船」とある。『定能卿記』には、「関白令レ候二簀子一給、令下下レ船於二南庭一上上鞠」とあり、関白藤原基房の指示による下船であった。

女房の船二艘は、なほ御前の汀に漕ぎとどめたり――『玉葉』『定能卿記』にこのことは記していない。

16 蹴鞠

〈鞠事〉この後《のち》、鞠遊《まりあそ》びあるべし〈右内両府候御前〉とて、蔵《くら》人〈基行〉、庭中《には》に鞠《まり》を置く。人々中門より参《まい》る。定能《さだよし》〈不老懸〉、親信《ちかのぶ》〈束帯〉、泰通《やすみち》〈不老懸〉、有房《ありふさ》〈同上〉、維盛《これもり》〈老懸〉、雅賢《まさかた》、家光《いゑみつ》〈老懸〉。このほか、刑部卿頼輔《よりすけ》〈束帯〉とて、いそのかみふるめきたる人います〈着襪。他人不着。束帯人襪如例〉。この道《みち》にかみなきものとて、今日《けふ》の上鞠《あげまり》の料《れう》に、ことさら殿上へ召《め》されたり。鞠《まり》をとりて、まへうしろへよりのきたたずむ。四五度《ど》ばかりして、四方《はう》をみまはす。人々たちまはれといふ心とかや。さて、ふたたび足《あし》に当《あ》ててのち、我《わ》がもとへ鞠《まり》くれば、ぬけ足《あし》をふみて、逃《に》げられき。それしもわりなしや。この人の鼻《はな》のありさま、いとけしからぬを、あなかしこ、ひきにかくべからざるよし、かねて仰《おほ》せくだされたれば、人々見ぬ顔《かほ》をすれど、尻目《しりめ》はただならず。

〈鞠事〉――以下、鞠遊びのことを述べる。この勘注は、見出しの役割。

この後、鞠遊びあるべし〈右内両府候御前〉とて――「鞠遊び」は蹴鞠の遊び。『玉葉』は、「次蔵人基行〈挟レ端取レ鞠〈不レ付レ枝〉〉、置二前庭一。次堪二蹴鞠一之侍臣九人、入レ自二西中門一参上」、『定能卿記』は、「令下レ船於二南庭一上ち鞠。関白・右府・内府、令レ候二簀子一給」以下に蹴鞠の模様を記している。勘注「右内両府候二御前一」は、右の『定能卿記』や、『玉葉』の「依二法皇仰一、関白伝召レ之。仍余及内大臣、経二御前簀子一〈過二御前一之間、居テ過レ之〉、関白西方並居〈関白以下無レ座。仮居之儀也〉」によれば、後白河院の仰せによって、右府・内府が関白の「西方」に「居並」んだ。

飛鳥井流の蹴鞠書『革匊要略集』巻三「上鞠譲人様事」の裏書には、白河院の六〇賀である天永御賀（天永三年（一一一二）三月一六～一八日）で、「樋口斎宮」において「蹴鞠会」が催された旨の記述がある。安元御賀における蹴鞠については、村戸弥生「後白河院の頃の蹴鞠〈上〉付・安元御賀の鞠会について」（『金沢大学国語国文』四七号・二〇二二年五月）、北山円正「安元御賀の蹴鞠と藤原頼輔」（『神戸女子大学 古典芸能研究センター紀要』一四号・二〇二〇年六月）参照。

蔵人〈基行〉、庭中に鞠を置く―「蔵人」は、源基行（→人物伝13）。（15）にも「内の蔵人」のひとりとして名がみえる。『玉葉』には、「次蔵人基行〈挟レ端取レ鞠〈不レ付レ枝〉〉、置二前庭一」とある。朧谷寿「大宮人の遊び―王朝期の蹴鞠―」（『同志社女子大学学術研究年報』三八巻四号・一九八七年一二月）は、「「枝につけず」とあるが、一般には鞠を枝につけて祈念の後、鞠庭で解鞠の儀式をしてから行なう」と述べている。

人々中門より参る。定能〈不老懸〉、親信〈束帯〉、泰通〈不老懸〉、有房〈同上〉、雅盛〈老懸〉、雅賢、家光〈老懸〉―「人々」は、蹴鞠に堪能な人たちで、ここでは八人を挙げる。『玉葉』に、「次堪二蹴鞠一之侍臣九人、入レ自二西中門一参上」とある。なお、『定能卿記』は蹴鞠を行う人々の名前を挙げる前に、「関白・右府・内府令レ候二簀子一給。自余公卿於二東対弘庇辺一見物」と、見物する関白以下の公卿らのいる場所を記している。

類従本には、

人〳〵中門よりいる。頭中将実宗、中宮亮重衡、権中将定よし、右大弁ちかのふ、新中将やすみち、権亮少将惟盛、新少将清経、右少将有房、権少将まさかた、右中弁家みつ、右中弁親宗、権弁経房、越前守通もり、兵衛佐長方、此人〳〵十五人。

とある。実宗・重衡・定能・親信・泰通・惟盛・清経・有房・雅賢・家光・親宗・経房・通盛・長方ら「十五人」は、蹴鞠を行う人々。ただし記しているのは十四人。『玉葉』には、親信・頼輔・定能・泰通・有房・雅賢・維盛・家光・時家ら「已上九人、暫候二庭上一」とあり、『定能卿記』も九人を挙げている。『玉葉』『定能卿記』には、実宗・重衡・清経・親宗・経房・通盛・長方の名前がない。御賀記には、時家の名前がない。「定能」以下の名前の勘注「不老懸」「老懸」「束帯」は、身に付けているものや、装束についての注記。「老懸」は、武官が冠の左右に付ける飾り。前日の舞人の装束を記す中に、「剣、胡簶、老懸、常のごとし」（7）とある。その項を参照。「不老懸」は、老懸を付けていないということ。定能以下の装束は、

親信朝臣・頼輔朝臣〈已上束帯、各着二柳張下重一〉・定能朝臣・泰通朝臣・有房朝臣・雅賢朝臣〈已上直衣、揚レ絬、撤レ緌、巻纓如レ元〉・維盛朝臣〈不レ撤レ緌、揚レ絬〉・家光〈着二革襪一〉・時家〈不レ撤レ緌、不レ揚レ絬、挟レ端〉（『玉葉』）

下官〈放二老懸一、撤二弓箭・剣等一、上レ絬、不レ着レ襪、以二藍革一結レ足〉。

裏書曰、鞠時不レ放二老懸一、有二其謂一歟。然而仁平皆放レ之。公保朝臣一人今、時家任二仁平例一可レ放之由、按察被レ示也。仍雖レ不レ知二是非一放レ之了。又多如レ此。

内蔵頭親信朝臣〈束帯、例襪、以二白革一結レ之〉、左中将泰通朝臣〈同二下官一〉、刑部卿頼輔朝臣〈上鞠。依二此芸一被レ聴二昇殿一。装束同二親信一。以二紫糸一結レ冠〉、左少将有房朝臣〈同二下官一〉、右少将雅賢朝臣〈同二下官一〉、維盛朝臣〈不レ放二老懸一。自余事同二下官一〉、家光〈同二維盛一。但着二革襪一〉、時家〈不レ上レ結。自余事

同二維盛一〉（『定能卿記』）

とある。『定能卿記』の裏書は「仁平例」を挙げているが、『仁平御賀記』『兵範記』ともに蹴鞠の記事がない。ただし『兵範記』の三月一〇日条には、「鳥羽殿於二西対代南庭一、有二鞠会一云々」とあり、あるいは定能はこれを先例と見ているのであろうか。ただ、後宴二日後の催しが先例とは考えにくい。

このほか、刑部卿頼輔〈束帯〉とて、いそのかみふるめきたる人います〈着襪。他人不着。束帯人　襪如例〉―六五歳の頼輔（→人物伝96）を「ふるめきたる人」と言う。「いそのかみ」は「ふる」に掛かる枕詞。「いそのかみふるきみやこの郭公声ばかりこそ昔なりけれ」（『古今集』夏・144・奈良のいそのかみ寺にて、郭公の鳴くをよめる・素性）はその一例。ここの「ふる」は、老齢であることを言う。「いそのかみふるめき」の類例には、「……大和琴のうらさびしきにつれづれと、いそのかみふるめかしきことをあはれぶ」（『四条宮主殿集』62）がある。「います」は、上代では「あり」、「をり」の尊敬語としてふつうに用いられていた。平安時代ではもっぱら漢文訓読文で使われ、和文ではあまり見られない。和文では軽い揶揄や軽侮を込めて用いることがある。ここもそのような意味を含んでいるであろう。『和泉式部日記』の「ある人々聞こゆるやう、「このごろは、源少将なむいますなる。昼もいますなり」と言へば」（敦道親王にその女房が、和泉式部に源少将が通っているようだと言う）は、その一例。

底本の勘注「着レ襪。他人不レ着。束帯人　襪如レ例」（襪を着く。他人は着けず。束帯の人　襪例の如し）は、頼輔の衣裳についての注記。「襪」は、韈に同じ。束帯の時に履く足袋の一種。『和名抄』（巻一二・履襪類）に「襪　説文云、襪〈音末字、亦作レ韈。和名之太久頭〉足衣也」、『枕草子』（方弘は）に「新しき油単に、襪はいとよくとらへられにけり」とある。蹴鞠の時に履く「襪」については、村戸弥生『遊戯から芸道へ　日本中世における芸能の変容』（二〇〇二年・玉川大学出版部）一一五～一一七頁参照。『玉葉』は、頼輔の衣裳について、「親信朝臣・頼輔朝臣〈已上束帯、各着二柳張下重一〉」と記している。また、「後日頼輔朝臣云、革韈上着二例絹韈一」の頭書がある。『定能卿記』には、「内蔵頭親信朝臣〈束帯、例襪、以白革結之〉……刑部卿頼輔朝臣〈……装束同親信。……〉」とある。

この道にかみなきものとて―「この道」は、蹴鞠の道。『玉葉』（安元元年（一一七五）四月五日条）に、「今日大夫方有蹴鞠事。当世之上手等参入。刑部卿頼輔朝臣在此中。件人無双達者也」とあり、頼輔は当時の並びなき蹴鞠の名手として評価されていた。

今日の上鞠の料―「上鞠」は、鞠場での蹴上げ始めの役。『中右記』寛治七年（一〇九三）三月八日条に「今日上皇有御幸法勝寺。……其次於常行堂前庭、人々有上鞠之興」は、蹴鞠を行う意。『定能卿記』には、「刑部卿頼輔朝臣〈上鞠……〉」、『玉葉』には、「依関白相示上鞠〈刑部卿頼輔朝臣上之。件人依此事近曾昇殿云々。先与親信朝臣暫相譲。進出取鞠、頗《ヤヤ》向御所上之。只一足也〉」とあって、頼輔が「上鞠」を勤めている。『玉葉』によれば、藤原親信と上鞠の役を譲りあっている。「一足」は、「上鞠」の時に蹴る回数であろう。これについて、頭書に「後日頼輔朝臣云、……又上鞠説有二説。一足三足云々。今度用一足説了」と、頼輔の説明を記している。『古今著聞集』（巻一一・412「安元御賀の時、刑部卿頼輔賀茂神主家平に上鞠の故実を聴く事」）には、

　安元の御賀の時、三位頼輔、賀茂の神主家平が家に行き向ひて、「御賀の上げ鞠つかうまつるべきよし勅定あり。その間の子細、訓説をかうぶるべし」と言はれければ、

とあり、御賀の蹴鞠に臨む前に、賀茂社の神主家平に教えを請うている。この一話によると、「上げ鞠」の役は高倉天皇から命じられていた。

ことさら殿上へ召されたり―上鞠をつとめさせるために、特別殿上へ召されたということ。右の『玉葉』には、「依関白相示上鞠〈刑部卿頼輔朝臣上之。件人依此事近曾昇殿云々。……」、『定能卿記』には、「刑部卿頼

輔朝臣〈上鞠。依二此芸一被レ聴二昇殿一。装束同二親信一。以二紫糸一結レ冠〉」とある。前項に引いた『古今著聞集』（巻一一・412）にも、このことは見えた。『革匊要略集』巻三・上鞠事には、

安元ノ御賀之時、頼輔卿其身為二重代一。而モ伝二成通正流一、応二御師範一。為二時之上手一之間、奉二上鞠之役一已降、余人イト被レ用二此役一事無レ之。

によれば、頼輔が召されたのは、重代であり、藤原成通の正流を伝え、法皇の師範でもあり、上手であったからだという。通常上鞠に召されるのは、重代や上手の者もしくは貴顕であった。

庭に鞠をおく。重代のものにあぐべきよしをふるべし。若重代のものなくば、当時の上手にさるむねとあらむ人々、主君との外、このこと沙汰すべからず（『成通卿口伝日記』「上鞠の事」）

示云、先勤二其役一事、或ハ重代、或上手、若ハ上首等、随二其宜一被二仰下一事也。式ニハ上手之上、可レ用二上﨟一歟等ト云リ。然者古クハ随二時之宜一。為二其仁一之輩、応二此役一者也（『革匊要略集』巻三・上鞠事）

此役は随分可レ然人勤仕すべき也。口伝庭訓一事ならず大事也。或は普代の人、或は堪能の人、又はやんごとなき上﨟、まり足のわざなるべし。流々あまたありて相論の時、院の御沙汰ありし也（『遊庭秘抄』上巻・上鞠事）

『玉葉』には、関白藤原基房の指示によって頼輔が「鞠」を上げたとある。頼輔が「勅定」（『古今著聞集』）で「上鞠」となったのは、右に引いた故実を踏まえた上での選考であろう。

鞠をとりて、まへうしろへよりのきたたずむ―蹴鞠を始める前の所作であろう。頼輔の『蹴鞠口伝集』上巻・112「よりのき事」には、「師説云、上手はよりのきある也。よるべき所のくべき所をわきまふるを上手といふ也」とある。これについて、「この後、鞠遊びあるべし……」の項に引いた村戸論文は、「対象からの間合いを取ることで、これをうまくできる人が上手とされる」とし、蹴鞠を始める前は「鞠はまだ上がっていないので、木や鞠足

同士との距離的な間合いを計る動きをするのだろう」と言う。

　主人左の方にましませば、まづ右の足より踏よりて、左の膝をつきて蹲居して、右の手にて鞠をとり〈取革をとるべし〉、左の手にて鞠をかゝへ〈まりのいたゞきを上へなすべし〉、右の足より立て、左の足一しりぞけ、又右の足しりぞけて、今度は左の足一、右のあしおなじ座敷にて踏うごかして〈今度はしりぞくべからず〉、左のかたに立人より右の腋に立人まで見廻て主人のかたへ向て、右の足一踏より、左の足一ふみて、則蹴レ之（『遊庭秘抄』上巻・上鞠事）

のような、前後に足を動かす所作を上鞠の際には行うのであろうか。頼輔が上鞠をつとめる前には、『玉葉』によれば、「依二関白相示一上レ鞠〈刑部卿頼輔朝臣上レ之。……先与二親信朝臣一暫相譲。進出取レ鞠、頗《ヤヤ》向二御所一上レ之。只一足也〉」と、藤原親信と上鞠を譲り合っている。これは通常のことであるらしい。

四五度ばかりして、四方をみまはす――「四五度ばかりして」は、上鞠が蹴り始める前の動き。「四方を見まはす」は、前項に引いた『遊庭秘抄』の「左のかたに立人より右の腋に立人まで見廻て主人のかたへ向て」と同じことか。

人々たちまはれといふ心とかや――「たちまは」るとは、振る舞う、行動するの意。前文の「四方をみまはす」によって、鞠足に動き出せと合図をおくったということ。

さて、ふたたび足に当ててのち――上鞠の所作が終わって、頼輔が再度鞠を蹴った後ということ。『玉葉』には、「依二関白相示一上レ鞠〈刑部卿頼輔朝臣上レ之。……進出取レ鞠、頗向二御所一上レ之。只一足也〉」とあり、上鞠は「一足」であった。またその頭書には、「後日頼輔朝臣云、革韈上着二例絹韈一。又上鞠説有二二説一。一足三足云々。今度用二一足説一了」と、頼輔自身が「一足説」を用いたと語っている。そして再び蹴ってからの動きを次に「我がもとへ鞠くれば……」と記している。

我がもとへ鞠くれば、ぬけ足をふみて、逃げられき。それしもわりなしや――「ぬけ足」は抜き足のこと。頼輔は自分の所へ鞠が飛んで来て、そこからこっそり逃げ出たという。「逃げられき」の「られ」は、尊敬の意の助動詞。「います」とともに頼輔には敬語を用いている。逃げるというよからぬ行為に対する敬語であり、ここでも侮蔑の意味を込めているのであろう。そして、「それしもわりなしや」として「そのようなことも、困ったことだ」と非難する。『玉葉』には、「鞠間無二殊事一。但頼輔朝臣、依二堪能一雖レ応二其撰一、今日頗不レ入二其興一。衆人以為レ無レ詮〈後聞、頭弁曰、刑部卿於レ鞠者、不レ中《アタラ》レ用人歟。万人大咲云々〉」と、せっかく選ばれたというのに「興」を催さぬありさまで、「衆人」からはその甲斐がない、頭弁藤原長方からは役立たずと酷評をこうむっている。「万人大咲」は、興趣のない鞠捌きへの笑いであろう。ただし、「この後、鞠遊びあるべし……」の項に引いた村戸論文は、この頼輔の行動を故実に基づくものとする。村戸は、「ぬけ足」は「空足《むなしあし》」のことかと言う。『蹴鞠口伝集』下巻・43「むなしあしもて上ぐる事」に、「師説云、たかき所の鞠、及ばねども、むなしをもて上ぐべきなり」とみえる。蹴鞠の故実として「空足」があるとしても、「ぬけ足」と同じことかどうかについては慎重であるべきであろう。「逃げられき」についても、頼輔が六五歳の「老足」（同下巻・36「老足事」）であるからの行動であるという。老足で鞠に追いつけない場合、「すごす」といって側の人に任せたり（同下巻・37「忠資老後事」）、「我が分の鞠なり」と自ら宣言することで、鞠を追わない表明としたという（同下巻・38「旧老鞠足事」）。頼輔の動きは故実に則っているとのことである。しかし、蹴鞠の第一人者として召され、一世一代の晴れ舞台で、これまで磨いた技を披露しようとする時に、「ぬけ足をふみて、逃げられき」などという行動を取るものであろうか。名手がここで故実を踏まえた、見所のない動きをするとは考えにくい。

この人の鼻のありさま、いとけしからぬを――「けしからぬ」は、異様な、奇怪なの意。頼輔は特異な形状の鼻のために、「鼻豊後」と呼ばれていた。

平大納言時忠卿、緋緒括《ひをぐくり》の直垂に糸葛の袴立烏帽子で、維村にいでむかってのたまひけるは、「……その鼻豊後が下知にしたがはむこと、しかるべからず」とぞのたまひける。豊後の国司刑部卿三位頼資卿はきはめて鼻の大《おほき》におはしければ、かうはのたまひけり（『平家物語』巻八「大宰府落」）

あなかしこ、ひきにかくべからざるよし、かねて仰せくだされたれば――「あなかしこ」が、「ひきにかくべからざる」に係るとすれば、ゆめゆめ、決しての意。「仰せくだされたれば」に係るとすれば、畏れ多いことに、もったいないことにの意となる。「ひきに」を、類従本は「目に」に作る。「ひきにかく」は、横目で見るの意か。なお、底本の「ひき」は「日き」と表記されており、伊井春樹「『安元御賀記』の成立―定家本から類従本・『平家公達草紙』へ―」（『物語の展開と和歌資料』二〇〇三年・風間書房、所収）は、「日記に書くべからざる」と解している。鞠足ら（「殿上人」）に頼輔の方を見ぬよう院から前もって指示があった。

人々見ぬ顔をすれど、尻目はただならず――人々は見ないふりをしていたが、横目で見つめるさまはふつうでなかった、の意。頼輔の醜貌が好奇の眼に曝されていたことが分かる。この後に類従本は「みなからゐみたり。中にも、此頭中将実宗、中宮亮重衡、ことに花やかにほこりかなる若き人にて、えたへす笑ひぬるに、人々いと〵催しかほなり」と見え、実宗・重衡の二人は、他の鞠人とは異なり、院の仰せを憚らず、こらえられずに笑いつづけたとある。無邪気で大らかな人柄であることを強調している。さらに「人々いと〵催しかほなり」とあり、実宗・重衡以外の鞠人らも、ますます笑いを促すような表情を浮かべていた。浜畑圭吾「「ほこりか」な人々―群書類従本『安元御賀記』における人物造型―」（『古典文藝論叢』八号・二〇一六年三月）参照。『玉葉』は、蹴鞠の記事の末尾に、「関白随身下臈」が、鞠場の外へ飛んでいった鞠を、殿上人に渡さねばならないにもかかわらず、「取レ鞠擲《ナゲウツ》二撃前樹一」とある。おもしろみのない蹴鞠を批判した行為だったのであろうか。この椿事によって、観衆は「解頤」どっと沸いたという。

17　管絃の御遊

鞠遊《まりあそ》びはてて《ゝ》後《のち》に、なほも船《ふね》の中波《うちなみ》の上《うへ》に、聞《き》こえつるものの《ゝ》音《ね》どもは名残惜《なこりを》しとて、やがてありつる人々《〱》を、小寝殿の南《みなみ》の庇《ひさし》に召《め》して〈此座頭中将帯弓箭〉、御遊《あそ》びあり。こよひは、ことうるはしき儀《ゝ》ならねば、うちみだれて遊《あそ》ばむとて、内大臣ことに唱歌《さうか》などうちあげてせられし。又、楽《かく》も歌《うた》も、常《つね》の御遊《あそ》びにもすぎて、めづらしきさまなり。双調《そうてう》、妹《いも》と我《われ》と、春庭楽、本滋《もとしげき》、胡飲酒《こいむす》の破、青馬、鳥《とり》の急《きふ》。平調、庭生《にはにおふる》、慶雲楽、大芹《おほせり》、五常楽《さうらく》の急《きう》、浅水《あさむつ》、陪臚《はいろ》。

この時、月なきほどの庭《には》の面《おも》は光《ひかり》なきものぞとて、院《ゐん》の御随身《みすいしん》ども、立明《たちあかし》す。桂《かつら》の鵜飼《うかい》ども篝火《かゝり》をかく。御遊《あそ》びはてぬれば、人々《〱》まかり出《い》でぬ。

鞠遊びはてて後に――『玉葉』に「及二秉燭一蹴鞠了。……秉燭之後」、『定能卿記』に「未レ及二秉燭一之間事了、退帰」とあって、蹴鞠の終了時に若干の相違がある。「秉燭」は、燈を点す頃。

なほも船の中波の上に、聞こえつるものの音どもは名残惜しとて――船楽の音が名残惜しいということでの意。記録類には、船楽の名残については言及していない。

やがてありつる人々を――そのまま船楽を奏した人々をの意。ひきつづき同じ人たちが御遊の奏者となった。『玉葉』には、「秉燭之後、於二東小寝殿南弘庇一、敷二高麗畳一為二其座一〈以レ西為レ上、兼置二御遊具一〉、有二御遊一。所作人如二乗船一」、『定能卿記』には「次於二女院御方一有二御遊一。其儀以二東小寝殿弘庇一、為二公卿座一、殿上人着二南簀子一。

但頭中将着二公卿座末一。所作人如二乗船儀一」とある。

小寝殿の南の庇に召して――「御遊び」は、「女院御方」（建春門院滋子）の「東小寝殿南弘庇」と「南簀子」で行った。「小寝殿」については、「寝殿の辰巳のすみ二間、東の小寝殿四間に女院の御方の打出あり」（3）の項を参照。

㋓晩頭於二中宮御方一、聊有二糸竹興一（『中右記』）

事了於二宮御方一御遊（『殿暦』）

酉刻許各下了。其後於二宮御方一御遊（同）

「御遊び」は、「小寝殿の南の庇」（御賀記）、「東小寝殿南弘庇」（『玉葉』）、「東小寝殿弘庇」（『定能卿記』）で行われており、前日の賀宴、翌日の後宴では御前で奏しているのとは異なる。中の日は天皇が寝殿にいるという記述は見えるが「御遊び」には加わっていない。賀宴と後宴に挟まれたこの日が、康和御賀と同様に正格の催しの日ではないことを示している。

〈此座頭中将帯弓箭〉――「此の座に頭中将弓箭を帯ぶ」。『定能卿記』の「頭中将帯二弓箭一。為二御前一故歟」と対応する。「此の座」である「小寝殿の南の庇」では、「頭中将」藤原実宗は「弓箭を帯」びていたということ。『定能卿記』はつづいて、「下官以下又皆帯二弓箭一」と記す。『玉葉』には、「殿上人候二南簀子一〈弓箭如レ初〉。実宗朝臣候二公卿座末一」と見える。実宗は建春門院の「御前」であるので、警護のために弓箭を身に帯びていた。

御遊びあり――曲目はつぎのとおり。

即吹二双調調子一〈妹与我、春庭楽、青々《ママ》馬、胡飲酒破、本滋、鳥急〉。次平調〈庭生、慶雲楽、大芹、五常楽急、浅水橋、倍臚〉（『玉葉』）

呂〈妹与我、本滋、青馬、春庭楽、胡飲酒破、鳥急〉。律〈庭生、大芹、浅水、慶雲楽、五常楽急、倍臚〉

（『定能卿記』）

双調はともに御賀記と曲の順が異なり、平調は『玉葉』が御賀記と一致する。なお、康和御賀で奏した曲は、記録がなく不明。

こよひは、ことうるはしき儀ならねば、うちみだれて遊ばむとて―「ことうるはしき儀ならねば」は、格式ばった、仰々しい催しではないのでということ。三月五日は、「かくてあくれば五日になりぬ。あすは後宴にて、けふはさしたることもなけれども、ただにやはくらさむとて」(14)とあって、賀宴と後宴に挟まれた日であり、公式な日程ではなかった。「うちみだれて遊ばむとて」と、気楽に、くつろいで管絃の遊びをしようということ。『定能卿記』は、「今日々次不レ宜。仍不レ被レ行二後宴一」として、よくない日であったので、賀宴が予定されなかったとするが、こうした日程も康和御賀にならったものである（「かくてあくれば五日になりぬ。……」の項に前掲の浜畑論文参照）。川本重雄は、当時の朝覲行幸においては、管絃の遊びがよく行われ、それは寝殿で行うのが常であった。「小寝殿」で行うのは珍しいと述べている（「法住寺殿の研究」、『寝殿造の空間と儀式』二〇〇五年・中央公論美術出版、所収）。中日での「小寝殿」における御遊は、賀宴・後宴とは異なる、格式ばらないやや気軽な催しであったことを表す。

内大臣ことに唱歌などうちあげてせられし―「内大臣」は藤原師長（→人物伝41）。「唱歌」は楽器の音に合わせて歌を唱うこと。『小右記』寛仁元年（一〇一七）一二月四日条に「次令レ敷二伶人座于階前一、依レ召伶人着レ座。有二糸竹興一、卿相唱歌」（藤原道長任太政大臣の大饗）、『中右記』康和四年（一一〇二）三月二〇日条に「爰有レ仰右衛門督宗通卿、加二垣代中一吹レ笛。下官唱歌、顕仲朝臣〈笙〉、俊頼朝臣〈篳篥〉。左近将監狛光末、殊召二加此列一令レ詠也」とある。『玉葉』は、御遊において、この時まず双調を吹くべきか平調を奏するかで議定があり、師長は仁平の時のように平調を奏するのでどうだろうと述べている。これに対して藤原隆季は、「呂」双調でよいのではと応じている。仁平の御賀で御遊があったのは、後宴の時。ただ「有二律呂之御遊一〈可二書入一〉」（『仁平御賀記』）、「不レ見二御遊以後議一」（『兵範記』）・「此間呂律御遊。糸竹合奏」（同）と記録するのみで、詳しいことは不明。また『玉葉』は、「抑今日御遊、内府可レ弾二琵琶一之由、去夜所レ聞也。而実宗弾レ之。若内府推薦歟」と、師長は琵琶を弾くことになっていたのに、藤原実宗に替わっていたと記している。琵琶を弾かなくなったので唱歌に廻ったのか。「うちあげて」は声を張り上げて唱うこと。『竹取物語』の「このほど三日、うちあげ遊ぶ。よろづの遊びをぞしける」、『蜻蛉日記』天禄三年（九七二）二月二八日の「紅梅のただ今盛りなる下よりさし歩みたるに、似げなうもあるまじう、うちあげつつ、「あなおもしろ」と言ひつつ歩み上りぬ」がその例。

又、楽も歌も、常の御遊びにもすぎて、めづらしきさまなり—「うちみだれて遊ばむ」とあったように、型にはまらない御遊であったために、式楽とは異なる興趣があったということ。

㊐康興味尤多。女房装束美麗無レ極者也（『殿暦』）

は、この日の記事の末尾。御遊についての感想も含むか。

双調—雅楽の六調子の一つ。春の調子と言われる。三月四日の御遊の記事に、「まづ、双調、安名尊、鳥の破、席田、鳥の急……」(12)とある。その項を参照。

妹と我と—我与妹。催馬楽。呂の曲。

妹《いも》と我《あれ》と　いるさの山の　山蘭《やまあららぎ》　手な取り触れそや　貌《かほ》まさるがにや　疾《と》くまさるがにや　一説、「貌まさるかねや　貌まさるかねや」

「妹《いも》と我《あれ》と　いるさの山の……」は、愛する女と私とが山に入って籠もる意。『源氏物語』（横笛）の「かやうに夜更かしたまふもなま憎くて、入りたまふをも聞く聞く寝たるやうにてものしたまふなるべし。「妹と我といるさの山の」と、声はいとをかしうて、独りごちうたひて」は、夕霧が落葉の宮の邸から帰ってきて、寝たふりをしている雲居の雁に聞こえるように歌っている。『台記』久安三年（一一四七）九月一四日条に「及レ暗幸二念仏所一。行法了、勅二群臣一奏二管絃一。……先双調。鳥破急、賀殿急、安名尊、妹与我」（『古今著聞集』巻六・282「久安三年九月、鳥羽法皇天王寺へ御幸、念仏堂にて管絃の事」）とある。

春庭楽―『教訓抄』（巻三・春庭楽）に、「此曲、延暦御時、遣唐使舞生久礼真蔵《クレノサネクラ》所二伝来一也〈或貞茂〉。則給二内教房一、奏二御前一。初太食調為レ楽。而《ド》モ承和御時、有レ勅改成二双調一了。仍春節会ノ参音声用レ之〈古楽。懸二一鼓一故ナリ〉。舞時者、新楽。一説古楽。又云、此楽従五位下和邇部《ワニベ》ノ大田麿所レ作云。其時拍子九。謂二之夏風楽一」とある。『中右記』寛治五年（一〇九一）三月一六日条に「先吹二双調一。于レ時楽人〈着二衣冠一〉七八人許、棹二軽舟一付レ岸、聊合奏〈安名尊、桜人、席田、鳥破・急、春鶯囀、春庭楽〉」（藤原師通主催の曲水宴）、『殿暦』天永三年（一一一二）三月一八日に「楽行事宰相中将実隆、率二舞童幷楽人・殿上人等一渡二南庭一、向二楽屋一。一童行事公卿打一、渡二南庭一〈参音声、春庭楽〉」（白河院六〇賀の後宴）、『兵範記』仁平二年（一一五二）正月二六日条に「雅楽寮頭安倍康親、……景兼以下伶人、於二龍頭鷁首船一吹二調子一。泛二遊池上一、奏二春庭楽一」（左大臣藤原頼長、大饗を東三条殿に行う）とある。

本滋―催馬楽。呂の曲。

　本滋き　本滋き　吉備の中山　昔より　昔から　昔から　昔より　名の旧《ふ》り来ぬは　今の代のため　今日の日のため

『口遊』（音楽門）に見え、呂歌とする。『中右記』天永三年（一一一二）二月一二日条に、「有二御遊一。……先呂。安名尊二返、本滋一返〈此歌近日主上令レ好レ歌給。仍所レ歌也〉、鳥破・急」（堀河天皇、六条院へ朝覲行幸）、『御遊抄』（清暑堂）に「新院〈十月十八日〉新院出御、法皇簾中。……呂〈穴貴、……本滋、賀殿急〉」（保安四年〔一一二三〕。鳥羽院・白河院）などと見える。

胡飲酒の破―『教訓抄』（巻四・胡飲酒）に、「班蠡所レ作レ之。胡国人飲酒酔テ、奏二此曲一。模二其姿一乙二舞曲一。桴《ばち》者酒杓《さかひさご》曰〈此事不レ詳。可レ尋〉。又云、胡国王舞レ之。仍桴ハ笏ナリ。或書云、承和年中奉レ勅、舞者大戸真縄作レ之。楽者大戸清上作レ之。然者如二青海波一、此朝ニシテ作改タルカ。又、新作歟〈不レ詳。可レ尋也〉。又、児女子牛飼童、酒酔郷之姿作レ舞〈謬説歟〉」とある。「胡飲酒」については（26）に後述。「破」は、雅楽の楽章を三分割した序破急のうちの破。拍子が細かくなり、緩やかな演奏となる。四日の御遊の曲名に「鳥の破」（12）とあった。その項を参照。

青馬―あをのま。催馬楽。呂の曲。

　青の馬放《まはな》れば　取り繋げ　さ青《を》の馬《ま》放れば　取り繋げ　しのいさ矢の　しのいさ矢の　させ子が曾孫《ひこ》なる
　さ郎子《いろんご》　またはたろんごの子なる　さ郎子

『口遊』（音楽門）に見え、呂歌とする。

鳥の急―「鳥」は、舞楽の曲名「迦陵頻」の別名。「急」は、雅楽における三楽章序破急の最後の楽章。拍子が細かく速い。四日の御遊の「鳥の破」（12）の項を参照。『紫式部日記』寛弘七年（一〇一〇）正月一五日に「双調の声にて、安名尊、次に席田・此殿などうたふ。曲の物《ごく》は鳥の破・急を遊ぶ」（敦良親王五十日の産養）、前掲『中右記』寛治五年（一〇九一）三月一六日条に「鳥破・急」、『兵範記』仁平二年（一一五二）正月二六日条に「次双調調子。次安名尊、席田両歌、権大納言宗能卿助音、次鳥破・急、賀殿急」（左大臣家藤原頼長、大饗を東三条殿に行う）とある。

平調―雅楽の六調子の一つ。秋の調子という。四日の御遊の記事に、「次に平調、伊勢の海、万歳楽、更衣、三台の急」（12）とある。その注参照。

庭生―催馬楽。律の曲。

庭に生ふる　唐薺《からなづな》　よき菜なり　はれ　宮人の　提ぐる袋を　おのれ懸けたり

『中右記』寛治五年（一〇九一）三月一六日条に「先吹二双調一。……次平調〈青柳・庭生・万歳楽・五常楽急〉」（藤原師通主催の曲水宴）、同元永二年（一一一九）六月四日条に「有二御遊一。……律、庭生、万歳楽、三台急之間、給二禄於公卿以下一」（顕仁親王（崇徳天皇）産養第七夜）とある。『口遊』（音楽門）に見え、呂歌とするが、これは『口遊』のみ。

慶雲楽―『古今著聞集』（巻六・282「久安三年九月、鳥羽法皇天王寺へ御幸、念仏堂にて管絃の事」）に、「次に平調、万歳楽・慶雲楽・三台の破・同じ急・五常楽・同じ急……」、『兵範記』仁平二年（一一五二）八月二八日条に、「左右行事舞人以下、経二舞台南頭一、出二中門一、向二僧集会幄一、発レ楽〈慶雲楽〉」（禅定大相国藤原忠実、高陽院において鳥羽院の五〇賀宴を催す）、同保元二年（一一五七）一一月二八日条に、「舞人楽人、列二立楽屋前一〈注略〉発レ楽〈慶雲楽〉」（南都御塔般若会）とある。

大芹―催馬楽。律の曲。

大芹《おほぜり》は　国の禁物《さたもの》　小芹こそ　茹《ゆ》でても旨《むま》し　これやこの　前盤三多《ぜんばんさんた》の木　柞《ゆし》の木の盤　むしかめの筒《どう》　犀《さい》角《かく》の賽《さい》　をさいとさい　両面かすめ浮けたる　切りとほし　金《かな》はめ盤木《ばんぎ》　五六がへし　一六の賽や　四三賽《しさうさい》や　　一説、「蘭木」。又説、「柞の木のとなれ盤」

『口遊』（音楽門）に見え、律歌とする。

五常楽の急―『教訓抄』（巻三・五常楽）に、

唐太宗朝、貞観末天観初、帝製二五常楽曲図一〈五常作レ之〉。仁義礼智信、謂二之五常一。常トハ人ノ可二常行一也。五常ハ即配二五音一。此曲能備二五音之和一云々。……白河院ノ御時、醍醐ノ童舞御覧ノアリケルウチニ、五常楽急、楽コトニヲモシロカリケレバ、舞人皆入トイヘドモ、伶人不レ止二楽音一。シカルホドニ被二勅下一云、

「行高一曲ヲ可レ乙《かなづ》」ト。于レ時行高、太鼓ノ前ニス、ミイデ、、膝突、ヲホセヲカフリテ、御前ニス、ムデ、一曲ヲ仕タリケレバ、叡慮ニ叶テ、頗蒙二御感一。此行高ハ、此急ノ初一返ハ不レ舞シテ忠踏《たゞふむで》、押拍子ス。

とある。『中右記』寛治七年（一〇九三）二月二二日条に「有二御遊一。……次律、青柳〈二返〉・万歳楽〈一返〉・五常楽急〈五六返〉・三台急〈二返〉」（女御篤子内親王立后）、『山槐記』保元四年（一一五九）正月二一日条に「御遊次第。先呂、阿名尊……次律、……。御琵琶可レ謂二神妙一。内大臣不レ堪レ興、顧仰二実国朝臣一令レ仕二五常楽急一」（内宴）と見える。『平家物語』（巻一〇「千手前」）には、千手が琴を弾いたあとに、「三位中将のたまひけるは、「この楽をば普通には五常楽といへども、重衡がためには、後生楽とこそ観ずべけれ。やがて往生の急をひかん」とたはぶれて」とある。

浅水—催馬楽。律の曲。

浅水《あさむづ》の橋の　とどろとどろと　降りし雨の　古りにし我を　誰ぞこの　仲人《なかびと》立てて　御許《みもと》のかたち　消息し
訪《とぶら》ひに来るや　さきむだちや　　又説、「消息と」

『狭衣物語』（巻三）に「かたはらなる琵琶を取り寄せたまひて、わざとならずすさみに、「朝津《あさむづ》の橋」と歌ひたまへる御声など、我ながら、げにおぼろけならずは、やつしがたくぞ思し知らる」、『古今著聞集』（巻六・282「久安三年九月、鳥羽法皇天王寺へ行幸、念仏堂にて管絃の事」）に、「次に平調、万歳楽……我が門・更衣・浅水の橋・鴛《を》鴦《し》」などと見える。『口遊』（音楽門）に「浅水橋」として見え、呂歌とする。

陪臚—「倍臚」とも。舞楽曲。唐楽。『教訓抄』（巻四・陪臚破陣楽）に、「班朗徳所レ作也〈是天竺楽也〉。而大国法、清舎日、於二陣日一奏二此曲一、知二死生一云々。此楽七返之時、有二舎毛音《しやもふのこへ》一、我陣即勝、怨《アタノ》陣即破。若我陣無《ニ》二此音一、自陣破、怨陣則勝云々〈注略〉。或人云、楽者波羅門僧正伝《へ》来タリ給フ。舞者上宮太子為レ敵二守屋臣一、奏二此曲一之時、有二舎毛音一。仍自陣勝云。其模トシテ此舞所レ造云々〈但太子伝不レ見〉」と、戦勝の予兆となる「舎毛音」を得るための楽であった。『中右記』嘉保三年（一〇九六）三月一日条に「有二御遊一。……律、庭生、万歳楽、五聖楽破・急、大平楽破、甘州、廻忽、三台急、陪臚」（白河院鳥羽殿で和歌・管絃御会）とある。康和御賀後宴の折には、「次有二御遊一。……律〈伊勢海・更衣・万歳楽・陪臚・甘州〉」（『中右記』）と見える。

この時、月なきほどの庭の面は光なきものぞとて、院の御随身ども、立明す――「立明」は「たちあかし」、「たてあかし」とも。手に持って掲げる松明のこと。『和名抄』巻一二・燈火類に、「炬火……字書云、炬〈其呂反、上声之重。訓与レ燈同。俗云、太天阿加之〉束レ薪灼《タク》レ之」とある。『紫式部日記』寛弘五年（一〇〇八）一一月一日に「たちあかしの光の心もとなければ、四位の少将などを呼び寄せて、脂燭ささせて人々は見る」（敦成親王五十日の産養）、『中右記』康和四年（一一〇二）三月九日条に「此間及二秉燭一。仍主殿寮官人六人、立二明南庭一」（康和御賀の試楽）とある。

桂の鵜飼ども篝火をかく――「桂の鵜飼」は、摂関家に隷属する水運や漁撈に携わる集団で、奉仕によって特権が与えられていた。

桂鵜飼廿艘、宇治鵜飼十四艘、依レ召候二御共一。始レ自二御船一、普支配船々ニ、令レ勤二役送一（『高野山御参詣記』永承三年（一〇四八）一〇月一一日）

御遊びはてぬれば、人々まかり出でぬ――御遊の終了、退出。ここで二日目が終わるので、底本は三字分ほど残して改行している。『定能卿記』に「戌刻許事了。人々退出」、『玉葉』に「事了、自二下臈一起レ座退下」とある。

(康)晩頭於二中宮御方一、聊有二糸竹興一。入レ夜退下（『中右記』）
其後於二宮御方一御遊。及二深更一下二宿所一（『殿暦』）

三月六日　後宴

18 御方々の打出

六日、今日《けふ》は後宴なり。そのつとめて、蔵人、寝殿の御装束《さうぞく》をあらたむ。女院の御方打出《かたうちいで》、唐衣《からきぬ》は、表《うは》着《き》、青村濃《あをむらこ》、いろいろ《〱》の糸《いと》にて、薔薇《さうひん》のまろを縫《ぬ》ひたり。蘇芳村濃《すはうむらこ》の裳《も》の腰《こし》、紅《くれなゐ》村濃《むらこ》の打衣《うちきぬ》、青村濃《あをむらこ》の衣《きぬ》、紅《くれなゐ》村濃《むらこ》の単衣《ひとへ》、おのおの《〱》の薔薇《さうひん》の花《はな》を結《むす》びてつけたり。中宮の御方《かた》の打出《うちいで》、葡萄染《えひそめ》の唐衣《からきぬ》、山吹《やまふき》の花を結《むす》びてつけたり。白腰《しろこし》の裳《も》、萌黄《ゝえき》の表着《うはき》、紅《くれなゐ》の打衣《うちきぬ》、裏山吹《うらやまふき》の衣《きぬ》、青《あを》き単衣《ひとへ》、みな藤《ふち》を結《むす》びてつけたり。上西門院の御方《かた》の打出《うちいで》、二《ふた》つ色《いろ》。

六日、今日は後宴なり—四日の賀宴に対して、この日は後宴を行った。後宴は踏歌・天皇元服・算賀などのあとに催される宴会。『定能卿記』に「天晴。今日被レ行二御賀後宴一」、『玉葉』に「天晴。今日御賀後宴也」、『顕広王記』に「御賀後宴也」、『百錬抄』に「御賀後宴」と見える。

（康）今日有二御賀後宴事一（『中右記』）

寅刻許猶雨下。辰刻許晴了。今日御賀後宴（『殿暦』）

（仁）天晴。今日御賀後宴也（『仁平御賀記』）

天晴。今日御賀後宴也（『兵範記』）

そのつとめて、蔵人、寝殿の御装束をあらたむ―早朝に蔵人が寝殿内の飾り付け等を改めた。『玉葉』は、「南殿」に参上して「朝餉方」へ行き、ついで「余見二廻御装束等一〈子細在レ左〉」と装束を見て回ったと記している。それは次のとおり。

後宴装束、

寝殿母屋東第四間以西、同西面二ヶ間、皆垂二御簾一。南庇東第三間西面〈法皇御座間也〉、及同間以東、南面簾皆垂レ之。同間以西並西面三ヶ間簾皆上レ之〈件西面二ヶ間格子、今日上レ之。一昨日其中所レ立之置物御厨子等、今日撤二却之一〉。南庇南階当間、敷二繧繝帖二枚一〈南北行〉、其上敷二唐錦縁龍鬢一、其上加二同茵一、為二主上平鋪御座一〈東面〉。母屋簾中御調度等不レ撤レ之。法皇御座及自余殿上堂下装束、偏如二賀宴日一。但不レ立二献物長物一。

としている。母屋などに様々な設えを施したらしい。『定能卿記』には、「然而巳時許先参二御前一。見二御装束一如レ式〈不レ異二朝覲行幸一〉」と、「御前」の「御装束」は、「如式」であり、「朝覲行幸」と異なるところはなかった。『中右記』にも、「午刻人々参上。御装束儀一如レ式」とある。『兵範記』には、

太政大臣、左大臣、右大臣、内大臣、以下公卿、参二集西廊饗座一。大外記師業、仰二六府府生以下一、令三舁二立屯物於西中門内一。其地程狭庭樹枝繁、難レ立二百捧一。僅卅余荷、中門北廊東砌対代廊南砌所二立並一也。中門内南梅樹下又立二十余荷一。其残在二御輿宿辺一歟〈件屯物百荷、二寮所レ課云々。中取二案一脚一、構二二階浜椿*彩色一。上階居二外居一。一合、盛二飯一斗余一云々。次階居二折櫃五六合一、入レ紙立二盛精進調菜一。其中央居二小桶一、入二汁物一。折櫃外居皆施《マ》二尽《マ》図一。或副二箸土器等一。色目大略如レ此〉。籠物百捧安《オキ》二台二荷一、儲二中門外南掖一〈色法如レ例。大膳職儲レ之〉。＊「椿」は、このあとに引く『仁平御賀記』の「立二浜椿案二脚一」によって、推定して補った。

と、当日の準備の模様を記し、つづいて

昨日法会畢、撤二退堂荘厳一。母屋北頭如レ例立二障子一、其上副二立五尺御屏風一。母屋四面懸二廻壁代一、母屋并庇南西両面懸二廻御簾一、巻二上之一。西辺御屏風懸二御拝座一。敷物如二朝覲行幸御装束一。御殿御装束、此外委細依レ為二象外一、不レ知二案内一。

と、堂の装束を記している。ただしこれ以上の詳細は知らないとして、次の「式文」を引いている。

寝殿母屋東南西庇三面懸二亘御簾一。北頭立二亘五尺御屏風一。南庇東第二間〈加二又庇一〉、敷二繧繝端帖東京錦茵一、為二国母仙院御座一。母屋東第三間、敷二唐錦地鋪一、其上南面立二蒔絵螺鈿大床子一、其上立二沈香御脇息一。又置二銀御唾壺一、為二太上皇御座一。大床子東北角立レ机、其上置二御杖五枚一〈金三枚、銀二枚〉。同第四間東面西却二立平文大床子一、為二主上御座一。当二上皇御座南庇一、敷二繧繝端帖二枚一、其上供二帛袷一〈臨レ期供レ之〉、為二御拝所一。母屋東第一間、立二螺鈿蒔絵御厨子三脚一〈南北行〉。同第五間副レ西、立二同御厨子三脚一〈南北行〉、西庇副二格子一、立二黒漆棚厨子四基一、置二威儀御膳一。

と、前日の法会後におこなった準備について記している。一方『仁平御賀記』にも、

早旦行事外記〈俊兼〉参二腋陣一、合二諸司見参一。其後両局人々、追々参入。大膳職献二献物百捧一、舁二立中門外南腋一〈幔外〉。立二浜椿案二脚一、其上各安二五十捧一。其体松作《ノツクリ》枝《エダ》〈以二青糸一為レ葉、押二銀薄一為レ枝〉。以二鬚籠二枚一、夾二色々薄様各一重一〈其内納《ニヲサムル》　物《ハ》菓子也。平栗之類云々〉。

大蔵省、二寮以下〈凡八司云々〉、調二長物百荷一、立二並北屏南幔外一。其体設二二蓋浜椿棚一、第一蓋安二飯菜一、其飯納二外居一〈不レ満二一斗一云々〉、居二中心一。其菜四合、盛レ紙立二居四角一。第二蓋、安二酒肴一、其酒納二小桶一〈在レ蓋納二一提一云々〉、居二中心一。其肴如二飯之菜一。其後外記俊兼、令三諸衛府生以下番長以上〈不レ帯二弓箭一〉、舁二入長物於中門内一。蔵人所出納為弘〈三臈〉、請二取之一、令三分二立中門北廊東砌并池北樹辺一。留二卅七荷一

〈調二美麗一〉、返二出其残一。頭弁朝隆、蔵人左少弁範家、於二中門北廊一行二此事一。次出納為弘、残長物等、令三舁二渡献物之一方一畢。

とあり、後宴が始まる前の準備の模様を詳細に記している。

女院の御方打出―女院は建春門院平滋子。『玉葉』の打出についての記事は、

処々打出〈子細追可二尋記一〉

上西門院〈二色〉。建春門院〈青末濃〉。中宮〈裏欵冬〉。

とのみある。『定能卿記』には関連の記述がない。『玉葉』は、上西門院・建春門院・中宮という順番で記す。御賀記は、建春門院、中宮、上西門院の順であり、初日も同様。後宴の打出のほうが記述が詳細である。康和御賀の後宴の打出については、『中右記』は何も記していない。

(仁)昨日公卿侍二階東西一。今日南庇東一二両間、為二女院御所一。有二打出一（『仁平御賀記』）

打出

美福門院　紅白衣、青単衣、蘇芳表着〈□□紅躑躅歟〉

前斎院　色々村濃、紅紫山吹青〈已上各一具〉

姫君　樺桜衣、桜萌木表着、山吹唐衣　（『兵範記』）

唐衣は―「唐衣」は女官・女房が正装する時に、表着《うわぎ》の上に着る上半身の袷の単衣。（3）の「唐衣」の項参照。類従本には「唐きぬ」とある。「唐衣は」では掛かるところがない。ここは上衣の一番上が「唐衣」と述べているのであるから、「は」は衍字であろう。

内の大殿にて大饗あり。女房色々に、萌黄の二重文の表着、葡萄染の二重文の唐衣など打出でたり（『栄花物語』根合。康平三年〔一〇六〇〕七月一七日、藤原師実任内大臣大饗）

表着—衣服の一番上に重ねて着るもの。女房の正装では袿の上に重ね、さらにその上に裳・唐衣をつける。類従本は「うはきもえき」とある。

女房の白き装束ども、白き衣一襲に、織物・薄物などを表着にて（『栄花物語』楚王の夢。万寿二年〔一〇二五〕八月、親仁親王の産養）

女房廿人出レ袖〈白織物唐衣、同表着、白生掛五領、同単、……〉（『御産部類記』巻一一所引『九民記』大治二年〔一一二七〕九月一三日条。雅仁親王〔後白河天皇〕御産第三夜の儀）

青村濃—「村濃」は、染色の一種であり、同色で所々に濃淡をつけて染めてあるもの。

事了有二御贈物三枝一。……裏二青村濃薄物一、付二五葉枝一枝一（『御産部類記』巻四所引『不知記』寛弘五年〔一〇〇八〕一〇月一六日条。敦成親王〔後一条天皇〕御産により一条天皇行幸）

雑仕、半者《はしたもの》、紫村濃、青村濃などぞ聞きし（『たまきはる』承安三年〔一一七三〕一〇月。最勝光院の堂供養における女房の打出）

いろいろの糸にて、薔薇のまろを縫ひたり—薔薇はバラ属植物の総称。初夏、花を開く。また襲の色目としては、表は紅、裏は紫、夏に用いる。『和漢朗詠集』巻上・147・首夏の、「甕頭竹葉経レ春熟、階底薔薇入レ夏開」（白居易）で知られる。「まろ」は、円形、球形のこと。『たまきはる』の御賀後宴における女房の衣装に、「定《ちやう》に鶴の丸を縫ふ」鶴をかたどった丸い文様を縫いつけるとある。ここも同様であろう。『満佐須計装束抄』（二・舞人の装束のこと）には、

ふゆ《冬》のには《ママ》つゝじ《躑躅》。うちはんぴ《打半臂》なり。はかま《袴》はふたの《二幅》にてまたなし。くざく《孔雀》のまろをいろいろにかき、した《下》のはかま《袴》をかさね《重》たり。

とある。「くざくのまろをいろいろにかき」とは、孔雀の姿を刺繍しているということであり、薔薇も同様に刺

繡されていると考えられる。

蘇芳村濃の裳の腰―「裳の腰、蘇芳の匂の打ちたる」（3）の項参照。秋から冬、春にかけて広く男女の装束に用いられた。「蘇芳村濃」は蘇芳色の、濃淡のある染め色。「裳の腰」は（3）の「裳の腰」の項を参照。

山水龍笛、裏㆓蘇芳村濃㆒、付㆓菊枝一枝㆒（『御産部類記』巻四所引『不知記』寛弘五年（一〇〇八）一〇月一六日条。敦成親王〔後一条天皇〕御産により一条天皇行幸）

裏濃蘇芳掛五領、青単、濃打衣、亀甲浮文織物表着、萌木唐衣、蘇芳裳腰（『御産部類記』巻一八・御産間雑事諸例・御五十日并御百日間女房打出事。保延二年（一一三六）正月二六日、叡子内親王御五十日）

中の日の裳、……錦、織物の裳、唐衣などにも桜の歌、詩などを衣の褄、唐衣、裳の腰に、いかにせんと置き縫ひ（『たまきはる』安元御賀の女房らの装束）

紅村濃の打衣―紅花の汁で染めた鮮やかな赤色である「紅」を、濃淡をつけて染めた打衣。「打衣」は「打衣、山吹の匂」（3）の項を参照。

紅村濃衣、……紅村古単衣、……紅村古唐衣（『兵範記』仁平二年（一一五二）三月六日条。仁平御賀の前日。衣装の名称を列挙、打出のことか）

堀川殿……三日、何もみな紅村濃、表着、唐衣に、「松と竹との末の世を」など置かれたり（『たまきはる』安元御賀後宴の衣裳）

青村濃の衣、紅村濃の単衣―「青村濃」も「紅村濃」も前出。

おのおの薔薇の花を結びてつけたり―「蘇芳」や「紅村濃」などの赤い色と、「青村濃」の青い色の組み合わせは、薔薇の襲をイメージしたものと思われる。「おのおの」とあり、各人のそれぞれの衣装に薔薇の造花を付けている。

右近少将隆房朝臣〈紗二藍襖、所々付二薔薇一。萌黄衣、随身水干狩襖、帯剣〉（『兵範記』嘉応二年〔一一七〇〕四月一九日条。後白河院受戒のための東大寺御幸）

この記事は藤原隆房の華やかな衣装であり、「付二薔薇一」とある。薔薇の造花を結び付けたのであろうか。後宴での建春門院方の「薔薇の花」は、文字どおり宴に花を添えているといえよう。

【補説】安元の御賀について叙述する『たまきはる』には、

安元二年、五十の御賀といふ事ありき。三月四日より六日まで、三日ありしことにや。確かにもおぼえず。三日がほど、女房みな日々に装束《さうぞ》き替ふ。中の日は物の具をば着ず。初め果て、いづれを晴れと、かねて聞こえざりしかば、三日劣らじと装束きたりしさまこそ、うたておどろおどろしかりしか。

金、錦など制と聞こえしかど、身を始めて、破りたる人々多かりき。

とあり、初日（四日）と後宴（六日）のどちらが「晴れ」なのか、定かでなかったため、三日間、装束を日々華やかにしたとする。御賀記の叙述と一致している。ただし、その際に、

とあって、金や錦などは制限されていたが、多くの人々がそれに反して華美であったとある。その中身については、

匂ひ尽くし、みな村濃、みな染め付け、みな錦、みな唐綾、置き物、縫物。錦の島摺り、錦の裳、唐衣、袴、さまざまの心々見えて、けしからざりし。

といった様子であったらしい。「尽くし」や「みな」とある通り、様々な色目で華やかさを競っていた。建春門院の女房であり、記者である健御前自身の後宴での衣装は、

三日、衣、打衣、表着、裳、唐衣に紫、青きにて二重織物、定に鶴の丸《まろ》を縫ふ。藤を何にも結びて付く。紐も藤、唐綾の三小袖、文みな亀。

といったものであり、鶴の文様を縫いとり、作り物の藤を付けた。また、建春門院の女房の中には、

堀河殿……三日、何もみな紅村濃、表着、唐衣に、「松と竹との末の世を」など置かれたり。（後宴での堀河殿の衣装、傍線部は『拾遺集』賀・275・斎宮内侍）

と、和歌の文句を刺繍して意匠を凝らすものもあった。ちなみに健御前は、「中日」の衣装として、「青地の錦の桜萌黄の唐衣」に、「秦城楼閣鶯花裏」（『新撰朗詠集』15・春興・杜甫「清明日」）をもとにした楼を金で描き、「白地の錦の裳の腰、上刺し」に「瑩レ日瑩レ風、高低千顆万顆之珠」（『和漢朗詠集』116・花付落花・菅原文時）を踏まえた玉を縫い付けたりしている。華美な意匠であるが、「これより事そぎたる人もなかりしかば」と断っており、他の女房らのあでやかな衣装が思いやられる。

中宮の御方の打出―中宮は平徳子（→人物伝88）。中宮方の打出については「女院の御方打出」の項参照。

葡萄染の唐衣、山吹の花を結びてつけたり―「葡萄染」は薄い赤紫色。この色彩の「唐衣」に、山吹の造花を付けたということ。

次下官国司等、取二桜花一、挿二権大中納言冠一。参議以下山吹（『兵範記』仁安三年〔一一六八〕一一月二三日条。辰日節会。冠に「山吹」の造花を挿している）

寝殿装束儀不レ見。……南・西両面女房出レ袖〈山吹匂衣五領、白単衣、紅打衣、梅表着〈面白〉、蒲陶染唐衣、白腰裳、紅張袴〉（『愚昧記』承安二年〔一一七二〕二月一〇日条。中宮徳子冊立の儀）

山吹の匂ひ、青き単衣、葡萄染の唐衣、白腰の裳着たる若き人の、額のかかり、姿のよそひなど（『たまきはる』承安三年〔一一七三〕一〇月。最勝光院への方違え行幸）

白腰の裳―「腰」は、裳や袴の腰の部分。またそのあたりで結ぶ紐のこと。「白腰の裳」は女房装束の裳の腰の紐を白地としたもの。『原中最秘抄』（上・夕顔）は、「しびらだつ物かごとばかりひきかけて」に対して、「堀河相

国定実公説」として、「しらこしだつ物也。白腰也。からぎぬの上にかけたる裳を、しろこしと云也。海賦の裳桐竹ともに白腰也」を引いている。

大治二年十一月八日　皇子御五十日……黄唐衣、青単、織物無紋相交、裳白腰（『御産部類記』巻一八・御産間雑事諸例・御五十日并御百日間女房打出色目事。「皇子」は雅仁親王〔後白河天皇〕）

織物の唐衣、白腰の裳具して、ついたちの日の夜、たまはるを、色ゆりぬるほどの上臈は、やがて着る（『たまきはる』正月一日の衣裳）

萌黄の表着―「萌黄」は黄みがかった緑色。ここは襲の色目か。

御車後女房大宮局〈故伊実卿女〉

紅薄様五、白単衣、紅打衣〈萌黄表着〉、赤色唐衣、白腰裳、紅張袴（『山槐記』治承三年〔一一七九〕二月一〇日条。関白藤原基房の室、東宮へ参る）

女の表着は、薄色、葡萄染、萌黄、桜、紅梅。すべて薄色の類（『枕草子』女の表着は）

紅の打衣―「紅村濃の打衣」の項参照。

宮女房二人東向戸打㆓出之㆒。躅躑〈蘇芳色也〉、紅打衣、唐衣萌木也（『後二条師通記』寛治六年〔一〇九二〕三月二三日条。石清水臨時祭）

「紅の打衣は、なほ制あり」とて、山吹の打ちたる、黄なる表着、龍胆の唐衣なり（『栄花物語』布引の滝。承保元年〔一〇七四〕一〇月大嘗会の御禊）

裏山吹の衣―「裏山吹」は襲の色目。その組み合わせについて『満佐須計装束抄』三は「うらやまぶき　おもてみなき《黄》なり。うらみなこきやまぶき、あをひとへ」とする。

左衛門権佐光長〈御後騎□門部随身、看督長、火長〉

出車二両〈寛治例〉

……

女房各四人乗レ之

二色《ふたついろ》六、紅単衣、紅打衣、裏欵冬表着、蒲萄染唐衣、白腰裳、紅張袴（『山槐記』治承三年〔一一七九〕二月一〇日条。関白藤原基房の室、東宮へ参る）

内侍の女、裏山吹ども三つにて、単衣どももみな打ちたり（『栄花物語』根合。皇后宮春秋歌合）

新大夫、初め裏山吹、中の日舞の装束、三日みな錦、青色地の同じ文の錦、……（『たまきはる』安元御賀の女房の装束）

青き単衣―「単衣」は「白き五重の単衣」（3）の項を参照。

次出車五両〈女房廿人、装束躑躅重云々。蘇芳衣〈五〉、紅染打衣、蘇芳織物唐衣、青単衣歟〉（『中右記』寛治四年〔一〇九〇〕四月九日条。斎王令子内親王初度の御禊）

紫、紅には綾の青き単衣重ねて着るは、わざともいみじき事とてありき（『たまきはる』夏の衣裳）

みな藤を結びてつけたり―中宮徳子の女房らは、衣装に藤の作り花を付けていた。『たまきはる』では、建春門院滋子の女房である健御前が自身の装束について、「藤を何にも結び付く」と記しているが、中宮方の女房の装束には、そうした記述は見えない。

【補説】「女院の御方打出」の項に引いたように『玉葉』は中宮御方の打出について「裏欵冬」と記すのみ。類従本は、

中宮の御方の打いで、えびぞめにほひ唐ぎぬ、山吹の花を結びて付たり。花だにほひのしろこしのも、もえぎのうはぎ、紅匂ひ打ぎぬ、裏山吹にほひのきぬ、青き匂ひのひとへ、みなふぢをむすびて付たり。

のように、定家本にはない「匂」を五ヶ所も加えている。『たまきはる』に見える、「匂ひ尽くし」のことか。

上西門院の御方の打出―「上西門院」は後白河院の姉、統子内親王（↓人物伝61）。

二つ色―襲の色目の名。表は薄色（薄紫または薄紅色）または萌黄、裏は山吹色。『玉葉』にも「二色」とあるのみであり、建春門院や中宮に比べて簡略な叙述である。四日の際も「上西門院の打出あり。白薄様」（3）とあるのみ。「ふたつ色」は、『満佐須計装束抄』（三・「女房装束の色」の「二つ色に」）には、

うすいろ二。うらやまぶき二。もえぎ二。くれなゐのひとへがさね。
フタツイロハ、モエギ《萌黄》ヲウヘ《上》ニカサヌル《重》コトモアルトカヤ。サレドツネニハコノ定ニウスイロ《薄色》ヲウヘ《上》ナリ。
カズ《数》オホク《多》スルニハ、コウバイ《紅梅》ナドコソ。

とある。

人々参内、参二中宮御方一。有二臨時客一。御所女房打出〈二色〉（『中右記部類』口言部類・后宮臨時客、大治六年（一一三一）正月三日条。「中宮」は藤原聖子）

出車衣〈二色六、紅単衣、紅打衣、生青朽葉表著、生二藍唐衣、白腰、夏裳〉（『山槐記』治承三年（一一七九）四月二一日条。賀茂祭）

三条殿、みな織物の二つ色、紅打ち、紅梅の表着、赤色地の錦の唐衣、玉の紐とかや。……常陸こそ……中の日、染め付けの二つ色、染め付け尽くしなど、それもうつくしう見えき（『たまきはる』安元御賀における女院の女房の衣装）

19　龍頭鷁首の船

かくて午《むま》の時ばかり、人々《く》参《まい》りつどふ。舞人《まひ》楽人《かく》、最勝光院の釣殿《つりとの》に集《あつ》まる。行事の宰相ならびに太鼓《たいこ》・鉦鼓《さうこ》のほかの打物《うちもの》のゝ人々《く》かねて楽屋《かくや》へ参《まい》る。地下の舞人《まひ》楽人《かく》召人《めしうと》、おほく召《め》してはべる。龍頭鷁首《(りようとうげきしゆ)》の船《ふね》六艘《そう》、釣殿《つりとの》にまうけたり。殿上の船《ふね》二艘《そう》は近衛の尉《せう》を船差《ふなさし》とす。地下の召人《めしうと》の船《ふね》二艘《そう》は近衛府の者《もの》を船差《ふなさし》とす。かりの召人《めしうと》の船《ふね》二艘《そう》は狩取《かりとり》を船差《ふなさし》とす。

かくて午の時ばかり、人々参りつどふ――『玉葉』には、

午時着二束帯一〈打下重、竪文表袴、沈地銀樋螺鈿剣、紫緂平緒、随身狩袴同染分《ソメワク》〈但桜花〉。仁平後宴日、雖レ無二還御一、猶着二染分一。況今日有二行幸還御一乎〉。参二南殿一、先参二朝餉方一。関白被レ候、此外卿相五六輩参候。人々未二参集一、余見二廻御装束等一〈子細在レ左〉。

とあり、「午時」（正午頃）には人々はまだ集まっていなかった。なお藤原定能は、「巳時許先参二御前一、見二御装束一」（『定能卿記』）と、「巳時」（午前一〇時ころ）には御前に参上している。

（康）今日有二御賀後宴事一。卯刻以前雨脚頻下、辰刻以後、青天高晴白日明。午刻人々参上（『中右記』）

寅刻許猶雨下、辰刻許晴了。今日御賀後宴。巳刻許着二装束一参二御前一。午刻許始（『殿暦』）

（仁）天晴。今日御賀後宴也。早旦行事外記〈俊兼〉参二腋陣一、合二諸司見参一。其後両局人々、追々参入（『仁平御賀記』）

天晴。今日御賀後宴也。巳刻参二鳥羽一。此間関白殿下令レ参給〈御束帯如レ恒。柳御下襲〉。太政大臣・左大臣・右大臣・内大臣、以下公卿、参二集西廊饗座一（『兵範記』）

康和御賀の際は、卯刻（午前六時頃）まで雨であったらしく、辰刻（午前八時頃）以降にようやく晴天となり、午刻（正午頃）に参集したとする。仁平の御賀では晴天に恵まれ、巳刻（午前一〇時ころ）に諸卿が参集している。

舞人楽人、最勝光院の釣殿に集まる——『玉葉』には、「自二南池一参上殿上伶人船二艘、着二御前汀一」とあるのみで、乗船したのが最勝光院であるかどうか分明ではないが、『定能卿記』には、

舞人・楽人為レ乗二船楽一、可レ参二最勝光院一云々。……舞人少々参レ之、即参二最勝光院一〈歩行〉。舞人・楽人多以参集。……此間船楽漸参進、於二最勝光院一乗レ之。

とある。天皇や関白などの公卿が参集する間に、集合、乗船していたらしい。康和の際は、「於二北殿南岸池頭一人々乗船」（『中右記』）であった。「最勝光院」は、建春門院平滋子の御願によって建立された。『玉葉』承安二年（一一七二）二月三日条には、「此日建春門院新御堂棟上也」と上棟しており、同三年（一一七三）一〇月一六日条には、「経房仰云、名字最勝光院云々。去夜定云々」（『玉葉』）とあり、一五日にその名が決まったとする。法住寺の東南に位置したらしく、杉山信三は、

広義の法住寺殿の一部、東南に位置を占めて、東は広大な池に面し、今熊野社に相対し、南はおそらくは八条末をこえていたであろうし、西は柳原を間において鴨川に沿い、北はやはり池の一部に面していたかと思う場所に建春門院御願の最勝光院があったかと推定する……（「法住寺殿とその御堂」『院家建築の研究』一九八一年・吉川弘文館）

としている。しかし川本重雄は、諸記録から、「法住寺南殿や七条殿は杉山信三による復原より鴨川の方へ移動することになる」としており、推定配置図でその場所を示している（「続法住寺殿の研究」髙橋昌明編『院政期の内

裏・大内裏と院御所』二〇〇六年・文理閣）。また、最勝光院に池があり、それが法住寺南殿や新熊野と共有したものであったこともすでに川本の指摘がある（前掲書）。『吉記』承安四年（一一七四）二月九日条には、「今日最勝光院修二二月一也。仍申刻参二彼院一。……、秉燭之比、院幷建春門院、自二御船一臨幸」とあり、船での御幸があった。安元二年七月八日に建春門院が同院で崩御（『玉葉』『顕広王記』）、その後七月の法華八講が恒例となる。元暦元年（一一八四）七月二二日に地震による建物の倒壊、嘉禄二年（一二二六）六月四日の火災などがあって、衰退に向かったようである。同院の歴史については、朧谷寿「建春門院の最勝光院―法住寺殿内の御堂―」（『平安貴族の邸第』二〇〇〇年・吉川弘文館）参照。

行事の宰相ならびに太鼓・鉦鼓のほかの打物の人々かねて楽屋へ参る。地下の舞人楽人召人、おほく召してはべる――『玉葉』に、

　但行事参議及打物〈除二太鼓・鉦鼓一之外不レ乗レ之。仁平例云々。康和皆乗レ之〉人等、兼候二楽屋一。

とあり、行事参議と、太鼓・鉦鼓を除く打物の楽人は乗船せず、楽屋に入っている。これは仁平の例に倣ったとある。

(仁)二艘左右楽人相分乗レ之〈左右衛門府艤レ之。棹郎装束如レ前。件伶人不レ参二楽屋一、浮二池上一遙奏二音曲一許也〉
　（『兵範記』）

とあるのが、それに当たるのであろうか。『仁平御賀記』にそうした記述はない。康和御賀では、

(康)先龍頭船楽六艘、被二相儲一也〈左右近衛府各二艘、外衛各二艘〉。於二北殿南岸池頭一、人々乗船。左一龍頭、……左兵衛権佐宗能〈大鼓〉、右馬頭兼実朝臣〈三鼓〉、少納言実行〈鉦鼓〉、……右一鷁首、……右近少将師時朝臣〈大鼓〉、少納言実明〈三鼓〉、兵部大輔雅兼〈鉦鼓〉、……（『中右記』）

とあり、楽の担当者はみな乗船しており、その中には太鼓・鉦鼓の奏者も含まれる。ただし、「下官依レ仰先候二

楽屋一〈今日楽行事一人耳〉」と、「楽行事」である宗忠は楽屋にいたとあり、この点は『玉葉』の言うところと同じ。『定能卿記』も、「康和例、打物輩皆乗船。仁平例、鼓鉦等外打物輩不二乗船一、直参二楽屋一。今度依二仁平例一歟」としており、康和の例に倣うことの多い安元御賀において、ここでは仁平の際に倣うとしている。行事については、『玉葉』がつづけて、「今日行事実家卿一人候二楽屋一。康和・仁平例也〈先レ之歴二閑道一向二楽屋一云々〉」としている。後宴での楽の行事は、藤原実家一人であったようである。安元元年（一一七五）一〇月五日の「御賀定」において、「楽所行事左宰相中将実家卿・頭中将実宗朝臣」と決まった（『玉葉』）。実宗は後宴では楽の行事を担当していない。行事の参議が船楽の際に楽屋に入ることについては、『仁平御賀記』に記述はない。『定能卿記』にも、「楽行事〈実家卿、今日一人也〉幷打物楽人、予候二楽屋一」とあり、やはり実家一人が楽屋に入っている。藤原実家は四日にも、「左右楽行事参議二人〈注略〉左参議左近中将実家卿、右参議右近中将実守卿」（『玉葉』）と、行事を務めている。類従本には「行事の宰相教盛」とあるが、ここは藤原実家の誤り。ここからは類従本の平家一門を押し出す意図がうかがえる。安元二年時点での平家一門の参議は、教盛と頼盛であるが、「宰相」ということで「門脇宰相」「門脇中納言」の教盛を充てたと考えられる。

龍頭鷁首の船六艘、釣殿にまうけたり。殿上の船二艘は近衛の尉を船差とす——楽の船は計六艘。四日、五日は二艘であり、後宴が最も多い。『玉葉』では、

船楽六艘〈龍頭三艘、鷁首三艘〉、第一龍頭、左舞人・楽人乗レ之〈左近将監四人為レ棹、装束如二行幸儀一〉。第一鷁首、右舞人・楽人乗レ之〈右近将監四人為レ棹、装束同上〉。已上着二御前汀一、下レ船入二楽屋一了。

としており、殿上人の船の船差「近衛の尉」は、左右の近衛将監八名であった。『定能卿記』にも、「一船龍頭、棹郎四人、左近将監。同鷁首、棹郎人数同前、右近将監」とある。船は御前の汀に着け、舞人・楽人は楽屋に入っている。「釣殿」は、最勝光院の釣殿。康和御賀では「北殿南岸池頭」（『中右記』）で乗り、仁平御賀では

「廻レ自二嶋崎一、参二着岸下一」（『仁平御賀記』）、「自二北方一参上龍頭鷁首」（『兵範記』）とはあるが、乗船した場所は記していない。康和・仁平の御賀でも、後宴の船楽は六艘である。

（康）先龍頭船楽六艘被二相儲一也〈左右近衛府各二艘、外衛各二艘〉。於二北殿南岸池頭一、人々乗船。左一龍頭、……将監四人差レ舟〈差レ舟装束如二行幸供奉一〉、右一鷁首、……将監四人差レ舟〈不レ足二将曹一〉……左二龍頭……右二鷁……第三左右龍頭鷁首（『中右記』）

（仁）次船楽。六艘参進。其内、龍〈右近〉、鷁〈左近〉各一艘。舞楽雲客乗レ之。左右近衛将監、艘別四人〈狩装束〉棹レ之。次龍二艘〈左近府一艘。左衛門一艘。〉鷁二艘〈右近府一艘。右衛門一艘〉。召人楽人等乗レ之。本府番長以下、艘別四人〈装束如二昨日一〉棹レ之。廻レ自二嶋崎一、参二着岸下一（『仁平御賀記』）

次楽船六艘浮レ池奏二音楽一〈鳥向楽〉。自二北方一参上龍頭鷁首、漸□参進二艘、殿上舞人楽人一童等、左右相分乗レ之〈近衛府艤レ之、将監四人為二棹郎一。装束行幸供奉儀也〉。二艘左右舞人楽人等、着二襲装束一乗レ之〈左右近衛府艤レ之、近衛舎人各四人、為二棹郎一。蛮絵袍、下襲〈左躑躅、右柳〉、末濃袴〈左蘇芳、右青色〉、冠緌、布帯、藁脛巾等也〉。二艘左右楽人船相分乗レ之〈左右衛門府艤レ之、棹郎装束如レ前。件伶人不レ参二楽屋一、浮二池上一遥奏二音曲一許也〉（『兵範記』）

『仁平御賀記』によれば、六艘のうち龍頭と鷁首の各一艘には殿上人が乗って左右の近衛将監が棹を差し、残りの四艘には召人の楽人が乗り、龍頭・鷁首ともに近衛府・衛門府の番長以下がそれぞれ棹をとったとする。安元の際の構成とは差異があり、乗船者の名前も記されていない。『中右記』には、乗船した人物が記されているため（康）引用の「……」部分を、【資料5】に対照して載せる。安元の場合は『定能卿記』が船ごとに図示して詳細にまとめている。

『定能卿記』は、第一・二・三船に乗る棹郎・楽人について、次のように記している。

康和例、打物輩皆乗船。仁平例、鼓鉦等外打物輩不二乗船一、直参二楽屋一。今度依二仁平例一歟。

二船棹郎人数同前。但近衛〈龍頭左近、鷁首右近〉。

御賀召人可レ候二楽屋一輩乗レ之。康和右篳篥正国乗二第二船一。雖レ非二召人一依レ曲乗レ之歟。

三船棹郎人数同前。左右衛門狩取〈龍頭左衛門府、鷁首右衛門府〉、非二召人一輩乗レ之、不レ参二楽屋一直退出。

これによれば、この度は仁平に例にならって「打物輩」は、「鼓鉦等」を除いて乗船しなかった。

【資料5】康和・安元の後宴における船楽の参加者を船ごとに示した一覧

康和（『中右記』）		安元（『定能卿記』）	
【左一龍頭】13名　※棹差は含まず		【龍頭】13名	
一鼓童（龍王童）	宗重	一鼓童（陵王童）	宗国
笙	左近少将実隆	笙	有房
	左近少将師重		経家
	左兵衛佐能明		
	右兵衛佐通季		
	備後介有賢		
笛	尾張守長実	笛	泰通
	右中将宗輔		公時（舞人も兼ねる）
篳篥	安芸守経忠	篳篥	定能
	左京権大夫俊頼		
太鼓	左兵衛権佐宗能	太鼓	季能
三鼓	右馬頭兼実		

鉦鼓	少納言実行
将監四人差レ舟〈差レ舟装束如二行幸供奉一〉	

【右一鷁首】13名

一鼓童（納蘇利童）	季輔
笙	左馬頭師隆
	蔵人少将顕国
	右少将家定
	侍従実明
	刑部卿顕仲
	右衛門佐家保
笛	越前守家保
	侍従信通
篳篥	越後守敦兼
太鼓	右近少将師時
三鼓	少納言実明
鉦鼓	兵部大輔雅兼

鉦鼓	成宗
	家俊
棹郎（四名）（舞人）	頼実
	維盛
	成経（不参）
	清経

【鷁首】13名

一鼓童	雅行
笙	隆雅
	師盛
笛	隆保
	基範
	資時
篳篥	季信
	盛定
太鼓	隆房（舞人も兼ねる）
鉦鼓	信季

将監四人差レ舟〈不レ足ニ将曹一〉

棹郎（四名）
（舞人）
雅賢
時家
公守

【左ニ龍頭】
舞師光末打ニ一鼓一
召人左楽人等、又召ニ加之一、合十人乗レ之

【龍頭】8名
（舞人）
一鼓　狛則近
　　　狛則房
笙　豊原利明
　　豊原時秋
笛　清原助種
篳篥　狛季時
太鼓　狛光朝
鉦鼓　狛光重
棹郎（四名）

【右ニ鷁首】
舞師忠方一鼓
楽人合十人

【鷁首】7名（8名）
（舞人）
一鼓　多好方
　　　多成長
笙　豊原光元
笛　狛光久
　　大神宗賢（不参）
篳篥　三宅守正
太鼓　狛近久

鉦鼓	多景節
棹郎（四名）	

【第三左右龍頭鷁首】
下﨟楽人各十人

【龍頭】　8名

（舞人）	
一鼓	安部光景
	大神是光
笙	豊原公秀
笛	尾張包助
篳篥	尾張則成
太鼓	兼遠
鉦鼓	平季久
（不明）	清光
棹郎（四名）	

【鷁首】　8名

（舞人）	
一鼓	多節近
	季景
笙	為茂
笛	行守
篳篥	安部季遠
太鼓	玉手近清
鉦鼓	季保
（不明）	貞近
棹郎（四名）	

地下の召人の船二艘は近衛府の者を船差とす―次の地下の召人の船であるが、「召人」は、管絃・神楽・舞楽などを演ずるために召された人。『玉葉』には、

第二龍頭、左召人・舞人・楽人着二襲装束一乗レ之〈左近衛四人為レ棹。装束同〉。第二鷁首、右召人・舞人・楽人、着二同装束一乗レ之〈右近衛四人為レ棹。装束同レ上。仁平例、左衛門府狩衣四人棹二件二艘一。今度被レ用二近衛一〉。已上自二池上一東廻、下レ船自二楽屋後一参入。

とあり、仁平の際は左衛門府から船差を出したが安元では近衛府であった。召人の船は池のほとりを東に回り、下船の後、楽屋の後ろから入っている。

かりの召人の船二艘は狩取を船差とす―「かりの召人」は「第三左右龍頭鷁首、下﨟楽人各十人也」（『中右記』）、「第三左右龍頭鷁首、下﨟楽人各十人也」（『中右記』）、「三船棹郎人数同前、……非二召人一輩乗レ之」（『定能卿記』）、「第三龍頭、左非二召人一舞人・楽人、……第三鷁首、右非二召人一舞人・楽人」（『玉葉』）のことであり、地下の中から選ばれた人たちのことであろう。「仮の召人」か。第三の船の舞人楽人は「非召人」であった。そのため船楽が終わると、船に乗ったまま退下した。また、類従本は「かちとり」とするが、定家本は「かりとり」。『定能卿記』に、

三船棹郎人数同前、左右衛門狩取〈龍頭左衛門府、鷁首右衛門府〉、非二召人一輩乗レ之、不レ参二楽屋一直退出。

とあり、「かりとり（狩取）」が正しい。狩取の具体的な職掌は不明、名称から推察すると、供御などのために鳥獣を捕える者か。『春記』長久元年（一〇四〇）六月一一日条には、

蔵人公基云、四衛府狩取等七八十人許、自二昨日一候二北陣一有二訴訟事一。是件供御所下人与二按察大納言庄司一闘乱之間、供御所下人被二打調一也。即捕二狩取禁獄所一云々。彼庄司所為云々。仍所二愁申一云々。然而未レ有二裁報者一。

とある。「按察大納言」藤原長家の庄司と供御所の下人とが乱闘となり、その結果狩取等が捕られたため、四衛府の狩取等が訴えたというもの。供御所だけでなく、四衛府にも狩取がいたことを示す。また、『殿暦』康和三年（一一〇一）七月二四日条には、「山階寺使殺害せる内膳司狩取等十五夾名」とあり、内膳司にも置かれていたらしい。「狩取」は「船差」を勧めており、六艘の船に四人いる。『玉葉』の「左・右衛門府狩衣四人為レ棹」（「狩衣」は「狩取」の誤りか）、『定能卿記』の「三船棹郎人数同前、左右衛門府狩取〈龍頭左衛門府、鷁首右衛門府〉」がそれに当たる。

20　院・天皇出御

未時に、近衛司、胡床につく。法皇、寝殿の南《みなみ》の庇《ひさし》の平敷《ひらしき》の御座につきたまふ《給》。法親王、三衣筥《（さんえのはこ）》をとりて御座《さ》の未申《ひつしさる》に置《を》く。次《つき》に、天皇出御。その次第常《つね》のごとし。関白、座につきてのち、頭弁長方《なかゝた》、公卿を召《め》す。次《つき》に、関白、宰相中将実守《さねもり》を召《め》して、法親王召《め》すべきよしを仰《おほ》せらる。おのおの《を〳〵》座につくこと、一昨日《をとゝひ》のごとし。

未時に、近衛司、胡床につく。法皇、寝殿の南の庇の平敷の御座につきたまふ。法親王、三衣筥をとりて御座の未申に置く。次に、天皇出御。その次第常のごとし――「未時」（午後二時前後）に天皇の出御があったことは、『玉葉』に、

未時主上着二御御装束一〈麴塵御袍、如二一昨日一〉、暫御二休息所平鋪座一。内府依二遅参一、所レ被二相待一也。頃之内府参上、則引レ陣。先レ之法皇御二簾中御座一。次主上渡御〈御沓・御指鞋・御路・皆如二一昨日一〉。二位中将兼房・右宰相中将実守等、候二剣璽一〈各歴二透渡殿一、跪二同廊北頭一、置レ弓参進、置二御剣一退帰。跪二同所一、取レ弓退下〉、主上御座平鋪也〈階間東面〉。

とある。近衛府が陣を引き、後白河院が御簾の内に着座した後に、天皇の着座があった。「則引レ陣」は、近衛府の役人が着座したということ。『定能卿記』には、

未刻、天皇渡御〈剣爾役如二一昨日一歟〉。先レ是次将引レ陣〈人数如二一昨日一〉。

と見え、「次将引レ陣」という記述も同じ。『玉葉』や『定能卿記』は出御に伴って藤原兼房、藤原実守の剣璽役が候したことを記すが、御賀記は記していない。後白河院の御座の位置については、諸記録では確認できない。「平敷の御座」は、床に畳や敷物を敷き、その上に茵を置いてすわる座。御帳台や御倚子に対して言う。『九暦』天暦元年（九四七）正月二日条に「奉レ拝二上皇一間、不レ着レ靴。依レ御二平敷座一也」（朱雀院への拝礼）、『紫式部日記』（寛弘七年（一〇一〇）正月一五日）に「上は、平敷の御座に、御膳《おもの》まゐりすゑたり」（敦良親王の御五十日）と見える。『玉葉』には、「主上御座平鋪也」とあるため、法皇も同様と考えられる。『仁平御賀記』にも「次両主共入御。次供二平敷御座南庇東第三間一」とあり、近衛天皇と鳥羽院の座は平敷であった。

(康)上皇・主上出御。蔵人頭右近権中将顕雅朝臣召二公卿一、公卿着二御前座一。源宰相能俊召二法親王一、如二一昨日一

（『中右記』）

午刻許始。先御出。其儀如二昨日一。次召二諸卿一。余御出間近候。出御後召レ余、先着二簀子敷座一。次左府・内府、諸卿着座（『殿暦』）

(仁)巳刻事始。治部大輔源雅頼、左兵衛佐藤信頼、蔵人藤朝雅等、敷二御拝座於南庇東第三間一〈東西妻、北面

供レ之〉。次関白殿下、取二帛袷一覆二御座茵上一〈四方余押二入座下一、置二犀形金銅鎮子一〉。次震儀、出レ自二南庇西向戸一（『仁平御賀記』。「出」のあと「御」脱か）

午刻、上皇出御〈左大臣自二東方一参進、被三押二開北母屋際中央屛風一歟〉。関白殿下、従二西方一進出、取二御拝敷物一、覆二庇御座上一、令レ置二鎮子一給。次主上〈黄櫨染御袍、躑躅下襲〉自二西北廊南面東第一間戸一出御〈二位中将兼長、右宰相中将教長、取二剣璽一随二前後一〉（『兵範記』）

「法親王」は後白河院の皇子、仁和寺の守覚法親王（→人物伝54）。『玉葉』に、

便法親王着座〈装束及三衣筥、如二一昨日一。但今日綾平袈裟〉。

とある。院の御前に三衣筥を置いたのは、初日と同様であり、四日の賀宴にも「仁和寺法親王、三衣の筥を取りて御前に置く」（4）とあるが、「ひつじさる」（南西）であるかどうかは不明。「その次第常のごとし」の「常のごとし」は、「如レ常」として古記録に頻出する語。四日の出御について『定能卿記』には「天皇渡御、即御拝如レ常」と見える。また「次天皇入御、次改二御装束一、供二平敷御座一〈公卿以下座、如二朝覲行幸一〉」とも見える。『玉葉』には「主上御座平鋪也〈階間東面〉」とあって、四日同様主上の御座は平敷（鋪）である。「常のごとし」という表現については（1）に一例、（7）に二例と、ここを含めて計四ヶ所に見えており、いずれも常の行幸のごとしである。御賀が行幸の性格をも有していたことを示している。浜畑圭吾「『安元御賀記』の基礎的研究―定家本系伝本の分類を中心に―」（『国語国文』九三巻一一号・二〇二四年一一月）参照。

○于レ時行事人候二気色一、敷二平敷御座於南廂一〈上皇鋪二第三間一、今上鋪二第二間一〉。天皇先下レ座候二気色一。上皇又下二御座一着二御平鋪一。次天皇着御（『新儀式』）

なお、『法親王供奉御賀儀』は、

後宴儀〈今日無二三衣筥役一。又不レ賜レ禄〉

依レ召着二御前座一事
賜二衡重一事
　已上共如二昨日一（「昨日」は「一昨日」とあるべきか）

と記し、「三衣筥役」がなかったとする。御賀記と『法親王供奉御賀儀』とでは矛盾がある。

関白、座につきてのち、頭弁長方、公卿を召す。次に、関白、宰相中将実守を召して、法親王召すべきよしを仰せらる。おのおの座につくこと、一昨日のごとし―天皇出御の後、『玉葉』には、

関白刷二御裾一、即着二御前座一。次頭中将実宗朝臣、奉二関白仰一召二公卿一。左大臣以下参上〈余於二西対代東弘庇一立二加之一。如二一昨日一〉、次関白召二参議右近衛中将実守卿一、仰下可レ召二法親王一之由上〈其間儀、一《ヒトヘニ》如二一昨日一〉、実守繞二北面一、就二彼休所一召レ之。便法親王着座〈装束及三衣筥、如二一昨日一。但今日綾平袈裟〉。此間両方侍臣可レ着二階下一而遅々。尤懈怠也。

『定能卿記』には、

関白先令二着座一給。次頭中将実宗朝臣召二公卿一、一々着座、侍臣着二陣下一。次召二法親王一〈其儀如二一昨日一〉。

とある。関白基房が着座し、まず藤原実宗を召して公卿の参集を促し、次に藤原実守を召して法親王の着座を求めている。『定能卿記』に実守についての記述はない。類従本には「関白、座につき給うてのち」とあり、敬語を用いている。類従本が関白の行為に対して「給ふ」を付すのは、四日の記事にも「つぎに関白はかうしをしき給て後」「関白御使えたまはするに」とある。定家本は用いていない。定家本の「頭弁長方」を類従本は「頭中将実宗」に作る。類従本が史実によって改めたというよりも、これまでの展開によるならば、実宗を押し出す傾向のある類従本の改変とみるべきであろう。また、類従本には、「関白、宰相中将さねもりを院の御前に召て」とあるが、これは誤り。最後に記す、「おのおの座につくこと、一昨日のごとし」とは、天皇、院、関白の着座

の次第等が、四日と同じであることをいう。

(康)上皇・主上出御。蔵人頭右近権中将顕雅朝臣召㆓公卿㆒。公卿着㆓御前座㆒。源宰相能俊召㆓法親王㆒、如㆓一昨日㆒（『中右記』）

『定能卿記』に「天皇渡御〈剣璽役如㆓一昨日㆒歟〉、先㆑是次将引㆑陣〈人数如㆓一昨日㆒〉」などと見える。天皇出御の次第は一昨日、つまりは四日の通りであるということ。

21　船楽

この間《あひた》、楽《かく》人お《を》のお《〱》の船《舟》に乗《の》る。やうやう《〱》漕《こ》ぎ出《いた》すほどに、殿上地下、同音に万渉調《ばんしきてう》の調子《てうし》を吹《ふ》く。その中より鳥向楽（てうかうらく）を吹《ふ》き出《い》でつ。殿上の船《ふね》のうちに、右太《大》鼓《こ》は、その舞《まひ》人の中にこの《此》道に堪《た》へたる者《もの》打《う》つべしとて、少将隆房《たかふさ》、太《大》鼓《こ》のおもてにひざまづけり。

池《いけ》の南《みなみ》より、中島《なかしま》の未申《ひつしさる》をめぐりて御前《おまへ》の汀《みきは》に漕《こ》ぎ寄《よ》せたり。この時に管絃の具を召《め》す。関白、御笛《ふえ》をたてまつる。右大臣、中納言兼雅《かねまさ》、琵琶《ひは》・琴《こと》を調《しら》ぶ。波《なみ》の上《うへ》の楽《かく》にあはせて御笛《ふえ》を吹《ふ》き出《いた》させたまふ。その声《こゑ》ものにまぎれず、いとも妙《たへ》なり。仁平の御賀にもこの《此》事なし。康和の昔《むかし》こそかくはありけれとぞ、ふるき人々《〱》いひあへりし。

かくて、舞《まひ》人楽《かく》人、船《ふね》よりおりて楽屋《かくや》へ入《い》る。殿上の船《ふね》をば御前の岸《きし》につく。かりの召人《めしうと》の船《ふね》をば池《いけ》の上《うへ》より漕《こ》ぎもどりぬ。舞《まひ》人楽《かく》人、楽屋《かくや》へ入《い》りぬ。次第さきのごとし。

この間、楽人おのおの船に乗る。やうやう漕ぎ出すほどに、殿上地下、同音に万渉調の調子を吹く。その中より鳥向楽を吹き出でつ――つづいて船楽の様子を描き出している。

次船楽六艘奏㆓参音声㆒〈鳥向楽〉、自㆓南池㆒参上。殿上伶人船二艘、着㆓御前汀㆒（『玉葉』）

此間船楽漸参進、於㆓最勝光院㆒乗㆑之。先吹㆓調子㆒〈盤渉調〉、奏㆓鳥向楽㆒（『定能卿記』）

康和・仁平の後宴では、

(康)先龍頭船楽六艘被㆓相儲㆒也〈左右近衛府各二艘、外衛各二艘〉。於㆓北殿南岸池頭㆒、人々乗船。左一龍頭、一鼓童〈龍王童也、名ハ宗重〉。……皆吹㆓鳥向楽㆒従㆓左右㆒各進出（『中右記』）

(仁)次船楽。六艘参進。……奏㆓鳥向楽㆒（『仁平御賀記』）

次楽船六艘浮㆑池奏㆓音声㆒〈鳥向楽〉（『兵範記』）

とあり、先例にならって、参音声として「鳥向楽」を奏している。「万渉調」は雅楽の唐楽の六調子の一つ。「盤渉調」とも。盤渉の音を主音にした調べ。『楽家録』二八は、「盤渉調　波牟志気伝宇。調字濁、尋常略㆓調字㆒」と述べる。『源氏物語』（帚木）には、「憎くなるをも知らで、また箏の琴を盤渉調に調べて、いまめかしく掻い弾きたる爪音、かどなきにはあらねど、まばゆき心地なむしはべり」とみえる。『中右記』嘉保三年（一〇九六）七月七日条に、「女房在㆓簾中㆒弾㆓箏・琵琶㆒。双調・平調・盤渉調。音楽・催馬楽、皆被㆑尽了」（郁芳門院の乞巧奠）とある。「鳥向楽」は、唐楽盤渉調の曲。『龍鳴抄』下に、「鳥向楽　拍子十八、まひなし。古楽。ただし新楽にも。うちまかせては古楽といふべし」、『教訓抄』巻六・盤渉調に、「鳥向楽〈拍子八〉古楽此曲、弘仁御時、南池院行幸船楽ニ作㆑之。鷁首ニ向故ニ、名㆓鳥向楽㆒。船楽ニ作故、為㆓古楽㆒。于㆑今参向、行道ノ楽ニ用㆑之」などとあり、船楽の古楽であった。『中右記部類』巻二九・諸寺供養に、「復発二音楽一〈酒古子〉、次打二金鼓一、楽人発レ楽〈鳥向楽〉」（大治三年〔一一二八〕三月一三日、円勝寺供養）と見える。「この間」は、院・天皇が出御し、法親王が召されて参上する間。「この間」は、「この間、法親王に禄をたまふ」（12）の項を参照。「殿上地下」は、「……。殿上の船二艘は……」「地下の召人の船二艘は……」（19）ですでに見たように、乗る船が「殿上」と「地下」に分かれていることを示している。「同音に万渉調の調子を吹く」は、六艘がすべて「万渉調の調子」を奏したということ。『定能卿記』には「先吹二調子一〈盤渉調〉、奏二鳥向楽一」とある。「その中より鳥向楽を吹き出でつ」は、「万渉調」から引きつづいて「鳥向楽」を奏したということ。

殿上の船のうちに、右太鼓は、その舞人の中にこの道に堪へたる者打つべしとて、少将隆房、太鼓のおもてにひざまづけり—類従本は「殿上の船の中、左右太鼓は、其舞人の中に此道にたへたる者打へしとて、左の太鼓のおもてに権亮少将惟盛、右の太鼓のおもてに左少将隆房、をの〳〵大太鼓のはちを取てひさまつけり」とある。『定能卿記』によれば、維盛は第一の龍頭の船に乗船しているが、太鼓は季能が担当している。隆房は、第一の鷁首の船に乗り、舞人を兼ねて太鼓を担当している。定家本の「大こはそのまひ人の中に此道にたへたるものうつへし」が相応しい。なお隆房は右少将で、他の所では少将と記される。任右少将は、仁安元年（一一六六）六月六日（『公卿補任』寿永二年〔一一八三〕尻付）。類従本の「左少将」は誤り。「おもて」は正面の意。「大太鼓」（だだいこ、「次に太鼓、……」（8）の項に既出）は定家本にない。この箇所も類従本の改変と思われる。「但行事参議及打物〈除二大鼓・鉦鼓一之外不レ乗レ之。仁平例云々。康和皆乗レ之〉人等、兼候二楽屋一」（『玉葉』）とあるように、隆房は乗船している。隆房が、「この道に堪へたる者」と太鼓の名手と言われる例は、他に見いだせない。

池の南より、中島の未申をめぐりて御前の汀に漕ぎ寄せたり—第一の「龍頭」「鷁首」が御前の池まで漕いできた。『玉葉』に、

自二南池一参上殿上伶人船二艘、着二御前汀一。……一童以下下レ自レ船向二楽屋一。……第一龍頭……第二鷁首……已上着二御前汀一、下レ船入二楽屋一了。第二龍頭……第二鷁首……已上自二池上一東廻、下レ船自二楽屋後一参入。第三龍頭……第三鷁首……已上不レ下レ船、自二水上一繞レ棹退帰。

『定能卿記』には、

次殿上伶倫下レ船〈当二御座間一〉。爰左右一鼓童二人、進二庭中一鼓舞〈注略〉。此間左右舞人、取レ弓引レ裾下レ船、相分入二楽屋一。……第二龍頭鷁首、於二楽屋南岸一下レ船。……第三龍頭鷁首、遥奏二鳥向楽一退去。

とあり、第一の二艘は御前の汀で、第二の二艘は楽屋の南岸で下船し、第三の二艘は下船せず退下している。「中島の未申をめぐりて」に当たる記事は他の記録には見えない。

(康)殿上人船楽二艘、於二南池岸辺一下レ従レ船。……次召人楽人寄二舟於楽屋前一、参二入楽屋中一。第三龍頭鷁首、遥奏二鳥向楽一、差二隠別嶋中一了（『中右記』）

(仁)次船楽、六艘参進。……廻レ自二嶋崎一、参二着岸下一（『仁平御賀記』）

殿上楽人船、近二進御前一、付二池岸一下レ船。……舞人楽人以下、経二池汀一入二楽屋一（『兵範記』）

この時に管絃の具を召す。関白、御笛をたてまつる。右大臣、中納言兼雅、琵琶・琴を調ぶ――「この時」は、船楽の間。「管絃の具」は天皇や公卿らが御遊で演奏する楽器。類従本は「此ときに管絃の具をめす。関白、御笛を天皇に奉る。右大臣兼実、右大将重盛、琵琶、箏をしらふ。中納言かねまさ、箏をしらふ」とある。定家本は「右大臣」に「兼実」を付さない。兼雅が担当する楽器が異なる。また、重盛の名は関連資料には見えない。類従本の改変であろう。

其間五位侍臣持二参絃管一、置二御前長押上一。……次関白被レ進二御笛一。……其間余召二五位侍臣一、取二琵琶〈玄上〉・箏〈伏見〉一、令レ置二余及兼雅卿前一。各調レ之（『玉葉』）

于レ時召二管絃具一〈五位殿上人持二参之一〉。関白令レ献二御笛一給。主上御笛、右府〈琵琶、玄上〉、権中納言兼雅卿〈箏、伏見〉（『定能卿記』）

とある（琵琶の玄上、箏の伏見はともに四日（12）に既出）。『玉葉』は、御笛の進上の手順をめぐって、「次関白被レ進二御笛一」のあとに、左大臣藤原経宗と兼実との議論を載せている。

左大臣曰、五位侍臣参上取二御笛筥一、可レ置二関白座前一者。余云、前々取二上之一如何。左府曰、不レ可レ然。猶五位侍臣可二持参一也。余不レ示二左右一。左府暫案又曰、分明不二覚悟一云々〈候レ座人次第取上進レ之、定例也。未レ見二此儀一。尤足レ為レ奇。左府思失歟〉。依レ召宗頼参進、取二御笛筥蓋一献二関白一〈撤レ笙如レ例〉。関白取レ之、昇レ自二御座間一進レ之。持二空筥一復レ座、如二昨日一。

経宗は五位の侍臣から受け取って、関白基房が天皇にお渡しすればよいと述べたのに対して、兼実は御前に控える者が順に受け取りお渡しするものだと主張している。経宗は確かな意見ではないと述べており、兼実は「失」（誤り）と感じているらしい。ただ基房が笛を渡しているので、兼実の主張は退けられたのかもしれない。

波の上の楽にあはせて御笛を吹き出させたまふ。その声ものにまぎれず、いとも妙なり―船楽に合わせて、高倉天皇が笛を吹いた。『玉葉』に「次関白被レ進二御笛一。……各調レ之、頃之主上令レ吹二御笛一給」とあり、船楽に合わせて吹いたかどうかは、記事からだけでは明らかにできない。『定能卿記』には、笛を吹いた記事はない。『百錬抄』には、「主上令レ吹レ笛給。聞者莫レ不二感歎一」とあり、確認できる。御賀記は高倉天皇の笛を讃美している。

仁平の御賀にもこの事なし。康和の昔こそかくはありけれとぞ、ふるき人々いひあへりし―天皇が楽を奏したことについて、御賀記の言うとおり、仁平の記録には見えない。「康和の昔こそかくはありけれ」とあるが、康和の記録（『中右記』）にも見えない。そもそも堀河天皇の御前に楽器を進めたという記事がない。

かくて、舞人楽人、船よりおりて楽屋へ入る。殿上の船をば御前の岸につく。かりの召人の船をば池の上より漕ぎ

もどりぬ。舞人楽人、楽屋へ入りぬ。次第さきのごとし――「舞人楽人」の下船については、「池の南より……」の項に『玉葉』『定能卿記』を引いた。御賀記は第二の龍頭鷁首について記載がない。「かりの召人」は「かりの召人の船二艘は狩取を船差とす」(19)の項を参照。

22 童舞、そして騒動

一《いち》の鼓《つゝみ》の童《わらは》二人、庭《には》にとど《ゝ》まりて袖《そで》をひるがへす。左右の舞《まゐ》の師《し》二人、多忠節《おほのたゝ時》、狛光近《こまのみつちか》、大拍子をとりて遊《あそ》びあへり。この間《あひた》、楽《かく》人は太鼓《大こ》の前《まへ》にとど《ゝ》まるべけれど、一の鼓《つゝみ》の童《わらは》は《ゝ》入《い》りにしかば、それに具《く》して入《い》りにき。

かくて、お《を》のおの《〱》座につき了《をは》りて、舞《まひ》のはてむとするほどに、検非違使遠業《とをなり》と頼実《よりさね》の中将の随身《すいしん》と打《う》ちしろひの《ゝ》のしること出《い》できたり。いとかまびすきさまなり《也》。遠業《とほなり》、随身《すいしん》をとりて、釣殿《つりとの》へのぼりて、それより東《ひむかし》の方《かた》へ行《ゆ》きぬ。鼠《ねすみ》の物を曳《ひ》くにぞ似《に》たりし。又遠目《とをめ》は逃《に》ぐるにぞ似《に》たりし。

一の鼓の童二人、庭にとどまりて袖をひるがへす――下船後の鼓童の様子。御賀記の四日条の「一の鼓の童、庭にとどまりて袖をひるがへす」(9)と同様の表現。その注参照。『玉葉』には、

即一童以下下㆑自㆑船向㆓楽屋㆒〈下船之間、楽中絶。尤奇怪。隆季高声催㆑之〉。……又両舞童共懸㆓一鼓㆒、婆㆓娑于庭中㆒〈光近・忠節、各着㆓襲装束㆒、取㆓大拍子㆒、徐徐進。件両人自㆑本候㆓楽屋㆒歟〉。(「婆娑」は、袖を翻

して舞うさまを表す）

『定能卿記』には、

次殿上伶倫下レ船〈当二御座間一〉。爰左右一鼓童二人進二庭中一鼓舞〈舞師多忠節・狛光近〈此両人不レ乗レ船、予候二楽屋一〉〉。

とある。龍頭鷁首に乗船している一鼓の童は、『定能卿記』によれば、左の舞人楽人を乗せた第一龍頭の「一鼓童宗国〈陵王童〉」、右の舞人楽人を乗せた第一鷁首の「一鼓童雅行」。この両人は四日の条に「まづ一の鼓の童、源の雅行。次に行事の宰相二人、左、実家、右、実守。次に童舞、藤原宗国」（8）と見える。その注参照。左に童舞の宗国、右に一の鼓の童の雅行であり、左右は後宴の日も同じ。

左右の舞の師二人、多忠節、狛光近、大拍子をとりて遊びあへり——舞の童の師である忠節・光近の二人が付き添いながら拍子をとった。この部分については、前項の『玉葉』の注記と重なる。二人はあらかじめ「楽屋」にいたとある。忠節は御賀記の四日条に「このほかに舞の師、多忠節、拍子をとりて一の鼓の童にあひしたがへり」（8）と見える。なお、「おほのたゝ時」について、底本は「をのゝ」の上に「おほの」と重ね書きしており、（8）と同様の書き方となっている。「大拍子」は、『教訓抄』（巻九・打物部・拍子）の、「大拍子〈常用レ之〉拍者楽器之類也。以レ木造。其形似レ笏」によれば、楽器の一つ。これを打って拍子をとる。

次万歳〈童六人、左装束渡二中橋一、於二前庭一舞レ之。有二半帖一。光時取二大拍子一、進侍二橋北一〉。舞畢、自二本路一退入〈『春日詣部類記』仁平元年（一一五二）八月一一日。藤原頼長春日社参詣〉

は、その例。前項の『玉葉』には、光近・忠節が「取二大拍子一」と見える。

(康)在二第二龍頭鷁首一光末・忠方、早参進取二大拍子一、相二具一鼓童一〈『中右記』〉

(仁)次舞童打二台鼓一前行〈狛光時、取二大拍子一相従〉（『仁平御賀記』賀宴）

一童二人、娑二婆前庭一。左近大夫将監狛光時、右近大夫将監多近方〈注略〉、取二大拍子一相副（『兵範記』賀宴）

この間、楽人は太鼓の前にとどまるべけれど、一の鼓の童は入りにしかば、それに具して入りにき―楽人らは太鼓の前にいなければならなかったが、早々に楽屋に入った一の鼓の童につられてしまった。『玉葉』に「舞人・楽人等不三列二立楽屋前一、直以入了。依二童早入一也」、『定能卿記』に「于レ時上二大鼓一〈古楽也〉、楽人可レ列二楽屋前一、而鼓舞無レ程。仍直入二楽屋一〈注略〉」と、同内容の記事が見える。

かくて、おのおの座につき了りて、舞のはてむとするほどに―「おのおの」は、第一の龍頭と鷁首の船に乗っていた人たち。下船の後、楽屋の座に就いた。「舞」は、二人の童が奏した舞。『玉葉』に「又両舞童共懸二一鼓一、婆二娑于庭中一」、『定能卿記』に「爰左右一鼓童二人、進二庭中一鼓舞〈注略〉。此間左右舞人取レ弓、引レ裾下レ船、相分入二楽屋一〈其路如二一昨日一〉」とあり、先に下船した童二人が庭で舞い、その間に他の奏者らが下りて楽屋へ向かった。ただ右にあるように、舞がすぐに終わった童が楽屋に入ったので、楽屋の前で整列することなく、つづいて楽屋へ入ってしまった。

㊗康殿上人船楽二艘、於二南池岸辺一下レ従レ船。左右一鼓童進二御前一、殿上人舞人・楽人列二立楽屋前一。入二楽屋一如二一昨日一（『中右記』）

(仁)廻レ自二嶋崎一、参二着岸下一。奏二鳥向楽一〈左方乗レ龍、右方乗レ鷁〉。鼓〈狛光時相二従之一〉。次舞人楽人、左右相分入二楽屋一（『仁平御賀記』）

殿上楽人船近二進御前一、付二池岸一下レ船。一鼓童二人近二出庭中一、各施二一曲一退入。舞人楽人以下、経二池汀一入二楽屋一〈渡二御前一之間、舞人為レ先、楽人在レ後、其儀如二昨日一〉（『兵範記』）

「楽屋」の前での整列は、康和と同じ。仁平の場合は、「楽屋」へ入ったとだけある。

検非違使遠業と頼実の中将の随身と打ちしろひののしること出できたり——庭前での童舞が終わろうとする頃、検非違使遠業と頼実の随身との騒動があった。『玉葉』によれば、「次楽屋吹二壱越調調子一」の間に、関白藤原基房が藤原光雅を召して、楽を奏する内大臣藤原師長らに楽屋へ向かうよう指示を伝えさせ、師長が座を立とうとしたところ、「楽屋辺騒動出来」があったという。『定能卿記』も、「吹二出調子一之間」に基房の指示によって、師長らが動き始めた頃に、「楽屋後騒動」と記す。騒動出来の時は御賀記とわずかにずれる。『定能卿記』は、「是検非違使遠業郎等払二雑人一之間、諸衛随身〈頼実朝臣随身云々〉与二彼郎等一及二拏攫《ダクワク》一云々」とつづいており、「検非違使遠業郎等」が「雑人」を追い払う際に、「頼実朝臣随身」とつかみ合いになった。「打ちしろひ」の「しろふ」または「しらふ」は、たがいに～し合うの意であるから、「打ちしろひ」は、殴り合うことをいう。

大輔の乳母いと苦しと聞きて、ものも聞こえず。とかく言ひしろひて、この御文はひき隠したまひつれば
（『源氏物語』夕霧）

少将のおもとの、これらには劣りなる白銀の箔を、人々つきしろふ（『紫式部日記』寛弘五年〔一〇〇八〕九月一五日。一条天皇に御子、五日の産養）

と、言い合ったり、軽くつつき合う動作を表す語であり、闘諍について用いるのは珍しい。『定能卿記』の「拏攫」に相当する。そして「ののしる」のであるから、大声でわめき散らしたのである。『玉葉』は、騒動出来の顛末について、次のように詳しく記す。

内府欲レ立レ座之間、楽屋辺騒動出来。堂上人々揚レ声雖レ加二制止一、敢不レ能レ止。調子中絶。舞人・楽人等皆悉群二立楽屋辺一。在二胡床一次将及陣官人、并人々随身・検非違使等、充二満庭中一。候二堂上一中納言以下、及在二西対代一公卿・殿上人等各立躁《サワグ》。万人不レ知二何事一。然間、着二赤衣一者、自二楽屋方一奔来、逃二上東釣殿上一〈件釣殿堂上、上西門院・建春門院・中宮半物等、群二居簀子一。同雑仕等並居〉。郎従数人搦二随身一人一〈不レ

知誰人随身〉。随其後、同上立釣殿。窈窕群妓皆以迷惑、殆欲入池中。宮侍〈不知名〉、為扶持出来之間、自東方入水云々。余慥不見及。赤衣及郎従、歴件釣台并小御堂南簀子等、東方逃去了〈此後更不出来云々〉。件赤衣大夫尉遠成云々〉。右大将在座制止庭上雑人。又遣随身一人於楽屋、問子細。又別当時忠卿立中門廊辺、召大夫尉康綱遣楽屋〈渡南庭〉。各帰参申云、諸衛随身一人出事、検非違使遠成搦取云々。猶未知誰人随身。此間法皇及関白閉口、無被尋仰事。今日狼藉、縡《コト》絶常篇。可謂未曾有歟。賀宴妨、唯在此事。良久楽屋漸静了。此後又吹調子。

騒ぎは「楽屋辺」から起こり、南殿および庭前にいる人々はみな混乱に陥る。その中で、「着赤衣者」が走り出して「東釣殿上」へ逃げ、「郎従数人」が「随身一人」を「搦」めて、「其後」、つまり「検非違使遠成（業）」につづいたとある。そのために「釣殿」にいた「上西門院・建春門院・中宮半物等」は逃げ惑った。「着赤衣者」は遠業。「随身」は「諸衛随身」らしいが、誰の配下かは不明とある。これを搦め取ったのは遠業だと、記事の後半にある。そして、この混乱は「縡 常篇に絶す」と、経典にも載せていない異常な出来事と評する。さらに同日条の末尾に「後聞」として子細を次のように記している。

今日諍闘ノ濫觴、頼実朝臣随身、渡楽屋後橋向主許。雅賢朝臣渡其橋之間、以弓突入件随身於水了。其報答ニ、他随身等〈頼実随身〉殴検非違使遠成郎従〈件遠成為禁止雑人、祗候楽屋辺〉。然間彼此拏攫、遂搦取随身一人之処、頼実所相具衛府〈左衛門尉季信〉、残《ノコリノ》随身、相共猶欲打検非違使。仍遠成逃上半物等中。此間嗚呼有二。先雅賢突入随身者、遇其従類可報答。而打見証之。遠成従。是一。次被追舞人随身等、着朱紱之有司、逃昇堂上、踏鷲半物等、遂隠居晦跡了。是一。

件の随身は、「頼実」に仕える者であることが分かる。この随身が橋を渡っていると、「雅賢朝臣」に池へ突き落とされた。この報復にやって来た随身らは、「雑人」を追い払っていた遠業の「郎従」を殴り喧嘩となる。さら

に頼実の他の随身も加わって打ちかかってきたため、遠業は釣殿へ逃げたとある。また『定能卿記』には、

遠業搦二彼随身一、昇二東釣殿上一。両女院半物・雑仕等立騒。頗不二穏便一歟。此間遣二楽屋一公卿被二猶予一歟。

とあり、記述は簡単であるが御賀記・『玉葉』の「後聞」と同様の内容である。なお、この騒動の間、楽屋に残っていた公卿たちは、恐れをなしてその場にとどまっていた。後宴を台なしにする事件であった。「後聞」によって騒動の発端や、関わったのが誰であるかが明らかになっている。さらに『玉葉』翌日の記事には、

中将頼実随身、自レ院以下候二北面一之下﨟上為二御使一、被レ遣二左府之許一。又雅賢朝臣蒙二勘発一籠居云々。

とあり、頼実の随身は左大臣藤原経宗に移送されている。取り調べの上処罰されるのであろう。また、騒動の張本人である源雅賢は処罰を受け、「籠居」となった。『玉葉』の述べるとおり、「賀宴妨、唯在二此事一」であるから、雅賢の責めは重い。

いとかまびすきさまなり―「かまびすし」（ク活用）は騒々しい、やかましいの意。「水族之類、千品万種、喧《カマヒスキ》声交聒」（『大慈恩寺三蔵法師伝』巻五・永久点）とある。和歌にも「夏くればよもの山べぞかまびすき梢に蝉の鳴けばなりけり」（天喜四年〔一〇五六〕四月九日或所歌合・蝉・23）とある。ここでは頼実の随身と検非違使との乱闘のさまを表現している。類従本は「かまひすしき」とある。

遠業、随身をとりて、釣殿へのぼりて、それより東の方へ行きぬ―検非違使の遠業が楽屋の方から、騒動を起こした頼実の随身を捕らえて、東の釣殿へ昇り、さらに東へ向かったことをいう。『玉葉』『定能卿記』によれば、頼実の随身らから反撃を受けて釣殿へ昇ったとある。なお、遠業は『山槐記』によると、のちに清盛の召しを拒んで息子の頸を刎ね邸に火を放ち自害した人物であり（↓人物伝2）、こうしたところからも彼の猛々しさが分かる。

鼠の物を曳くにぞ似たりし―遠業が随身を連行するさまを、鼠が獲物を抱えて曳くように見えたと表現した。この

表現の例は未見。なおこの箇所は、「〜にぞ似たりし」が対句のようになっている。

（鼠の物を曳くにぞ似たりし
又遠目は逃ぐるにぞ似たりし

又遠目は逃ぐるにぞ似たりし―遠業による随身の連行が、逃げるように見えたということ。実態としては、『玉葉』『定能卿記』に記すとおり、打ちかかってくる頼実の随身らから逃げたのである。類従本にこの一文はない。

23　春鶯囀・古鳥蘇

その後《ゝち》、左右たがひに舞《まひ》を奏《そう》す。左、春鶯囀〈序一返、颯踏《（さつたう）》二返、入破《（じゆは）》三返、鳥声《（てつしやう）》一返、急声《（きつしやう）》一返〉遊声《（ゆせい）》を吹《ふ》く間《あひた》、関白、蔵《くら》人右少弁光雅《みつまさ》を召《め》して、内大臣、中宮大夫、藤大納言、按察使《あんせち》、楽屋《かくや》へ行《ゆ》くべきよし仰《おほ》せらる。物の声《ものゝこゑ》、色《いろ》を増《ま》さむがためなり。

この間《あひた》、又、親王幷《（ならびに）》公卿に衝重《ついかさね》をたまふ《給》。

右、古鳥蘇出《い》づ。隆房《たかふさ》、雅賢《まさかた》、小松《こまつ》のもとにして、合肘《あはせかひな》を舞《ま》ふ。梢《こすゑ》の鶯《うくひす》の声《こゑ》に、春鶯囀たよりあり。汀《みきは》の鶴《つる》の舞《まひ》に、古鳥蘇《ことりそ》もよしありてぞ御覧じける。これより先《さき》に、御前の物を参《まい》らす。陪膳、大納言定房《さたふさ》、役、宰相。この後《のち》、内大臣、中宮大夫、藤大納言、按察、楽屋《かくや》へ行《ゆ》く。このほかに源大納言、源中納言、楽屋《かくや》へ行《ゆ》くべきこと《事》あれば、この人々〳〵に行《ゆ》き具《く》せらる。内大臣、源大納言は胡床の北《きた》より行《ゆ》く。こと人々〳〵

は汀《みきは》より行《ゆ》く。

その後―検非違使と随身らとの騒動の後。『玉葉』は、「良久楽屋漸静了。此後又吹二調子一。内府猶称レ有レ恐、暫不レ被レ起レ座」と、収まってからもまだ落ち着かぬ気配を記している。

左右たがひに舞を奏す―左方右方が交互に舞を奏すること。

次奏二左右舞一〈舞人楽人装束、如二一昨日一〉。吹二出調子一之間、関白召二光雅一、内大臣・中宮大夫隆季・藤大納言〈実国〉・按察使〈資賢〉、可レ向二楽屋一。即光雅奉レ仰、仰二其由一。各被レ立レ座。……（この間に騒動出来）……春鶯囀出二四人一〈公時未レ習、仍不レ立レ之〉、……次古鳥蘇欲レ出間、供二主上御膳一。……供了奏二古鳥蘇一〈時家取二蘇利古一〉（『定能卿記』）

次左右奏レ舞。

左春鶯囀〈公時不レ立。以下舞人如レ是〉、右古鳥蘇、左青海波、右敷手、左胡飲酒〈此舞無レ答。帰入之間賜レ禄〉、左陵王、右納蘇利、左賀殿、右林歌〈不レ繆レ尻。康和繆レ之。今度有レ儀不レ繆レ之。其体不二優美一之故云々〉、左三台、右皇仁（『玉葉』）

『玉葉』は舞楽の曲順をすべて記している。

(康)次楽屋吹二調子一〈一越調〉。先春鶯囀〈舞人装束、如二一昨日御賀一〉。……次古鳥蘇〈顗国取二蘇利古一〉（『中右記』）

次春鶯囀（『殿暦』）

(仁)次舞人楽人、左右相分入二楽屋一。次左右互奏レ舞。先左春鶯囀〈舞人皆如二昨日一〉。次右新鳥蘇。公保朝臣取二曾利古一（『仁平御賀記』）

次奏レ舞。左春鶯囀〈舞人六人如二昨日一〉。……次右奏二古鳥蘇一〈舞人四人如二昨日一〉（『兵範記』）

＊『仁平御賀記』と『兵範記』は、右方の一曲目の曲名が異なる。

左、春鶯囀〈序一返、颯踏二返、入破三返、鳥声一返、急声一返〉―春鶯囀は雅楽の唐楽系の舞楽の曲名。左方の平舞に属する。天長宝寿楽、梅花春鶯囀、天寿楽、和風長寿楽ともいう。唐の高宗の時、勅命により楽工白明達が鶯の声を模して作ったという（『教坊記』、唐代成立）。『教訓抄』巻二に、「此曲モモロコシ舞也。作者未二勘出一所ニ、或書云、合管青云人造レ之。大国之法ニテ、春宮ニ立給日ハ、春宮殿大楽官ニ、此曲奏スレバ、必ズ鶯ト云鳥来アツマリテ、百囀ヲス」とある。六人または四人の舞人により、襲装束の諸肩ぬぎに、この曲特有の甲をかぶって舞う。

春鶯囀〈有レ甲〉　大曲　新楽

序一帖、拍子十六、颯踏二帖、拍子十六。或説、中序云。入破四帖、拍子各十六、鳥声二帖、拍子各十六、

急声二帖、拍子十六（『教訓抄』巻二）

春鶯囀

調子を吹きて、遊声《ゆせい》をして、舞の出るなり。いく返りといふことなし。舞のたちとどまるに従ふべし。四つの大曲のうちに遊声あることは、皇帝とこれとなり。仍《よっ》て大田麿が伝への大鼓打つべしといふ先達もありき。但譜もさも記さず、口伝にもなし。さうちいふもあしくもなし。さいたる文もなしといふばかりなり。序拍子十六、二反すべしと記したり。ただしこのよ一反をすまひの絶えたるなり（『龍鳴抄』上）

番舞として古鳥蘇（後宴ではこの舞。御賀記の後文に「梢の鶯の声に、春鶯囀たよりあり。汀の鶴の舞に、古鳥蘇もよしありてぞ御覧じける」とある）、退宿徳、新鳥蘇がある。壱越調の大曲であり（『和名抄』巻四・曲調類、「壹越調曲　……春鶯囀〈大曲〉」）、その構成は序・颯踏《さつとう》・入破《じゅは》・鳥声《てっしょう》・急声《きっしょう》の五楽章からなる。御賀記本文の〈　〉内は、

その構成と演奏方法を示す。『龍鳴抄』上は、「颯踏〈さたうといふなり〉」（団乱旋）、「急声〈きふじやうといふべし〉」（同）、また『楽家録』（巻二八）は、「皇帝破陣楽……遊声〈由不勢以〉」、「団乱旋……入破〈志破〉・颯踏〈佐津止〉・急声〈気津志与〉」と読みを示している。

　弾く物は、琵琶。調べは風香調。黄鐘調。蘇合の急。鶯の囀りともいふ調べ（『枕草子』弾く物は）

　まづ春鶯囀を奏し、後に席田をとなふ。次に酒清司をぞ奏しける（『古今著聞集』巻六・238「天暦元年正月、内宴に重明親王琴を弾ずる事」）

　やうやう入日になるほど、春の鶯囀るといふ舞いとおもしろく見ゆるに（『源氏物語』花宴。『細流抄』「春のうぐひすさへづる　天暦の例なるべし、春鶯囀花宴にたよりあり、一名は天長宝寿楽と云々、かたがたよりある者也」）

　春鶯囀舞ふほどに、昔の花の宴のほど思し出でて、院の帝、「またさばかりのこと見てんや」とのたまはするにつけて、その世のことあはれに思しつづけらる（同・少女。朱雀院行幸、船楽の場面）

前二者は管絃、後二者は舞楽についての例。康和・仁平の時も左方の一曲目がこの曲である。なお「諷踏二返」を、類従本は「颯踏」に作る。もとは漢籍に由来する語であり、音楽に関連しては、

　終嵬峨而蹇譅、又颯遝以繁沸（『文選』巻一八、晋の潘岳「笙賦」。劉良注「颯遝繁沸《ハノ》声勇起貌」）

　湖上颯沓以平雅、前渓蔵摧而懐帰（『芸文類聚』巻四四・箜篌、晋の曹毗「箜篌賦」）

と、音がわき起こるさまや、穏やかに吹き渡る様子をあらわすなど、多くの意味がある。雅楽の用語としては、「音節促迫の姿を称し、物の盛んなる形容の辞である」（『雅楽事典』）という。

　於二高陽院中宮御方一、有二種々御遊一。……御遊、内大臣〈琵琶〉……呂〈桜人、席田、颯踏、柳花苑、鳥破・急〉、律……（『中右記』寛治七年〔一〇九三〕三月一一日条。高陽院の中宮篤子内親王方での御遊。「颯踏」は「春

鶯囀」の中のそれであろうか）

有二御遊一。中宮大夫〈倭琴〉、……呂、桜人・席田・春鶯囀〈颯踏・入破〉・鳥破急・美乃山。律……（同・永長元年〔一〇九六〕三月一日条。白河院鳥羽殿にて管絃・和歌御会）

は、管絃における例。

なお底本は他の丁が一面九行のところ、当該面（二六丁表）は八行になっている。〈序一返……〉以下の注の記入と関連があるか。

遊声を吹く間―「遊声」は、舞人が舞台に登場するまでに奏する楽曲。「左、春鶯囀……」の項に引いた『龍鳴抄』に、「調子を吹きて、遊声をして、舞の出るなり」とあるとおり、「遊声」につづいて舞が始まる。

凡舞の出る作法さまざまなり。乱声にても出づ。調子にても出づ。皇帝・春鶯囀は遊声にて出づ（『残夜抄』。「皇帝」は「皇帝《わうだい》破陣楽」）

関白、蔵人右少弁光雅を召して、内大臣、中宮大夫、藤大納言、按察使、楽屋へ行くべきよし仰せらる―藤原基房が藤原光雅を使って、内大臣藤原師長らに楽屋へ向かうよう指示を伝えた。「検非違使遠業と……」（22）の項で述べたとおり、『玉葉』『定能卿記』によれば、師長らが座を起とうとした時に、庭前で検非違使と随身らとの騒動が始まった。

次楽屋吹二壱越調調子一。此間関白召二光雅一〈注略〉。仰曰、内大臣〈琵琶〉・中宮大夫〈笙〉・藤大納言〈笛〉・按察〈唱歌〉等、可レ遣二楽屋一者〈注略〉。光雅跪二各々座前一仰レ之（『玉葉』）

吹二出調子一之間、関白召二光雅一、内大臣・中宮大夫隆季・藤大納言〈実国〉・按察使〈資賢〉、可レ向二楽屋一。即光雅奉レ仰、仰二其由一（『定能卿記』）

物の声、色を増さむがためなり―「物の声」は、楽器の音色。

おぼえぬ所にて聞きはじめたりしに、めづらしき物の声かな、となむおぼえしかど（『源氏物語』若菜下。源氏、明石で聞いた明石の君の琵琶の音色について論評）

音声舟於二堂南一発二物声一（『御堂関白記』寛弘元年〔一〇〇四〕五月二一日条。故東三条院詮子供養のための法華八講五巻の日）

「色を増す」は、楽器の音色を高める、より美しくするの意か。

年来浮誕之徒、数入増レ色、司存之職、督察緩レ勤（『政事要略』巻六七・糺弾雑事・男女衣服幷資用雑用、天慶五年〔九四二〕五月一六日）

は、衣服の色彩を濃くする、派手にするの意。

何ごとも、さしいらへたまふ御光にはやされて、色をも音《ね》をも増すけじめ、ことになむ分かれける（『源氏物語』初音。六条院の臨時客）

は、光源氏が声を副えたために、梅の花の色も楽の音も一段と映えたとある。ここは、内大臣藤原師長らが加わることによって、管絃に華を添えるということであろうか。

この間、又、親王幷公卿、衡重をたまふ―　「この間」は「春鶯囀」を奏する間。『玉葉』には、「春鶯囀之間、居二衡重一。如二賀宴日一」、『定能卿記』には、「春鶯囀出二四人一〈公時未レ習。仍不レ立レ之〉。此間法親王・公卿前居二衡重一〈其儀如二一昨日一〉」とあるのと符合する。御賀記の「親王」（類従本も同じ）は「法親王」（守覚）とあるべきところ。『玉葉』と『定能卿記』にその儀が賀宴の時と同じであるというのは、『玉葉』に「万歳楽間居二衡重一〈公卿衡重羞《ススム》二魚味一〉」、『定能卿記』に「万歳楽五人〈注略〉、此間居二法親王・公卿前衡重一〈五位侍臣役レ之〉」を指す。『法親王供奉御賀儀』には、「後宴儀」に、「……賜二衡重一事　已上共如二昨日一」とある。

(康)先春鶯囀〈注略〉、此間公卿座居二衡重一（『中右記』）

㈡左陵王……此間賜二衝重於公卿座一〈頭弁朝隆朝臣勧レ盃〉（『仁平御賀記』）
右皇仁〈四人〉。此間居二公卿衝重一。頭弁勧レ盃。五位蔵人顕遠、取二瓶子一（『兵範記』）

安元は康和の時の儀に倣っている。「衝重」は、食器を載せる台付きの膳。白木の檜で作る。「これよりさき、万歳楽のほどに、親王公卿に衝重をたまふ」(10)の項を参照。

右、古鳥蘇出づ―「古鳥蘇」は左方の春鶯囀に対する右方の舞。『玉葉』に「次左右奏レ舞　左春鶯囀〈公時不レ立。以下舞人如レ是〉、右古鳥蘇」、『定能卿記』に「次古鳥蘇欲レ出間、供二主上御膳一。仍舞暫不レ出。……供了奏二古鳥蘇一〈時家取二蘇利古一〉」と見える。「古鳥蘇」は、舞楽曲。高麗壱越調の大曲。六人の舞。巻纓の冠をつけ、帯剣し、笏を持って舞う。舞の後、下臈の舞人が舞台を降りてから、上臈の舞人二人が留まり、後参桴《ごさんばち》を持って舞う。これを後参または後参舞と言う。『和名抄』（巻四・曲調類）の「高麗楽曲」に、「新鳥蘇、古鳥蘇、……」とある。

謂二之高麗調子曲一。拍子十、加二喚頭一定。舞間拍子百五十、冠、着レ剣、笏。近来面不レ着レ之。先欲二此曲奏一時、吹二高麗調子一。但依レ為二秘事一、常吹二心調子一云々。又此調子、興福寺常楽会之後日、西楽門奏レ之。用二略定之説一云々（『教訓抄』巻五・古鳥蘇）

古鳥蘇　是を吹かんとて高麗調子を吹くといふ人、こと知らぬものなり。ことの有様、新鳥蘇にたがはず。蘇利古あり。かぶりして、笏腰に挿したる舞なり。団乱旋にあはず。大曲なり。喚頭あり（『龍鳴抄』上）

『龍鳴抄』は「新鳥蘇」との相違はないと言う。

左蘇合・散手・青海波・還城楽・猿楽、右古鳥蘇・貴徳・狛桙〈此間秉燭〉・大桔桿（『小右記』寛弘二年〔一〇〇五〕七月二九日条。相撲御覧）

行幸舞　左万歳楽・春鶯囀・龍王、右地久・古鳥蘇・納蘇利（『殿暦』康和五年〔一一〇三〕正月二日条。堀河

天皇の鳥羽殿朝覲行幸）

などがその例。舞人の登場を表す「出づ」は、『定能卿記』の「春鶯囀出四人。……次古鳥蘇欲レ出間」と対応する。

（康）先春鶯囀。……次古鳥蘇〈頭国取二蘇利古一〉（『中右記』）

（仁）先左春鶯囀〈舞人皆如二昨日一〉。次右新鳥蘇。公保朝臣取二曾利古一（『仁平御賀記』）

左春鶯囀。……次右奏二古鳥蘇一（『兵範記』）。『仁平御賀記』とは曲名が異なる）

ここでも康和が先蹤となっている。

隆房、雅賢、小松のもとにして、合肘を舞ふ―藤原隆房と源雅賢。「古鳥蘇」の上臈の舞人であろう。『玉葉』『定能卿記』は、この二人については何も記していない。「合肘」は、『教訓抄』（巻五・新鳥蘇）に「合肘舞也。執二後参《ごさん》一」と見える。賀宴の舞を奏する中に「新鳥蘇、合肘を舞ふ」（10）とある。右の『教訓抄』に見える「後参」は、高麗楽でその曲が終わった後、上臈のみが残って舞うこと。その時舞人は後参桴《ばち》（後参）を持って舞う。「古鳥蘇」と「新鳥蘇」は高麗楽であり、これに当てはまる。「合肘」は、この後参舞を舞うときの所作であろう。

梢の鶯の声に、春鶯囀たよりあり。汀の鶴の舞に、古鳥蘇もよしありてぞ御覧じける―「御覧じける」の主語は院・天皇であろう。この部分は、次に示すように、対をなす表現である。

梢の鶯の声に、春鶯囀たよりあり。
汀の鶴の舞に、古鳥蘇もよしありてぞ御覧じける。

「梢」に鳴く「鶯の声」に「春鶯囀」、「汀」での「鶴の舞」に「古鳥蘇」と、折に合う舞楽であると称えている。興趣をおぼえたのである。御賀記に、法住寺南殿の庭を、「汀の松には藤の花を結びかけて鶴の巣くひたるかたをすゑたり」（4）とあり、池の畔の松には作り物の鶴を置いていた。

これより先に、御前の物を参らす。陪膳、大納言定房、役、宰相―「これより先」は古鳥蘇を奏する前に。「御前の物を参らす」は、天皇・院らに御膳を供すること。「右、古鳥蘇出づ」の項に引いたように、『定能卿記』では、古鳥蘇を奏する前に供しており、そのためにしばらく舞を控えたとある。『玉葉』には、「春鶯囀之間……序間内府起レ座退下。此後数刻、猶不レ向二楽屋一。此間供二御膳一。陪膳定房卿、役供参議・散三位等如レ常。只常行幸体也」と、春鶯囀を奏している間のこととしている。賀宴の日に、「次に、院の御方の御前の物を参らす。陪膳、権大納言隆季、役、宰相。内の御方の御前物、左衛門督宗盛、役、四位」（6）とある。その項を参照。

(康)次古鳥蘇〈注略〉。此舞未レ出二前庭一之間、供二主上御膳一。権大納言家忠卿陪膳、参議等益供（『中右記』）

(仁)次供二法皇御膳一。陪膳権大納言公教卿。……次供二主上御膳一。陪膳中納言重通卿并蔵人頭右大弁朝隆。一御台盤〈注略〉、師仲・成雅・行通・光忠等朝臣以下、相互役二送之一。……次納蘇利〈注略〉。此間供二主上御膳御酒等一。陪膳大納言伊通卿也（『仁平御賀記』）

次供二上皇御膳一。……又供二主上御膳一。……右皇仁〈四人〉。此間居二公卿衝重一。……主上御膳、権大納言伊通卿、取二錦打敷一、為二陪膳一。参議已下益送。供膳色目如二朝覲行幸一（『兵範記』）

仁平では、「主上御膳」が二回あった。一回目は「献物」の次、二回目は舞楽の途中。いずれの御賀も、「陪膳」は大納言、「役（益供）」は参議が勤めている。

この後、内大臣、中宮大夫、藤大納言、按察、楽屋へ行く―「この後」は、右の「御前の物」を供したあと。そして内大臣藤原師長・中宮大夫藤原隆季・藤大納言藤原実国・按察使源資賢が、改めて楽屋へ向かった。ここで師長らが楽屋へ行くまでの流れを辿っておく。先に関白藤原基房の指示で楽屋へ向かおうとした時、楽屋近くで狼藉・乱闘があって庭内が騒然となったため、楽屋で吹いていた「壱越調」の「調子」が「中絶」した。長い時間を経て楽屋は静かになり、再び「調子」を吹き出したものの、「内府猶称レ有レ恐、暫不レ被レ起レ座」と、師長はなおも騒ぎの恐れありと、座を起たなかった。次に「春鶯囀」が始まり、「序」を奏する間に師長は座を起って退いたが、「此後数刻、猶不レ向二楽屋一」なおも楽屋へ向かわなかった。そして、「春鶯囀」を終えて、次の舞楽「古鳥蘇」の「終頭」になって、ようやく師長以下が「楽屋」へ向かっている（『玉葉』）。『定能卿記』には、「此間公卿向二楽屋一」（「此間」は「古鳥蘇」を奏する間）と記している。『中右記』にはこの類の記事はない。

㈡次右新鳥蘇。……此間右大臣〈注略〉、権大納言藤成通、同公教卿〈注略〉、依レ勅、向二楽屋一。依レ可レ奏二笙笛一也。先レ是蔵人朝雅〈注略〉、入二笙笛於笛筥蓋一、渡二南庭一、持向二楽屋一。次左大臣、内大臣、公能卿、季成卿、忠基卿、兼長卿、教長卿、公通朝臣、起二簀子一、渡二中庭一、至二楽屋一。為三扶二持青海波舞人一也（『仁平御賀記』）

次右奏二古鳥蘇一〈舞人四人如二昨日一〉。此間右大臣、内大臣、民部卿、左衛門督〈公〉、権中納言季成、忠基、二位中将、右宰相中将〈教〉、修理大夫〈忠〉、参議公通朝臣、各起レ座、被レ向二楽屋一（『兵範記』）

仁平の時は、「古（新）鳥蘇」の間とあるが、二手に分けて向かうなど若干の違いがある。

このほかに源大納言、源中納言、楽屋へ行くべきことあれば、この人々に行き具せらる―「源大納言」は源定房、「源中納言」は源雅頼。二人が師長らとともに楽屋へ向かった。このことを『玉葉』は、「古鳥蘇終頭、内府以下向二楽屋一〈源大納言・源中納言同相具。為三扶二持胡飲酒一也。猶各別可レ向歟〉」と記している。定房と雅頼は「胡飲酒」を「扶持」する目的があった。ただ、師長らと定房・雅頼は別々に向かうべきであったと批判している。これについて『玉葉』は頭書に、「後聞」として、次のように記している。

内府為三相二具源大納言一、待二御膳了一之間、経二数刻一云々。是仁平故宇治左府被三相二具中院一之故云々。而見二彼記一、全以不レ然。如何云々。人々有二傾奇気一歟。被レ遣二楽屋一之大臣与下扶二持舞一人々上混合之条不レ得レ心。又無二先例一。旁可レ謂二違失一歟。

師長は定房を同道するために、定房が陪膳の勤めを終えるのを「数刻」待っていたという。仁平の賀宴の折、師長の父頼長が「中院」を連れて行くために待っていたという故事があるらしい。しかし、その時の「記」を見たものの、そんなことはなかった。これはどういうことかと、人々は首をかしげた。それに楽屋へ遣わされた大臣と舞を輔佐する人たちとが一緒になっているのも訝しい。これについても先例はない、誤りだと断じている。「楽屋へ行くべきこと」とは、右の『玉葉』に「為三扶二持胡飲酒一也」、『定能卿記』に「定房・雅頼等、為二胡飲酒扶持一也。非二所作人一」とあり、つづく舞楽「胡飲酒」の補佐をするためであるという。中身は異なるが、『仁平御賀記』によれば、「依レ可レ奏二笙笛一也」「為三扶二持青海波一也」であった。

内大臣、源大納言は胡床の北より行く。こと人々は汀より行く――藤原師長と源定房は、他の人々とは楽屋への経路が異なることをいう。

　内府〈随身歴二池畔一〉・定房等歴二階前一〈胡床北也〉、更自二左胡床後一南行、歴二左鉦鼓北一入二楽屋一。隆季卿以下、歴二胡床南一〈此後路同前〉入二楽屋一（『玉葉』）

此間公卿向二楽屋一。内大臣〈経二胡床北階前一。随身経二池畔一〉・定房卿、同経二胡床北一。隆季卿・実国卿・按察使〈資賢〉・雅頼卿、経二胡床南一〈定房・雅頼等、為二胡飲酒扶持一也。非二所作人一〉（『定能卿記』）

「こと人々」は、『定能卿記』に見える「隆季卿」以下の人々。「汀より行く」は、「歴二胡床南一」のことであろうか。あるいは『玉葉』に記す、「内府〈随身歴二池畔一〉」と同じかもしれない。「胡床」は、一人用の腰掛け。貴族や武官がおもに戸外で用いる。折りたたみができた。賀宴の日に、「次に近衛司、胡床につく」（6）とある。その注参照。なお、類従本が「源大納言」を「藤《源イ》大納言」に作るのは、『玉葉』『定能卿記』によって誤りと分かる。

24 輪台

又、右大将、青海波の装束のために、親《した》しき人々《〱》を引《ひ》き具《く》して楽屋《かくや》へ向《む》かはる。又、蔵人、管絃の具を楽屋《かくや》へもて行《ゆ》く。内大臣、琵琶を調《しら》べらる。古鳥蘇はてて《ゝ》、左右の胡床を撤《と》る。蔵人頭已下、殿上人四十余人、西の中門より御前を渡《わた》りて、楽屋《かくや》の未申《ひつしさる》の庭に群《むら》がれ立《た》つ。垣代《かいしろ》の料《れう》なり。出納《(しゆつなふ)》尚親《ひさちか》、扁皮《へんひ》を配《くは》る。この時、笙の調子《てうし》を吹《ふ》く。次《つき》に、笛《ふえ》、輪台《りむたい》を吹《ふ》く。垣代《かいしろ》やうやう《〱》出《い》づ。その道《みち》、太鼓《大こ》のうしろ、左の鉦鼓《さうこ》の北《きた》より出《い》づ。まづ、輪台《りむたい》の上臈《らう》二人、頼実《よりさね》、清経《きよつね》。次《つき》に、右の舞人《まひ》四人。次《つき》に、輪台《りむたい》の下臈《らう》一人、公時《きむとき》、もとは笛吹《ふえふ》きにてありしが、舞人《まひ》の欠《か》けたるによりて、にはかに入《い》りたれば、万歳楽《まんさいらく》のほかはいまだ習《なら》はねど、垣代《かいしろ》ばかりに立《た》ち加《くはゝ》はるなり。次《つき》に、殿上人、おのおの《を〱》歩《あゆ》み連《つら》なりて、大輪《おほわ》をめぐる。左右舞人《まひ》は、揩鼓《すりつゝみ》を打《う》つ。おのおの《を〱》めぐり立《た》ちて後《のち》、東《ひむかし》に小輪《こわ》を作《つく》る。その中より頼実《よりさね》、清経《きよつねい》出でて《ゝ》舞《ま》ふ。この時に大納言隆季《たかすゑ》、実国《さねくに》、中納言資賢《すけかた》、中将定能《さたよし》、楽屋《かくや》より出《い》でて《ゝ》、垣代《かいしろ》に加《くはゝ》はる。音取《ねと》り、唱歌《さうか》のありさま、こまかに記《しる》すにいとまなし。

又、右大将、青海波の装束のために、親しき人々を引き具して楽屋へ向かはる──「右大将」は平重盛（→人物伝58）。重盛は、青海波の垣代の準備のために、一族の人々を引き連れて楽屋へ向かった。「青海波」については（25）に後述。類従本には、（傍線部は定家本との異同箇所）

又しはし有て、右大将は、青海波の装束の為に、一家の人〳〵左衛門督宗盛、左中将知盛、中宮亮重衡、権亮少将惟盛、左少将資盛、新少将清経、兵衛佐忠房、越前守通盛、是らを引具して、楽屋へむかはる〻。其いきほひ人にことなり。

とある。「左衛門督宗盛」以下の人々の名は、定家本にはない。このあたりを、『玉葉』は、

相次右大将率二一族公卿一〈宗盛・時忠・頼盛・教盛・信隆等也〉向二楽屋一。将軍降レ自二対代南階一、宗盛以下降レ自二中門廊南妻一。共歴二池畔一、自二鉦鼓北一入二楽屋一了。是為三扶二持青海波装束一也。

『定能卿記』は、

爰右大将〈重盛〉・左衛門督〈宗盛〉・別当〈時忠〉・右兵衛督〈頼盛〉・平宰相〈教盛〉・修理大夫〈信隆〉向二楽屋一。皆経二胡床南一。是青海波〈維盛〉扶持故也。

と記している。ともに類従本にある知盛・重衡・惟盛・資盛・清経・忠房・通盛の名が見えず、また『玉葉』『定能卿記』にある時忠・頼盛・教盛・藤原信隆の名が類従本に見えない。楽屋へ向かう理由を、『玉葉』は「青海波」の「装束」を「扶持」するためと述べるのに対して、『定能卿記』は、「維盛」の「青海波」を「扶持」するためであると言う。二月二一日の試楽では、「陵王」を奏した後、

次関白召二実宗一、被レ仰下可レ奏二青海波一之由上。実宗退下、率二殿上侍臣一、歴二前庭一向二楽屋一。為レ立二垣代一也
（『玉葉』）

と、藤原実宗が垣代に立つために、殿上の侍臣を率いて楽屋へ向かったとある。仁平では、

(仁)次左大臣、内大臣、公能卿、季成卿、忠基卿、兼長卿、教長卿、公通朝臣、起二簀子一、渡二中庭一、至二楽屋一。為三扶二持青海波舞人一也（『仁平御賀記』）

此間右大臣、内大臣、民部卿、左衛門督〈公〉、権中納言季成、忠基、二位中将、右宰相中将〈教〉、修理大

夫〈忠〉、参議公通朝臣、各起レ座、被レ向二楽屋一。其道如二右大臣一。大臣以下数箇卿相輙《スナハチ》列。伶人堪能越レ古。勅定及レ数歟。且又左府以下人々青海波之間、為二調子幷伝等一也（『兵範記』）。「右大臣」は左大臣の誤り。「伝等」が何かは不明）

と、青海波の際に左大臣藤原頼長らが、楽屋へ向かったと記している。同様の記事は、『古今著聞集』（巻一三・451「仁平二年正月、鳥羽法皇五十算の御賀の事」）に、「隆長朝臣・実定、青海波を舞はれければ、左大臣、一家の人々を引きて、楽屋へ向かひたまふ」と見える。康和の時にも、「次敷手。此後内大臣率二一家人々一向二楽屋一。依レ可レ有二胡飲酒一也。令二装束一了、内大臣復二本座一」（『中右記』）とあるが、これは胡飲酒のためである。「向かはる」の「る」は尊敬の助動詞であり、重盛への敬意を示している。御賀記では、通常大臣以上の官職にある人に敬語を用いているが、重盛は大納言である。ここでの敬語使用は、平家一門への格別な配慮によるか。類従本の「其いきほひ人にことなり」に関連する記述は、『玉葉』『定能卿記』などには見えない。平家一門の威勢を強調した表現である。類従本の平家尊重の姿勢を伺うことができる。類従本本文の特徴については、伊井春樹「『安元御賀記』の成立―定家本から類従本・『平家公達草紙』へ―」（「あなかしこ、……」(16)の項に前掲）、および浜畑圭吾「群書類従本『安元御賀記』の成立」（『国文学論叢』六一輯・二〇一六年二月）、同「「ほこりか」な人々―群書類従本『安元御賀記』における人物造型―」（「人々見ぬ顔をすれど、……」(16)の項に前掲）参照。『平家物語』には、

あの殿のいまだ四位少将と聞こえたまひし安元の春の頃、法住寺殿にて五十の御賀のありしに、父小松殿は内大臣の左大将にてまします。伯父宗盛卿は大納言の右大将にて、階下に着座せられたり。その外三位中将知盛・頭中将重衡以下一門の人々、今日を晴と時めきたまひて、垣代に立ちたまひし中より、この三位中将、桜の花をかざして青海波を舞うて出でられたりしかば（巻一〇「熊野参詣」）

とあり、青海波の垣代に立つさまを、平家の威勢の象徴として懐古している。

又、蔵人、管絃の具を楽屋へもて行く―蔵人が、次に奏する青海波に用いる楽器を、先に楽屋へ入った「内大臣」藤原師長らのところへ持参した。『定能卿記』には、「六位二人持二来御琵琶・御笛筥蓋一〈笙・笛等也〉。内府〈弾二比巴一、名《ハ》御前〉・隆季卿〈笙〉・実国卿〈笛〉・按察〈同唱歌〉」と、六位の二人が持参したと記す。この「六位二人」は、御賀記によれば「蔵人」である。六位蔵人なのであろう。『玉葉』は、この「管絃の具」持参については書きとめていない。なお、右の「御琵琶・御笛筥蓋〈笙・笛等也〉」は、「御」を付しているので、天皇の所持する楽器であろう。

㊁先レ是蔵人朝雅〈着二萌木袴十《ママ》裏欵冬下重一〉、入二笙笛於笛筥蓋一、渡二南庭一、持二向楽屋一（『仁平御賀記』）。「先レ是」は、右大臣源雅定らが楽屋へ向かう前）

『中右記』『兵範記』には、管絃の具を持って行く記事はない。

内大臣、琵琶を調べらる―内大臣師長が、青海波の奏楽のうち琵琶を担当するということ。師長を含めた楽人と担当する楽器について、『玉葉』は、「此間関白召二光雅一〈注略〉、仰曰、内大臣〈琵琶〉・中宮大夫〈笙〉・藤大納言〈笛〉・按察〈唱歌〉等、可レ遣二楽屋一者」とある。前項に引いた『定能卿記』によれば、「琵琶」は天皇の所持する楽器。天皇は、演奏するよう命じた者に、所持する楽器を使わせた。

古鳥蘇はてて、左右の胡床を撤る―この後の「青海波」に備えて、庭前の「胡床」を撤去した。『玉葉』には、「古鳥蘇了、先撤二胡床一〈陣官等撤レ之〉」と、同様の記述がある。『定能卿記』には、「此間古鳥蘇退入」とある。重盛らが楽屋へ向かい、そこで青海波の支度を終え、垣代が出てくるまでに、もとの座に戻ってからの記事である。『定能卿記』にはつづいて、「爰右大将〈重盛〉、……向二楽屋一。皆経二胡床南一。是青海波〈維盛〉扶持故也。無レ程帰二着御前座一」とある。「古鳥蘇」は、「右、古鳥蘇出づ」（23）の項を参照。

(仁)此間右府吹レ笙……近衛楽人中、打二大鼓鉦鼓一。左右近衛、撤二前庭胡床一。次左右舞人以下垣代等、進三出自二楽屋一（『兵範記』）

蔵人頭已下、殿上人四十余人――「蔵人頭已下……」は、青海波の垣代となる人々。『定能卿記』には、「次両貫首以下殿上人廿余人来二楽屋一〈其路同レ前。人数大略如二試楽日一。但今日相加人、親信朝臣・通親朝臣・通資朝臣・経正等也。後聞、経正非二御点内一云々。蔵人一人一臈判官兼綱〉」（「貫首」は蔵人頭のこと）と人数が御賀記と異なる。『玉葉』には、

立二垣代一侍臣〈蔵人頭不レ依二位階一立レ前、左右舞人在レ前、殿上人等在二其後一。不レ論二楽人・非楽人一、依二位次一立レ之〉

実宗朝臣、長方朝臣、雅長朝臣、親信朝臣、知盛朝臣、清通朝臣、光能朝臣、通親朝臣、頼実朝臣、重衡朝臣、通盛朝臣、隆房朝臣、顕信朝臣〈打物〉、有房朝臣、通資朝臣、季能朝臣、信基朝臣、光憲朝臣、経房朝臣、時実朝臣、雅賢朝臣、経雅朝臣、保盛朝臣、親宗朝臣、清経朝臣、兼光、光雅、基親、光実、時家、公時、師家、家俊、信季、兼忠、資時、公守、盛定。　已上任二位次一注レ之。

とあり、三八人の名を挙げている。また、頭書には、「経雅漏二御点一之人也。而推参立レ之。人々為レ奇云々」と、召されていない「経雅」が参加していると述べている。「御点」は、儀式や催し物に参加を求められること。『殿暦』長治元年（一一〇四）四月二五日条の「昨日和歌、件朝臣不レ被レ参。依レ無レ召也。御点内人皆参也」（「件朝臣」は藤原家政）は、その例。

(康)次輪台。垣代内殿上人卌人〈楽人所役、如二御賀日一〉、修理大夫顕季朝臣以下、不レ論二貫首一立二位階次第一。但輪台舞二人〈実隆朝臣・能明為レ先〉、殿上人等後。又輪台二人〈師重・宗輔朝臣〉、蔵人大学助重隆六位、只一人在二垣代列一〈依レ為二院殿上人一歟〉。青海波二人不レ立二此列一。密々於二楽屋中一令二装束一之故也〈於二垣

代中一須レ令二装束一也。然而兼有レ議、於二楽屋一為レ之〉。輪台四人〈宗輔朝臣・実隆朝臣・師重朝臣・能明〉、此間内大臣童雅定、従二御前一来加二楽屋一。爰有レ仰右衛門督宗通卿、加二垣代中一吹レ笛、下官唱歌、顕仲朝臣〈笙〉、俊頼朝臣〈篳篥〉、左近将監狛光末、殊召二加此列一令レ詠也。青海波二人〈通季・宗能〉、着二青打半臂〈以レ銀押二浜形・海浦・波文等一〉、螺鈿細剣、紺地緒一〈縫二水文等一〉、撤二平胡籙一〈不レ放二老懸一〉、出二手舞一畢。一二三返舞之後、詠四切、又詠七切。上二拍子一。舞之間、堂上地下衆人、見者皆驚二耳目一。是則依レ為二珍重舞一歟（『中右記』）

(仁)次左青海波。隆長朝臣、実定、二人舞レ之〈袒二半臂一、施二泥絵一〉。次家明、実長、定房、忠親、四人舞二輪台一。先レ是朝隆朝臣以下、雲客卌人、廻二南庭一〈伶人為レ先〉、立二垣代一。右大臣〈笙〉、定輔〈笛〉、又加二此列一発二妙曲一（『仁平御賀記』）

次殿上四位以下、入レ自二西中門一、経二南庭池汀一加東行、向二楽屋一。其数廿余人〈蔵人頭右大弁朝隆〈正下四位成雅下﨟也〉、刑部卿忠盛朝臣〈正下四位第一人也〉、美作守宗長朝臣、伊与守盛章朝臣、中務大輔清盛朝臣、左中将成雅朝臣、右中将光忠朝臣〈両人起レ床、加二此列一〉、備中守光隆朝臣、尾張守親隆朝臣、右中弁光頼朝臣、越中守顕成朝臣、前少納言俊通、蔵人弁範家、同勘解由次官顕遠、勘解由次官惟方、侍従師盛、同師光、右兵衛佐信頼、左兵衛佐隆輔、右衛門佐信隆、右兵衛佐清成、蔵人朝雅〉。此外左右舞人八人〈左右各四人、青海波舞者二人不レ列レ之〉、楽人上総守資賢朝臣〈楽人中、雖レ吹レ笙、為二唱声雅一列也〉、四位少納言成隆朝臣〈楽人中、雖二三鼓打一、依レ無二青海波役一列レ之〉、治部大輔雅頼〈揩鼓打同レ上〉、少納言実経、教宗〈両人楽人中、雖二鉦鼓打一、代二府者一列レ之〉等、加二此列一。此間右府吹レ笙、権大納言成通、公教吹レ笛、参議為通打二鞨鼓一、季行朝臣吹二篳篥一、隆季朝臣、季家朝臣、重家朝臣、信能〈已上笙〉、伊実朝臣、成親、実国〈已上笛〉、同調レ楽。此外卿相、随レ能助レ音。近衛楽人中、打二大鼓鉦鼓一。左右近衛、撤二前庭胡床一。次左右舞人以下垣代等、進三出自二楽屋一（『兵範記』）

なお、類従本は「蔵人頭実宗・重衡以下、殿上人四十余人」とあるが、蔵人頭は実宗と長方。

西の中門より御前を渡りて、楽屋の未申の庭に群がれ立つ―『定能卿記』は前項の引用に「其路同レ前」、つまり「向二楽屋一、皆経二胡床南一」とあり、さらに「皆経二桙北一」と経路を示している。『玉葉』には、「次殿上侍臣実宗朝臣以下、入レ自二中門一向二楽屋一〈各経二右鉦鼓南一〉」と見える。

(康)次輪台。垣代内殿上人卌人〈楽人所役、如二御賀日一〉。修理大夫顕季朝臣以下、不レ論二貫首一、立二位階次第一。但輪台舞二人〈実隆朝臣・能明、為レ先〉、殿上人等後（『中右記』。楽屋へ向かったことなどには触れていない）

(仁)次家明・実長・定房・忠親四人、舞二輪台一。先レ是、朝隆朝臣以下、雲客卌人、廻二南庭一〈伶人為レ先〉、立二垣代一（『仁平御賀記』）

次殿上四位以下、入レ自二西中門一、経二南庭池汀一加東行、向二楽屋一。其数廿余人〈蔵人頭右大弁朝隆……蔵人朝雅〉（『兵範記』）

「群がれ」は、群がりに同じ。漢文訓読語。御賀記はしばしば訓読語を用いている。真福寺本『将門記』の「所レ謂千人屯《ムラカレヌ(ル)》処、草木倶彫者」は、その一例。「平安時代には四段もあったが、下二段の方が優勢であった。多分下二段の方が古い形であったろう」（築島裕『平安時代語新論』一九六九年・東京大学出版会、四七二頁）と言われている。

垣代の料なり―垣代を行うためということ。「垣代」は、輪台・青海波を舞う時、舞人とともに庭上で笛を吹き拍子を執る人々が作る円陣。人数は四〇人（輪台の舞人四人、青海波の舞人二人を含む）。輪台・青海波の舞人は、垣代の作った輪の中で装束をして舞い出る。『玉葉』は、「蔵人頭已下、殿上人四十余人」の項に引いたように、「立二垣代一侍臣」として「実宗朝臣」以下三八人の名を挙げている。『教訓抄』（巻三・輪台）には、「垣代四十人

之内、序四人、破二人、左右舞人、関白左右大将御随身、滝口、北面、各取二反尾一と記している。(25)の

【補説】(2)に後述の『源氏物語』(紅葉賀)には、「垣代など、殿上人地下も、心ことなりと世人に思はれたる、有職の限りととのへさせたまへり。……木高き紅葉の蔭に、四十人の垣代」とある。

出納尚親、扁皮を配る―「出納」は、「しゆつなふ」または「すいなふ」と読む。蔵人所の卑職。雑務を扱い、雑具の出し入れなどを掌る。『侍中群要』(第八・蘇甘栗使事)に、「大臣家大饗、内蔵人奉レ仰召二仰出納一、令レ調二蘇甘栗等一〈在レ所〉。蘇四壺栗十六籠、各入二折櫃一合一〈合二一合也〉、置二土高坏一〈折櫃高坏幷召二内蔵一〉」、『禁秘抄』(上・出納)に「三人。是蔵人方一切奉行者也」とある。『中右記』長治元年(一一〇四)七月九日条に、「此次被レ行二小除目一〈注略〉。……又左衛門志大江行重〈蔵人所出納〉、蒙二検非違使宣旨一。……須下行重為二出納一自搦取上也」(京官の除目)とある。「尚親」は、佐伯尚親(↓人物伝60)。『山槐記』安元元年(一一七五)八月一六日条の御賀行事所始の記事に「出納左衛門府生佐伯久親」とみえる。「扁皮」は、反鼻・反尾とも記す。『龍鳴抄』(下・青海波)に、「左右の舞人、関白殿左右大将の御随身、反鼻をもちてまはる。へんびといふは、木して作りたるともゑに、撥を具したり。垣代にてそれを拍子打つなり」とあるように、青海波(輪台)で用いる木製の楽器であり、垣代が持って拍子を打った。『中右記』長治元年(一一〇四)八月一日条の「青海波舞間忘二反鼻一。楽所行事蔵人広房不二沙汰一云々」、『江家次第』(巻八・相撲抜出)の「若舞二青海波一時、……不レ論二左右一、官人並舞人・相撲長為二垣代一〈打二扁皮一〉」が、その例。前項に引いた『教訓抄』(巻三・輪台)には、「次左右舞人交立。序四人之外、舞人皆返尾ヲ取〈右膝突〉。フトコロニ入テ、違打《すぢかへうつ》也。……次関白左右大将御随身立〈各弓ヲ立テ、反尾ヲ取也〉」などとある。また、「但序破舞人不レ取レ之」ともあって、舞人は「反鼻」を受け取らない。「両貫首以下、置二反鼻於楽屋一、経二本路一帰参」(『定能卿記』。青海波後の記事)、「左右舞人皆撃二須知加倍一繞行。自余輩指レ笏〈衛府撤レ弓〉、懐二反鼻一〈但不レ撃二須知加倍乎一〉」(『玉葉』。輪台の場面)。ただし、垣代に「反

鼻」を配布する記事は、『定能卿記』『玉葉』には見えない。

この時、笙の調子を吹く―「調子」は、舞楽・管絃の演奏の前に、楽器の調子を整えるために演奏する短い曲。六調子に一つずつある。『教訓抄』（巻三・輪台）は、「輪台・青海波近代作法者」として、まず「先笙篳篥吹二調子一」と記している。

次に、笛、輪台を吹く―輪台は舞楽名。唐楽。盤渉調。青海波に先立って序として演じ、二曲で一体をなす。『教訓抄』（巻三・輪台）には、「作者酒醇作レ之云。ツマビラカナラズ〈可レ尋〉。古老伝云、輪台ハ国名也」と、作者と曲名についての伝承を記している。前項に引いた『教訓抄』は、「左右舞人、随身、滝口、ト、ノイテ後、笛吹二禰取一テ、輪台ヲユルユルト吹」とつづく。このことであろう。

垣代やうやう出づ―「垣代」が楽屋から出て並んで現れる。『定能卿記』の「依二隆季卿命一、今日楽屋請二取笛一各一人〈泰通・経家・季信等也〉、三外皆可レ立二垣代一云々。仍皆立レ之〈但基範不レ立。如何〉〈傍記「予ハ可レ立二垣代一也」〉」（「三」は三人の意で、「泰通・経家・季信」のこと。「予」は藤原定能）、『玉葉』の「次垣代出二楽屋一〈輪台延吹〉」が相当する。「やうやう」と重なる記述はない。

(仁)先レ是朝隆朝臣以下、雲客卅人、廻二南庭一〈伶人為レ先〉、立二垣代一（『仁平御賀記』）

次左右舞人以下垣代等、進二出自二楽屋一、乾角渡二御前一作レ輪。先左舞人四人、次右四人。次頭弁以下垣代、四位五位六位幷卅余人〈殿上人楽人等、皆挿レ笏取二反尾一〉（『兵範記』）

その道、太鼓のうしろ、左の鉦鼓の北より出づ―「垣代」が移動する道筋を記している。『玉葉』の「次垣代出二楽屋一〈輪台延吹〉。北進歴二階前一西行、南廻傍二池畔一東行〈左廻也。謂二之大輪一〉」が、それに当たる。

まづ、輪台の上臈二人、頼実、清経―「垣代」のうち、「輪台」の「上臈」の舞人である頼実と清経が「大輪」から出て、庭前の西と東に「小輪」を作ろうとした。

爰垣代平立〈注略〉。立定之後、輪台早吹。此時舞出〈二人、頼実出レ自レ西立、清経出レ自レ東立レ之〉之後

（『玉葉』）

『定能卿記』に「次出二輪台一。出二二人一〈頼実・清経不レ袒*。公時雖レ習二此舞一、三人之条無レ例云々。仍二人奏レ之〉」（*「袒」は、『禁裏・公家文庫研究』第二輯の翻字によると「□」と欠字であるが、次に引く『玉葉』によって補った）、『玉葉』に「輪台上臈二人在レ先〈頼実・清経不レ袒。青海波不レ立二垣代一。康和・仁平例也。……〉」とある。本来「四人」であるべきところだが、『玉葉』『定能卿記』に記す事情によって「二人」となった（『玉葉』については「次に、輪台の下臈一人、公時……」の項に後述）。なお、次の『定能卿記』によると、「輪台」がどう出るかについて、舞人の頼実が前例を引きながら、隆季に問い合わせている。舞人が四人から二人に減ったために、どう対応してよいか分からなかったのである。

爰頼実朝臣問二隆季卿一曰、康和例、輪台第二・第四有レ前、第三・第一有レ後。仁平例、第一・第三有レ前、第二・第四有レ後。今度如何云々。隆季卿答曰、今度被レ用二康和例一。可レ依二彼例一云々。而舞師光近、以二上臈一可レ為レ前之由頻申行。隆季卿曰、左右只任二光近説一。仍一向付二光近説一、頼実・清経朝臣為レ前。

「康和例」に倣うこと、狛光近の説に従って「上臈」を「先」とすることなどを確認している。

次に、右の舞人四人―左の舞人「頼実、清経」が出たその次に、「右の舞人四人」が出て「小輪」を作った。

次に、輪台の下臈一人、公時、もとは笛吹きにてありしが、舞人の欠けたるによりて、にはかに入りたれば、万歳楽のほかはいまだ習はねど、垣代ばかりに立ち加はるなり―輪台の舞人には、上臈・下臈があり、頼実・清経が上臈であった。下臈が公時であった。はじめは実教と成経が舞人であったが、ともに抜けたために、もとは下臈であった清経が上臈に繰り上がった。公時はもともと輪台の舞人ではなかったが、

須レ有二輪台四人一也。而実教重服替、被レ入二公時一。其後成経所労出来。事為二卒爾一、不レ被レ入二其替一（『玉

葉』）

輪台の舞人四人のうち、重服である実教の代わりに公時が加わった。ついで成経が所労のために抜けたが、急なことなのでその補充はなかった。「舞人の欠けたるによりて……」は、このような事情があった。公時を「もとは笛吹きにてありしが」というのは、もともと笛吹だったからである。試楽では、楽人の名前を列挙する中に、「次笛四人〈注略〉左近中将泰通朝臣〈左〉、右近少将公時〈右〉、……」（『玉葉』）、賀宴では、「次笛四人　左近中将藤泰通朝臣〈左〉……公時入二舞人替一、被レ入二基範一了。然而公時猶吹レ笛。……」（同）と、笛を担当している。ところが、「次出二輪台一。出二二人一〈頼実・清経不レ袒。公時雖レ習二此舞一、三人之条無レ例云々。仍二人奏レ之〉」（『定能卿記』）とあり、舞人となったものの、輪台を舞っていない。それは輪台を習っていたものの、三人で舞う例がないからだとある。なお、

輪台、上臈二人在レ先〈頼実・清経不レ袒。青海波不レ立二垣代一。康和・仁平例也。後聞、康和下臈二人在レ先、仁平上臈二人在レ先。今日可レ依二何例一乎之由、頼実朝臣触二隆季卿一。隆季卿称下可レ依二康和例一之由上。而光近申云、上臈可レ在レ先。隆季示下可レ依二光近申状一之由上。仍今日為レ先二上臈一云々〉（『玉葉』）

と、藤原隆季と狛光近との間で、どちらを先にするかで見解の違いがあり、結局光近の意見で決着が付くという一幕があった。「万歳楽」は四日の記事に、「左、万歳楽〈廿拍子〉」（10）とある。『殿暦』永久二年（一一一四）二月一〇日条に「次々儀如レ常。舞〈左、万歳楽・蘇合・青海波・打毬楽・龍王。……〉」（鳥羽天皇朝覲行幸）とある。「万歳楽のほかはいまだ習はねど」は、公時が「万歳楽」以外は習っていないことを言うが、「まづ、輪台の上臈……」の項に引いた『定能卿記』には「次出二輪台一。……〈……公時雖レ習二此舞一〉」と、輪台は習っていたとあり、記事に矛盾がある。輪台の舞は四人で行うものであり、康和・仁平の後宴では、次のように舞人四人の名を挙げている。

(康)輪台四人〈宗輔朝臣・実隆朝臣・師重朝臣・能明〉(『中右記』)
(仁)次家明・実長・定房・忠親四人舞二輪台一(『仁平御賀記』)
　次輪台四人出レ舞〈家明・実長・公光・忠親〉(『兵範記』。三人目が『仁平御賀記』と異なる)

『教訓抄』(巻三・輪台)には、「垣代四十人之内、序四人、破二人……」とある。「序四人」は輪台の舞人。

次に、殿上人、おのおの歩み連なりて、大輪をめぐる―垣代が輪を作る時の様子をいう。舞人(二人または四人)を含む四〇人の垣代が庭上にあらわれて大輪を作り、大輪がとけると「輪台」の舞人二人が舞う。終わって小輪を作りその中で装束を着け、小輪がとけて「青海波」の舞人二人が舞う。『玉葉』に、

　左右舞人、皆撃二須知加倍一繞《メグリ》行。自余輩指レ笏〈衛府撤レ弓〉、懐二反鼻一〈但不レ撃二須知加倍一乎〉。大輪一匝《メグリ》之後、当二南階一〈遥南去〉、両所造レ輪〈其輪立様、太以狼藉歟。造レ輪之人、皆可レ向レ外。而悉向二御所方一。又上臈下臈組交可レ立。而随レ当立レ之。又円ニ可二立廻一。而如二拝列一二倍《フタヘ》立レ之。未レ見事也。須二楽行事進出行レ事也。而隠二居楽屋一。未レ知二其意一。如何〉。

また『定能卿記』には、「但作二二所輪一時皆向レ外、□立レ南人向レ北。不レ知二子細一。凡解レ輪平立」とあり、輪を解き御所に向かって立っており、異例な立ち様であった。兼実はこの混乱をみて、「楽行事」(藤原実家・藤原実宗)が出て行って輪を整えるべきである、にもかかわらず楽屋に隠れている、どういうつもりだと呆れている。

(康)次輪台、垣代内殿上人卌人〈楽人所役、如二御賀日一〉、修理大夫顕季朝臣以下、不レ論二貫首一、立二位階次第一
　(『中右記』)
(仁)先レ是朝隆朝臣以下、雲客卌人、廻二南庭一〈伶人為レ先〉立二垣代一。右大臣〈笙〉、定輔〈笛〉、又加二此列一発二
　妙曲一(『仁平御賀記』)
　次左右舞人以下垣代等、進二出自二楽屋一、乾角渡二御前一作レ輪。先左舞人四人、次右四人、次頭弁以下垣代、

四位五位六位幷卅余人〈殿上人楽人等皆挿レ笏、取二反尾一〉、舞人楽人廻二立池畔一（『兵範記』）。「卅」は「卌」の誤りか）

垣代が庭前をめぐって、「大輪」から「小輪」を作る時の動きを描いた「青海波垣代之図」（藤原師長）がある。三島暁子「御賀の故実継承と「青海波小輪」について―付早稲田大学図書館蔵『青海波垣代之図』翻刻」（『禁裏・公家文庫研究』第三輯・二〇〇八年・思文閣出版）参照。三島論文は、正嘉三年（一二五九）二月三〇日、西園寺一切経供養の後宴の舞御覧に「青海波」が選ばれ、その教習のために西園寺公相から多久行にくだされたものの転写史料を紹介。本史料は、教習の典拠を安元御賀において師長が著した「御説指図」に求めている。奥書によると、多久行が賜った「為二後代之亀鏡一書」を文永五年（一二六八）後嵯峨院五〇賀にあたり花山院師継が写し、さらに藤原某（滋野井実冬）が転写した（現存諸本の祖本）。三島「安元御賀試楽の場―妙音院師長「御説指図」による舞楽「青海波」を中心に―」（『梁塵 研究と資料』二五号・二〇〇八年三月）は、師長によって安元御賀のために事前に作られた次第書である右の「御説指図」と、実体を記録する『玉葉』『定能卿記』、『仁智要録』（師長撰述）の三者を比較して、垣代の行列（大輪）、その後に東西二手に分かれて作る「小輪」、輪を解き一列に並ぶ「平立」の具体像を提示している。次第書と実際の違い、例えば寝殿より南面する天皇・院の位置を尊重し「小輪」で南に位置する者にあえて北を向かせるのが安元御賀で重要とされたことなどを指摘している。

左右舞人は、揩鼓を打つ―舞人が揩鼓を打つことは、『玉葉』『定能卿記』に見えない。あるいは、「左右舞人、皆撃二須知加倍一繞行」（『玉葉』）のことか。仁平御賀を記録する『古今著聞集』巻一三・451「仁平二年正月、鳥羽法皇五十算の御賀の事」に、「楽人、左、皇后宮の亮師国羯鼓・治部の大輔雅頼摺鼓、……」と見える。

㊗次楽人殿上人一列、右馬頭兼実〈羯鼓〉・侍従実明〈揩鼓〉……（『中右記』）

㊓四位少納言成隆朝臣〈楽人中、雖二三ノ鼓打一、依レ無二青海波役一列レ之〉・治部大輔雅頼〈揩鼓打同上〉（『兵範

記』）

楽人の列の中には「揩鼓」を担当する者がいる。

おのおのめぐり立ちて後、東に小輪を作る—垣代らが回りながら、庭の東に小輪を二つ作ったということ。「東に」は、東寄りにの意か。「次に、殿上人、おのおの……」の項に引いた『玉葉』にあるように、「其輪立様、太以狼藉歟」と各人がまとまりなくまちまちに動いていた。このあとに、「爰垣代平立〈此時立様又違失。仮令第一立レ西、第二立レ東、第三立二第一之西一、第四立二第二之東一。如レ此可レ立也。而実宗〈上﨟〉在レ東、長方〈下﨟〉在レ西。是尤違例也。以下輩等又以散々〉」（『玉葉』）とあり、「平立《ひらだち》」（舞人が正面に向いて立つ）のさまが、「違失」「是尤違例也。以下輩等又以散々」となったことに繋がる。「楽行事」が「楽屋」に隠れてしまうのも、この混乱を収拾しきれないと判断したからであろう。御賀記からは、『玉葉』の記すような混乱を読み取れない。

その中より頼実、清経出でて舞ふ—西と東の小輪にいる、舞人の頼実・清経が「輪台」を舞った。底本は「その中により」とあって、「に」をミセケチにしている。

この時に大納言隆季、実国、中納言資賢、中将定能、楽屋より出でて、垣代に加はる—隆季らが垣代に加わった。『玉葉』の、「次隆季・実国・資賢・定能等、出レ自二楽屋一、立二垣代後一〈隆季・実国、於二楽屋一指レ笏、持二笙・笛一進出。定能朝臣置レ弓、持二篳篥一進出。資賢卿一人持レ笏。依二唱歌一也〉」に対応する。また、類従本には、垣代に「権中将知盛」が加わったとあるが、『玉葉』にはその名が見えない。ここにも、平家の人々を主要な場面に登場させようとする意図がうかがえる。『定能卿記』は、「爰隆季卿〈指レ笏取レ笙〉・実国卿〈指レ笏取レ笛〉・按察〈正レ笏。唱歌故也〉、出レ自二楽屋一。下官〈置レ弓取二篳篥一〉相従立二加垣代之後一」と記しており、『玉葉』と同じ。これは、康和・仁平御賀の次の記事を先蹤とする。

(康)爰有レ仰右衛門督宗通卿加二垣代中一吹レ笛、下官唱歌、顕仲朝臣〈笙〉、俊頼朝臣〈篳篥〉、左近将監狛光末殊召二加此列一令レ詠也（『中右記』）

(仁)四人舞二輪台一。先レ是朝隆朝臣以下、雲客卌人、廻二南庭一〈伶人為レ先〉立二垣代一。右大臣〈笙〉・定輔〈笛〉、又加二此列一発二妙曲一（『仁平御賀記』）

次輪台曲了。退入之間、左府〈笙〉・民部卿〈笛〉・季兼朝臣〈篳篥〉、列二垣代後一、調レ曲（『兵範記』）

音取り、唱歌のありさま、こまかに記すにいとまなし―輪台における、「音取り」「唱歌」のありさまを詳しく記す余裕はない。「唱歌のありさま」について、底本は「さうこ《か》のありさま」とある。傍書のみでミセケチとなっていないが、訂正したものと判断する。「音取り」は、音合わせをかねて、演奏曲の調子を知らせるために奏する曲。『教訓抄』（巻一・振鉾様）に、「三節乱声謂レ之。口伝云、鞨鼓、三鼓、禰取者、奏二乱声一之間為レ之。但号二乱声一時者如レ常也」とある。「唱歌」のために行ったか。『玉葉』は、「四遍、詠、取レ音唱歌。只拍子等、皆如二試楽一。仍具不レ記レ之。輪台了」とあり、「音取り、唱歌」については簡略に記している。それは「試楽」のとおりであったからだという。この点は『定能卿記』も同様であり、前項の引用につづいて、「光近同相従為レ令レ詠也。其立様見二試楽所一」「舞・詠・唱歌等事、不レ能二委記一。見二試楽日一」と「試楽所（日）」に記したと述べている。詳細に記録しない事情には相違がある。この場面は、「試楽」（二月二一日）では、

舞出之後、四遍初切舞出、第二切舞。其後詠〈舞人狛光近、跪二隆季卿傍一発レ之〉。次取レ音〈先笙、次篳篥、次笛、同時止レ音〉、次詠、詠訖唱歌〈但拍子資賢卿発レ之。仁平例光時発二件唱歌一。吹二出笙笛一之後、唱歌資賢卿発レ之。而今度詠後唱歌同発レ之、不審尤多者也。詠後唱歌者、舞人自可レ発也。舞師唱レ之、即其意也。垣代楽人何唱乎。吹二出笙笛一之後、可二助音一者也。今先発レ之、甚以有レ疑。但資賢重代之人也。定有二所存一歟。又内府云、有二両説一事歟云々。可レ尋レ之〉。

（頭書）〈後聞、光近又発二唱歌一。仍両人同時発レ之云々〉（『玉葉』）

舞師光近跪二居隆季卿後一。于レ時成親卿懐二中笏一、予指レ笏。輪台二反之後止レ楽、光近発二詠音一。次笙・篳篥・笛等取レ音。次光近又発二詠音一。次按察発二唱歌一、光近同音発歟（『定能卿記』、「按察」は源資賢）

とある。兼実は、「詠」が終わって、資賢が「唱歌」したことに疑義を持っている。「詠」の次に「唱歌」するのは「舞人」であるべきだからだという。「こまかに記すにいとまなし」は、記者が省筆を告げている。

25 青海波

輪台《りむたい》はてて、青海波《せいかいは》、出《い》でかはりて舞《ま》ふ。維盛《これもり》、成宗《なりむね》ともに右の袖《そで》を袒《かたぬ》ぐ。海賦《かいふ》の半臂《はんぴ》、螺鈿《らてん》の細剣《ほそたち》、紺地《こむち》の水の文《もん》の平緒《ひらを》、胡籙《やなくひ》をときて、老懸《おいかけ》をかく。舞終《まいを》はりて、はじめのごとくに連《つら》なりて楽屋《かくや》へ入《い》る。ただ《ゝ》し、輪台《りむたい》の舞人《まひ》は立《た》ち加《くは》は《ゝ》らず。かくて入《い》るほどに、右舞人《まひ》少将隆房《たかふさ》、太鼓《大こ》の前《まへ》より楽屋《かくや》へ進《すゝ》みよりて、中将泰通《やすみち》にいはく、「太鼓《大こ》はあげらるまじきにや如何」。この時には《ゝ》かに太鼓《大こ》をあげらる。青海波《せいかいは》、入《い》る時の太鼓《大こ》、世の常《つね》はあぐることなし。あぐるはきはまりなき秘説なり《也》。先《さき》の仁平の御賀に、中《なか》の院の右大臣、成通《なりみち》の大納言ともに言《い》ひあはせて、あげさせたり。このたびもしかるべきに、笛吹《ふえふ》きの思《おも》ひ忘《わす》れにけるなるべし。かく驚《おとろ》かさずは、さてあげでやみなましとて、人々《〱》みな恥《は》ぢたるけしきなり《也》。

輪台はてて、青海波出でかはりて舞ふ—舞が「輪台」から「青海波」に変わる。

輪台了、青海波出〈輪台入之間、須臾替出二楽屋一。同時責二吹青海波一。維盛在レ西、成宗在レ東。共着二青打海賦半臂一、帯二螺鈿細剣一。右袒。自余如レ元。不レ帯二胡籙一〉、舞出（『玉葉』）

「青海波」は、左方唐楽《さほうとうがく》で、「輪台」と連続して演奏される盤渉調《ばんしきちょう》の曲。「輪台」を序とし、「青海波」を破として一曲を構成している。またこの二曲は合わせて演奏し、舞うものである。『教訓抄』（巻三・輪台）には、

青海波ハ龍宮ノ楽也。昔天竺ニ被レ舞儀、青波ノ浪ノ上ニウカム。浪下ニ楽音アリ。羅路波羅門《らろばらもん》、聞レ之伝レ之。漢ノ帝都《カツテ》見レ之伝二舞曲一云々。此曲、昔シ者平調楽也。而承和天皇御時、此朝ニシテ、依レ勅被レ遷二盤渉調一。舞者、大納言良峯安世卿作。楽者、和爾部《わにべ》大田麿作〈幷《ナラビニ》乙魚、清上等也〉。詠者、小野篁所レ作也。有二一説一。

垣代四十人之内、序四人、破二人、左右舞人、関白左右大将御随身、滝口、北面、各取二反尾《へんび》一。但序破舞人不レ取レ之。

とあり、元来平調であったものを、仁明天皇の命によって盤渉調に改めたこと、舞は良峯安世の作、楽は和爾部大田麿らの作、詠は小野篁の作であることを述べている。詠は、舞の途中、楽を休止して舞人が詩句を朗唱すること。四度にわたって詠じる。

桂殿迎二初歳一、桐楼媚二早年一。剪レ花梅樹下、蝶燕画梁辺（『奥入』）

と、新年をことほぎ、春を愛でる内容である（青柳隆志「詩と朗詠」、『源氏物語の鑑賞と基礎知識』二二・二〇〇二年四月、参照）。楽は、垣代として庭上で演奏する楽人と、楽屋で奏する人々と二つに分かれており、両者が交互に演奏する。

次奏二輪台一〈序、修理大夫源朝臣、延光朝臣。青海波、済時・為光。着二麴塵缺腋袍一帯レ剣。左衛門督藤原朝臣・頼忠朝臣・重光朝臣以下二十余人、為二垣代一〉。朱紫交舞、視聴催レ感（『西宮記』臨時四・臨時楽。康保三年〔九六六〕一〇月七日、殿上侍臣の奏楽。「朱紫交舞」は垣代の舞う姿であろう）

この一連の演奏には、様々な特殊演出（＝「詠」、「垣代」、「懸琵琶」、打物奏法「男波女波」「千鳥懸」）があり、その代表が「垣代」である。『教訓抄』にも総勢四〇人とある大掛かりな演出である。四〇人という人数は左方舞人だけで勤められるものではなく、右方舞人をはじめ舞家以外からも随身・滝口・北面など、いわば臨時参加の人々を得てはじめて成しうるものである。またそうした盛儀は、御賀や行幸などにおいて行うものであり、その際の舞人には公卿の子弟が特に選ばれる。彼らは左右の舞家からそれぞれ舞師を迎え、教習を経て当日に臨むのである。

　御賀記において、定家本は青海波の終了時に打つ太鼓の秘説をめぐる隆房の自讃的な逸話を載せるが、青海波の舞自体の詳細な描写はみえない。

　舞楽の次第は、御賀記を始めとする記録によれば、いずれも「輪台」「青海波」とつづくが、『仁平御賀記』には、「次左青海波、隆長朝臣・実定二人舞㆑之〈注略〉。次家明・実長・定房・忠親四人舞㆓輪台㆒」とあって、順序が異なっている。ただ、同じ舞楽を記録した『兵範記』には、「次輪台四人出㆑舞〈注略〉。此間青海波両人、於㆓東休息幄㆒、着㆓改半臂㆒〈注略〉、改㆓着螺鈿細剣㆒〈注略〉。次輪台曲了。退入之間、左府〈笙〉、……列㆓垣代後㆒、調㆑曲。次青海波二人、隆長朝臣、実定〈注略〉、自㆓垣代中㆒進出、列㆓舞庭中㆒」とあり、「輪台」「青海波」の順で演じている。そもそもこの舞楽は、「輪台」から「青海波」へと連続しているものであり、別個のものではない。『仁平御賀記』の誤りと言うべきであろう。

維盛、成宗ともに右の袖を袒ぐ。海賦の半臂、螺鈿の細剣、紺地の水の文の平緒、胡簶をときて、老懸をかく――維盛と成宗の衣装について述べている。前項に引いた『玉葉』に見える。『定能卿記』にも、「青海波二人〈維盛・成宗〉、自㆓楽屋後㆒来㆓垣代㆒。着㆓青打半臂㆒〈押㆓海浦文㆒〉、螺鈿細剣、紺地平緒㆒〈以㆓白糸㆒置㆓海浦文㆒〉。撤㆓胡簶㆒、右袒」とある。康和と仁平の時は次のとおり。

(康)青海波二人〈通季、宗能〉着二青打半臂〈以レ銀押二浜形・海浦《かいふ》・波文等一〉、螺鈿細剣紺地緒一〈縫二水文等一〉、撤二平胡籙一〈不レ放二老懸一〉（『中右記』）

(仁)次左青海波、隆長朝臣・実定、二人舞レ之〈袒二半臂一。施二泥絵一〉（『仁平御賀記』）

此間青海波両人、於二東休息幄一、着二改半臂一〈青打物押二銀水文等一〉、改二着螺鈿細剣一〈無二尻鞘一〉（『兵範記』）

「右の袖を袒ぐ」は、上衣の右側を脱いで下衣の肩をあらわにすること。『玉葉』『定能卿記』ともに「右袒」とある。康和御賀では「袒」の記事はないが、仁平御賀では、

(仁)次青海波二人、隆長朝臣・実定〈左右襢裼《タンセキ》〉（『兵範記』）。「襢裼」は「袒」に同じ

とあり、右の『仁平御賀記』には「袒二半臂一」と見える。「海賦」は、『有職故実事典』（海部）によれば「蒔絵・織物等に大波に、みる貝を模様にしたるをいふ。海浦又海賦とも書く」とある。「海浦文」のこと。

浅縹の海賦の織物、織りざまなまめきたれど、にほひやかならぬに、いと濃き掻練具して夏の御方に（『源氏物語』玉鬘。光源氏、女性たちに正月の装束を贈る）

次供二御膳一。……紫色打敷画二海部一（『御堂関白記』寛弘七年〔一〇一〇〕一一月二二日条。敦成親王の御袴着）

「右の袖を袒ぐ」から「老懸をかく」までの衣装は、右に引いた康和・仁平の例に倣っている。「螺鈿の細剣」は、「螺鈿」で装飾した細長い太刀。『枕草子』（細太刀に）に「細太刀に平緒付けて、清げなる男の持てわたるも、なまめかし」とある。「紺地の水の文の平緒」の「水の文」は、水の流れや、波を表現した文様。右に引いた『中右記』に「螺鈿細剣紺地緒〈縫二水文等一〉」と見える。『兵範記』保元三年（一一五八）六月二八日条の「次左輪台青海波……光近、光能、舞二青海波一〈青色袍、水文半臂、細剣、平緒、踏懸《フガケ》着レ之。袍借二蔵人一……〉」（相撲抜出御覧）は、青海波での衣装の例。「平緒」・「老懸」はともに（7）の注参照。青海波に合わせて、半臂だけではなく平緒も海賦の文で飾っている。なお、『江家次第』巻八・相撲抜出は、青海波の「左右舞」につい

て、

次左右各舞。……右……若舞㆓青海波㆒時、王二人著㆓麹塵袍〈或召㆓蔵人袍㆒給㆑之〉、蒔絵螺鈿剣・紺地平緒〈海浮半臂〉。

と記しており、身に着けるものはほぼ同じ。

【補説】定家本の当該箇所は、【表16】の通り、類従本と異同が大きい。上段が定家本、下段が類従本。傍線部分は異同のある箇所を示す。

【表16】

定家本	類従本
りむたい、はて丶、せいかいは、いてかはりてまふ。これもり、なりむね、ともに右のそてをかたぬく。かいふのはんひ、らてんのほそたち、こむちの水のもんのひらを、やなくひをときて、おいかけをかく。	りんたい、はて丶、せいかいは、出かはりてまふ。これもり、なりむねなとなり。権亮少将、右の袖をかたぬく。かいふのはんひ、らてんのほそたち、こん地の水のもんのひら緒、桜もえきのきぬ、山吹の下かさね、やなくゐをときて、おいかけをかく。山端近き入日の影に御前の庭のすなことも白く心地よけなるうへに花の白雪空にしくれて散まかふほと、物の音もいと丶もてはやされたるに青海波の花やかに舞出たるさま、惟盛の朝臣の足ふみ袖ふる程、世のけいき入日の影にもてはやされたる。似る物なく清ら也。おなし舞なれと目馴ぬさまなるを、内、院を始奉り、いみしくめてさせ給ふ。父大将、事忌もし給はす、おしのこひ

まいをはりて、はしめのことくにつらなりてかくやへいる。たゝし、りむたいのまひ人はたちくはゝらす。かくているほとに、右まひ人少将たかふさ、大このまへよりかくやへすゝみよりて、中将やすみちにいはく、大こはあけらるましきにや如何。この時にゝはかに大こをあけらる。せいかいはいる時の大こ、世のつねはあくることなし。あくるはきはまりなき秘説也。さきの仁平の御賀に、なかの院の右大臣、なりみちの大納言、ともにいひあはせて、あけさせたり。このたひもしかるへきに、ふえふきのおもひわすれにけるなるへし。かくおとろかさすはさてあけてやみなましとて人〳〵みなはちたるけしき也。


給。ことはりと覚ゆ。片手は源氏の頭の中将はかりたになけれは中〳〵に人かたはらいたくなん、おほえけるとそ。

舞終はりて、はしめのことくにつらなりて楽屋へ入。たゝし、りんたいの舞人は立くはゝらす。かくて入程に、右舞人少将隆房、太鼓の前より楽屋へすゝみよりて、中将やすみちにいはく、太鼓はあけらるましきにやいかゝ。此時に俄に太鼓をあけらる。青海波はつる時の太鼓、よのつねはあくる事なし。あくるはきはまりなき秘説なり。ゆゝしく舞たるときあくる事也。さきの仁平の御賀に、中院の右大臣《雅定》、なりみちの大納言、ともにいひ合てあけさせたり。此度もゆゝしく舞たらはあけよと院の御方より仰事有ける。しかるへきに、笛ふきの思ひ忘れにける成へし。かくおとろかさすはさてあけてやみなましとて、人〳〵みなはちたるけしき也。

また、右に越前守通盛、四位侍従有盛、りんかをまふ。時に院の御前より右大臣して禄を給ふ。すほうの織物のうちき、をの〳〵右のかたにかけて入綾をまふ。見るものこと〳〵く涙をなかす。青海波こそなをめもあやなりしか。

(1)参考として以下に類従本系の本文について補説する。
類従本とほぼ同文が『平家公達草紙』（福岡市美術館松永コレクション本）にも見える。「権亮少将」維盛をクローズアップし、その華やかさを際立てようとする意図がうかがえる。類従本では維盛の名は一一回記されるが、そのうち七回が「権亮少将惟盛」、一回が「権亮少将」、二回が「惟盛（これもり）」、一回が「惟盛の朝臣」である。掲出すると【表17】のようになる。（708上）は、便宜に続群書類従完成会版の頁数と上下段で該当箇所を示す。定家本は本書の章段番号で示す。【表16】は⑧・⑨・⑩に該当する。

【表17】

	頁数	類従本	定家本	章段番号
①	708上	権亮少将これもり	少将これもり	8
②	708下	権のすけ少将これもり	ナシ	10
③	711上	権亮少将これ盛	これもり	15
④	711下	権亮少将惟盛	これもり	15
⑤	712上	権亮少将惟盛	これもり	16
⑥	714上	権亮少将惟盛	ナシ	20
⑦	715下	権亮少将惟盛	ナシ	23
⑧	716上	これもり	これもり	25
⑨	716上	権亮少将	ナシ	25
⑩	716上	惟盛の朝臣	ナシ	25
⑪	717下	惟盛	これもり	27

定家本には六ヶ所あり、「少将これもり」と「これもり」である。維盛は、承安二年（一一七二）二月一〇日の平徳子立后に際して中宮権亮となり（『愚昧記』）、安元二年当時は右近衛権少将でもあったので（『近衛府補任』）、「権亮少将」は正しい。

(2)従来、御賀との影響関係が指摘される『源氏物語』（紅葉賀）について、まずその本文を挙げる（傍線部は類従本との関連から注意すべき箇所）。

朱雀院の行幸は、神無月の十日あまりなり。世の常ならず、おもしろかるべきたびのことなりければ、御方々、物見たまはぬことを口惜しがりたまふ。上も、藤壺の見たまはざらむを、あかず思さるれば、試楽を御前にてせさせたまふ。

源氏の中将は、青海波をぞ舞ひたまひける。片手には大殿の頭中将、容貌《かたち》用意人にはことなるを、立ち並びては、なほ花のかたはらの深山木《みやまぎ》なり。入り方の日影さやかにさしたるに、楽の声まさり、もののおもしろきほどに、同じ舞の足踏面持《あしぶみおももち》、世に見えぬさまなり。詠《えい》などしたまへるは、これや仏の御迦陵頻《かりようびん》伽《が》の声ならむと聞こゆ。おもしろくあはれなるに、帝涙をのごひたまひ、上達部親王たちも、みな泣きたまひぬ。詠はてて、袖うちなほしたまへるに、待ちとりたる楽のにぎははしきに、顔の色あひまさりて、常よりも光ると見えたまふ。春宮の女御、かくめでたきにつけても、ただならず思して、「神など、空にめでつべき容貌かな。うたてゆゆし」とのたまふを、若き女房などは、心うし、と耳とどめけり。

藤壺は、おほけなき心のなからましかば、ましてめでたく見えまし、と思すに、夢の心地なむしたまひける。宮は、やがて御宿直なりける。「今日の試楽は、青海波に事みな尽きぬな。いかが見たまひつる」と聞こえたまへば、あいなう、御答《いら》へ聞こえにくくて、「ことにはべりつ」とばかり聞こえたまふ。「片手もけしうはあらずこそ見えつれ。舞のさま手づかひなむ、家の子はことなる。この世に名を得たる舞の男《をのこ》どもも、げにいとかしこけれど、ここしうなまめいたる筋を、えなむ見せぬ。試みの日かく尽くしつれば、紅葉の陰やさうざうしくと思へど、見せたてまつらんの心にて、用意せさせつる」など、聞こえたまふ。……

行幸には、親王たちなど、世に残る人なく仕うまつりたまへり。春宮もおはします。例の楽の船ども漕ぎめぐりて、唐土《もろこし》、高麗《こま》と尽くしたる舞ども、くさ多かり。楽の声、鼓の音、世をひびかす。一日の源氏の御夕影、ゆゆしう思されて、御誦経など所どころにせさせたまふを、聞く人もことわりとあはれがりきこゆるに、春宮の女御は、「あながちなり」と、憎みきこえたまふ。垣代など、殿上人地下も、心ことなりと世人に思はれたる、有職のかぎりととのへさせたまへり。宰相二人、左衛門督、右衛門督、左右の楽のこと行ふ。舞の師どもなど、世になべてならぬをとりつつ、おのおの籠りゐてなむ習ひける。

木高き紅葉の蔭に、四十人の垣代、いひ知らず吹き立てる物の音どもにあひたる松風、まことの深山おろしと聞こえて吹きまよひ、色々に散りかふ木の葉の中より、青海波のかかやき出でたるさま、いと恐ろしきまで見ゆ。かざしの紅葉いたう散りすぎて、顔のにほひにけおされたる心地すれば、御前なる菊を折りて、左大将さしかへたまふ。日暮れかかるほどに、けしきばかりうちしぐれて、空のけしきさへ見知り顔なるに、さるいみじき姿に、菊の色々うつろひ、えならぬをかざして、今日はまたなき手を尽くしたる、入綾のほど、そぞろ寒く、この世の事ともおぼえず。もの見知るまじき下人などの、木のもと岩がくれ、山の木の葉に埋もれたるさへ、すこしものの心知るは涙落しけり。

(3)舞人の装束について類従本の「桜もえきのきぬ」「山吹の下かさね」は定家本にはない。『源氏物語』は具体的には記さないが、『河海抄』巻四には、

舞装束〈青海波　表袴　文小葵〉
青色袍　葡陶染下襲〈面大海浦　裏葡陶〉　大海浦半臂
舞手向二一方一、模二寄波引波体一也。

とあり、「青色袍」(『紫明抄』巻二も同じ)・「葡萄染下襲」を挙げている。

類従本の御賀記では「入日の影」を二回記すが、これは『源氏物語』（紅葉賀）における朱雀院への行幸での源氏の舞の場面で、「入り方の日影」「源氏の御夕影」「日暮れ」と繰り返される設定を模したものであろう。康和の際には、青海波が終わり、次の童舞のところでは、「次納蘇利〈童、宗輔〉。童舞等、依二光景已傾一、不レ守二次第一先召レ之也」と日が傾いていた。仁平の御賀では、「楽屋奏罷、出二音声一〈長慶子〉。于レ時日没二西山一、未レ及二昏黒一」（『兵範記』）とあり、舞楽の終わった頃が日暮れであった。文永五年（一二六八）正月二四日に亀山天皇による後嵯峨院五〇賀の試楽が催され、同じく閏正月一七日には後深草院による試楽があったが、蒙古国書到来のため試楽のみに終わった。その記録『舞楽談』に「次左輪台・青海波を舞、青海波の家長・忠季等朝臣かたぬきて、これをまふ、はるの風舞の袖をひるかへし、ゆうへの波楽のおとにそたくへる、青海波舞人二人、いつれよりもきらめきたる、夕ひにかゝやきてけしきこと也、のこりの舞人とも、いつれもひきつくろいたれと、猶花のかたはらのときわきともいひつへし、彼朱雀院の□□のむかしのおもかけも見心地していとめつらし」（□□の部分、『文永五年院舞御覧記』は「……後《ママ》朱雀院の御《(賀歟)》、のむかしのおもかげも……」）とある。後嵯峨院時代になると、『源氏物語』（紅葉賀）の表現をふまえ、夕日に照り輝く様を演出しているのである。『増鏡』（第八「あすか川」）にも後嵯峨院の五〇賀の記事がみえる。

また、「青海波の花やかに舞出たるさま」も「青海波のかかやき出でたるさま」に拠っており、「足ふみ」や「袖ふる程」など、光源氏をめぐる表現の組み合わせを、維盛にも用いている。また「もてはやされたる」も二ヶ所あり、繰り返し維盛の舞姿を称賛している。類従本における『源氏物語』の影響は明らかである。言い換えれば、定家本には『源氏物語』（紅葉賀）との関係は希薄と言わざるを得ない。

（4）「花の白雪空にしくれて散まかふほと」について、『平家公達草紙』には「花の白雪空に知られで散りまがふ程」とある。ここは、

亭子院の歌合に　　　　　　　　　　　　　　　　　　　　貫之

桜ちる木のしたかぜはさむからで空にしられぬ雪ぞ降りける（『拾遺集』春・64）

にもとづく表現であり、「しくれて」は「しられで」とあるべきところである。貫之詠の「空にしられぬ雪」は、空から降ったのではない雪であり、散る桜の花を喩えている。

「花の白雪」は、白い花を白雪に見立てている。『新古今集』春下・136・137に、

ひととせ、忍びて大内の花見にまかりて侍りしに、庭にちりて侍りし花を、硯のふたにいれて、摂政のもとにつかはし侍りし　　　太上天皇（後鳥羽院）

今日だにも庭を盛りとうつる花消えずはありとも雪かともみよ

返し　　　　　　　　　　　　摂政太政大臣（藤原良経）

さそはれぬ人のためとや残りけんあすより先の花の白雪

とあり、また、『増鏡』（第一〇「老のなみ」）にも、

三月の末つかた、持明院殿の花の盛りに、新院わたり給ふ。鞠のかゝり御覧ぜんとなりければ、御前の花は木末も庭もさかりなるに、外の桜さへ召して、散らし添へられたり。いと深う積りたる花の白雪、跡つけがたう見ゆ。上達部・殿上人、いと多く参り集まる。

と見える。

(5)「おなし舞なれと目馴ぬさまなるを、内、院を始奉り、いみしくめてさせ給ふ。父大将事忌もし給はす、おしのこひ給。ことはりと覚ゆ」について、「おなし舞なれと目馴れぬさま」は、通常の青海波ではあるが、見馴れない、素晴らしい舞であったということ。「父大将」は重盛。『平家公達草紙』は「父おとゞ」とする。『公卿補任』によれば、重盛の右近衛大将任官は承安四年（一一七四）、内大臣就任は安元三年（一一七七）であり、

安元二年は大納言兼右大将であった。御賀記はその時の官職を記している。「事忌み」は、「不吉な行いをしないように慎むこと。縁起をかついで禁忌を守ること。吉事に際して涙を見せないことをいう場合が多い」（『角川古語大辞典』）とする。『浜松中納言物語』巻四に、

大将もの〳〵しう、きよらげにて入りおはす。うち見渡し給ふに、この御方のさまことなるを、猶いとあたらしう、くちおしげに、こといみもせず、涙ぐみつゝうちまぼり聞え給へるを、気色見るに、

とあり、新年でありながら、涙を流す様子を「こといみもせず」としている。また、『増鏡』（第六「をりゐる雲」）には、

又の日、御前の御遊びはじまる。御門御琵琶なり。春宮御笛、まだいと小さき御ほどに、みづら結ひて、御かたちまほに美しげにて、吹きたて給へる音の、雲井を響かして、あまり恐ろしきほどなれば、天つ乙女もかくやとおぼえて、太政大臣実氏、事忌みもえし給はず、目をしのごひつゝためらひかね給へるを、ことはりに、老しらへる大臣・上達部など、みな御袖どもうるひわたりぬ。女院の御心のうち、ましてをき所なく思さるらんかし。前の世も、いかばかり功徳の御身にて、かく思すさまにめでたき御栄えを見給らんと、思ひやりきこゆるも、ゆゝしきまでぞ侍し。

とあって、祝宴の場であるにもかかわらず、憚ることなく涙を流している。維盛の舞の通常とは異なる出来を称賛している。また、『源氏物語』（紅葉賀）でも「帝涙をのごひたまひ、上達部親王たちも、みな泣きたまひぬ」と、周囲は涙を流している。類従本の御賀記は四日にも維盛に童舞を舞わせている。こうした維盛称賛の記述は、『玉葉』の院の舞御覧記事（正月二三日条）に「青海波〈……次青海波二人、維盛・成宗……共以優美也。就レ中維盛、容貌美麗、尤足二歎美一。……〉」とある。なお『定能卿記』に同様の記事は見えない。

(6) こうした類従本の増補をめぐって、『建礼門院右京大夫集』との関連が考えられる。『建礼門院右京大夫集』に

は、以下のように見える。

また、「維盛の三位中将、熊野にて身を投げて」とて、人の言ひあはれがりし。いづれも、今の世を見聞くにも、げにすぐれたりしなど思ひ出でらるるあたりなれど、際《きは》ことにありがたかりし容貌《かたち》用意《ようい》、まことに昔今見る中に、例《ためし》もなかりしぞかし。されば、折々には、めでぬ人やはありし。法住寺殿の御賀に、青海波舞ひての折などは、「光源氏の例も思ひ出でらるる」などこそ、人々言ひしか。「花のにほひもげにけおされぬべく」など、聞こえしぞかし。その面影はさることにて、見なれしあはれ、いづれもと言ひながら、なほことに覚ゆ。「同じことと思へ」と、折々は言はれしを、「さこそ」といらへしかば、「されど、さやはある」と言はれしことなど、数々悲しとも言ふばかりなし。

春の花の色によそへし面影の空しき波の下に朽ちぬる（215）

かなしくもかかる憂き目をみ熊野の浦わの波に身を沈めける（216）

維盛が那智の沖に入水したという噂を耳にした右京大夫の回想であるが、「光源氏の例も思ひ出でらるる」としている。類従本の増補における『建礼門院右京大夫集』の意義については、櫻井陽子「平家物語と周辺諸作品との交響」、同「建礼門院右京大夫集から平家物語へ」（ともに『『平家物語』本文考』二〇一三年・汲古書院、所収）参照。また、本書解題においても検討した。

さらに、延慶本『平家物語』第五末一八「那智籠ノ山臥惟盛ヲ見知奉事」では、維盛を知る僧の回想として、維盛の舞った青海波は次のようにみえる。

……穴糸惜ヤ。アノ殿四位ノ少将ト聞ヘ給シ安元二年ノ春比、法皇法住寺殿ニテ五十ノ御賀ノ有シ時、父ノ大臣ハ内大臣ノ左大将ニテ左ノ座ニ着座、伯父宗盛ノ右大将ハ右ノ（ママ）着座セラレキ。其時ハ越前三位通盛卿ハ頭ノ中将、本三位中将重衡卿ハ蔵人頭、此人々ヲ始トシテ、一門ノ卿相雲客、今日ヲ晴ト声花《ハナヤカ》ニ引（ひき修《つくろ》ヒテ、青海波ノ垣代《カイシロ》ニ立給ヘリシ中ヨリ、アノ殿青海波ヲ舞出ラレタリシ有様、嵐ニタクフ花ノ匂ヒ、天モ耀ク計《ばかり》ナリシ事ノ、只今ノ様ニ覚ルゾトヨ。……

同じく覚一本『平家物語』巻一〇「熊野参詣」は、

那智ごもりの僧共のなかに、この三位中将をよく〳〵見しりたてまッたるとおぼしくて、同行にかたりけるは、「こゝなる修行者をいかなる人やらんとおもひたれば、小松のおほいとのの御嫡子、三位中将殿にておはしけるぞや。あの殿のいまだ四位少将ときこえ給ひし安元の春比、法住寺殿にて五十御賀のありしに、父小松殿は内大臣の左大将にてまします、伯父宗盛卿は大納言の右大将にて、階下に着座せられたり。其外三位中将知盛・頭中将重衡以下一門の人々、けふを晴とときめき給ひて、垣代に立給ひしなかより、此三位中将、桜の花をかざして青海波をまうて出られたりしかば、露に媚たる花の御姿、風に翻る舞の袖、地をてらし天もかゝやくばかり也。女院より関白殿を御使にて御衣をかけられしかば、父の大臣座をたち、これを給はッて右の肩にかけ、院を拝したてまつり給ふ。面目たぐひすくなうぞみえし。かたえの殿上人、いかばかり浦山《うらやま》しうおもはれけん。内裏の女房達のなかには、「深山木のなかの桜梅とこそおぼゆれ」なンどいはれ給し人ぞかし。只今大臣の大将待かけ給へる人とこそ見たてまつりしに、けふはかくやつれはて給へる御ありさま、かねてはおもひよらざッしをや。うつればかはる世のならひとはいひながら、哀なる御事かな」とて、袖をかほにおしあてておめ〳〵となきければ、いくらもなみゐたりける那智ごもりの僧どもも、みなうち衣の袖をぞぬらしける。

と見える。桜をかざしていたと記しており、「深山木のなかの桜梅」ともある。桜の花をかざしていたと記すのは、『平家物語』諸本では、長門本、屋代本、百二十句本。『源平盛衰記』は、「桜梅ノ少将」と呼ばれたとする。類従本の御賀記では、四日に本来は源雅行が舞った落蹲・入綾を、維盛が舞ったという虚構を施し

（（10）【補説】参照）、その際、

しはし有て権のすけ少将これもり出て落蹲入綾をまふ。青色のうへのきぬ、すほうのうへの袴にはへたる顔の色、おもゝち、けしき、あたり匂ひみち、みる人たゝならす。心にくゝなつかしきさまは、かさしの桜にそことならぬ。

という定家本にはない称賛記事がある。「片手は源氏の頭の中将はかりたになけれは中〱に人かたはらいたくなん、おほえけるとそ」（類従本）の「源氏の頭の中将」は、源氏とともに青海波を舞った頭中将のことで、「片手には大殿の頭中将、容貌用意人にはことなるを、立ち並びては、なほ花のかたはらの深山木なり」（『源氏物語』紅葉賀）、頭中将でも源氏と並べば「花のかたはらの深山木」であったが、今回の成宗はそれにも及ばないという。ただし、さきに(4)で引いた『玉葉』正月二三日条の院の舞御覧において、成宗も維盛とともに「優美」と称賛を受けている。

舞終はりて、はじめのごとくに連なりて楽屋へ入る。ただし、輪台の舞人は立ち加はらず――『玉葉』には、

舞了、隆季以下復二楽屋座一。次又輪台延吹如レ初。撃二須知加倍一。

とあるが、次に引く試楽の日（二月二一日条）の、

即青海波舞入。次又輪台延吹〈此間隆季・成親・資賢等経二本路一復レ座。定能朝臣帰二楽屋一歟。不二見及一〉、如レ初作二大輪一匝行、経二本路一帰二入楽屋一。其行列如レ初。但今度青海波二人在レ先〈成宗在レ先、維盛在レ後。乍レ袒入也〉。垣代人皆懐二反鼻一、舞人撃二須知加倍一如レ始。

の記事の方が詳細。その事情は、青海波の様子が「試楽」と同じだからであり、「音取り、唱歌のありさま……」（24）の項において述べた。また、『定能卿記』にも、「為レ前青海波二人帰二入楽屋一。両貫首以下、置二反鼻於楽屋一、経二本路一帰参」とある。青海波の舞が終わって、成宗が先に、維盛が後に続き、垣代の楽人達も楽屋へ入っ

たらしい。「連なりて」は青海波の舞人二人と楽人のことを指すか。「はじめのごとくに」とあるが、御賀記の青海波の直前の記述に、「蔵人頭已下、殿上人四十余人、西の中門より御前を渡りて、楽屋の未申の庭に群がれ立つ。垣代の料なり」(24)とある。これと同様ということか。『中右記』『仁平御賀記』には該当する記述はない。『兵範記』には、「青海波了、垣代退入」とあるのみ。

かくて入るほどに、右舞人少将隆房、太鼓の前より楽屋へ進みよりて、中将泰通にいはく、「太鼓はあげらるまじきにや如何」。この時ににはかに太鼓をあげらる。——「中将泰通」は、藤原泰通(↓人物伝78)。「あぐ」は、高く鳴り響かせるの意。『玉葉』二月二一日条の試楽には、「次垣代吹二其末句一〈注略〉、至二于只拍子一、楽終之大鼓壺撃二反鼻一〈是正法也。今日不二見及一〉」とあり、「楽終」に「大鼓壺」を打っている。なお、『青海波垣代之図』(「次に、殿上人……」(24)の項に前掲の三島論文)には、「垣代只拍子之間、毎二大鼓一一打二反鼻一。青海波舞了、又懐レ之」とある。青海波の終了時に太鼓が打たれたらしいが、これは「只拍子之間」のことであり、舞が終わってからのことではない。「太鼓はあげらるまじきにや如何」は「太鼓はあげるはずがないのでしょうか、どうでしょう」の意。御賀記の記者隆房は、「青海波、入る時の太鼓、世の常はあぐることとなし」ともつづけるように、通常はあげないと考えているが、ここはあげるべきと思った。

青海波、入る時の太鼓、世の常はあぐることとなし。あぐるはきはまりなき秘説なり——青海波の舞が終わって、舞人が楽屋へ「入る時」のことである。類従本には「青海波はつる時の太鼓」、『平家公達草紙』にも「青海波はつる時」とある。また、類従本には「秘説なり」のあとに「ゆゝしく舞たるときあくる事也」とあるが、定家本にこの記事はない。『平家公達草紙』に「あぐるはきはまりなき秘説なり」に相当する記事はないが、「きはまりなくゆゝしく舞ひたる時あぐる事也」としている。ただし、青海波の舞を称賛するために太鼓があげられたことは、『玉葉』『定能卿記』では確認できない。「あぐるはきはまりなき秘説なり」とあるが、『教訓抄』や『続教訓抄』

などにもそうした秘説は見当たらない。「ゆゝしく舞たるときあくる事也」は類従本独自の記述である。これは『源氏物語』（紅葉賀）において、「神など、空にめでつべき容貌かな。うたてゆゆし」「一日の源氏の御夕影、ゆゆしう思されて」とある光源氏の舞姿を踏まえており、維盛賛嘆の一環と考えられる。

先の仁平の御賀に、中の院の右大臣、成通の大納言ともに言ひあはせて、あげさせたり―「中の院の右大臣」は源雅定で、笙、「成通の大納言」は権大納言藤原成通で、笛を、仁平御賀で担当した。『仁平御賀記』『兵範記』によれば、両名は楽を奏しているが、太鼓をあげさせる記事はない。泰通は成通の猶子であり、隆房はそのことをふまえて確認したのであろう。

このたびもしかるべきに、笛吹きの思ひ忘れにけるなるべし。かく驚かさずは、さてあげでやみなましとて人々みな恥ぢたるけしきなり―「このたびもしかるべきに」は、安元の場合も、仁平の時と同様、太鼓をあげるべきであったのにの意。類従本には「此度もゆゝしく舞たらはあけよと院の御方より仰事有ける」とある。「かく驚かさずは」の主語は「右舞人少将隆房」。笛の合図によって太鼓が打たれたらしく、今回は笛の担当者が失念していたらしい。「笛吹き」は、「実国〈指レ笏取レ笛〉」（『定能卿記』）「次隆季・実国……出レ自二楽屋一立二垣代後一〈隆季・実国、於二楽屋一指レ笏、持二笙・笛一進出〉」（『玉葉』）とあるように、権大納言藤原実国。もし隆房の指示がなかったら、きっと太鼓は上げられずに終わったであろうと言って、一同恥じ入った様子であった。「人々」とあるので、責任は実国のみが負うものではなかったらしい。『玉葉』や『定能卿記』に、太鼓をあげることについての記事はない。類従本では「ゆゝしく舞たらはあけよと院の御方より仰事有ける」の一文が挿入されたことによって、その主語は「院」となっている。ここは定家本が正しく、類従本は後人による改変と思われ、記者隆房が御賀記の改変に関与していないことの傍証となろう。春日井京子「『安元御賀記』と『平家公達草紙』―記録から〈平家の物語〉へ―」（（10）の【補説】に前掲）、鈴木徳男「定家本『安元御賀記』をめぐって」（「〈以中務少輔隆成、……〉」（13）の項に前掲）参照。

【補説】この記事の後に、前掲の【表16】にも示したように、類従本には、

また、右に越前守通盛、四位侍従有盛、りんかをまふ。時に院の御前より右大臣して禄を給ふ。すほうの織物のうちき、をの〱右のかたにかけて入綾をまふ。見るものこと〱く涙をなかす。青海波こそなをめもあやなりしか。

とある。「越前守通盛」（→人物伝85）はこの箇所を含めて三ヶ所に名が見えるが、いずれも類従本のみ。「四位侍従有盛」（→人物伝91）は類従本のここだけに見える。定家本でも、「林歌」がこの後（26）で「賀殿」の次に見えるほか、「見るものみな涙をおとす」「蘇芳の綾の袿」「右の肩にかけて入綾を舞ふ」などと見える。これらの表現は類従本にもあり、類同の表現をくり返す、必要のない重複加筆といえよう。浜畑圭吾「群書類従本『安元御賀記』の成立」（「又、右大将、青海波の……」（24）の項に前掲）参照。

26　引き続き奏舞

次《つき》に、右、敷手《しきて》を舞《ま》ふ。次《つき》に、右、胡飲酒〈序二反、破五反〉。左の太鼓《大こ》・鉦鼓《正こ》のあはひより、鉾《ほこ》の南《みなみ》を経《へ》て出《い》づ。その舞《まひ》いと妙《たへ》なり。見《み》る者《もの》みな涙《なみた》をおとす。舞《まひ》はてて入《ヽい》る時、院庁の禄《ろく》をたまふ。蘇芳《すはう》の綾《あや》の袿《うちき》、中将光能《みつよし》これをとりてたまふ。右の肩《かた》にかけて入綾《いりあや》を舞《ま》ふ。

次に、陵王〈破二反〉。その舞《まひ》又優《いう》なり。右衛門権佐光長《みつなか》、禄《ろく》をとりてたまふ《給》、先《さき》のごとし。

次《つき》に、落蹲《らくそん》。胡飲酒の童《わらは》、おなじくこれを舞《ま》ふ。入綾《いりあや》こそなほ《を》めもあやなりしか。この間《あひた》、夕日《ゆふひ》の影《かけ》も暮《く》れぬれば、ところどころ《〱》に、花《はな》の燭《ともしひ》をかか《ゝ》ぐ。庭《には》には、立明《たちあかし》をしろくたてまつり、汀《みきは》には、は《ゝ》るかに篝火《かゝり》をかく。次《つき》に、左、賀殿《かてん》〈破一反、急三反〉、右、林歌《りむか》、左、三台《たい》。皇仁《わうにん》。舞《まひ》はてぬれば、蘇合《そかう》の急《きう》を吹《ふ》きて、お《を》のおの《〱》まかり出《い》づ。舞人《まひ》九人は御馬《むま》を引《ひ》かむために釣殿《つりとの》にとど《ゝ》まる。

次に、右、敷手を舞ふ——「敷手」は、高麗壱越調。右方舞。青海波のように輪を作って、四人で舞う。天皇元服のときに裹頭楽《かとうらく》とともに奏せられた。『教訓抄』（巻五・敷手）に、「此曲ヲ奏ト思時、先吹㆓心調子㆒、吹㆓当曲㆒也」とある。

主殿寮炬火。敷手〈十人〉、還城楽、犬〈犢《くちとり》 二人〉、猿楽〈中有㆓雑芸㆒〉、吉干（『中右記』寛治二年〔一〇八八〕七月二七日条。追相撲）

左 蘇合〈十二人、三行〉、大平楽〈十人〉、輪台〈四人〉、青海波〈二人〉、散手、破陣楽〈王一人、番子六人〉、還城楽〈一人〉、散楽。右 古鳥蘇〈十人、二行〉、狛桙〈八人〉、敷手〈八人〉、帰徳胡〈王一人、番子六人〉、狛犬〈犢二人〉、吉干〈件吉干装束二人紅色〉（『後二条師通記』寛治五年〔一〇九一〕七月三〇日条。相撲御覧）

『玉葉』には、「敷手間、余起㆑座、自㆓主上御休所方㆒、入㆓女房中㆒、乞㆑水飲㆑之。依㆓口乾㆒也。即復㆑座」とあり、水を飲むために席を起っている。「敷手」をよく見ていないらしく、この舞については何も触れていない。『定能卿記』も、「次敷手」とあるのみで、内容については記していない。

次に、右、胡飲酒〈序二反、破五反〉―「胡飲酒」は、「双調、妹と我と、春庭楽、本滋、胡飲酒の破、青馬、鳥の急」(17)とあった。その注参照（この時の「胡飲酒」は奏楽のみ）。「胡飲酒」を舞ったのは源雅行。この日の左の舞「輪台・青海波」と対になる右の舞が「敷手・胡飲酒」だと考えてよいか（解題参照）。この点は、康和・仁平の時も同様。「序二反、破五反」は、『中右記』長治二年（一一〇五）正月五日条に、「爰内大臣童令レ舞二胡飲酒一〈去康和四年、法王御賀日、舞二此曲一人也。御賀遺味、余興未レ尽。重召覧歟〉。舞体誠以絶妙、衆人感歎。曲了有レ召、参二堂上一。天皇給二御衣一〈袙〉。右大臣殿進二御前一、伝取給レ之。童於二簀子敷一、乍レ懸二御衣一舞レ之。又下二前庭一又舞レ之。次内大臣於二東対南庭一拝舞。感下賜二御衣一之恩上、有二此拝舞一也」（堀河天皇、大炊殿の白河院のもとへ朝覲行幸。「内大臣」は源雅実、「童」はその男雅定）とある。

左の太鼓・鉦鼓のあはひより、鉾の南を経て出づ―『定能卿記』には「次胡飲酒〈其路見二試楽日一〉」、『玉葉』には「次胡飲酒出〈経下楽屋北第二間、及大鼓与二左鉦鼓一之間上如レ常〉」が対応する。

その舞いと妙なり。見る者みな涙をおとす―『定能卿記』『玉葉』には、この舞を讃える記事はない。『玉葉』二月二一日条の試楽の記事に「左、胡飲酒〈序一遍、破五切〉……童進舞二庭中一、其曲絶妙、観者称美、破五遍舞了」、『定能卿記』の同日条に「舞曲了欲レ入間、依レ召参二御前一〈注略〉。爰殿下起レ座、入二当間一跪二翠簾下一取二御衣一〈紅打御袙〉、賜二胡飲酒一〈令レ懸二右肩一給、爰又発レ楽〉」とある。試楽において源雅行の舞は賞賛され後白河院から御衣を賜っているので、後宴でも同様だったのだろう。次に引く康和・仁平の例からも推測できるのではないか。

(康)次敷手。此後内大臣率二一家人々一向二楽屋一。依レ可レ有二胡飲酒一也。令二装束一了、内大臣復二本座一、発二乱声一。胡飲酒〈内大臣童〉舞了欲レ入二楽屋一。而左中将俊忠朝臣取レ禄給二胡飲酒一〈今日此舞許《バカリニ》給レ禄也〉（『中右記』）

(仁)次右敷手。次左胡飲酒〈小舎人雅仲、右大臣為二養子一伝二此曲一。相具参上〉。曲終之後、有レ勅喚レ之。昇レ自二西対南階一、参二上御前一。不レ耐二叡感一、賜二御衣一〈紅打。関白伝二給之一〉。懸二勅禄於肩一、翻二廻雪之袖一。其後右大臣起レ座、伝二取御衣於西渡殿一。忽奏二妙曲一。已是当時之壮観。又存二先代之佳例一也。窺見之人、目不二暫捨一。曲終降レ自二南階一、進二中庭一舞踏。其後帰二向楽屋一。尚可レ奏レ笙之故也（『仁平御賀記』）

次右敷手〈四人〉。此間左内両府以下卿相、如レ初経二前庭一、還二着御前座一。右府猶坐二楽屋一。次胡飲酒〈小舎人雅仲、装束如レ例。但無レ面。天冠総角等着レ之〉。乱声数刻、右大臣相具出二楽屋一。大臣経二階下一、直被三還二着御前座一。胡飲酒進二前庭一、施二曲舞一了。退入之間、関白奉レ勅、召二胡飲酒一。舞童経二前庭一、昇レ自二西対代南階一、経二透渡殿一、参三上自二南庇西向戸一。於二御座西間一、更奏二一曲一。殿下起レ坐、取二紅幬《ウチノ》御衣一、賜二胡飲酒一〈予被三取二儲簾中一歟〉。舞童纏頭、出二西戸一之間。右大臣起レ座、於二透渡殿一、取二勅禄一自纏頭。於二対代南弘庇一舞二一節一。衆人属レ目、感情難レ抑。蓋是治暦康和先賢旧跡也。舞童経二庭中一入二楽屋一之間、右府降二庭中一、当二御殿未申角一拝舞退入。右中将師仲取二勅禄一、賜二随身一。丞相還昇復レ座（『兵範記』）

舞はてて入る時、院庁の禄をたまふ。蘇芳の綾の掛、中将光能これをとりてたまふ――「胡飲酒」への「禄」は院からであることが分かる。「院庁の禄」と勅禄とは区別があるらしい。その禄が「蘇芳の綾の掛」であると記すのは、御賀記のみ。『玉葉』には「今日不レ賜二御衣一。試楽日預二勅禄一之者、重無二此儀一云々」とあり、試楽の日の勅禄に預かっているので、もう賜らないと述べている。院からの禄について、『定能卿記』には「一々舞了〈今日童舞之外、不レ賜レ禄〉」とあり、「童舞」への禄は例外であった。

退入之間、於二楽屋前一賜レ禄〈其禄如二一昨日一歟。光能朝臣取レ之。予儲二楽屋辺一〉（『定能卿記』）

敷手間、……次胡飲酒出〈経下楽屋北第二間、及大鼓与二左鉦鼓一之間上如レ常〉。此間父卿相副扶持。舞出了、帰二入楽屋一。舞童帰入之間、左近中将光能朝臣取レ禄給レ之〈今日不レ賜二御衣一。試楽日預二勅禄一之者、重無二此儀二云々〉（『玉葉』）

先例では、康和の御賀では何を賜ったか不明。仁平御賀では「紅打」の「御衣」「紅擣御衣」を賜ったとある。

右の肩にかけて入綾を舞ふ―舞人が禄を賜ったときにする所作。ここでの「入綾」は、舞いながら退場すること。二月二一日の試楽において、関白藤原基房から源雅行に御衣を与えた模様を、『玉葉』は「関白掛二御衣於童左肩一」と記している。さらに「至二他舞一者、雖レ懸二左肩一、於二胡飲酒一懸二右肩一。故実也。是左手取レ撥之故也」と書き加えており、右の肩に掛けるのが故実であった。「その舞いと妙なり。……」の項に引いた『定能卿記』の同日条にも右肩に掛けたとある。また、「龍王」に禄を賜うところで、「胡飲酒右、是ハ左、如何」と、なぜ胡飲酒には右肩に禄を掛け、龍王には左肩なのかと疑問を呈している。「入綾」は、前項で触れたとおり、『玉葉』に「今日不レ賜二御衣一」とあるので、拝舞の記事はない。「その舞いと妙なり。……」の項に引いた『仁平御賀記』に、「懸二勅禄於肩一、翻二廻雪之袖一」、『兵範記』に「紅擣御衣」とある。

次に、陵王〈破二反〉。その舞又優なり―「陵王」は、「左、万歳楽〈廿拍子〉、太平楽〈破一遍〉、陵王〈破二遍〉」（10）とあった。その注参照。舞ったのは藤原宗国（→人物伝76）。『玉葉』に「次龍王童在二中央一〈小舎人藤原宗国……〉」（賀宴）と見える。「優なり」については、『玉葉』『定能卿記』ともに記述がない。『玉葉』二月二一日条の試楽では、「左、陵王、……乱声之後、舞童出レ曲了〈此舞優美、殆過二胡飲酒一〉」と高く評価している。

右衛門権佐光長、禄をとりてたまふ、先のごとし―「光長」が禄を渡すことについては、『定能卿記』に「次龍王退入之間、同給レ禄〈右衛門権佐光長取レ之〉」、『玉葉』に「龍王〈父卿不レ向二楽屋一、如二一昨日一。同給レ之。光長取レ之如二一昨日一〉」とある。

(仁)次左陵王〈小舎人定家〉。召二御前一、給二勅禄一〈紅打御衣〉。家成卿、於二庭中一舞踏。両童在二幼齢一、伝二妙曲一。若及二秉燭一、可レ遺二恨一。仍有二勅定一、先覧二此舞一（『仁平御賀記』）

次左賀殿、右林歌、次左陵王〈小舎人隆成〉、舞了退入之間、有レ召帰参。於二御前西一、更奏二曲節一。関白伝給二勅禄一如レ初〈紅打〉。親父家成卿於二堂上一取二勅禄一。舞童入二楽屋一之間、於二庭中一拝舞、如二丞相一。隆季朝臣取レ禄了（『兵範記』）

次に、落蹲。胡飲酒の童、おなじくこれを舞ふ。入綾こそなほめもあやなりしか―底本は「らくそん」の「ん」を重ねて書いている。「落蹲」は（10）に、「胡飲酒」は（17）に既出。この「童」は源雅行。雅行については（8）に既出。『定能卿記』には、「其行列先一鼓童〈胡飲酒童也。舞師忠節着二重装束一、取二大拍子一相従〉」（賀宴）、『玉葉』には「其行列　先一鼓童〈小舎人源雅行……〉」（賀宴）とみえる。雅行は、胡飲酒に引きつづき、「落蹲」を舞っている。『玉葉』に、「納蘇利不レ賜レ禄。依二胡飲酒之時給一也」、『定能卿記』に「次納蘇利〈不レ賜レ禄。胡飲酒時賜故也〉」とあり、胡飲酒の時に禄を賜っているので、ここでは禄はなかった。雅行の村上源氏と胡飲酒については『古事談』（巻六・26）に次のような記述がある。

舞人助忠、傍輩正連〈一者〉の為めに殺害〈祇薗林〉せられ畢んぬ。仍りて堀川天皇御歎息過法なる間、久我大相国奏せられて云はく、「何故に強ちに御歎き候ふや」と云々。仰せられて云はく、「神楽秘曲、胡飲酒、采桑老、此れ等三箇事、亦た伝へ説く人無し。已に絶えむと欲ふ。争でか歎き思し食さざらむや」と云々。重ねて奏せられて云はく、「神楽は、残る所なく伝へ説かしめ御し畢んぬ。子息等成長の時、器量を撰びて之れを授け給ふべし。采桑老は、天王寺の舞人を召して習はせらるべし。胡飲酒は、某《それがし》、教へ候ふべし」と云々。之れに依りて兄の忠方は胡飲酒を教へられ、弟の近方は神楽を給はり、采桑老を習はる、と云々。

多資忠が甥の山村正連（政貫）と諍いの末、子の節方とともに殺害された事件を伝える文献は、『続古事談注解』（一九九四年・和泉書院）の第五・20に集成されており、『殿暦』康和二年（一一〇〇）六月一五日条、『為房卿記』同年七月二七日条などに見える。また、青木洋志「多氏における、舞の家としての形成と秘曲の成立」（福島和

夫編『中世音楽史論叢』二〇〇一年・和泉書院、所収）参照。

【資料6】『多氏系図』（『続群書類従』第七輯上を適宜改変）

右近将監
資忠　康和二年六月十六日為㆓山村正貫㆒被㆓殺害㆒　五十五
├節方　被㆓殺害㆒
├節茂　胡飲酒被㆑下
├忠有　方イ ── 忠節　仁安三年八月四日法住寺殿行幸胡飲酒賞被㆑叙㆑之
└近方 ── 好方

堀河天皇が胡飲酒などの秘曲が絶えたことを歎いていると、「久我大相国」源雅実は、胡飲酒は私が教えましょうと奏し、多忠方に伝えたとしている（同様の話は『今鏡』「村上源氏第七新枕」、『続古事談』巻五・20、『教訓抄』巻四・胡飲酒、采桑老、『体言鈔』一〇、『古今著聞集』巻七・269「久我雅実胡飲酒を多忠方に伝へ、秦公貞採桑老を多近方に伝授の事」などに見える）。その後、『今鏡』「すべらぎの上第一黄金の御法」に、雅行の曾祖父・雅実が内裏で「胡飲酒」の舞を舞い、父顕房が被け物を賜ったとあり、また「すべらぎの中第二紅葉の御狩」には、康和の御賀について次のような記述がある。

五十御賀こそめでたくは侍りけれ。康和四年三月十八日、堀河の御門鳥羽に行幸せさせ給ひて、父の法皇の五十の御よはひをよろこび給ふなり。舞人楽人などは、殿上人・中将、さまざま左右の調べし給ひき。童舞三人、胡飲酒・陵王・納蘇利なむ侍りける。その中に胡飲酒は源氏の若君なむ舞ひ給ひし。袖振り給ふさま、天童の降りたるやうにて、この世の人のしわざともなく、目もあやになむ侍りける。御衣かづかり給へるをば、御親の、大納言とて太政のおほい殿おはせしぞ、取りて拝し給ひける。その若君は中の院の大将と聞え給ひしなるべし。

『今鏡』では「中の院の大将」雅定が御賀の当日に舞ったような筆致だが、実際は試楽の時（『中右記』康和四年〔一一〇二〕三月九日条）。また鳥羽院の賀の際には雅定の猶子雅仲が「胡飲酒童舞」を舞っており、雅定が被け物を賜っている（『今鏡』「すべらぎの中第二鳥羽の御賀」）。

【資料7】村上源氏系図

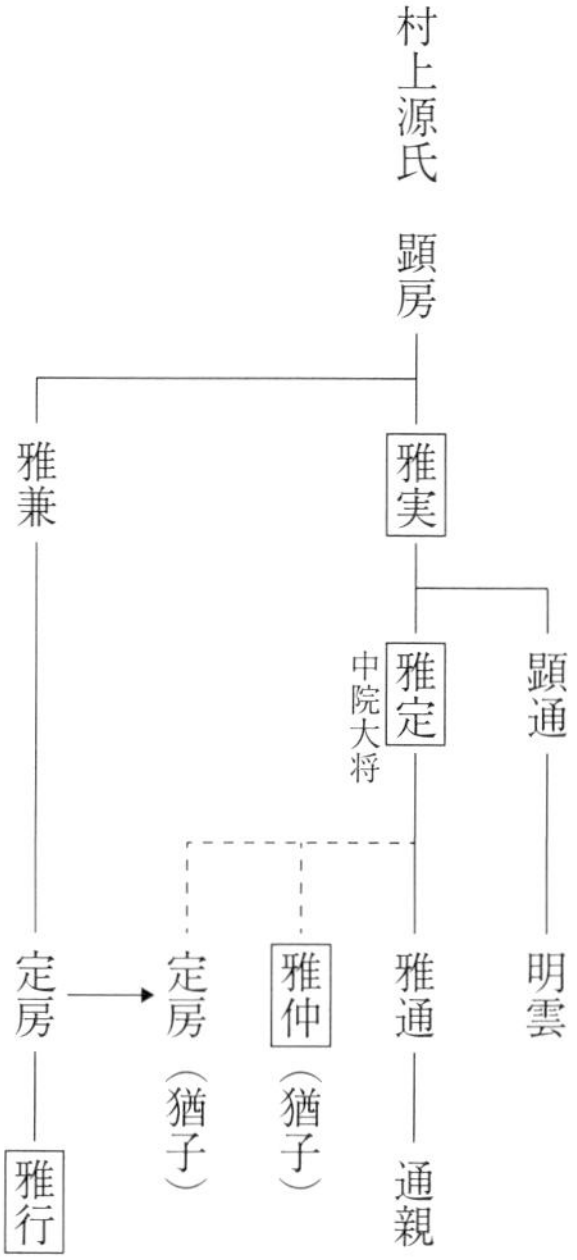

雅実以来、胡飲酒は村上源氏の「家の舞」となっていったらしく、安元の御賀で雅行が舞うのは妥当であるといえる。多忠節がその補佐についているのもこうした由来があってのことと思われる。なお、安元二年二月二一日の試楽の際には、「其曲絶妙、観者称美」との評価を受けている。そして雅行は、楽屋の前で藤原光能から禄を賜っている（「舞はてて入る時、……」の項に引いた『玉葉』『定能卿記』を参照）。なお禄を賜ったのは、「その舞いと妙なり。……」の項に引いたように、『中右記』は「楽屋」に入ろうとする時、『仁平御賀記』は「御前」、『兵

範記』は「御座西間」においてと記している。

この間、夕日の影も暮れぬれば、ところどころに、花の燭をかかぐ。庭には、立明をしろくたてまつり、汀には、はるかに篝火をかく—殿舎および御前の庭に明かりを点した。「花の燭」は、装飾のある燈火。「華燭」を和語化している。南朝宋の謝瞻「答二霊運一」（『文選』巻二五）の「開レ軒滅二華燭一、月露皓已盈」、紀斉名「夜短朝余レ睡」（『類聚句題抄』361）「竹窓早曙猶欹レ枕、華燭空残久覆レ衾」は、その例。『玉葉』に「納蘇利破之間、堂上掌燈、庭前立明、池畔挙レ篝」、『定能卿記』に「次納蘇利〈不レ賜レ禄、胡飲酒時賜故也〉、此間主殿寮立明、院御随身等同立明」とある。

庭には、立明をしろくたてまつり、
汀には、はるかに篝火《かがり》をかく。

と、庭の立明と汀の篝火とが対をなしている。「しろく」は、はっきりと見えるさま、あかあかと。

(康)次有二御遊一。此間及二秉燭一（『中右記』）

(仁)両童在二幼齢一、伝二妙曲一。若及二秉燭一、可二遺恨一。仍有二勅定一、先覧二此舞一（『仁平御賀記』）

此間呂律御遊、糸竹合奏。既及二衝黒一、主殿寮挙レ炬御遊了（『兵範記』）

次に、左、賀殿〈破一反、急三反〉—「賀殿」は「賀殿の急」（15）の項を参照。

万歳楽、太平楽、賀殿などいふ舞ども、長慶子を退出音声に遊びて……（『紫式部日記』寛弘五年〔一〇〇八〕一〇月一六日。一条天皇の土御門殿行幸）

次発二乱声一三度〈左右舞人可レ振レ桙〉。次舞六曲〈左万歳楽・賀殿・陵王、右延喜楽・地久・納蘇利〉（『中右記』寛治七年〔一〇九三〕一〇月三日条。白河院・郁芳門院の日吉社御幸）

『定能卿記』には、「次賀殿〈四人、公時不レ立。青海波二人、後々舞。猶着二海賦半比一。但剣ハ野剣、胡籙如レ本〉」とある。『玉葉』には「賀殿」についての記事はない。

右、林歌―唐楽と高麗楽にある。唐楽では平調の小曲であり、舞はなく管絃のみで演奏される。高麗楽では高麗平調の曲で、右の平舞《ひらまい》として用いられる。金鼠の刺繡のある袍を着け特別な甲をかぶり四人で舞う（『教訓抄』巻五・林歌）。『和名抄』巻四・曲調類に、「高麗楽曲　……臨河〈或云林歌〉」とある。

楽屋吹二調子一。依レ有二舞曲一也。左団乱旋〈六人〉、右新鳥蘇〈六人〉、……左打毬楽〈六人〉、右埴破〈六人〉、左抜頭〈末貞〉、右林歌〈六人〉（『中右記』長治元年（一一〇四）八月六日条。弘徽殿において御八講五巻日）

次奏レ舞。左先安摩、二舞〈注略〉。次又左方万歳楽、右地久、左蘇合、右新鳥蘇、左採桑老〈注略〉、右林歌、左散手〈注略〉、……次右喜徳〈注略〉（『山槐記』保元四年（一一五九）二月二二日条。白河千体阿弥陀堂供養）

『定能卿記』には、「林歌〈不二尻緣一〉」とある。『玉葉』には「林歌」についての記事はない。

左、三台―「三台」は「三台塩」の略。平調の曲で、破と急から成る。唐の則天武后の作といわれる。舞や破は早く絶え、急の部分だけが演じられた。

平調曲　相夫憐……三台塩……（『和名抄』巻四・曲調類）

此曲、唐国物ナリ。酔卿日月曰、高宗ノ后則天皇后所レ造也。モロコシニ張文成ト云イロコノム男アリケリ。后イカヾシタマヒタリケン、アイ給ニケリ。ソノヽチ、ユメカウツヽカニテ、御心ハカヨフトイヘドモ、ヒマヲ得ザリケルアヒダ、心ノナグサメガタサニ、彼ノ后ノ作リ給ヘリ〈可レ尋〉（『教訓抄』巻三・三台塩）

御拝・舞等儀如レ常。舞之後有二御遊一。今日舞〈左万歳楽・太平楽・三台・散手・龍王、右地久・林歌・貴徳・納蘇利〉（『殿暦』永久四年（一一一六）二月一九日条。白河新御所へ朝覲行幸）

後聞、舞曲、

左　安摩・万歳楽・三台・胡飲酒・散手・陵王
右　二舞・地久・古鳥蘇・新靺鞨・帰徳・納蘇利（『兵範記』仁平四年〔一一五四〕八月九日条。鳥羽金剛心
　院供養）

『定能卿記』には、「三台〈四人如レ元〉」とある。『玉葉』には「三台」についての記事はない。

皇仁―皇仁庭・王仁庭。右方舞。高麗楽の一つ。高麗壱越調に属す。仁徳天皇即位のとき百済の王仁の作という。

高麗楽曲　……王仁庭（『和名抄』巻四・曲調類）

春宮御元服ニ奏二此曲一。「喜春楽」ニ対シタリ。此舞ノユヘヲ、可レ然人ニタヅネマイラセ侍シカバ、皆文字ニツキタルナリトゾヲホセラレ候キ。マコトニ、イハレタル事ニテ侍ナリ。又「皇仁庭」ト云、コノ庭ノ字、尤不審也（『教訓抄』巻五・皇仁）

左右奏レ楽。左、蘇合・秦王・散手・大平楽・還城楽・散楽。右、鳥蘇・皇仁・貴徳・弄槍・狛犬・吉簡（『御堂関白記』長和二年〔一〇一三〕八月一日条。相撲抜出）

舞次第、左方万歳楽、右地久、左太平楽、右古鳥蘇、冠二老懸一挿二菊花一、左青海波〈無二垣代一〉、右散《敷》手、左胡飲酒、次陵王、右皇仁、左賀殿、右納蘇利（『山槐記』仁平二年〔一一五二〕一〇月一一日条。鳥羽院の舞御覧）

『玉葉』には、「皇仁破之間、中宮大夫已下、経二本路一復レ座。同急之間、内大臣〈歴二階前一如レ前〉復レ座」、『定能卿記』には、「次皇仁急之間、左大将経二本路一帰二着御前座一。一々舞了〈今日童舞之外、不レ賜レ禄〉」とある。

これで舞楽は終わった。

舞はてぬれば、蘇合の急を吹きて、おのおのまかり出づ―「蘇合」は、唐楽の盤渉調の曲の一つ。序、破、急揃った数少ない曲の一つ。管絃で演奏される時と、舞楽として用いられる時とがある。

蘇合香　盤渉調　ソカフ（『色葉字類抄』）

蘇合香　有レ甲　大曲　新楽……此曲ハ、陳後主所レ作歟〈一名「古唐急」〉。或書ニ曰、中印度ノ楽也。而モ中天竺ヨリ出タルカ。抑、阿育大王病ニワヅライ給タリケルニ、蘇合香ト云草ヲ、薬ニエ給ハズハ存命カタカルベシト申ケレバ、一国ノ大事ニテ、モトメケレドモ、オホカタモアリガタキ草ナレバ、モトメエズ。経二一七日一、此草ヲエタリ。即病イヘ給ケレバ、ヨロコビ給テ作給ト云。儛ハ育偈ト云ケル人、此草ヲ甲トシテ、起レ座舞ケルニ、一殿ノ内、匂カウバシカリケリ。以二此草名一、為二楽名一。又云、「蘇合香」出二蘇合国一。諸香草煎汁名也。此朝へ渡ス人、柏原天皇御時、和邇部嶋継ト見エタリ（『教訓抄』巻二・蘇合香）

弾くものは琵琶。調べは風香調。黄鐘調。蘇合の急。鶯の囀りともいふ調べ（『枕草子』弾くものは）

舞楽の中には蘇合といふ曲あり。これをまふには五帖まで帖々をきれきれに舞ひ終はりて後、破を舞ふ（『無名抄』蘇合姿事）

『玉葉』には、「楽人等奏二退出音声一〈蘇合急〉、自二東方一分散了」、『定能卿記』には、「奏二蘇合急一、自二東方一分散〈不レ乗レ船〉」とあり、楽人らは「蘇合急」を奏して退出している。康和・仁平では、

㊗一々舞畢。吹二蘇合急一、為二退出音声一〈但楽人等不レ乗レ舟〉（『中右記』）

㊓次伶人奏二長慶子一、為二退出音声一（『仁平御賀記』）

舞曲了。発二音声一〈蘇合急〉（『兵範記』）

『中右記』『兵範記』は、「蘇合急」を退出音声としている。同日の記録でありながら『仁平御賀記』と『兵範記』は曲名を異にしている。

舞人九人は御馬を引かむために釣殿にとどまる―院から送る馬一〇疋を「舞人」らが引いた。賀宴では院に献上していたが、後宴では院から天皇に送られる。『玉葉』に「此間〈内御方送物間〉、自二東方一引二引出物御馬一〈不レ

置レ移〉。舞人九人〈今一人不レ足、通親朝臣引レ之。其位在二頼実上一。仍引二第一御馬一〉及候レ院随身等〈重近以下十人〉引レ之」、『定能卿記』に「次被レ牽二御馬十疋一〈不レ置レ鞍〉。舞人九人牽レ之。今一人不レ足。仍右中将通親牽レ之〈依レ為二上臈一引二一御馬一〉」とある。詳細は「舞人九人ならびに中将通親これを引く」(28)の項を参照。ただ、「舞人」らが「釣殿にとどまる」という記事は見えない。『玉葉』『定能卿記』は、馬を引く役の者が一人足らなかったので、源通親を起用したとある。これは、輪台の垣代の殿上人に出入りがあって補充をしたものの、本番までには揃わなかった影響であろう(「次に、輪台の下臈一人、公時、もとは笛吹きにてありしが、……」(24)の項を参照)。

27 管絃の御遊、天皇への送物

次《つき》に、御遊《あそ》びあり。御笛《ふえ》ならびに琵琶《びは》、箏《しやう》の琴《こと》、はじめのごとし。拍子《ひやうし》、中納言宗家《むねいゑ》。和琴《わこむ》、按察使《あんせち》資賢《すけかた》。笙、宰相家通《いゑみち》。篳篥《ひちりき》、中将定能《さたよし》。付歌《つけうた》、雅賢《まさかた》、維盛《これもり》。まづ、双調《そうてう》、安名尊《あなたうと》、鳥《とり》の破《は》、美作《みまさか》、鳥《とり》の急《きう》。次《つき》に、平調《ひやうてう》、伊勢《いせ》の海《うみ》、万歳楽《まんさいらく》、更衣《ころもかへ》、甘州《かんしう》、陪臚《はいろ》。御遊《あそ》びのはてつかたに、左大臣、座を起《た》ちて、小寝殿《こしむてん》の東《ひむかし》にして、送物《をくりもの》をとる、御手本。権大納言隆《たか》季《すゑ》、御笛《ふえ》をとる。実房《さねふさ》、笙をとる。東《ひむかし》の簀子《すのこ》より御前にひざまづきて後《のち》、西《にし》の透廊《すきらう》にして、実宗《さねむね》、長方《なかゝた》、光雅《みつまさ》うけとりつ。

次に、御遊びあり―「御遊び」は、管絃の遊び。後宴は船楽、奏舞があり管絃の遊びの後に、舞人が引く馬一〇疋の献上とつづいた。

御笛ならびに琵琶、箏の琴、はじめのごとし―奏者の顔ぶれは、四日の賀宴の時と同じということ。『定能卿記』には、「次有二御遊事一。其儀如二一昨日一」とある。『百錬抄』には、「主上令レ吹レ笛給。聞者莫レ不二感歎一」とみえる。

○次御遊事〈召二書司一〉（『西宮記』臨時八・太上天皇賀事）

又上皇有レ命、召二書司一令レ供二御琴等一。有二絃歌之事一（『新儀式』巻四・天皇奉賀上皇御算事）

(康)次有二御遊一。此間及二秉燭一。先令レ敷二召人座於階西砌下一〈地下召人家綱・孝清・博定・式部丞俊重〈笛〉、今日被三召二加楽屋一也〉。呂〈桜人、美作、眉刀自女、鳥破・急、賀殿急〉。律〈伊勢海、更衣、万歳楽、陪臚、甘州〉。人々所役如二一日儀一。事了人々退下（『中右記』）

(仁)次召二管絃人一、有二律呂之御遊一〈可二書入一〉（『仁平御賀記』）

次召二御遊具一。頭中将伊実朝臣、上総守資賢朝臣、中宮亮季兼朝臣、為二殿上召人一。内大臣取二拍子一云々。此間下官有二北面廻事一。仍不レ見二御遊以後儀一。……此間呂律御遊。糸竹合奏。既及二衝黒一。主殿寮挙レ炬御遊了（『兵範記』）

仁平の記録は、『仁平御賀記』は記録を保留し、『兵範記』が御遊を見ていないので、その模様は分からない。

拍子、中納言宗家。和琴、按察使資賢。笙、宰相家通。篳篥、中将定能。付歌、雅賢、維盛―『玉葉』に、

次御遊、……所作人〈主上 御笛、余 琵琶〈玄上〉、内府 箏、藤大納言 笛、家通卿 笙、定能朝臣 篳篥、
中御門中納言 拍子、按察 和琴幷付歌〉

とあり、「付歌」に雅賢・維盛の名がない。『定能卿記』には、

次有二御遊事一、其儀如二一昨日一。主上 御笛、右大臣殿 琵琶、内大臣 箏、中御門中納言宗家 拍子、按察使資賢両役兼例〈和琴、同付歌〉、六角宰相家通 笙、下官 篳篥、雅賢朝臣・維盛〈以上付歌。此両人可レ牽二御馬一。仍未レ成レ律前立レ座〉。

とある。これによれば、雅賢と維盛は呂を奏し律を奏する前に、馬を引くために座を立っている。御賀記『玉葉』『定能卿記』の楽器担当者は【表18】のとおり。

【表18】

	御賀記	『玉　葉』	『定能卿記』
御笛	（主上）	主上	主上
琵琶		余（兼実）	右大臣殿（兼実）
箏		内府（師長）	内大臣（師長）
笛		藤大納言（実国）	
笙	宰相家通	家通卿	六角宰相家通
篳篥	中将定能	定能朝臣	下官（定能）
拍子	中納言宗家	中御門中納言（宗家）	中御門中納言宗家
和琴	按察使資賢	按察（資賢）〈幷付歌〉	按察使資賢〈同付歌〉
付歌	雅賢・維盛		雅賢朝臣・維盛

まづ、**双調**、**安名尊**、**鳥の破**、**美作**、**鳥の急**。次に、**平調**、**伊勢の海**、**万歳楽**、**更衣**、**泔州**、**陪臚**—曲名は、『玉葉』『定能卿記』によれば次のとおり。

双調〈阿名尊、鳥破、美作、賀殿急、眉刀自女《まゆとじめ》、歌三楽二也〉

平調〈伊勢海、万歳楽、更衣、泔州〔只拍子〕、倍臚、歌二楽三也〉（『玉葉』）
呂〈安名尊、美作、眉刀自女、鳥破、賀殿急〉
律〈伊勢海、更衣、万歳楽、泔州、陪臚〉（『定能卿記』）

「双調、安名尊、鳥の破、美作、鳥の急」の曲名は、類従本は『玉葉』『定能卿記』と重なるが、定家本には「賀殿急」と「負刀自」（「眉刀自女」のことであろう）がなく、「鳥の急」がある。ちなみに、『玉葉』は演奏順に、『定能卿記』は歌曲名を先に楽曲名を後にして挙げている。

「安名尊」「鳥の破」は（12）に既出。

「美作」は、催馬楽の呂歌。

美作や　久米の　久米の佐良山　さらさらに　なよや　さらさらに　なよや
さらさらに　我が名　我が名は立てじ　万代までにや　万代までにや

『古今集』巻二〇・神遊びの歌・1083には、「美作や久米の佐良山さらさらに我が名は立てじよろづ世までに」と類歌が見える。

御遊の所作人、太政大臣〈宗輔　箏〉……主上御付歌ありけり。ありがたきためしなるべし。呂、安名尊〈二反〉・鳥破・席田〈二反〉・賀殿急・美作〈二反〉。律、伊勢海・万歳楽・青柳・五常楽・更衣。これらをぞ奏せられける。次の年、……安名尊・鳥破・美作・賀殿の急・伊勢の海・万歳楽・更衣・三台の急・五常楽の急（『古今著聞集』巻三・98「保元三年の正月長元以来中絶の内宴再興の事」）

類従本が記す曲、「賀殿急」は、「鳥の急」（12）の項を参照。「眉刀自女」は催馬楽の呂歌。『口遊』（音楽門・催馬楽）にその名が見える。

御秣《みまくさ》　取り飼へ　眉刀自女　眉刀自女　眉刀自女　眉刀自女　眉刀自女　眉刀自女

又説、「大御酒《おほみき》わかせ　眉刀自女」。拍子同打。

『袖中抄』一九「マユトジメ」は、「いにしへのまゆとじめにもあらねどもきみはみまくさとりてかふとか」（『後拾遺集』雑五・1159・教円）を引き、

顕昭云　マユトジメトハ催馬楽呂歌　ミマクサトリカヘマユトジメト云ニ付テヨメル也……戸自トイフコトハ　或ハ女官也　或ハツカサナラネド　老女ニモ若女ニモワタリテ　トジト云事アリ　随テオトコヲバナニマロトイヒ女ヲバナニメト云ヘバ　マユトジメハカタ〴〵女ニテ有ベキニ　ミマクサトリカヘトウタヘルハ若トネリガ妻ニヤ　私云　或譜ニ此歌ノスヱヲオホミキワカセマユトジメトウタヘリ　コレモ女ト聞ヘタリ

又或本ニ　此歌ヲマユカキトシトカケリ。

と述べる。教円は、「眉刀自女」を馬の世話をする女として詠じている。このあと類従本には「世にめつらしき声つかひともにてみたれたり」とある。

「伊勢の海、万歳楽、更衣」は、平調の曲。いずれも（12）に既出。

「泔州」は、平調の曲。左方。舞楽としては六人または四人で舞い、蛮絵の袍に、巻纓の冠を用いる。古くは詠があったが、現在の演奏には伝えられていない。ここは歌曲。『玉葉』に「只拍子」とある。これについては、『教訓抄』（巻三・甘州楽）に「此曲ニ有二只拍子之節一。極タル秘事也。アマタノ説侍ドモ、ウチマカセテノ正説ヲバシラズ」と見える。

平調曲　相夫憐　万歳楽　泔洲〈有レ詠〉……（『和名抄』巻四・曲調類）

小曲　新楽　有二五帖一、拍子各十四。是ハ唐玄宗皇帝ノ御作也。天宝後、多以二辺地一名レ曲。「泔州」「涼州」是ナリ。又有二「胡旋舞」一。而モ照千山ト云者作レ之云〈依レ勅也〉。甘州ハ国名ナリ。……（『教訓抄』巻三・甘州楽）

まづ双調、鳥の破……妹と我。次に平調、万歳楽……甘州……鴛鴦（『古今著聞集』巻六・282「久安三年九月、鳥羽法皇天王寺へ御幸、念仏堂にて管絃の事」）

「陪臚」は、平調の曲。（17）に既出。

御遊びのはてつかたに、左大臣、座を起ちて、小寝殿の東にして、送物をとる、御手本。権大納言隆季、御笛をとる。実房、笙をとる。東の簀子より御前にひざまづきて後、西の透廊にして、実宗、長方、光雅うけとりつ――「御遊のはてつかた」は、管絃の遊びが終わろうとする頃。『玉葉』に「次左大臣・中宮大夫・三条大納言取二送物一〈御本・笙・笛、各納レ筥裹レ錦、付二銀枝一。件物等康和例也〉、経二御前一〈各跪二主上御前一称二物名一。但不レ聞〉、於二西透廊一渡二職事一〈頭中将・頭弁・光雅等請二取之一〉。左大臣直退出了云々」、『定能卿記』に「次自レ院被レ進二御送物一。御手本・笙・笛等也。左府・中宮大夫隆季卿・三条大納言実房取レ之」とある。院からの「送物」（御手本・御笛・笙）は康和以来の例であった。左大臣経宗・隆季・実房が、院からの送物を、御前で品名を述べた後、職事（蔵人）である実宗・長方・光雅にそれぞれ渡した。

㊗次従レ院進二御送物一〈笙・笛・御手本〈付二銀枝一〉、左大臣・民部卿・権大納言〈家〉、被レ取レ之〉（『中右記』）

㊁次院有二御贈物一。院司公卿持二参之一。蔵人請二取之一（『仁平御賀記』）

次有二御贈物事一。院司権大納言伊通、成通、公教卿等、自二上皇御所一下二給之一〈寝殿東面、各裹レ錦、以二玉緒一付二銀枝一。御本箱、笙筥、笛筥云々。慥可レ尋レ之〉。経二南面簀子一、持二参主上御前一経二天覧一。於二西透渡殿一、授二職事一了（『兵範記』）

「小寝殿」については、「寝殿の辰巳のすみ二間、……」（3）の項を参照。「透廊」は、両側に壁や戸などがなく、吹き放ちにした渡り廊。透渡殿。

西中門内透廊前、引レ幔為二楽屋一。其前立二左右桙一、東立二大鼓・鉦鼓一（『中右記』寛治八年（一〇九四）五月二

日条。源俊房、亡父師房のために法華八講を修する）

行二幸東三条殿一。先南庭置二版位一。乗輿入二御西洞院面一、経二中門幷透廊一、着二御南殿一（『兵範記』保元二年（一一五七）七月六日条。後白河天皇、東三条殿へ行幸）

「御手本」は、手習いの模範となる、能筆の書跡。

左大臣殊給二贈物一〈手本云々。納レ筥裹レ物〉（『小右記』寛弘元年（一〇〇四）八月二三日条。春宮の女一宮当子内親王の袴着。「左大臣」は藤原道長。腰結の役をつとめた）

さて土御門殿に渡らせたまふに、……うるはしき筥一よろひに入れさせたまひて、さべき御手本など具して奉りたまひければ、……（『栄花物語』つぼみ花。長和二年（一〇一三）四月、中宮研子、出産のために土御門殿へ移る）

28 天皇へ引出物の御馬十疋、中宮への送物

次《ゝき》に、御馬《むま》十疋を引《ひ》く。鞍置《ゝらを》かず、纐纈《かうけち》の衣《きぬ》、錦《にしき》の手綱《たつな》。舞人《まひ》九人ならびに中将通親《みちゝか》これを引《ひ》く。院の御随身《みずいしん》ども、狩装束《かりさうぞく》にて差縄《しなは》を取《と》る。三《み》めぐり引《ひ》きまはして後《のち》、西《にし》の中門の外《と》にて、左右の馬寮《むまつかさ》に分《わ》かち《給》たまふ。

これより先《さき》に、中宮の御方《かた》の送物《をくり》に道風《みちかせ》が書《ゝ》きたる仮名《かんな》をたてまつる。左衛門督宗盛《むねもり》、これをとりて、大進基親《たいしんもとちか》にたまひをはりぬ。御遊の間《あひた》、大臣以下に禄《ろく》をたまふ。

次に、御馬十疋を引く。鞍置かず、纐纈の衣、錦の手綱――「御馬十疋」は、院からの引出物。「纐纈の衣」は、馬の背中においた飾り布。「纐纈」は、「はりうち、青纐纈」（14）の項を参照。「錦の手綱」は、これも馬に繋いだのであろう。『玉葉』は、「此間〈内御方送物間〉、自二東方一引二引出物御馬一〈不レ置レ移〉」、『定能卿記』は、「次被レ牽二御馬十疋一〈不レ置レ鞍〉」と記す。『玉葉』の自注にある「不レ置レ移」の「移」は、鞍のこと。移し鞍という。御賀記の四日に、「御馬十疋、平文の移鞍を置きて院にたてまつらせたまふ」（11）とある。その注参照。安元の賀宴では、天皇から院へ馬を送る場合には「移」を置くが、後宴で院から天皇へ送る場合は、「移」を置かない。天皇と院との差を設けている。

○次有二引出物一〈馬十疋也〉（『西宮記』臨時八・太上天皇賀事）

次左右近衛次将馬助等、牽二出御馬十疋一。於二庭中一奉レ覧。訖有レ仰、更召下近衛官人番長已上堪二騎乗一者上令レ騎レ之。訖大臣仰令レ給二於御厩一（『新儀式』巻四・天皇奉レ賀二上皇御算一事）

＊『西宮記』『新儀式』の記事は、一日のみの実施であった、延喜六年（九〇六）・一六年の賀宴をもとにしている。すでに「御馬十疋、……」（11）に引用した。

（康）此間院引出物御馬十疋〈不レ置レ移〉、牽二渡前庭一。左右舞人合十人、牽二御馬一〈近衛官人相副為レ驡《クチトリ》〉、引二出西中門外一、給二左馬寮一（『中右記』）

（仁）次有二御引出物事一。龍蹄十疋〈置二平文移鞍一〉。諸衛将佐〈帯二胡六一〉・左右番長以上〈可レ騎二御馬一也。不レ帯二弓箭一。是先例也云々〉引レ之。其驡則右馬頭信輔、左馬頭藤隆季、左中将源師仲、同成雅、右中将藤光忠、同行通、左兵衛佐藤信頼、右衛門佐同信隆、左兵衛佐藤隆輔、左兵衛権佐同清成等也。其後綱者、府生兼友〈左、殿下〉、武成〈右、同〉、重（脱カ）〈右、左大臣〉、兼成〈官人、左大将〉、公正〈官人、右大将〉、季重〈府〉、敦保〈同〉、番長兼清〈左府〉、敦頼〈同〉、兼盛〈右大臣〉等也。入レ自二中門一、引二立南庭一、三匝。了後官人以下、依㆑仰騎㆑之、依㆑仰下㆑之。次殿下仰云、給㆓院御厩㆒。即於㆓東潺湲外㆒、付㆓御厩㆒了。

次院有㆓御贈物㆒。院司公卿持㆓参之㆒、蔵人請㆓取之㆒。

次院被㆑献㆓御馬十疋㆒〈不㆑置㆑鞍〉。院殿上人〈皆是舞人也〉引㆑之。近衛将監以下官人、着㆓褐巾㆒、帯㆓胡籙㆒、取㆓後縄㆒。引㆔入自㆓東樹間㆒、並㆓立庭中㆒。依㆑仰給㆓左右馬寮㆒〈各五疋〉（『仁平御賀記』）

次牽㆓寮御馬十疋㆒。置㆓平文移鞍㆒〈錦渡㆓蛇尾㆒付㆓金銅金物㆒、唐綾下鞍錦縁付、鏡文散物轡鞖龍、頭付唐綾差縄、赤地錦手綱。已上十具。備中守光隆朝臣功中調㆓進之㆒。連㆓着鞦㆒。召㆓殿上受領十人㆒、各一具云々〉。右馬頭信輔朝臣、左馬守隆季朝臣、左中将成雅朝臣、右中将光忠朝臣、以下外衛佐馬助等牽㆑之。近衛官人番長以上、取㆓片口㆒、入㆑自㆓西中門㆒、引㆓立前庭㆒。三匝之後、近衛騎㆑之。沛艾御馬有㆓一両㆒。左近番長敦頼、兼盛等乗㆑之。善馭之間、尤為㆓壮観㆒。次依㆑仰下了、引㆓出東方㆒、渡㆓院御厩㆒了。

次牽㆓院御馬十疋㆒。舞人十人引㆑之〈左近将曹兼弘、右近将曹大中臣重親以下、相共引㆑之〉。自㆓東方㆒引㆓出之㆒、引㆓廻南庭㆒了。於㆓西中門外㆒、授㆓左右馬寮㆒（『兵範記』）

仁平の時は、近衛天皇から鳥羽院へ馬十疋の引出物があり、そして院からの「御贈物」のあと、院から天皇への馬十疋の引出物があった。賀宴の時の馬献上がないので、天皇からの馬の「御引出物事」と院からの「御贈物」が相次いで行われた。

舞人九人ならびに中将通親これを引く――「舞人九人」と源通親が、引出物の馬の手綱を引いた。『玉葉』には、「舞人九人〈今一人不㆑足。通親朝臣引㆑之。其位在㆓頼実上㆒。仍引㆓第一御馬㆒〉」、『定能卿記』には、「舞人九人牽㆑之。今一人不㆑足。仍右中将通親牽㆑之〈依㆑為㆓上臈㆒、引㆓一御馬㆒〉」とある。右中将源通親が駆り出されたことについては、「舞人九人は御馬を引かむために……」(26)の項に述べた。通親は藤原頼実より上位であるため、「第一御馬」を引いている。「舞人」が院に送る馬を引くのは、恒例であった。康和・仁平の記録は前項に引いた。

院の御随身ども、狩装束にて差縄を取る―後白河院の随身が引出物の馬の「差縄」を取ったということ。馬一頭につき手綱と差縄を取る者が一人ずついた。『玉葉』には、「候レ院随身等〈重近以下十人〉引レ之」（重近は、「院御随身、思ひ思ひのなりどもにて、西の釣殿の辺にさぶらふ。その中に将監重近、年は八十にもや及びぬらむ」（14）と見える）、『定能卿記』には、「院御随身重近以下、取二後縄一〈装束如二行幸一〉。牽二出西中門一後、賜二左右馬寮一。左馬寮五疋、右五疋云々〉」とある。「狩装束」は狩や外出の時に着る装束。

殿上人、若公達、狩装束、直衣などもいとをかしうて、え居《ゐ》も定まらず、ここかしこにたちさまよひたるもいとをかし（『枕草子』小白河といふところは）

今日は皆狩装束にて、烏帽子姿ども、ならはぬ御心地にをかしく御覧ず（『栄花物語』松のしづえ。後三条院、石清水参詣）

「差縄」は、右の『定能卿記』に引いた「後縄」のこと。賀宴の記事に、「殿上の衛府を口取りとして、近衛舎人差縄を取る」（11）とあった。その注参照。中日のように、随身らが思い思いに派手で目立つ衣装を着ることはなかった。後宴にふさわしい装束が求められたのであろう。康和・仁平の記録は「次に、御馬十疋を引く。……」の項に引いた。

三めぐり引きまはして後、西の中門の外にて、左右の馬寮に分かちたまふ―「三めぐり引きまはして」は、馬を引いて御前の庭を三度回ったということ。『玉葉』に、「一両匝」つまり一、二回巡ったとある。「西の中門の外にて、左右の馬寮に分かちたまふ」は、引き回した馬を、西の中門の外で馬寮に託したということ。賀宴では、「その後、東の釣殿の馬道より引き出でて、御厩舎人にたまはす」（11）とあり、後宴では馬を引いて行く方向が逆になっている。『玉葉』には「一両匝之後、関白被レ仰下可二引出一之由上〈不レ及二作法一〉。即自二西中門一引出了。出二中門外一、副二渡御馬衣《ウマギヌ》一云々」とあり、西中門から引き出して「馬衣」を着けたとある。『定能卿記』は、前項の引用の自注にあるとおり、左右の馬寮に五頭ずつ賜ったことまで書いている。賀宴で天皇から院に馬を送る場合は、庭前を引き回してから、「左大臣、仰せられていはく、「乗れ」。差縄取り、おのおの乗りてうちまはす」（11）と騎乗させたが、後宴の場合は騎乗はしなかった。

(康)引㆓出西中門外㆒、給㆓左馬寮㆒（『中右記』）

(仁)引㆔入自㆓東樹間㆒、並㆓立庭中㆒。依㆑仰給㆓左右馬寮㆒〈各五疋〉（『仁平御賀記』）

自㆓東方㆒引㆓出之㆒、引㆓廻南庭㆒了、於㆓西中門外㆒、授㆓左右馬寮㆒（『兵範記』）

これより先に、中宮の御方の送物に道風が書きたる仮名をたてまつる―「これより先」は、引出物の馬を、御前で引き回し門外で馬寮に渡す前。『玉葉』には、直前の記事に、「次左衛門督宗盛卿、取㆓中宮御方送物㆒〈御本、付㆑枝如㆑初〉、同渡㆓御前㆒〈不㆑跪。依㆑為㆓中宮御送物㆒也〉。於㆓中宮御方弘庇㆒、欲㆑授㆓権大夫㆒〈康和権大夫能実、請取進㆓簾中㆒〉。而依㆑不㆑候召㆑亮。又不㆑候。仍召㆓大進基親㆒賜㆑之云々」とある。『定能卿記』は、「次自㆑院被㆑進㆓御送物㆒、……中宮御方〈左衛門督宗盛取㆑之。御手本仮名云々〉」と、引出物の馬に関する記事の次に記している。「中宮の御方の送物」は、院から中宮への送物。

康和の折には、「次従㆑院進㆓御送物㆒〈注略〉。又送物御手本、被㆑奉㆓中宮御方㆒〈右衛門督宗通卿取㆑之〉」（『中右記』）と、「御手本」である。仁平の御賀では中宮がいなかったので、院からの送物はない。『玉葉』『定能卿記』ともに誰の書なのかを記していない。「道風」は、小野道風（八九四〜九六六）。平安中期の官人。能筆として知られる。その書は野跡と呼ばれる。類従本は「道風が書たる古今」（古今に「かんなイ」と傍書）と作るが、道風が『古今集』を書写したという記録は未見。道風の書はしばしば送物となっていた。『小右記』寛弘二年（一〇〇五）三月二一日条の「左兵衛督随身愛子小童〈助命〉、与㆓道風手跡一巻㆒」（「左兵衛督」は藤原実資の養子懐平）、『殿暦』康和四年（一一〇二）七月八日条の「次参㆓内御方㆒〈あさかれひ〉。頃之退帰。有㆓引出物㆒。手本道風歟」（藤原忠実・忠通、堀河天皇のもとへ参る）はその例。また、その仮名の書については、『権記』寛弘六年（一〇〇九）三月四日条に「左衛門督被レ参二四条宮一。有二送物一。道風仮字本二巻。裹《ツツミ》二白薄物一、以二白組一結レ之」（藤原頼通、四条宮藤原遵子のもとへ参る）と見える。

左衛門督宗盛、これをとりて、大進基親にたまひをはりぬ――「中宮の御方の送物」を宗盛が取り次いで、中宮大進の平基親に賜った。送物を中宮権大夫平時忠に授けようとしたがおらず、中宮亮の平重衡を召したがこれも不在であった。そこで同じ中宮職の基親に賜うこととなった。前項に引いた『玉葉』『定能卿記』を参照。

【補説】類従本は該当箇所に「是よりさきに、中宮の御方の送り物に、道風か書たる古今《かんなイ》を奉らせ給ふ。右大将重盛、是を取次く。蔵人大進《光遠イ》に給ひ終りぬ」とある。さらに、この後、類従本には、次の記事が加わっている。以下に本文を引き簡略な注を付す。

又、院別当中宮大夫隆季を御使にて、八条入道おほきおとゝ《清盛》のかり、院宣をくりつかはさる。此度の御賀に、一家の上達部殿上人行事につけても、殊にすくれたる事おほし、朝家の御かさりと見ゆるそ、殊に悦ひおほしめすよしおほす。此よしを悦ひ申て、御使に白かねの箱に金百両を入て送らる。院きこしめして、物よかりけるぬしかなと仰事あり。

「院別当中宮大夫隆季を御使にて」は藤原隆季が院の使いとなって、平清盛のもとへ向かったこと。以下の記事は、『玉葉』『定能卿記』にはない。「八条入道おほきおとゝ《清盛》のかり」は、西八条の入道前の太政大臣平清盛の所へ。「八条」は、西八条にあった清盛（→人物伝71）の邸宅。『平家物語』（巻一「祇王」）に、「「……遊びもののならひ、なにか苦しかるべき。推参してみむ」とて、ある時西八条へぞ参りたる」とある。清盛が「入道」したのは、仁安三年（一一六八）二月一一日。『公卿補任』に「依レ病出家。法名清蓮、改名浄海。号二六波羅入道太政大臣一」とある。清盛が「おほきおとゝ」に任じられたのは、仁安二年（一一六七）二月一一日、その五月一七日には、辞状を奏して勅許をこうむっている（『公卿補任』）。「……がり」は、「……の所へ」の意。「朝家の御かざり」は、天皇家にとっての飾り。平家一門が王家に貢献のあることを称えた言葉。「朝家」は皇室、朝廷。「但外戚之親舅、朝家之重臣。燮二理天下一、輔二導朕身一之事、当時自レ非二丞相一、在二於誰人一哉」（『権記』長徳四年（九九八）三月三日条。藤原道長が病のために出家を願い出た時の勅答）は、その一例。「院きこしめして、物よかりけるぬしかなと仰事あり」は、使者の隆季に、清盛から禄として「金百両」が与えられたと聞いて、院が、幸運な男だと語った。『栄花物語』（初花）に、「御使ひ帰りまゐりたれば、殿おはしまいて、「物よかりけるまうとかな。いみじう多く物を賜りたる」とぞ笑はせたまひける」（花山院から使いが帰ってきた時の、藤原道長のことば）とある。

御遊の間、大臣以下に禄をたまふ――『定能卿記』には、「此間公卿以下、給レ禄如二朝覲行幸儀一」（「此間」は御遊の間）とある。ただ、『玉葉』には、「次御遊。……御遊了。……次賜二公卿禄一。先関白禄、実宗取レ之。依レ命持帰了。次左大臣禄。通盛朝臣取レ之。見二大臣不レ候レ座、欲レ置二余前一。仍余暫起レ座之由示二気色一。而置二左府座跡一退了。未二曾聞一。次経家朝臣取二余禄一、依レ目乍レ持退下了、給二随身一。内大臣以下次第賜レ之〈康和記曰、於二中門辺一賜レ禄云々〉」とあって、「御遊」後のこととする。

○次於二西廊一、賜二院司以下禄一〈法師等就二殿上一給レ之〉。右近少将俊蔭唱レ名給レ之〈縫殿就二柏殿西対一、賜二親王以下侍従禄一〉（『西宮記』臨時八・太上天皇賀事）

此間行事人、於二西廊一、院司已下奉レ従之者、給レ禄有レ差。近衛次将、進二於庭中一、唱レ名給レ之。縫殿寮給二扈従親王已下侍従已上衣被一（『新儀式』巻四・天皇奉レ賀二上皇御算一事）

(康)公卿以下給レ禄、如二恆行幸儀一（『中右記』）

(仁)次行事所給二院司禄一〈公卿以下〉。右近少将行通、進二立庭中一〈北面〉、開二見参文一、唱二其名一。次院司公卿、下レ堂進レ階。諸大夫取レ禄〈禄辛櫃舁立二中門内一、出納能是取二出之一、与二諸大夫一也〉、献二公卿以下一。進二庭中一、一拝退出。次縫殿寮給二公家見参禄一〈公卿許《バカリ》也。以下不レ給レ之〉。中務輔季家朝臣、唱二見参一。縫殿頭為兼頒レ禄、諸大夫取レ禄。其儀同前。次院庁賜二禄於公家見参公卿殿上人一〈其外不レ給歟〉。主典代主計権助以平行二其事一。已上禄物等白衾也。大臣二領〈称二白重一〉、其外各一領云々。召使枉申請之間、已似二押奪一云々。自レ院給二女房禄一云々（『仁平御賀記』。「召使枉申請之間」に、「女房禄事可レ尋レ之」の傍注あり）左大臣着二殿上座一〈西子午廊〉、召二外記一覧二見参一。次於二西中門廊辺一、給二院司以下禄一。左近中将光忠朝臣、唱二見参一云々（『兵範記』）

仁平御賀の時は、見参した官人の名前を読み上げながら、禄を賜っている。

29 入御、勧賞、還御

その後《のち》、二所《ふたところ》入御。院の御方《かた》より、按察使《あんせち》の中納言を御使《つか》ひにて、このたびの御賀、つゆのお《を》こたりなく遂《と》げ行《をこな》はれぬるは、なんぢがことを行《おこな》ふゆゑ《へ》なり《也》。ことによろこび思《おほ》し召《め》すよし、隆季《たかすゑ》の卿におほせらる。次《つき》に、人々勧賞《〈(けんじやう)》行《をこな》はる。

その後《のち》、御輿《こし》を寝殿の南《みなみ》の階《はし》に寄《よ》せて還御。舞人《まひ》は、その装束《さうぞく》にて、御綱《みつな》につかうまつる。挿頭《かさし》の花《はな》、糸鞋《しかい》、尻鞘《しさや》を撤《と》る。五位《ゐ》は尻鞘《しりさや》を撤《と》らず。

閑院《かんゐん》に行幸《かう》なりぬれば、去《い》ぬる年《とし》より今日《けふ》にいたるまでの世《よ》のいとなみ、雨風《あめかせ》のわづらひなく過《す》ぎぬることを、よろこび思《おも》はぬ人なし。

その後、二所入御―大臣以下への賜禄の後、「二所」後白河院と高倉天皇が御休息所へ戻った。四日にも、「すでに御拝はてて二所入御」（4）とある。『定能卿記』には、「入御」についての記事はない。「勧賞」の次に、「爰還御〈南階作二御輿寄一〉。少納言信季奏レ鈴。次第如レ常」、『玉葉』では、引出物の馬が引き回された後のこととして、「依二関白命一、公卿自二下臈一起レ座〈当時候レ座之人両三人也。下臈等先レ之起レ座了〉。此間主上経二本路一入二御御休息所一」と見える。康和に、入御の記事はない。

(仁)次両主入御、諸卿以下退出（『仁平御賀記』）

院の方より、按察使の中納言を御使ひにて―「按察使の中納言」源資賢（↓人物伝42）を使者として後白河院から行事の上卿隆季に感謝の言葉が伝えられた。

このたびの御賀、つゆのおこたりなく遂げ行はれぬるは、なんぢがことを行ふゆゑなり。ことによろこび思し召すよし、隆季の卿におほせらる―御賀記の四日条に、「このたびの上卿にて、中宮大夫、事おこなはる」（5）とあり、中宮大夫隆季は御賀を催行する上卿であった。院から使者を遣わして、隆季に感謝の言葉を伝える記事は、『定能卿記』『玉葉』には見えない。「なんぢ」は、二人称代名詞。漢文訓読語。和文脈の中では男性が用いる。『源氏物語』（柏木）に、「「汝が爺《ちち》に」とも、諫めまほしう思しけむかし」（光源氏が心中で薫に語りかけることば。「汝が爺に」は白居易の詩を口ずさんでいる）。

次に、人々勧賞行はる―「勧賞」は、功労を賞して、官位・土地・物品などを賜ること。『殿暦』天永二年（一一一一）二月一日条に、「及二還御之時一、有二勧賞事一〈中納言中将、叙二従二位一〉。仙院御恩、不レ可レ奏二左右一。返有二其恐一」（鳥羽天皇、白河院の御所六条亭への行幸。「中納言中将」は、藤原忠通）とある。安元御賀での「勧賞」

は次のとおり。

後聞、

勧賞

法親王《守覚》二品〈元無品、康和覚行親王三品、今度被レ叙二二品一〉

院司

正二位宗家、資賢

正三位信範

正五位下藤隆保〈父隆季卿譲〉

従五位上藤定経

上西門院

正三位基家

建春門院

従三位隆忠

中宮

従二位基通　（『玉葉』）

次被レ仰二勧賞一。

二品守覚法親王〈元無品。仁和寺宮〉

正二位藤原宗家〈院御給。今夜補二院司一〉、源資賢

従二位藤基通〈中宮御給〉

正三位平信範、藤基家〈上西門院御給〉
従三位藤隆忠〈建春門院御給〉
正五位下藤隆保〈上卿隆季卿譲〉
従五位上藤定経
（『定能卿記』）

後日被レ献二位記一儀　院判官代持二位記一〈入レ筥〉参上。僧綱相逢取二位記筥一、進二入御所一。帰出返二給筥一。賜レ禄〈大掛一領、僧綱取レ之〉。判官代提レ禄降レ庭三拝退出（『法親王供奉御賀儀』）

＊守覚法親王に「勧賞」があったのは、「後日」のこと。

被レ行二勧賞一。二品守覚法親王、正二位宗家・資賢〈已上院〉、従二位殿中将殿〈中宮〉、正三位信範〈院〉、基家〈上西門院〉、従三位藤隆忠〈建春門院〉、正五位下藤隆保〈上卿賞〉、従五位上同定経〈臨時〉（『顕広王記』）

先例は次のとおり。

○八日、賞二院司等一事〈昨依二院固辞一不レ被レ賞也〉。正三位源昇〈大納言〉、従四位上菅《藤イ》原宗岳、正五位下平安興〈少納言〉、橘公頼〈右少《中イ》弁〉、藤原季縄〈右衛門佐〉、従五位下藤原直法〈判官代〉、基茂、橘懐樹、藤原護由、律師如無為二権少僧都一（『西宮記』臨時八・太上天皇賀事）

＊「八日」は、宇多院六〇賀宴を行った延喜一六年（九一六）三月七日の翌日。

于レ時令三近習間仰二請院司等可レ預レ賞之者一。
明日、院別当公卿大夫并判官代、皆叙二一階一〈延喜十六年、以二僧如無一、為二少僧都一。以二法皇近習僧一也〉
（『新儀式』巻四・天皇奉レ賀二上皇御算一事）

㊖次被三仰二下勧賞一。新中納言仲実卿・同国信叙二正二《ママ》位一、参議能俊叙二正三位一、顕季朝臣叙二正四位上一〈已上院

別当賞〉、中宮権大夫能実卿叙二正二位一、右少将師時叙二従四位上一〈中宮職事、已上行啓賞〉、少納言実明叙二正五位下一〈民部卿譲歟。可レ尋レ之〉。

仁和寺御宮叙二三品一（『中右記』）

(仁)亥刻権大納言成通卿、於二中門北廊一、召二外記一。仍俊兼参立。仰云、内記候哉。申云、早出了者。即下二給勧賞折紙一。仰云、可三造二進位記一之由、可三伝二仰内記一。於二折紙一者、書写之後、可二返上一者。俊兼指レ笏給レ之。於二脇陣外一、傍官相共馳レ筆書写了。本折紙即以返上了。職事頭弁朝隆朝臣也。……

勧賞

正二位　藤清隆〈院〉

従三位　藤経宗〈女院〉

藤師長〈院折紙云二従二位一〉

藤基実〈女院〉

正五位下　藤成頼〈姫宮〉

従五位上　藤重方〈前斎院〉

藤家教〈院〉

（『仁平御賀記』）

令二五位蔵人顕遠院宣一云、勧賞加階、康和例後宴日、宣下即当□日而、行幸還御可レ有二明後日一。還御日可レ被二仰下一歟。可レ被二計申一之由被レ仰。関白被レ奏云、御賀勧賞也。不レ可レ依二行幸還御一、准二康和例一。今日可レ宜之由令レ申給。左府明後日可レ被二仰下一之由被二申上一、重被レ問。以下公卿伊通、成通、公教以下四五輩一同殿下定詞、内大臣右衛門督一同左府申状、太政大臣右大臣以下卿相、御遊以後早退出。以二人々申状一、*被レ申二入道殿一、被レ仰二勧賞儀一、行幸還御日定事也。但至二于今度一為御加賞之上、人人申詞多以一同。今日宣下

可レ宜歟。左右可レ有二勅定一者。次被レ仰二勧賞一。
正二位藤原清隆〈院司、中納言太宰帥〉
従三位同経宗〈同、参議左中将〉、同　師長〈同、同〉、同　基実〈美福門院御給。左近少将〉
正五位下藤原成頼〈姫宮御給〉
従五位上同重方〈前斎院御給〉
同　宗教〈院司〉
（『兵範記』。＊「被」は、史料大成に「彼」とあるが、意によって改めた）

仁平では、勧賞を後宴の日に行うか、明後日の還御の日に行うかで議論があったが、結局後宴のあとに実施している。

その後、御輿を寝殿の南の階に寄せて還御―高倉天皇が寝殿の南階に寄せた輿に乗って還御する。『定能卿記』に「爰還御〈南階作二御輿寄一〉。少納言信季奏レ鈴。次第如レ常」、『顕広王記』に「夜半許有二還御一」とある。『玉葉』には「今夜行幸還御云々。舞人撤二指頭花幷尻鞘一〈四位、他事如レ元〉、着レ靴供奉云々」とあるが、「此間主上経二本路一入二御御休息所一。次余逐電退出」と、天皇が休息所へ向かった後、兼実は急いで退出しており、「還御」の記事は伝聞などによる後補であろう。

(康)天皇還御。但依二法王仰一、寄二御輿於寝殿南階前一。次将レ称二警蹕一、公卿不二列立一、無二鈴奏一（『中右記』）
亥刻許還御。御輿寝殿の日かくしの間の土に寄たり。無二鎰奏一、有二警蹕一（『殿暦』）

「御輿」を「寝殿」に寄せるのは、康和の白河院の指示からはじまった。仁平では、「行幸還御可レ有二明後日一」（『仁平御賀記』）であったので、「還御」の記事はない。

○事訖、天皇還御（『西宮記』臨時八・太上天皇賀事）
御輿還宮（『新儀式』巻四・天皇奉レ賀二上皇御算一事）

舞人は、その装束にて、御綱につかうまつる—舞人らは着替えずにその装束のままで、天皇が乗る輿の綱を持って還御の供をする。類従本には「舞人楽人は」とある。『定能卿記』には前項の引用につづいて、「舞人等乍レ着二青色装束一、着レ靴供奉云々」（＊「舞」は、『禁裏・公家文庫研究』第二輯所収の本文では「無」に作るが、意によって改めた）とあるので、「楽人」は供奉していないのであろう。康和の時には、「還御之時、行幸供奉舞人等、乍レ着二青色装束一供二奉之一」（『中右記』）とあり、先例となっている。『玉葉』は前項に引いたとおりであり、『定能卿記』が記すように「青色装束」のままだったのであろう。「御綱」は、天皇の乗る輿の屋根から垂らした綱。綱を張って輿を安定させる。『西宮記』（臨時六・左右大将事）は、「乗輿出二閤門一之間、大将召二大舎人一二声、大舎人称唯。御綱張礼。大舎人同音称唯、張二御輿綱一」と御綱を張る時の次第を規定している。『後二条師通記』寛治二年（一〇八八）正月一九日条の「幼主乗二御輿一。警蹕。次置二璽筥一、定畢《ヲハリテ》中門闕外ニ立。召二大舎人一二音、進立。仰云、御綱張礼。歩行停二一町許一、警蹕」（堀河天皇が白河院のもとへ朝覲行幸）は、その一例。

挿頭の花、糸鞋、尻鞘を撤る—「御綱」を奉仕する「舞人」らの装束。「挿頭の花」は、飾りとして頭に挿す花。「糸鞋」は、糸を編んで作った靴。四日に、「舞人の装束、……虎豹の尻鞘、糸鞋」（7）とある。その注参照。「尻鞘」は、太刀の鞘を覆う袋。右のほか「竹豹の尻鞘」（7）が御賀記に見える。それらの注参照。『玉葉』には、「舞人撤二指頭花幷尻鞘一〈四位、他事如レ元〉、着レ靴供奉云々」とある。『定能卿記』には「着レ靴供奉」とある。

五位は尻鞘を撤らず—還御に供奉した五位は「尻鞘」をとり外さなかったということ。前項に引いた『玉葉』によれば、四位は「指頭花幷尻鞘」を「撤」ったとある。

閑院に行幸なりぬれば—高倉天皇が「閑院」に還幸したということ。『定能卿記』には、「還宮之時、雅長朝臣同名謁。于レ時及二夜半一」と、「還宮」が「夜半」であったと記している。「閑院」は、平安京の二条大路の南、西洞院大路の西に営まれた邸第。平安初頭に藤原冬嗣が創始し、以後平安中期まで藤原氏の邸宅として用いられた。平安後期は主に里内裏とされた。高倉天皇は、仁安三年（一一六八）二月に閑院で即位して以降、在位一二年間の大半を里内裏として過ごした。安元二年はその時期に当たる。太田静六「閑院第の研究」（『寝殿造の研究』一九八七年・吉川弘文館、所収）、野口孝子「閑院内裏の空間構造—王家の内裏—」（髙橋昌明編『院政期の内裏・大内裏と院御所』二〇〇六年・文理閣、所収）参照。

去ぬる年より今日にいたるまでの世のいとなみ、雨風のわづらひなく過ぎぬること—昨年から今日三月六日に至るまで、世の中の営みには天候による支障がなかったと言う。御賀の企画は前年の四月から始まった（解題参照）。

「雨風のわづらひなく」は、

風不レ鳴レ条、雨不レ破レ塊（『論衡』是応篇、『芸文類聚』巻九八・祥瑞）

風不レ鳴レ条〈須〉、雨無レ破レ塊〈久〉、五穀豊饒〈爾〉、四海愷楽〈爾〉（『山槐記』治承三年（一一七九）三月二六日条。伊都岐嶋社奉幣の折の宣命。大外記藤原業実の草）

風は枝を鳴らさず、雨はつちくれを破らず。世の中も楽しければ、今日の行幸《みゆき》もありまするなり（『兼盛集』序）

などの表現にもとづく。『定能卿記』は、「三ケ日無二風雨之難一。誠是天地和合歟」、『玉葉』は、七日に、「雨下。賀宴三ケ日、無二風雨之難一。今日降雨。天地和合掲焉者歟」（「掲焉」は、はっきりしている、明確・顕著なさま）と記しており、三日間天気に恵まれたことを、「天地和合」の結果であると述べている。藤原宗忠は、康和の時に「両日已無二風雨難一。誠是天地和合歟」（『中右記』）、白河院六〇賀の後宴に「両日無二風雨難一。天地和合歟」（同・天永三年（一一一二）三月一八日条）、さらに摂政藤原忠実が催した賀宴についても、「今日無二風雨難一。誠是天地和合之秋《トキ》歟」（同・同年一一月二五日条）と同様の見解を述べている。ただし、諸記録は御賀の「三ヶ日」など賀宴当日のみに限定しているのに対し、御賀記は「去ぬる年」からと述べている。

よろこび思はぬ人なし―人々はみな、去年から今日に至るまで、御賀が滞りなく終了したことを喜んだと書き記して、記の結びとしている。類従本には、「高きいやしき悦ひおもはぬ人なしとなむ聞侍りし」とある。

本文は底本の三四丁裏で終わり、五行分の空白を残している。その後に次項の奥書が丁替えして記されている。

30　奥書

入道大納言隆房卿、少将之時仮名日記也。依見及令書留之。以他記小〻勘付之。

〈訓読文〉

入道大納言隆房卿、少将の時の仮名日記なり。見及ぶに依りて之を書き留めしむ。他記を以つて小々之を勘《かむが》へ付す。

入道大納言隆房卿―藤原隆房。隆房が権大納言に任じられたのは元久元年（一二〇四）、出家したのは建永元年（一二〇六）。人物伝102参照。

少将之時―隆房が近衛少将であったのは、仁安元年（一一六六）六月六日に右少将に任じられ、治承三年（一一七九）一一月一七日に右中将に転じるまで（『公卿補任』）。御賀の年は二九歳。

仮名日記―『安元御賀記』のこと。底本の外題には「安元御賀日記」とある。

依見及令書留之―『安元御賀記』を見ることができたので、書写させたということ。『明月記』寛喜二年（一二三〇）六月一七日条に「但馬前司来臨〈午時許〉、清談移二時刻一。借二草子等一。蜻蛉日記・更級日記・隆房卿日記〈仮名、安元御賀〉・治承右大臣家百首・卅六人伝」（「但馬前司」は源家長）とあり、寛喜二年に定家がこの記を所持していたことが分かる。

以他記小〻勘付之―他の書によって少々検討して本文に書き添えた。底本には勘注がある。定家自身による考察のあとが見られるのは定家監督書写本の特徴のひとつ。本奥書についての詳細は解題に記した。なお鈴木徳男「定家本『安元御賀記』をめぐって」（「〈以中務少輔隆成、……〉」（13）の項に前掲）参照。

解題

鈴木徳男

一　安元御賀の催行の経緯

御賀とは、長寿を祝いさらなる延命を祈る算賀の行事である[1]。

安元御賀は、高倉天皇による後白河院の五〇御算の行事で、康和・仁平に続く院政期における天皇主催の上皇算賀のひとつ。王朝文化の掉尾を飾る一大盛儀であった[2]。

その企画は、前年（承安五年、七月二八日に安元と改元）の四月から始まったとみられる。『玉葉』における御賀関連の初見である、七月四日条に蔵人藤原光雅の談話を次のように記している。

此次光雅語曰、御賀事、去四月比奉下可二奉行一之仰上。先レ是中宮大夫隆季上卿・頭左中弁長方等承レ仰云々。今度偏被レ用二康和例一云々。但御調度之中、御厨子事、聊有二其沙汰一。康和例〈八脚〉、仁平例〈六脚、被レ用二康和御厨子一、其中二脚紛失云々〉、其数不レ同。可レ被レ用二何例一哉。且可レ被レ問二人々一歟之由、中宮大夫雖レ被二奏聞一、只可レ用二古物一〈六脚〉之由、御定切了云々。又童舞事、人々被二尋催一、各辞退、宗家卿被二譴責一、愁領状云々。又煎茶具、任二康和例一可レ被レ調レ之〈仁平無レ之〉。而彼度物具等、被レ求二鳥羽御倉一之処、已以紛失。仍今度開二仁和寺円堂一、取二出其具等一、可レ為二本様一云々〈康和如レ此〉。来月〈八月〉、可レ被レ始二行事所一、十一月可レ被レ始二楽所一云々。

以後、当時の古記録類から、その経緯が詳細に知られる。右の『玉葉』にあるように、上卿に任じられた中宮大夫藤原隆季や頭左中弁藤原長方らを中心に、主として康和の先例によって進められた。

「康和の例」とは康和四年（一一〇二）三月一八日〜二〇日、堀河による白河五〇賀、「仁平の例」とは仁平二年（一一五二）三月七日、八日、近衛による鳥羽五〇賀を指す。他に延喜一六年（九一六）三月七日の宇多五〇賀（醍醐主催）、天永三年（一一一二）三月一六日の白河六〇賀（鳥羽主催）の例がある。

御賀行事所始は前年の八月一六日であり、「太上法皇明年満二五十一御算。仍公家可レ被レ行二賀礼一、是延喜康和仁平等例也。今度被レ用二康和例一。但又少々可レ在二時宜一云々。今日被レ仰二上卿一始二行事所一…」（『山槐記』）とあり、この日康和の例に倣い蔵人左衛門権佐光雅が上卿である隆季亭に向かい「明年御賀事令レ行ヨ者」と高倉天皇の仰せを伝えている。白河院の康和御賀が拠るべき先例に採用され、その方針は「今度賀宴、偏康和例也。仍無二法会一〈延喜・康和無二法会一、天永・仁平有二法会一〉」（『玉葉』安元二年三月四日条）と一貫している。

先例に関する事例として、『玉葉』七月四日条に「又煎茶具、任二康和例一可レ被レ調レ之〈仁平無レ之〉」云々とあるように、康和の例により煎茶具の準備がすすめられたが、「鳥羽御物」（鳥羽殿勝光明院宝蔵）中に納められているはずの煎茶の具を用いようとしたが紛失していたため、延喜一六年三月七日の宇多法皇の御賀に用いられ仁和寺の円堂院宝蔵に納められていた煎茶の具をもとに模造しようとした。『禅中記』（長方記）によれば、安元元年一一月一二日に、上卿隆季は蔵人頭長方らを伴い宝蔵の検査・点検を行い、「宝蔵目六」（『仁和寺御堂御物実録』）を見ながら、厨子を開けて、煎茶の具を取り出した。そのついでに、迦葉尊者の杖、行基菩薩の袈裟、婆羅門僧正の剣など宝物を見て感動した様子が詳しく記されている。(3) 関連事項を年表的に一覧すると以下の通り。安元元年一〇月六日あたりから翌年正月二一日まで、青海波をめぐる相論があり、後白河院の裁定で一先ず落ち着いた経緯が見出

せる。(4)

安元元年八月一六日　御賀行事所始。隆季が行事上卿に就く（山槐記）。
八月一七日　童舞用意の件で各父卿（源定房・藤原宗家）に仰せあり（山槐記）。
九月一三日　舞人楽人が命じられる（山槐記）。
一〇月五日　御賀定　算賀行事の人事決定（玉葉）。
一〇月六日　或人の談に「青海波垣代音曲、笙笛相違事出来、隆季卿大咎レ之云々」とある（玉葉）。
一〇月一六日　楽所始の儀（玉葉。定能卿記はこの日から記される）。
一一月一二日　隆季・長方ら煎茶の準備のため仁和寺宝蔵に赴き点検（禅中記）。
一一月一五日　兼実、定能から青海波垣代音曲事で相論があると聞く（玉葉）。
一二月一五日　舞御覧の儀（玉葉・定能卿記、兼実は一八日に定能からその様子を聞き青海波垣代音曲につき隆季説と豊原時秋説の対立を知る）。
安元二年正月二日　算賀行事の日程、会場が定まる（玉葉、頭弁長方の情報）。
正月三日　朝覲行幸。兼実、隆季と青海波垣代音曲事を談話す（玉葉ほか）。
正月一六日　実国と同じく言談、両者同見解（玉葉）。
正月二一日　相論に関し両説採用の宣下（玉葉）。
正月二三日　院、御賀の舞御覧〈七条殿・初度〉（玉葉・定能卿記）。
正月二六日　内裏舞御覧〈閑院第二度〉（定能卿記）。
二月五日　院、御賀の舞御覧〈第二度〉（玉葉・定能卿記ほか）。
二月六日　御賀調楽（玉葉・定能卿記）。

兼実、試楽における琵琶担当の内命（玉葉）。
二月一〇日　中宮舞御覧（定能卿記）。
二月一七日　伊勢・八幡・賀茂三社に奉幣して御賀の由を告げる（顕広王記）。
二月二一日　閑院第で御賀試楽（玉葉・定能卿記ほか）。
　　　　　　試楽で唱歌の相違あり（玉葉、二六日定能から報告）。
二月二三日　成親（笛担当）の母卒、御賀舞人服仮により違乱（玉葉）。
二月二四日　降雨により御賀舞御覧延引（玉葉・定能卿記・顕広王記）。
二月二八日　院舞御覧（定能卿記）。
二月二九日　御賀により、誦経使を諸寺に発遣（玉葉・定能卿記）。
三月二日　院・建春門院、法住寺南殿御幸、左大臣経宗、御賀宴式を奏進（玉葉）。
三月三日　御賀奉行院判官代藤原光長に内昇殿を聴す（玉葉）。
三月四日　法住寺南殿に行幸、院五〇の宝算を賀す（玉葉・定能卿記ほか）。
三月五日　御遊（玉葉・定能卿記ほか）。
三月六日　御賀後宴（玉葉・定能卿記ほか）、以後も若干の関連事項があるが略す。

二　『安元御賀記』の伝本　定家本の形状・伝来など、及び類従本のこと

安元二年（一一七六）三月四日から六日に行われた安元御賀の催事を記した「仮名の日記」（漢文日記を訓読した文体を基にしつつ書かれている）(5)が『安元御賀記』である。その伝本には二系統、すなわち⑴定家が監督書写した本

（以下定家本という）とその系統、および⑵群書類従本系がある。

⑴定家本

《形状と書写時期》

徳川美術館蔵『安元御賀記』（重要文化財）がある。徳川黎明会叢書『古筆聚成』（一九九四年・思文閣出版）に影印所収。列帖装一帖（八紙・八紙・四紙の全三括）、一七・一cm×一五・五cm。本文料紙は斐紙、墨付き三五丁、遊紙前一丁後二丁。外題「安元御賀日記」（「花襷模様」表紙に直書き）および奥書は、定家筆と認められる。本文冒頭が定家筆であり、三丁表辺りから、他の歌集書写にもみられる右筆の書写、途中にも定家の筆が見られる。[6] 隆房原本からの書写であろうと思われる。

三五丁表に次のような定家の奥書がある。本文注（30）参照。

入道大納言隆房卿、少将之時仮名日記也。依二見及一令レ書二留之一。

以二他記一小々勘二付之一。

入道大納言藤原隆房（一一四八～一二〇九）の少将時代の著と知られる。勘注がみえるなど、定家本の特徴を具えている。表紙の「花襷文」（雲母刷）は『四条宮下野集』（冷泉家時雨亭叢書第一九巻所収、外題定家筆）の表紙と同じ型で刷られている。また文化庁保管の『九条殿御集』（外題同じく定家筆）の裏表紙と料紙の一部にも同じ文様がみえる。[7] 解題末尾の〔参考図版〕参照。ここから書写した時期のおおよそが推定できる。[8]

『明月記』寛喜二年（一二三〇）六月一七日条によれば定家は、『安元御賀記』（以下、御賀記）などを源家長（但馬前司）に貸している。このころ定家は同書を既に書写していたことがわかる。

十七日〈丁丑〉天晴。入レ夜、不レ経レ程月出。天晴早朝涼気、薄霧如レ秋。但馬前司来臨〈午時許〉、清談移二時刻一。借二草子等一、蜻蛉日記、更級日記、隆房卿日記〈仮名、安元御賀〉、治承右大臣家百首、三十六人伝、依二同心人一、不レ存二隔心一。夜涼着二綿衣一。

「同心人」といわれた家長は、生年未詳、文暦元年（一二三四）没、六〇余歳か。建久七年（一一九六）後鳥羽院への出仕から承元元年（一二〇七）白河院御堂供養までの一一年間、和歌所開闔《かいこう》として『新古今集』の成立に関わった。その仮名の回想記、『源家長日記』の著者。『蜻蛉日記』、『更級日記』は、二年後の天福元年春頃の後堀河院と藻壁門院との絵づくの貝覆いにおける、絵巻に書名が見える。源氏絵一〇巻、狭衣八巻、月次物語絵一〇巻、雑絵巻二〇余巻が制作されているうち、その雑絵巻の中に『紫式部日記』、『更級日記』、『蜻蛉日記』（定家が場面を選んで為家に送った）があったという[9]。『明月記』天福元年三月一八日～二一日条を参照。後堀河院時代の王朝文化復古の風潮と関わるのであろう。また治承右大臣家百首は、同じく『明月記』同年六月七日条によると、九条道家が当該兼実家百首を範に家百首を催すべく下知している。その作者中に家長の名もある。定家と家長の清談の内容は貸与した書に関わると思われるが、御賀記の書写時期は家長に貸した寛喜二年六月一七日に近いものと推量される。

《伝来と流布》

定家没後は長く冷泉家に所蔵されていたものと思われ、『家伝書籍古目録少々二通』『家蔵書籍目録』『冷泉家蔵書目録龍曲蔵』（冷泉家時雨亭叢書第四〇巻『中世歌学集 書目集』一九九五年）などの所蔵目録類に当該の定家筆と思われる御賀記所蔵の記録がみえる。

その後、正親町天皇から勅勘を受けた冷泉家九代の為満の時、勅勘が解けるように働きかけるため、家康に献上されたと考えられる[10]。定家本を手本にした徳川家康の手習い一軸（冒頭部分のみ書写）が宝台院（静岡市の浄土宗寺院）に残る[11]。家康没後、『駿府御分物御道具帳』（徳川美術館所蔵）によると、徳川義直（尾張徳川家初代、家康九男）の所蔵となる。元和九年（一六二三）二月一三日、二代将軍秀忠は江戸城内にあった尾張徳川家鼠穴邸へ御成を行った。その「元和御成記」中、御鎖之間の置合に「御賀記〈定家卿之筆〉」が飾られたとある。[12]

陽明文庫本の奥書に「此一冊者、以㆓定家卿自筆之本〈尾州黄門有㆑之〉之写㆒又遂㆓書写之功㆒者也。寛永三年八月上澣　一校了」とあり、蓬左文庫本も寛永年間の写しという。このころ尾張徳川家蔵の定家本が流布し始めたかと思われる。

なお同系統本のうち、「高倉院為後白川法皇五十賀法住寺行幸之記」の内題を持つ一連の伝本がある。龍谷大学図書館蔵草部文庫本・内閣文庫蔵本・神宮文庫蔵本・京都市歴史資料館蔵本など。草部文庫本の奥書に「此一本山崎住桑山普庵翁家伝之由、宝永六年仲秋松田氏に請てうつし留ぬ。彼普庵は只人ながら楽道を好のよし承りぬ。櫨斎義　在判」とある。定家本御賀記は近世において有職家に受容されたことが知られる。[13]

(2) 類従本系統

群書類従本の識語に「右安元御賀記、以㆓屋代弘賢校本㆒書写、以㆓扶桑拾葉集㆒校合」とある。記録性が強い定家本に対して文芸的といわれる。定家本系統との関係が問題となるが、類従本系を第一次成立、その後平家一門に関する部分を削除して第二次本の定家本が出現したという従来の説に対して、錯誤や官職の改め方などに同時代の人間の営為とは思われない杜撰さが指摘され、現在では定家本系統本に基づき、後人によって平家一門の栄華を強調するために改作増補された本（四節参照）とされる。[14]

成立時期には諸説がある。伊井春樹は、定家本を増補改作して類従本が成立したと論じ、御賀記の原形本とも呼ぶべき定家本は、御賀の後ほどなくまとめられたに違いなく、それを用いての増補本の出現は、平家が都落ちする寿永二年（一一八三）八月六日以前ということになるなどと主張した。[15]

春日井京子は、御賀記を受容する『平家物語』の側から類従本成立の時期を推論。隆房没後およそ承久の乱後から一四世紀の前半までの成立かとし、また隆房著の原本からの加筆ではないと推量する。(16) 春日井説は、現時点での規準になろう。

三　御賀記の内容

御賀の行事は、三月四日（初日）の賀宴、三月六日の後宴が主要なもので、それぞれ舞楽と管絃の御遊が行われる。中日（五日）には船楽・御遊・蹴鞠などは行われたが、奏舞はない。御賀記も五日条の冒頭に「明日は後宴にて、今日はさしたることなけれども、ただにやは暮さむとて」（14）と記している。三日間の雅楽曲の構成を一覧すると次の通り。詳細は本文の各注解を参照願いたい。

一日目（三月四日）賀宴　　異同は※に記す

〈舞楽〉

乱声

参入音声　賀王恩

左方　万歳楽　太平楽　陵王（童）

右方　地久　新鳥蘇　落蹲（童）

退出音声　長慶子

〈御遊〉

呂：双調　安名尊　鳥の破　席田　鳥の急

律：平調　伊勢の海　　万歳楽　　更衣　　三台の急
　※伊勢の海―類従本「青柳」（『玉葉』同）
二日目（三月五日）
〈船楽〉
呂：双調　桜人　　鳥の破　　難波の海　　賀殿の急
律：平調　伊勢の海　万歳楽　大路　　三台の急
〈御遊〉
呂：双調　妹と我と　春庭楽　本滋　胡飲酒の破　青馬　鳥の急
律：平調　庭生　　慶雲楽　大芹　五常楽の急　浅水　陪臚
三日目（三月六日）後宴
〈船楽〉
　参入音声　盤渉調調子　　鳥向楽
〈舞楽〉
左方　　春鶯囀　　輪台・青海波　　陵王（童）　賀殿　　三台
右方　　古鳥蘇　　敷手　胡飲酒（童）　落蹲（童）　林歌　　皇仁
退出音声　蘇合急
　※春鶯囀―定家本「春鶯囀〈序一返、諷踏二返、入破三返、鳥声一返、急声一返〉遊声をふくあひた……」、
　類従本「春鶯囀〈序一反、颯踏二反、入破三反、鳥声一反、遊声一反〉遊声を吹あひた……」

〈御遊〉
呂：双調　安名尊　鳥の破　美作　鳥の急
律：平調　伊勢の海　万歳楽　更衣　泔州　陪臚
※鳥の急─類従本「賀殿急、負刀自」（『玉葉』・『定能卿記』に同じ）

以下、小野真龍の「『安元御賀記』の雅楽曲」についてのコメントから抜粋する。[17]

三日間とも御遊が行われているが、呂旋法として双調、律旋法として平調が選ばれ、催馬楽と管絃曲が交互に演奏されている。舞楽においても左方舞と右方舞が組み合わされている。こちらも左方には陽、右方には陰があてがわれており、初日は三組、三日目は六組の舞楽が左方・右方交互に演奏されている。特に三日目の舞楽では、輪台・青海波と続けて舞われる左方舞が演奏されており、それに対応するべく、右方舞も敷手・胡飲酒の童舞と続けて演奏して釣り合いをとっている。三日目の舞楽では、輪台・青海波に加えて、冒頭に左方に春鶯囀と右方に古鳥蘇が舞われている。いずれも六人で舞われる大曲で、例えば春鶯囀であれば遊声・序・颯踏・入破・鳥声（てっしょう）・急声（きっしょう）の六部に分かれる。古鳥蘇もいったん楽曲が終わってから、一﨟・二﨟が残って後参の舞を再び舞う。儀軌に則った演奏順であり、また舞楽は大曲、稀曲を含む大変おおがかりなものであったといえる。

四　定家と御賀記　改変の意味

著者である隆房は御賀の上卿であった隆季がその父。母は藤原忠隆女。永万二年（一一六六）六月六日、近衛右少将に任ぜられ、その後治承三年（一一七九）一一月一七日右中将に昇進するまで少将のままであった。安元の御賀には右少将として参加、笙の奏者、右の舞人を務めている。御賀記は、こうした舞楽を担う少将の立場からの著述である。琵琶の名手であるだけでなく、『文机談』が伝えるように父親のあとを継ぎ、御賀中でも笙を奏している。御賀記の内容に照らしても、まさに著者として相応しい人物といえる。[18] 人物伝102参照。

これに対して、御賀記を書写した定家と御賀の関わりを今少し追ってみる。

『玉葉』（三月四日条）は、公卿のほとんどが参加した「ことうるはしき儀」であった御賀に不参加の八名を、理由とともにあげている。藤原成親は「重服」、資長・忠親は「脚病」、藤原俊盛・俊成・永範・平経盛の四人は「近年無㆓晴出仕㆒」、重家は「所労」により欠席であった。この中に定家の父、俊成の名もみえるが、『たまきはる』〈建春門院中納言日記〉当日の記事には「父の一食精進をして、腰のゐられたりけるを、しひて参りたるとて、物に取り伝ひて通られしを見しかば、こまかの事は見ず」とある。俊成は、腰が立たないにもかかわらず、娘の世話になりながら、ひそかに見物に行っていた。

また御賀に列席した女院たち、建春門院（滋子）・建礼門院（徳子）・上西門院（統子）の女房（御賀記にその打出の様が描かれる）には、定家の縁者が見出せる。例えば建春門院に仕えた健御前は、『たまきはる』の作者で、定家より五歳年長の同母〈親忠女〉姉。藤原成親の娘である新大納言殿は、『たまきはる』中の女房名寄せに「平家維盛の妻」と注記され「成親の大納言別当と言ひし女。この京極殿の腹なり。十二三にて召されて、二三年ぞさぶらはれし。御所近き局給はりて、限りなくもてなさせ給き」とある。母の後白河院京極は、定家の異母〈為忠女〉姉で、『明月記』嘉禄二年（一二二六）一二月一八日条・『砂巌』「五条殿御息男女」などによれば、結婚出産に拘わらず女房勤めを続け、安元御賀の時期も後白河院に仕えた。『建礼門院右京大夫集』に、成親の配流（その途中で誅せられた）後、右京大夫との贈答歌がみえる。[19] 他にも、上西門院に仕えた上西門院五条は、定家同母姉であった。

こうした顔ぶれを考慮すると、御賀は、定家にとって回顧するに値する若年のころの身近な催事であったと言えよう。「安元」当時、定家は十代半ば（二年は一五歳、元年に侍従に任じられる。叙爵は五歳時。なお俊成から古今伝授を受けるのは一八歳）であり、治承の争乱の前年に当たる。

さて、類従本系統の増補改変の内容と意義について、浜畑圭吾は、重盛が笙を担当する箇所、維盛が落蹲入綾（納蘇利＝童舞）を舞い父重盛が禄を下賜された箇所、「又、右大将、青海波の装束のために、親しき人々を引き具して楽屋へむかはる」などの類従本の本文、また院が清盛に使者を遣わし称賛を伝える場面などを指摘し、類従本は、一部官職の誤認や無理な設定から隆房の手によるものではなく、その増補は〈平家の物語〉を作り上げる意図があったが、その中心は平重盛であり（維盛の増補も重盛と連動するもの）、平家は清盛から重盛、そして維盛へと継承されていくはずの一門の全盛期を華やかに描く目的があった。「しかしそうした増補がどのような場において為されたかということについては、答える用意がない。今後の課題である。」とした[20]。

平家一門賛美のうち、ひとつには、維盛の舞った青海波の場面で、『源氏物語』紅葉賀の受容がある。三月六日の本文注（25）、青海波の【補説】を参照。

久保田淳は、御賀後まもなく隆房により書かれた御賀記に対して「女房などを中心とする読者は、それが余りにも事実の記録という傾向が著しく、憧憬の的である維盛の美しさがほとんど浮彫りにされていないことに不満であった。その女房達読者の意向を汲んで、男性貴族か筆の立つ女房の手で、増補加筆がなされた。増補者はその際に愛読していた『源氏物語』紅葉賀の描写を利用した」と論じる[21]。

維盛が光源氏に擬えられたのは『建礼門院右京大夫集』においてであり、次のようにある。

また、「維盛の三位中将、熊野にて身を投げて」とて、人の言ひあはれがりし。いづれも、今の世を見聞くにも、げにすぐれたりしなど思ひ出でらるるあたりなれど、際《きは》ことにありがたかりし容貌《かたち》用意《ようい》、まことに昔今見る中に、例《ためし》もなかりしぞかし。されば、折々《をりをり》には、めでぬ人やはありし。法住寺殿の御賀に、青海波舞ひての折などは、「光源氏の例も思ひ出でらるる」などこそ、人々言ひしか。「花のにほひもげにけおされぬべく」など、聞こえしぞかし。その面影はさることにて、見なれしあはれ、いづれもと言ひながら、なほことに覚ゆ。「同じことと思へ」と、折々は言はれしを、「さこそ」といらへしかば、「されど、さやはある」と言はれしことなど、数々悲しとも言ふばかりなし。

春の花の色によそへし面影の空しき波の下《した》に朽ちぬる（215）

かなしくもかかる憂き目をみ熊野の浦わの波に身を沈めける（216）

これについて、櫻井陽子は、類従本「御賀記」、覚一本「平家物語」、「平家公達草紙」の中で成立当初から『源氏物語』との関係があるのは『右京大夫集』だけであるとして「事実、『定能卿記』や定家本系『御賀記』にも『源氏物語』を意識する様子は見えない。兼実と共に人々が常に意識していたのは康和・仁平の先例である。維盛を意識し、光源氏を想起する視線は、あくまで右京大夫やその周辺のものと思われる」と述べる。(22)また、同じく、「仁平御賀においても重視され注目されるのは、常に胡飲酒や陵王などの童舞であった。こうした姿勢が『御賀記』、『玉葉』、『定能卿記』にも引き継がれたのであり、こちらが一般的な視線であった」とし、維盛の美しさを光源氏に擬する表現は「維盛に非常に近い女性の視線から捉えた個人的な営為であり、しかも鮮烈な記憶を形作った時間であったと捉えられる」と論じる。(23)前述の表現が、右京大夫の個人的な視点によるという指摘は重要である。『建礼門院右京大夫集』は、撰集のため定家の求めに応じて提出された家集であり、定家から作者名を問われて「言の葉のもし世に散らばしのばしき昔の名こそとめまほしけれ」と答えたと記す。右京大夫の視点を定家は知っていただろうと考えられる。いずれにしても類従本系統の改変において『源氏物語』の受容をどう捉えるかは大きな課題

である。(24)

注

(1) 村上美紀「平安時代の算賀」(『寧楽史苑』四〇号・一九九五年二月)。

(2) 本位田重美『健寿御前日記撰釈』(一九八六年・和泉書院)。

(3) 田島公「婆羅門僧正(菩提僊那)の剣―仁和寺円堂院旧蔵『杖剣』相伝の由来―」(薗田香融編『日本古代社会の史的展開』一九九九年・塙書房)参照。さらに『禅中記』には(行基菩薩の袈裟が)「朽損尤甚。上卿〈隆季〉称レ為二結縁一、少分被三破二取之一、被二懐中一。予〈長方〉・光雅等相二従彼所為一」などとみえる。

(4) 『玉葉』の記事を辿ると、青海波垣代音曲についての相論、上卿隆季説と笙第一者豊原時秋説の対立とその経緯が看取できる。堀淳一「後白河院五十賀における舞楽青海波―『玉葉』の視点から―」(『古代中世文学論考』三集・一九九九年)が詳しく取りあげている。ただし、隆季のこだわりの原因を『源氏物語』紅葉賀と関係づけていることには問題があろうかと思われる。堀氏は、算賀における青海波上演の「故実」の拠り所は、『源氏物語』の記述であったと、その先例として位置づけるが、近時、三島暁子「安元御賀試楽の場―妙音院師長「御説指図」による舞楽「青海波」を中心に―」(『梁塵 研究と資料』二五号・二〇〇八年三月)は、隆季の発言権が表れた例として、この相論をあげ、内大臣師長や自らの笙の師豊原時秋に対立する説を主張して譲らなかった点は「青海波」の特殊演出に関わると指摘する。本文注(25)、青海波の注を参照。

(5) 北山円正「『安元御賀記』の文体と表現」(『国文学論叢』六一輯・二〇一六年二月)。

(6) 岸本理恵「藤原定家の監督書写と和歌研究」(『国語国文』八五巻一〇号・二〇一六年一〇月)参照。

(7) 梅澤亜希子「文化庁保管の『九条殿御集』について」(湯山賢一編『古文書料紙論叢』二〇一七年・勉誠出版)参照。

(8) 柿沼紅衣「『四条宮下野集』成立に関する一考察―橘為仲との関係をめぐって―」(『国語国文』九二巻二号・二〇二三年二月)は『四条宮下野集』について冷泉家時雨亭文庫所蔵の「定家本は「宇治四条宮下野」という定家筆の外

題を持ち、本文は別人の筆跡になる、いわゆる定家監督書写本の一つである。奥書はないものの、定家の『集目録』にも記載され、書写年代は嘉禄・安貞・寛喜年間（一二二五〜三二）前後、おおよそ定家の六十代後半の頃と見て問題ない。」とし、当該論文の注（2）において「『下野集』の書写者は、嘉禄三年（一二二七）の書写奥書を持つ定家監督書写本『相模集』の書写者と同一。岸本理恵「定家監督書写本私家集の諸相―江帥集・成尋阿闍梨母集・殷富門院大輔集・傅大納言母上集・四条宮下野集・相模集―」（尾道市立大学芸術文化学部紀要12、二〇一三年三月）参照。」とある。御賀記も同様に理解できると考えられる。

（9）　後堀河・四条朝は九条道家の権勢のもとで比較的平穏な時代であり、王朝文化復古の空気があった。後堀河天皇は、承久の乱後の承久三年（一二二一）から貞永元年（一二三二）までの在位、四条天皇に譲位し文暦元年（一二三四）に二三歳で崩御するまで上皇として二年間を過ごす。寛喜元年（一二二九）一一月に道家の女竴子（藻壁門院）が入内（この時「女御入内屏風和歌」が催行されている）、翌二月に立后。また貞永元年六月、定家に勅撰集撰進の命が下っている。当代について、田渕句美子「後堀河院の文事と芸能―和歌・蹴鞠・絵画―」（『明月記研究』一二号・二〇一〇年一月）参照。さらに同「後堀河院時代の王朝文化―天福元年物語絵を中心に―」（『平安文学の古注釈と受容』二集・二〇〇九年・武蔵野書院）は天福物語絵について詳細に論じている。また後堀河・四条朝は『平家物語』ほか軍記物語の生成の時代でもある。日下力『平家物語の誕生』（二〇〇一年・岩波書店）など参照。定家筆『兵範記』紙背文書に「治承物語六巻〈平家と号す〉」と記されるのは仁治元年（一二四〇）のこと、定家の最晩年であり翌年八月に没する。宮崎肇「藤原定家書写『兵範記』紙背文書にみえる『平家物語』関係文書について」（『汲古』五六号・二〇〇九年一二月）は、当該文書は九条家家司である藤原忠高が九条道家もしくは教実に宛てたものと論じている。

（10）　この間の事情は藤本孝一「藤原定家の書写と古筆切―『公忠朝臣集』『花山僧正集』を中心に―」（『王朝文学の本質と変容』韻文編、二〇〇一年・和泉書院）など参照。

（11）　徳川義宣「徳川家康の晩年の手習と手本―定家様書道の草創を周って」（『金鯱叢書』一一輯・一九八四年六月）。

（12）　『徳川将軍の御成』（徳川美術館新館開館二十五周年・徳川園開園八十周年記念　秋季特別展図録・二〇一二年）に「尾張徳川家で最も大切にされた定家自筆本で、元和御成時に鎖の間の書院床《しょいんどこ》に飾られて以降、寛永二年（一六二五）・同四年・同八年・同十三年の御成で、いずれも鎖の間の書院床の飾り道具として使用された」とある。

(13) 伝本とその分類の詳細は浜畑圭吾「『安元御賀記』の基礎的研究―定家本系伝本の分類を中心に―」（『国語国文』九三巻一一号・二〇二四年一一月）によられたい。

(14) 櫻井陽子・鈴木裕子・渡邉裕美子『平家公達草紙―『平家物語』読者が創った美しき貴公子たちの物語―』（二〇一七年・笠間書院）資料編に両系を上下段に比較した翻刻がある。

(15) 「『安元御賀記』の成立―定家本から類従本・『平家公達草紙』へ―」（『物語の展開と和歌資料』二〇〇三年・風間書房）。

(16) 「『安元御賀記』と『平家公達草紙』―記録から〈平家の物語〉へ―」（『伝承文学研究』四五号・一九九六年四月）。なお三田村雅子「青海波再演―「記憶」の中の源氏物語」（『源氏研究』五・二〇〇〇年）のように「（類従本は隆房によって）平家追悼・平家賛美の立場から書かれた虚構的な視線を含む記述……（定家本は）その誇張・逸脱の是正版」とする立場もある。鈴木徳男「定家本『安元御賀記』をめぐって」（『国文学論叢』六一輯・二〇一六年二月）参照。

(17) 二〇二二年九月一一日神戸女子大学で開催の「平家文化と音楽―栄華を彩る雅楽の魅力―」（「科学研究費助成金基盤研究（C）『安元御賀記』を中心とした院政期御賀の総合的研究」研究代表者 浜畑圭吾・課題番号 19K00359・2019～2023 の主催）における講演「平安時代における日本的「雅楽」の形成」による。

(18) 『隆房集』（冷泉家時雨亭文庫本）73に

なにの舞とかやに入りて、はなやかなるまじらひをするにつけても、あはれ思ふ事なくて、かかるまじらひをもせば、いかにまめならましとうちおぼえて、またさしもうらめしくあたれば、見るらんこともつましくて

ふる袖は涙にぬれてくちぬるをいかにたちまふわが身なるらん

とある詠が『玉葉集』恋歌三・1530（前大納言隆房）では「安元御賀に地久をまひ侍りける中にも、心にかかる事のみ侍りければ」の詞書で採られている。御賀記に右の舞人として地久を舞った記述がある。本文注（10）参照。『隆房集』は、冷泉家時雨亭文庫本などの百首の自撰家集を第一種とし、その詞書を簡略化した定家本系を第二種、さらに

改変した「恋づくし（艶詞）」の第三種（第一種本を没後に後人が改変したとされる、文永期以前か）に分類される。家永香織「『隆房の恋づくし（艶詞）』の成立をめぐる諸問題」（『転換期の和歌表現　院政期和歌文学の研究』二〇一二年・青簡舎）は『隆房集』73歌が『玉葉集』に採られている事情について、「『恋づくし』の詞書を見て安元御賀の記事と判断した上で、他の資料によって具体的に舞の名を記したのであろう」と述べ、「『平家物語』や平家文化に対する関心が広まっていた当時の風潮に拠るものだろう」と論じている。

(19)　櫻井陽子「藤原成親の妻子たち」（『『平家物語』本文考』二〇一三年・汲古書院）に詳しい。

(20)　「群書類従本『安元御賀記』の成立」（『国文学論叢』六一輯・二〇一六年二月）。

(21)　「平家文化の中の『源氏物語』」（『藤原定家とその時代』一九九四年・岩波書店）。

(22)　「平家物語と周辺諸作品との交響」（『『平家物語』本文考』（19）前掲）。

(23)　「建礼門院右京大夫集から平家物語へ」（『『平家物語』本文考』（19）前掲）。

(24)　本文注（25）にも述べるように、類従本が増補改変に際して『源氏物語』（紅葉賀）を受容していることは明かであるが、定家が御賀記を書写した当時、『明月記』寛喜二年三月二七日～四月六日条（家長に御賀記を貸す一ヶ月半前）によれば、九条道家より料紙を賜り『源氏物語』を書写し、六日には「桐壺」と「紅葉賀」を道家に進上している。『建礼門院右京大夫集』の記事や、御賀をめぐる定家周辺の状況を考えあわせると、定家の周辺において少なくとも『源氏物語』の受容による改変があったと憶測できるかも知れない。安元御賀と『源氏物語』の受容について、鈴木徳男「安元御賀と『源氏物語』」（関西軍記物語研究会第一〇六回例会、二〇二三年四月）に先行研究を整理した。また同「『安元御賀記』と藤原定家」（二〇二三年度中古文学会秋季大会、二〇二三年一〇月）に定家との関わりを論じた（本解題は以上の口頭発表に一部重複する）。

〔参考図版〕定家本表紙の「花襷文様」

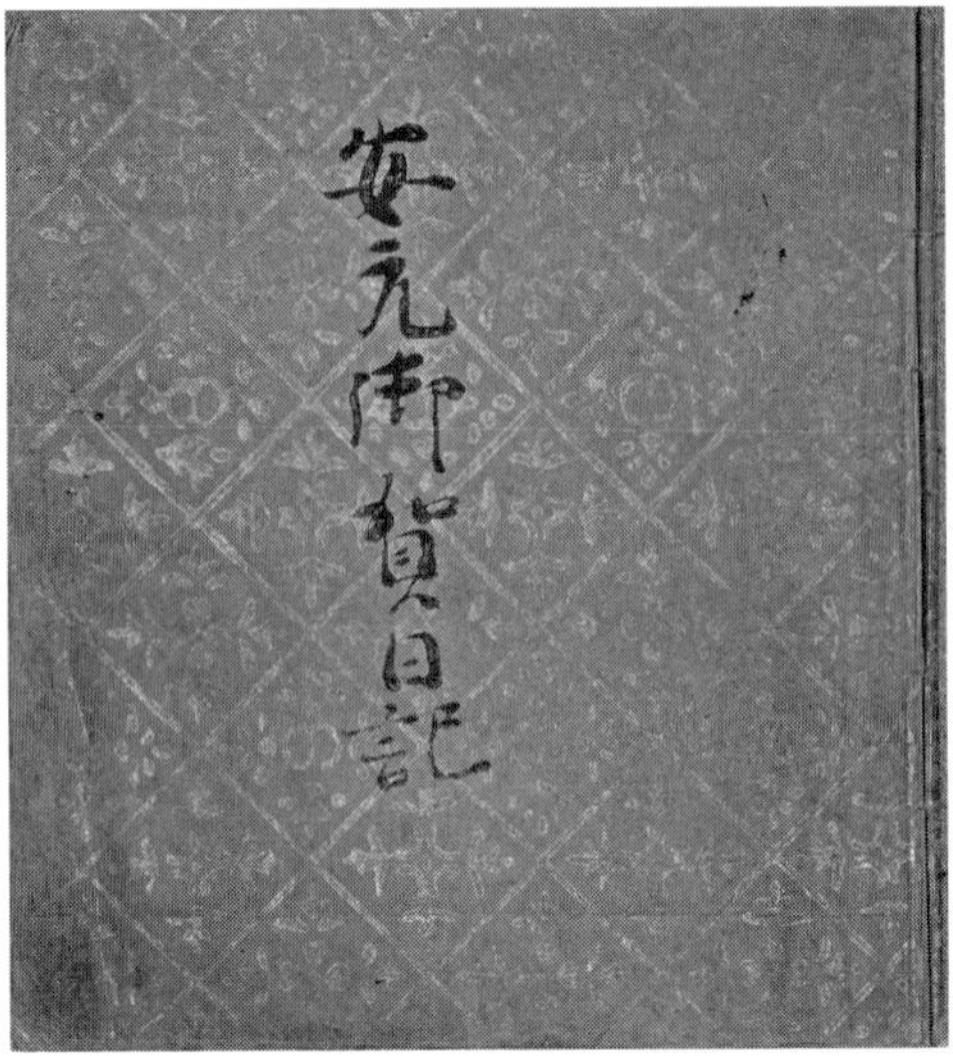

定家本『安元御賀記』の表紙（徳川美術館所蔵
©徳川美術館イメージアーカイブ／DNPartcom）

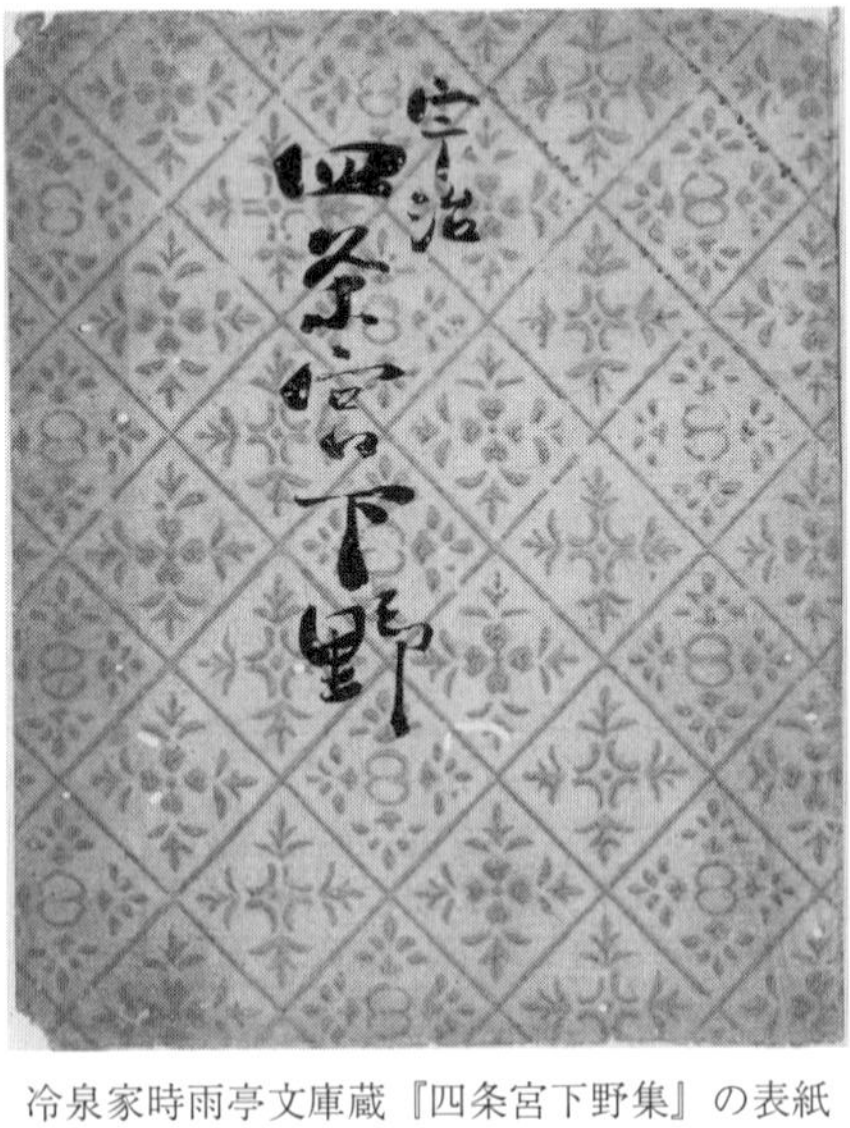

冷泉家時雨亭文庫蔵『四条宮下野集』の表紙

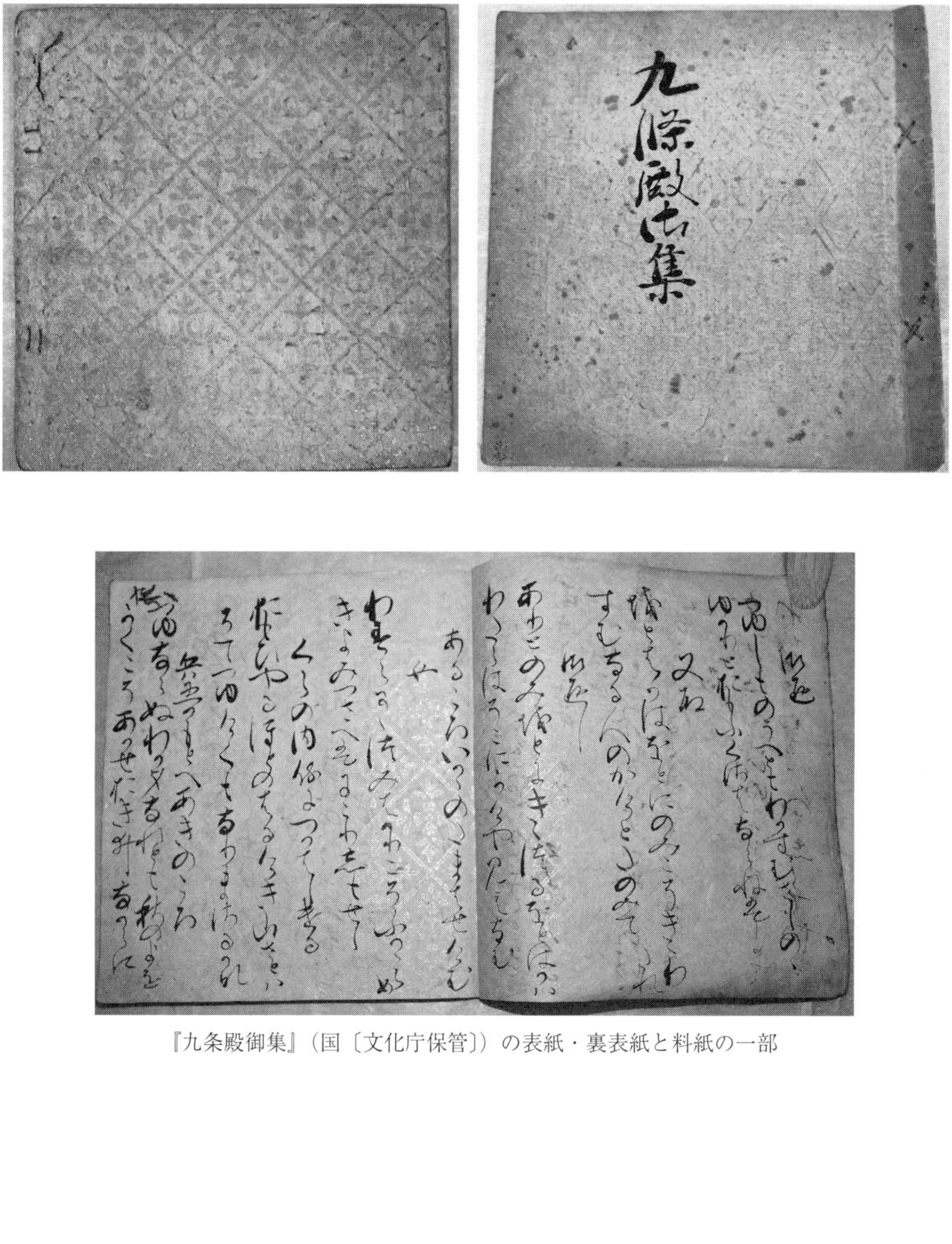

『九条殿御集』（国〔文化庁保管〕）の表紙・裏表紙と料紙の一部

人物伝

凡例

・『安元御賀記』にみえる、安元御賀に参加したすべての人物を取り上げる。ただし、類従本のみに登場する人物は含む。
・人物名の表示は、原則として実名によるが、院・天皇・法親王・女院についてはその限りではない。また、官職名等によって項目を立て、適宜参照項目を示した。
・人物の伝記は、系譜・官歴・事績の順で記した。御賀当時の官位については太字で示した。
・事績については、賀宴その他における音楽の事績・文事を中心に叙述した。
・各人の項目については、後白河院・平家との関係を中心に叙述した。
・人物名の下に、登場する御賀記の章段番号を示した。
・参考文献については、項目中に適宜記したが、次に掲げる文献からは特に多大な学恩を受けた。そのため、項目中では省略し、逐一示さなかった。

井上宗雄『平安後期歌人伝の研究　増補版』（一九八八年・笠間書院）
中村文『後白河院時代歌人伝の研究』（二〇〇五年・笠間書院）

・配列は、頭漢字を音読し、現代表記の五十音順による（左記一覧参照）。項目の頭に通し番号を付した。

あ　按
い　維　院
え　遠
か　家　我　雅　関
き　季　基　教　近
け　経　兼　建　顕　源
こ　胡　後　公　光　高
さ　左
し　師　資　滋　時　実　守　脩　重　俊　女　尚　上　信　親　仁

せ　成清盛
そ　宗蔵
た　太泰
ち　知中忠長朝
つ　通
て　定天
と　藤統徳
な　内
の　能
ほ　法邦
ゆ　右有
ら　頼
り　隆
（補　兼忠）

【あ】

○按察使／按察使の大納言　↓　42 資賢

【い】

1 維盛　8、15、16、25、27

平維盛（一一五九～一一八四）。時に従四位下、中宮権亮、右少将、伊予権介、一八歳。正二位内大臣平重盛一男、母は官女。安元元年（一一七五）九月一三日に御賀の人選があり、左の舞人として「右近衛権少将兼中宮権亮平維盛朝臣〈右大将一男、後略〉従下四位」（『山槐記』）とある。仁安二年（一一六七）二月七日従五位下に叙せらる（東宮憲仁当年御給）。同日美濃権守、同四年（一一六九）正月五日には従五位上（皇后宮滋子の去年大嘗会御給）。嘉応二年（一一七〇）一二月三〇日に父重盛が大納言を辞し、かわりに**右近衛権少将**、一二歳。翌三年正月一八日には丹波権介兼任、四月七日正五位下。承安二年（一一七二）正月一九日の朝覲行幸では付歌を務めている（『玉葉』）。二月一〇日、徳子の立后により**中宮権亮**となる。同日の御遊でも付歌を務め、一二日の饗宴では「権亮維盛、雖二年少一〈十四云々〉、作法優美、人々感歎」とされ、四月二七日の建春門院平野社御幸では舞人を務めている（『玉葉』）。翌三年正月一三日の朝覲行幸で横笛を務めた際には、「人々感歎」（『愚昧記』）と評されている。三月九日、少将のまま**従四位下**、四月二三日には賀茂祭の中宮使となり、翌四年（一一七四）正月一一日の朝覲行幸では付歌を務める（『玉葉』）。一一月には春日祭の近衛使となったが、維盛の郎等と南都の大衆との間に騒動があり、それを恐れて病と称し、途中から引き返した（『玉葉』一三日条、一五日条）。安元二年正月三〇日には**伊予権介**を兼ねる。一二月五日には従四位上に昇叙、翌三年六月五日には父内大臣重盛の左大将辞任の使者となっている（『玉葉』）。

治承二年（一一七八）正月四日の朝覲行幸では笛を務め、一一月一六日の中宮御産の饗宴では付歌を務めた（『玉葉』）。一二月一五日には言仁親王の立太子により、中宮権亮を止められ春宮権亮となる。同月二八日には正四位下（春宮始御入内賞）となり、禁色を聴される。翌三年正月六日の東宮五十日儀では付歌を、二月二四日の百日儀では笛を務めた（『玉葉』）。四月二一日には賀茂祭の使者に選ばれたが、他の使者とともにその「過差」を咎められている。『玉葉』によればその支度等は関白基房の差配であったらしく、「因レ茲関白天気不快」とある。しかし『山槐記』同月二三日条には藤原顕家と維盛は「無二沙汰一」と伝えており、顕家は基房の庇護のため、維盛は「被レ優二権門一歟」とする。同四年（一一八〇）二月二一日、安徳天皇が即位したため、春宮権亮を止められる。同年四月二七日に昇殿。父重盛の服暇のため、譲位日の昇殿ではなかった。五月二一日の園城寺攻めには大将の一人となり、九月五日の宣旨では伊豆で挙兵した頼朝追討の大将に選ばれている（『玉葉』）。福原に在った維盛に使者が送られ（『玉葉』九月二〇日条）、二二日に福原を発し（『山槐記』）、二三日には入京（『玉葉』）、二九日に六波羅を発って関東へ出陣したが（『山槐記』）、一〇月には敗れ（富士川合戦）、一一月五日には都へ戻った（『玉葉』）。合戦の顛末について『玉葉』は「於二維盛一者、敢無下可二引退一之心上云々、而忠清立二次第之理一、再三教訓、士卒之輩、多以同レ之、仍不レ能二黙止一」と伝える。退却は維盛の本心ではなかったようだが清盛は激怒し都入りを許さなかった。『玉葉』によれば維盛はひそかに「検非違使忠綱」邸に入ったという（以上『玉葉』一一月五日条）。一二月二三日には副将軍として越前へ向かうため近江へ下向している（『玉葉』『山槐記』）。翌五年六月一〇日右近衛権中将に転任、蔵人頭に補せらる、二五歳。一〇月一三日には追討使として近江へ下向（『玉葉』）、一二月四日には従三位非参議。寿永元年（一一八二）三月八日に伊予権守を兼任するも、翌二年七月には都を落ち、八月六日には解官。その後西国を転戦したと思われる。『玉葉』寿永三年（一一八四）二月一九日条には、維盛が「三十艘」の船を率いて南海へ去ったとし、以後の行方は『平家物語』以外でははっきりしない。『尊卑分脈』は元暦元年（一一八四）三月二〇日に出家したとし、法名を静円と伝える。ただし、『建礼門院右京大夫集』には、「また、維盛の三位中将、熊野にて身をなげてとて、人のいひあはれがりし」とあるため、熊野で入水したのであろう。『尊卑分脈』は元暦元年三月二八日に入水、二七歳とする。

承安二年二月一〇日、徳子の入内に際しては「件人生年十二歳云々、而進退作法尤優美、人々褒誉」（『愚昧記』）として、その作法の優美なことを賞賛されている。類従本では安元御賀での青海波の舞を激賞するが、『建礼門院右京大夫集』も光源氏になぞらえて語っており、さらに同書では、藤原実宗が宮中での維盛の様子を「まことに絵物語に言ひ立てたるやうにうつくしく」見えるとし、「あれがやうなるみざまと、身を思はば、いかに命も惜しくて、なかなかよしなからむ」と評している。維盛の美貌については、『平家物語』にも描かれるが、『玉葉』安元二年一月二三日条（試楽の日）にも「就中、維盛容皃美麗、尤足㆓歎美㆒」と記し、承安五年五月二七日条にも「少将維盛（重盛卿子）、衆人之中、容顔第一也」とされる。美男としての評判は物語だけのものではなかったらしい。また、『建礼門院右京大夫集』には、西八条での月の宴の際、藤原隆房が出席者に和歌を勧めたが、「歌もえ詠まぬ者はいかに」として維盛が戸惑っていたところ、なお求められたので「心とむな思ひ出でそといはむだに今宵をいかがやすく忘れむ」（97）と詠んでいる。『神楽血脈』に多近久を師として載る。

○院　→　30後白河法皇

【え】

2　遠業　22

大江遠業（生年未詳～一一七九）。時に検非違使、右衛門尉か。系譜未詳。仁安二年（一一六七）正月二七日に、

女御平滋子の家司が定められ「大江遠成」（『兵範記』）と見える。『兵範記』仁安三年（一一六八）正月一一日条には「大江遠成」が使宣旨を蒙ったことが記され、同年五月三日には、高野山僧の配流について、「検非違使左衛門尉平有成、大江遠成」（『兵範記』）が使者を務めている。また嘉応元年（一一六九）二月一三日の、皇太后滋子の日吉行幸にも供奉（『兵範記』）、同年一一月二五日には大納言典侍が八十嶋使として派遣されているが、従った時忠の車に「廷尉右衛門尉大江遠成」が伴としてついたとある（『兵範記』）。治承二年（一一七八）正月八日に御斎会が行われたが、「左大夫尉遠業重服」（『山槐記』）とあって、この直前父母のいずれかが没したか。翌三年一一月一七日の、いわゆる治承三年のクーデターでは解官、『山槐記』によると「検非違使左衛門少尉大江遠業」とあり、同月二一日条には、

南方有レ火、後聞、大夫尉遠業斬二子息等頸一自害、放二火於住宅一焚死、禅門欲三召二出件遠業一、仍放火自殺云々、

とあって、禅門清盛に呼び出された遠業が子息を斬って邸に火を放ち自害したと伝えている。『玉葉』も同日条に「自殺」とある。院の近習者であったのであろう。『平家物語』はこのあたりの事情を伝えており、延慶本によれば「江大夫判官遠業」（『盛衰記』「源大夫判官遠業」）は解官の四二人に入っていると聞き、伊豆の頼朝を頼って「瓦坂」の邸を出奔するが、稲荷山で翻心し、再び邸に帰り火を放って「父子共」に焼死したとする。「瓦坂」の邸については、『中世の文学　源平盛衰記』二・二〇二頁頭注三に「京都市東山区。三十三間堂南から東へ山科へ出る醍醐街道の口に当る」とする。また、覚一本は子息を「江左衛門尉家成」とし、「是も平家心よからざりければ」として、平家に疎まれていたとする。ただし『山槐記』同年一二月一三日条には、「解二却帯刀三人一」として「遠業子」としており、生存した者もあるか。

3 家光　16

藤原家光（生没年未詳）。時に、正五位下、右近衛権少将。従三位藤原家明（末茂流）男、母は藤原顕頼女。祖父は藤原家成。隆季の甥にあたり、またその娘を妻に迎えている。『尊卑分脈』は従四位上、左少将とする。『兵範記』仁安三年（一一六八）正月一五日条には「裏書」として同日の除目を記しており「刑部少輔藤原家光」と見える。また同書の同年七月三日条では、その日の除目で「左兵衛佐藤家光」とあり、左兵衛佐に任官した。同年八月一五日の放生会にも勤仕、一二月二日の賀茂臨時祭で舞人に選ばれている「家光」（『兵範記』）と見えるのも同人であろう。同月一四日の試楽では舞人に「左兵衛佐家光」とあり、同月一六日の臨時祭にも同様に名が見える。嘉応元年（一一六九）正月七日の除目では正五位下に叙せられたが、「八条院御給」（『兵範記』）と見える。同年二月一二日には翌日の建春門院の日吉行啓のために舞人に衣が与えられたが、「地下兵衛佐家光〈衣冠、紅梅織物、出掛〉」（『兵範記』）と見える。また『兵範記』同年三月二〇日条には石清水賀茂行幸の舞人として選ばれたことが記されている。同年四月一九日には、建春門院の殿上始があり、二九人の昇殿者のなかに名が見えるが、「右（左か）兵衛佐家光〈不参〉」（『兵範記』）とあって、この日は参上しなかったらしい。同月二六日の石清水行幸には舞人を務めている（『兵範記』）。翌二年四月二一日には賀茂初斎院の前駆を務めている（『兵範記』）。承安元年（一一七一）五月二〇日は最勝講の初日であったが、『玉葉』には次のように見える。

　披二例文一、見下合今度可二勤仕一之使上、側記二与奪之定文一、自レ本書二儲之一、仍如レ形、端四五行書レ之了、持二来余前一、置レ笏授レ之、余置レ笏取レ之、実綱復座之後、披見之処、左兵衛佐家光注二右兵衛一、仍返給令二改直一了、

勤仕した者の名を記録させていたようであるが、家光の官職が誤っていたので正させたとしている。また同年一二月二六日の、高倉天皇の女御徳子への「初渡御」にも勤仕している（『玉葉』）。翌二年五月二七日の建春門院の平野御幸に、舞人として「左兵衛佐家光」（『玉葉』）の名が見え、安元元年（一一七五）五月二二日の最勝講の初日に

は、左方の堂童子の役が「基親〈但夕方改二家光一〉」（『玉葉』）とあって、急遽基親から家光に変更されたようである。同年九月一三日に御賀の人選があったが、右の舞人として「右近衛権少将藤原朝臣家光〈故従三位家明卿一男、年〉正下五位」（『山槐記』）とある。この間、**右近衛権少将**に任官したか。『山槐記』除目部類には治承二年（一一七八）一二月二四日条に、除目として「従四位下藤原家光〈少将〉」とあって、従四位下に昇った。

4 家俊　8

源家俊（生没年未詳）。時に正五位下、侍従、出雲介。入道近江介俊光男、母は不明（『尊卑分脈』は「雅光女」とする。源雅光の女か）。村上源氏、父俊光は俊寛の従兄弟。応保二年（一一六二）正月五日叙位。仁安三年（一一六八）一一月二〇日、父俊光の大嘗会国司賞の譲りにより従五位上。嘉応元年（一一六九）三月五日にも、父よりの譲りで**侍従**となる。承安三年（一一七三）正月二一日**出雲介**、安元二年正月五日**正五位下**、寿永元年（一一八二）一二月三〇日には左少将となる。翌二年には加賀介、一二月一九日には少将を辞し、従四位下。文治元年（一一八五）六月一〇日には従四位上、同五年（一一八九）一一月一三日には宮内卿となる。建久元年（一一九〇）七月一八日には正四位下、正治元年（一一九九）三月二三日には讃岐守となる。元久元年（一二〇四）三月六日には従三位に叙せらる（宮内卿はそのまま）。承元三年（一二〇九）二月一八日出家。

侍従としての活動が多く、承安元年（一一七一）一二月二〇日には、元日の大極殿擬侍従の典儀に「従五位下源朝臣家俊」（『兵範記』）と見え、治承四年四月二〇日には安徳天皇の即位に伴う昇殿の人事に「従五位上行侍従源家俊」（『山槐記』）と見える。また、治承三年（一一七九）四月一七日の藤原良経の元服の際には、「指燭」（『山槐記』）の役を務めている。

嘉応元年（一一六九）三月二六日の平野社行啓や同年八月二九日の賀茂行幸の際には舞人を務め（『兵範記』）、治承三年三月一五日にも舞人として「侍従家俊〈童、雑色不レ着二当色一〉」（『山槐記』）と見える。

また、度々堂童子を務めており、治承元年（一一七七）六月二二日の建春門院の法事の際には「堂童子八人」の一人として家俊の名が見え、同三年五月二二日に内裏で最勝講が行われた際も、堂童子として「右方侍従家俊」（『山槐記』）と見える。また、治承四年（一一八〇）一〇月一八日の法華御読経や同年一二月二四日の六波羅での仏事でも堂童子を務めている（『山槐記』）。

5 家通　2、27

藤原家通（一一四三～一一八七）。時に正三位、参議、三四歳。本名基重。正二位大納言重通の男、母は源師頼女。『尊卑分脈』によれば、実父は藤原忠基（関白師実孫、大納言忠教息）であったが、幼少の頃に薨じたため、実母藤原有広女が女房となっていた重通の養子となった。久安元年（一一四五）一一月一八日従五位下。仁平四年（一一五四）正月二三日には従五位上（皇嘉門院仁平二年御給）。久寿三年（一一五六）正月二七日には左兵衛佐。父重通が左衛門督を辞したことによる。保元元年（一一五六）九月一七日には左少将、一四歳。翌二年正月二四日には備前介となり、同年一〇月二二日には正五位下に叙される。内裏造営賞か。上卿であった父重通の譲りである。同四年（一一五九）正月七日には従四位下（府労）、一七歳。永暦元年（一一六〇）二月二八日には右中将となり、同年八月二七日には従四位上。父重通の賀茂行幸行事賞であった。翌二年正月二三日には備前介兼任。応保三年（一一六三）正月五日には正四位下に叙される。大嘗会、美福門院の御給であった。長寛二年（一一六四）正月二一日には蔵人頭となり、永万元年（一一六五）六月二五日には新帝六条の即位があったが蔵人頭更任。仁安元年（一一六六）六月六日には**参議**（辞蔵人頭右中将）、二四歳。翌二年正月三〇日には加賀権守。翌三年（一一六八）八月四日には従三位に叙せらる。別当としての行幸院賞であった。承安二年（一一七二）正月二三日には出雲権守（重兼国）。一〇月二三日には正三位に叙せらる（稲荷祇園行幸行事賞）。治承三年（一一七九）一一月一七日には兼任右兵衛督、三七歳。養和二年（一一八二）三月八日には左兵衛督に遷り、一〇月一三日従二位（皇后宮入内賞、皇后宮は安徳天皇准母亮子内親王）。寿永二年（一一八三）正月二二日には権中納言、一二月二一日には右衛門督、四一歳。翌三年九月一八日には検非違使別当となり、二八日には大嘗会御禊御前長官（後鳥羽天皇）。一一月一七日には正二位に叙せらる。文治二年（一一八六）一二月一五日には左衛門督に転じる（別当辞官）も、翌三年一〇月二三日には督を辞した。すでに重篤であったらしく、『玉葉』同月三〇日条には、「家通卿万死一生、辞二中納言左衛門督一、以二子息時通一、可レ申レ任二少将一之由令レ申如何、幼少者云々、然而家通無二殊誤一、頗携二糸竹一、久任二公庭一、聊有二哀憐一歟如何」とあり、家通の楽による功績を認めた後白河院の配慮が見える。一一月一日には権中納言も辞す。「依二所労一危急也」とあり、同日戌刻薨去、四五歳。

長寛二年（一一六四）正月二六日の朝覲行幸（法住寺）の際に箏を務め、以後仁安二年（一一六七）二月一一日の藤原忠雅任内大臣の大饗や文治二年一〇月二九日の藤原良通任内大臣の大饗などでも務めている（『御遊抄』）。『古今著聞集』131「高倉院、中殿にて御作文の事」では、高倉院の笛に箏を合わせたことが記されている。『秦箏相承血脈』によれば藤原師長を師とする。また笙にも巧みで、仁安三年一一月二四日の高倉天皇の清暑堂の御神楽で笙（幾佐キ絵）を務めて以降、寿永元年の安徳天皇、元暦元年（一一八四）の後鳥羽天皇の際にも同様に務めている。承安四年（一一七四）九月一日の七条殿における後白河院の今様の御会でも笙を務めている。『鳳笙師伝相承』『大家笛血脈』によれば父重通、豊原利秋を師としている。また、永暦元年一一月三日の法金剛院での一切経会では楽行事を務めた（『山槐記』）。『玉葉』仁安三年一一月二四日条の節会の記事には「余仰二最末参議家通一、催二風俗一〈新作舞楽等也〉」ともある。

『兵範記』仁安二年四月九日条には、禊祭に於いて執筆の役に就いたことが記されるが、以後たびたび務めている。『角金記』（本朝書籍目録）を残したとされるが、現存しない。『御遊抄』保元三年一月二二日の記事に「家通卿記」と見える。「六角」と号した。室は藤原俊成女であり、『兵範記』承安元年（一一七一）一二月二六日条には「家通卿〈号㆓入道猶子㆒〉」とあり、入道即ち清盛の猶子であったか。

『古今著聞集』には二条天皇の命を受けて下句をつけた話や、女房からの歌に対して興ある返しをした話なども見え、和歌も巧みであった。『千載集』以下の勅撰集に四首入集。

○我君　→　38高倉天皇

6雅賢　8、10、12、15、16、23、27

源雅賢（一一四八～一一九二）。宇多源氏。時に従四位下、右近衛少将、備中守、二八歳。右少将源通家男、母は皇嘉門院雑仕真木屋。父通家は早世し、祖父権大納言資賢の子となっている（『尊卑分脈』）。安元元年（一一七五）九月一三日に御賀の人選があり、右の舞人として「右近衛権少将兼備中守源雅賢朝臣〈按察孫、故右少将通家朝臣一男、年廿八〉従下四位」（『山槐記』）とある。永暦元年（一一六〇）一二月二九日叙爵、同日上野介。応保二年（一一六二）六月一五日解官。永万二年（一一六六）八月二四日土佐守。仁安二年（一一六七）八月一八日復任、同三年一一月二〇日従五位上に叙せらる。資賢の、大嘗会での賞であった。同年一二月一三日右兵衛権佐、嘉応二年（一一七〇）七月二六日**右少将**、翌三年正月一三日正五位下、同年四月七日には土佐守に重任しているが、二一日には**備中守**に遷っている。承安三年（一一七三）正月五日**従四位下**、同五年（一一七五）正月二二日備中守に重任、安元二年一二月五日従四位上に叙せらるるも、治承三年（一一七九）一一月一七日、いわゆる治承三年の政変によって解官、一八日には祖父資賢とともに京外追放となる。同五年五月二六日には右少将に還任、養和二年（一一八二）三月八日正四位下、同日資賢が権大納言を辞し、右中将に転じる。寿永二年（一一八三）八月一六日院分により播磨守となるも同年一一月二八日には解官、翌三年四月七日には右中将に還任し、元暦二年（一一八五）六月一〇日蔵人頭、文治元年（一一八五）一二月二九日には参議に昇る。翌二年二月三〇日讃岐権守、翌三年（一一八七）一一月八日従三位に叙せられるも、建久元年（一一九〇）一一月二四日辞退。建久三年（一一九二）三月一五日出家。「本病之上依二法皇御事一也」（『公卿補任』）とある。後白河院はこのあと四月に崩御、雅賢も九月に逝去。祖父資賢や叔父資時とともに後白河院の近臣であった。『平家物語』巻八「鼓判官」には「按察大納言資賢卿の孫播磨少将雅賢も、鎧に立烏帽子で軍の陣へいでられたりけるが、樋口次郎に生どりにせられ給ひぬ」と記し、法住寺合戦後に生け捕られたとしている。

代々音曲の家として知られ、雅賢も笙や和琴、郢曲に勝れた。『和琴血脈』『催馬楽師伝相承』によれば祖父資賢より教えを受けている。『梁塵秘抄口伝集』には、後白河院からも音曲を教わっていた様子がうかがえ、「謡ふに、節いとたぢろがず。少し声の弱かりしも良くなりて、しかも重代なり。沙汰に及ばず」と評価されている。また、鞠にも巧みであったらしく飛鳥井雅有の『内外三時抄』には雅賢の教えを「佐々木野の家の説」としている。佐々木野は雅賢の家の号。

7 雅行　8、9、26

源雅行（一一六七〜没年未詳）。時に九歳、**小舎人**（『玉葉』）。大納言源定房一男、母は中納言藤原家成女。治承元年（一一七七）一〇月二七日叙位、同三年（一一七九）正月一九日侍従。養和元年（一一八一）正月五日従五位上（父定房の平野大原野行幸行事賞）、寿永元年（一一八二）三月九日右少将、同二年正月二二日備後介を兼任し、四月九日正五位下。文治元年（一一八五）正月六日、少将のまま従四位下に叙せられ、同四年（一一八八）正月二一日

丹波介を兼任する。同年七月一七日、父定房の喪に服し、八月二〇日には復任、建久元年（一一九〇）正月五日、従四位上となる。同二年二月一日正四位下となり、同五年（一一九四）正月三〇日、右中将に昇任、翌六年二月二日尾張介を兼ねるも一一月一五日、方違の行幸に供奉しなかったため、除籍された（『三長記』）。同九年（一一九八）正月一九日左中将。『明月記』同日条には「後聞為二年預一被レ渡云々」とあり、二八日には年預に補されている（『猪隈関白記』）。建仁元年（一二〇一）正月二九日には備後介を兼任。建暦二年（一二一二）六月二〇日に復任しており、それ以前に母が没したようである。建保元年（一二一三）正月一三日には従三位。『公卿補任』嘉禄二年（一二二六）条には「八月日恐懼。被レ出二雍州外一。依下害二子息親行一罪上也」と見える。『尊卑分脈』「雅行」の項にも、「嘉禄二八可レ出二雍州外一之由宣下依レ害二子息一被レ行レ罪了」とあり、子息親行の項には「為レ父被レ害」とあるため、雅行は子息親行を殺害し、京外追放となったらしい。その経緯については『明月記』『民経記』『皇代暦』が記すが、『明月記』が最も詳しい。同書によれば、嘉禄二年六月六日に親行が出家、理由は「与二父卿一違背、狂事之由有レ聞。或云、為二強盗一入二父家一、青侍搦得見レ之家督也云々。又是依レ通二其妹一、与レ父違背由有レ説云々」とする。同月二三日には六条朱雀において、父雅行の命によって処刑された「男女二人」の死骸がさらされたとしており、定家は「老後不祥、又狂気歟。宿運可レ悲」とする。翌二四日には「下人等説」として、切られた女が七条院高倉局との娘で「基忠卿妻」であり、先年、親行について夫の家を出た者とする。また「雑人説」としてこの女も長楽寺で出家していたが、夜陰、雅行が家人に命じて寺より連行し、そのまま処刑したことなどを伝えている。『皇代暦』は「子息入道侍従師行并婦尼」を六条朱雀で処刑したとし、「件両人密通之故云々」と伝える。二九日には雅行出家の噂が流れ、七月六日には在京を非難される。一一日には出家が誤報であることがわかり、「一定俗体」であった。その後を『明月記』は記さないが、『民経記』は嘉禄二年八月二六日条には「今日従三位雅行卿被レ追二洛中一云々、害二子息二人一之故也、中宮御吉事等過了之後可レ追也」とある。『明月記』には、「又殿下被レ停二恩給之所領一。不レ知二実否一〈又云、本自無二恩給一〉」（六月二七日）、「顕平朝臣説、雅行卿事、惚（惣か）殿下不二知食一、無二御沙汰一云々〈青侍説也〉。後聞虚言也〈所領二所一定被二収公一〉」（七月四日）、「於二殿下御領一者、一定被レ召了云々」（七月六日）、「甲州所領、定忠入道称二先祖領一申給了。殿下御領被レ召止二出仕一。其上無二重沙汰一由、殿下御気色云々。説々不レ同也」（七月一一日）とあって、当該事件によって、殿下藤原家実から領を召され、出仕を留められたことを伝えている。或いは近衛家の家司であったか。『公卿補任』では翌嘉禄三年にも非参議として名が見え、嘉禎二年（一二三六）一〇月八日に出家（六九歳）するまでその職は続いている。

『玉葉』文治元年一一月二五日条によれば、豊明節会において当時右少将であった雅行が、藤原定家を侮辱し、定家が「脂燭」で以て雅行を暴行、結果定家が除籍となった。建永元年（一二〇六）九月九日、多忠成が兄景節に殺害されたため、多好方に胡飲酒の舞を教えるよう雅行に院より命が下されている。その際「件雅行ハ後白河院安元御賀童舞、舞二胡飲酒一也」（『猪隈関白記』建永元年一〇月三日条）とされており、雅行は忠成の父忠節よりこれを教わったと記す。また、『仁和寺侯人系図』には、「雅行」の名があり、六条と号したこと、そして「胡飲酒三位」と号したことが記されている。その理由として「後白川五十御賀。為二十三歳一。依レ奏二彼歌曲一。以二胡飲酒一号レ之」としている。また、『催馬楽師伝相承』には、雅行が立項されており「安元御賀童舞。承久二十四。於二太上天皇御前一密々舞レ之。其後於二禁裏一舞レ之。同四年二廿。於二持明院法皇御前一密々舞レ之」とあって、その後も度々胡飲酒を披露している。

寿永三年（一一八四）三月三日の平等院一切経会では藤原公時とともに楽行事を務め（『玉葉』）、正治二年（一二〇〇）三月三日、建仁元年（一二〇一）三月三日に行われた平等院一切経会では宗国とともに楽行事を務めた（『猪隈関白記』）。また、建仁三年（一二〇三）五月二七日の法勝寺での八万四千基塔供養に於いても「左右年預〈雅行高通〉」が楽行事を務めている（『明月記』）。また、『明月記』建永元年（一二〇六）五月三〇日条には競馬で鼓を務めたと見える。

8 雅長　11

藤原雅長（一一四五～一一九六）。時に正四位下、左中将、三一歳。正三位中納言雅教一男、母は美作守藤原顕能女。後二条師通の曽孫。久安四年（一一四八）正月五日叙爵（従五位下）、保元二年（一一五七）二月四日昇殿、同年一〇月二二日従五位上となる。兄駿河守俊教の譲りであった。同年一二月二九日には民部権大輔、同三年（一一五八）一〇月二日には昇殿（新帝二条）。同四年四月一六日には正五位下、平治元年（一一五九）八月一四日には駿河守を兼任するが、永暦元年（一一六〇）七月除籍。その理由を『公卿補任』は「依㆑不㆑仕也」、『山槐記』同年九月一五日条は「仍不㆓出仕㆒」とする。『山槐記』同日条によれば、来る二〇日の城南宮の競馬に雅長不出仕と聞いた後白河院は、「至㆓于院御方㆒早可㆑参者、仍其旨遣仰了」として、雅長に復帰を促したようである。二〇日の競馬には左の装束の「所㆑課国々」として「駿河〈雅長〉」と見え、左の「念人」としても雅長の名が見える。応保三年（一一六三）正月二四日、父雅教が中納言を辞したことにより、左少将。同年三月一五日、石清水臨時祭で舞人を務めたため、昇殿。長寛二年（一一六四）正月五日従四位下。同日左少将を停められるが、二一日には還任。二八日還昇。永万元年（一一六五）六月二五日に昇殿、同年七月二五日従四位上、仁安二年（一一六七）正月三〇日**正四位下**。嘉応元年（一一六九）九月二七日昇殿（高倉）。同三年正月二八日**左中将**、治承三年（一一七九）正月一九日、従三位、三五歳。寿永二年（一一八三）正月七日には正三位、元暦二年（一一八五）正月二〇日には参議となる、四一歳。文治二年（一一八六）二月三〇日には越前権守を兼ね、文治五年（一一八九）一〇月二九日には、春日行幸の賞により、従二位。建久二年（一一九一）二月一日には因幡権守を兼任するが、建久七年（一一九六）七月二六日逝去、五二歳。

嘉応元年（一一六九）八月二九日の賀茂行幸の際には、舞人を務めている（『兵範記』）。『山槐記』には治承四年（一一八〇）七月二一日に山陵使となっているが、「安楽寿院法住寺三位〈雅長〉」とあり、同年一〇月二七日条にも奉幣の使いとして、「平野法住寺三位〈雅長〉」、元暦元年（一一八四）七月二八日の後鳥羽天皇即位の儀の「不参公卿」として「法住寺三位〈雅長〉」とあり、法住寺三位と呼ばれたか。

9雅頼　2、23

源雅頼（一一二七〜一一九〇）。時に正三位、権中納言、五〇歳。村上源氏。権中納言雅兼の三男、母は権大納言源能俊女（一品宮乳母）。源定房の兄。本名「雅仲」。天承元年（一一三一）一二月二四日修理亮（雅兼二合）となるが、修理亮に空席がなかったため、二七日には大膳亮に遷る、五歳。翌二年正月二二日式部少丞、長承二年（一一三三）三月四日には従五位下（三条皇女、後朱雀皇后禎子内親王御給）。同四年（一一三五）正月二八日には治部大輔、九歳。保延七年（一一四一）正月七日には大輔の労により従五位上。久安五年（一一四九）三月二〇には正五位下（延勝寺供養、皇太后宮御給。皇太后は聖子）。久寿二年（一一五五）八月二三日には蔵人、同三年九月一七日には左少弁、三〇歳。保元二年（一一五七）八月二一日権右中弁となり、同年一〇月二二日には従四位下（造営行事賞）。同三年（一一五八）八月一〇日、左中弁、装束使。翌四年正月六日には従四位上に叙せらる。父雅兼が天永三年（一一一二）に平野大原野行幸の際に行事を務めた賞であった。同月二九日には兼任伊勢権守（装束使の労）。永暦元年（一一六〇）四月三日には正四位下に叙される。これも天永三年の父雅兼の平野大原野行幸行事賞であった。『尊卑分脈』は「両度用一賞」とする。八月二四日には斎内親王装束使、一〇月三日には右大弁、蔵人頭に進み、応保三年（一一六三）正月二四日には遠江権守。長寛二年（一一六四）正月二一日には参議、三八歳。翌三年八月一七日には左大弁となり、一〇月二日には勘解由長官。仁安二年（一一六七）正月三〇日には備中権守、二月一一日には従三位に叙される。鳥羽院の天養二年（一一四五）の未給分であった。翌三年三月一一日には正三位。閑院より内裏への遷幸の本家賞であった。翌四年（一一六九）正月一三日には服解（母）、五月一一日には復任。一二月三〇日には資賢、成頼を超えて権中納言に昇る、四三歳。治承三年（一一七九）一一月一八日には辞任、息侍従兼忠を右少弁とするためであった。ただし『尊卑分脈』は「十一月十八日解官」とも見え、翌四年正月に許されて本座に出仕したとも記す、五三歳。養和元年（一一八一）には従二位、寿永二年（一一八三）二月には「行幸院賞」として正二位に叙される。院の別当であった。文治三年（一一八七）七月には出家、「依二室家所労一危急也」とする、六一歳。建久元年八月三日薨去、六四歳。

仁平の御賀では摺鼓を務めている。安元三年（一一七七）四月の火災に遭ったとき『玉葉』は「実定、隆季、資長、忠親、雅頼、俊経、皆富二文書一家也、今悉遭二此災一、我朝衰滅、其期已至歟、可レ悲可レ悲、又伊明文書六千余巻同以焼了云々」として、文書を多く抱えていたことを伝えており、有職の人であった。『玉葉』安元二年一二月七日条には、「近代貫首之仙、忠親雅頼也、以二此両人一可レ為レ師歟」とある。九条兼実との交際が密であったらしく、『玉葉』にはたびたびその名が見える。また、『玉葉』治承四年（一一八〇）一二月六日条には、雅頼の侍であった斎院次官親能が宗盛によって追捕されたことを伝えているが、「然間依下近々与二謀叛之首頼朝一、年来為中知音上」とあって、源頼朝とも交流を持っていた。『平家物語』巻五「青侍の夢」はそうした雅頼の環境を基にしているとされている。『建礼門院右京大夫集』には「宮にさぶらひし雅頼の中納言の女、輔どの」とあり、『尊卑分脈』では確認できないが、娘が建礼門院の女房であった可能性がある。

『千載集』以下の勅撰集には六首入集。「綾小路」「壬生」「猪隈源中納言」などと号した。

○関白　↓　17基房

【き】

10 季信　8

藤原季信（生年未詳～一一九二）。時に中務少輔（『玉葉』『定能卿記』）。正四位下備後守季兼男、母は藤原家保女。本名行兼。安元元年（一一七五）九月一三日に御賀の舞人、楽人の人選があり、篳篥の担当として「散位　藤原朝臣季信〈故前備前守季兼朝臣一男〉」（『山槐記』）とある。『玉葉』安元元年一〇月一四日条には「今日、季信申レ慶、為レ吹二御賀篳篥一、被レ聴二昇殿一之故也」とあり、賀宴で篳篥を吹くために昇殿を許されている。『山槐記』治承二年（一一七八）九月一三日条（補遺）にも「中務少輔」と見える。藤原道綱の流れを汲み、曾祖父藤原敦家は「本朝篳篥一芸相伝棟梁也」「管弦得レ名楽道之名匠」とされ、伯父実家も篳篥大夫と号した（以上『尊卑分脈』）。『篳篥師伝相承』では父季兼から相承している。定能は従兄弟。『愚昧記』治承元年（一一七七）三月九日条には「季信〈中務少輔〉」とあり、同年一一月一二日の中宮徳子の御産の場にも中務少輔として名が見える（『山槐記』）。『山槐記』は同三年（一一七九）正月二二日条に「治部大輔同季信〈元中務権少輔〉」とあり、直前に治部大輔となったか。同年一二月一四日の「院参賀」でも、篳篥を担当している。翌四年三月四日条には、「殿上五位」として「治部大輔季信」の名が見える。『玉葉』文治三年（一一八七）八月二一日条には「前治部大輔季信」とある。『尊卑分脈』によれば正四位下、修理大夫、建久三年（一一九二）九月九日没。

安元二年三月一〇日の、九条兼実の「乙童」（良経か）の着袴の際に「中務権少輔季信、殿上人」と見え、同年一二月二二日の良通の中将拝賀の際にも、「共人」として「散位季信」の名が見える。その他、兼実の「中次」をたびたび務めている。

11 季能　8

藤原季能（一一五三～一二一一）。時に従四位上、遠江守、二三歳。太皇太后宮大夫俊盛男、母は中納言源雅兼女。保元三年（一一五八）一二月一七日、二条天皇即位に伴い、暲子内親王（八条院）の御給により従五位下。永暦元年（一一六〇）四月七日越前守、一二月二九日丹後守、応保二年（一一六二）正月二四日讃岐守。仁安元年（一一六六）一一月一四日従五位上、翌二年正月二八日、「行幸院賞」により正五位下。翌三年（一一六八）八月一二日兼左兵衛佐、嘉応元年（一一六九）一二月三〇日、**遠江守**を兼任。同三年（一一七一）佐の労により従四位下、承安二年（一一七二）正月五日には**従四位上**。安元三年（一一七七）正月二八日には周防守、同年四月五日には正四位下、六月二八日には讃岐守（院分）となる。治承三年（一一七九）一〇月九日、越前守（院分）となるも、一一月一七日には治承三年のクーデターにより越前守を解官。同年一二月一六日内蔵頭。寿永二年（一一八三）四月九日には従三位に昇り、一二月二一日には右京大夫。文治三年（一一八七）正月二三日周防権守、翌四年正月二三日因幡権守、建久四年（一一九三）一二月九日、正三位に叙せられ、同日右京大夫を辞す。建久九年（一一九八）正月三〇日には太宰大弐となり、正治二年（一二〇〇）四月一日太皇太后宮大夫となるも、建仁元年（一二〇一）一二月二四日には、太皇太后宮藤原多子の崩御に伴い、大夫を止められる。承元元年（一二〇七）一〇月二九日、兵部卿となるも同四年（一二一〇）正月一九日出家。

後白河院の近臣としての活動が多く、嘉応元年（一一六九）三月一三日には、後白河院の高野山御幸の「可㆑従㆓行旅㆒之人々」に藤原脩範などとともに「兵衛佐季能」が加わっている（『愚昧記』）。また承安三年（一一七三）四月八日には灌仏会のために上西門院、平重盛・宗盛等が参集した際は、後白河院が新熊野御幸の最中であったため、「奉行院司遠江守季能」が「出御之由」を申し入れている（『愚昧記』）。治承四年（一一八〇）五月一四日には、病の後白河院を清盛の命により、季能の八条坊門烏丸の季能の邸に遷している（『玉葉』）。妻は平基盛女であり、平家とも縁続きであった。

『千載集』以下の勅撰集に九首入集。寿永二年以前に自邸で歌合を催した。

12 基家　2

藤原基家（一一三二〜一二一四）。時に従三位、四五歳。正四位下大蔵卿藤原通基二男、母は大蔵卿源師隆女（待賢門院女房上西門院御乳母）。久安元年（一一四五）一一月叙爵、一四歳。同四年（一一四八）正月二八日には能登守、一七歳。同七年（一一五一）正月二日、従五位上に叙せらる、二〇歳。行幸院賞、統子内親王御給であった。久寿三年（一一五六）正月二七日には美作守となり、改元あって保元元年九月八日には能登守。翌二年一〇月二二日には正五位下に叙される。造北廊功であった。同月二七日には右兵衛権佐（守留任）。同四年（一一五九）四月六日には右少将（守留任）となり、永暦元年（一一六〇）一〇月一一日には従四位下。行幸院賞、院御給であった。応保元年（一一六一）九月二八日には解官。憲仁立太子事件によるか。応保三年（一一六三）正月五日には上西門院御給により従五位下。永万二年（一一六六）六月六日には左少将に還任。仁安二年（一一六七）正月五日には正四位下に叙される。上西門院御給であった。嘉応二年（一一七〇）七月二六日には左中将となり、承安二年（一一七二）正月二三日には**従三位**（辞左中将）に叙せらる、四一歳。『玉葉』によればこのあと「新三位基家、日来悩二世間一心地、遂以早世云々〈後聞謬説〉」（五月二日条）とあって死亡説が流れたらしい。安元御賀の後、三月六日には御賀行幸の賞により正三位、四五歳。上西門院御給である。治承三年（一一七九）一一月一九日には右京大夫となり、養和二年（一一八二）三月八日には越前権守を兼ね、一〇月三日には参議となる、五一歳。同月七日には右京大夫更任。寿永二年（一一八三）正月二二日には讃岐権守を兼ねるが、『玉葉』寿永二年閏一〇月二一日条に「基家卿逐電云々、依レ為二頼盛之婿一、義仲有二意趣一云々、恐二其事一令二隠居一歟」とあって、平頼盛との関係から木曾義仲を恐れ、逐電している。一一月二八日には藤原朝方、高階泰経らとともに解官。翌三年九月一八日には還任。元暦二年（一一八五）正月二〇日には伊予権守を兼任。文治三年（一一八七）一一月一四日、八幡賀茂行事の賞として従二位に叙され、翌四年（一一八八）二月一一日の園幷韓神祭では行事を務め、六月三〇日には大仁王会の検校を務めた。一〇月一四日には権中納言に昇る、五七歳。しかし翌五年七月一〇日には辞任。男侍従保家を右少将に任ずるためであった。同月二〇日には上西門院が崩御する。基家は母が上西門院の乳母であり、乳兄弟であったことから喪に服すが、九月一六日には本座を聴される。こうしたことについて『公卿補任』は「素服雖二五十日過畢一、除二素服一可二従事一之由、未レ被二宣下一。忽蒙二本座宣旨一、如何」とする。翌六年八月七日には正二位、五九歳。七条院入内の賞であった。建仁元年（一二〇一）八月一三日出家、法名真智。建保二年（一二一四）二月二六日薨去、八三歳。

　保元三年（一一五八）九月一九日の城南寺での競馬では鉦を務め（『山槐記』）、仁安三年（一一六八）八月四日、嘉応三年（一一七一）正月一三日、承安二年正月一九日の朝覲行幸では左の楽行事を務めた。文治三年（一一八七）一一月八日、鳥羽南殿に於ける朝覲の礼の際、楽の陪従が一人不足したことがあったが「先例無レ能人一人立加事、是召下堪二管絃一之人上也」ということであったが、「而無二其人一、仍依二天仁重資例一、被レ仰二基家卿一也」として基家が選ばれている。重資は源重資（天仁当時従三位）か。しかしながら続けて「其人非二英華一、其芸隔二絃歌一、然而依二闕如一所レ被レ仰也、他人又無二其人一之故也」としている（以上『玉葉』）。

　上西門院の乳母子であり、基家宅を御所としていたこともある（『山槐記』仁安二年二月一五日条）。その際の屋敷は「中御門南、烏丸東、称二松殿一、四分一屋也」とあり、松殿を領有していたか。寿永二年（一一八三）一二月一三日にも上西門院と皇后（後白河皇女亮子内親王）が五条御所より基家の持明院亭へ遷御している（『吉記』同日条）。上西門院女房因幡（源長時女）を妻とし、嫡男基宗を儲けている。基宗もまた上西門院女房帥局を妻とし家行を儲けた（『公卿補任』）。また平頼盛女が生んだ陳子は後高倉院（守貞親王）妃として後堀河院を儲け、北白川院と号した。『山家集』に「北白川の基家の三位のもとに」とあり、陳子の院号の由来。京都市上京区安楽小路町付近にも邸を構え、祖父基頼が邸内に建立した持仏堂にちなみ家号を「持明院」と号した。後堀河院以後仙洞御所となったことにより、持明院統と呼ばれる。陳子所生には他に二男保家があり、藤原実宗室が太政大臣公経を儲けている。また平資盛室もあって、資盛は「持明院ノ三位中将」（『愚管抄』）とも呼ばれた。『正法眼蔵随聞記』四の一五には、基家が秘蔵の太刀を盗まれたが、仕えている侍の仕業と知れてもこれを見逃したという逸話を載せ、「故に、子孫繁昌せり」とし、また「心ある人」とも評している。祖父基頼は鎮守府将軍で「達二武略一」とあり、基家も「馬芸鷹生小弓等為二家業一」とされる（以上『尊卑分脈』）。兄通重は「一条」と号し、その子の能保は源頼朝の義弟。

13 基行　15、16

源基行（生没年未詳）。時に、蔵人。清和源氏。従五位下源雅行男。『尊卑分脈』には検非違使、蔵人を務め、従五位下遠江守とある。次兄行清は待賢門院判官代であり、三兄蔵人陸奥守保行、四兄従五位下左兵衛尉信雅は法住寺合戦で戦死している。『愚昧記』承安四年（一一七四）一二月一日条に「蔵人基行」とある。『山槐記』除目部類によれば、同日の除目に於いて、「職事皆逐電、行事蔵人猶不レ候」といった状態であったらしく、「仍蔵人源基行奏聞」とある。安元二年一二月五日の除目でも職事が全員退出したことにより、「仍令二蔵人源基行奏一」（『山槐記』除目部類）となっている。治承元年（一一七七）七月七日の法華八講の行列に、行事所の捧物の菜籠の役として「蔵人基行〈左兵衛尉〉」と見える。翌二年正月二八日の除目で右衛門権少尉となったらしく、「右衛門権少尉正六位上源朝臣基行」（『玉葉』）とある。五月二九日には、着鈦政があり、「源基行〈蔵人〉」として加わっており、「基行依レ為二初参一可レ被レ免二軽犯者一之由、付二明基一令レ申」（『山槐記』）とあって、初参であったため、軽犯の者の役にあたっている。同年六月一七日に行われた中殿御会では、講師の世話を「蔵人基行」（『玉葉』）、「蔵人〈一﨟判官基行〉」（『山槐記』）が務めている。また、同年一一月一二日の言仁親王誕生に際しては、内侍より「御剣」を預かった頭中将定能が、「中将取レ之令レ持二蔵人基行一〈一﨟判官也〉」とあって、基行に持たせており、その後「向二左衛門陣一、基行於二弓場殿一令レ持二小舎人矢田部久則一、於二門内一蔵人取レ之授二頭中将一」（『山槐記』）とし、最後は中宮亮重衡に渡っている。これは、高倉天皇誕生の際に後白河院から送られた剣であった。また、同年一一月二〇日の五節に蔵人として出仕している（『玉葉』）。翌三年（一一七九）正月五日には従五位下、同月一八日の除目では遠江権守となる（『玉葉』）。

14 基親　28

平基親（一一五一～没年未詳）。時に、正五位下、蔵人、中宮大進、勘解由次官、二六歳。正三位参議民部卿平親範一男、母は従五位下若狭守高階泰重女。保元三年（一一五八）正月蔵人（元所雑色）、同月一六日叙爵、同年四月二日には出雲守。平治元年（一一五九）五月二八日には伯耆守に遷る。永暦元年（一一六〇）四月七日従五位上、永万二年（一一六六）八月二七日には得替。『兵範記』仁安元年（一一六六）一一月一六日条には「前伯耆守基親……已上内殿上人」とある。翌二年正月三〇日**勘解由次官**。同三年（一一六八）八月四日には**正五位下**。朝覲行幸の賞であり、院司、判官代であった。嘉応元年（一一六九）三月一三日からの後白河院の高野参詣では、衣冠を着して見送る中に「勘解由次官基親」（『兵範記』）と見える。承安二年（一一七二）二月一〇日、徳子の中宮冊立に伴い**中宮大進**。安元元年（一一七五）一二月八日**蔵人**（次官）に補せらる。治承三年（一一七九）三月二四日の石清水臨時祭では挿花を賦し（『山槐記』）、一〇月九日、蔵人、中宮大進のまま右少弁となるも、一一月一七日には、いわゆる治承三年の政変により解官。『平家物語』巻三「大臣流罪」では蔵人、左少弁、中宮大進の三官とも留められたとする。同年一二月一二日には子の親俊も近江守を解官されている（『山槐記』）。寿永二年（一一八三）一二月一〇日には右少弁に還任、元暦元年（一一八四）九月一八日には左少弁となり、文治元年（一一八五）一二月二九日には権右中弁、翌二年二月三〇日には従四位下に叙されている。同年閏七月一日には宇佐遷宮のため、勅使として派遣されている。『玉葉』同年九月五日条によればその際「霊夢」を蒙り、宇佐宮の祖宮である薦神社の神体である「薦御験」、すなわち薦枕を「御炊殿」（現在の下宮か）に安置したと報告している。同年一二月一五日には右中弁。翌三年（一一八七）九月一五日には右宮城使となり、翌四年正月六日従四位上、同年一〇月一四日には右大弁となる。翌五年（一一八九）正月五日には正四位下に叙され、七月一〇日には左大弁。建久元年（一一九〇）一〇月二七日に従三位に叙せられ、左大弁は辞し、兵部卿となる。建永元年（一二〇六）出家。

仁安二年（一一六七）五月二二日から始まった最勝講では右方の堂童子を務めている（『山槐記』同月二〇日条、『兵範記』二六日条）。また『兵範記』承安元年（一一七一）一二月六日条によれば、朝覲行幸において装束の役に補せられている。『山槐記』治承二年（一一七八）六月一七日条には、中宮徳子御産の祈りのために、先例のない厳島社への奉幣使派遣を「蔵人中宮大進基親」が沙汰したとあり、また『山槐記』同月二八日条には徳子の着帯の際に奉行を務めたことなどが記されるなど、その他公事の実務に多く携わっている。代々の文書を保存しており、『玉葉』安元三年（一一七七）七月一八日条によれば、安元の大火でその「三分之二」が焼失したらしく「自余七百余、合併以焼失。十代之文書一時滅亡。是家之尽也云々」とする。『明月記』寛喜元年（一二二九）七月二九日条には、頼盛息光盛と「師弟之好」があり、文書を伝領していたことを伝える。『官職秘抄』を著した。

また法然に帰依し、『選択本願念仏集』の序も記している。その他、『往生要集勘文』『往生要集外典鈔』などものした。

類従本は「蔵人大進」とあり「光遠」と異本注記がある。『玉葉』には「大進基親」とある。

15基通　2

藤原基通（一一六〇～一二三三）。時に正三位、右中将、美作権守、一七歳。摂政藤原基実一男、母は従三位藤原忠隆女。嘉応二年（一一七〇）四月二三日正五位下、元服、昇殿、禁色。同月二九日侍従、一二月五日には右少将。翌三年正月一八日には近江介、承安二年（一一七二）正月五日には従四位下（府労）、右少将停止、一三歳。同年一〇月二三日には右少将還任、一〇月二六日には右中将、同三年一〇月二一日には従四位上（建春門院御堂供養日、院御給）、一四歳。承安四年（一一七四）八月には従三位、越階。行幸院賞。建春門院御給、一五歳。翌五年正月二二日には美作権守、中将労。一二月八日には正三位となる。安元御賀の後、三月六日に行幸の賞により従二位。中宮御給。治承三年（一一七九）一一月一七日には内大臣となり、正二位。政変で失脚した叔父松殿基房の後を受けて関白となる、二〇歳。翌四年二月二一日に安徳天皇が即位するとともに、関白を止め摂政となり、四月には従一位、二一歳。養和二年（一一八二）四月二六日には内舎人、随身を賜るが、六月二八日には内大臣を辞任。寿永二年（一一八三）四月二七日には摂政を辞し、内舎人随身も辞するも、平家都落ちの翌月八月には再び摂政となる。しかし一一月二一日には止められ、氏長者もともに、従弟で松殿基房の子師家に譲る、二四歳。ところが翌三年、基房と結んだ木曾義仲の敗死にともない、正月二〇日再び氏長者、摂政となる、二五歳。文治二年（一一八六）三月一三日には兼実に摂政・氏長者を譲る、二七歳。翌三年三月一日には左右の近衛府生を各一人、近衛を各四人賜り、随身兵仗とする。その後、建久七年（一一九六）一一月、いわゆる建久七年の政変によって、兼実が退けられると、二五日に再び関白となる、三七歳。建久九年（一一九八）の土御門天皇即位にあわせて正月一一日に摂政、一〇月三日には内舎人随身を賜る、三九歳。建仁二年（一二〇二）一一月には兼実の子良経が内覧の宣旨を蒙り、一二月には摂政となったことにより、一二月二五日、氏長者とともに譲る、四三歳。皇太弟守成親王（後の順徳天皇）妃立子が九条良経の女であった。承元二年（一二〇八）一〇月五日出家、法名行理。『猪隈関白記』は西林寺で出家したとする。天福元年（一二三三）五月二九日薨去、七四歳。「近衛」、「普賢寺」と号した。

父基実とともに清盛の女を妻としているが、平家都落ちの際には都にとどまった。『平家物語』巻七「主上都落」では同道しようとした基通が七条大宮まできたとき、車の前をびんずらを結い、袂に「春の日」と書いた童子が通り過ぎ、

いかにせむ藤の末葉の枯れ行くをただ春の日にまかせたらなむ

と詠みかけた。これを春日大明神の神託と解して引き返したという。『古今著聞集』には521「普賢寺入道基通、粟田口大納言忠良と比興の和歌を贈答の事」として、

粟田口の大納言忠良、ふるき大納言にておはしながら、いとも出仕などもせで、いりこもりておはしける比、公家に大納言の御用ありげに聞えければ、「さだめてはがれ給なむず」と世にいひけるに、その儀なかりければ、県召しの除目のあした、普賢寺の入道殿、かの卿がもとへつかはされける、

人よりも皮逸物に見ゆるかなこのいけはぎにせられざりつる

御返し、

いけはぎにせられざらんもことわりや骨と皮とのひつきさまには

この大納言は、やせほそりたる人にておはしければ、かくかへしまゐらせられけるとぞ。

とあり、異母弟忠良が大納言を辞めさせられなかったことについて、和歌を送っている。

16 基範　8

藤原基範（生没年未詳）。時に右兵衛佐。正二位権中納言成範男、母は民部大輔源重成女。後に名を「成俊」と改

めた。『山槐記』永暦元年（一一六〇）一二月二九日条には「遠江守藤基範」とある。『兵範記』仁安三年（一一六八）一〇月二七日条には小除目として「近江守基範」と見え、「已上相伝」とあるため、父成範（近江守）から相伝、任官したのであろう。また同書は承安四年（一一七四）七月二七日に相撲召合に「左・右三府将・佐」として、「兵衛佐基範」の名をのせている。これより以前に右兵衛佐となったか。また、『山槐記』治承二年（一一七八）正月四日条にも「右兵衛佐基範」と見える。同年五月一八日の最勝講始にも右兵衛佐として勤仕し、翌三年（一一七九）四月一六日までその名が見えている。翌四年二月二一日の安徳天皇への譲位の儀式には「右少将基範」として記されており、その間に任官したか。同年四月二六日の石清水臨時祭には五位の舞人四人のうちの一人として加わっている。ところが翌日、出仕すべき舞人のうち七人が出仕せず、翌月六日、それぞれ沙汰があったようである。基範もその一人であり「恐懼」となっている。寿永二年（一一八三）二月二一日の朝覲行幸の除目により従四位上（『吉記』）、『山槐記』除目部類には文治五年（一一八九）一二月一五日に、藤原公国が左中将に、藤原忠季が右中将になったあとに、「正四位下同基範〈少将第二、両人被レ任二中将一、仍有二哀憐一歟〉」としている。建久二年（一一九一）一一月五日の除目で右中将（『玉葉』）。翌三年三月一五日の後白河院葬送の際には「舁二入御棺於御車一役人」（『玉葉』）を務めた。『山槐記』建久五年（一一九四）正月二九日条には「右中将基範、左少将光盛、教成朝臣辞二申所レ帯官一、此外諸司允六人被レ下二辞書一、基範朝臣無二辞書一云々」とあり、このころ右中将を辞したか。同書同月三〇日条には「去年以後近衛司闕十」として一〇人の名を記す中に「基範〈右中将〉、光盛〈左少将〉、教成〈同、已上三人遷任等辞申云々〉」とも見える。正治二年（一二〇〇）の石清水若宮歌合には「前右近中将基範朝臣」とある。『尊卑分脈』には、左（右歟）中将、左兵衛佐とあり、従三位、刑部卿に昇ったとしている。

安元元年（一一七五）九月一三日の御賀の人選では笛の担当者にその名はなく（『山槐記』）、また安元元年一〇月一六日の御賀楽所始にも見えない。当初の笛の担当は藤原泰通、藤原公時、源資賢、藤原隆保の四名であった。しかし左舞人であった藤原実教の母（藤原経忠女）が翌二年二月二四日に没したため、「仍舞人事有㆓其沙汰㆒、被㆑申㆓殿下㆒云々」（『定能卿記』）とあって、舞人の入れ替えが発生したようである。結果、翌々日の二六日に「今日実教替以㆓公時㆒被㆑入㆓舞人㆒、以㆓右兵衛佐基範㆒為㆓笛吹㆒」（『定能卿記』）とあって、実教の代わりに舞人となった公時の後任として、基範が笛の役に就いている。

17 基房　2、4、6、12、14、15、20、21、23

藤原基房（一一四五～一二三〇）。時に従一位、関白、三三歳。関白忠通二男、母は中納言源国信女。松殿、菩提院殿、中山殿とも。保元元年（一一五六）八月二九日、元服とともに正五位下に叙される。九月八日には左近権少将となり、一七日には左近衛権中将（五位中将）、一一月二八日には従四位下。翌二年正月二四日には従四位上となり、同日兼任播磨権守。六月二五日には皇嘉門院の保元元年の御給により正四位下に叙せられ、八月三日には禁色を聴され、九日には従三位、一九日には権中納言に昇る、一四歳。翌三年（一一五八）三月一日には従二位、翌四年正月二日には正二位に進む。平治元年（一一五九）二月二八日には権大納言となる。七月二七日には大臣の宣旨を蒙り、八月一一日には内大臣。一四日には左大将兼任、一七歳。一二月二日には橘氏是定。永暦二年（一一六一）九月一三日右大臣となり、一一月には一上宣旨を蒙る。兄基実は九月に関白となっている、一八歳。長寛二年（一一六四）二月一九日、父忠通の薨去によって服解。三月二九日には復任し、閏一〇月二三日、左大臣となる、二一歳。永万二年（一一六六）七月二六日の兄基実の薨去にともない、二七日には摂政、氏長者となり、八月六日には朱器大盤を受ける。同月一七日には左大将を辞し、一一月四日には左大臣も辞した。仁安二年（一一六七）二月一一日には従一位に叙せらる。嘉応二年（一一七〇）一二月九日には兼宣旨を蒙り、一四日に太政大臣となるも、翌三年四月二〇日にはこれを辞す。承安二年（一一七二）一二月二七日には摂政も辞すが、即日関白となり、二八日に除目官奏については摂政同然に行うよう宣旨を受ける。翌三年一二月一六日には、中御門烏丸に第を新造する（後の松殿、『玉葉』）。治承三年（一一七九）一一月一七日には、いわゆる治承三年の政変により解官、一八日には太宰権帥となり、太宰府に配流となるも備前国に改められる。二一日には出家。法名善観、三六歳。翌四年一二月四日には召還の宣旨があり、一六日には帰洛した（『山槐記』）。寛喜二年（一二三〇）一二月二八日、木幡にて薨去、八六歳（『明月記』）。

六条天皇の摂政、高倉天皇の摂政と関白を務め、有職の人としても知られた。『古今著聞集』397「後白河院の御時、松殿基房年中行事絵に押絵の事」は、基房の故実への見識をうかがわせるものである。

後白河院の御時、年中行事を絵にかかれて、御賞翫のあまり、松殿へ進ぜられたりけり。こまかに御覧じて、僻事ある所々に押紙をして、そのあやまりを御自筆にてしるしつけて返し進らせられたりけるを、法皇御覧じて、絵をかき直さるべきに、勅定に、「これほどの人の自筆にて押紙したる、いかがはなちすてて絵を直す事あるべき。この事によりて、この絵すでに重宝となりたる」とて、蓮華王院の宝蔵に籠められにけり。その押紙今にあり。いといみじき事なり。

また『古事談』八〇には、舎利講で論議を務めた澄憲の退出後、

平座の論議の作法、澄憲故実を存ぜり。高座の時にはかはる事なり。舞も舞台の時と庭立ちの時とはかはりたる所有るなり。

と述べたとある。

近衛基通の子家実も、基房に公事について度々尋ねていたらしく『猪隈関白記』にはそうした記述が度々見られる（建仁元年（一二〇一）一二月一六日条など）。また弟兼実の孫基家も基房の説を受けており、『民経記』仁治三年（一二四二）正月二五日条には、「令ㇾ受㆓松殿庭訓㆒給□、末代可㆔称㆓申有職㆒也」と見える。基房の故実についての

説は「松殿説」（『妙槐記除目部類』）として継承されていった。また鷹司冬平『後照念院殿装束抄』には「染装束」の故実について「見二松殿抄一」と見える。

また漢詩文にも巧みであった（『今鏡』「藤波の中第五藤の初花」）。『千載集』のみに一首入集。

18 教盛　2、15

平教盛（一一二八～一一八五）。時に正三位、参議、丹波権守、四九歳。刑部卿平忠盛の四男、母は大宮権大夫藤原家隆女。久安四年（一一四八）正月二八日、左近将監（府奏）、二一歳。院判官代、二月五日には蔵人。四月二六日には叙爵（前大宮合爵、前大宮は令子内親王か）。仁平元年（一一五一）二月二日、淡路守。蔵人の巡爵であったが、父忠盛が播磨守を辞したこともあったようで、『公卿補任』は「越二上﨟数十人一」とする、二五歳。同三年（一一五三）正月五日には従五位上（新院崇徳の御給）。保元元年（一一五六）七月一七日には昇殿をゆるされる。保元の乱での勲功により、清盛が申請したものであった（『兵範記』）。翌二年四月二日には、鳥羽殿での鳥羽院の月忌に際して堂童子を務め（『兵範記』）、一〇月二二日には、正五位下（造陰明門功）。翌三年（一一五八）四月二日には兼任左馬権頭。一二月二九日には大和守に遷り（権頭留任）、翌四年正月三日従四位下（行幸院判官代）。改元あって平治元年（一一五九）一二月二七日には、平治の乱の勲功により越中守に遷り（権頭留任）、永暦元年（一一六〇）正月二一日には常陸介（権頭留任）、六月三日には従四位上となる。兄清盛の、肥前に於ける河野通能追討の賞による。一〇月一一日正四位下（行幸院賞。院司）となるも、応保元年（一一六一）九月一五日には諸職を解官される。平時忠らとともに憲仁（高倉天皇）立太子を図ったことによる。翌二年七月一七日には能登守、長寛二年（一一六四）二月八日には内蔵頭兼任。永万元年（一一六五）一二月二日には能登守を辞す。男通盛を常陸介に任ずるためであった。仁安元年（一一六六）一〇月一〇日、春宮亮（東宮は憲仁親王）を兼任。翌二年正月二七日には、女御となった平滋子の家司となる（『兵範記』同日条）。同三年（一一六八）二月一九日には践祚に伴い春宮亮停止。同日蔵人頭。八月一〇日には**参議**（蔵人頭内蔵頭辞官）、四一歳。同月一二日には**正三位**に叙せらる。坊官賞であり、二階であった。翌四年正月一一日には兼任丹波権守。承安四年（一一七四）正月二一日に再度**丹波権守**任官。参議の在職は一四年に及び、治承五年（一一八一）一二月四日、その労により権中納言となる、五四歳。養和二年（一一八二）三月八日には従二位に叙され、寿永二年（一一八三）四月五日には中納言に転じるも、七月には西国へ落ち、八月六日には解官。『平家物語』では都落ちの後、経盛とともに一門の後見的立場にあった。その後壇ノ浦合戦で入水（『吾妻鏡』元暦二年（一一八五）三月二四日条）。

邸宅に因んで「門脇殿」「門脇中納言」と呼ばれた。教盛の娘教子は修明門院重子を産み、その子は順徳天皇となった。仁安元年九月六日の朝御饌法では録の行事を務めている。また、法住寺新造御所への移徙にあたって、装束の役や、御前物の行事を務めた（『兵範記』仁安二年（一一六七）正月四日条）。

19　近武　5

中臣近武（生没年未詳）。中臣重近男。時に右近府生。御賀記では東の釣殿の殿上人を追い出したと記す。『玉葉』にも同様の記事は見えるが、近武の名はなく、院の随身とするのみである。『山槐記』保元三年（一一五八）八月二五日条には「番長〈中臣近武〉」と見え、仁安二年（一一六七）一〇月二六日の日吉行幸の際の競馬では二番の右に「左近番長中臣近武」と見える（『兵範記』）。同年一一月二四日の賀茂臨時祭には「院番長中臣近武」とあり、また同月二七日には摂政基房の春日詣に供奉し、舞を務めたが二九日には「於㆓佐保殿㆒舞人中、院御随身四人有㆓纏頭㆒」と見え、後白河院の随身であった（『兵範記』）。『愚昧記』仁安三年（一一六八）四月一五日条には、賀茂祭の随行者の中に「院左番長中臣近武」とある。嘉応元年（一一六九）六月六日には**右近府生**。父重近が左近将曹を辞したことによる（『兵範記』同月七日条）。『玉葉』安元三年（一一七七）二月三日条には右大将となった宗盛の前駆として「番長中臣近武〈本候レ院府生也、今被レ侍二下番長一云々〉」とある。治承四年（一一八〇）四月二二日の安徳天皇即位後、右近将曹となり（『安徳天皇御即位記』〈頼業記〉）、『玉葉』同年五月六日条には「次将曹中臣近武〈年預〉」とあって、年預も務めた。元暦元年（一一八四）一二月一六日の摂政基通の春日詣においては舞人一〇人の中に「将監中臣近武〈候院〉」（『玉葉』）と名が見え、翌二年六月二〇日の院の日吉社参詣の際にも競馬の乗尻を務めている。

建久八年（一一九七）三月二〇日には、七条院殖子（高倉天皇妃、後鳥羽天皇生母）の三条殿行啓に随行しており、「召次長〈右近将監近武〉」（『仙洞御移徙部類記』）と見える。「召次長」は、「院中の雑事を勤め、時を奏する役」（和田秀松『新訂官職要解』）である召次の長であり、年労の者が任ぜられた。『猪隈関白記』同年一〇月一七日条によれば、関白基通の春日詣に際し、舞が献ぜられたらしく、「召二左近将監中臣近武一舞人青摺一領〈舞人上﨟也〉」として、舞人の上﨟を務めている。また同書によれば翌九年正月一九日には、左大将に任官した家実に随行する随身の一人として「将監中臣近武」と見える。翌二〇日には「申二慶賀於所々一」として、将監以下昨日の装束のまま向かったが、「今日院御随身所始也、仍将監近武不レ参、自レ府差二進他将監一〈中臣宗綱〉」とあって、近武は参加していない。同日院（後鳥羽院）の御所に参じた際の引き出物の馬を引く際に「御随身近武与二諸大夫一引レ之」と見える。また同月二八日には左近衛府の年預となっている。さらに正治二年（一二〇〇）四月二四日条には賀茂祭で「錺馬」を引く役を「左近将曹中臣近武」が院の随身として務めている。建仁元年（一二〇一）一一月二七日には、後鳥羽院の皇子長仁親王（道助法親王）の仁和寺入室の際に、院に随行している。また建仁二年（一二〇二）三月二六日には、院の石清水御幸に随行し、競馬の一番を務めている。「依レ仰勝鼓」ともあり、鉦（勝は鉦か）鼓も務めたらしい。同年五月二八日には、前日の院の法勝寺御幸で落馬した子の近春が二一歳で亡くなっている。承元二年

（一二〇八）七月一九日には、新造の岡崎殿へ向かう後鳥羽院の列に、「院司取二松明一候二御車辺一、召次長近武、被三進二寄階下一」とあり、「召次長左近将曹中臣近武」とも見える（『仙洞御移徙部類記』）。同年一二月二五日の守成親王の元服に際しては引出物の馬を曳いている（『承元二年東宮御元服記』〔長兼記〕）。

その立ち居振る舞いは美しかったらしく、『古今著聞集』524「北院の御室、随身中臣近武が袴際を執し、上童に着せさせ給ひたる事」には、

> 同じ御室（守覚）、随身中臣近武が袴ぎはを執し思し召しけるに、何事のはれにてかありけん、上童を召し具せらるる事ありけるに、近武を召して、「汝が袴ぎは殊に執しおぼしめさる。この童にその定にきせてとらすべし」と仰せられければ、近武、承りて、則ちかの童の出立ちの所へゆきにけり。まづ酒をこひいだしていひけるは、大合子にて五度めすべし、その後高枕してしばし寝べきよしをいひければ、童も堪能者にてありけるにや、かひがひしくいふがごとくに飲みて寝にけり。暫しありて、おこして装束とりきせて袴のうらうへをあらかにとりて、むずむずと引きひろげられて、うつくしき装束散々になりにける。御室御覧じて、「こはいかなるやうぞ」と御尋ねありければ、近武申しけるは、「この定にこそつかうまつり候へ。進退がよく候へば、君の御目にもよく見えまゐらせ候なり。この児は無進退の人にて、かく近武にも似候はざらんは、力をよび候はぬ事なり」と申しければ、道理にて、さてやみにけり。

とある。また、後白河院の崩御後の『明月記』建久三年（一一九二）三月一九日条に「御随身近武装束頗色浅。下臈可レ然由存歟。敦佐着二例黒色一」とあり、凶事の衣服の故実にも通じていたか。『玉葉』文治四年（一一八八）正月二七日条には「近衛舎人之中、当世容儀之者、所謂近武、武安、兼平、兼次而已、各刷二青摺之袖一、逓翔二白沙之上一進退、其体壮観驚眼者歟」と見える。

【け】

20 経家　8

藤原経家（一一四九〜一二〇九）。時に従四位上、中務権大輔、近江介、一七歳。従三位大宰大弐重家一男、母は藤原家成女。久寿元年（一一五四）一二月二八日叙爵、永暦元年（一一六〇）四月三日右衛門佐、応保二年（一一六二）正月五日従五位上、永万元年（一一六五）正月二三日兼阿波権介。同年一二月三〇日昇殿。同（仁安とも）二年五月一九日中務権大輔、同日従四位下。同三年一一月一三日近江介、同月二〇日従四位上。承安四年（一一七四）正月五日正四位下、治承五年（一一八一）三月二六日復任、養和（仁安とあるが、養和ともあり）元年四月六日近江介兼右衛門佐。一一月一四日正四位下。寿永元年（一一八二）宮内卿、元暦二年（一一八五）六月一〇日内蔵頭（元宮内卿）。文治五年（一一八九）七月一〇日従三位非参議。建久九年（一一九八）一一月二一日正三位、承元二年（一二〇八）九月七日出家。承元三年（一二〇九）九月一九日赤痢で薨去、六一歳（『猪隈関白記』）。『愚昧記』安元二年八月二五日条には建春門院の七七日忌に「次経家朝臣〈中務権大輔、院司也〉」とある。父重家は後白河院の院司であった。また、『猪隈関白記』からは「六条三位」（建久八年（一一九七）三月三日条他）と呼ばれていたことがわかり、四月二二日条に「余渡㆓大炊御門経家卿家㆒」とあることから、大炊御門に屋敷を構えていたらしい。

正治元年（一一九九）六月二二日の近衛家実の右大臣就任の饗宴でも「笙六条三位経家卿」（『猪隈関白記』）とあって、御賀同様、笙を吹いている。笙に巧みであったらしく、『猪隈関白記』同年八月九日条には「六条三位経家卿利秋等来、吹㆑笙、連々《トシテ》来《タル》也」（正治二年（一二〇〇）六月一七日条にもあり）とあって、豊原利秋とともに近衛家実に教えていたらしい。同年一一月二九日には、昇子内親王の着袴にあたって、家実が笙を吹く予定であったが、「称㆓咳病之由㆒不㆑吹」とあり、代わりに「六条三位経家」が吹いている。その後建仁元年（一二〇一）三月一九日

に家実は経家、利秋の両人より伝授を受けている。『猪隈関白記』同日条には、

其後経家卿又習レ之、件卿父重家卿習レ之〈件重家卿ハ利秋父時秋幷中院右府雅定習レ之、件右府ハ時秋父時元習レ之也〉

とあって、経家の伝受は豊原時元や源雅定、豊原時秋から伝受された父重家よりの説であるとしている。そうした関係もあってか、正治二年（一二〇〇）一一月二八日には、経家息の元服に「直衣・本結・冠等給レ之、依二申請一也」とあり、また建仁二年（一二〇二）閏一〇月一日条には「六条三位給二馬一疋一、依二申請一也、子息僧〈覚経カ〉可レ遂二寺竪義之料一云々」として、度々「申請」によって、下賜している（いずれも『猪隈関白記』）。また、子女も楽に巧みであったようで、『猪隈関白記』正治元年（一一九九）一一月一三日条には「舞姫〈六条三位経家卿落胤、生年九歳云々〉」とあって、娘が五節の舞姫を務めたこと、建久九年（一一九八）三月二七日の石清水臨時祭では「舞人右兵衛佐家衡〈新舞也、六条三位経家卿息男〉」（『猪隈関白記』）として、子息家衡が舞人を務めている。六条藤家に連なる人物で、清輔の甥にあたる。『古今著聞集』203「前大宮大進清輔、宝荘厳院にて和歌の尚歯会を行ふ事」によれば、清輔から重家に譲られた「人丸の影・破子の硯」を受けている。家集に『経家卿集』がある。『千載集』以下の勅撰集に一二首入集。

21 経宗　2、5、11、13、27

藤原経宗（一一一九〜一一八九）。時に従一位、左大臣、五八歳。正二位大納言経実四男、母は東宮大夫藤原公実女、従三位公子。祖父は関白師実。同母姉懿子が後白河院に入内、二条天皇を生んだため、外戚となる。保安四年（一一二三）二月一九日叙爵（中宮璋子御給）、大治三年（一一二八）正月二四日左兵衛佐、一二月二〇日には昇殿、一〇歳。同五年（一一三〇）正月五日従五位下に叙され、天承元年（一一三一）一二月二四日には右少将。同二年

正月二二日には備中介。長承二年（一一三三）正月二日には正五位下（行幸院賞）、四月には禁色を聴される。同四年（一一三五）正月五日には従四位下、保延三年（一一三七）正月五日には従四位上（鳥羽院御給）に叙任。同一〇日には美作介となり、九月二五日には正四位下（行幸法金剛院賞）、翌四年一一月一七日には左中将。永治元年（一一四一）一二月七日には、近衛天皇の即位とともに昇殿、康治元年（一一四二）正月七日には蔵人頭となる、二四歳。同月二三日備前権介、久安三年（一一四七）正月二八日には播磨介。同五年（一一四九）七月二八日には参議となる。八月二日には左中将再任、三一歳。翌六年正月二九日には備中権守、仁平二年（一一五二）三月八日には従三位に叙せらる。美福門院別当として、鳥羽院の御賀の功であった。同四年八月二八日、右中将に転じる。久寿二年（一一五五）正月二八日には讃岐権守、九月二三日には春宮権大夫。翌三年四月六日には権中納言、改元あって保元元年九月一七日には兼任右衛門督、正三位。翌二年（一一五七）四月二日には検非違使別当となり、八月一九日には中納言に転じる。翌三年「行幸美福門院賞、春宮（憲仁）御給」により従二位、二月二一日には権大納言となる、四〇歳。八月一一日には東宮憲仁の践祚に伴い春宮権大夫を止められる。一二月一七日には即位の叙位、権大夫の労として正二位。平治元年（一一五九）一二月九日に起こった平治の乱では、いったんは藤原信頼に与したが、二条天皇を擁して離れた。改元あって永暦元年（一一六〇）二月二八日には解官、三月一一日には阿波へ配流となる。二条天皇派として、後白河院と対立、藤原顕長邸での振る舞いに院が激怒し、平清盛に捕縛させたという。『愚管抄』によれば、その際、公卿でありながら拷問を受けたとされている。長寛二年（一一六四）本位に復し還任、二月一八日には帯剣、閏一〇月二三日には右大臣となる。四六歳。永万二年（一一六六）一〇月二七日兼任左大将、一一月五日には左馬寮の御監となり、一一日には左大臣に昇る、四八歳。仁安三年（一一六八）八月九日には病により左大将を辞す。承安四年（一一七四）正月七日には大臣の労により従一位に叙される。治承二年（一一七八）一二月五日（一五日か）には言仁立太子にともない春宮傅となり、同四年（一一八〇）二月二一日の受禅まで勤めた。養和元年（一一八一）一一月二三日には輦車を、二五日には牛車もゆるされる。文治五年（一一八九）二月一三日に出家、同月二八日薨去。『愚昧記』同日条によれば、「二条院御堂〈仁和寺〉」を墓所とするよう遺言があったとあり、同月三〇日に葬られた。二六年、大臣の任にあった、七一歳。

流罪となりながら、順調に昇進したその理由について元木泰雄は、後白河院と摂関家の対立、後白河院への経宗の接近、忠実から受けた有職故実を保持する経宗の立場上昇などを挙げている（「藤原経宗―拷問を受けた有職の公卿」同編『保元・平治の乱と平氏の栄華』二〇一四年・清文堂出版、所収）。『古今著聞集』631「大外記頼業、中御門左大臣経宗の家に参るたびごとに飲酒の事」には、清原頼業がたびたび経宗亭を訪れては「公事の物語」をしていたと記している。

『千載集』以下の勅撰集に二首入集。

22 経房　6

藤原経房（一一四三～一二〇〇）。時に正四位下、右中弁、三三歳。権右中弁兼中宮亮光房の次男、母は正三位藤原俊忠女。久安六年（一一五〇）六月九日、九歳で蔵人に補され（元摂政家勾当）、同年七月八日には叙爵。仁平元年（一一五一）七月二四日には兄信方の死去により伊豆守を引き継ぐ。保元二年（一一五七）八月二一日兼任勘解由次官（平親範任右少弁替）、同年一〇月二一日には従五位上、翌三年二月三日兼任皇后宮権大進（統子内親王立后による）、同年一一月二六日には安房守に遷る（平義範の名替）。翌四年二月一三日には統子内親王に院号が送られたため、皇后宮権大進を停められ、上西門院判官代となる。永暦二年（一一六一）四月一日には正五位下（祖父為隆卿去天承二年春日行幸行事賞〈『山槐記』、永暦二年四月一日条〉）、長寛二年（一一六四）二月二八日には安房守を辞し、猶子有経にこれを譲っている。永万二年（一一六六）三月九日昇殿、同年八月二七日には蔵人（平時忠四位替）、仁安二年（一一六七）正月三〇日には右衛門権佐に遷任（藤原長方が左衛門佐に転じた替）。同年八月一日には左衛門権佐に遷っている（長方辞退の替）。仁安三年（一一六八）二月一九日には、新帝高倉の蔵人となっており、同年三月二〇日には、平滋子の立后により皇太后宮権大進を兼ね、建春門院判官代となる。翌二年正月一八日には左少弁となり、三事兼帯を果たす、二八歳。同年七月二六日には蔵人と左衛門権佐を辞す。承安二年（一一七二）二月二三日には従四位下となり、権右中弁に転じる。翌三年一一月二一日には従四位上（最勝光院供養日、造寺行事賞）、同五年（一一七五）四月一六日には正四位下（石清水加茂行幸行事賞）、改元あって安元元年一二月八日には右中弁となる。治承元年（一一七七）一二月五日には内蔵頭を兼任（藤原実清叙三位替）、翌二年一二月五日には春宮（安徳）の家司となり（『玉葉』治承二年一二月八日条）、昇殿、同三年（一一七九）正月五日には息定経が正五位下となったが、これは経房の造蓮華王院御塔行事賞の譲りであった。同年一〇月九日には左中弁となり、一〇日には蔵人頭に補せらる（藤原光能任参議替）。同月二一日には修理左宮城使を兼任、同年一一月七日には一一月のクーデターにより、鳥羽院に押し込められた後白河院の後院別当となっている。同月一〇日には内蔵頭を辞して、正蔵率分所勾当幷装束使となる。同四年（一一八〇）二月、新帝安徳の蔵人頭となり、同日新院（高倉）の別当も勤める。この頃肥後を知行国としていた（『玉葉』養和元年〔一一八一〕八月四日条、三月に息時経が蔵人巡により肥後守〔治承五年三月二七日条〕）。養和元年九月二三日には右大弁（藤原重方出家替）となるが、一二月四日には左大弁（長方任中納言替）に転じ、さらに参議となる、三九歳。養和二年（一一八二）三月八日兼任近江権守、寿永二年（一一八三）正月五日従三位。治承元年の八幡加茂行幸行事賞であった。翌元暦元年（一一八四）九月一八日には権中納言に昇る。定員を超えて、そして参議昇任後間もない権中納言任官を兼実は批判するが、経房は蔵人頭や参議の職を全うする能力を持つと評価もする（『玉葉』同年九月一九日条）。また中山忠親は同時に弟定長が右少弁となったことを受けて、「経房卿、光長朝臣、定長兄弟三人、歴二三事一、古今更無二此例一、誠是家之余慶也」（『山槐記』同日条）。

同月二八日大嘗会御禊装束司長官を務め、一一月一七日には正三位、四三歳。昇叙について『公卿補任』は「大嘗会、近江守為季譲」とする。「近江守為季」は勧修寺流為親男で、経房の養子（『玉葉』文治二年一月二七日条）であり、悠紀国であった近江は経房の知行国であった（『玉葉』文治元年一〇月一二日条）。元暦二年（一一八五）一〇月一一日兼任大宰権帥、文治四年（一一八八）正月六日には従二位となり、文治六年（一一九〇）正月二四日には大宰権帥を辞す。孫資経を信濃権守とするためであった。同年八月一三日には民部卿。建久二年（一一九一）正月七日、正二位（五〇歳）、建久六年（一一九五）一一月一〇日には中納言に進む（民部卿留任）。建久九年（一一九八）一一月一四日には権大納言に昇り（民部卿留任）、同月一五日には大嘗会検校、一二月二九日には帯剣を聴される、五七歳。正治二年（一二〇〇）二月三〇日には辞状を提出し、出家（法名経蓮）、閏二月一一日薨去、五九歳。『吉記』を記した。平維盛後室（建春門院新大納言）を妻に迎えている。

『平家物語』巻一二「吉田大納言沙汰」には「この大納言はうるはしい人と聞え給へり」とあり、また、

十二の年父の朝臣うせ給ひしかば、みなし子にておはせしか共、次第の昇進とゞこほらず、三事の顕要を兼帯して、夕郎の貫首をへ、参議・大弁・中納言・太宰帥、遂に正二位大納言に至れり。人をばこえ給へども、人にはこえられ給はず。されば人の善悪は錐袋をとおすとてかくれなし。ありがたかりし人なり。

と評している。頼朝が経房を「京ノ申次」（『愚管抄』巻六）としたのもそうした人柄によるものであろう。『沙石集』巻一〇「(三) 宗春坊遁世事」にも「吉田ノ経房大納言、吉田ノ家ニ門ヲ閉テ引籠テヲワシケルヲゾ賢人ト聞給テ、京都ノ事一向可二申合一之由、鎌倉殿被レ申ケル。天運ニテ来、心清シテウル所ノ果報ニテ、彼家久クタモタレキ」とある。ただし、文治元年の源雅賢任参議について、祖父資賢の「懇望」だけでなく、経房の口添えがあったことを知った兼実は、「経房者、当時卿相之中、頗為二大人一之由、年来存レ之、依二此事一頗見二其心操一了、雖レ為二少事一顕二心底一者也」（同年一二月三〇日条）と非難している。後白河院の院司であり（『玉葉』安元二年三月四日条）、

治承二年の園城寺での伝法灌頂の計画の際にはその奉行であったらしく、『山槐記』には「院近習人、奉二行御灌頂事一」（同年正月二一日条）と見える。『吉記』を残した。

嘉応元年（一一六九）一一月一三日の淵酔では朗詠を務める（『兵範記』）。文治二年・建久六年に経房家歌合を催しており、『千載集』以下一二首入集。

23 兼雅　2、15、21

藤原兼雅（一一四八～一二〇〇）。時に従二位、権中納言、二九歳。大納言藤原忠雅の一男、母は中納言藤原家成女。久安七年（一一五一）正月六日従五位下（八条院暲子御給）、保元元年（一一五六）九月一七日には侍従となり、翌二年正月二四日には右少将。翌三年（一一五八）正月六日には従五位上となり、二七日には備中権介。永暦元年（一一六〇）には禁色を聴され、一〇月三日には兼任中宮権亮（中宮は姝子内親王）。応保元年（一一六一）正月五日には正五位下に叙せられ、八月二五日には従四位下となる。父忠雅の平野大原野行幸行事の賞であった。九月一五日には左中将となり、翌二年正月二七日には兼任伊予介。二月五日には姝子内親王に院号が宣下されたため、権亮停止。長寛元年（一一六三）正月五日には従四位上、永万元年（一一六五）正月二三日には蔵人頭となる。同年六月二五日には六条即位に伴い再び蔵人頭となる。七月二一日には正四位下（臨時）、二七日には新帝即位の臨時叙位により従三位、一八歳。左中将は留任、蔵人頭は辞任。翌二年正月一二日には兼任丹波権守。一一月一四日には正三位（主基国司）。仁安三年（一一六八）二月一七日には**権中納言**、三月二三日には帯剣、一二月一三日には右兵衛督となる、二一歳。嘉応二年（一一七〇）正月五日には右衛門督となるも七月二六日には辞任。承安四年（一一七四）正月五日には院御給により**従二位**。治承二年（一一七八）一二月一五日には兼任春宮権大夫（東宮は言仁）。翌三年正月七日には院御給により、正二位。同月一九日には大夫に転ずるも一一月一七日にはいわゆる治承三年の政変により停止。治承四年（一一八〇）正月二三日に朝参を許されている。『公卿補任』には「去年十一月被止㆓春宮大夫㆒。依㆑処㆓恐懼㆒也」とある。翌五年一二月一日には建礼門院別当となり、養和二年（一一八二）三月八日には権大納言となる、三五歳。源資賢辞任に伴う人事であったが、『玉葉』同年三月一日条によれば、「兼雅卿先日相触云、今度大納言之闕、拝任之仁、在㆓兼雅㆒歟、法皇之御気色如㆑此云々」とあるが、兼実は同じく中納言であった息右大将良通を後白河院に推したところ、兼雅は重ねて「我為㆓中納言之第一㆒、又為㆓院近臣㆒、然者只今不㆑可㆑被㆔超㆓越下臈㆒、此時故不㆑奉㆑超㆓幕下㆒者、向後被㆑催㆓諸人之濫望㆒、御昇進無㆑期歟、仍殊所㆓避申㆒也云々」と述べている。良通は同年一〇月三日に権大納言となる。寿永二年（一一八三）一一月八日には木曽義仲のために出仕を止められ、一二月には許されるが、『玉葉』は翌三年正月四日条に「定能卿来、件卿今年不㆓出仕㆒、只着㆓布衣㆒祗㆓候院㆒云々、兼雅親信等卿同前云々」と伝えている。『玉葉』同年一一月二九日条には「今日定能卿語云、兼雅卿辞㆓大納言㆒了、傾奇無㆑限云云」と見える（『尊卑分脈』は一二月三〇日とする）、三七歳。文治元年（一一八五）六月一五日には本座に復し、文治三年（一一八七）一一月四日には還任。『玉葉』文治三年一〇月三〇日条によれば、兼雅の還任についての諮問に「兼雅卿事、自㆑元天下之所㆑奇也、抑大納言本員五人、当時六人也、被㆑加七人之条、不㆑可㆑有㆑憚者、還任尤宜歟者」と答えている、四〇歳。翌四年一〇月一四日には右大将兼任。翌五年（一一八九）七月五日には任大臣の兼宣旨を蒙り、一〇日任内大臣、四二歳。右大将留任。『吉口伝』「院中執事事」には後白河院の執事として「信頼卿光頼卿兼雅公也」とあり、任大臣の際に交代が検討され藤原頼実が推挙されたが、「融大臣之時」の例を挙げ大臣でも支障は無いと主張し、留まっている。「大臣例始㆑之」とする。『玉葉』によれば文治三年にはすでに院執事であった（同年一〇月七日条）。文治六年（一一九〇）七月一七日には右大臣に進む（右大将は一一月に辞任）。建久四年（一一九三）一〇月一七日には父の服解から復任、建久九年（一一九八）正月五日には従一位に叙せられ（「以㆓大臣十年已上労㆒」『玉葉』同年正月六日条）、一一月一四日には左大臣となる、五一歳。しかし翌一〇年六月二二日には辞任。男左中将家経を参議にするためであった。同年一〇月には母没。翌正治二年（一二〇〇）七月一四日には出家、一八日薨去、五三歳。

清華家、花山院流の祖であり、清盛の女婿。『平家物語』巻一「吾身栄花」によれば、平治の乱後、藤原成範の北の方の予定であった娘を兼雅に嫁がせたという。

今様については、後白河院の「昨日今日の弟子」（『梁塵秘抄口伝集』巻一〇）であったらしく、その歌いぶりについて、

花山院中納言兼雅、元、歌は殊の外に沙汰しげにもあり、歌数謡ひげなりき。定能・雅賢・実教など蓮花王院にありし時、習ひ合ひたりしに具して、今様・早歌など少々は謡はれき。足柄二三首ばかりぞ習はれたりし。この兼雅卿、今様合の時に、足柄の中に駿河の国謡はれしを、乙前の女聞きて、「これは御所より賜はられたると覚ゆる節のあるは、習ひ参らせたるやらむ」と言ひける。異歌よりは付けて度々謡はれたりしを、斯く申せば、のどかにて付けて振の似るべきとこそ覚えしか。

とあり、「のどか」であり、後白河院の節に似ていたらしい。

仁安元年（一一六六）一一月一七日の清暑堂での御神楽（六条院）では師長と共に琵琶を務めているが、寿永元年（一一八二）一一月二六日の安徳天皇、元暦元年（一一八四）一一月二〇日の後鳥羽院の際には箏を務めている。箏の記録が多く、文治五年（一一八九）七月一〇日の自身の任大臣の大饗でも箏を務めた。『糸竹口伝』には兼雅の箏を「是一流ナリ」とし、師長を師としたとする。また、

大臣兼雅公ノ内ニ式部入道良方ト云者アリ。譜ヲヌスミカクヨシ聞食シ、其譜ヲ取テヤキステ給ヒヌ。ヤガテ御内追出サレタリ。其時棄レタル譜ヲ輯メ撰ラレテ、今世間流布スト云ヘリ。或人ノ云、器量スグレタリケレバ、皆ヒキ覚ヘテ空ニカケリト云伝ヘリ。本譜ニアハザル歟。要略バカリハ合タリ云ナリ。

とあり、師長の譜だけで無く様々な譜を管理していたようである。

24 兼綱　15

源兼綱（生年未詳～一一八〇）。時に正六位上蔵人、検非違使、右衛門少尉。清和源氏。従五位下頼行男。伯父である頼政の猶子となる。『尊卑分脈』によれば、従五位下叙留、中宮少進、検非違使、左衛門尉。『兵範記』承安元年（一一七一）一二月二六日条に「被レ補ニ勾当二人一、源兼綱〈右京大夫頼政朝臣男〉、源国輔〈散位行頼男〉、永久源氏二人被レ補之例也〈源義時、重親〉」とある。同日は高倉天皇が初めて女御徳子のもとへ渡っているが、それにともなう人事であり、中宮付の勾当であったようである。翌二年二月一〇日の徳子の立后の節会では、中宮職に就いており、「権少進**正六位上**源兼綱〈頼行子、頼政養子、女御時勾当也〉」（『玉葉』）と見える。『山槐記』除目部類は、承安四年（一一七四）正月二一日の除目で「中宮六位進」であった兼綱が**蔵人**となったことを記している。『玉葉』安元元年（一一七五）一二月八日条には除目があり、「少尉正六位上源朝臣兼綱〈蔵人〉」とあり、**右衛門少尉**に任官、翌二年二月二一日の御賀の試楽では、「蔵人右衛門少尉源兼綱〈一臈、**検非違使**〉」（『玉葉』）が、楽の為の笙と笛を用意している。『愚昧記』治承元年（一一七七）正月三日条にも「蔵人兼綱」と見える。『山槐記』治承二年（一一七八）正月一日条には、「今日参入検非違使大夫尉康綱、兼綱」とあり、同月三日条にも「右大夫尉兼綱」とあることから、この間五位に叙せられたか。また、同書の同年六月一九日条には、「大夫判官兼綱遅参、是皆中宮簡衆也」とあり、一〇月一〇日条にも「右大夫尉兼綱〈簡衆也〉」とあり、簡衆即ち側近くに仕えていたようである。検非違使として「強盗出雲前司朝時」を捕縛する（『山槐記』治承三年（一一七九）正月一三日条）など、活躍する。『山槐記』治承四年（一一八〇）五月一五日条には挙兵した以仁王の邸へ捕縛のため派遣されたことを伝えるが、その後養父源頼政とともに挙兵、宇治平等院で合戦に及ぶが討たれた（同書五月二六日条）。『玉葉』は合戦の様子を次のように記す。

官軍猶追レ之、於二河原一、打二取頼政入道、兼綱等一了。其間彼是死者太多、蒙レ疵之輩、不レ可二勝計一。敵軍僅五十余騎、皆以不レ顧レ死、敢無二乞レ生之色一、甚以甲也云々。其中無下廻二兼綱之矢前一之者上、宛如二八幡太郎一云々。

『平家物語』にも父頼政を南都へ逃がす為に引き返して奮戦する様が描かれている。

25 兼実　2、14、15、21

藤原兼実（一一四九～一二〇七）。時に従一位、右大臣、二八歳。藤原忠通の三男、母は太皇太后宮大進藤原仲光女（加賀局）で、兼房、慈円と同じ。『兵範記』保元元年（一一五六）正月四日条には「皇嘉門院御猶子」とあり、姉であり崇徳天皇中宮・聖子の猶子であった。同三年（一一五八）正月二九日には元服、正五位下、禁色、昇殿。同年三月一三日には左少将、四月二日には左中将（五位中将）へと進み、一〇月二一日には従四位下。翌四年正月三日には従四位上、同月二九日には播磨介となり、四月六日には正四位下。永暦元年（一一六〇）二月二八日には従三位に叙せられ、六月二〇日には正三位に進む。八月一一日には権中納言となり、一〇月一一日には従二位、一二歳。翌二年八月一九日には右大将、改元あって応保元年九月一三日には右大将のまま、権大納言となる。翌二年（一一六二）正月一〇日には正二位、二月一九日には兼任中宮大夫（中宮は藤原育子）。長寛二年（一一六四）二月一九日には父忠通の薨去により服解、三月二九日には復任。閏一〇月二三日には右大将のまま、内大臣に昇る、一七歳。兄関白左大臣基実が左大臣を辞しての任大臣であった。永万二年（一一六六）八月二七日には左大将に転じ、一〇月一〇日には兼任皇太子傅（東宮は憲仁親王）。同月二一日には左大将を辞し、同日帯剣、一一月一一日には皇太子傅のまま**右大臣**に昇る、一八歳。仁安三年（一一六八）二月一九日には、憲仁践祚に伴い、傅を止められる。承安四年（一一七四）正月七日には大臣の労により、**従一位**、二六歳。『愚管抄』巻五「安徳」には「左右大臣ニテ経宗・兼実多年ナラビテオハシケル」と見える。安元三年（一一七七）五月二三日に橘氏是定を蒙っていたらしく、梅宮社遷宮宣旨を受けている。元暦二年（一一八五）一二月二八日には内覧宣旨を蒙り、文治二年（一一八六）三月一二日に摂政、氏長者、三八歳。一六日には左大臣の上座に列する旨、宣下があったが、一〇月一七日には右大臣を辞し、男権大納言良通を内大臣としている。同五年（一一八九）一二月一四日には太政大臣となるも翌六年四月一九日に上表、建久二年（一一九一）一二月一七日には関白となる、四三歳。建久七年（一一九六）一一月二五日には、いわゆる建久七年の政変によって、関白を止められる、四八歳。建仁二年（一二〇二）正月二八日には出家、法名円澄。『猪隈関白記』同年正月二九日条には「前関白〈兼実〉、一昨日出家云々、年五十四」とある。承元元年（一二〇七）四月五日薨去、五八歳。

『御遊抄』によれば、長寛元年正月二日の法住寺に於ける御遊、仁安三年一一月二四日の高倉院の御遊、承安二年（一一七二）正月一九日の法住寺に於ける御遊においても琵琶を弾いている。平氏政権や後白河院とは比較的疎遠で、後に頼朝の奏請により内覧となり、摂政・氏長者となった。その日記『玉葉』は安元御賀を伝える重要な資料である。

『千載集』以下の勅撰集に五九首入集。安元～治承年間に数多くの歌合や「右大臣家百首」を主催した。

○兼忠　→　補兼忠

26　兼房　　2

藤原兼房（一一五三～一二一七）。時に従二位、左近衛中将、二四歳。関白藤原忠通の四男、母は太皇太后宮大進藤原仲光女、女房加賀。兼実の同母弟、慈円の同母兄。応保二年（一一六二）二月一九日に元服、同月二一日従五

位上、昇殿、一〇歳。二五日には正五位下（中宮入内賞、中宮は姉育子）、閏二月八日には禁色、四月七日侍従となる。翌三年正月二四日には左少将、長寛二年（一一六四）正月五日には従四位下に叙され、同月二一日に中宮権亮、近江介を兼任しさらに左近衛中将となる。二月一九日には父忠通の喪に遭い服解。三月二九日には復任。永万元年（一一六五）七月二七日には従四位上となり、さらに一二月三〇日には正四位下、仁安元年（一一六六）正月一二日には従三位となる、一四歳。翌二年正月二三日には正三位（東宮憲仁朝覲賞か）に叙せられ、同月三〇日には播磨権守。承安二年（一一七二）正月二三日には備中権守となり、翌四年正月二一日には従二位、二二歳。治承三年（一一七九）正月一九日には正二位。寿永二年（一一八三）八月二五日には権中納言となる（左中将辞任、三一歳）。元暦二年（一一八五）正月二〇日には権大納言（三三歳）に進み、文治五年（一一八九）七月一〇日には大納言、翌六年四月二六日には中宮大夫を兼任（中宮は兼実女任子）。さらに六月二七日には任大臣の兼宣旨を蒙り、七月一七日に内大臣となった、三八歳。翌建久二年（一一九一）三月二八日には太政大臣に昇る、三九歳。建久五年（一一九四）正月には従一位に叙せられたが、建久七年（一一九六）一一月二八日には太政大臣を辞す、四四歳。建久七年の政変で後援者であった兄兼実が関白を辞職したことによる。正治元年（一一九九）六月「菩提心」により出家、法名定真、四七歳。建保五年（一二一七）二月二六日、高野別業で薨去、六五歳。

法住寺合戦の際、普段は院参しないにもかかわらず、偶然居合わせて行方不明となった兼房を兄兼実は「尾籠之甚、可レ謂二嗚呼嗚呼一也」（『玉葉』寿永二年一一月一九日条）と慨嘆している。兼実の推挙で太政大臣となったが、あまり評価してはいなかったらしく、建久二年の三月二八日条には、

太政大臣藤原兼房、無二才漢一、無二労積一。只以二先公之旧労一下官所二推挙一也。為二上古之政一者、猶可レ謂二非拠者一歟。

と見える。ただし藤原定家は『明月記』建保五年三月八日条で、左大臣九条良輔（兼実息）から薨去のしらせを聞

き、

入㆑夜左府仰云、高野入道太相国薨給云々。出仕之時、雖㆑無㆓有職之誉㆒、在世之間無㆓追従貪佞之心㆒、遁世之後有㆓持律浄戒㆒之聞、於㆓末世㆒者可㆑謂㆓賢者㆒、未㆑満㆓四十㆒、太政大臣官途又何恨者乎、後聞、正念無㆑違、高声念仏。異香薫㆑室云々、

と記し、末世の賢者と評している。隆季女、経宗女（群書類従所収「藤原氏系図」には「離別」とある）を妻とし、「高野」「禅林寺」と号した。

27 兼頼　14

秦兼頼（生没年未詳）。時に右近将監か。秦兼弘一男。仁平二年（一一五二）一二月四日に内侍所で神楽が行われたが、「人長兼頼〈兼文依㆑申㆓馬死穢之由㆒〉」（『山槐記』）とあって、本来兼文が務めるべき人長を兼頼が代わっている。また、保元三年（一一五八）六月二七日には相撲召合があり、「次相撲長、左番長中臣季近、秦兼頼」（『兵範記』）と見える。同年八月一七日に後白河院が譲位後高松殿へ移ったが、その際、「左右近府生二人〈左下野忠利、右秦兼頼、令㆔反㆓補府生㆓〉」（『山槐記』）と見え、右府生であった。『山槐記』永万元年（一一六五）四月一九日条には、「重近、兼頼、兼任、近種、已上院御随身也」と見え、以後院随身としての活動が多い。

仁安元年（一一六六）一〇月一〇日の、憲仁親王立太子の際には、後白河院の行列に「御随身」として、「兼頼〈赤地大文錦、付㆓銀鶴㆒〉」（『愚昧記』）が供奉している。『兵範記』翌二年正月二七日条には「右将曹秦兼頼」と見える。同年三月一八日の、日吉御幸定では、供奉する兼頼について、「乗尻左舎人入㆑左、又右入㆑右也、是非㆓手番㆒、先只書入定文也、而保延兼弘為右随身入左也、右将曹兼頼追彼例令㆑入㆑左歟之由、別当申㆓摂政㆒、摂政被㆑仰云、吉例相叶、可㆑然歟、仍兼頼入㆑左了」（『山槐記』）とあって、保延の際に父兼弘が右の随身でありながら、左に

入ったことを吉例に叶うとした摂政基通によって、子の兼頼も右将曹でありながら左方に入ったようである。また、翌二年一〇月一五日の後白河院の阿弥陀講に「兼頼〈院右将曹、兼弘一男〉」（『愚昧記』）と名が見え、一一月二七日には摂政基通の春日詣において舞人を務めている（『兵範記』）。翌三年（一一六八）四月三日の石清水臨時祭にも「院御随身秦兼頼」（『愚昧記』）、一八日の賀茂祭でも「院右将曹秦兼頼、褐衣、襖袴、如レ常」（『愚昧記』）と見え、後白河院の随身としての活動が多い。嘉応元年（一一六九）二月一三日の皇太后宮滋子の日吉行啓には人長を務め（『兵範記』）、三月一三日の後白河院高野御幸にも供奉（『兵範記』）、同年六月五日の建春門院の院号後初めての御幸にも「右将曹秦兼頼〈花多狩襖袴、紅打衣〉」として、華やかな装束を着して加わっている。同年同月七日には男兼宗を番長とするため、右近将曹を辞したが、「重近兼頼雖レ非二御随身一、只可二祗候一云々」（『兵範記』）とされている。ただし、『兵範記』は同年一一月二〇日条に「御随身右近将曹秦兼頼」と記す。同年一二月三〇日には除目があり、**右近将監**（『兵範記』）。翌二年四月一九日には後白河院が東大寺で受戒のため、南都へ向かったが、『兵範記』には、「召次長左近将監中重近、右将監秦兼頼〈各著二不志くゝり襖末古袴一、両人同様装束如何」とある。『山槐記』安元元年（一一七五）八月一六日条には、後白河院の皇子（静恵法親王か）が天台座主明雲の元へ入るために行列を為したがそのなかに、「右近将監秦兼頼」と見える。

28 建春門院　3、15、18

建春門院（一一四二～一一七六）、諱は滋子。時に三五歳。父は兵部権大輔平時信、母は権中納言藤原顕頼女祐子。後白河院妃、高倉天皇母。平時子、時忠の異母妹。康治元年（一一四二）誕生（『女院記』）。『転法輪鈔』「建春門院五七日法会表白」には「誕生即日忽失二悲母一」とある。『山槐記』応保元年（一一六一）九月三日条には「巳刻上皇皇子誕生〈母儀、故兵部大輔時信女、母故民部卿顕頼女也〉、上西門院女房小弁局」とあり、上西門院の女房で、

小弁局と称していた。『兵範記』仁安元年（一一六六）一〇月二一日条には、六条天皇の方違の供奉の面々に「従三位平滋子」と見え、翌二年正月二〇日の東宮憲仁の、法住寺への朝覲行啓の際に、女御の宣旨があった（『兵範記』）。また、『玉葉』同日条には「今日有二女御宣旨一云々〈東御方、東宮母儀、時信女也〉」と見え、「東御方」と呼ばれていた。翌三年（一一六八）二月一九日に憲仁即位。三月九日には立后の宣旨があり（『玉葉』『兵範記』）、二〇日、皇太后（『兵範記』）。嘉応元年（一一六九）四月一二日、院号宣下があって**建春門院**と号す。その際、「東七条院」も候補となった。これは当時の在所が「七条末河東」（『兵範記』）であったからという。一九日には殿上始。六月九日には父時信に、二九日には母祐子に贈正一位（『兵範記』六月二九日条）。外祖父母となったことによる。八月四日には法住寺御所への、高倉天皇の朝覲行幸があった（『玉葉』）。『古今著聞集』309「高倉天皇、御母建春門院に朝覲行幸の事」はその際、「むかし肩をならべまゐらせられたりける上﨟の女房」が女院にこのめでたさを問うたところ、「さきの世の事なれば、何ともおぼえず」と答えたと伝える。承安三年（一一七三）四月一二日には七条殿で出火があり、萱御所を焼く（『玉葉』）。『たまきはる』はその時、健御前が「東の台盤所」に駆けつけて女院を避難させたことを記す。重盛も参じて、法住寺南殿に避難していたところに、今熊野へ参っていた後白河院が急いで戻り、「まろなくて、騒がしまゐらせたりける、いとほしさ」と述べたとしている。同年八月二三日に女院の御願寺定があり、時忠が定文を書く。忠通が代々の御願寺の額を書いたことにより、兼実に額を書くよう命があった。兼実は固辞したがやがて承諾。建春門院からは「色紙形」（一〇月九日条）で書くよう、強い要望があり、兼実は一一日に色紙形を見るために宝荘厳院、歓喜光院、法金剛院へ参っている。一三日には、額の寸法を法金剛院と同じにするよう「御定」があり、一五日夜には御願寺を「最勝光院」と定められた旨の連絡があり、揮毫の上、二〇日には提出した。翌二一日には堂供養があり、兼実は額の打たれた南門より入っている。兼実は供養の願文と呪文も書くよう言われたが辞退、これは藤原忠親が命ぜられた。御堂の障子には仁安后位の際の平野行啓、院号宣下の際の日吉御幸の様子が描かれ、「面貌」は藤原隆信が描き、その他は絵師藤原光長が描いた（一五日条、以上『玉葉』）。『玉葉』嘉応元年（一一六九）一一月一九日条には「自二去年一女院養為レ子」とあって、兼実息良通は女院の猶子であり、承安五年（一一七五）三月の良通元服の際には「小童自二襁褓之昔一、偏致二撫育之礼一、専為二我嫡子一、非二汝之子息一」（『玉葉』三月六日条。建春門院の仰せ）と述べ、正五位下での叙位を勧めている。結局従五位上での元服となったが、兼実との親密な関係がうかがえよう。

安元御賀の三ヶ月後、六月八日には病が伝えられる。「二禁」（腫れ物）であり、和気定成父子が治療にあたるが、「御小恙殊六借御」（『吉記』同日条）といった様子であった。九日には七条殿に於いて七仏薬師法が修せられ、一〇日には蓮華王院に於いて、千手法が修せられた（『吉記』）。一三日には「御腫物頗有二御増一」となり、医師が数名呼ばれ、その治療法を検討している（『吉記』）。一七日には経房が御所へ参り、「女院御悩今朝又令三見二出二禁一給、御背云々」（『吉記』）と伝えている。翌一八日には非常の赦が行われた。『玉葉』同月二三日条には、高倉天皇が女院のもとへの御幸の意志を示したが、留められて断念した旨を記す。また、「御有様委不レ奉レ令レ聞二主上一云々、仍御笛等不レ被レ止云々」とあり、その病状は高倉天皇に詳しく伝えられていなかったようである。二七日には受戒。『吉記』同日条には「女院御祈毎日数多無レ限、不三書二写之一」と見える。後白河院は法勝寺に於いて千僧御読経を行い、また二四日より二九日まで毎日大般若経を書写させている（『玉葉』同日条）。しかし『玉葉』七月一日条には「大略無二其憑一」と伝えられ、二日条にも「大略御滅、只無レ術事」とあり、八日には「絶入」として重態となった。ただちに高倉天皇の行幸が沙汰されたが、間に合わず崩御。一〇日には葬送が執り行われ、蓮華王院の東に法華三昧堂が造され、その下に埋葬された。『転法輪鈔』「建春門院五七日法会表白」には、最期の様子を「見者抑《ヘテ》レ眼《ヲ》嗚咽《シ》、聞者擲《テ》レ身《ヲ》綄転《ス》」とあり、「就中法皇《ノ》御歎実過《タリ》二事理一」としている。後白河院の嘆きが特筆されている。こののち、女院の供養がたびたび行われており、その表白が残されている。

後白河院の寵愛を受け、『たまきはる』にはその様子が描かれる。また、行幸にもたびたび同道しており、承安四年（一一七四）三月一六日には後白河院とともに福原へ向かい、一九日にはそのまま厳島へ参詣している（『玉葉』『吉記』）。また後白河院の熊野参詣にも同道（『玉葉』安元元年〔一一七五〕閏九月七日条）、こうした例は多い。延慶本『平家物語』第一本卅三「建春門院崩御之事」は「先年不例ノ時、御願果《はたさ》ムトテ」熊野へ参詣したとし、その際本宮前で胡飲酒を舞ったところ、降ってきた大雨がやむなど「サマ〴〵ノ霊瑞」があったとしている。

また、『建礼門院右京大夫集』には承安四年（一一七四）の春のこととして、内裏にあった建春門院が中宮徳子のもとへやってきた際の装束、様子を、「言ふ方なくめでたく、若くもおはします」とする。そして姉時子も参じた華やかな様子を「大方の御所の御しつらひ、人々の姿まで、ことにかかやくばかり見えし折、心にかく覚えし」とし、「春の花秋の月夜をおなじ折見る心地する雲の上かな」（3）と詠む。平家一門の栄華を象徴する存在であった。『愚管抄』巻五には「日本国女人入眼モカクノミアリケレバ誠ナルベシ。……コノ女院宗盛ヲ又子ニセサセ給テケリ」とあり、宗盛を猶子としていた。嘉応二年（一一七〇）一〇月一九日「建春門院北面歌合」が催され、俊成を判者として、藤原隆季や藤原隆房も参加している。建春門院の御所七条殿（法住寺北殿）では「遠山初雪」「契明後日恋」などの題による歌会が催されたことが知られる（『親宗集』など）。

○建礼門院　↓　88徳子

29 顕信　8

源顕信（一一三一〜一二〇七）。本名国時。時に、従四位上、治部卿、四五歳。正四位下越後守源信時男、母は常陸介高階経成女、村上源氏。久安二年（一一四六）五月一九日従五位下、保元二年（一一五七）一〇月二二日従五

位上、永暦二年（一一六一）八月一三日民部少輔、応保二年（一一六二）正月二七日少納言、永万二年（一一六六）正月一二日正五位下、同年四月六日には左少将、仁安二年（一一六七）正月三〇日には美作介（守とも）を兼ねる。翌三年正月五日従四位下に叙せられ、嘉応二年（一一七〇）正月五日には従四位上に昇る。承安二年（一一七二）正月二三日には播磨権介を兼ね、安元二年正月三〇日、左少将を辞して治部卿。『玉葉』ではこの人事について「顕信治部卿、人以不レ為レ可歟」（同日条）。翌三年正月二四日には正四位下。治承三年（一一七九）四月一七日の九条良経の元服の際には理髪の役を務めたが、『玉葉』には「正下四位、内殿上人」と記されている。寿永二年（一一八三）四月九日従三位非参議、五二歳。建久元年（一一九〇）正月二四日には治部卿の労により美作権守を兼ね、翌二年一二月二八日正三位に昇る。建仁二年（一二〇二）五月一三日出家（『猪隈関白記』同月二四日条）、七一歳。承元元年（一二〇七）没（『公卿補任』建保二年〔一二一四〕、子息「源清信」の項目による）。

○源大納言　↓　87定房

○源中納言　↓　9雅頼

【こ】

○胡飲酒の童　↓　7雅行

30後白河法皇　1、4、6、11、14、15、17、20、29

後白河法皇（一一二七～一一九二）。時に五〇歳。父は鳥羽天皇、母は待賢門院璋子。諱は雅仁。近衛天皇の後を襲い、久寿二年（一一五五）、第七七代として即位、二九歳。東宮を経ず即位したらしく、『兵範記』久寿二年七月二四日条〈近衛帝崩御は二三日〉には、「早旦、前蔵人頭光頼朝臣、為二法皇御使一、以二第四親王雅仁一可レ令二登用一之由、被レ申二殿下一」とある。保元の乱を経て保元三年（一一五八）には三二歳で、二条天皇に譲位。『兵範記』には「近日俄其儀出来歟」とあるが、続けて「唯仏与レ仏評定、余人不レ及二沙汰一歟」としており、譲位の問題が二人の仏、つまりは美福門院得子と信西によって密かに進められたことを伝えている。嘉応元年（一一六九）六月一七日出家、法名行真、四三歳（『兵範記』）。

『梁塵秘抄』を編むなど、今様を熱心に愛好したことで知られ、『愚管抄』はそうした様子を「イタクサタヾシク御アソビナドアリ」とする。『梁塵秘抄口伝集』には、「そのかみ十余歳の時より今に至るまで、今様を好みて怠る事無し。……昼は謡はぬ時もありしかど、夜は歌を謡ひ明かさぬ夜は無かりき。……斯くの如く好みて、六十の春秋を過しにき」とあって、修練は十代からのものであった。また『禁秘抄』には「鳥羽後白河御催馬楽、雖レ不レ窮二其曲一、已晴御所作云々」とあって、催馬楽も学んだようであるが、続けて「又後白河今様無二比類一御事也。何モ只可レ在二御心一」とあって、その今様の才を記している。同書「御侍読事」には「後白川院催馬楽〈資賢卿〉。今様〈遊女乙前〉」と、その師も記している。

『玉葉』建久三年（一一九二）二月一八日条には「辛酉、雨下、終日不レ止、未明、行二幸於法皇宮一〈六条西洞院亭〉、蓋被レ訪二御悩一也。……数刻御対面、有二小御遊一〈主上御笛、女房安芸弾レ箏。法皇拌親能、教成等、今様。院御音如レ例〉」とあって、院を見舞った後鳥羽天皇の笛にあわせて今様を謡っている。同年四月二六日崩御、六六歳。

『千載集』の撰集を藤原俊成に下命し、『千載集』以下の勅撰集に一五首入集。

31 公時　8、24

藤原公時（一一五七～一二二〇）。本名公雅（『尊卑分脈』は「本名公輔」とする）。時に正四位下、侍従、備中権介、一九歳。権大納言藤原実国一男、母は中納言藤原家成女。保元三年（一一五八）一二月一七日叙爵、二歳。二条天皇即位の叙位であり、女御琮子の御給であった。仁安三年（一一六八）三月一一日従五位上。高倉天皇の摂政基房邸からの遷幸の賞。このころ公輔と改名する。『玉葉』同月一四日条には「内蔵頭長光朝臣来、数刻言談之次云、実国卿子公輔、件人名高大夫名也、忠仁公御時令㆓還俗㆒之者也」として、『今昔物語集』巻三一―三に載る高向公輔の逸話を載せる。僧湛慶が結局妻を得て還俗し、高向公輔と名乗り「高大夫」と呼ばれたという話を挙げ、「件物名也、専不当歟云々」として、「公輔」への改名を非難している。嘉応二年（一一七〇）七月二六日には侍従。『玉葉』承安二年（一一七二）一一月一四日条に「先新大納言実国童（侍従公時、公衡付㆑之）」とあるため、これ以前に「公時」と改めたか。承安三年（一一七三）正月一三日正四位下（建春門院御給）、同年一一月二日侍従に復任したようであり、これより以前に母が亡くなったらしい。安元元年（一一七五）正月二二日備中権介、同年一二月八日右少将、『公卿補任』は「御賀舞人賞」とする。翌二年正月三〇日備中介、一一月には春日使を務め（『玉葉』同月一七日条）、翌三年正月二四日右少将の労として従四位下、養和元年（一一八一）正月五日従四位上。『公卿補任』は同年三月二六日に「備中権介」とする。寿永二年（一一八三）二月一一日に右少将、備中権介に復任している。父の中陰であった。同月二一日正四位下、同年一二月二一日左中将、翌三年三月には平等院一切経会の楽行事を務め（『玉葉』同月三日条）。元暦二年（一一八五）四月には、壇ノ浦より都へもたらされた神器を鳥羽の草津で受け取っている（『玉葉』同月二五日条）。一二月一二日には賀茂臨時祭の使いを務めている（『玉葉』同日条）、翌年六月二〇日の法皇の日吉社参詣の際には舞人を務める（同書同日条）。元暦二年正月二〇日伊予介となり、文治四年（一一八八）一〇月一四日蔵人頭、翌五年七月一〇日には右中将のまま従三位参議、三三歳。翌六年正月二四日には備後権守を兼ね、建久四年（一一九三）一〇月一一日には後鳥羽天皇の初めての日吉行幸で行事を務めて正三位に叙せらる。建久六年（一一九五）二月二日近江権守を兼ねるも四月七日、子息侍従実宣（母は藤原経房女）を左少将とするため、参議右中将を辞任する、三九歳。近江権守は継続。建久九年（一一九八）一一月二一日には従二位（大嘗会国司賞）に叙せられ、承元三年（一二〇九）八月一九日出家（法名寂澄、五三歳）。『猪隈関白記』同月一六日条には、「所労」のため明日出家する旨が、息実宣よりもたらされている。『公卿補任』承久二年（一二二〇）には、九月一五日に子の実宣が「復任」となっており、この前に没したか。六四歳。『尊卑分脈』には「権中納言」とあるが確認できない。

左舞人であった藤原実教の母（藤原経忠女）が安元二年二月二四日に没した。『定能卿記』によれば「仍舞人事有二其沙汰一、被レ申二殿下一云々」とあり、舞人の入れ替えが発生している。結果、翌々日の二六日に「今日実教替以二公時一被レ入二舞人一、以二右兵衛佐基範一為二笛吹一」（『定能卿記』）とあって、実教の代わりに公時が舞人となっている。その理由は不明だが、実教の姉妹が公時の母であり、そうした関係によるか。その後も公事等で実教の代わりを務めることがあった（『玉葉』文治三年（一一八七）正月三日条、九月一八日条）。ただし、同月二八日の試楽には間に合わなかったようで、「公時未レ習レ舞了、仍不参」とあり、参加していない。本来の役であった笛については、『玉葉』文治五年（一一八九）正月二八日の八幡行幸、二月五日の賀茂行幸などでもその役を務めたことが見える（『御遊抄』）。

『平家物語』巻一一「内侍所都入」では、壇ノ浦合戦後の三種神器受け取りの使者として「江浪中将公時」と名が見える。「江波」は「榎並」（延慶本）とも。『愚管抄』巻六には、公時が後見役となっていた橘兼中という人物の妻に後白河院の霊が降り、自分を祀るよう述べたとの話を記している。公時も事情を確認されたようだが、結局は兼中夫妻の流罪ということで落ち着いている。公時の子孫は滋野井と号した。

『千載集』以下の勅撰集に四首入集。

32 公守　8

藤原公守（一一六一～一一八六）。時に従五位上、左近衛権少将、一五歳。正二位左大臣藤原（徳大寺）実定男、母は藤原師長（顕長とも）女。安元元年（一一七五）九月一三日に御賀の人選があり、右の舞人として「侍従藤原朝臣公守〈前大納言一男〉従上五位」（『山槐記』）とある。安元二年正月三〇日、**左近衛権少将**。治承二年（一一七八）正月二日には殿上人として「右少将（左少将か）公守朝臣」とある（『山槐記』）。また翌三年二月七日には、春日使の禄が予定通り届かない事態が出来し、当時左大将であった実定が差配したが、公守も助力したらしく「賢息少将公守朝臣」と見える（『山槐記』）。治承四年（一一八〇）正月二八日には美作守、四月二二日には「従四位下行左近少将藤原公守」とあり、安徳天皇の即位にともない昇殿を許された（『山槐記』）。同月二六日には石清水臨時祭の舞人に選ばれ、寿永二年（一一八三）二月二一日には正四位下（『吉記』）、月日は不明だが同年右近衛中将に昇任したようである。元暦元年（一一八四）七月二八日の後鳥羽天皇即位の儀には「不参次将」として「右中将公守朝臣」と見える。文治元年（一一八五）一月八日禁色を聴され、翌二年（一一八六）五月一二日、落馬により死去、二五歳。

父実定の白河の邸に住していたらしく、『山槐記』元暦元年（一一八四）八月一四日条には、次のような事件が記されている。

子刻許東北方有レ火、後聞、内大臣〈実定〉、白川家〈近衛末北、件所小路西大宮御所也、任大臣後被レ坐二此所一〉云々、翌日以二使者一訪二申之一、或人曰、亭主息中将公守朝臣侍従公嗣偏存二強盗入之由一、隠二板敷下一、火焔已懸二其上一、侍男共求二亭主一、不レ被レ見、成二此疑一、放レ声呼下非二強盗一之由上、仍匍匐出二板敷下一、歩行被レ向二菩提

樹院公衛少将宅二云々、

公守は弟公継（侍従公嗣）と父邸に同居していたか。『新古今集』哀傷・785には、公守母没後に実定が詠んだ歌として、

公守朝臣母みまかりてのちの春、法金剛院の花をみて　後徳大寺左大臣

花みてはいとど家ぢぞいそがれぬ待つらんと思ふ人しなければ

と見える。

33 公保　2

藤原公保（一一三一～一一七六）。時に正二位、権大納言、太皇太后宮大夫、四五歳。徳大寺実能の三男、母は実能の兄権中納言藤原（西園寺）通季女。保延二年（一一三六）正月六日従五位下（統子内親王未給）、同五年（一一三九）正月二四日には侍従、八歳。康治三年（一一四四）正月五日従五位上、久安五年（一一四九）二月一三日正五位下（院御給）、同年四月一五日右近衛権少将。四月二二日の賀茂祭の祭使を勤めるための任官であったという。本来であれば右少将源定房が勤めるべきところであったが、叔父の醍醐寺座主定海の卒去による服喪のため、俄に任官したらしい。『公卿補任』は「十九人始」とする。翌六年正月二九日には兼任備中権介。同年三月一四日、皇后宮権亮（皇后は藤原多子）。皇后多子は兄徳大寺公能の女である。翌七年（一一五一）正月六日従四位下（少将労による）。仁平元年（一一五一）二月二一日には権亮を辞し、同年七月二七日には左近衛権少将に転じる。翌二年正月三日には従四位上（行幸院賞、統子内親王御給）、同四年（一一五四）八月一八日には右近権少将に転じ、久寿二年（一一五五）正月六日には正四位下（崇徳院御給）に叙される。保元元年（一一五六）九月一七日には右近衛権中将となり、同年一一月二八日は兼任皇太后宮権大夫（皇太后は藤原多子）、翌二年八月三日には禁色を聴される。同年一〇

月二七日には従三位、二六歳。翌三年（一一五八）には太皇太后宮権大夫（太皇太后は藤原多子）、一一月二七日には右兵衛督を兼任。一二月一七日には正三位に叙される。二条天皇即位の叙位であった。平治二年（一一六〇）二月二八日には参議、左兵衛督、二九歳。永暦二年（一一六一）正月二三日には兼任伊予権守、応保二年（一一六二）一〇月二八日には右衛門督に転じ、長寛三年（一一六五）正月二三日には権中納言に昇る。永万二年（一一六六）七月五日には勅授帯剣、一〇月二一日には**太皇太后宮大夫**に転じる。仁安二年（一一六七）正月二八日には従二位（行幸院賞）となり、二月一一日には**権大納言**、三六歳。嘉応二年（一一七〇）正月七日には**正二位**に叙される。四月一三日には母の喪に服し、五月一一日に復任。安元二年には権大納言を辞し、八月一三日に病のため出家。九月二七日薨去、四五歳。

嘉応元年（一一六九）二月一三日の皇太后滋子の日吉社行啓に供奉したが、その際内大臣源雅通とともに「手輿」で供奉したらしく、『愚昧記』では「奇恠事歟、至二大宮一者弥不レ可レ然歟、近代之法、諸事如レ此、為二家門一為レ歎耳」と非難されている。

嘉応元年三月二六日の皇太后滋子の平野社行啓や、鳥羽院の五〇賀で舞人を務めた。

34 光雅　23、27

藤原光雅（一一四九～一二〇〇）。時に正五位下、蔵人、右少弁、左衛門権佐、二八歳。正二位権大納言光頼三男、母は参議藤原親隆女。保元四年（一一五九）正月一四日叙爵、永暦元年（一一六〇）正月二一日越中守、一二歳。長寛二年（一一六四）正月二一日には三河守に遷る。仁安元年（一一六六）一〇月一〇日兼任春宮（高倉）権大進、同年一一月一四日従五位上、丹波守（『兵範記』）、翌二年正月二八日には朝覲行幸の院司賞として、**正五位下**となる。同年二月一一日には大進に転じ、八月一日には蔵人、一九歳。同日三河守を弟宗頼に譲る。翌三年（一一六八）二月一九日には東宮憲仁の即位により大進を止められ、蔵人に補される。三月二〇日には建春門院の立后にともない、皇太后宮権大進、嘉応元年（一一六九）四月一二日には女院号の宣下があったため、権大進を止めらる。同月一六日兵部権大輔、同二年七月二六日右衛門権佐、使宣旨を蒙る、二二歳。承安三年（一一七三）四月二六日復任。同年八月一八日左衛門権佐に遷り、安元元年（一一七五）一二月八日右少弁。蔵人と左衛門権佐を兼任し、三事兼帯。『山槐記』治承三年（一一七九）正月六日条には、「石見守能頼、件国蔵人右少弁光雅知行」とあり、この頃石見を知行国としていた。石見守能頼は父光頼の従兄弟重方の子。同月一八日左衛門権佐を辞し、一〇月九日には左少弁に転じる。一一月一七日権右中弁、同日従四位下。翌四年二月二一日新帝安徳の即位に伴い昇殿。翌五年（一一八一）正月五日石清水賀茂行幸行事賞により従四位上。養和元年（一一八一）一一月二八日には右中弁に転じ、翌二年四月九日左宮城使、寿永二年（一一八三）正月五日には、高倉院が東宮であった時の大進の賞により正四位下となる。同年四月九日には兼任皇后宮亮、一二月一〇日は左中弁となり、同日蔵人頭、装束使并率分所勾当。元暦元年（一一八四）九月一八日には右大弁に転じる。ところが、文治元年（一一八五）一二月二九日、義経の要請により頼朝追討の院宣を奉じたことを咎められ、蔵人頭、右大弁を解官。翌二年四月には許され、翌三年（一一八七）五月四日従三位、三九歳。同年一二月八日には兼任太皇太后宮権大夫。建久二年（一一九一）三月二八日参議に昇り、一二月一三日、松尾北野両社行幸賞により正三位。翌三年正月二七日兼任美濃権守、同五年（一一九四）九月一七日には右衛門督、検非違使別当となる。建久八年（一一九七）正月三〇日には左衛門督に転じ、一〇月一〇日権中納言、四九歳。一二月一五日に左衛門督、検非違使別当を辞任。翌九年一〇月二〇日大嘗会御禊装束司長官となり、一一月二一日従二位。正治二年（一二〇〇）正月二二日には太皇太后宮大夫に転じるが、三月六日には権中納言を辞任。男光親を以て右少弁に任じた。三月八日出家、翌九日薨去。『猪隈関白記』同年三月一〇日条の薨去の記事には「日頃所労也」とある。堀河中納言と号した。

後白河院の近習であり、『兵範記』仁安二年（一一六七）正月二七日条は平滋子の「女御殿侍始」を伝えているがそこには「参河守光雅〈家司〉」（『兵範記』）とあり、また同月二八日条には「同光雅〈院司〉」ともある。実務官僚として活躍、諸式の行事などを多く務めている。嘉応元年（一一六九）一二月二五日の仁王会や承安元年（一一七一）一一月三〇日の臨時仁王会では堂童子も務めた（『兵範記』）。安元御賀においても、童舞の際、それぞれの父の舞は不要であると伝えている（『山槐記』安元元年〔一一七五〕八月一七日条）。『山槐記』養和二年（一一八二）正月二六日条には光雅の「三条坊門高倉面」の邸が焼失したことを伝えている。

35 光近　22

狛光近（一一一八～一一八二）。時に五位、左近将監、五九歳。従五位下狛光時男。『狛系図』には、「従五位下、寿永元年四月二五日死、六十九歳」とある。長承元年（一一三二）一〇月二八日左近府生、一五歳。久安元年（一一四五）左近将曹、二八歳。保元三年（一一五八）五月一九日、「内教坊妓女舞師賞」により左兵衛尉となる。妓女の舞師については『教訓抄』巻三、『体源抄』二ノ下に記述がある。永暦元年（一一六〇）には**左近将監**、嘉応元年（一一六九）には**五位**、寿永元年（一一八二）四月二九日卒、六五歳（以上『楽所補任』による）。

仁平二年（一一五二）正月二六日の左大臣頼長の大饗（『兵範記』同日条）や、同年三月の鳥羽御賀（『兵範記』三月二日条）など、舞人としての出仕の例は枚挙に暇が無い。『教訓抄』巻一「万歳楽」には、

知足院ノ禅定殿下仰云、「光近ハヨク此道ニハイタリニケリ。『万歳楽』ハ興ナキ舞トヲボユルニ、此男ノ舞ノ面白メデタキ物カナ」ト、ホメサセ給ケル。カタジケナキ事也。道ニイラバ、カヤフノヲホセヲカフルホドニコノムベシ。今世ニハアリガタクコソ侍レ。又ゴラムジシラセ給人モヲハシマスベカラズ。

とあって、舞の名手であったことが知られる。

36 光長　26

藤原光長（一一四四～一一九五）。時に正五位下、右衛門権佐、検非違使、三三歳。権右中弁中宮亮光房三男、母は中納言藤原俊忠女。兄は吉田定房、弟は藤原定長。久安六年（一一五〇）七月八日、七歳で蔵人、皇嘉門院判官代。八月六日に叙爵。保元三年（一一五八）正月六日従五位上（皇嘉門院御給）。永暦二年（一一六一）八月一二日兵部権少輔となり、応保二年（一一六二）二月一九日には中宮権大進を兼ねる。二条天皇中宮藤原育子の立后による。長寛元年（一一六三）一二月二〇日には兵部権少輔を弟光綱に譲る。永万二年（一一六六）正月一二日には**正五位下**（皇嘉門院御給）、仁安三年（一一六八）四月三日には中宮大進に転じる。嘉応元年（一一六九）六月一七日の後白河院の出家に際しては、「五位院司光長」（『上皇御落飾部類』）として見えており、院司であった。承安二年（一一七二）二月一〇日には徳子が中宮として冊立されたため、育子は皇后宮となり、光長も皇后宮大進となるが、同年八月一五日に育子の薨去があり、大進を止められる。安元元年（一一七五）一二月八日、**右衛門権佐**、同日**使宣旨**を蒙る。治承元年（一一七七）正月二四日には左衛門権佐に転じ、翌二年一二月一五日には言仁親王（安徳）の立坊に伴い、春宮大進を兼任。翌三年（一一七九）正月六日の五十日儀にも「大進光長」（『安徳天皇御五十日記』）として出仕、一〇月二一日には防鴨河使、翌四年正月二〇日には播磨介、二月二一日には言仁践祚に伴い、大進を止められる。同月二八日蔵人。養和元年（一一八一）一一月二八日には左少弁（蔵人、左衛門権佐兼任、三事兼帯）、寿永元年（一一八二）一二月七日には蔵人と左衛門権佐を辞す。翌二年一二月一〇日には権右中弁に転じる。同月二一日には従四位下。元暦元年（一一八四）九月一八日右中弁に転じ、同日装束使、率分所勾当兼任、一〇月六日には左宮城使。翌二年正月六日には従四位上となり、二〇日には阿波介兼任。一二月二九日には左中弁に転じ、同日蔵人頭。文治三年（一一八七）には「氏院別当」、同年六月二八日には造興福寺長官。一二月一五日には参議に昇り

（蔵人頭左中弁辞）、同日右大弁兼任。翌四年には勘解由長官、近江権介をも兼ねていたが、一〇月一四日には参議と右大弁を辞任し、従三位に叙せらる。男和泉守長房を右衛門権佐に任ずるためであった。建久六年（一一九五）正月五日には正三位に叙せられ、勘解由長官は辞任。五月一八日出家。同年六月二日薨去、五二歳。

藤原基房や兼実・良通の家司を務め（『玉葉』承安三年（一一七三）七月一四日条、寿永元年（一一八二）一二月二八日条、翌二年正月一五日条）、九条三位と号した。『玉葉』文治二年（一一八六）閏七月二日条には、「今日参院、定長伝二密勅一云、汝兄光長朝臣者、有二学問之聞一、又頗得二人望一歟、而摂政之辺近習之間、朕事頻以蔑爾、就レ中太上天皇、不レ可三知二食天下之由一、為二摂政沙汰一示三遣関東一、其事光長奉行云々、件事深所二怨思食一也者」とあって、後白河院には疎まれていたらしい。

37 光能　11、26

藤原光能（一一三二～一一八三）。時に、正四位下右中将、四六歳。従五位上民部少輔忠成男、母は大宮亮源季忠女。『尊卑分脈』は「為右大臣公能子」とする。久安二年（一一四六）正月五日、統子内親王の御給により叙爵。長寛二年（一一六四）一一月一六日、院御給により従五位上。永万元年（一一六五）一二月下野守、仁安二年（一一六七）正月二八日、朝覲行幸の賞により正五位下、院司であった。同年二〇（三〇か）日右少将、同年一二月一三日従四位下、同三年三月二三日皇后宮権亮となり、同月二八日には皇太后（滋子）入内の賞として従四位上。同年八月四日、朝覲行幸の賞により**正四位下**、承安元年（一一七一）一二月八日**右中将**、安元二年一二月五日には右中将のまま蔵人頭となる。治承元年（一一七七）九月六日には皇太后宮権大夫、同三年一〇月九日には蔵人頭、権大夫のまま右兵衛督。同月一〇日には参議に昇るが一一月一八日には治承三年のクーデターにより解官される、四八歳。翌四年七月八日には勅勘を解かれている。翌五年（一一八一）九月二三日には参議に還任し、一二月四日従三位。養和二年（一一八二）三月八日に左兵衛督を兼ね、同日丹波権守、九月五日には大嘗会御禊御後次第使長官。寿永二年（一一八三）二月二一日には、院別当として行幸院賞に正三位に叙せらる。しかし同月二七日所職を辞任、男則光を左少将とするためであったが、そのまま出家し、薨去、五二歳。

後白河院の近臣としての活躍が多く、仁安三年（一一六八）七月二八日の法住寺御所に於ける装束始の「執行人」を務めたり、嘉応元年（一一六九）一〇月一五日からの院の熊野詣の「道事奉行」（『兵範記』）など、行事や奉行を多く務めている。また治承元年一二月一二日の弓場始では射手を務めている（『愚昧記』）。

38 高倉天皇　1、4、6、12、15、20

高倉天皇（一一六一～一一八一）。時に一六歳。父は後白河天皇、母は建春門院滋子。八条河原の平盛国邸で生誕（『御産部類記』）。諱は憲仁。同年九月一五日に平教盛と時忠が解官されているが（『山槐記』）、『愚管抄』巻五に、「又時忠ガ高倉院ノ生レサセ給ヒケル時、イモウトノ小弁ノ殿ウミマヰラセケルニ、ユユシキ過言ヲシタリケルヨシ披露シテ、前ノ年解官セラレニケリ」とあることから、立太子を急ぎ、二条天皇の勘気を蒙ったとされる。二条天皇崩御後即位した六条天皇の東宮として、仁安元年（一一六六）に立太子、仁安三年（一一六八）即位、第八〇代（以上『本朝皇胤紹運録』）。承安元年（一一七一）に清盛息女徳子が入内（『兵範記』）、翌二年（一一七二）に立后した（『玉葉』）。御賀より二年後の治承二年（一一七八）に言仁親王（安徳天皇）が生まれる。治承四年（一一八〇）に譲位、翌五年崩御、二一歳。

『禁秘抄』上「諸芸能事」に「円融一条ノ吉例ニテ今ニ笛ハ代々ノ御ン能也。……笛。堀川鳥羽高倉法皇代々不レ絶事也」とあって、笛を好んだ。同書「御侍読事」によれば「高倉院御笛〈大納言実国〉」とあって、笛の師は藤原実国であった（『玉葉』承安四年（一一七四）一〇月六日条、『懐竹抄』にも）。『建礼門院右京大夫集』には、右京大夫が高倉院の笛を聴き、称賛した記事が見える。

学問にも秀でており、『禁秘抄』「諸芸能事」には「第一御学問也。……後三条高倉雖二大才一天運不レ久」と見える。『古今著聞集』130「内裏にて作文の折、高倉院御秀句の事」では、治承二年五月晦日に行われた宮中での作文を見た侍読の藤原永範と藤原俊経が、「感涙をのごひて、両人東台の南階をおりて二拝、左大弁舞踏しけり」という様子であったと記す。また同書131「高倉院、中殿にて御作文の事」にも「高倉院の風月の御才は、むかしにも恥ぢぬ御事とぞ世の人申しける」と見える。高倉天皇と漢詩文との関わりについては、仁木夏実「高倉院詩壇とその意義」（『中世文学』五〇号・二〇〇五年）参照。

『新古今集』以下の勅撰集に五首入集。

【さ】

○左大臣　→　21経宗

【し】

39師家　8

源師家（生没年未詳）。時に少納言。村上源氏。従四位下、弾正大弼源師教男、母は「忠教女」（『尊卑分脈』）。『玉葉』安元二年三月四日条に「少納言源師家」とある。『兵範記』仁安三年（一一六八）正月一一日条には、「皇后宮権亮源師家」とある。時の皇后宮は藤原育子。同年九月一八日には、従五位上として「源朝臣師家」の名が見える。また嘉応元年（一一六九）二月一二日条には、「上西門院御使皇后宮亮師家」（『兵範記』）と見え、上西門院統子の役を務めている。さらに『愚昧記』同年同月二三日条には法金剛院において修二会が行われ、上西門院も臨席したようだが、その際も「皇后宮亮師家」とあって、やはり扈従している。また同年九月四日には、上西門院の猶子であった二条天皇皇女僐子内親王に賀茂斎院に卜定の触示があったが、その報せを「次参二上上西門院一〈仁和寺〉、令三皇后宮亮師家啓二事由一、即承二御報一」（『兵範記』）とあって、師家が上西門院に伝えている。二一日には、「斎院卜定之間事、自二上西門院一令レ申之条々被二仰下一也、此間事、皇后宮亮師家相共可レ申二沙汰一云々、是可レ為二勅別当之前表一歟」（『兵範記』）とあって、卜定のことを任され、勅別当が噂されていたようである。一〇月一八日条にも「斎院卜定雑事」において、「宮人皇后宮亮師家」と名が見えている（『兵範記』）。また二〇日には「又仰出云、以二師家一可レ為二勅別当一」とあり、斎院の勅別当に就任した（『愚昧記』同日条にもあり）。『尊卑分脈』には従四位下、伊予守とある。

治承元年（一一七七）正月八日、建春門院の月忌があったが、「少納言師家」（『愚昧記』）と名が見える。賀茂斎院僐子内親王は嘉応三年（一一七一）に没しており、別当は解かれたか。また同月一四日には御斎会が行われたが、「少納言師家」が遅刻した旨、記されている。治承元年三月九日の季御読経結願にも参加している（『愚昧記』）。

40 師盛　8

平師盛（生年未詳～一一八四）。平重盛男、母は藤原家成女経子。時に丹後守。『尊卑分脈』では重盛の五男として記述されている。『平家物語』では延慶本が「御末子」（長門本、覚一本）、四部合戦状本は「五男」とする。『山槐記』安元元年（一一七五）九月一三日条にある御賀の人選にはその名が見えないが、『玉葉』同年二月二一日条の試楽の記事には笙の役として「丹後守師盛」と見え、賀宴当日も四日に笙の役で「丹後守平師盛」と見える。確認できる師盛の任官としては「丹後守」が最初であるが任官時期は不明。治承二年（一一七八）八月二日に御産定が行われ、「師盛〈若狭守〉」（『山槐記』補遺治承二年八月二日条）も参仕しており、この間、若狭守に就いたか。また翌三年正月六日には東宮言仁（安徳天皇）の五十日の祝いにも「若狭守師盛」（『山槐記』）の名が見える。同年一一月一九日の除目により備中守（『山槐記』）。寿永二年（一一八三）七月二一日には、都に迫る木曾義仲に対して近江まで出陣している。元暦元年（一一八四）二月の一ノ谷合戦で戦死。『吾妻鏡』は同月七日条に安田義定の軍勢によって討たれたと記す。『尊卑分脈』には「従五位下」とあり、子に法然の弟子勢観房源智がある。

師盛の没年については、覚一本が一四歳、四部合戦状本は一六歳、南都本は一八歳とする。『四部合戦状本平家物語全釈』巻九（早川厚一・佐伯真一・生形貴重校注、二〇〇六年・和泉書院）は、『法然上人行状図画』『法水分流記』などが師盛の子源智が暦仁元年（一二三八）に五六歳で没したと記すところから、その生年を寿永二年（一一八三）とし、南都本の一八歳、すなわち仁安二年（一一六七）生が最も妥当かとするが、そうであるならば安元御賀の際には一〇歳ということになる。賀宴で笙の役を務めていることを踏まえると、やや若年か。

41 師長　2、15、17、23、24

藤原師長（一一三八～一一九二）。時に正二位、内大臣左大将、三九歳。藤原頼長二男、母は陸奥守源信雅女。『玉葉』承安五年（一一七五）三月六日条には「祖父入道殿為レ子」とある。保延四年（一一三八）二月生、久安五年（一一四九）一〇月一六日には殿上小舎人となる、一二歳。同一九日元服。即日正五位下。翌六年（一一五〇）正月二九日には侍従、一〇月二日には従四位下となり、仁平元年（一一五一）正月二日には正四位下（二階）。同年二月二日伊予権守となり、同二一日には参議、七月二〇日には左中将、一四歳。仁平二年（一一五二）正月二八日には美作権守を兼ね、三月八日には従三位に叙せられる。仁平御賀の院別当の賞であり、上首四名を超えた叙任であった。翌三年正月二日には正三位、九月一四日には従二位に進む。翌四年（一一五四）正月二二日には美作権守から阿波権守に遷り、一一月一二日には権中納言となる、一七歳。保元元年（一一五六）八月三日、保元の乱により土佐国へ流罪。長寛二年（一一六四）六月二七日、召し返され、閏一〇月一三日に本位に復す、二七歳。翌三年八月一七日には正二位、永万二年（一一六六）一一月三日には権大納言となり、同月一一日には帯剣。仁安二年（一一六七）二月一一日には大納言に転じ、翌三年八月一二日には皇太后宮大夫を兼、九月四日には左大将となるも、一一月二一日には全ての職を解かれる。帳台試《ちょうだいのこころみ》への不参が理由であった。一二月一六日には還任の宣旨が下る。翌四年（一一六九）正月二日には左馬寮御監、四月一二日には大夫を止められる。皇太后滋子に院号が贈られたためであった。翌五年一一月一〇日、兼宣旨を蒙り、一八日任内大臣、三八歳。左大将はそのままであった。安元三年（一一七七）正月二四日には大将を辞し、三月五日太政大臣に昇る。四月一日には従一位に叙せらる、四〇歳。治承三年（一一七九）一一月一七日には、いわゆる治承三年のクーデターにより解官。一二月一一日には尾張国で出家、四二歳。法名理覚（『尊卑分脈』）。建久三年（一一九二）七月一九日薨去、五六歳（『歴代皇記』巻四）。

妙音院と号し、琵琶の名手であった。『平家物語』巻三「大臣流罪」では、尾張国熱田明神で琵琶の秘曲を披露したところ、「神明感応に堪へずして」宝殿が振動したとしている。『梁塵秘抄口伝集』巻一〇にも、

太政大臣師長、琵琶の譜につくらむとてありしほどに、後には習ひて、大曲のやうに皆歌はれにき。今様もむねとのうた、娑羅林、片下、早歌のやうあるは歌はれき。これ二人がやうぞ、ふりいとたがはぬにて有るべき。

と見え、後白河院もその能力を認めていたようである。琵琶譜『三五要略』などをものした。『文机談』巻第三は、琵琶の師孝博から灌頂を受ける予定であった宇治七郎博業を讒言によって追い、自身が灌頂を受けたという話を載せる。また箏については、藤原宗俊の口伝を忠実から受けている（『文机談』）。その他、音楽説話は多い。

『千載集』のみに一首入集。

42 資賢　2、12、15、23、24、27、29

源資賢（一一一三～一一八八）。宇多源氏。時に従二位、中納言、按察使、六四歳。ただし、「御賀行幸行事賞。院御給」により三月六日に正二位。従三位宮内卿源有賢の一男、母は備中守高階為家女。室は藤原家成女で、隆季の姉妹。保安四年（一一二三）一一月一四日従五位下（鳥羽天皇皇女禧子内親王御給）。翌五年正月二二日、大嘗会の女房の装束の功により丹波守、天承元年（一一三一）一二月二四日には三河守、同日左兵衛権佐兼任。翌二年四月一〇日には斎院長官。長承二年（一一三三）には正五位上、保延二年（一一三六）正月二二日には三河守重任（左兵衛権佐兼任）。翌三年正月五日には正五位下。同年四月一六日には兼任左少将。同年一二月一六日には越中守となる。同五年（一一三九）正月五日には少将の労により従四位下。同年一〇月二六日には従四位上（前斎院〔禧子内親王か〕御給、成勝寺供養の功）。康治二年（一一四三）正月三日には正四位下。院司として朝覲行幸の賞であった。久安二年（一一四六）正月二三日には備後守、同五年（一一四九）三月一八日には上総介。『公卿補任』には「造進新御願寺一字金輪堂功」とあり、同年に落慶供養のあった延勝寺造進の功か。保元元年（一一五六）一一月二八日には上総介を辞す。男中賢を任ずる為であった。翌二年正月二四日には宮内卿となり、翌三年（一一五八）三月一三日には修理大夫（宮内卿辞任）。永暦二年（一一六一）には「行㆓幸院㆒賞」として従三位に叙せらる、四九歳。後白河院の別当であった。ところが応保二年（一一六二）六月二日には解官され、同月二三日に信濃へ配流となる。長寛二年（一一六四）六月二七日には召し返され、永万元年（一一六五）六月五日には本位に復す。翌二年七月一五日には参議、五四歳。八月二七日には兼任近江権守、一〇月二四日帯剣を聴され、一一月一四日には正三位に叙される。悠紀国司の賞であった。嘉応二年（一一七〇）一二月三〇日には権中納言、五九歳。承安三年（一一七三）一〇月一九日には従二位に叙される。嘉応元年の八幡賀茂行幸の行事の賞であった。承安四年（一一七四）正月二一日には兼任按察使。中納言での按察使兼任は珍しかったらしく、『玉葉』は翌二二日条に「可㆑謂㆓珍重㆒、中納言任二按察一、希代事也、近ハ顕隆云々」としている。翌五年一一月二八日には中納言に転じる、六三歳。安元二年三月六日には御賀行幸の賞として後白河院の御給により正二位に叙されるも、一二月五日には辞任（按察使は留任）。治承二年（一一七八）四月五日には再任、翌三年には権大納言に昇るも一一月には、いわゆる治承三年の政変によって解官、男資時、孫雅賢とともに都より追放される。丹波国に居住していたらしいが、翌四年七月八日には許され、一三日には都へ戻っている。翌五年（一一八一）には権大納言に還任、六九歳。養和二年（一一八二）八月八日には、孫の雅賢を正四位下左近衛権中将とするため辞任、七〇歳。三月二〇日には出家（法名円空）、文治四年（一一八八）二月二六日薨去、七六歳。

子の通家、資時、孫の雅賢とともに後白河院の今様の相手を務めており、『梁塵秘抄口伝集』では、たびたび伝来の秘事などを披露している。宇多源氏は時中以来、管弦の家として知られており、資賢もそうした才を受け継いでいた。諸記録には和琴や笙、大鼓などの演奏の記録が見え、また五節の際の音頭を取るなどした（『兵範記』保元二年（一一五七）一一月一六日条）。『郢曲相承次第』には「郢曲和琴受二父卿説一。笛伯父忠政弟子也。音曲名望勝二父祖一。後白河院御師匠也」と見える。また『兵範記』仁平二年（一一五二）三月八日条は仁平の御賀を記しているが、青海波の舞人の中に、「楽人上総守資賢朝臣」として選ばれ、その理由を「楽人中、雖レ吹レ笙、為二唱声雅一列也」としている。『玉葉』安元二年二月二一日条（試楽の日）において兼実はその所作に不審を感じたが「但資賢重代之人也、定有二所存一歟」とする。後に資賢は「家説」を主張している。御賀の青海波の垣代の音曲について、藤原隆季と豊原時秋に相論があった際には、藤原師長とともに時秋の説を支持している（『玉葉』安元元年（一一七五）一一月一五日条）。治承三年（一一七九）の政変で追放された資賢が帰洛した際、「今様一つあらばや」という後白河院の勧めを受けて、「信濃にあんなる木曽路川」という曲を「信濃に有し木曽路川」と謡い、「時にとっての高名」とされた（『平家物語』巻六「嗄声」）。

『千載集』以下の勅撰集五首入集。『入道大納言資賢集』がある。資賢の後裔は「庭田」「綾小路」と号し、特に綾小路家は「むかしより音曲のいへにて」（『椿葉記』）とされる。

43 資時　8

源資時（一一五八～没年未詳）。時に従五位下、左兵衛佐。正二位権大納言資賢男、母は賀茂神主保文女。『尊卑分脈』には「右少将右馬頭正四位下」とある。『山槐記』によれば安元元年（一一七五）九月一三日の御賀の人選には、笛の左として「左兵衛佐源朝臣資時〈按察二男〉」とある。また、『定能卿記』同年一〇月一六日に御賀楽所始があり、和琴の担当として「資時《十七（源）》、笛吹也」とあり、一七歳とすれば、生年は一一五八年か。仁安元年（一一六六）一一月一四日**従五位下**（『兵範記』）、安元元年八月一四日、放生会の上卿を父資賢が務めた際に「右兵衛佐資時」も加わっている（『山槐記』）。『愚昧記』治承元年（一一七七）一二月一二日の弓場始めに射手として名が見え、翌二年正月一八日には「左兵衛佐資時」として賭弓に出仕している（『山槐記』）。また翌三年（一一七九）正月二日の朝覲行幸には「右少将資時」が送物の馬を引いており、この間右少将となったか。またこの時四位（従四位下か）に叙された（『山槐記』同日条、五日条）。さらに同月五日には「左（右歟）少将資時朝臣」として東宮言仁の殿上人に還昇している。ところが同年一一月一七日の、いわゆる治承三年の政変において、父資賢や雅賢、信賢らとともに流罪となっている。『山槐記』同年同月一八日条には、「従四位下行右近衛権少将源資時〈資賢二男、已上昨日解官〉」とある。翌四年七月八日には許されて帰京している。『山槐記』元暦元年（一一八四）八月二二日条には、大嘗会悠紀所の風俗所として「右馬頭源朝臣資時」と名が見える。『尊卑分脈』には「出家〈廿五（九とも）〉歳　法名阿寂　改㆓正仏㆒又改㆓勝因㆒」とあり、二五（九）歳で出家したらしい。また同書には「後白川院近習　号㆓上馬入道㆒」ともある。

『尊卑分脈』に「郢曲長〈極二奥秘一〉鞠馬笛箏和琴」とある通り、父資賢とともに諸芸に通じていた。『梁塵秘抄口伝集』には後白河院の弟子として、全てを伝えたとし、高く評価されている。『平家物語』巻八「山門御幸」では、鞍馬へ逃れる後白河院に資時だけが供をしたとされている。

箏道の師資相承の系図である『秦箏相承血脈』には小備前の弟子として、あるいは関白藤原忠実の弟子として「右馬頭資時」と名が見える。『神楽血脈』『和琴血脈』『催馬楽相承知次第』（いずれも師は資賢）にも見える。源家流郢曲の師資相承の系図である『郢曲相承次第』には、「抜群堪能達者也」とある。

44 資盛　6

平資盛（一一六一～一一八五）。時に正五位下、侍従、一五歳。内大臣平重盛男、母は下野守藤原親方女（少輔掌侍）。仁安元年（一一六六）一一月二一日従五位下、一二月三〇日越前守。同三年二月一九日には高倉天皇即位に伴い昇殿（『兵範記』）、同四年（一一六九）正月五日には従五位上（皇太后〔滋子〕宮当年御給）となり、嘉応三年（一一七一）四月七日には越前守重任、承安四年（一一七四）一一月四日には**侍従**を兼ねる。翌五年正月二二日には得替。安元元年（一一七五）一二月八日には**正五位下**、治承二年（一一七八）一二月八日には、親王宣下された言仁（安徳）の家司となり（『玉葉』）一五日には立太子に伴って昇殿（『玉葉』）、二四日には、侍従を解かれ右近衛権少将、翌三年正月二日には従四位下（行幸院賞、上西門院御給）、五日には還昇（東宮、『山槐記』）。同年二月二二日の東宮言仁の五十日儀にも出仕（『山槐記』）。同年三月一一日には父重盛の内大臣辞表を献ずる使者となっている（『玉葉』『山槐記』）。治承四年（一一八〇）四月八日には従四位上（新院〔高倉〕御幸福原賞、『山槐記』は「福原一家賞」とし、清邦も同様に勧賞）、同五年五月二六日には正四位下（上西門院当年御給）に叙され、養和元年（一一八一）一〇月一二日には右近衛権少将を辞し、二九日には右近衛権中将、寿永二年（一一八三）正月二二日には蔵人頭に補される。

同年七月三日には従三位（蔵人頭は解任）に叙され、一一日には追討使として発向した。その軍勢が「千八十騎」であったことについて、兼実は、「日来、世之所レ推、七八千騎、及二万騎一云々、而見在之勢、僅千騎、有名無実之風聞、以レ之可レ察歟」と述べている（『玉葉』寿永二年七月二一日条）。しかし、源行家がすでに大和に入り、吉野法師もこれに与力したという風聞により、結局近江へは向かわず（『玉葉』寿永二年七月二二日条）、その後都を落ちた。八月六日には解官。都落後、小松家の公達として各地を転戦し、豊後国で生け捕りになったという噂もあったが（『玉葉』寿永三年二月一九日条）、元暦二年（一一八五）三月二四日、壇ノ浦の戦いで戦死（『吾妻鏡』）。

以仁王の挙兵に際しては大将として派遣され（『玉葉』治承四年（一一八〇）五月二一日条）、その後の諸国の蜂起に際しても、伊賀道の大将軍に任ぜられた（『玉葉』同年一二月二日条）。

藤原（持明院）基家の聟であったことから、「持明院三位中将」とも呼ばれたらしい（『愚管抄』巻五）。また、『愚管抄』巻五には「又コノ中ニ三位中将資盛ハソノコロ院ノオボエシテサカリニ候ケレバ、御気色ウカヾハント思ケリ」とあって、後白河院の寵愛を受けていたとされる。養和元年（一一八一）七月一六日に院が密かに六波羅へ行幸した際、供としたのは平親宗と資盛ばかりであったという（『玉葉』）。寿永二年二月には後白河院より、千載集撰進の院宣が藤原俊成に下されたが、当時蔵人頭右中将であった資盛が使者となっている（『拾芥抄』）。都落ちの際、頼盛とともに後白河院の意向をうかがうため、参上したが対面はかなわなかった。都落後、院近習平知康を通じて「奉レ別レ君悲歎無レ限、今一度帰二華洛一、再欲レ拝二竜顔一云々」と送っており、神器とともに帰洛するのではないかと期待した者もあったらしい（『玉葉』寿永二年一二月一二日条）。また、音楽にも巧みであったらしく、『秦箏相承血脈』には、藤原師長より相承を受けた者として資盛の名が見え、治承二年正月四日の朝覲行幸や、一一月一六日の中宮徳子の御産の五夜では箏を弾じている（『玉葉』）。寿永三年には「頭中将資盛朝臣家歌合」を催した（『文治六年女御入内和歌』）。

叔母建礼門院の女房右京大夫との交情は『建礼門院右京大夫集』で知られ、都落ち後にも右京大夫と手紙の往還があったことがうかがわれる。また『平家公達草紙』でも、兄維盛や叔父重衡とともに華やかな平家の公達として描かれている。

○滋子　→　28建春門院

45時家　8

平時家（生年未詳～一一九三〔一二一三とも〕）。時に正五位下、侍従、右近衛権少将、伯耆守。『尊卑分脈脱漏平氏系図』によれば、一一五〇年生となり、当時二六歳であるが、兄時実は二五歳である。正二位権大納言平時忠次男。安元元年（一一七五）九月一三日に御賀の人選があり、右の舞人として「侍従兼伯耆守平朝臣時家〈中宮権大夫二男、年〉正下五位」（『山槐記』）とある。

『兵範記』によれば仁安元年（一一六六）一〇月一〇日蔵人、翌二年正月三日条には「蔵人一臈大学助平時家」とあり、蔵人の一臈、すなわち極臈であり、大学助でもあった。同三年（一一六八）二月一九日条には高倉天皇の即位により、続けて蔵人に補せられた様子が次のように記されている。

次摂政奉レ仰召二大学助平時家一〈在藩之時一臈〉、即参上〈対二南西階一〉、候二簀子敷一、被レ仰下補二蔵人一之由上、時家退下舞踏還昇（『兵範記』）

また同年三月九日条には、「左兵衛少尉平時家〈蔵人〉」ともあり、この頃左兵衛少尉でもあった。同月一五日には従五位下、二〇日には叔母滋子が女院に立てられたことにより、皇后宮少進、同月二六日（或いは二八日）に昇殿が許された。同年八月四日従五位上、嘉応元年（一一六九）正月一一日美作守となるが、翌二年三月二九日には、院近臣藤原成親が延暦寺より訴えられた、いわゆる嘉応の強訴によって、父時忠、兄時実とともに解官。その後復任したらしく、『愚昧記』承安二年（一一七二）正月一日、二月一〇日には「侍従時家」として勤仕している。治承元年（一一七七）一一月一五日、従四位下（『山槐記』）に叙せられるも、治承三年（一一七九）一一月一七日には、いわゆる治承三年のクーデターにより解官。その後上総国へ流罪。『吾妻鏡』養和二年（一一八二）正月二三日条は次のように記す。

　廿三日甲午、伯耆守時家初参二武衛一、是時忠卿息也、依二継母之結構一、被レ配二上総国一、司馬令三賞二翫之一為二聟君一、而広常去年以来御気色聊不快之間、為レ贖二其事一挙申レ之、武衛愛二京洛客一給之間、殊憐愍云々、

兄時実の母で時家にとっては継母の藤原領子の結構によって流罪となったと記す。また『玉葉』には後年、兄時実が上総に流罪となった際、兼実が、兄弟で同じ国に流されることになるため、源雅頼に再考を促すと「彼時家弟全無二配流之儀一、只故平禅門私所レ遣云々」と返答している（文治二年（一一八六）正月二四日条）。続けて、「後聞、件時家於レ今者不レ住二彼国一云云」とする。配流後、上総広常の聟となり、頼朝に参じて以後、鎌倉にとどまり、頼朝に近侍したためか（『吾妻鏡』元暦元年（一一八四）四月四日条、建久二年（一一九一）一〇月一日条）。『尊卑分脈脱漏　平氏系図』には「建暦三年正月廿八日卒。六十三歳」とあるが、『吾妻鏡』では建久四年（一一九三）五月一〇日条に時忠の子「前少将従四位下平朝臣信時」が鎌倉に於いて卒したとしている。時家を信時と改めたらしい。

46時実　　6、11、13

平時実（一一五一～一二一三）。時に従四位下、左近衛少将、二五歳。大納言平時忠一男。仁安元年（一一六六）八月二七日叙位、越後守。この頃後白河院の殿上人であり（『兵範記』同年一一月一六日条）、女御滋子の家司も務めた（『兵範記』仁安二年（一一六七）正月二七日条）。『山槐記』仁安二年五月四日条に、「執レ聟所三ヶ年不レ葺二菖蒲一

之由有二巷説一、如何者、答二不レ知之由一了、不レ憚事歟、是越後守時実為レ聟、仍相尋歟」とあって、藤原経房との問答を記している。経房女を妻としたのはこの頃より三年以内か。翌三年二月一九日には高倉天皇の践祚に伴い、昇殿（『兵範記』同日条）、六月二九日計歴。八月四日には従五位上。九月一九日には宮中での孔雀経御読経で堂童子を務め（『兵範記』同日条）、嘉応元年（一一六九）四月一九日には建春門院の殿上人（『兵範記』同日条、判官代）、同月二八日には正五位下（朝覲行幸賞。建春門院御給）。一二月三〇日には、嘉応の強訴によりその職（越後守）を解かれるも、翌二年七月二六日、讃岐守となる。承安二年（一一七二）正月二三日には**左少将**（守留任）。『玉葉』は嘉応三年（一一七一）正月一三日条に「少将従五位上平時実（女院御給、時忠卿之子）」とする。承安三年正月五日には**従四位下**（少将留任）、安元二年一二月五日には従四位上。治承四年（一一八〇）一二月六日には兵を率いて前中納言源雅頼邸を追捕する（『山槐記』同日条）。寿永元年（一一八二）三月二八日、正四位下、翌二年四月九日には左近衛中将となるが、七月には都を落ち、八月七日解官。壇ノ浦の合戦で父時忠とともに生け捕りとなり、文治元年（一一八五）五月二〇日、周防国へ配流と決まるが、従わなかったらしく、同年一一月三日、妹婿となった源義経とともに都を出ている（『玉葉』）。しかし同月五日には捕縛されており（『玉葉』）、一二月には鎌倉へ送られた。翌二年一月には上総国へ流罪となる。配流先をめぐっては、先の周防よりも重く、父時忠やその他の流人の配流国と重ならないよう配慮されたらしい（『玉葉』文治二年正月一七日、二三日、二四日条、『吾妻鏡』同年二月七日条）。文治五年（一一八九）四月一五日には帰京し、建暦元年（一二一一）七月二六日従三位に復す、六〇歳。建保元年（一二一三）正月二八日薨去、六三歳。『公卿補任』は「頓死」とする。

47 時忠　2

平時忠（一一三〇～一一八九）。時に従二位、権中納言、検非違使別当、右衛門督、中宮権大夫、四七歳。贈左大

臣平時信の一男。久安二年（一一四六）三月一六日に一七歳で非蔵人となり、翌三年正月七日には蔵人。四月一一日には大学助、一一月一四日には左兵衛尉となる。翌四年（一一四八）正月二八日には使宣旨を蒙り、同五年四月一日には叙爵（聡子内親王合爵とするが、後三条皇女聡子は天承元年（一一三一）没）。保元二年（一一五七）九月九日兵部権大輔、二八歳。同三年一一月二六日には従五位上となり、平治元年（一一五九）閏五月二五日には刑部大輔。永暦元年（一一六〇）四月三日には右衛門権佐となり、使宣旨を蒙る。同年一〇月三日には右少弁となり翌二年四月一日には正五位下（待賢門院璋子の大治五年未給分）となるも九月一五日には解官。応保二年（一一六二）六月二三日には出雲国へ配流となった。妹建春門院滋子に皇子憲仁が誕生し、立太子を画策したためという。永万元年（一一六五）九月一四日には召し返され、翌二年三月二七日には本位に復し、四月六日には左少弁、六月六日には右中弁となり、左衛門権佐を兼任。八日には使の宣旨を蒙り、一九日には蔵人となり、七月一二日には右京城使。八月二七日には従四位下に叙され、仁安元年（一一六六）一一月三日には従四位上（東宮憲仁の東三条から土御門内裏への行啓の賞）。同月一六日、蔵人頭、同二年正月五日には正四位下となり、同月三〇日には右大弁に転じる。二月一一日には参議となり右兵衛督も兼任（蔵人頭右大弁は辞任）、三八歳。一二月一三日には従三位に叙せられる（鳥羽院仁平二年未給分）も、一六日には申請により位記を止める。翌三年（一一六八）正月一一日には能登権守、二月一七日には従三位に叙され、七月三日には右衛門督、検非違使別当。八月四日には正三位（行幸院。院司賞）。八月一〇日には権中納言、三九歳。同月一二日には右衛門督、検非違使別当を兼任となり、九月七日には御禊次第司御前長官。しかし同四年一二月二八日に解官の上、ふたたび出雲へ配流となる。藤原成親と延暦寺の騒動の結果、後白河院への奏上に問題があったとされ、子息や平信範共々解官された。翌嘉応二年（一一七〇）二月六日には召し返され、一二月八日には本位に復す。翌三年（一一七一）四月二一日には権中納言更任（中納言十人例）。五月一日には帯剣。承安二年（一一七二）二月一〇日には姪徳子の中宮冊立にともない中宮権大夫。承安四年（一一七四）

正月一一日には**従二位**に叙せられる。行幸院賞であり、建春門院の御給であった。翌五年一一月一二日には**右衛門督、検非違使別当**。安元二年一二月八日には別当を辞す。翌三年正月二四日には左右衛門督に遷り、治承二年（一一七八）七月二六日には大夫に転じる。翌三年正月七日には正二位（『山槐記』は五日、故建春門院の御給とする）、同月一九日には検非違使別当更任。同四年二月二一日の高倉天皇譲位により、二五日に新院別当。翌五年（一一八一）五月二八日には服喪（母）、七月二日復任、一一月二五日には中宮大夫を辞す。中宮徳子の院号宣下による。養和二年（一一八二）五月五日大嘗会御禊装束使長官。一〇月三日には権中納言、七日には左衛門督留任。寿永二年（一一八三）正月二三日には権大納言に昇る（左衛門督辞任）、五四歳。しかし、七月には都を落ち、八月四日には解官。

壇ノ浦合戦後、元暦二年（一一八五）四月二六日に宗盛らと共に入京、その後内侍所帰京の功を主張し、流刑ではなく京近辺での出家を希望しているが（『玉葉』元暦二年五月三日）、能登へ配流となる（『玉葉』元暦二年五月二一日）。しかし『吾妻鏡』文治元年（一一八五）九月二日条には未だ京に留まっていることについて頼朝が不満を示しており、「与州為二件亜相聟一。依レ思二其好一抑二留之一」としている。同月二三日には能登へ向かっている（『山槐記』同日条）。文治五年（一一八九）二月二四日薨去、六二歳（『吾妻鏡』同年三月五日条）。

『愚管抄』巻五は「時信子ニテツカヘシ者ニテ、サカシキコトノミシテ、タビタビナガサレナンドシタリシ者」とする。『平家物語』巻一「禿童」の「此一門にあらざらむ人は皆人非人なるべし」という言葉は著名だが、姉時子との繋がりにより清盛の義弟となり、妹滋子の係累として後白河院とも繋がり、高倉天皇の伯父として権勢を振るった。『平家物語』でもたびたびその果断な性質が描かれているが、『山槐記』治承三年（一一七九）五月一九日条にも、検非違使別当としての時忠が門前で強盗一二人の手を切り落とした記述が見える。

48 実家　2、8、12

藤原実家（一一四五～一一九三）。時に正三位、参議、左中将、讃岐権守、三三歳。右大臣藤原公能二男、母は権中納言藤原俊忠女豪子。藤原（徳大寺）実定の同母弟。久安七年（一一五一）正月六日五位（統子内親王御給）。久寿三年（一一五六）四月六日侍従となり、改元あって保元元年九月一七日には左少将、一二歳。さらに一一月二八日には中宮権亮を兼任（中宮は同母姉後白河妃忻子）。翌二年正月二四日には従五位上に叙せられ、同日讃岐権介。一一月一四日には禁色を聴される。翌三年（一一五八）一二月一七日には正五位下（中宮御給）。翌四年二月二一日には皇后宮亮（皇后宮は忻子）。平治二年（一一六〇）正月六日には従四位下に叙せられ、改元あって永暦元年八月一四日には左中将に転じる、一六歳。翌二年正月二三日には播磨介（中将労）となり、同月二七日には従四位上に叙せらる。行幸院賞であった。長寛三年（一一六五）正月二日には正四位下（行幸院賞、皇后宮忻子御給）となり、同月二三日には伊予介（亮労）。永万二年（一一六六）八月二七日には蔵人頭となり、改元あって仁安元年一一月一六日には五節に参加しなかったため、蔵人頭、左中将などを解官されるが、翌二年二月一一日には蔵人頭、左中将、皇后宮亮還任。翌三年（一一六八）二月一七日には従三位（蔵人頭皇后宮亮辞官）、二四歳。嘉応二年（一一七〇）正月一八日には但馬権守、翌三年四月七日には**正三位**に叙せらる。承安四年（一一七四）正月二一には**参議**となり同年四月には**左中将**に転じる、三〇歳。翌五年正月二二日には**讃岐権守**。治承三年（一一七九）正月一九日には朝方、教盛を超え、権中納言、一二月一二日には中宮権大夫を（中宮は高倉妃徳子）、一七日には右衛門督を兼任、三五歳。治承五年（一一八一）九月二五日には、検非違使別当も兼任するが、同年中宮徳子が院号を受けたため、一一月二五日に中宮権大夫は停止。養和二年（一一八二）三月八日には従二位、九月五日には大嘗会御禊御前次第司長官（安徳天皇）。寿永二年（一一八三）正月二二日には左衛門督に転じる。翌三年正月六日には正二位に叙せられ、九月一八日には検非違使別当を辞任。元暦二年（一一八五）一二月二四日には、弟実守が卒したため、代わりに皇后宮権大夫（皇后宮は後白河皇女亮子内親王）も兼任する。文治二年（一一八六）一二月一五日には権大納言、四二歳。翌三年六月二八日には皇后宮権大夫停止。亮子内親王への院号宣下のためであった。同六年（一一九〇）七月一七日、大納言、四六歳。建久四年（一一九三）三月一六日薨去、「依二痔病一也」とある。四九歳。

『今鏡』「藤波の下第六宮城野」には、

　次に三位中将実家と申すなるは、蔵人頭より宰相になり給ひたらむにも、なかなかまさりて、なべてならず聞え侍り。大和琴などよく弾き給ひ、御声もすぐれて、これも今様、神楽うたひ給ふと聞え給ふ。

として、その才覚を賞賛している。確かに仁安三年一一月二四日の節会では付歌を務め、寿永元年（一一八二）一一月二六日の清暑堂の御神楽では拍子を取るなどその事績は多く、御賀でも楽行事を務めた。和琴については『和琴血脈』に雅楽頭範基を師としてあり、安元二年正月三日の朝覲行幸の際には「和琴実家卿〈頻弾レ楽、左大将〈師長〉云、和琴弾レ楽、是芸事也、晴御遊弾レ之、未二曾聞一云々〉」（『玉葉』）とある。だが一方では、『古今著聞集』494「西行法師、後徳大寺左大臣実定・中将公衡等の在所を尋ぬる事」に、西行がかつての主君である徳大寺家の公達を尋ねてゆくが、実家については、「次に「実家の大納言はいづくにぞ」と尋ね聞きけるに、北のかたのおもふやうにもおはせざりければ、「あながちに利を求めたる御ふるまひうたてし」とて尋ねゆかず」としている。能書であったらしく養和元年（一一八一）一一月二八日の京官の除目では清書を務めている。

和歌もよくし、自邸で歌合を催す。『千載集』以下の勅撰集に一八首入集、家集に『実家集』がある。

49 実綱

2

藤原実綱（一一二一〜一一八〇）。時に正三位、権中納言、四九歳。本名実経。内大臣藤原公教の一男、母は花園左大臣源有仁家女房。実房、実国の兄。保延四年（一一三八）正五位下に叙せらる（統子内親王給）。久安三年（一

一四七）正月五日従五位上（簡一）、二〇歳。同六年（一一五〇）正月二九日には少納言となり、翌七年正月七日には正五位下。祖父太政大臣実行の、永久元年稲荷祇園行幸行事賞を譲られたものであった。仁平二年（一一五二）正月二八日兼任土佐権守、保元元年（一一五六）一〇月二七日には従四位下となり同年一一月二八日には皇太后宮権亮（皇太后多子）。同三年（一一五八）一一月三日には大宮権亮。応保二年（一一六二）正月一〇日には従四位上（行幸院賞、女御琮子御給。琮子は公教女）。同月二七日には兼任備中権守。長寛元年（一一六三）六月四日、名を実経から実綱へ改める。翌二年正月二六日には、正四位下（後白河院御給）、三七歳。仁安元年（一一六六）一一月一七日には蔵人頭、三九歳。翌二年二月一一日には右大弁兼任で参議となる、四〇歳。翌三年正月一一日には兼任阿波権守。同年八月四日には院の行幸に供奉したことにより従三位、院別当でもあった、四一歳。嘉応二年（一一七〇）正月一八日には左大弁に遷り、四月七日には勘解由長官。承安三年（一一七三）正月二一日には伊予権守、翌四年正月五日には大弁の労として正三位。翌五年（一一七五）一一月二八日には、六人を超えて権中納言となる、四八歳。治承三年（一一七九）一一月一七日には治承三年の政変により解官、翌四年八月には勅勘を解かれるが一二月一九日夜急死（『愚昧記』には一四日とも）、五三歳。

『兵範記』承安元年（一一七一）一二月二六日条は、女御となった建礼門院徳子の披露があったことを記すが、参会者として藤原隆房や兼雅らとともに実綱の名も見え、「入道姉前夫故云々」とある。二人の弟実房、実国に比べ昇進が遅い。『古今著聞集』166「広田社の歌合せに左大弁実綱、沈淪述懐の歌を詠みたる事」にはこうしたことについて、次のような歌徳説話を載せる。

同じき二年、この歌合せの事を広田大明神海上よりうらやませ給ふよし、両三人おなじやうに夢に見たてまつりけり。道因そのよしを聞きて、また人々の歌をこひて合はせけり。題、「社頭の雪」「海上の眺望」「述懐」かくぞありける。これも俊成卿判しけり。「述懐」の歌に、二条中納言実綱卿左大弁の時、宰相教長入道に番

ひて、

位山のぼればくだる我が身かな最上川こぐ舟ならなくに

かの卿、四位・五位のあひだ顕要の職をへず、舎弟二人に越えられて沈淪せられけるが、仁安元年十一月八日、蔵人の頭に補して、同じき二年二月十一日、参議に任じて右大弁を兼ず。同じき三年八月四日、従三位に叙す。嘉応二年正月十八日、左大弁に転ず。昔の沈淪の恨みも散ずるほどに、かくうちつづき昇進せられたるに、この歌よまれたるはいかに思はれたるにか。かかるほどに、同じき三年正月六日、実守中納言、宰相の中将にておはしけるが、坊官の賞にて正三位せられけるに、左大弁越えられにけり。「この歌のゆゑにや」と、時の人沙汰しけるとぞ。まことに詩歌の道はよくよく思慮すべき事なり。昔もかやうのためしおほく侍るにや。同じ歌合せに、「社頭の雪」を女房の佐よみ侍りける、

今朝みれば浜の南の宮つくりあらためてけり夜半の白雪

このの ち、また浜の南の宮焼け給ひにけり。これも歌の徴にや。かの実綱の中納言は、おとうとの実房・実国などに越えられ給ひける時は、

いかなればわがひとつらのみだるらんうらやましきは秋のかりがね

かやうによみ給ひける、いとやさしくて、恨みはさこそ深かりけめども、誠信の、舎弟斉信に越えられて、目のまへに悪趣の報をかため給ひけるには似ずや。

中納言昇進を広田社歌合での歌のおかげとする。『千載集』のみに一首入集。二条中納言とも（『古今著聞集』）。

50　実国　　2、12、15、23、24

藤原実国（一一四〇〜一一八三）。時に正二位、権大納言、三七歳。内大臣藤原公教の二男、母は家女房。室は藤

原家成女で、隆季の姉妹。久安三年（一一四七）正月五日従五位下（統子内親王御給）、仁平二年（一一五二）正月三日には従五位上（朝覲行幸、暲子内親王御給）、同月二四日には左兵衛佐となる。同年三月八日正五位下。『公卿補任』には「院別当公教卿譲。還御之日追被㆓仰下㆒」とあるが、同年三月七日八日の仁平御賀の功であろう（『兵範記』同月一〇日条にも同類記事あり）。久寿二年（一一五五）四月一四日右少将、一六歳。保元元年（一一五六）閏九月一四日には従四位下。同二年一〇月二二日従四位上、翌三年（一一五八）正月六日には正四位下となり、同月二七日には右中将。翌四年四月六日には蔵人頭。『平治物語』中「待賢門の軍の事付けたり信頼落つる事」では、頭中将として、清盛に内裏攻撃の勅命を伝えている。永暦元年（一一六〇）正月二一日には但馬権守を兼ね、四月二日には参議、二一歳。同年七月九日に父公教が薨去、喪に服し一〇月三日復任。翌二年正月二三日には兼任播磨権守、応保二年（一一六二）八月一七日には従三位（日吉行幸賞）。長寛三年（一一六五）正月二三日には権中納言に昇る、二六歳。永万二年（一一六六）七月一五日には左兵衛督を兼ね、一一月一四日には正三位に叙される。仁安二年（一一六七）二月一一日には右衛門督に転じ、翌三年七月三日には左衛門督。八月一〇日には中納言、二九歳。嘉応二年（一一七〇）一二月三〇日には**権大納言**となる、三一歳。翌三年正月二一日には帯剣を聴され、承安二年（一一七二）三月二九日には従二位（日吉行幸行事賞）に叙される。承安五年（一一七五）正月四日には**正二位**。高倉天皇の後白河院の御所への行幸の賞であったが、同時に「御笛師賞。御遊座直被㆑仰㆑之」ともあり、高倉天皇の笛の師であったがための昇叙でもあった（『懐竹抄』にもあり）。治承四年（一一八〇）二月二一日には新院（高倉院）別当、養和元年（一一八一）一二月四日には建礼門院別当（高倉院は同年七月崩御）、翌二年一二月には母の喪に服すが、寿永二年（一一八三）正月二日には薨去、四四歳。

　高倉天皇の笛の師であったことは『禁秘抄』にも見える。『玉葉』承安四年（一一七四）一〇月六日条には建春門院御懺法結願の時、兼実と藤原邦綱との勅使の選定を巡っての会話が次のように記されている。

其次、納言語云、来月上旬可レ被三発二遣公卿勅使一云々、三大納言〈隆季・実房・実国〉、被レ行二御卜一云々者、余案レ之、先例、親昵之人勤二此役一、是承二内事一之故也、於二実国一者、為二御笛之師匠一、常以祗候被レ免二内外一了、雖レ無二由緒一、当時非二外人一、実房隆季疎遠第一之人也、何当二此仁一哉、甚不二得心一事也、納言又語云、主上近日御笛之外、無二他事一、又時々令レ弾二琵琶一給云々、

結果勅使は実国となっている（『玉葉』同年一一月一一日条）。その他御遊でも笛の役を務めることが多い（『御遊抄』など）。治承三年（一一七九）正月六日の東宮五十日儀の際には琵琶も奏している（『玉葉』）。仁平の御賀においても笛の役であったが、遅参している（『古今著聞集』）。

また、神楽にも長けており、『神楽血脈』（師は源資賢）にも名が見える。『古今著聞集』493「藤大納言実国、子息の肩に係り清暑堂に参りて神楽の事」には、清暑堂の神楽の本拍子について、自分は二度これを務め、父の一度を超えることができたと述べたとしている。『兵範記』久寿二年（一一五五）一一月二五日条に清暑堂での楽の記述があり、「権大納言公教卿等、取二本末拍子一」と見える。そうしたことについて、さきの『古今著聞集』は「父大臣は、大臣の大将までのぼり給ひけるに、官途のおよばざる事をば、なほ次にして、音曲・笛などのことを執しおぼしけるにこそ。されば最後にも、さやうにはのたまひけれ。つひに同じき二年正月二日、失せ給ひにけり。道の執心つみふかきことにや」とする。実国の清暑堂での神楽の役については久寿二年一一月二五日には付歌を務め、また笛も務めている。仁安三年（一一六八）一一月一四日の清暑堂での神楽でも笛を務めるが、寿永元年（一一八二）一一月一五日、二六日に本拍子を取っている（『玉葉』）。

また、平治元年（一一五九）二月二二日に平治の乱で焼失した白河御堂の千体阿弥陀供養が行われたが、その際の右の楽行事を務めている（『山槐記』同日条）。仁安三年（一一六八）一一月二四日の節会では神楽の本拍子を務めるが、これは本来左大将師長の役であったが、解官（同月二一日の五節帳台試不参のため）されていたため急遽充て

られたらしい。治承三年（一一七九）二月二二日の東宮百日儀の際には御遊の拍子を務めている（『玉葉』同月二四日条）。

家号を「滋野井」とした。歌人としても知られており、嘉応二年に自邸で歌合を催した。『千載集』以下の勅撰集に一三首入集、家集に『前大納言実国集』がある。

51 実守　2、8、20

藤原実守（一一四七～一一八五）。時に正三位、参議、右中将、備中権守、三〇歳。右大臣藤原公能の三男、母は権中納言藤原俊忠女。藤原（徳大寺）実定の同母弟。保元元年（一一五六）九月八日従五位下（皇后宮当年御給、皇后は同母姉多子）、同日美作守。同月一七日侍従兼任、一〇歳。翌二年一〇月二二日、従五位上（造宣耀殿賞）。翌三年（一一五八）五月二一日左少将（美作守留任）。八月一日皇后宮権亮兼任（皇后は鳥羽皇女統子内親王）。翌四年正月三日には正五位下（行幸院賞。中宮御給。中宮は同母姉忻子）。二月一三日には権亮停止（統子に院号宣下のため）、永暦元年（一一六〇）一〇月一一日には従四位下（行幸院賞、皇后宮御給。皇后は同母姉忻子）。応保元年（一一六一）一〇月一九日には**右中将**（守留任）、一五歳。八月に父公能が没したその服喪期間のことであった。翌二年正月五日には従四位上（上西門院御給）、長寛元年（一一六三）一二月二〇日には美作守を止められ、翌三年正月二三日には正四位下に叙せらる。祖父故実能の坊官賞（守仁東宮傅か）であった。仁安元年（一一六六）一〇月七日禁色を聴され、一〇日には春宮権亮（春宮は憲仁親王）。同三年（一一六八）二月一九日には東宮践祚に伴い権亮停止、八月一〇日には蔵人頭、二二歳。嘉応二年（一一七〇）一二月三〇日には**参議**（蔵人頭辞官、右中将留任）、二四歳。翌三年正月一八日には播磨権守を兼ね、四月七日には従三位に叙せらる。承安三年（一一七三）正月二六日には**正三位**。この昇叙で実守は先任であった藤原実綱を超越したが、『愚昧記』同年正月六日条には「青闇之労」とあり、高倉天皇即位に関しての春宮権亮としての働きによるものであった。安元二年正月三〇日には備中権守兼任。この間しばらく昇進が滞った。治承二年（一一七八）に行われた賀茂別雷社歌合で、実守は次のような歌を詠んでいる。

　高倉院春宮の御時権亮に侍りけるを、参議にて程経侍りけるころ、賀茂社歌合とて人々よみ侍りけるに、
　述懐の歌とてよみ侍りける

位山花を待つこそ久しけれ春のみやこに年を経しかど（『千載集』雑中・1076）

養和二年（一一八二）三月八日、権中納言に昇る、三六歳。寿永元年（一一八二）八月一四日には皇后宮権大夫兼任。皇后宮は後白河皇女亮子内親王であり、同日安徳天皇准母として皇后宮に立后されたことによる。一〇月一三日には、入内賞により従二位に叙せらる。翌二年（一一八三）一二月二一日には左兵衛督を兼任するが、翌三年八月「所労」により権中納言と左兵衛督を辞任。元暦二年（一一八五）四月二五日薨去、三九歳。三年の間、病であったらしく、不食、脚気とも。

　兄実家とともに雅楽頭範基を和琴の師とした（『和琴血脈』）。安元御賀では右の楽行事を務めたが、仁安二年（一一六七）正月二八日、翌三年八月四日の朝覲行幸でも右の楽行事を務め（『玉葉』）、仁安二年一一月七日の法金剛院での理趣三昧会においても実宗と楽行事を務めている（『愚昧記』）。また仁安三年四月三日の石清水臨時祭では舞人を務めた（『愚昧記』）。

　公事に明るく、承安二年（一一七二）二月一九日の祈年穀奉幣定では執筆を務めており、以後多く務めている。承安から安元への改元の際の定めで、実守の意見を聞いた兼実は「今羽林相公、殊有二嗜レ文之聞一、今夜吐二経史之才学一、可レ憐可レ貴、歎美而有レ余、但齢未レ長、位又浅、儒卿在レ上、大弁在レ下、上卿又宿老、暫任二彼輩一、強不レ可二出申一歟、但堪能之余忌憚又宜矣」（『玉葉』承安五年〈一一七五〉七月二八日条）と、その能力を嘆賞している。また、安元元年（一一七五）閏九月七日に参内し、実守としばらく文談をした際にも兼実は「漢家本朝稽古人也、

可レ貴可レ貴」と評価している。兼実は実守から「堀河左府官奏部類記」なども借覧している（『玉葉』安元二年四月四日条）。同年一一月二一日に行われた豊明節会で、実守は源雅頼（正三位）とともに小忌を務めたが、その際「位次」により外弁に向かって座したとする。当時実守も正三位であったが雅頼の方が先任であることによるか。雅頼は「雅頼依レ例在レ前云々」とあって外弁よりも前に座したようであり、兼実も通常は小忌は外弁より先とするが、実守はこれを「花園左府説」すなわち源有仁の故実とし、兼実も「但花園説、定有二由緒一歟、実守又営二公事一之道者也」としている。また、安元二年三月三〇日の直物においては参議として執筆を務め、執筆大臣であった兼実を助けて、その才を発揮している。後日兼実は「実守直物作法太以優美」（同年四月二日条）と書状で褒めたようであり、実守も「此御教書深納二筥底一、宜伝二子葉一云々」（同日条）と応じている。『続古事談』巻第二「臣節」は陣定の定文の執筆について、藤原通俊、大江匡房を古の上首としてあげた後「ちかごろ当座にあげたる人は、俊憲の宰相、長方中納言、実守の中納言」としているのもこうした実守の才によるものだろう。また『愚昧記』治承元年（一一七七）五月四日条には、実守が帷子を重ねて着して院参したことについて、「希有事也、宿徳人所為也」とあり、また帷子の重ね着は秋にはするが春にはしないとあって実房はこうしたことについて「左府（藤原経宗か）示給之故也」としており、「実守不レ伝二故実一歟」とする。

『山槐記』仁安二年（一一六七）三月二一日条によれば、源師光相伝の小野宮に居住していたらしいが、火災に遭っている。また『吉記』寿永元年（一一八二）三月二六日条には、大炊御門高倉の実守邸が焼亡したとあり、「大宮有二御同宿一云々」ともあり、姉多子も同居していたらしい。いまだ建設中であったためか、記者経房は「定是放火歟」とする。

高倉天皇の東宮職を務め、即位の際にも壺切剣を奉じて勤仕した。治承二年（一一七八）六月一七日の中殿の御会の作文にも加わっており（『古今著聞集』131「高倉院、中殿にて御作文の事」）親しく近侍している。高倉院崩御後、

「高倉院かくれさせ給ひたりけるとしのはる、梅のはなにつけてつかはしける」という詞書で、

梅のはな色はむかしにかはらねど涙のかかる春はなかりき（『月詣集』683）

と詠んでいる。『千載集』以下の勅撰集に三首入集。

52 実宗　2、6、15、27

藤原実宗（一一四四～一二一二）。時に正四位下、蔵人頭、右近衛中将、三二歳。正二位権大納言藤原公通一男、母は正四位下大蔵卿藤原通基女。久安四年（一一四八）正月七日従五位下、久寿二年（一一五五）一一月一二日、従五位上。保元二年（一一五七）正月二四日には侍従となり、翌三年八月一〇日には父中納言の申任により右少将となる。翌四年（一一五九）正月三日には正五位下に叙される。朝覲行幸賞、皇后宮（上西院門院）御給であった。同月二六日には備後介を兼任し（少将労）、応保元年（一一六一）正月五日には従四位下（府労）に叙され、一〇月一九日には**右近衛中将**。同三年（一一六三）正月五日には従四位上（府労）となり、同月二一日には伊予権介（中将労）。永万元年（一一六五）七月二五日には**正四位下**。六条天皇の即位に際しての、上西門院の御給であった。仁安三年（一一六八）正月一一日讃岐介（中将労）となり、嘉応二年（一一七〇）一二月三〇日には**蔵人頭**となる。承安三年（一一七三）四月四日、父の服解。六月一二日には復任し、安元二年一二月五日には参議に昇る、三二歳。翌三年正月二四日には備前権守、一二月一七日には従三位に叙せらる。蓮華王院御修塔供養日行幸賞、『公卿補任』は院御給とするが、『玉葉』同日条は上西門院の給とする。治承三年（一一七九）九月五日には正三位に叙せらる。二月の平野行幸行事賞であった。寿永元年（一一八二）一〇月二一日の大嘗会御禊行幸では御前長官を務めた（『玉葉』）。翌二年（一一八三）正月二二日には権中納言（右中将、備後権守は辞官）、三九歳。『玉葉』には「実宗〈甚早速〉」とあり、さらに「自二上西門院一、実宗事枉被レ申之間、忽改定云々、微運之至、爰而顕然歟」とあって、実宗

の中納言任官に上西門院の後押しがあったことを記す。二月一八日には勅授帯剣。翌三年七月二四日には後鳥羽天皇の即位によって従二位に叙される。院御給であった。元暦二年（一一八五）一二月二五日には正二位に叙される。『公卿補任』は「入道前太政大臣」（師長か）の「嘉応元年石清水賀茂行幸行事賞」とするが、「依㆓隆忠頼実加級㆒也」ともする。これは同日、同じく従二位権中納言であった藤原頼実が、父経宗の譲りを得て正二位に叙されたことを受けて、上﨟の従二位権中納言藤原隆忠も臨時の叙位により正二位となり、さらに隆忠の上﨟であった実宗も叙位となったということである。『玉葉』同日条は「実宗、隆忠両卿、為㆑不㆑被㆓超越㆒臨時叙㆑之」とする。文治五年（一一八九）七月一〇日には権大納言に進む、四五歳。この時除目の内弁を務めたらしく、『玉葉』は「大納言各称㆑障不参、至㆓任大臣㆒内弁之先例、多中納言勤㆑之、況昇進之人其例多（脱文あるか）、被㆑候㆓実宗㆒也」とする。一一月二四日には節会の内弁を初めて務め、『玉葉』は「初度事無㆓殊失㆒歟」とする。建久二年（一一九一）三月二八日には大納言に転じる、四七歳。建久九年（一一九八）一月、土御門天皇の即位があり、七日には白馬節会の内弁を務め（『玉葉』）、四月には大嘗会検校に補せられる。元久二年（一二〇五）一一月二四日には内大臣に昇る、五七歳。任官の事情について『愚管抄』巻六は、

サテ公経ノ大納言ハコノ立坊ノ春宮大夫ニナリテ、イミジクテ候ハルヽニ、大方コノ人ハ閑院ノ一家中ニ、東宮大夫公実ノ嫡子ニタテヽ、トモエノ車ナドツタヘタリケル中納言左衛門督通季ノスヂ也。中納言ニテ若死ヲシテ、待賢門院ノ時、外舅フルマイモエセズ、実能・実行ナド云弟共ノ方ニ、大臣大将モ出キニケリ。通季ノ子公通ハ大納言マデ成タレド、一大納言マデニモ及バデ、病有テウセヌ。其子ニ内大臣実宗ハ出キタリ。大臣ニ未ナラヌ方ナリトテカタカリシカド、其時又コレニマサリテ大臣ニナルベキ人モナカリシニ、此公経院ノ近習奉公年ゴロニモナリシカバ、ヤウ〳〵ニ申ツヽ、中風ノ気有シカバ、実宗公内大臣ニナリニキ。

とする。祖父、父の官を超えるということで難しかったが、当時後鳥羽院の近臣であった息公経の後押しもあって

の任官であった。翌三年三月一三日には辞任、改元あって建永元年（一二〇六）一一月二七日には出家。『明月記』には「大臣殿已令レ遂給、法然房戒師、法印奉レ剃、……剃髪之後、着二染衣一受レ戒給」とある。建暦二年（一二一二）一二月八日、薨去、六四歳。『明月記』によれば坊城殿に於いて出家を遂げ、念仏を唱えて最後を迎えたという。娘婿定家は「善人之命終已如レ此、可レ謂二不思議一」とする。また『玉蘂』ではその生涯を振り返り、「絶已六代興レ家、可レ謂二高人一歟、又子息為二大納言一、孫為二宰相一、一上労輩可レ足歟、後生定同前歟、兼日有二夢想一云々」とする。『法然上人行状画図』では建永元年一一月二七日に法然の弟子となって出家、往生を遂げたとする。

御賀では楽所行事を務めているが（『玉葉』安元元年（一一七五）一〇月五日条に御賀定の記述あり）、仁安二年（一一六七）正月二八日の朝覲行幸では左の楽行事を務め、自身も琵琶を弾じ、嘉応二年（一一七〇）正月三日の朝覲行幸では右の楽行事を務めた（『玉葉』）。

御賀の五日には琵琶も務めた。『玉葉』は、「抑、今日御遊、内府可レ弾二琵琶一之由、去夜所レ聞也、而実宗弾レ之、若内府推薦歟」とするが、内大臣師長は実宗の琵琶の師である（『琵琶血脈』）。『文机談』巻三には、「妙音院の御嫡弟は、大宮のうちのをとゞ実宗とぞ申すめれ。……禅閤もむねとはたのみまいらせさせ給ひけり」とある通り、実宗の琵琶演奏の例は多く、仁安二年正月二八日の朝覲行幸（『玉葉』）から、建仁元年（一二〇一）一月二三日の朝覲行幸（『猪隈関白記』）まで及ぶ。寿永元年一一月二六日の清暑堂の御神楽でも琵琶を務めた。ただし『文机談』巻四によれば、建久七年の政変の後、後鳥羽天皇が琵琶の師範に藤原定輔を選んだ際、「我は妙音院には嫡弟也、当道を付属の事は天下みなこれをぞむず。而るを末弟にこされぬる事、為レ家為レ道くちをしかるべし。いまより後は家中に比巴をとり入るべからず」と誡めたという。建久五年（一一九四）三月一日、正治二年（一二〇〇）三月一四日には守貞親王に秘曲（石上、流泉、啄木）を授けた（『琵琶秘曲伝授記』）。

また、嘉応三年（一一七一）正月三日の憲仁親王元服の際には源雅賢とともに付歌を、承安二年（一一七二）二月一〇日の中宮徳子の皇后冊立の儀においても、維盛とともに付歌を務めた。仁安二年一一月一五日の五節舞姫の披露の際には朗詠を務め（『兵範記』）、嘉応元年（一一六九）一一月一三日にも五節の宴で朗詠（令月句）を披露（『兵範記』）、応保元年（一一六一）一一月二三日の五節の舞姫の披露では今様を務め（『山槐記』）、文治三年（一一八七）一一月八日の、鳥羽南殿での朝覲の礼に際しては拍子を務めている（『玉葉』）。また、『兵範記』仁安三年四月一日条には「不参舞人」として「右中将実宗朝臣」とあり、「兼日申₂故障₁、強不ㇾ召」とする。前半欠損のため詳細は不明。嘉応元年一二月一日の皇太后（平滋子）日吉社行啓の際には、東遊の舞人に選ばれている（『兵範記』仁安三年〔一一六八〕一二月一九日条）。

『玉葉』治承二年（一一七八）一二月一五日条によれば除目の清書を務めており、文治二年（一一八六）四月六日の臨時の除目では清書の上卿となっている。

持明院基家女を妻としており、平家とは親密であった。『平家公達草紙』には、「高倉院の御時、大宮宰相中将実宗、左宰相中将実家、中将泰通、隆房、維盛、弟の資盛、源少将雅賢など、常に打ち連れて遊ぶ人々なりけり」などと見える。また『建礼門院右京大夫集』にも「頭中将実宗の、つねに中宮の御方へ参りて、琵琶ひき歌うたひ遊びて」とみえる。また、多賀宗隼は後白河院、上西門院、高倉院との緊密な関係も指摘し、男公経に始まる西園寺家の興隆は、実宗の周到着実な準備の上にはじめて可能であったとする（「西園寺家の擡頭」『論集中世文化史』上・一九八五年・法蔵館）。坊城、大宮入道と号した（『本朝諡号雑記』）。「六条入道内大臣殿御記」を残したとされる。

『千載集』以下の勅撰集に三首入集。

53 実房　2、27

藤原実房（一一四七〜一二二五）。時に正二位権大納言、三〇歳。内大臣藤原公教の三男、母は藤原清隆女。仁平

二年（一一五二）正月九日従五位下（禎子内親王御給）、同四年（一一五四）正月七日には従五位上（鳥羽院御給）。久寿三年（一一五六）正月二七日侍従、一〇歳。保元元年（一一五六）九月一七日には左少将となり、一一月二八日には正五位下（鳥羽院御給）。翌二年正月二四日美濃介、一一月一四日には父公教の任内大臣後に禁色を聴される。一一歳。翌三年（一一五八）正月六日には従四位下、三月一三日には右中将となり、一一月二六日には従四位上。同四年（一一五九）正月三日には正四位下（朝覲行幸、美福門院御給）に叙される。永暦元年（一一六〇）五月一〇日には蔵人頭、一〇月三日には従三位に叙される、一四歳。応保三年（一一六三）正月二日には正三位（行幸院賞、女御〔藤原琮子か〕御給）、同月二四日には但馬権守。仁安元年（一一六六）六月六日には権中納言、九月四日には帯剣、二〇歳。翌二年正月二八日には従二位（行幸院賞、院司）に叙され、二月一一日には中納言に転じる。翌三年（一一六八）八月一〇日は**権大納言**、二二歳。嘉応三年（一一七一）四月二一日には**正二位**（建春門院去年未給）。養和二年（一一八二）八月一四日、兼任皇后宮大夫。後白河院皇女亮子内親王（殷富門院）が安徳天皇の准母として立后したことにともなう。寿永二年（一一八三）四月五日には大納言に転じる、三七歳。元暦二年（一一八五）八月九日服解（母）。文治二年（一一八六）一一月二八日には右大将を兼任し、同四年（一一八八）一〇月一四日には左大将に転じる。翌五年（一一八九）七月五日には任大臣の兼宣旨を蒙り、一〇日には右大臣に昇る、四三歳。一二月三〇日には左大将を辞す。翌六年七月一七日には左大臣、四四歳。建久六年（一一九五）九月二五日「重厄天変」により上表するも退けられた。翌七年三月二三日には病により再度上表、四月二五日には出家、五〇歳。法名静空。その後嘉禄元年（一二二五）に薨去。

実姉琮子（三条殿）が後白河院の女御であったためか、永暦元年（一一六〇）に一四歳で従三位となっており、これは異母兄実綱（一一六八年）、実国（一一六二年）よりも早い。三条公忠『後愚昧記』貞治六年（一三六七）正月五日条には、息男実冬の一四歳での従三位叙位を記した後、「曩祖三条入道左大臣殿十四歳令㆑叙㆑之給、如㆔昇進定追二彼跡一歟、祝著祝著」とする。「三条」を家号とする。

故実に長じており、『古今著聞集』100「九条兼実、節会の際物を食ふやう沙汰し、節会の内弁実房まづ食を取る事」には、実房が節会の内弁であった時、彼の振る舞いを見て諸人が「職者のし給ふことなれば、やうぞ侍らん」として真似をしたとしている。またその著『愚昧記』にはたびたび「故殿」（父公教）、「故禅門」（祖父実行）の説が引かれており、藤原経宗（舅）や藤原基房に故事を確認している記事も見える。息男公房は実房と舅中山忠親の口伝を記した『三条中山口伝』を残している。また守覚法親王も実房と忠親の、書札に関する口伝を『消息耳底秘鈔』として残している。装束の書ものしたらしく、『民経記』正嘉二年（一二五八）二月一八日には記者広橋経光が実房の孫実親邸を訪れた際のこととして「祖父左府入道ハ被レ作二装束記文一」と記している。『三条家装束抄』に「入道左大臣殿装束抄」と見えるものか。

仁安三年（一一六八）一一月一六日の摂政基房の神楽の習礼に於いて笛の役を務めている（『兵範記』同日条）。三位中将であった時に、実房家十五首会を催している。『千載集』以下の勅撰集に三〇首入集。

54守覚法親王　4、6、10、12、20、23

守覚法親王（一一五〇～一二〇二）。時に二七歳。父は後白河天皇、母は藤原季成女成子（高倉三位、美福門院准母）。以仁王の同母兄、第二皇子。北（喜多）院と号し、仁和寺御室（第六世）となった。元「守性」、後に守覚。師は叔父覚性法親王。当御賀の簡略な次第を『法親王供奉御賀儀』に記している。久安六年（一一五〇）三月四日誕生、保元元年（一一五六）一一月二七日、仁和寺南院に入御、七歳。永暦元年（一一六〇）二月一七日、北院において出家、一一歳。同年一〇月五日受戒。仁安三年（一一六八）三月二七日には一身阿闍梨を宣下され、四月一二日には観音院に於いて灌頂、一九歳。嘉応二年（一一七〇）閏四月一四日には仁和寺、円宗寺、円融寺、円教寺の検校となり、勝光明院、法金剛院の別当となる。二八日には親王宣下、二一歳。承安二年（一一七二）正月一三日には円宗寺、六勝寺の長吏。翌三年には最勝光院検校。翌四年（一一七四）二月二三日には八条院御堂供養の導師を務める。『玉葉』同日条には「八条院御養子也」とある。安元二年三月六日には二品、二七歳。御賀賞であった。治承二年（一一七八）一〇月二五日には六波羅の清盛邸で、中宮徳子の御産のために孔雀法を修した（『平家物語』巻三「赦文」にもあり）。『仁和寺諸師年譜』には、「応二勅請一修法十三箇度。効験是多。就レ中治承二年十月廿五日。為二中宮御産一祈。引二率廿口伴僧一、修二孔雀経法一。同十一月十二日。皇子誕生。翌日有二御感一。勅書曰、先於二三条殿一修二此法一之時、霊験殊勝、今又如レ此。無レ所レ謝云々。至二于今一在二御室経庫一。奇珍之随一也」とある。仁和寺には、皇子誕生の効験を賞した高倉天皇からの消息への返信として「守覚法親王書状」が蔵されている。翌三年八月一九日には法住寺に於いて不動法を行い、翌四年（一一八〇）八月二〇日には新院高倉のために大聖院に於いて七檀の北斗法を修している。元暦二年（一一八五）七月九日には地震が発生（文治地震）、翌一〇日には、六条殿に於いて一字金輪法を修した。また同一九日にも院御所で、「地震変異御祈」として、孔雀法を修している。文治二年（一一八六）三月六日には牛車を聴された（『仁和寺相承秘記』）。ただし『玉葉』同年三月四日条には、「此次又仰云、仁和寺法親王被レ申二牛車宣旨一、被レ仰下可レ有二沙汰一之由上了、且相計且又問レ例可レ致二沙汰一者、余申云、不レ及レ問レ例、早可レ被二仰下一、無二左右一事也、申二摂政一可レ被二下知一者〈件親王、年齢未レ至、又非二指御持僧一、無二参内之要一歟、然而於レ被二所望一者、又非レ可レ被レ惜之上、已御定切了、仍申二不レ可レ被レ問レ例之由一也〉」とする。翌三年（一一八七）二月には六条殿に於いて尊勝陀羅尼の導師を務め、建久元年（一一九〇）正月一七日には後白河院のために孔雀法を修す。建久六年（一一九五）二月二四日には後鳥羽天皇中宮任子の御産のために孔雀法、如法愛染法を修している。正治二年（一二〇〇）八月一九日には、「二位殿」、藤原重子（修明門院）の御産のために如法仏眼法を修した。建仁二年（一二〇二）八月二五日入滅、五三歳。

父後白河院を助け、八条院の養子ともなり、これを支えた。『釈氏往来』は守覚法親王撰の消息集だが、その中に「春宮大夫（中宮大夫隆季か）」との御賀についての往来も載せている。

都落ちに際して平経正が、琵琶「青山」を守覚に預けていったとされているが（『平家物語』巻七「青山之沙汰」）、経正は叔父覚性の童であった。守覚の著作『左記』には、平家との繋がりを次のように記す。

凡今度滅亡平家一族之中、旧好不レ浅之輩少々侍。経正但馬守者、故御所《覚性》御時祇候之童也。手操二四絃一、心学二六義一。然間被三下二預青山於紅顔一、理髪之後、多歳之程、彼御琵琶不レ離レ身。唯相二同居易之南華篇一。雖レ然寿永之秋、俄辞二禁中之雲上一、欲レ赴二外境之月前一。于レ時経正持二参青山一返上畢。亦経盛忠度等、為二和歌会衆一、毎月企参之好士也。

また、日記『北院御室御日次記』にも、富士川合戦などの様子を記している。

『仁和寺諸師年譜』には、「大凡此親王御室法流之中興也」とし、更に続けて「学極二野沢一、書能二梵漢一、修法之暇達二和歌一、又好二文筆一。因レ茲撰述之書有二数部一」と、その文事にすぐれていたことを記している。

『郢曲相承次第』には「但孝継又習二守覚法親王一。彼法親王当家資時朝臣写瓶弟子也」とあり、藤原孝継（孝道男）に郢曲を伝えた守覚は源資時から教えを受けたとする。『神楽血脈』にも、孝継との関係が見える。同書では守覚は多近久の弟子とあり、孝継に伝えたとする。ただし「或説、守覚法親王授二後高野御室一。後高野御室授二孝継一云々」ともあって、守覚が伝受したのは後高野御室、すなわち弟の七世道法法親王であり、孝継へは道法が伝えたともしている。続けて「糸管要抄如レ此。但頗不審也」とあり、守覚撰とされる「糸管要抄」の記述によるとする。「糸管要抄」については『体源抄』にも、「大法会御室糸管抄載所少々書レ之」と見える。『文永七年宸筆御八講記』には、「舞序卅拍子」について「仁和寺守覚法親王抄云」とあり、楽書の存在をうかがわせる。

教義・秘法に関する著作は多いが、和歌にも巧みであり、『仁和寺御室系譜』には「歌人也」とあり、『守覚法親王集』（『北院御室御集』）『守覚法親王百首』がある。また、顕昭の多くの歌書・注釈書は、守覚に献上されたものである。『千載集』以下の勅撰集に四〇首入集。

55脩範　2

藤原脩範（一一四三〜一一八三）。時に従三位、左京大夫、越前権守、三四歳。少納言藤原通憲五男、母は従二位藤原朝子。藤原成範の同母弟。本名脩憲。保元元年（一一五六）九月二四日昇殿、同日蔵人（去二〇日非蔵人）。同年閏九月二日従五位下（綩子〔統子か。『兵範記』は「前斎院」とする〕内親王合爵）。翌二年正月二四日には美濃守、一〇月二二日には従五位上（弘徽殿造営賞）。二七日には左兵衛佐（美濃守留任）となる。翌三年（一一五八）一〇月二三日に後白河院乳母であった母朝子が法住寺に堂（清浄光院）を建立した際の堂供養では堂童子を勤めた。一二月一七日には正五位下。二条天皇即位の叙位、皇后宮統子内親王（上西門院）の御給であった。翌四年四月六日には左少将（守留任）。平治元年（一一五九）一二月一〇日、解官。平治の乱によるものであり、同月二二日には隠岐へ流罪。永暦元年（一一六〇）二月二日、召し返され、本位に復し、同月二九日左少将に還任。同日脩範に改める。翌二年八月二五日には従四位下（鳥羽院大治三年の御給、左少将叙留）。応保元年（一一六一）一〇月二九日には美濃守（院分）となる。長寛二年（一一六四）正月五日には従四位上（院御給）に叙される。永万二年（一一六六）二月二九日には、一月に没した母朝子の喪が明け復任。仁安二年（一一六七）正月五日には正四位下（院御給）。翌三年四月一八日に賀茂祭の近衛府の使車に選ばれたが、その様子を「風流殊美麗。唐牆画。付二唐花一」（『飾抄』）と嘆賞されている。嘉応元年（一一六九）一二月三〇日には美濃守を辞す。翌二年一二月五日には**左京大夫**（左少将辞官）。承安四年（一一七四）八月二日には**従三位**。三二歳。相撲行幸、院分の沙汰。院司であった。翌五年正月二二日には大夫の労により**越前権守**。治承三年（一一七九）一〇月一〇日に後白河院宮（真禎か）の東大寺での受戒に際し脩範猶子の僧真賢が供奉している。『平家物語』巻四「厳島御幸」は、一一月に発生したいわゆる治承三年の政変によって幽閉された後白河院に、兄成範と脩範のみが参入を許されたとする（『百錬抄』一一月二〇日条も同）。寿永二年（一一八三）正月五日には院の当年の御給により正三位となり、四月五日には参議、九日には左京大夫を更任。一一月一九日には法住寺合戦があり、翌二〇日に醍醐寺（弟勝賢に入壇）において出家。『吉記』は「参議正三位左京大夫脩範卿、昨日於二醍醐寺一出家之由聞レ之、元自有二其志一、当二此時一遂二素意一、可二随喜感歎一者也、年四一、故信西入道末子、母紀伊二位、法皇御乳母也」（一一月二一日条）とする。また『百錬抄』にも「人以称美」（一一月二〇日条）とある。『平家物語』巻八「法住寺合戦」では幽閉中の後白河院に会うために出家したとする。同年薨去、四一歳。

『山槐記』治承三年正月七日条に「今夜能登守忠房〈内大臣息〉、通二左京大夫脩範娘一云々」とあり、平重盛男忠房を娘婿とした。兄成範とともに後白河院の近臣。

西行と交流があり、『山家集』は永万二年（一一六六）一月に母従二位朝子が没した際の歌の贈答を載せる。『千載集』以下の勅撰集に五首入集。

56 重近　14

中臣重近（生没年未詳）。時に、左近将監。『兵範記』久安五年（一一四九）一〇月二六日条には、左大臣に進んだ頼長の拝賀に際し、舞人に馬を引く役として「御随身将曹重近」と見える。また、同年一一月一九日の賀茂臨時祭には「人長将曹重近」（『兵範記』）とあって、舞人の差配をする人長を務め、同月二五日の稲荷祇園行幸においても「次人長右近将監中臣重近」（『兵範記』）とあって、人長を務めている。「右近将監」は「右近将曹」か。『兵範記』仁平二年（一一五二）三月六日条には「右近将曹中臣重近〈已上、府年預等也〉」とあって、近衛府の年預であった。

保元三年（一一五八）八月二五日、後白河院の行幸に供奉する者のなかに「右近将曹中臣重近着二縹上下一」（『山槐記』）と見える。仁平三年（一一五三）一一月二六日・二七日の藤原頼長の春日詣に供奉し、競馬の一番を務めている（『兵範記』）。久寿元年（一一五四）正月三〇日に頼長息中納言中将兼長が春日祭の上卿となって、多くの殿上人等を具して南都へ向かったが、その中に「右将曹中臣重近〈樺桜唐紙狩襖袴、有二亀甲文一、付二様々鏡一〉」として、華やかな装束で加わっている。同年四月一二日には賀茂詣の為に頼長が東三条殿に籠もったが、そこで重近が東遊の舞を披露する（『兵範記』）など、摂関家の近くにあったようだが、保元三年（一一五八）八月二五日の後白河院の上皇としての初の御幸に「御随身上﨟六人」として「将曹中臣重近」（『兵範記』）の名が見え、後白河院の側でも活動が見える。『山槐記』永万元年（一一六五）四月一九日条には、「重近、兼頼、兼任、近種、已上院御随身也」と見える。仁安元年（一一六六）一〇月一〇日の憲仁親王立太子に際しては「御随身上﨟六人」の中に「左将曹中臣重近〈麹塵狩襖袴、縫二黄丸文一、紅打衣冠、狩胡籙壺脛巾〉」（『兵範記』）として加わっており、この間左近将曹に遷ったか。ただし、翌二年五月三日の除目で復任する者として「左近衛将曹正六位上中臣宿禰重近」（『兵範記』）とあり、この間、職を離れていたか。嘉応元年（一一六九）三月一三日の後白河院の高野御幸にも供奉（『兵範記』）し、同年六月には息近武を右府生とするため、左近将曹を辞任。ただし、「重近兼頼雖レ非二御随身一、只可二祗候一云々」（『兵範記』六月七日条）とされている。同月一二日には左近将監となる（『兵範記』）。翌二年四月一〇日の法皇の御幸の行列に「召次長左近将監中重近」と見え、同年同月一六日の賀茂詣では舞人も務めた（『兵範記』）。同月一九日には後白河院が東大寺で受戒のため、南都へ向かったが、『兵範記』には、「召次長左近将監中重近、右将監秦兼頼〈各著二不志くゝり襖末古袴一、両人同様装束如何」とある。『玉葉』治承元年（一一七七）一二月四日条に、「入レ夜、中将小舎人童〈余番長、中臣重武子、父去年夭亡了、祖父季近、曾祖父重近法師等見存」とあり、安元御賀の翌年までに出家したらしい。

57 重衡　6、11

平重衡（一一五七～一一八五）。時に、正四位下、左馬頭、中宮亮、一九歳。『定能卿記』安元二年三月四日条には「左馬頭重衡朝臣」とある。従一位太政大臣平清盛の五男、母は従二位時子。応保二年（一一六二）一二月二三日従五位下、翌三年正月二四日、叔父頼盛の譲りを受けて尾張守。仁安元年（一一六六）一一月一八日従五位上、中宮（育子か）御給であった。一二月三〇日には尾張守を辞して**左馬頭**となる。翌二年閏七月一〇日には昇殿（『兵範記』）、同三年（一一六八）正月六日には正五位下。「春宮朝覲行啓大上皇御在所賞」（公卿補任）であり、春宮憲仁の朝覲行幸啓による賞であった。「母儀従三位平滋子給」ともする。八月四日、従四位下（天皇始行幸太上皇御所賞）。嘉応三年（一一七一）には建春門院の当年の御給により従四位上となる。妹徳子の入内に際しては行事を務め（『兵範記』承安元年一二月二日条）、翌二年（一一七二）二月一〇日には、**中宮亮**となった。入内の賞により一七日には**正四位下**。治承二年（一一七八）一一月に言仁親王（安徳天皇）が誕生するが、『平家物語』巻三「御産」では、御簾のうちより出てきた重衡が「御産平安、皇子御誕生候ぞ」と高らかに報告したと記されている。同年一二月一五日には中宮亮から春宮亮へ遷り、翌三年正月一九日には左近衛権中将となる。一二日の東宮御百日定では行事を務め（『山槐記』）、同日春宮亮となる。一一月二八日には治承三年の政変によって関白に就いた基通の家司となる。また関白家の年預でもあった（『山槐記』同日条）。同年一二月一四日には左中将を辞任、翌四年正月二八日には蔵人頭（中将に復す）、さらに二月二一日には安徳天皇が践祚したことによって、春宮亮より新帝の蔵人頭となっている。また伊勢神宮への即位の報告に際しては職事を務めた（『玉葉』治承四年四月三日条）。五月の園城寺攻撃では一方の大将を務め（『玉葉』同月二一日条）、六月の福原遷都の際には職事を務めた（『玉葉』同月二日条）。そして一二月二八日には南都を攻撃し、東大寺以下の寺社を焼く（『玉葉』同月二九日条）。治承五年（一一八一）二月には父清盛の死によって喪に服すも、翌閏二月には美濃、尾張方面へ出陣する。そのことについて九条兼実は、「依二前幕下命一、不レ顧二先父之追慕一歟、重衡堪二武勇一之器量之故、殊応二此撰一云々、愚案、重衡者、其身向二南都一、滅二亡東大、興福両寺、法相、三論二宗一者也、四所明神、七堂三宝、定与二冥罰一歟、因レ茲、乍レ在二父喪一、忘二哭泣之礼一、赴二合戦之場一、果以可レ報二彼逆罪一者也、造意之禅門、已当二其罰一、下手之重衡、豈免二彼殃一哉、天然之理、得而可レ知、努力努力」（同月一五日条）と述べている。同年五月二六日には左近衛権中将、蔵人頭に還任、従三位に叙せらる、二五歳。寿永元年（一一八二）三月八日兼任但馬守、翌二年正月七日には建礼門院の当年の御給によって正三位に昇るも、七月には都を落ち、八月六日には解官、二七歳。その後、翌二年二月七日の一ノ谷合戦で生け捕りとなり、九日に入京（『玉葉』同日条）、屋島の平家との和平交渉のために使いを送っている（『玉葉』同月二九日条）。その後三月には頼朝の求めに応じて鎌倉に下り（『玉葉』同月一〇日条）、元暦二年（一一八五）六月には壇ノ浦で生け捕りとなった宗盛親子とともに帰洛（『玉葉』同月二二日条）、二三日には「泉木津辺」で斬られ、その首は奈良坂に懸けられた（『玉葉』同日条）。建久二年（一一九一）、佐々木定綱と延暦寺の闘争が発生し、叡山が定綱の死罪を求めた際にはその奏上に、「重衡卿依三滅二亡南都一、身雖二公卿一、不レ遁二斬刑一、定綱欲三滅二亡叡山一、其品不レ及二重衡一、早可レ被レ行二死罪一云々」（『玉葉』同月二六日条）とされた。

岳父は藤原邦綱。『猪隈関白記』承元三年六月一四日条には藤原家実が、卿二位に対して、「故大納言邦綱卿文書」の返還を求める記事が見える。同記事によれば、「故大納言邦綱卿文書譲二故三位中将重衡卿一、彼卿進二禅閤一」とあって、邦綱の文書は重衡を経て禅閤藤原基通へ伝わったらしい。その後右中弁平棟範がこれを借り、死後息子の棟時へ渡って、棟時の死後、後鳥羽院に召され、蓮華王院に蔵されたとする。その中には「重衡卿書状」を含むとされている。『平家物語』では牡丹の花にたとえられたと記され（巻一〇「千手」）、武勇だけでなく琵琶や朗詠にも巧みであったとする。『建礼門院右京大夫集』や『平家公達草紙』では、明るく、気配りのできる人物として描かれている。『東宝記』は「或記云」として、東寺の敷地であった山吹町（東寺乾角、現八条町・東寺町の一部）にはかつて重衡の邸宅があったとする（第三仏宝下「当寺代々修造事」）。

58 重盛　2、15、24

平重盛（一一三八～一一七九）。時に正二位、大納言右大将、三九歳。平清盛の一男、母は右近将監高階基章女。久安六年（一一五〇）一二月三〇日、鳥羽院の蔵人となり（一二歳）、翌七年正月一日従五位下に叙せらる。善子内親王（白河皇女）の未給による。久寿二年（一一五五）七月二二日には中務少輔、保元二年（一一五七）正月二四日には従五位上となる。保元の乱において平忠正を捕らえた清盛の賞であった。同年九月一九日には中務権大輔、一〇月二二日には正五位下となる。清盛の仁寿殿造営の賞による。同月二七日には左衛門佐、翌三年八月一〇日には兼任遠江守。平治元年（一一五九）一二月二七日には平治の乱の勲功により伊予守となる。翌二年正月六日には後白河院の御給により従四位下。永暦元年（一一六〇）正月二七日には左馬頭を兼ね、一〇月一一日には従四位上となる。朝覲行幸の賞であり、院司であった。一一月三〇日には内蔵頭となり、応保二年（一一六二）正月五日には正四位下（平野大原野行幸での清盛の行事の賞）。同月二七日には内蔵頭を辞し、一〇月二八日には右衛門督となり、長寛元年（一一六三）正月五日には従三位に叙せらる、二六歳。翌二年には正三位（清盛の蓮花王院造作の賞の譲り）となり、翌三年（一一六五）五月九日には参議、永万二年（一一六六）正月一二日には近江権守を兼ね、四月六日には左兵衛督に転じ、七月一五日には右衛門督となり、権中納言にのぼる。九月一五日には次第司御前長官、一二月二日には春宮大夫（東宮は憲仁）となる。仁安二年（一一六七）正月二八日には従二位（院司としての行幸院賞）、二月一一日には権大納言となり、同日帯剣を聴される。翌三年二月一九日には東宮憲仁の践祚により大夫を止めらる。一二月一三日には病により権大納言を辞す。翌四年（一一六九）正月五日には坊官の賞により正二位に叙せられ、嘉応二年（一一七〇）四月二一日には権大納言に更任するも、一二月三〇日には再度辞した。男維盛（前美濃守）を右少将に申任するためであった。翌三年一二月八日には三度更任（『公卿補任』「還任第三度」）。また、重盛が復したことで、それまで正権あわせて六人であった大納言が七人となり、「七人始」（『公卿補任』）とされている。承安四年（一一七四）七月八日には右大将となる。『公卿補任』には二一日に拝賀があり、藤原邦綱以下公卿一〇人、雲客が二七人扈従したとある。翌五年一一月二八日には右大将兼任のまま大納言に転じる。安元三年（一一七七）正月二四日には左大将に遷り、三月五日には内大臣に昇る、四〇歳。六月五日には大将を辞す。治承二年（一一七八）二月八日には内大臣を辞退するも六月には表を返される（『山槐記』同年六月一〇日条には「今夜内大臣〈重盛〉、表被二返遣一〈去春上表也〉」とある）。翌三年三月一一日には病により再度上表、七月二八日には出家、八月一日薨去、四二歳。小松内大臣と号した。

重盛は仁安元年（一一六六）一二月に、父清盛より東宮憲仁親王（同年立太子）の春宮大夫を引き継いでおり、『愚昧記』同年一〇月一〇日条には「御乳母重盛卿妻（藤原経子）」と見え、後の高倉天皇の乳父であった。

59俊経　2

藤原俊経（一一一三〜一一九一）。時に従三位、左大弁、勘解由長官、周防権守、六四歳。正三位参議左大弁藤原顕業二男、母は散位大江有経女。長承三年（一一三四）五月八日、勧学院学問料給付、二一歳。保延三年（一一三七）八月文章得業生となり、翌四年正月二二日には伯耆掾兼任。翌五年三月一三日には献冊。同年一二月一六日には典薬助となり、康治元年（一一四二）正月一六日には蔵人となる。同月二二日に式部少丞、二七日には大丞に進み五月二日には従五位下に叙される。久安二年（一一四六）一二月二一日には治部権少輔となり、翌三年一二月一

○日昇殿、同月一二日には、近衛天皇の読書始の尚復を務め、翌四年正月七日には従五位上（策労）。仁平三年（一一五三）四月六日には摂津守となり（蔵人巡）、久寿元年（一一五四）正月五日、正五位下（策労）、保元二年（一一五七）四月二六日には蔵人（摂津守辞官）となる。翌三年八月一一日には後白河天皇の譲位に伴い、蔵人を辞す。同年一一月二六日には文章博士。永暦元年（一一六〇）正月二一日には権右少弁となり（治部権少輔辞官）、一〇月三日には左少弁。応保二年（一一六二）二月一九日には二条天皇中宮育子の立后に伴い中宮大進となる。永万元年（一一六五）八月一七日には右中弁となり、同年九月氏院別当。仁安元年（一一六六）正月一四日には従四位下に叙される。応保元年の平野大原野行幸行事賞であった。同年六月六日には左中弁にうつり、七月一二日には左宮城使を兼任、翌二年正月二八日には従四位上に叙される（中宮大進辞官）。行幸院賞、中宮御給であった。翌三年（一一六八）正月六日には正四位下、長寛元年（一一六三）の八幡賀茂行幸行事賞であった。この頃大嘗会悠紀行事であったようだが、妻の病のため辞している（『兵範記』同年六月二四日条）。同年八月三日には行幸の装束使を、妻の喪のため辞して籠居している（『兵範記』同日条）。同年一二月には侍読となり、一七日御書所別当、嘉応二年（一一七〇）正月一八日には右大弁に進み、二六日には文章博士を兼任。承安四年（一一七四）三月には文章博士を辞し、判儒となる。同年四月二六日、**従三位**。六一歳（六三歳とも）。嘉応元年の石清水行幸行事賞であった。翌五年正月二二日には、大弁の労により**周防権守**を兼任し、一二月八日には**左大弁**に進む。安元二年正月三〇日には、**勘解由長官**を兼任。治承二年（一一七八）四月に従三位参議右大弁長方と座次の相論があり、「三位参議の下﨟は散三位の上位」と決したため、右大弁長方が左大弁俊経の上﨟となった（『百錬抄』同月一二日条）。翌三年一〇月九日、男宮内権少輔親経を蔵人に替えるため、左大弁を辞任。翌四年（一一八〇）一二月には、上洛しようとする南都の大衆に対して、武士を派遣することを議した中に俊経もいたようで、「資長、俊経等奮故之儒卿、預二此催一、実是未曾有之沙汰也」と兼実に非難されている（『玉葉』同月一三日条）。ただし俊経は、永万元年八月に、清水寺が焼かれたことの報復のために南都大衆が東坂本まで進出するとの報に接し、慰留のために派遣された際、「而大衆引二籠俊経一、不レ令二上道一云々」（『顕広王記』同月三〇日条）として身柄を拘束されたらしい。また承安三年（一一七三）一一月に南都大衆が木津まで進出してきた際にも、氏長者基房の使として派遣されるなど、たびたび大衆との折衝にあたっている。同月二二日には式部大輔。一一月に藤原永範が没したためである、六八歳。治承五年（一一八一）三月二六日には備後権守となり、寿永二年（一一八三）一二月一〇日には参議に昇る、七一歳。『愚管抄』巻五では、松殿基房の施政の記述に「サテ除目オコナヒテ善政トヲボシクテ、俊経宰相ニナシナドシテアリシ程ニ」とある。俊経は参議になるべき者と認識されていたのであろうが、摂政基房の家司でもあり（『兵範記』仁安三年一一月二〇条）、基房が内舎人辞退の表を草している（『玉葉』嘉応二年一一月二六日）。翌三年には正三位に叙せられ、元暦二年（一一八五）正月二〇日には阿波権守を兼ねるも、五月八日出家、法名隆心、七三歳。

その後の俊経の様子については、『玉葉』に詳しい。文治二年（一一八六）八月二四日条には、男親経が兼実に父の状況を「自二今朝一至二只今一〈申刻〉、不二寝驚一、大略不レ弁二前後一」と語っており、二六日条には「初斎宮行事弁親経、依二父俊経入道所労危急一、籠二居西郊一云々」とあり、容態が急変し、親経は初斎宮（高倉皇女潔子内親王）の行事ではあったが、俊経のもとで籠居している。「西郊」は俊経建立（『尊卑分脈』）の大福寺か。大福寺の所在は不明だが男親経の『親経卿記』にも「巳時参二西郊一、依二大福寺供養法一也、三品自レ本令レ坐給」（治承四年五月一日条）とある。俊経（三品）は同寺に滞在することが多かったようである。細谷勘資は『明月記』を手掛かりに、「西郊」を嵯峨方面と推測する（「『親経卿記』と藤原親経」『親経卿記』所収、一九九四年・高科書店）。さらに『玉葉』同年八月二七日条には「先向二西郊一訪二俊経入道之処一」とあって、親経への使者が「西郊」へ遣わされ、俊経の様子は「所労平減了云々」と伝えており、持ち直している。さらに翌三年七月六日条に「親経来、八日申二神泉御読経之間事一、又俊経入道所労、万死一生、仍明暁可三馳二向西郊一、僧徒之間事、明日不レ能二奏達一云々」とあって、再び重篤となった。建久二年（一一九二）五月二二日薨去、七九歳。

御賀記では「右大弁」とあるが、正しくは左大弁。この時の右大弁は藤原長方。近衛高倉二代の侍読。『古今著聞集』130「内裏にて作文の折、高倉院御秀句の事」では、治承二年五月三〇日に内裏で高倉院が作文したところ、

> 宮内卿永範卿・左大弁俊経卿、共に御侍読にて候ひけるが、感涙をのごひて、両人東台の南階をおりて二拝、左大弁舞踏しけり。左大弁は左兵衛の督の笏をぞ借りうけける。まことにゆゆしき面目にこそ。

として、高倉院の漢詩の素晴らしさに、藤原成範の笏を借りて舞ったとしている。また同書131「高倉院、中殿にて御作文の事」にも、同年六月一七日に中殿で作文があったが、これにも召されている。治承四年七月に譲位した高倉院が随身、封戸を辞退した際にはその御報書を草し（『親経卿記』同年七月二九日条）、寿永二年の朔旦冬至に際しては賀表を献じている（『尊卑分脈』）。また『玉葉』安元三年（一一七七）四月二九日条に、いわゆる安元の大火によって焼失した邸宅を記す中に俊経邸があり、「皆富二文書一家也、今悉遭二此災一」と見える。『清獬眼抄』はその居所を「六角南、大宮西角」とする。「俊経記」（俊経卿記）（『玉葉』文治三年（一一八七）一一月二二日条）を残した。「安元」は俊経の勘申による（『安元改元定記』）。また、後鳥羽天皇の諱の候補として「永仁」と「尊成」を撰進し、尊成がとられている（『玉葉』寿永二年八月一九日条）。

『長秋詠藻』上・285詞書に、

> 仁安元年悠紀方歌よみて奉るべきよし宣旨ありしかば、さきざきつねは儒者などこそつかふまつるをいかがと辞び申ししを、猶よみて奉るべきよし御気色あるよし行事弁俊経朝臣たびたび示し送りしかば、よみてたてまつりし歌

とあって、仁安元年（一一六六）に当時五三歳の俊成が大嘗会の悠紀方の歌を一〇首（悠紀方近江国風俗和歌十首）奉っており、そのときの行事は俊経であった。

○女院 → 28建春門院

60尚親 24

佐伯尚親（生没年未詳）。時に左衛門府生、出納。「出納」は蔵人所の雑事を司る役で定員は三名。『兵範記』仁安四年（一一六九）二月一七日条には石清水臨時祭にも「出納尚親」とあり、三月五日条にも同様に見えるが、四月六日条には除目があって「右少史佐伯尚親〈出納三﨟〉」として、右少史となっている。「出納三﨟」とあるように出納としては下役であったらしい。六月一五日条にも祇園臨時祭の禊に出納として勤仕している。一〇月一八日条には僐子内親王の賀茂斎院の卜定について、「雑物」を検知する役として名が見え、二〇日の卜定の日にも出仕している。また、同年一二月に薨じた叔父覚性法親王の喪に服する高倉天皇のため、「錫紵」すなわち浅い黒色の袍を用意させるなど、雑事全般を担っていた（一二月一五日条）。『山槐記』安元元年（一一七五）八月一六日条には、明年の御賀の行事の決定を伝えており、藤原尹範の下役として「出納佐伯久親〈二﨟、堪器云々〉」と見える。また、「出納左衛門府生佐伯久親」ともあり、この間左衛門府生にも任官したらしい。治承二年（一一七八）七月一三日条には、中宮徳子の御座の調度の行事に選ばれた者の中に「出納左□□□佐伯尚親」と見え、同年一〇月二五日の御産のための孔雀経法の場にも「出納右（左か）衛門府生尚親参入行事」として勤仕している。また翌三年には三月一五日の平野社行幸の前に出来した社の破損問題について、「差二遣出納尚親一令二実検一」としてその実態調査のために派遣されたが、小槻隆職によって「出納実検不レ当レ事也」と非難されている（『山槐記』二月一一日条）。翌四年（一一八〇）二月五日条には、高倉天皇の「御咳病」について、「出納尚親為二御祈行事一」とあって、祈禱の行事となったが、「不レ候二禁中一、向二西京一」として当時宮中にはおらず、すぐに召し返され、翌六日には「頭弁経房朝臣、蔵人信政、出納尚親奉二行之一」として務めている。高倉院の崩御後の養和元年（一一八一）正月二二日に追善の供養が行われたが、『愚昧記』には「尚親〈坊官、御在位之時出納、脱屣之後、為二主典代一〉」とあって、高倉の譲位に伴って出納を退き、主典代となっていた。高倉院の主典代か。二七日条には高倉院の二七忌にも加わり、「主典代左衛門志尚親布衣〈布〉」と見える。ただし『親経卿記』元暦元年（一一八四）七月二八日条が記す後鳥羽天皇即位の次第には「出納尚親」と見える。復任したか。

61 上西門院　3、18

上西門院（一一二六〜一一八九）、諱は統子。本名恂子だが、大治四年（一一二九）五月に改める。時に五一歳。父は鳥羽天皇（第二皇女）、母は待賢門院で、後白河院の同母姉。大治元年（一一二六）八月一七日内親王。翌二年四月六日には准三宮、同日賀茂斎院。翌三年（一一二八）正月二七日着袴。後年、高倉皇女範子内親王が着袴前に賀茂斎院に卜定された際、その装束のことが問題となったようであるが、兼実は上西門院の例を検討するよう促している（『玉葉』治承二年（一一七八）八月一四日条）。天承二年（一一三二）六月二九日、病により退下、七歳。保元二年（一一五七）八月一四日に入内し、翌三年二月三日、皇后宮。後白河院の准母となる、三三歳。翌四年（一一五九）二月一三日、院号を蒙って上西門院、三四歳。院号については、『山槐記』同日条には「上西門院〈法金剛院当二此門一〉」とある。母待賢門院から譲り受けた法金剛院が、大内裏外郭門のひとつである上西門の西に当たるためか。また同書には「南三条院。当時御所三条南室町東故也」ともあり、当時は三条南室町東を御所としていた。一九日には院殿上始があり、院司として公卿に徳大寺実定、別当に藤原信頼などが任ぜられ、大宰大弐であった清盛も殿上人として祗候している。また、「刑部卿憲方朝臣、元亮」（『山槐記』同日条）として、上西門院の女房であった小宰相の父の名も見える。永暦元年（一一六〇）二月一七日、法金剛院に於いて出家、三五歳。戒師は同母弟の仁和寺覚性法親王、法名は金剛観（『後宮略伝』）、真如理（『本朝皇胤紹運録』）とも。安元二年一一月には「上西門院有二御腫者一、殊重御之由風聞云々」と見え、治承二年（一一七八）一〇月にも「上西門院御悩危急云々」と伝えられたが、丹波憲基や和気定長によれば「殊事不レ可二御坐一之由」とのことであった（『玉葉』同月五日条）。寿永元年（一一八二）七月八日、松殿基房息男家房を猶子とする（『玉葉』九日条）。文治五年（一一八九）五月二二日には「不予」となり後白河院が上西門院のもとを尋ねている（『仲資王記』）。『玉葉』二六日条には「上西門院六借《むつかしく》御座云々、院可二遭喪一之由風聞、仍乍レ恐献二諫言一」とあり、兼実が院を諫めている。七月一〇日には「抑上西門院御不例火急也」（『愚昧記』同日条）と伝えられ、一四日には御霊会のための新造の桟敷を見学する予定であったが「依二上西門院危急一忽停止」（『玉葉』）となり、二〇日薨去、六四歳。二一日には藤原実家、基家を行事として葬送、『仲資王記』には「法金剛院辺火葬云々」（同日条）とある。

同母弟後白河院との仲は良好で、上西門院の殿上始の前日には後白河院の御幸があり、「有二呪師猿楽興一云々」（『山槐記』保元四年（一一五九）二月二〇日条）として楽しみ、殿上始の翌日には「是彼女院御灸治之故也」（『山槐記』同日条）として、ふたたび後白河院の御幸があった。その五日後の二五日には女院の方から後白河院の居所であった高松殿へ向かっている（『山槐記』同月二五日条）。また、治承三年（一一七九）九月一〇日には後白河院や八条院、皇太后忻子とともに四天王寺へ参っている（『玉葉』）。上西門院の薨去後、後白河院は「閉二門戸一下二格子一、已経二旬日一云々」（『玉葉』文治五年八月六日条）というありさまであったらしい。兼実も「上西門院御事、挙哀過レ礼、人感二其御志深一」としてその深い悲しみに同情はしており、「御着服」（服喪）は例のあることだが、「准二天子一不レ事レ親之儀者不レ可レ過二三日一」と喪に服す期間が長いことを憂慮し、現在、奏聞すべきことがあっても職事が憚って行わず、伝奏の側近もなく奏上できないのは「天下大事」であると諫めている（以上『玉葉』同日条）。後白河院とは同宿（『玉葉』治承二年（一一七八）正月一日条ほか）しており、植村優恵「上西門院統子論」（『総合女性史研究』三八号・二〇二一年）によれば、生涯を通じて「強固な関係」であった。

同母弟であり戒師でもあった覚性法親王の仁和寺へもたびたび赴いていたらしく、「仁和寺へあからさまにまかりけるに、上西門院のわか人ども花みてあそびけるところに」（『今撰集』23詞書・顕昭）などと見える。上西門院の周辺には上西門院兵衛など、待賢門院に出仕していた女房たちが仕えており、「上西門院にまゐりて人人歌よみ侍りしに」（『林下集』307詞書）、「橋上月といふ事を上西門院にて人人よみ侍りけるに」（『夫木抄』9413詞書・実家）、「十月なかのころ、宝金剛院のもみぢみけるに、上西門院おはしますよしききて、待賢門院の御時思ひいでられて、兵衛殿の局にさしおかせける」（『山家集』797詞書）などと、その周辺では盛んな和歌活動が見える。中村文「西行と女房―上西門院御所を中心に―」（『国文学解釈と鑑賞』三九巻八号・一九九四年七月）参照。

62 信基　11

平信基（生没年未詳）。時に従四位下、左馬権頭か。兵部卿信範一男、母は民部少輔藤原能忠女。平時子、時忠、滋子の従兄弟。『兵範記』仁安元年（一一六六）九月八日条に「左衛門佐信基勤二行御仏事一」と見え、同年一一月三日の後白河院の鳥羽殿北殿への行幸にも供奉している。同月一六日には、一一日に内大臣となった清盛の拝賀があり、父信範や弟信国とともに信基も前駆に加わっている。また翌二年正月一九日の、法住寺新造御所への行幸にも供奉しており、同年六月七日には新熊野御精進のために精進屋に参籠するなど、後白河院の側近として活動した。同時に白河殿盛子の家司も務めていたようである（『兵範記』仁安三年（一一六八）七月七日条）。仁安三年七月一八日には院判官代に補せられた。『兵範記』には「次下官参院、付二女房一申二入信基院司事一、又啓二太后御方一」としている。「太后」すなわち建春門院の引き立てであったか。そして八月四日には法住寺御所への行幸に供奉し、正五位下に叙されたらしく、『兵範記』は「左衛門佐去月下旬兼二補院司一、令レ預二御給列一、偏是宮御恩也、可レ謂二面目一」

としている。さらに「勧賞宣下之後、大理、木工頭、左衛門佐、大夫進、勘解由次官等引率、申二慶賀於院宮両方一了」としており、「宮」が建春門院とすれば同様の引き立てによるか。同年一二月三〇日には昇殿、翌四年四月一九日は建春門殿上始であったが、父信範とともに昇殿。しかし嘉応元年（一一六九）一二月二九日には、嘉応の強訴により、時忠や信範とともに解官。翌二年四月二一日には左衛門佐に還任。承安四年（一一七四）正月二一日には佐渡権介（『山槐記』除目部類）。『山槐記』除目部類によれば、治承元年（一一七七）一一月一五日には除目があり、修理権大夫となる。同書は「修理権大夫平信基〈元無官、従四位下、辞二左馬権頭一、叙二四品一也〉」とするが、翌二年一一月一二日の中宮徳子の御産の場には「左馬権頭信基」（『山槐記』）とある。また翌三年（一一七九）一一月一九日の賀茂臨時祭には「修理権大夫信基朝臣」（『山槐記』）と記され、同月二八日には関白家の家司に補され「従四位上行左馬権頭平朝臣信基」（『山槐記』）と見える。寿永二年（一一八三）七月三日内蔵頭（『吉記』）。同月二五日には平家の都落ちに際し、引き返した摂政基通に平家に同道するよう説得するが果たせず、西海に下った（『吉記』）。平家滅亡後、元暦二年（一一八五）五月二日に備後国配流（『吾妻鏡』）、文治五年（一一八九）五月一七日には許されている（『吾妻鏡』）。

仁安二年（一一六七）三月二〇日の石清水臨時祭では舞人を務め、同四年（一一六九）二月五日の建春門院の平野社行啓の際には、東遊の行事を務めている。同年三月一四日の八幡臨時祭で舞人を務め、また、同月二〇日にも石清水賀茂行幸の舞人に選ばれ、さらに同月二六日の建春門院の平野社行啓の舞人にも選ばれている。

『玉葉』治承元年（一一七七）一二月一七日条に「於二修理権大夫信基朝臣家一〈佐女牛南、東洞院西〉」とあり、邸宅は佐女牛（現花屋町通）東洞院にあった。

63 信季　8

平信季（生年未詳～一一七九）。時に従五位上、少納言。平信範二男。『山槐記』永暦元年（一一六〇）一二月七日条に「平信季〈信範二男、関白勾当〉」とある。「関白勾当」は、『兵範記』保元二年（一一五七）八月六日条に、「今日被三仰二下大納言殿勾当二人一、蔭孫正六位上平朝臣信季、蔭孫正六位上源朝臣経保」とあり、当時権大納言であった関白基実の勾当に就いている。また同書の同年同月二六日条には「蔵人信季」ともあり、蔵人でもあった。翌二年四月一日の除目で左兵衛少尉。応保元年（一一六一）七月八日、翌月の平野大原野行幸の人選があり、舞人の行事だけでなく舞人にもなっているが、翌月二五日の大原野行幸では所労の為欠席している（『山槐記』）。また、同年一二月七日には内侍所御神楽の行事（『山槐記』）、二一日には仁寿殿における金剛法の奉行（『山槐記』）などを務めている。

『公卿補任』は父信範が永万二年（一一六六）正月一二日に左京権大夫を辞したのは信季を刑部権大輔に任じるためであったと伝えており、嘉応元年（一一六九）正月七日条に**従五位上**となったのは「輔労」（『兵範記』）であった。同年一二月二九日、嘉応強訴の結果、父信範や兄弟の信基、信国らとともに解官。

『山槐記』除目部類・承安四年（一一七四）正月二一日には「長門権守平信季〈少納言〉」とあり、復任後、承安四年までに**少納言**となり、長門権守も兼任。その後、少納言として様々な公事に勤仕するが、『玉葉』治承三年（一一七九）六月二五日条には、「以二使者一訪二信季所労一、文書等譲二其息信宗一〈生年八歳〉了、其間事可レ致二沙汰一之由、書二証文一進レ之」とあり、病の信季が文書を子息信宗に譲ったことを記している。さらに同月二九日条には、「前少納言信季已獲麟之由告送、仍遣二使者一尋レ之、未レ閉レ眼、大略如レ無云々」とあり、すでに少納言を辞していたこと、また、重病であることを伝えている。そして七月二日には、「早旦信季之許遣レ人、使者帰来云、昨日死去了云々、可レ悲可レ悲」として、卒したことを記している。

『山槐記』は治承四年（一一八〇）四月二四日条に、兄弟の信国の逝去を記す中で、「少納言信国逝去〈年四十二〉、一昨日御即位候二堂上一、生死無常不レ可レ言者也、舎弟少納言信季去年六月逝去、其替任二少納言一、父入道兵部卿〈信範〉及二七旬一見在、可レ悲可レ悲」とあり、信季の少納言が信国へ遷っていたこと、そして続けて息子を失った信範の心中を慮っている。

『尊卑分脈』には記載は無いが、頭注に信範の孫で、信基の子親輔について、『弁官補任』の記述として実父は「少納言刑部権大輔信季」としている。

64 信範　2

平信範（一一一二〜一一八七）。時に従三位、兵部卿、六五歳。従四位上出羽守平知信二男、母は主殿頭藤原惟信女。保安二年（一一二一）三月、文章生（字平能）。一〇歳であるが先例に倣って一九歳として登省（『兵範記』久寿元年（一一五四）三月二五日条）。天治二年（一一二五）正月二八日には能登大掾、天承二年（一一三二）正月二二日には中宮権少進。長承三年（一一三四）四月二日には蔵人となり、同四年三月一四日には修理亮。保延三年（一一三七）一二月一六日には左兵衛尉、翌四年正月二二日には左衛門少尉、検非違使となり、翌五年（一一三九）正月、従五位下。同月二四日には甲斐権守（蔵人労）。天養二年（一一四五）正月五日、従五位上（高陽院御給）。久安六年（一一五〇）正月一二日には正五位下に叙される。高陽院当年御給であった。保元元年（一一五六）一一月二八日には少納言となる。同三年（一一五八）正月二七日には安芸権守となるも、同年三月二一日には解官。忠通の桟敷の前を車のまま通過しようとした藤原信頼の列に下部が暴行を加えたことに後白河院が怒り、家司邦綱とともに官を解かれた。六月二六日には本位に復す（以上『兵範記』）。永暦元年（一一六〇）一〇月四日、蔵人。応保元年（一一六一）九月一五日には左京権大夫（蔵人・少納言辞官）となり、長寛三年（一一六五）正月二三日には兼任備後権守。

永万元年（一一六五）八月一七日には右少弁となる。左京権大夫は留任するも翌二年正月一二日には辞官。男信季を刑部権大輔とするためであった。仁安二年（一一六七）正月三〇日には権右中弁となり、同日従四位下。鳥羽院の保安五年の御給分であった。二月一一日には蔵人頭となり、四月一〇日には従四位上。同三年（一一六八）正月六日に正四位下に叙され、二月一九日には引き続き新帝高倉の蔵人頭となり、九月七日には大嘗会御禊装束司次官も務めるが、嘉応元年（一一六九）一二月二八日、嘉応の強訴の結果、甥時忠とともに解官され、備後へ配流となった。翌二年二月六日には召し返され、一二月九日、本位に復す。承安元年（一一七一）正月一八日には従三位（蔵人頭は既に辞官、権右中弁辞官）、六〇歳。承安三年（一一七三）正月二一日には兵部卿となる。この任官について兼実は「兵部卿従三位信範任レ之、納言之中、其人甚多、最末之散三位拝任如何、依二女院御傍親一歟」（『玉葉』同日条）とし、姪である建春門院の後押しを示唆している。安元二年三月六日には御賀行幸の賞により建春門院の御給として正三位に叙された。また、後白河院の院司でもあった（『玉葉』安元二年三月八日条）、翌三年七月五日、「所労」により出家、六六歳。文治三年（一一八七）二月一二日薨去（『玉葉』同月一四日条）、七六歳。

桓武平氏高棟王流。『今鏡』「すべらぎの下第三　二葉の松」には、「平の氏のはじめは一つにおはしましけれど、日記の家と世の固めにおはする筋とは、久しくかはりて、かたがた聞え給ふを」とある。父知信と同様、長く摂関家の家司を務めた。『玉葉』承安二年（一一七二）一二月二〇日条には、「故摂政殿中将」すなわち近衛基実男基通の中将拝賀に扈従した信範について、「信範依二彼乳母夫一、殊為二扶持一歟」とある。また『山槐記』治承三年（一一七九）六月一九日条にも近衛基実室盛子（白河殿）の葬儀に参じた信範に「摂政乳母」とあり、基実の乳母であった。寿永二年七月の平家都落ちの際、離反した近衛基通の行方に関して『玉葉』には「逃二去雲林院〈信範入道堂辺〉方一了云々」（七月二五日条）としているのも、そうした関係によるのであろう。次男信季（『山槐記』永暦元年（一一六〇）一二月七日）、四男信清（同）も勾当として摂関家に仕えている。三男信国は『山槐記』治承四年（一一八〇）四月二四日条に死亡記事が見えており、「少納言信国逝去〈年四十二〉、一昨日御即位候㆓堂上㆒、生死無常不㆑可㆑言者也、舎弟少納言信季去年六月逝去、其替任㆓少納言㆒、父入道兵部卿〈信範〉、及㆓七旬㆒見在、可㆑悲可㆑悲」とあって、治承三年七月一日に没した次男信季に続いて信国を失う。続けて「後聞、今夜称㆓心神違例之由㆒、沐浴就寝終命」とあり、急死であったらしい。

永暦元年一一月一六日に殿上の淵酔において、朗詠を行っている（『山槐記』同日条）。また『殿上淵酔部類』にも「山槐記曰」として永暦二年、正月三日に殿上の淵酔に於いて朗詠を務めた旨が記されている。安元二年三月一〇日の、兼実次男良経の着袴の儀では藤原実家の朗詠に助音を務めている（『玉葉』）。『兵範記』（『人車記』）を残す。

65 信隆　2

藤原信隆（一一二六～一一七九）。時に正三位、修理大夫、五一歳。正四位下右京大夫藤原信輔一男、母は伯耆守橘家光女。長承二年（一一三三）正月五日叙爵（斎院御給、斎院は鳥羽皇女禧子内親王か）、久安三年（一一四七）四月一一日右衛門佐、二二歳。翌四年正月七日には従五位上（院御給）。仁平二年（一一五二）正月五日には正五位下（院御給、以上院は鳥羽院か）。『兵範記』同月二六日条には「殿上人」と見える。同月二八日には土佐介兼任。同四年（一一五四）正月二二日には因幡守兼任。久寿二年（一一五五）正月六日には従四位下に叙される。翌三年正月二七日には右馬頭となり（守留任）、保元二年（一一五七）一〇月二二日には従四位上に叙される。造登華殿功であった。翌三年八月五日には正四位下（『兵範記』によれば右馬寮修理功）。応保元年（一一六一）九月二八日には解官。平時忠らとともに二条天皇を廃し、憲仁即位を図ったためとされる。永万二年（一一六六）正月一二日には右馬頭に還任。六月二二日には伊予守に遷る。仁安三年（一一六八）八月四日には従三位に叙される、四三歳。院司として、行幸院賞であった（伊予守辞官）。一二月一三日には太宰大弐。承安元年（一一七一）一二月八日には、修理大夫（大弐辞官）。安元二年正月三日には正三位に叙される。朝覲行幸賞、院御給であった。治承三年（一一七九）一〇月には病により修理大夫を辞し、一一月八日には腫れ物により出家（『山槐記』）、同月一六日に薨去。『山槐記』は一七日条には「今日修理大夫信隆卿〈正三位非参議也、年五十二、去比出家〉卒去、日来煩二腫物発レ背云々」とあり、五二歳（『公卿補任』は五四歳）。

女殖子が高倉天皇の妃として、後高倉院、後鳥羽天皇を生んだことにより、後に従一位左大臣を追贈される（『尊卑分脈』）。『平家物語』巻八「山門御幸」（『源平盛衰記』巻三二にも同様にあり）には娘を女御、后にと思っていた信隆が白い鶏を千羽飼えばその家に必ず后が出ると聞き、飼ったところ、望みが叶ったとする。

父信輔とともに、鳥羽院の近臣、また後白河院の近臣でもあった。応保元年には、平時忠や藤原成親らとともに、後白河院派として解官されている。「豊受大神宮神主申状　弘安十年六月廿一日」（『兼仲卿記』正応二年正月・二月巻裏文書）によれば蓮華王院領信濃国矢原庄を信隆が後白河院から拝領し、子孫の坊門俊輔まで伝領されたとある。清盛の娘婿であり、男隆清が生まれている。

久寿元年（一一五四）正月二〇日の鳥羽殿南殿における院の尊勝陀羅尼供養では「殿上五位四人」として左方の堂童子を務め（『兵範記』）、また仁平二年五月二〇日には最勝講の堂童子を務め（『山槐記』）、仁平二年一一月一九日の賀茂臨時祭では舞人を（『山槐記』）、保元三年（一一五八）二月二八日の春日行幸では片舞を務め（『兵範記』同月二九日条）、三月一〇日の石清水行幸に於いても舞人を務めた（『山槐記』）。

『兵範記』仁平三年（一一五三）四月七日条には「去夜大炊御門烏丸右衛門佐信隆家焼亡」とあり、「家中放火、従者所為云々」とする。また「家主希有存命、一身遁二出火炎中一、御禊前駆出立、物具等皆悉焼失了」とある。また『清獬眼抄』にも「一依二吉田祭一無二奏事一」とあって、「後清録記云、仁安三年戊子四月十一日壬午。天晴。参二別当殿一。大炊御門室町伊豆（予か）守信隆朝臣ノ宅焼亡。依二吉田祭一無レ奏。只官人等参陣。是依二近隣一也」として、この火事の件を伝えている。『古今著聞集』33「伊予守信隆、神事を怠り家居焼亡の事」には、このときの火災をとして次のように記す。

仁安三年四月二十一日、吉田の祭にて侍りけるに、伊予の守信隆朝臣、氏人ながら神事もせで、仁王講を行ひけるに、御あかしの火障子にもえつきて、その家焼けにけり。大炊御門室町なり。その隣は民部卿光忠卿の家なりけり。神事にて侍りければ、火うつらざりけり。恐るべき事なり。

とする。後七条坊門に屋敷を構えたため、七条修理大夫と呼ばれた。子孫は坊門を称した。

66 親信　11、16

藤原親信（一一三七〜一一九七）。時に、正四位下、内蔵頭、右馬頭、三九歳。類従本は新少将とするが、誤りで、少将を経たことはない。右京大夫信輔四男、母は伯耆守橘家光女。本名は実輔。道隆孫であり、七条信隆の同母弟。久安四年（一一四八）正月七日叙爵。仁平三年（一一五三）三月一日院（鳥羽）昇殿。永暦元年（一一六〇）二月二八日右兵衛佐、応保元年（一一六一）正月五日従五位上、翌二年正月一〇日、行幸院賞として正五位下、同年四月七日備中守、永万元年（一一六五）正月五日、右兵衛佐の労により従四位下。仁安元年（一一六六）六月二二日、備中守を止め、右馬頭。翌二年正月五日、従四位上。翌三年（一一六八）正月六日、院御給により**正四位下**、さらに同年八月一二日には院分として伊予守。嘉応二年（一一七〇）一二月三〇日には**内蔵頭**を兼ね、安元二年一二月五日太宰大弐。同八日（下名）賜内蔵頭、**右馬頭**兼字（去守）。翌三年正月二四日、男定輔に右馬頭を譲る。治承元年（一一七七）正月二四日、従三位、四一歳。太宰大弐はそのまま。同三年（一一七九）一一月一七日には、治承三年のクーデターにより解官されるも、翌四年正月二四日には朝参を聴される。寿永二年（一一八三）正月五日には正三位となり、八月一六日修理大夫、二五（一五とも）日には参議、四七歳。翌三年三月二七日には備前権守を兼ねる。同年父信輔が没するも、一二月三〇日復任。文治三年（一一八七）には子息左少将定輔に譲るため、左京大夫を辞す。翌四年正月六日従二位に叙され、文治五年（一一八九）正月一八日美作権守を兼ね、七月一〇日権中納言に昇る、五三歳。翌六年八月一七日には七条院入内賞として正二位。建久二年（一一九一）三月二八日には中納言に転ずるが、同八年（一一九七）七月八日出家、同一二日薨去、六〇歳。

後白河院の近臣であり、嘉応元年（一一六九）三月一三日の院の高野御幸にも「右馬頭親信朝臣」（『愚昧記』）として扈従している。また、『梁塵秘抄口伝集』にもたびたびその名が見え、仁安四年の熊野詣や賀茂詣での諸神示現の証人となっている。嘉応三年（一一七一）の高倉天皇の元服に際しては能冠の役を務めている（『御遊抄』）。

水無瀬家の祖で坊門中納言と号した（『尊卑分脈』）。

67 親宗　6

平親宗（一一四四〜一一九九）。時に従四位下、権右中弁、率分勾当、三一歳。贈左大臣時信男、母は大膳大夫藤原家範女（時忠と同母）。永暦元年（一一六〇）九月二七日、蔵人（元後白河院判官代）に補され、一〇月二二日には従五位下、一七歳。永万二年（一一六六）四月六日には兵部権少輔（蔵人留任）、この頃昇殿（『兵範記』仁安元年〔一一六六〕一一月一六日条）、仁安二年正月二八日には院司として朝覲行幸に従い、その功により従五位上、二月七日には伯耆守を兼任する。翌三年三月二〇日皇太后宮権大進、八月四日には正五位下。朝覲行幸賞、皇太后（滋子か）の御給であった。同年九月四日には兵部権少輔を辞し、同四年（一一六九）正月二一日には伯耆守も辞す。嘉応元年（一一六九）三月一六日には勘解由次官、翌二年正月二六日には讃岐守（建春門院御分、『玉葉』同月二七日条）、七月二六日には蔵人に補され（讃岐守辞任）、承安二年（一一七二）二月二三日には右少弁（次官辞任）、翌三年八月一八日には右衛門権佐を兼ねて、三事兼帯。同日検非違使となる。安元元年（一一七五）一二月八日には権右

中弁に転じ、**従四位下**。同月一〇日には**率分勾当**となり、治承二年（一一七八）正月五日には従四位上、この頃加賀国を知行国としていた（『玉葉』同年九月二八日条）。翌三年一〇月九日には右中弁に進み、同月二一日修理右宮城使となるも、治承三年の政変により、一一月一七日には解却。翌四年七月頃には許されたようである（『山槐記』同年七月一三日条）。『玉葉』によれば同年一二月一三日に、親宗が頼朝と通じていることが疑われ、従者がこれを認めている。養和元年（一一八一）九月二三日には、左中弁となり、一二月四日には右大弁、蔵人頭に補される。翌二年三月四日には正四位下に叙される。承安二年の稲荷祇園行幸行事賞であった。寿永二年（一一八三）正月二二日参議（四〇歳、蔵人頭辞任）となるも、法住寺合戦後の一一月二八日には右大弁の職とともに解官。元暦元年（一一八四）三月二七日には従三位に叙され、九月一八日には参議に復す。翌二年正月二〇日には讃岐権守となるが、一二月二九日には義経への与党を疑われ参議を解官、文治三年（一一八七）正月二三日に還任し、五月四日には左大弁（藤原行隆逝去替）、翌四年正月二三日には兼任丹波権守、同五年（一一八九）正月五日には正三位に叙せられ、七月一〇日には権中納言に昇る、四六歳。建久五年（一一九四）正月六日には従二位、建久九年（一一九八）九月一二日には大嘗会御禊装束司長官に補されるも、一〇月一六日に解官。『公卿補任』は「依二興福寺大衆訴一也」とする。息和泉守宗信の興福寺衆徒との争論が因であった。正治元年（一一九九）正月五日には正二位に叙せられ、六月二二日には中納言に進むも、七月一七日（『明月記』は二五日条に薨去の伝があり、二七日条にも薨去の記事あり）薨去、五六歳。

　時忠、時子の弟で建春門院の判官代であった。『建礼門院右京大夫集』には、「親宗の中納言うせてのち、むかしもちかくみし人にてあはれなれば、親長のもとへ、九月のつくるころ申しやる」とあって平家文化圏内で活動しており、その女（建春門院新中納言）は維盛の側室であったが、親平家的人物というよりは、後白河院の近臣という立場の方が強かったらしく、『玉葉』養和二年（一一八二）三月一二日条には、院の使者として赴いた親宗に対し、宗盛が院と親宗専横への不満を漏らし、その結果「親宗迷惑、逐電退出之後閉二門戸一了云々」とある。兼実が「小人」（寿永三年（一一八四）正月二七日条）、「近臣小人」（同年二月二日条）として藤原朝方や親信とともに親宗を挙げているのもそうした宗盛の批判と重なるものだろう。また『吉記』寿永元年（一一八二）六月五日条には、病に倒れた親宗について世間の評として「不レ専二職掌一事、不レ先二禁裏事一之故歟云々」とする。薨去の記事を載せる『明月記』正治元年七月二五日条には「今日正二位行中納言平朝臣親宗薨、日来病悩云々、春秋五十六、去年為二南京衆徒訴訟一、被レ停二和泉国一、不レ過程預二加賀一朝恩、子息雖レ有二流人号一、剰浴二正二位之恩一、此事背二神慮一歟、給レ国之後不レ経二幾程一、可レ謂二厳重一」とあって、先述の騒動にも拘わらず、加賀国主としての親宗への「朝恩」ぶりを記す。『仙洞御移徙部類記』にも後白河院に近侍する記述が多数見られ、院の皇子承仁を養い（『玉葉』安元二年一〇月二九日条）、安元二年一一月二日にはその「座主弟子宮」を時忠が伴って参内している。

漢詩文や和歌にも巧みであったらしく、『古今著聞集』131「高倉院、中殿にて御作文の事」には、「権右中弁親宗」が作文のために召されている。また家集として『親宗集』があり、『千載集』以下の勅撰集に八首入集。『親宗卿記』を残した。

○仁和寺法親王　→　54守覚法親王

【せ】

68 成宗　8、25

藤原成宗（一一六〇～一一七六）。本名親家。時に従五位上、侍従、一六歳。正二位権大納言藤原成親の次男、母は『尊卑分脈』によれば参議藤原親隆女（成経同母）。安元元年（一一七五）九月一三日に御賀の人選があり、左の舞人として「侍従藤原朝臣成宗〈別当次男、年〉従上五位」（『山槐記』）とある。『玉葉』安元二年正月二三日条によれば、同日、賀宴の舞御覧（初度）があり、維盛とともに青海波を舞い「共以優美也」とされている。『玉葉』の二九日条には「丹後介従五位上藤原朝臣成宗」と見え、この間丹後介に任じられたか。『顕広王記』安元二年七月二八日条に「夜半許左少将成宗死〈年十六〉、新大納言成親卿二男、為二内大臣猶子一」とあり、御賀の四ヶ月後に亡くなっている。内大臣藤原師長の猶子であった。『玉葉』安元元年一一月一一日条には、内大臣の兼宣旨を受けた左大将師長の行列に扈従する者として「右少将成経、侍従成宗（共成親卿息也）等云々」と見え、大臣大饗の雑事を定める場に「別当成親」の名も見える。『尊卑分脈』にも「養子実父成親卿」と記されている。『玉葉』は安元二年七月二九日条に「今暁、少将成宗卒去、内府養子也、成親卿息也、日来於二彼亭一病悩、臨二其期一渡二他所一云々」と見え、師長邸で療養していたか。『尊卑分脈』は成宗を「正五下右少将」としているが、正五位下叙位は確認できない。右少将は左少将の誤りか。

69 成範　2、12

藤原成範（一一三五～一一八七）。時に正三位、参議、左兵衛督、備前権守、四二歳。藤原通憲（信西入道）の三男、母は従二位藤原朝子。娘は小督。仁平三年（一一五三）閏一二月二三日に右近将監（府奏、元院判官代）。久寿元年（一一五四）八月二五日従五位下。同三年（一一五六）四月一〇日には左衛門佐、二二歳。保元元年（一一五六）閏九月二六日には兼任遠江守。翌二年正月二四日には従五位上、一〇月二二日には正五位下（造蔵人宿所屋）となり、同月二七日には左少将となる。翌三年正月二七日には従四位下となり、八月一〇日には播磨権守、同日左中将となる。さらに一一月二七日には従四位上（造大極殿賞）に叙され、翌四年（一一五九）正月三日正四位下となる。院別当であり、「行幸院賞」によるものであった。父信西入道と母朝子が後白河院の乳父母であったことから、順調に昇進するも、平治元年（一一五九）一二月一〇日、平治の乱の勃発により解官、二三日には下野国に流された。永暦元年（一一六〇）二月二二日に召し返され、一二月二一日には本位に復し、二九日には太宰大弐となり、名を「成憲」より「成範」に改めた。応保二年（一一六二）四月七日、大弐を辞す。永万二年（一一六六）正月一〇日には母紀二位が没し、服喪。四月六日には右兵衛督、改元して仁安元年八月二七日には、従三位に叙せらる、三二歳。翌二年には別当として院の行幸の差配をしたことにより、正月二八日に正三位、二月一一日には左兵衛督に転じる。承安四年（一一七四）七月八日には権中納言に昇る、四二歳。治承三年（一一七九）正月一九日には右衛門督とな守を兼任。安元二年一二月五日には権中納言に昇る、四二歳。治承三年（一一七九）正月一九日には右衛門督となるが、一〇月には男基親（右兵衛権佐）を左少将に任じるかわりに、辞職した。翌四年四月二一日、安徳天皇即位にともない、権中納言五年の労として従二位に叙せらる、四六歳。翌五年（一一八一）一二月四日には兼任民部卿。寿永二年（一一八三）二月二一日には別当として行幸院賞により正二位、四月五日には中納言となるが、一二月二一日に辞職（民部卿在任）。文治三年（一一八七）二月一八日（『尊卑分脈』は薨じた三月一六日より「去二日出家云々」とする）、病により出家、三月一六日薨去、五三歳。

『平家物語』によれば、清盛の娘婿となるはずであったが、平治の乱での流罪により、解消。後白河院の信任厚く「執事院司」（『玉葉』治承四年一二月一二日）であった。『秦箏相承血脈』に父信西を師として名が見えており、平治元年一一月二五日の清暑堂での御遊（二条院）の際には箏を務めている。また『胡琴教録』には、「少納言入道殿妓女舞之時」に、「中将成範」が笛を務めたが、三台急を遅く吹いたため舞手が舞い損じたと記されている。また、高倉院の作文の相手も務めていたらしく、『古今著聞集』130「内裏にて御作文の折、高倉院御秀句の事」では高倉院が「内裏にて密々に御作文」を催した際、左兵衛督成範も同席している。屋敷の周囲に桜を好んで植えたことから、「桜町中納言」と呼ばれた（『平家物語』巻一「吾身栄花」）。『唐物語』の作者とされている。現存しないが歌合を催し、家集があったか。『新古今集』以下の勅撰集に一三首入集。

70 清経　8、24

平清経（一一六三?〜一一八三）。時に正五位下、左近衛権少将、一三歳か。類従本は「兵衛佐きよつね」とあるが、「兵衛佐」であったかは不明。正二位内大臣平重盛四男（『山槐記』）、母は右衛門督藤原家成女経子。『尊卑分脈』には成親の女に「少将清経室」と見える。仁安元年（一一六六）一一月一九日「春宮御給」（春宮は高倉天皇）により従五位上（『兵範記』）、翌二年正月二八日には「女御殿御給」（女御は滋子）により**正五位下**（『兵範記』）に叙せらる。翌三年一〇月一八日には侍従（『兵範記』）、承安元年（一一七一）一二月二日には、徳子の入内に伴い、「御在所装束、御帳壁代、御几帳」の役を務めている。承安四年（一一七四）一二月一日**左近衛権少将**（『玉葉』）。安元元年（一一七五）九月一三日に御賀の人選があり、左の舞人として「左近衛権少将平朝臣清経〈右大将四男、年〉正下五位」（『山槐記』）と見える。治承二年（一一七八）二月八日には父重盛の内大臣の上表があり六月一〇日には返されて留任となるが、その使者を務めている（『玉葉』）。一二月八日には言仁親王の親王宣下により、親王家の職事となる（『玉葉』）。また、一五日条には「従四位下」とあって東宮殿上人（『玉葉』）。『玉葉』同月二二日条には二一日に東宮の初の入内の賞として従四位上に昇叙されたとある。翌三年正月六日の東宮五十日儀では父重盛が賜った禄を受け取っている（『玉葉』）。『山槐記』治承三年（一一七九）六月四日条（『玉葉』は一日、三日条に記す）は、清経が禁色を聴されたことを伝えるが、兄維盛については位も清経より下で「未レ被レ聴レ色」とする。また、宗盛息清宗も先年聴されたことを記しており、清経については「当腹」とあるため、藤原経子の子であることが理由であろう。『玉葉』の翌四年正月二七日条には除目により伊予介を兼任とある。『玉葉』同年五月二一日条には園城寺攻撃の大将の一人として記され、翌五年一〇月一三日には兄維盛と共に追討使として近江へ下向。寿永二年

（一一八三）四月五日条には「左中将清経朝臣」とあり、この間昇進したか。同月二一日条には石清水臨時祭の使者を務めた（以上『玉葉』）。また『尊卑分脈』によれば、正四位下まで昇ったようである。八月六日解官。

『平家物語』では知盛・有盛等とともに「左中将清経」（巻六「祇園女御」）として美濃へ出陣している。平家の都落ちで九州にあった際、豊後国柳ヶ浦に入水。『平家物語』巻八「太宰府落」は、

小松殿の三男左の中将清経は、もとより何事もおもひいれたる人なれば、「宮こをば源氏がためにせめおとされ、鎮西をば維義がために追出さる。網にかゝれる魚のごとし。いづくへゆかばのがるべきかは。ながらへはつべき身にもあらず」とて、月の夜心をすまし、舟の屋形に立出でて、やうでうねとり朗詠してあそばれけるが、閑かに経よみ念仏して、海にぞしづみ給ひける。男女なきかなしめども甲斐ぞなき。

と叙述し、諸本によっては享年を二一歳、二三歳とする。『神皇正統録』も「平家之運命ヲ顧」て入水したとする。『建礼門院右京大夫集』には清経と女房の恋、兄維盛と同じく入水を遂げたことを伝える。『平家物語』では、後年大原での建礼門院の昔語りの中で清経の入水を「心うき事のはじめにてさぶらひし」（灌頂巻「六道之沙汰」）と述懐させている。

71 清盛

平清盛（一一一八〜一一八一）。時に従一位、五九歳。正四位上刑部卿平忠盛一男。大治四年（一一二九）正月六日五位（元院非蔵人）、同月二四日左兵衛佐。同六年（一一三一）正月五日従五位上に叙せられ、長承四年（一一三五）正月五日には正五位下。同年八月二一日には、忠盛の海賊討伐の賞により従四位下に叙せらる、一八歳。保延二年（一一三六）四月七日には中務大輔、翌三年正月三〇日兼任肥後守。同六年（一一四〇）一一月一四日に従四位上、久安二年（一一四六）二月一日には正四位下に叙せられ、同月二日安芸守。保元元年（一一五六）七月一一

日には保元の乱の勲功により播磨守となり、同三年（一一五八）八月一〇日には太宰大弐。永暦元年（一一六〇）六月二〇日には、正四位下から正三位に昇る。同年八月一一日には参議、九月二日には右衛門督、一二月三〇日大弐を辞す。翌二年正月二三日近江権守、同日検非違使別当となり、九月一三日には権中納言、四四歳。応保二年（一一六二）四月七日、兼任皇太后宮大夫。八月二〇日には従二位に叙せらる。長寛三年（一一六五）正月二三日には兵部卿となり、八月一七日には権大納言に昇る、四八歳。永万二年（一一六六）六月六日には正二位に叙せられ、一〇月一日春宮大夫、一一月一一日には内大臣となる、四九歳。仁安二年（一一六七）二月一一日には太政大臣に昇り、同日従一位に叙せらるるも、五月一七日には上表。太政大臣を辞す。翌三年二月一一日には病により出家。法名青蓮、後に浄海。治承四年（一一八〇）六月一〇日には准三宮の宣旨を蒙る。養和元年（一一八一）閏二月四日薨去、六四歳。六波羅入道太政大臣と号す。

類従本のみ「八条入道おほきおとゝ」として清盛を記す。安元二年の時点では既に出家であり、太政大臣も辞している。『吾妻鏡』治承四年（一一八〇）七月五日条に「八条入道相国一族」と見える。

72 清通　11

藤原清通（一一四一～没年未詳）。時に正四位下、右少将、三五歳。正三位権中納言皇太后宮権大夫伊実一男、母については『尊卑分脈』は「相模権守公長女」とする。本名は「伊保」。久安四年（一一四八）一〇月一七日従五位下、信濃守に任ぜられる。保元二年（一一五七）正月二四日侍従（信濃守は辞す）、翌三年正月六日従五位上、永暦元年（一一六〇）八月一四日には右近衛権少将に任ぜらる。応保二年（一一六二）七月一七日、皇太后宮権亮を兼ねる。長寛二年（一一六四）八月九日昇殿（二条天皇）、一一月一六日には少将の労として正五位下。永万二年（一一六六）正月一二日には従四位下に叙せられ、三月九日昇殿（六条天皇）。仁安三年（一一六八）二月一三日には皇太后宮権亮を止められ、九条院の別当となる。同月一五日には従四位上、八月四日には正四位下に昇り、嘉応二年（一一七〇）、名を「清通」と改める。安元三年（一一七七）正月二四日右近衛権中将に転任。治承二年（一一七八）四月五日には左近衛権中将に遷る。養和元年（一一八一）一二月四日には従三位、中将を止められ、侍従となる、四一歳。寿永二年（一一八三）一二月二一日左京大夫、文治二年（一一八六）二月三〇日には備後権守となる。文治四年（一一八八）一一月一四日には男侍従高通を左少将とするため左京大夫を辞す。建久元年（一一九〇）九月一四日には出家、法名念阿、五〇歳。

仁安三年八月四日、高倉天皇の法住寺御所への行幸の際、後白河院からの贈り物として「御馬六匹」（『兵範記』）が送られたが、その役として「伊保朝臣」と見える。伊保は別当であったらしく、この功績により、正四位下に叙された。同年一二月二日には賀茂臨時祭の舞人に選ばれ、一四日の試楽、一六日の当日にも舞人として出仕している（『兵範記』）。また嘉応元年（一一六九）四月二六日の石清水行幸の際にも舞人を務めている（『兵範記』）。『山槐記』治承四年（一一八〇）四月二六日条によれば石清水臨時祭での舞人を務めることになったが、同書の五月六日条によれば不参であったらしく、「左少将清通朝臣」は「恐懼」とある。

73 清定　15

高階清定（生没年未詳）。時に六位、蔵人。正四位下高階清章男。安元二年二月一四日に内裏で小御遊が行われたが、「新蔵人高階清定〈建春門院蔵人〉」として出仕しており、同年三月三〇日条にも「六位蔵人清定」と見える（以上『玉葉』）。治承三年（一一七九）二月二九日、二二社への奉幣が行われたが、龍田大社へ「散位高階朝臣清定」（『山槐記』）が派遣されている。また、同年の、いわゆる治承三年のクーデターにより関白となった基通の、新しく選ばれた家司職事が『山槐記』同年一一月二八日条に記されているが、職事のなかに「散位従五位下高階朝臣清定」と見えており、五位に昇ったらしい。また同日条には「散位清貞〈清章息〉」とも記されている。『山槐記』同年一二月一三日条には、忠親と子兼宗が堀河の関白邸を訪れているが、「蔵人大夫清定〈職事、衣冠〉」が現れ、取り次いでいる。

74 盛定　8

藤原盛定（生年未詳～一一九七）。時に従五位上、右兵衛権佐（『玉葉』『定能卿記』）。正四位下中務権大輔季家男、母は正四位下備後守季兼女。同じく篳篥を担当した季信とは従兄弟。盛能とも。安元元年（一一七五）九月一三日に御賀の舞人、楽人の人選があり、篳篥の担当として「散位藤原朝臣盛定〈入道中務権大輔季家朝臣二男〉」（『山槐記』）とある。同年一二月八日の除目で「**右兵衛権佐従五位上**藤原朝臣盛定」（『玉葉』）と見える。『愚昧記』治承元年（一一七七）六月二二日条には建春門院の法事に際し、堂童子として盛定の名が見える。また『兵範記』仁安三年（一一六八）正月一一日条には、「上西門院二分代」によって内舎人となっている。『山槐記』治承二年（一一七八）六月一九日条には「左（右か）兵衛佐盛定」とある。治承三年（一一七九）正月五日には正五位下（『玉葉』『山槐記』）、同年二月九日には殿上人として「右兵衛佐盛定」とある。同年三月一〇日条には「院殿上人十七人」として「右兵衛佐盛定」の名があり、後白河院の殿上人でもあったか。翌四年三月四日条には、「殿上五位」として「右兵衛権佐盛定」の名が見える。また同年四月二〇日には安徳天皇の即位に伴って昇殿しており、「従五位下行右兵衛権佐藤原盛定」と見える。元暦元年（一一八四）七月二八日、後鳥羽天皇即位の際には、堂上の侍従の右方の侍従代として出仕の予定であったが、辞退、『玉葉』は「奇怪奇怪」とする。翌々日の八月一日には、「伝聞、御即位右方、殿上侍従盛定朝臣、兼日進二預状一、前日解退、遂以不レ参、法皇六借《ムツカリ》給、其罪何様可レ被レ行哉之由被レ仰二摂政一云々、早可レ在二勅定一之由、而於二人非レ人等一、集居評定者、可レ及二贖銅一歟云々、盛定其身為二雲客一、除籍之外不レ可レ及二他事一歟、君暗而迷二少事一、況重事哉、国家之敗乱宜《ウベナル》哉宜哉」として罪に問われている。不参の理由は不明。「侍従代」ではあったが、この前後に侍従となったか。治承四年（一一八〇）を描く覚一本『平家物語』では「四位侍従盛定和琴かきならし」（巻五「文覚被流」）と見える。『玉葉』文治三年（一一八七）九月一八日条にも「侍従盛定朝臣」と見える。『玉葉』建久二年（一一九一）三月二八日条の御遊の記事に初めて、「篳篥盛能朝臣」と見える。この盛能が盛定とすれば、この間改名したか。ただし『玉葉』は建久五年（一一九四）二月一四日条にも「盛定」と見える。建久八年（一一九七）八月一日没。

治承四年四月二六日には石清水臨時祭があり、舞人を務めた盛定について「院御時度々勤二舞人一」とある（以上『山槐記』）。『文机談』巻一後半「後白河院御時明怜事」には、「後白河院の御代、又いみじき明怜おほく、あめのしたにきこえさせ給ふ」とする廷臣として源資賢、資時とともに「盛定の侍従」を挙げている。

治承四年正月二〇日の東宮（安徳天皇）着袴の儀の際に、東宮の殿上人のなかに篳篥の上手がなかったため、地下から人が召されたとする記述の後に、「右兵衛権佐盛定、可レ被レ許二昇殿一之由、今日関白執申、然而無二許容一歟、長治地下召人吹レ之云々、凡定能卿可二出仕一者、此時尤可レ被二召出一之由、先日有二勅定一云々、而時忠卿抑留、今盛定昇殿強不レ可レ然之上、上臈之季信出仕、何盛定抜群可レ有二沙汰一哉、聖主存二此旨一不レ被レ許歟」とあって、盛定を「抜群」とする。寿永元年（一一八二）八月一五日の御遊でも篳篥を務めるなど、その例は多い（『玉葉』）。『神楽血脈』によれば、多景節から相承している。『篳篥師伝相承』には豊原時秋からの相承として「盛能」とあり左傍に「季家子。四位侍従」とある。

【そ】

75　宗家　27

441　そ（宗）　75

藤原宗家（一一三九～一一八九）。時に従二位、中納言、三八歳。大納言宗能一男、母は権中納言長実女。初名信能。室は八条院按察（俊成女）。永治元年（一一四一）一二月二六日従五位下、久安五年（一一四九）二月一三日に従五位上、六月六日には侍従。久安七年（一一五一）正月六日に正五位下となる。久寿二年（一一五五）四月四日には右少将、翌三年左少将に転じる。四月六日には従四位下、保元元年（一一五六）一一月二八日従四位上、翌二年正月二四日には尾張介となり、翌三年（一一五八）正月六日には正四位下、同月二七日には左中将となる。保元四年（一一五九）二月二一日兼任中宮権亮。四月六日には蔵人頭となり、永暦元年（一一六〇）四月二日には参議、二二歳。翌二年正月二三日には丹波権守、応保二年（一一六二）八月一七には従三位に昇る。長寛二年（一一六四）六月一五日に名を宗家と改める。同年閏一〇月一三日正三位。翌三年正月二三日右中将。仁安元年（一一六六）正月一三日越前権守、八月二七日には権中納言となり、同三年八月一〇日には中納言に転じる、三〇歳。嘉応二年（一一七〇）二月一一日には父宗能のため服解、四月二八日復任。承安二年（一一七二）三月二九日には従二位に叙せられる。高祖父である右大臣俊家の、永保二年（一〇八二）の八幡加茂行幸行事賞であった。安元二年三月六日には御賀行幸行事賞として正二位、三八歳。治承三年（一一七九）一〇月九日には権大納言に昇る。『仙洞御移徙部類記』には文治四年（一一八八）一二月二一日の後白河院の八条殿臨幸の記述に「中御門大納言〈宗家、女院院司、直衣〉」とある。翌五年四月二二日薨去、五一歳。「先出家云々」とする。「中御門」と号した。

『兵範記』仁安二年（一一六七）五月二三日条には院司とあり、『玉葉』承安四年（一一七四）一二月二一日条には「院司上﨟宗家卿」と見える。また『玉葉』は文治二年（一一八六）六月一七日条で神宮上卿に就いたことを伝えている。神宮上卿は伊勢神宮への伝奏を司るものだが、平安末から鎌倉初期にかけては後白河院の意向によりその近臣が任命されており、神職的清浄性も求められていたという（渡辺修「神宮上卿の成立」『神宮伝奏の研究』二〇一七年・山川出版社）。

また、楽に通じており、『神楽血脈』『鳳笙師伝相承』『催馬楽師伝相承』『大家笛血脈』などに名が見える。『胡琴教録』上「催馬楽」には「又近来催馬楽三流也、一には大納言宗家家説、一には資賢卿説、一には少納言師広等説也、みなこれかくべつ也、付絃之時よく〳〵よういあるべし」と見える。『兵範記』仁安二年正月二日条には「権中納言宗家卿以レ笏打二拍子一、被レ歌二催馬楽一〈穴尊、伊津貫河、庭草〉」とあり、こうした記録は諸書に見える。また『玉葉』治承三年（一一七九）二月二四日条には、拍子を藤原実国が取ったことを受けて、「余案レ之、宗家不レ取二拍子一如何如何、法皇御熊野詣以前、可レ召二宗家一之由、被二仰切一了、而実国以二近臣一推望云々、件人、催馬楽資賢弟子也、而其師云、甚未練也云々」とあり、後白河院は常に宗家を拍子に召していたらしい。『古今著聞集』131「高倉院、中殿にて御作文の事」でも拍子を担当している。

『古今著聞集』195「大納言宗家の室右衛門佐、詠歌によりて再び迎へらるる事」には、「宗家大納言とて、神楽・催馬楽うたひて、やさしく神さびたる人おはしき」とあり、後白河院の女房右衛門佐を妻としていたが、しばらく離れていたところ右衛門佐より「あふことの絶えば命の絶えなんと思ひしかどもあられける身を」と送られ、再び迎えている。この右衛門佐を宗国（安元御賀の陵王童）の母とする。また245「秘曲其駒の事」では、秘曲「其駒」が藤原能信から中御門家に伝えられ、俊家、宗忠、宗能を経て宗家に伝わったとする。それを清盛の命で厳島内侍にも伝えたとし、また九条良通にも伝受したとする。良通への伝受は『玉葉』文治三年（一一八七）一一月一日条に「此日内府、為下練二習催馬楽一幷習中唱歌上、密々〈以二人車一、懸二下簾一〉向二宗家卿家一〈件卿月来病悩、猶未レ復二尋常一、仍内々所レ向也〉、習二唱歌等一了、及二子刻一帰来、件卿親昵之上、行而学者礼也、仍令レ向者也、今日習二殿上其駒之一説一了云々」と見える。良通への指導は以前より行われていたらしく、寿永二年（一一八三）正月二三日条にも「右大将密々向二宗家卿第一、為レ習二催馬楽一也、……為二親昵之上一、又非下趍二権勢一之儀上、仍所レ令二行向一也」とある。兼実は関係を「親昵」としている。「権勢」に走ることのない人物という評価は「神さびたる人」にも通じるか。

『千載集』以下の勅撰集に七首入集。家集に『中御門大納言殿集』がある。

76 宗国　8

藤原宗国（一一六六～一二二五以前）。時に小舎人、一一歳。後に宗経。正二位権大納言藤原宗家男、母は左馬権頭能定女。母について『古今著聞集』195は「後白河法皇の女房、右衛門の佐」とする。『玉葉』安元二年二月二一日条（試楽）には「小舎人藤原宗国、中納言宗家卿息、生年十一歳」とあり、これ以前に小舎人であった。治承三年（一一七九）正月五日には従五位下（『玉葉』）、その後左兵衛佐（『玉葉』文治元年（一一八五）一一月二六日条）に進む。『玉葉』文治二年一〇月二九日条（一一月二日条にも）には殿上人として名が見え、文治三年（一一八七）一二月四日左少将（『玉葉』）。宗国の任少将について『玉葉』には「抑宗国任二少将一、即申レ任二其闕一之条、頗憚二人口一、仍明春可レ被レ任二武衛一之由申二法皇一、勅報之趣、本懐已足、今度拝任不レ可レ有二其難一、置レ闕相二待明春一者、自障難出来歟云々」（同年一二月八日条）とあり、後白河院の後押しによるものか。文治五年（一一八九）二月一二日には春日祭の使者を務めた（『玉葉』）。建久元年（一一九〇）七月一七日の藤原兼房（忠通男）の任内大臣の大饗（『御遊抄』）で付歌を務め、同年八月二七日に「西壺」に於いて童舞などが披露された際には催馬楽を披露したようだが、『玉葉』は「宗国唱二催馬楽一、頗不レ堪事歟如何」とする。『催馬楽師伝相承』には「安元御賀舞陵王童」として宗国の名が見え、定能、隆房とともに父宗家から教えを受けている。『古今著聞集』195には宗家について「神楽・催馬楽うたひて、やさしく神さびたる人」とする。同五年（一一九四）八月一一日に催された中宮（九条任子）の和歌会の御遊で「呂、安尊、鳥破、席田、鳥急、律、伊勢海、万歳楽、更衣、三台急、鷹子、五常楽急」などが奏された際も付歌を務めている（『玉葉』）。その後、同六年三月二九日の惟明親王の元服儀（『御遊抄』）、同年一〇月七日の後鳥羽皇女昇子内親王五十日儀（『玉葉』『春華門院御五十日記』）でも付歌を務めた。同七年（一一九六）には従四位下。翌八年四月二〇日に行われた同月二二日の朝覲行幸の試楽（『猪隈関白記』）では付歌を務めた。翌九年（一一九八）二月二六日には正四位下（『三長記』）に叙され、三月三日の高倉院皇女範子内親王（土御門准母）の立后儀でも付歌を（『御遊抄』）、同月二七日の石清水臨時祭では舞人を務めている（『猪隈関白記』）。『猪隈関白記』正治元年（一一九九）一月二六日条には基通の摂政の辞表の使者として「使左中将宗国朝臣」とあるため、この間左中将となったか。同年一一月一六日の豊明節会では「席田、美乃山、伊勢海」などが歌われたが、その際、公卿の内にその人が無いため保元の例に倣い、殿上人であった宗国が拍子をとっている（『猪隈関白記』）。同月二七日の二条殿に於ける朝覲行幸では付歌の役を務める（『猪隈関白記』。同条には「宗国記」ともあり同日の記録か）。翌二年三月三日の平等院一切経会では源雅行とともに楽行事を（宗国は右、『猪隈関白記』）務めた。建仁元年（一二〇一）正月二三日（於二条殿）の朝覲行幸では付歌を、三月三日の平等院一切経会では源雅行とともに楽行事を（宗国は右）務め、建永二年（一二〇七）二月一〇日の藤原道経（基通男）の任内大臣の大饗で拍子を務めた（『猪隈関白記』）。承元四年（一二一〇）一一月二五日の順徳天皇即位に際しては剣璽使として剣の役を務めている（『践祚部類抄』『土御門御譲位部類』）。『猪隈関白記』には建仁三年（一二〇三）五月六日まで「宗国」とされ、建永元年（一二〇六）四月一六日からは「宗経」となっているため、この間名を改めたらしい。建暦元年（一二一一）正月一九日の順徳天皇の朝覲行幸の際には、「宗経」と改めた宗国が左の楽行事を務めている。『公卿補任』によれば、建暦二年（一二一二）三月二二日には子の宗平を右少将とするため、左中将を退いた。また『公卿補任』嘉禄二年（一二二六）の子宗平の尻付には「故前左中将宗経朝臣一男」とあるため、左中将を極官とし、これ以前に没したか。

『猪隈関白記』建久八年一二月一四日には家実弟兼基の元服に際し、理髪の役を務めるなど、藤原（近衛）家実に扈従する姿が見える。また同書正治二年（一二〇〇）一〇月一九日条には「殿下召二中御門右大臣宗忠日記於左近中将藤原宗国朝臣一被二書写一也、祇候者等書レ之也」とあり、「殿下」すなわち家実父基通が、宗国よりその曽祖父中御門宗忠の日記『中右記』を召し、書写したことを伝えている。これは建仁元年（一二〇一）七月二〇日まで続いたようで、同日条に「日来殿下召二中御門右大臣入道宗忠日記於左中将宗国朝臣一、令三恪勤者等被二書写一、此間書写了」と見える。また、同書承元元年（一二〇七）五月一七日条には、「自二今日一始行二祈等（禱か）一、不動法、法印寛忠行レ之、伴僧四口、以二近辺所一〈左中将宗経朝臣家〉為二檀所一」とあり、家実邸の近辺に屋敷を構えていたか。

『新勅撰集』のみに一首入集。

77宗盛　2、6、28

平宗盛（一一四七～一一八五）。時に従二位、権中納言、左衛門督、三〇歳。平清盛の三男、母は贈左大臣平時信の女時子。保元二年（一一五七）に叙爵、平治元年（一一五九）一二月に平治の乱の勲功により遠江守、永暦元年（一一六〇）正月二一日には淡路守に遷り、四月三日には兼任右兵衛佐。翌二年正月二七日には従五位上（行幸院賞）。応保二年（一一六二）正月二七日には淡路守のまま左兵衛佐に遷る。同年一〇月二八日には左馬頭（守兼任）。長寛元年（一一六三）一二月二〇日には美作守に遷る（頭兼任）。翌二年一一月一八日には正五位下となり、永万元年（一一六五）七月二五日には従四位下に叙される。六条天皇即位に伴う中宮御給であった（中宮は二条天皇中宮育子か）。翌二年八月二七日には従四位上。仁安元年（一一六六）一一月一四日には正四位下に叙される。大嘗会の叙位で、後白河院の御給による。同年一二月三〇日には左馬頭を辞し、弟重衡に譲る。翌二年正月七日には右中将（美作守兼任）。同月九日には禁色を聴される。同年閏七月一二日には美作守停止。八月一日には参議、二一歳。一二月一三日には従三位に叙される。白河院の保安元年（一一二〇）の未給分であったらしい。翌三年（一一六八）

正月一一日には兼任越前権守、三月二〇日には皇太后宮権大夫も兼任する。皇太后は建春門院平滋子。宗盛は建春門院の猶子であったらしく、『愚管抄』巻五には、「院ハ又コノ建春門院ニナリカヘラセタマヒテ、日本国女人入眼モカクノミアリケレバ誠ナルベシ。先ハ皇后宮、ノチニ院号国母ニテ、コノ女院宗盛ヲ又子ニセサセ給テケリ」とある。同月二八日には正三位に叙される。皇太后宮初入内賞であった。九月七日には御禊次第司御後長官。翌四年には滋子に院号の宣下があり、権大夫は停止。嘉応二年（一一七〇）一二月三〇日には権中納言、二四歳。同日右衛門督。承安三年（一一七三）一〇月二一日には従二位に叙される。最勝光院の供養の行事賞、建春門院の御給であった。同五年には右衛門督より左衛門督に転じた。安元二年一二月五日には辞任。同年七月八日に建春門院が薨去したことによる。翌三年（一一七七）正月二四日には還任、同日右大将を兼ねる。治承二年（一一七八）正月四日には正二位。朝覲行幸の賞、後白河院の御給であった。四月五日には権大納言に進む、三二歳。右大将を兼任していたが、七月一〇日には室清子の病のため辞任。清子は一六日に没（『玉葉』）。一二月二日には再任。同月八日には一一月に生まれた言仁（安徳天皇）の勅別当と成り、一五日には春宮大夫。翌三年正月には春宮大夫を、二月二六日には権大納言、右大将を辞任。同年八月に兄重盛が薨去した。養和元年（一一八一）閏二月四日は父清盛薨去による服解。『玉葉』の同年同月五日条によれば、清盛は死の直前、後白河院に対して今後は万事を宗盛と図るように奏上したという。養和二年（一一八二）九月四日還任。一〇月三日には内大臣に昇る。七日には左右の近衛の番長を各一人、近衛を各四人、随身兵仗として賜る、三六歳。寿永二年（一一八三）正月二一日には従一位に叙されるも、二月二七日には内大臣を辞任。七月二五日には安徳天皇を奉じて都を離れる。八月六日には除名。その後、屋島を拠点とするが、元暦二年（一一八五）三月には壇ノ浦の合戦で生け捕られ、四月二六日に叔父時忠や息清宗らとともに入京。五月七日には東国へ下り、帰京の途中、近江で斬首（『玉葉』同年六月二二日条）。

屋島大臣と呼ばれる。『梁塵秘抄口伝集』巻一〇によれば、資賢や成親らとともに「中将宗盛」も今様の場に祇候していたらしい。

○蔵人頭　→　52実宗

【た】

○太上法皇　→　30後白河法皇

78泰通　8、15、16、25

藤原泰通（一一四七〜一二一〇）。時に正四位下、左近衛中将（『玉葉』『定能卿記』）、伊予介、二九歳。正二位大納言藤原成通男（実父は、成通の甥参議為通）、母は大納言源師頼女。安元元年（一一七五）九月一三日に御賀の舞人、楽人の人選があり、笛の担当として「右近衛権中将藤原泰通朝臣〈故入道大納言成通卿男〉」（『山槐記』）とあるが、左近衛権中将。久寿三年（一一五六）正月六日従五位下、保元元年（一一五六）九月一七日成通の譲りにより、侍従。永暦元年（一一六〇）正月二一日兼阿波権介、応保元年（一一六一）一〇月一九日左少将、一九日には右少将に遷るが、二八日には再び左少将に戻る。翌二年正月五日、少将の労により従五位上。長寛二年（一一六四）正月二一日には美作介を兼ね、一一月一六日に正五位下、永万二年（一一六六）正月一二日には従四位下となり、仁安三年（一一六八）八月四日従四位上、翌四年正月一一日には伊予介を兼ねる。嘉応二年（一一七〇）正月五日には正四位下となり、承安四年（一一七四）一二月一日には右近衛権中将、翌五年正月二二日再び伊予介を兼ね、同日左中将に転じる。治承三年（一一七九）二月一六日には内教坊別当に任ぜられている（『玉葉』同月二三日条）。治承四年（一一八〇）正月二八日美作守。この頃後白河院の院司であった（『山槐記』同年三月四日条）。養和元年（一一八一）一二月四日、蔵人頭。寿永二年（一一八三）正月二三日には参議（元蔵人頭、兼任左中将）、一二月二二日には従三位に昇る。元暦元年（一一八四）三月二七日讃岐権守を兼ね、一一月七日には近江権守に遷る。文治二年（一一八六）一二月一五日には権中納言となり、同五年（一一八九）四月五日には正三位、建久二年（一一九一）一二月二八日、従二位、同四年（一一九三）一〇月一七日復任。翌六年一一月一〇日中納言に転じ、同八年（一一九七）正月三〇日正二位、同一〇年（一一九九）六月二二日には権大納言に昇り、『愚昧記』正治元年（一一九九）一二月一六日には親王宣下を受けた守成親王（順徳）の勅別当となる（『公卿補任』は長仁親王（道助法親王）の勅別当とする、『猪隈関白記』も守成の勅別当とする）。建仁二年（一二〇二）七月二三日辞任、按察使となる。承元二年（一二〇八）六月二〇日には出家。同四年（一二一〇）九月二〇日薨去、六四歳。

『兵範記』仁安三年（一一六八）八月二二日条には、僐子内親王の初斎院において、卜定所が定まらず、候補としての泰通邸について、「本家主大納言成通於㆓北対㆒入滅、已雖㆑過㆓十余年㆒、猶有㆑憚歟、被㆑問㆓先例於外記并神祇官㆒、各不㆓分明㆒、仍不㆑召㆑之」とあるが、その後『愚昧記』嘉応二年（一一七〇）四月二三日条には、「卜定所五条坊門高倉少将泰通家也」としており、泰通邸に決まった。この五条坊門高倉邸について、『古今著聞集』606「大納言泰通、狐狩を催さんとするに老狐夢枕に立つ事」では、「大納言泰通の五条坊門高倉の亭は、父侍従の大納言の家にて、ふるき所なり」とされている。そのため、「高倉中納言」「高倉大納言」などと見える。『平家物語』巻一一「内侍所都入」では、内侍所を受け取りに向かう公卿の中に「高倉宰相中将泰通」と見える。

嘉応二年（一一七〇）三月二〇日の後白河院春日行幸の際には、源有房とともに舞人を務めている（『愚昧記』）。笛に巧みであったらしく、正治二年（一二〇〇）一一月三日の雅成親王の五十日の祝いの際、同月二一日の東宮守成親王の著袴の際、同月二七日の土御門天皇の朝覲行幸の際にも笛の役を務めるなど、その事績は多い。五日の蹴鞠の際の上鞠の役を務めた藤原頼輔の言葉として、『玉葉』は「又上鞠有㆓一説㆒、一足三足云々、今度用二足説一了〈又伝二故入道亜相成通一、因レ之譲二其子泰通朝臣一云々〉」と伝える。これは、『古今著聞集』412「安元御賀の時、刑部卿頼輔賀茂神主家平に上鞠の故実を聴く事」で、御賀の際に上鞠を命じられた藤原頼輔が、家平に、「誰にか鞠をばゆづり給ふべき」と問うたところ、頼輔は「少将泰通朝臣にゆづらんずるなり」と答えたという記述と重なる。また『古今著聞集』414「後鳥羽院を御鞠の長者と号し奉るべき由、按察使泰通等表を奉る事」には、

　後鳥羽院は御鞠無双の御事なりけり。承元二年四月七日、この道の長者と号し奉るべきよし、按察使泰通卿・前の陸奥の守宗長朝臣・右中将雅経朝臣、連署して、表を奉りけり。

とあって、後鳥羽院を蹴鞠の長者とする表に、藤原（難波）頼輔の孫である宗長と弟飛鳥井雅経とともに泰通の名が見えており、養父成通の遺風によるか。

後白河院の院司を務めただけでなく（『山槐記』同年三月四日条）、高倉院の側近くにも仕えており、院崩御後、「御共人」のうちに「殿上人泰通」の名が見える（『愚昧記』治承五年（一一八一）正月一四日条）。また寿永元年（一一八二）七月八日には「故高倉仙院御菩提」のために、紀伊国神野真国庄を高雄神護寺に寄進している（「藤原泰通寄進状」『高雄山神護寺文書集成』二〇一七年・思文閣出版、所収）。

【ち】

79 知盛　11

平知盛（一一五二～一一八五）。時に正四位下、左中将、二五歳。平清盛四男、母は時子。平治元年（一一五九）正月七日蔵人（八歳、元院判官代）、同二一日叙爵。永暦元年（一一六〇）二月二八日には武蔵守、応保二年（一一六二）九月二八日、兼左兵衛権佐、長寛二年（一一六四）正月五日従五位上（佐の労による）、仁安元年（一一六六）八月二七日正五位下、同年一〇月一〇日、憲仁親王（高倉天皇）の立坊にともない春宮大進兼任、同月二一日、武蔵

守、春宮大進に中務権大輔を兼ねる。翌二年二月一一日従四位下（大進辞）、同年一二月三〇日には武蔵守を辞し、知重（頼盛子）に譲る。ただし『兵範記』仁安二年（一一六七）正月二七日条には、女御となった建春門院の家司として「中務大輔武蔵守知盛」と見える。翌三年正月六日、白河殿盛子の御給により従四位上。同二月一九日、高倉天皇の昇殿を聴される。同三月二三日左中将、八月四日に正四位下に叙される。治承元年（一一七七）正月二四日には従三位、二六歳。翌二年正月二八日には丹波権守兼任、三年正月一九日には中将を辞して春宮権大夫、右兵衛督となるが、『公卿補任』によれば八月には兄重盛薨去により、権大夫は辞したとある。九月五日には正三位となり、一〇月九日左兵衛督に遷る。翌四年（一一八〇）二月二一日には安徳天皇の即位に伴い、権大夫辞任。同月二五日には新院高倉の厩別当となる。養和元年（一一八一）三月二六日参議となるも、九月二三日には辞任。翌二年三月八日、左兵衛督を辞任、一〇月三日には権中納言に昇る。前参議から中納言に任ぜられるのは特殊であり、『任官勘例』には「自㆓前参議㆒任㆓中納言㆒例」として知盛の名が見える。同六日には勅授帯剣、一一月二三日には建礼門院の御給により従二位に叙される、三一歳。しかし翌寿永二年（一一八三）七月には一門とともに都を落ち、八月六日解官。

仁安二年（一一六七）一〇月二五日の後白河院の日吉社行幸でも「少将知盛」が口取りの役を務めている（『兵範記』）。また翌三年一二月一六日の賀茂臨時祭では舞人を務め、嘉応元年（一一六九）二月五日の皇太后滋子の平野社行啓の際にも舞人を務めている（『兵範記』）。さらに、承安元年（一一七一）一二月二日の徳子入内に際しては、「御在所装束」の行事を務めている（『兵範記』）。

『吉記』寿永二年七月二一日条には、重衡とともに二千騎を率いて瀬田へ向かうなど、平家にあっては主将の役割を果たしたが、元暦二年（一一八五）三月二四日に壇ノ浦で戦死。『吾妻鏡』同年四月一一日条には入水者として名が見える。

○中宮　↓　88徳子

○中宮大夫　↓　98隆季

80忠節　8、22

多忠節（一一一〇〜一一九三）。時に五位、右近将監、六七歳。多忠有（方か）男。仁平二年（一一五二）正月二六日の大臣大饗で右舞人を務めており、将曹であった（『兵範記』）。また『兵範記』仁平三年（一一五三）三月三日条には、「右舞人一者将曹忠節〈楽頭〉」とも見える。

仁平御賀の際には狛光時とともに「右近将曹多忠節、打二奚婁一鼓一相従」とあり、この時は一鼓を打ちながら従う右方の「右近将曹多忠節」（『兵範記』）の姿が見える。また、仁平三年三月一五日の祇園一切経会の際にも「右近将曹多忠節等、打二奚婁一鼓一」（『兵範記』）とあり、同様に一鼓を打っている。保元三年（一一五八）二月二二日の千体阿弥陀堂供養の際も「光時忠節打二一奚婁一参向」（『兵範記』）と見える。

多氏と胡飲酒については、「次に落蹲。……」（26）の項参照。胡飲酒を舞った記事は多く見える。保元三年正月一〇日には、朝覲行幸の胡飲酒賞として「左（右か）**近将監**」（『兵範記』）となり、同年三月三日の平等院一切経会に於いても胡飲酒を披露し（『兵範記』）、仁安二年（一一六七）正月二〇日の朝覲行幸にも「右近将監忠節」が鉾を振る役として参仕、さらに「次左胡飲酒、舞了退入之間、左府又奏レ仰、召二忠節一被レ仰レ賞〈同一階、今度叙位歟〉」とあり、胡飲酒を披露して位階を進められたようである。また、翌三年八月四日の高倉天皇の法住寺御所への行幸の際にも、狛光親とともに「右近同将監多忠節、打レ鼓婆二娑庭上一」とあり、さらには「次奏二胡飲酒一〈右近大夫将監多忠節自レ右渡二左方一」として、胡飲酒の役を務めている。治承三年（一一七九）三月三日の宇治一切経会でも胡飲酒を披露している（『山槐記』）。

『山槐記』安元元年（一一七五）九月一三日条には、童舞の舞人の師の選定に関して次のような記述がある。

童舞二人〈大納言定房卿子、中納言宗家卿子〉、去月十七日被二仰下一了、後聞、大納言之子童師、右近大夫将監多忠節次男将曹景節又付レ之云々。

御賀当日の舞師は忠節のみだが、『定能卿記』は安元二年正月二三日の舞の試楽の際に、忠節とともに「小師景節」（『玉葉』はなし）と記している。

81 長方　2、5、20、27

藤原長方（一一三九〜一一九一）。時に正四位下、蔵人頭、右大弁、三八歳。従二位権中納言皇后宮権大夫藤原顕長一男、母は権中納言藤原俊忠女俊子、本名憲頼。久安二年（一一四六）七月一〇日蔵人、八歳。「元一院判官代」とあり、すでに鳥羽院の判官代であった。同年八月二日には従五位下に叙される。白河院女御道子の未給分であった。久寿二年（一一五五）九月一三日には丹波守となり、一一月二一日には従五位上となる。大嘗会の丹波国司の賞であった。保元元年（一一五六）一〇月二七日には徳大寺公能女忻子の後白河中宮冊立に伴い、中宮権大進を兼ねる。忻子は長方の従姉であり、また弟徳大寺実定の室は長方の姉妹であった。翌二年一〇月二二日には正五位下（造内裏丹波国賞、『兵範記』は温明殿とする）に叙され、一一月七日には三河守に遷る。翌三年（一一五八）二月一三日には皇后宮権大夫（皇后宮は忻子）。一〇月一二日には三河守を止めらる。弟顕朝を常陸介に申任するためであった。平治元年（一一五九）五月一日蔵人、二一歳。一一月一〇日には丹波権守を兼ねる。大嘗会国司の除目であった。応保元年（一一六一）九月一五日には右少弁となり、長寛元年（一一六三）四月一九日には権大進を辞官。永万元年（一一六五）六月二五日には新帝六条の蔵人。八月一七日には権左少弁に転じ、仁安元年（一一六六）六月六日には左少弁。八月二七日には右衛門権佐を兼ねる。父顕長の権中納言辞職による申任であった。九月一日には使宣旨を蒙り、仁安二年（一一六七）正月三〇日には左中弁に進み、同日左衛門権佐。同年閏七月一二日には従四位下に叙される。後白河院の平治元年の御給であった。一〇月一八日には父の服解。一二月一三日には復任。嘉応元年（一一六九）四月二八日には従四位上に叙される。行幸院賞、院司であった。翌二年正月一八日には左中弁に進み、二月三日には率分所勾当並びに装束使。三月二四日には正四位下に叙される。春日行幸行事賞であった。一二月三〇日には蔵人頭。翌三年（一一七一）正月三日の高倉天皇の元服儀では装束司を務め（『玉葉』）、四月七日には左宮城使を務める。改元あって承安元年一二月二日の清盛息女徳子の入内に際しては御装束の行事を務めた。安元元年（一一七五）一二月八日には右大弁となり、翌二年一二月五日には参議に昇る、三八歳。翌三年正月二四日には備後権守。一二月一七日には従三位に叙せられたが、『玉葉』によれば蓮華王院五重塔造立御斎会の賞。上西門院の御給である。治承二年（一一七八）四月に従三位左大弁俊経と座次の相論があり、「三位参議の下﨟は散三位の上位」と決したため、右大弁長方が左大弁俊経の上﨟となった（『百錬抄』同月一二日条）。治承三年（一一七九）九月五日には正三位。石清水加茂行幸行事賞であった。このとき、上席であり高倉天皇の侍読であった俊経を越えたことについて『玉葉』は「俊経被〻超〻越長方〻了、御侍読如何如何」（同年九月六日条）としている。一〇月九日には左大弁に転じる。翌四年二月二一日には新院高倉の別当となる。翌五年（一一八一）三月二六日には近江権守を兼ね、一二月四日には権中納言に進む、四三歳。参議六年の労であった。寿永二年（一一八三）一二月二二日には従二位に叙されるが、元暦二年（一一八五）六月二四日、所労の長方に九条兼実が使者を送ったところ、長方は「前後不覚」のため面会できず、息男宗隆が対応したが、その病状については「大略必死云々」とあり、「可〻惜〻可〻惜」とする。翌二五日出家、四七歳。中風であった。兼実は「伝聞、長方今日出家入道云々、大震占文云、豪傑之士可レ慎レ之、長方雖レ不レ及二豪傑一、当世之名士也、朝廷之失レ臣、公之巨損、何事如レ之哉」とその出家を惜しんでいる。文治三年（一一八七）七月二三日には「長方入道所労、忽以獲麟」（『玉葉』）とあり、建久二年（一一九一）三月一〇日（『公卿補任』は二月）薨去、五三歳。訃報に接した兼実は「去夜、入道中納言長方入滅云々、末代之才士也、又詩人也、可レ惜可レ哀」（『玉葉』同年三月一一日条）とする。

剛直な人物であったらしく、『源平盛衰記』巻一七では、治承四年六月の福原遷都の際、長方は都に残り「留守中納言」と呼ばれたとする。また『続古事談』六〇には、旧都と新都について、清盛を恐れて新都を褒めるものが多い中で長方のみ新都を批判したという話を載せる。それに対して清盛も「長方卿は、事の外に物おぼえたる人也。たやすく人に超越せしむべからず」と述べたとする。また幽閉されていた後白河院と流罪にされていた松殿基房について、『玉葉』には「或人云」として、「去晦日院殿上定、左大弁長方奉レ宥二法皇一、可レ被三召二返松殿一之由、再三令レ申、人々更以不レ同レ之云々、長方猶公人也、不レ諛二時勢一吐二直言一、感而有レ余、誠是諫諍之臣也、可レ謂レ直可レ謂レ直」とあって、法皇の院政再開と基房の還京を進言していたらしく、兼実もそうした長方を「諫諍之臣」と称賛している。基房は同月一六日に都へ帰っている。安元三年四月、叡山の大衆が藤原師高の流罪を要求して院御所法住寺へ押し寄せてきた際にも、「大衆已如二凶徒一忽有二裁許一者」と、一旦は叡山に対して強硬な意見を述べている。また、寿永二年（一一八三）一二月八日、平家や山門の動きが不穏な頃、平家追討のために院の同行を求めた木曾義仲に対し、翌日、長方が使者を送って義仲を説き、これを延引させている。兼実は「猶長方賢名之士也」（『玉葉』）と評価するなど、同様の逸話は多い。

公事に長け、安元三年（一一七七）正月二五日の除目では清書上卿を務め（『玉葉』）、治承四年（一一八〇）一二月二〇日の除目、翌五年正月五日の叙位でも執筆を務め（『玉葉』）、寿永三年（一一八四）正月一日の小朝拝では外弁の上首も務めている（『玉葉』）。『続古事談』五七に、藤原隆季がある人に行幸に「幸」の字が入る理由を聞くと、傍らにいた長方が「天子行処必有レ幸」（『蔡邕独断』か）という典拠を示したという話も、そうした長方の才を伝えるものだろう。また同書五一では、陣定の定文を物する人物として古人に藤原通俊、大江匡房が挙げられ、「ちかごろ当座にあげたる人」として、藤原俊憲、藤原実守と長方の名が挙がっていることも、有職に長じた人物であったことを伝える。御賀では行事を務めた（『玉葉』安元二年三月八日条）。日記に『禅中記』がある。

『続古事談』二二は、大江匡房が後三条天皇を大江佐国ほどの学生であったと評したことを聞いて長方が涙を流したという話を載せている。それは「国王の、さほどの学生にておはしましけん事を感じてなり」ということであったが、文人としての長方を評価するものであろう。『古今著聞集』131「高倉院、中殿にて御作文の事」には、治承二年（一一七八）六月一七日に高倉院が廷臣を集めて詩会を催したが、そこには長方が呼ばれなかったらしく、

　そもそも今度の文人、めでたく選びめされたるに、右大弁長方もれにける事、人々あやしみあへり。いかなることにかおぼつかなきことなり。右大弁、この事をうらみて、病と称して参議・大弁両職を辞し申しけり。げには、病まざりけるとかや。天気不快なりけるとぞ。

とする。『玉葉』も「右大弁長方漏二清匱一、世人為レ奇者也、子細可三尋二記之一」とする。中村文は同年四月の俊経との相論の影響かとする。ただし、長方が大弁参議を辞職した事実は確認できない。『和漢兼作集』にその詩が載っており、『新撰秀句』三巻（『本朝書籍目録』、散佚）を撰したという。

祖父顕隆（「世には夜の関白など聞えし」、『今鏡』「すべらぎの中第二釣せぬ浦々」）は白河院の側近として知られ、父顕長は後白河院の近臣であった。『平治物語』『愚管抄』によれば、平治の乱後、院は一時顕長邸にあったという。『玉葉』寿永二年一一月一七日条には、「他公卿近習、両三輩之外、無二参入之人一云々、可二弾指一可二弾指一、長方卿一人参入、悲泣而退出云々」とあり、法住寺合戦の直前に摂政基通の他は殆どの公卿が参入しない中、長方は参っている。藤原信西の女を妻とした。

梅小路中納言（『玉葉』養和二年〈一一八二〉四月一〇日条）、八条中納言（『玉葉』元暦二年〈一一八五〉六月二四日条）と呼ばれた。『千載集』以下の勅撰集に四一首入集。『百人秀歌』には「権中納言長方」として「きのくにのゆらのみさきにひろふてふたまさかにだにあひみてしがな」が載る。御子左家とは縁戚で、藤原俊成の甥にあたり、定家は従兄弟。家集に『長方集』がある。

82　朝方　2

藤原朝方（一一三五～一二〇一）。時に正三位、参議、皇太后宮権大夫、阿波権守、四一歳。中納言正三位藤原朝隆の一男、母は中納言藤原顕隆女。永治元年（一一四一）一一月二七日に蔵人（元院判官代）となり、一二月二日に叙爵（高陽院臨時御給）。康治二年（一一四三）正月二七日には淡路守、久安三年（一一四七）一二月二九日重任。翌四年正月五日には従五位上に叙せらる。高陽院当年御給であった。仁平元年（一一五一）二月二日には近江守となり、同三年正月二日には、正五位下（行幸院賞、判官代）。同月二三日には近江守重任。保元二年（一一五七）正月二四日には春宮権大進を兼任（近江守留任、東宮は守仁親王）。同年三月二六日には左少弁（大進留任）となる。近江守は同日停止し、弟朝雅がこれに替わる。同月一一日には守仁践祚に伴い、大進停止。同日新帝二条の蔵人となる。平治元年（一一五九）一〇月三日、服解（父）。一二月一五日には復任。永暦元年（一一六〇）一〇月三日には右中弁となり、同月四日には従四位下に叙される。大嘗会悠紀国司賞であった。翌二年二月一八日には従四位上（春日行幸行事賞）に叙され、七月二三日には兼任造東大寺長官。応保二年（一一六二）二月二三日には正四位下（日吉行幸行事賞）。長寛三年（一一六五）正月二三日には左中弁となり、永万元年（一一六五）七月二七日の六条天皇即位に際しては左方の行事を務める（『山槐記』）。八月一七日には右大弁に進み、翌二年六月六日には蔵人頭、三二歳。仁安元年（一一六六）一一月一六日には右大弁を解官され、蔵人頭も停止される。五節への不参が原因であった。

翌二年二月一一日、従三位。待賢門院の保延三年の御給であった。同年一二月一三日には皇后宮権大夫（皇后は後白河妃藤原忻子）となり、翌三年（一一六八）八月四日には正三位に叙せらる。院司であり、行幸院賞であった。承安二年（一一七二）二月一〇日には忻子が皇太后宮となったのに伴い、皇太后宮権大夫。同五年（一一七五）一一月二八日には参議（一二月八日に皇太后宮権大夫）、四一歳。安元二年正月三〇日には兼任阿波権守。翌三年九月六日には大夫に転じる。治承三年（一一七九）一〇月一〇日には権中納言、四五歳。同五年（一一八一）二月二四日には大夫を辞し、一一月二八日、従二位に叙される。寿永二年（一一八三）正月二一日には正二位。行幸院賞（別当）であった。同年四月五日には中納言に遷る、四九歳。しかし一一月二八日には木曾義仲と後白河院の対立により、摂政基通以下多くの近臣と共に解官。翌三年九月一八日には還任。文治二年（一一八六）一二月一五日には按察使を兼任、文治四年（一一八八）一〇月一四日には権大納言に昇る、五四歳。一一月には勅授帯剣。翌五年四月一三日には、源義経に与したとされ解官されるが、閏四月五日に出仕をゆるされ、九月三日には本座。建久二年（一一九一）一二月三〇日、按察使には復すが、建仁元年（一二〇一）二月一五日出家、翌日薨去、六七歳。

　後白河院の近習として活躍した。『玉葉』承安四年（一一七四）六月一五日条によると、朝方は二位中将兼房の車副を拘束、一方兼房も朝方の牛飼童を捕らえたところ、朝方は大いに激怒して院へ訴えたという。兼実は朝方を「自レ本有二白物《シレモノ》之聞一者也」と評している。また同書治承五年三月六日条には、「又出雲重任、朝方卿知行国也、件卿、日来院御蟄居之間、頻奉二音信一之由、有二其聞一、今於レ事有二哀憐一、顕二其験一歟」とあり、後白河院幽閉の時も近くに候していたらしい。こうした朝方について兼実の評は厳しく、寿永三年（一一八四）正月二七日条には、一ノ谷の平家との合戦を勧める朝方を「近習卿相等和讒歟云々、所謂朝方、親信、親宗也、小人近レ君、国家擾、誠哉此言」と断じている。また元暦元年（一一八四）九月一九日条にも「前中納言朝方〈朝家無二其要人一也〉」とし、朝方の任大納言についても不満を漏らしている。

一方で能書家として知られ（『夜鶴庭訓抄』）、仁安二年（一一六七）六月一六日の法住寺不動堂供養の願文や翌三年一一月四日の大嘗会の斎場の額、嘉応元年（一一六九）六月一七日の後白河院出家の報書などの清書をしている。また『古今著聞集』98「保元三年の正月、長元以来中絶の内宴再興の事」には、藤原周光の弟子として記されている。『梁塵秘抄口伝集』には今様の相手としては記されないが、美濃青墓の傀儡女「さはのあこ丸」という上手が上洛して朝方の邸にいたという記述が見える。

「三条」「堤大納言」などと号した。また出雲国の知行国主（息朝隆が出雲守）であったため「出雲三位」（『玉葉』承安四年〔一一七四〕七月二七日条）とも称した。子孫は勧修寺流と称す。

【つ】

83 通資　11

源通資（生年未詳～一二〇五年）。時に従四位上、左少将、美作介。正二位内大臣雅通二男、母は美福門院女房、典薬助藤原行兼女。保元三年（一一五八）四月六日叙爵。長寛三年（一一六五）五月九日侍従、永万元年（一一六五）一二月三〇日昇殿。翌二年一〇月二日従五位上、仁安三年（一一六八）八月四日には正五位下に叙せられ、翌四年正月一一日には阿波権介。嘉応元年（一一六九）四月一六日には**左少将**となる。翌二年一一月九日には従四位下となり、翌三年（一一七一）正月一八日には丹波権介兼任、承安二年（一一七二）正月二三日には**従四位上**となる。同五年（一一七五）正月二二日には**美作介**も兼ねるが、二月二七日に父雅通の薨去により服喪。四月二七日には右（左か）少将、美作介に復任する。治承二年（一一七八）正月五日には正四位下、養和元年（一一八一）一一月二八日には左中将に転じ、翌二年三月八日には加賀権介を兼ねる。寿永二年（一一八三）一二月一〇日には蔵人頭、元暦元年（一一八四）一〇月には禁色を聴される。翌二年六月一〇日には参議（蔵人頭は辞し、左中将は兼任）に昇る。文治二年（一一八六）二月三〇日には周防権守、翌三年正月二三日には従三位に叙せらる。文治六年（一一九〇）七月一七日には権中納言に昇り、一二月一四日には正三位。建久四年（一一九三）一一月二一日には勅授帯剣、同六年（一一九五）四月七日には従二位、同八年（一一九七）一二月一五日には左衛門督となり、同日検非違使別当も兼ねる。翌九年九月一二日には大嘗会御禊次第司御前長官に補せらる。翌一〇年（一一九九）六月二二日には権大納言に昇り、正治二年（一二〇〇）正月五日には正二位となるが、元久二年（一二〇五）七月八日薨去。

治承二年（一一七八）正月四日の朝覲行幸では楽行事を務めている（『山槐記』）。また、治承三年（一一七九）のクーデターの結果、関白となった基通の参賀が一二月一四日に行われたが、その楽の際には「末拍子」を担っている（『山槐記』）。『山槐記』治承四年（一一八〇）四月二六日条には石清水臨時祭での舞人を務めることになったことを記している。「五位時勤㆓舞人㆒」とあるため、以前も務めたらしい。ただし、同書の五月六日条によれば不参であったらしく、「臨時祭還立不参舞人有㆓勘事㆒、殿上二人、左少将通資、蔵人左近将監親家可㆑処㆓召籠㆒」とする。

84通親　11、28

源通親（一一四九〜一二〇二）。村上源氏。時に正四位下、右中将、二七歳。正二位内大臣右大将源雅通一男、母は美福門院女房、典薬助藤原行兼女。保元三年（一一五八）八月五日、叙爵。応保元年（一一六一）一〇月一九日治部権大輔、長寛三年（一一六五）正月五日従五位上に叙せらる。仁安元年（一一六六）一一月一三日正五位下となり、翌二年二月一一日右少将、禁色を聴される。翌三年（一一六八）正月五日、少将の労により従四位下となり、さらに同月一一日加賀介を兼任。同年二月一九日新帝高倉の昇殿を許される。同年三月二六日には従四位上、八月四日には**正四位下**、嘉応三年（一一七一）正月一八日には**右中将**に転じる。安元三年（一一七七）正月二四日には中将の労として加賀権介を兼ね、治承二年（一一七八）一二月二五日には東宮言仁親王（安徳）の昇殿を許される。

翌三年正月一九日には蔵人頭に任ぜられ、一二月二四日には兼任中宮権亮、翌四年（一一八〇）正月二八日には参議に昇り、左中将に転じる。二月二五日には新院高倉の別当にも補せらる、三二歳。翌五年正月五日、新院御給として従三位に叙せられ、三月二六日には播磨権守を兼任。一一月二五日には中宮徳子へ院号宣下があり、中宮権亮を辞す。寿永二年（一一八三）正月七日には正三位に叙せられ、元暦二年（一一八五）正月二〇日には権中納言に昇る。文治四年（一一八八）七月には、一七日に薨じた源定房に替わり、淳和院奨学院の別当となる。翌五年正月七日には正二位となり、七月一〇日には右衛門督を兼任。翌六年（一一九〇）七月一七日には中納言に転じ、一八日左衛門督を兼任、検非違使別当となるが、建久二年（一一九一）二月一日には、男通宗を右中将とするため、別当を辞任。建久四年（一一九三）一二月九日には、男通具を右少将とするため、左衛門督を辞す。建久六年（一一九五）一一月一〇日には権大納言、同九年（一一九八）には孫為仁親王（土御門天皇）が即位し、通親は後院別当となる。翌一〇年正月二〇日右大将兼任、六月二二日には内大臣に昇る、五一歳。右大将はそのまま。正治二年（一二〇〇）四月一二日、東宮傅（東宮は守成親王、後の順徳天皇）を兼ねるも、建仁二年（一二〇二）一〇月二一日薨去、五四歳。

平教盛女を妻として、親平家公卿として活動し、徳子の入内の際には装束の行事を務めている（『兵範記』承安元年（一一七一）一二月二日条）。後には後鳥羽院乳母卿二位の妹範子を妻とし、土御門天皇の外祖父として権勢を振るった。九条兼実とは長く対立したが、関白のような通親の振る舞いを「源博陸」（『玉葉』建久九年正月七日条）と評している。

『古今著聞集』131「高倉院、中殿にて御作文の事」では、治承二年六月一七日の会に「通親朝臣」として加わっており、高倉院崩御後は『高倉院昇霞記』を記して哀悼の意を表す。『千載集』以下の勅撰集に三二首入集しており、男通具とともに和歌所寄人となるなど和歌にも巧みであった。嘉応二年（一一七〇）には歌合を主催し、自邸で影供歌合を催すなどの和歌活動が知られる。また、通親の死について、源家長は、「よのなげきはさる事にて、和歌のみち是につけても陵遅しなんずる事の、我身ひとつのなげきとのみ覚え侍る」（『源家長日記』）として、生前歌合などにも積極的に加わり、その様子を「またなく心に入りておはせしものを」（『源家長日記』）と惜しんでいる。仁安三年（一一六八）四月三日の石清水臨時祭では舞人を務めている（『愚昧記』）。

85 通盛

平通盛（生年未詳～一一八四）。時に正四位下、越前守。権中納言平教盛男、母は皇后宮大進藤原資憲女。平治二年（一一六〇）正月一六日蔵人（本名公盛）、二月一七日従五位下。長寛二年（一一六四）正月二三日には中務大輔となり、永万元年（一一六五）一〇月二日兼任常陸介、教盛の能登守辞任による任官。一二月三〇日には従五位上となり、仁安元年（一一六六）一〇月二一日兼任左兵衛佐（中務大輔は辞任）。同三年（一一六八）三月一五日正五位下、五月一三日左兵衛佐兼任能登守。八月四日には従四位下（院判官代）となり、嘉応元年（一一六九）二月二〇日の後白河上皇の石清水八幡御幸には院司として加わっている（『愚昧記』同日条）。また承安元年（一一七一）一二月二日の徳子の入内定では「御座幷所々鋪設」の行事となっている（『兵範記』同日条）。翌二年正月一九日に従四位上となり、三月二九日には正四位下、安元二年正月二〇日には越前守に遷るが、治承三年（一一七九）一〇月九日にはふたたび能登守。一〇月二一日には中宮亮を兼ねる。『山槐記』同年一〇月二一日条には「中宮亮平通盛〈去春任二保盛朝臣一、依二所労一不レ仕辞申歟〉」とあって、当初は頼盛男保盛が任ぜられたらしい。同年一一月一八日には再度越前守となり、養和元年（一一八一）八月一五日には同守を辞し、桓武平氏高棟王流基親の子親房に譲っている。『玉葉』同日条はこの人事について「此中、親房事不レ得レ心、通盛為二国司一下向、忽被レ任二他人一、如何如何、可レ尋也」としている。寿永二年（一一八三）二月二一日従三位（行幸院賞）、建礼門院の別当であった。八月六日には除名。翌三年二月の一ノ谷合戦で戦死。『玉葉』同年二月一三日条には通盛の首が入京したことを伝えている。

『平家物語』や『建礼門院右京大夫集』では通盛の後を追って入水した小宰相との物語で著名。類従本には計三ヶ所登場するが、定家本には一ヶ所もない。また『玉葉』『定能卿記』にも見えない。

【て】

86定能　8、12、15、16、24、27

藤原定能（一一四八〜一二〇九）。時に正四位下、左近衛権中将（『定能卿記』『玉葉』は左近衛中将）、加賀権介、二九歳。従三位季行二男、母は正二位内大臣藤原宗能女。『尊卑分脈』には「為二外祖父子一云々」とあり、外祖父宗能の猶子であった。安元元年（一一七五）九月一三日に御賀の人選があり、篳篥の担当として「左近衛権中将藤原定能朝臣〈故従三位季行卿一男〉」（『山槐記』）とある。仁平二年（一一五二）正月叙位、保元二年（一一五七）正月右兵衛権佐、同年三月には丹後守、一一月二一日には従五位上。応保二年（一一六二）二月二五日には正五位下となり、長寛三年（一一六五）正月二日には従四位下、永万二年（一一六六）正月一二日、従四位上。仁安二年（一一六七）正月三〇日、**正四位下**となり、播磨権介兼任。『公卿補任』には「少将労」とある。『山槐記』永暦元年（一一六〇）一一月二三日条には舞人として「左少将定能」と見える。嘉応三年（一一七一）正月一八日**左中将**、承安二年（一一七二）正月二三日**加賀権介**、安元二年一二月五日には蔵人頭となる。治承三年（一一七九）正月一九日、蔵人頭を退き参議、三二歳。同年一一月の政変により解官（『玉葉』）、以降「籠居」（『公卿補任』治承四年〔一一八〇〕「去年十一月以後中将籠居也」）していたが、翌四年正月二四日に朝参を聴されている（『玉葉』）。また参議の労として正月二八日、加賀権守。養和元年（一一八一）正月五日従三位。翌二年三月八日には再び左近衛権中将、寿永二年（一一八三）正月七日正三位、翌三年九月一八日には権中納言となる、三七歳。文治三年（一一八七）には従二位、文治五年（一一八九）正月七日には正二位となり、七月一〇日、中納言兼任左衛門督。建久元年（一一九〇）七月一八日には娘婿である源定忠を左少将とするために、左衛門督を辞任。建久四年（一一九三）一一月、母の服解。翌五年正月三〇日には権大納言。建久九年（一一九八）正月三〇日には、子息資家を右少将とするため辞職、五一歳。建仁元年（一二〇一）二月二二日出家、法名定阿、五四歳。承元三年（一二〇九）八月二二日薨去。樋口大納言、清瀧とも号した。

父季行同様、篳篥に巧みであったらしく、仁安二年正月二〇日、東宮であった憲仁（高倉天皇）の、父である後白河院の法住寺への朝覲行啓の際にも篳篥の役を務めており（『兵範記』同日条）、こうした例は多い。また『古今著聞集』131「高倉院、中殿にて御作文の事」にも御遊の際、「頭の中将定能朝臣、篳篥をふく」と見え、同書690「承安二年五月、東山仙洞にして公卿侍臣以下を左右に分ちて鵯合せの事」にも「右中将定能朝臣、篳篥をふく」と見える。『尊卑分脈』には「神楽秘曲相承一流也」とあり、諸芸に勝れていたようであるが、『梁塵秘抄口伝集』には「昨日今日」の弟子として分類され、

定能、声無下に不足にて、あるべくも無かりしかど、責め嗄らして、殊の外に声遣ひ心得て、振などは確かに、忘れず。前払ふ程にはあり。

とされる。声量が足りなかったが、「責め嗄らして」からは、声遣いを心得、実力をつけたとしている。

後白河院の近臣として活躍し、『玉葉』には「伝奏之人〈定能朝臣〉」（安元三年（一一七七）正月一四日条）と見える。妹が兼実室として良通、良経を生んでおり、後白河院との仲介の役を果たしたとされる。また、『山槐記』には、忠親のもとを定能がたびたび訪れていたらしく、「晩頭新宰相中将〈定能〉被二来入一、談二公事之間事一」（治承三年四月二日条）、「秉燭之後藤宰相定能来入、被三尋二問公事間事一」（治承四年三月三〇日条）、「入レ夜左宰相中将

〈定能〉、被二光臨一、被三尋二問公事作法一」（元暦元年〔一一八四〕八月二九日条）とあって、「公事」やその「作法」について、積極的に学んでいる。著書に『羽林要秘抄』『四節八座抄』があり、『定能卿記』は定能の日記『心記』から安元御賀の記事を抜き出した部類記である。

『篳篥師伝相承』では父季行から相承している。また、『神楽血脈』には「又多好方為二弟子一。至二宮人曲一究二淵源一。又大納言資賢卿為二聟君一。受二源家説一。又内大臣宗能公為二猶子一。受二藤家説一」と見え、岳父源資賢と外祖父（養父）宗能の説を受けていた。松島周一「院伝奏としての藤原定能―後白河院と藤原兼実の交渉をめぐる断章―」（『年報中世史研究』二二号・一九九七年）参照。

87 定房　2、23

源定房（一一三〇～一一八八）。村上源氏。時に正二位、大納言、四七歳。権中納言雅兼の四男、母は大納言源能俊女。源雅定の猶子となる。保延三年（一一三七）正月五日従五位下（禎子内親王御給）、康治二年（一一四三）正月六日には従五位上。翌三年正月二四日侍従となり、久安四年（一一四八）七月一七日正五位下。皇后宮（美福門院）の御給、法性寺行幸賞である。同年一一月一三日右近衛権少将、翌五年三月一八日には兼任讃岐介。四月一五日には左近衛権少将に遷り、翌六年（一一五〇）正月六日にはその労により従四位下。仁平元年（一一五一）七月二四日には右近衛少将。翌二年正月三日には従四位上となる。行幸院賞、美福門院の御給であった。同四年（一一五四）正月二三日には備中権介を兼任、久寿二年（一一五五）正月六日には正四位下（美福門院御給）。同年九月二三日には春宮権亮を兼任（東宮は守仁）。保元元年（一一五六）九月一七日には左近衛権中将に転じ、同年一一月二八日には蔵人頭（兼任中将）。翌二年一〇月二七日には参議（左中将春宮権亮兼任）、二八歳。翌三年（一一五八）には美作権介を兼ねる。八月一一日には守仁践祚に伴い、春宮権亮を停止、一二月一七日には従三位に叙せらる。即位に伴う叙位であった。しかし翌四年四月二日には、朔日旬に理由なく参じなかったことにより解官される。永暦元年（一一六〇）正月二一日には更任、左中将にも戻される。八月一一日には権中納言、三一歳。翌二年正月二五日には正三位、応保二年（一一六二）五月二七日、養父雅定薨去により服解、九月一三日には復任する。長寛二年（一一六四）一一月二五日には中宮権大夫を兼任（中宮は応保二年に立后した育子）、八月一九日には帯剣。翌三年正月二三日には従二位となる。永万二年（一一六六）六月六日には左衛門督を兼ね、七月一五日には権大納言となる、三七歳。一〇月一五日には正二位。仁安三年（一一六八）八月一〇日には大納言に転じる、三九歳。承安二年（一一七二）二月一〇日には、育子が皇后宮となったのに伴い、中宮権大夫から皇后宮権大夫となるも、翌三年には育子の崩御により停止。『御産部類記』『平家物語』巻三「公卿揃」によれば、治承二年（一一七八）の安徳天皇誕生に参集した公卿の一人である。文治四年（一一八八）六月一九日に病（腫物）により出家、七月一七日薨去、五九歳。

二条天皇中宮で六条天皇養母の育子の中宮権大夫を、長寛二年から承安二年まで九年務め、平徳子冊立の後は皇后宮となった育子に従って、皇后宮権大夫となり、承安三年八月に育子が崩ずるまで続いた。仁平御賀には舞人として加わっており、八月二九日には「輪台青海波」（『兵範記』）を舞っている。また、大歌所別当も勤めた（『兵範記』承安元年〔一一七一〕一一月、仁安二年〔一一六七〕一一月一六日条）。『千載集』にのみ二首入集。堀川大納言と号した。

○天皇　↓　38高倉天皇

【と】

○**藤大納言**　→　**50実国**

○**統子**　→　**61上西門院**

88徳子　3、15、18

平徳子（一一五五?～没年未詳）。父は平清盛、母は平時信女時子。時に中宮。生年については諸説あり、『平家物語』諸本は保元二年（一一五七）とするが、『山槐記』治承二年（一一七八）六月二八日条に「御年廿四」とあることから久寿二年（一一五五）となる（『女院記』は同年）。承安元年（一一七一）一二月二日、従三位、入内定があった。重盛の猶子（『玉葉』同年一二月二日条）、後白河院の猶子としての入内であり、「待賢門院例」（『玉葉』一一月二八日条）と伝える。待賢門院璋子が白河院の子として従兄弟である鳥羽天皇に入内したことに倣う。ただし「彼例頗不二相叶一之由、世以傾レ之云々」（同日条）とも伝えられている。また入内にともない、藤原永範によって「徳子」の諱が択ばれた（『兵範記』同年一二月二日条）。同月一四日高倉天皇に入内、二六日には女御、一七歳。翌二年二月一〇日には**中宮**。『玉葉』によれば治承二年（一一七八）六月六日には懐妊が知られ、二八日には着帯、八月一六日には御産のために内裏を退出し、「中宮御所」へ入る。中宮御所は六波羅であった（『玉葉』治承二年一〇月二七日条）。徳子の御産平癒の祈禱が行われるなか、同年一〇月七日には後白河院が密かに御幸あって、「令レ奉二護一身宮一給」（『山槐記』）とする。また同月一一日にも院の御幸があった（『山槐記』）。二七日には後白河院は鳥羽殿にあったが、御産の様子が見られ、「聞二食此気色一」（『山槐記』）て還御。翌二八日には「昨日所レ被二造始一等身不動大威徳」（『山槐記』）を送る。一一月一二日には言仁親王誕生。『平家物語』では御産に際して自ら祈禱をし、あらわれた怨霊に対して「みなわが朝恩によッて人となッし物共ぞかし。たとひ報謝の心をこそ存ぜず共、豈障碍をなすべきや。速にまかり退き候へ」（巻三「御産」）と述べている。後白河院は同日朝より六波羅にあり、誕生のことを中宮大夫時忠を通じて、関白基房に告げている。一五日にも中宮の産所へ院の御幸があったが、前日にそのことを聞いた兼実は、「明日法皇可レ幸二中宮御所一云々者、大略三十日可レ被レ忌之儀、有二変改一歟。素不レ被二甘心一事也」（『玉葉』治承二年一一月一四日条）として、御産四日目の御幸を非難する。言仁には翌月八日に親王宣下があり、一五日には立太子、二二日には中宮が内裏に還御（『玉葉』）。治承四年（一一八〇）二月二一日に言仁が即位（安徳天皇）。翌五年（一一八一）正月一四日、高倉院崩御。その直前、徳子を後白河院へ入内させようとする動きがあり、清盛や時子も承諾したようであったが、徳子は「枉被レ仰二出家一事已切」（同年正月一三日条）として、拒否した。一一月二五日には院号を受けて建礼門院。議定で多くの公卿が「建礼門院」を推し、最終的には後白河院が決定した（『吉記』同日条）。『後宮略伝』には「于レ時重服。重服之時院号之例」とあり、夫高倉院の服忌中の院号決定として特筆する。養和元年（一一八一）一二月一日には女院の殿上始。寿永二年（一一八三）七月二五日には安徳天皇とともに平家の都落ちに同道。元暦二年（一一八五）三月の平家滅亡後、帰洛する徳子の扱いについて、後白河院が兼実にその居所について尋ねている。その際、「武士之家」に置くべきかの下問に対して「被レ付二武士一事、一切不レ可レ候。古来、女房之罪科不レ聞事也。可レ然片山里辺可レ被レ座歟」（『玉葉』元暦二年四月二一日条）としている。四月二七日に帰洛、二八日には「吉田辺」（『玉葉』）に渡御。五月一日には大原の本成房を戒師として出家した（『吉記』）。『女院小伝』、『大乗院日記目録』第一は法名を真如覚と伝える。『平家物語』では文治二年（一一八六）四月に大原寂光院に閑居する徳子を後白河院が訪ねる、いわゆる大原御幸が描かれ、『閑居友』下―八にも同様に見える。また猪瀬千尋は『陰陽博士安倍孝重勘進記』の記事から、これを史実とする（「文治二年大原御幸と平家物語」『中世文学』六一号・二〇一六年六月）。没年については諸説あり、読み本系『平家物語』は貞応二年（一二二三）、三年（一二二四）、語り本系『平家物語』は建久二年（一一九二）、『女院記』などの史書は建暦三年（一二一三、建保元年）である。また没した地についても、延慶本は法性寺、長門本・『源平盛衰記』は寂光院、四部合戦状本は東山鷲尾、語り本は大原、などとする。

【な】

○内　↓　38高倉天皇

○内大臣　↓　41師長

【の】

89能成　15

藤原能成（生没年未詳）。時に、蔵人。安元二年正月一一日の女除目に「蔵人能成」（『玉葉』）として出仕している。同年三月八日には、御賀行事藤原長方、藤原光雅とともに、「右衛門尉藤原能成〈六位使〉」（『玉葉』）が「御調度目録」を参入している。また一二月五日の除目にも「**蔵人能成**」（『玉葉』）として出仕している。『山槐記』除目部類によれば、安元三年（一一七七）正月二二日条に「蔵人右衛門尉能成〈二臈秀才、判官也〉」とある。同日の除目に「蔵人能成」（『愚昧記』）として出仕、同年七月七日の法華八講にも出仕していたが、「蔵人能成乍レ候不二罷寄一云々」（『玉葉』）と見える。そして「良久蔵人長俊〈取レ薪、能成遂不レ勤レ之、仍奉行蔵人役レ之云々〉」とあって、役を果たさなかったらしい。そのことについて『玉葉』は、「後聞、能成兼不レ蒙レ催、臨レ期被レ責、而間僕従取レ沓逐電、更非二遁避之儀一云々」としている。一二月一二日の蓮華王院の御塔供養習礼には蔵人として出仕している（『愚昧記』）。翌二年正月五日の除目では、従五位下に叙されたなかに、「藤原朝臣能成〈策〉「蔵人、右門使」」と見え、対策に合格していたらしい。養和元年（一一八一）一二月五日には皇嘉門院の薨去につき、「右衛門尉能成」（『玉葉』）が殿上人や僧都の列の共の役を務めている。

【ほ】

○法皇　→　30後白河法皇

○法親王　→　54守覚法親王

90邦綱　2

藤原邦綱（一一二二～一一八一）。時に正二位、中納言、五五歳。右馬権助藤原盛国男、母は散位藤原公長女。長承四年（一一三五）二月八日文章生。蔵人所雑色を経て、久安四年（一一四八）正月七日には正七位、蔵人（二五歳）。翌五年四月九日には修理権亮、一二月二五日には右衛門少尉。翌六年（一一五〇）正月二九日には使宣旨を蒙る。翌七年正月六日には従五位下。仁平三（元）年（一一五一、一一五三）二月二日遠江権守、一二月四日には中宮少進。久寿元年（一一五四）正月二三日壱岐守（『兵範記』）、翌二年一一月二五日には、中宮権大進（『兵範記』、『山槐記』は中宮大進）。保元元年（一一五六）九月一七日和泉守となる。翌二年八月九日従五位上（東三条殿より還御の高松殿賞）。一〇月二二日には正五位下（造襲芳舎賞）。同月二九日従四位下（造待賢門院賞）、翌三年（一一五八）一〇月二一日従四位上（宇治御幸賞）。翌四年正月六日正四位下（造八省廊賞）、永暦元年（一一六〇）正月二一日兼任

木工頭。二月二八日には越後守に遷る。翌二年四月三日には伊予守に遷り、八月一二日には右京大夫。応保二年（一一六二）正月二七日には播磨守に遷り、同月二九日には中宮亮（中宮は藤原育子か）。永万元年（一一六五）七月一八日には播磨守を辞す。男隆成を備前守とするためであった。同月二五日には蔵人頭。仁安元年（一一六六）正月一二日には参議（蔵人頭中宮亮は辞す）となる、四五歳。同年六月六日には従三位となるも八月二七日には辞職。聟藤原成頼を参議とするためであった。一〇月六日には本座、一〇日には春宮権大夫（東宮は憲仁親王）。一一月三日には正三位（春宮行啓賞か）。翌二年正月三〇日には右京大夫の労により周防権守。翌三年（一一六八）二月一九日には、東宮践祚に伴い権大夫を辞し、一二月一三日には権中納言、四七歳。翌四年正月六日には従二位、嘉応三年（一一七一）四月二一日には**正二位**、いずれも東宮の坊官の賞であった。承安五年（一一七五）一一月二八日には**中納言**に転じる、五四歳。安元三年（一一七七）四月（正月か）二四日には権大納言に昇るが、治承三年（一一七九）七月一二日には辞任、五八歳。同五年（一一八一）閏二月四日に出家。『玉葉』はその理由を「為㆓素懐㆒之上、依㆓所労危急㆒也」とする。同日清盛が没し、同月八日に兼実が典薬頭定成にその様子を問うているが、「此次、問㆓邦綱入道瘡㆒、申云、万死一生、無㆑憑云々」とある。同月二三日に薨去、五九歳。

長く摂関家の家司であったが、皇嘉門院の別当も務めた（『兵範記』保元三年三月三日条）。娘成子を六条天皇の、邦子（別当三位）を高倉天皇の乳母とし、三女輔子（大納言典侍）も清盛男重衡を婿に取って安徳天皇の乳母となる。また、男清邦を清盛の猶子とするなど、親平家派の公卿として活躍した。『玉葉』治承元年一一月一一日条には藤原実定が別当三位邦子を妻に迎えようとし、「依㆓入道相国制止㆒、忽停止、已送㆓迎車㆒、空以帰還、世人嘲哢無㆑極云々」として清盛に制止された旨を記している。

『猪隈関白記』承元三年（一二〇九）六月一四日条には「故大納言邦綱卿文書」が重衡に渡ったとする。仁安三年に摂政藤原基実が没すると、摂関家領を室盛子（白河殿、清盛の女）に相続させたため、藤原兼実に非難されている。『玉葉』治承五年（一一八一）閏二月二三日条には、「邦綱卿者、雖レ出レ自二卑賤一、其心広大也、天下諸人不レ論二貴賤一、以二其経営一偏為二身之大事一、因レ茲衆人莫レ不レ惜、但平禅門滅二亡藤氏一、此人頗与二其事一歟、故有下蒙二神罰一之疑上歟、可レ恐可レ恐」とある。五条東洞院他多くに屋敷を構え、「五条大納言」と号した。また『山槐記』承安元年（一一七一）一一月一二日条には「土御門北、東洞院東」に屋敷を構えていたことが記されており、「土御門大納言」（治承二年（一一七八）正月七日条、『愚昧記』治承元年四月二三日条など）とも。

【ゆ】

○右大臣　→　25兼実

○右大将　→　58重盛

91有盛

平有盛（生年未詳～一一八五）。時に従五位下。内大臣平重盛男、母は右衛門督藤原家成女。『玉葉』安元元年（一一七五）一二月二九日条に「従五位下平有盛〈右大将子〉」とあり、この時叙爵か。治承二年（一一七八）正月五日には正五位下侍従。『玉葉』には「御塔供養中宮御給」とある（『山槐記』も同）。また『玉葉』同年正月二七日条によれば出雲権介を兼任していた。同書養和二年（一一八二）四月二一日条には、「賀茂祭、祭使左少将有盛〈故重盛子也〉」とあって、この間左少将に任官していたらしい。元暦二年（一一八五）三月二四日壇ノ浦に入水（『吾妻鏡』）。

『平家物語』においては都落の際に「小松少将有盛」（延慶本、以下同）と見え、その後九州では資盛、清経とともに「小松新少将有盛」の三人が豊後の緒方惟義のもとへ派遣されている。また、一ノ谷合戦の前哨戦ともいうべき三草合戦でも資盛とともに大将として派遣されるなど「小松殿公達」として扱われている。類従本では一ヶ所のみ登場し、定家本には見えない。『尊卑分脈』には従四位下、右少将、侍従とある。

92 有房　8、16

源有房（生没年未詳）。村上源氏。時に従四位上か、左近衛権少将、周防守。正四位上大蔵卿源師行の男、母は大宮大進藤原清兼女。安元元年（一一七五）九月一三日に御賀の人選があり、笙の担当として「左近衛権少将兼周防守源有房朝臣〈故入道大蔵卿師行朝臣男〉」（『山槐記』）とある。妻が平忠盛の女であったことから親平家とみる説があるが、経歴などからこれに疑問とする説（中村文）もある。『吉記』安元二年四月二二日条には、賀茂祭に供奉した者の中に「内侍典侍〈平瑞子、左衛門督猶子、子師行入道女云々〉」と見える。有房の姉妹が左衛門督宗盛の猶子となり、女官として出仕している。

『山槐記』には平治元年（一一五九）二月一九日の上西門院院司始に殿上人として「但馬守有房」と見え、『平治物語』「源氏勢汰への事」には、信頼方の殿上人として「但馬守有房」と記されている。信頼に与した叔父伏見中納言師仲との関係か。『山槐記』によれば、永暦元年（一一六〇）九月二〇日から翌二年八月二〇日まで侍従として記されており、任官したか。『有房中将集』90詞書に「二条院の殿上にさぶらひしに」とあり、二条院の殿上人であったか。『山槐記』除目部類は仁安元年（一一六六）一〇月一〇日に左近衛府に「権少将正五位下源朝臣有房」とあり、仁安二年八月太皇太后宮亮平経盛家歌合にも「左近権少将有房」と見える。また、仁安三年（一一六八）一二月一〇日と治承元年（一一七七）一二月一二日の弓場始には射手を務め（『愚昧記』）、嘉応二年（一一七〇）三月二〇日の後白河院春日行幸の際には、藤原泰通とともに舞人を務めている（『愚昧記』）。承安二年（一一七二）正月一九日の朝覲行幸の勧賞により従四位上（『愚昧記』）。治承二年（一一七八）正月五日には院御給により正四位下、同年六月二七日には高倉院皇女範子内親王の賀茂の斎院の卜定に際し、勅使となっている（『山槐記』）。同三年三月二六日、都の東北より火が出て、斎院御所も類焼、斎院は有房の妹「典侍」の「冷泉北室町西」の屋敷へ移っている。その後四月九日に初斎院を「冷泉室町西亭」で迎えており、そのままとどまったようである。同年一一月一九日には、賀茂臨時祭で舞人を務めているが、治承四年（一一八〇）一二月七日にも同様に「舞人　四位四人」としてその名が見える。同年四月二〇日には昇殿（『山槐記』）を許された。同年一〇月九日には、「左少将有房朝臣旧都宅群盗入云々」（『山槐記』）とあって、福原へ移った後、旧宅が盗賊に襲われたらしい。翌五年一一月二九日、左中将（『玉葉』）。「周防中将」と号した。長く少将であったため、沈淪の和歌を詠んでおり、『有房中将集』には中将を切望する様子も見える（97・98）。

平家の歌人との親交があり、歌人として多くの歌会に参加したほか、自ら歌合を主催したらしい。『新勅撰集』にのみ二首入集。家集に『有房中将集』がある。

【ら】

93　頼実　8、22、24

藤原頼実（一一五五～一二二五）。時に正四位下、皇太后宮権亮、右近衛中将、美作介、二二歳。従一位左大臣藤原経宗一男、母は正二位行権中納言兼大宰権帥藤原清隆女。長寛元年（一一六三）一二月二七日従五位下（高松院〔二条中宮〕応保元年〔一一六一〕未給分）、禁色。翌二年正月二一日侍従、翌三年正月二三日右少将。永万元年（一一六五）六月二五日の六条天皇即位に伴い昇殿（『山槐記』）。七月一八日右近衛中将、同月二五日には従五位上に叙爵（新院〔二条〕御給）。翌二年正月一二日には兼播磨介（近衛府労）、仁安元年（一一六六）九月二一日復任（母）、

同年二月二一日正五位下（近衛府労）、同三年（一一六八）正月六日従四位下となり（右中将労）、同年三月二〇日皇太后宮権亮（皇太后滋子）を兼ねる。同月二八日には従四位上（皇后宮初入内賞）、同年八月四日正四位下。嘉応元年（一一六九）四月一二日には滋子の建春門院号宣下に伴い、院別当（六人）となる（『兵範記』同日条）。翌二年（一一七〇）正月四日の朝覲行幸では右の第二の楽行事を務めた（『山槐記』）。翌三年正月一三日には朝覲行幸でも楽行事を務める（『玉葉』）。一八日には美作介を兼任（右中将重兼国）。承安二年（一一七二）四月二七日の建春門院平野社御幸では舞人を務め（『玉葉』）、翌三年一〇月には新造の建春門院御願の最勝光院落慶供養では楽行事（右を務めた（『玉葉』同月一七日条）。安元二年正月三日の朝覲行幸では右の楽行事を務め（『玉葉』）、御賀では四日に左舞人を、六日には青海波の輪台を務めた。四日には「禁色人」であったため織物を着していたという（『玉葉』）。この頃建春門院の別当を務めていた（『玉葉』同年六月一八日条）。治承元年（一一七七）一二月一七日の蓮華王院五重塔の供養では右楽行事を務め（『玉葉』）、同三年（一一七九）一一月七日には治承三年の政変により、従三位に叙せられる（右中将兼任）、二五歳。翌四年四月二一日には正三位（安徳即位による中宮〈徳子〉御給）、寿永二年（一一八三）四月五日権中納言（二九歳、右中将辞）、同年一一月一七日には勅授帯剣。同月一九日の法住寺合戦での遭難の様子を『玉葉』同月二二日条は次のように伝える。

又権中納言頼実卿、着二直垂折烏帽子等一逃去之間、武士等不レ知下為二卿相一之由上、引張天欲レ斧処、自雖レ称二其名一、衣裳之体、非二尋常之人一、偽称二貴種一也、猶可レ打レ頸之由、各沙汰之間、下男之中、有二見知之者一、称二実説之由一、仍忽免レ死、武士等相共、送二父大臣之許一云々、大臣憂喜相半、与二纏頭於武士等一云々。

翌三年一〇月六日には兼任左兵衛督、一一月一七日に従二位（国司加階）。元暦二年（一一八五）一二月二五日には、後鳥羽天皇の、父左大臣経宗の大炊御門富小路邸への行幸の賞の譲りを受けて正二位となる。文治元年（一一八五）の新嘗祭では上卿を務め（『玉葉』同年一一月二四日条）、翌二年一二月一五日には右衛門督となり、検非違使別当を兼ねる。この頃後白河院の院司であった（『玉葉』文治三年正月一日条、建久二年正月二七日条には「院司上﨟」とある）。文治五年（一一八九）七月一〇日、中納言に転じた（右衛門督辞）、三五歳。翌六年七月一七日には権大納言（三六歳）に昇り、建久二年（一一九一）三月六日には右近衛大将となる。この頃土佐の知行国主であったか（『山槐記』建久五年（一一九四）正月三〇日条・除目部類）。建久九年（一一九八）三月五日には皇后宮大夫（皇后は範子内親王）を兼ね、一一月七日には任大臣兼宣旨を蒙り、同月一四日右大臣（四四歳、右大将留任）に昇る。翌一〇年正月二〇日には大将を辞し、六月二二日には太政大臣（四五歳）となる。しかし『愚管抄』巻六には、

> カヽル程ニ院ノ叡慮ニ、サラニ〳〵ヒガ事御偏頗ナルヤウナル事ハナシ。タヾヲボシメシモ入ヌ事ヲ作者ノスルヲ、ヱシロシメサズサトラセ玉ハヌ事コソチカラヲヨバネ。カヤウニテアレド内大臣良経ハ、（内大臣ハ）サスガニイマダトラレヌヤウニテオハセシヲ、院ヨク〳〵オボシメシハカラヒテ、右大臣頼実ヲ太政大臣ニアゲテ、正治元年六月廿二日任大臣オコナハレケリ。兼雅公辞退ノ所ニ、左大臣ニ故摂政ヲナシテ、近衛殿ノ当摂政ナルガ嫡子、当時ノ殿ヲ右大臣ニナシテ、通親ハ内大臣ニナリニキ。頼実ノ公アサマシク腹立テ、土佐国辞テ入リコモリテ人ニイハレケリ。通親ガ我内大臣ニナラントテシタル事ト思ヒケリ。

とあり、頼実は不服であった。また『明月記』同日条には「人云、太政大臣、不レ被レ仰二可レ任之由一、俄推任、聞二此事一閉門云々、或云、土佐国務同辞レ之、排国上表云々、無二兼宣旨一之条、勝事歟」とあって、兼宣旨のない突然の就任に立腹した頼実は閉門の上、知行国であった土佐の国務も辞退して抗議したようである。建仁二年（一二〇二）一二月二五日には東宮傅（東宮は守成親王、後の順徳）。翌三年には卿二位兼子を妻とする（『明月記』同年一二月三〇日条）。翌四年（一二〇四）正月五日には従一位となり、一二月七日上表。建永元年（一二〇六）一二月五日には兵仗を賜り、承元二年（一二〇八）一二月一七日には東宮守成親王の元服により、太政大臣に還任、五四歳。『猪隈関白記』同日条によれば「前官有レ憚之故」であり、二五日の元服儀では加冠の役を務めた。翌三年正月二一

日に再び上表、承元四年（一二一〇）一一月二五日には守成親王への譲位があり、東宮傅を辞任する。建保四年（一二一六）正月二八日出家（六二歳・法名顕性）、嘉禄元年（一二二五）七月五日薨去、七一歳。六条、又は中山と号し、子孫は大炊御門と称した。

平時忠の女を妻として頼平を儲けており、近しい関係にあった。寿永元年（一一八二）一〇月に宗盛が内大臣となった際には扈従の公卿、殿上人に加わっており、兼実に「可二弾指一可二弾指一」とされている（『玉葉』同月一三日条）。また、娘麗子（陰明門院）は土御門天皇に入内しているが、その事情について『愚管抄』巻六は次のように伝えている。

大相国モトノ妻ノ腹ニヲノコゴハエナクテ、女御代トテムスメヲモチタリケルヲ入内ノ心ザシフカク、又太政大臣ニヲシナサレテ、左大臣ニカヘリナリテ一ノ上シテ、如二父経宗一ナラバヤト思ヒケリ。サテ卿二位ガ夫ニモテヨロコビテ成ニケル程ニ、左大臣ノ事申ケルハ、大臣ノ下登ムゲニメヅラシク、アルベキ事ナラズトオボシメシテ、ヱ申ヱザリケレバ、コノ入内ノ事ヲ、殿ノムスメ参テ後ハカナフマジ、是マイリテ後ハ、殿ノムスメ参ラン事ハ、例モ道理モハヾカルマジケレバ、一日コノ本意トゲバヤト卿二位シテ殿下ニ申ウケヽリ。殿ハ院ニ申アハセラレケルヲ、院ハコノ主上ノ御事ヲバ、トクヲロシテ東宮ニタテヽヲハシマス修明門院ノ太子ヲ位ニツケマイラセタラン時、殿ノムスメハマイラセヨカシトオボシメシケリ。人コレヲシラズ。申アハセラレケル時、イサヽカコノ趣キアトノアリケルヤラントゾ人ハ推知シケル。サテサリテ頼実ノムスメヲ入内立后ナド思ノゴトクニシテケリ。

頼実は父経宗のように左大臣を望んでいたようだが、大臣の降格は前例が無いとして、かなわなかった。

『古今著聞集』20「後徳大寺実定、昇任起請のため春日神社・厳島神社に参詣の事」には、徳大寺実定の厳島参詣に付き添った際太平楽を舞っており、それは、「面白かりける事なり」と評されている。また99「後白河院御熊野詣の折、紀伊国司御前に松煙を積む事」では、熊野御幸の途中、藤代王子で国司が墨を持参した際に、院が「この墨いかほどの物ぞ。心みよ」と命じたため、右大将であった頼実が硯を引き寄せてすったところ、「その様、除目の執筆の定」であったらしく、同席の花山院兼雅がしきりに褒めたと伝えている。また同様の話として101「中山の太政大臣頼実、県召除目に筥文の三の説を夜ごとに換へてとる事」には、

建久の比、中山の太政入道殿、大納言の右大将にて、県召の除目に三ヶ夜出仕させ給ひて、筥文の三の説を夜ごとにかへてとらせ給ひけるを、人々めでたがりののしりあへりけるに、頭の中将忠季朝臣、あまりにいみじがりて、絵にかきて持たれたりけるとかや。中将はゆゆしき絵かきになん侍ける。

とされている。藤原定能に不備を指摘され、兼実から「識者之子不レ知二先例一如何」（『玉葉』元暦元年（一一八四）一〇月二六日条）と評されたこともあったが、父経宗譲りの有職者であった。後、大炊御門家について「彼家代々為二有職之家一」（『吉続記』文永六年（一二六九）五月一六日条）と言われている。蹴鞠にも長じていたらしく『古今著聞集』415「順徳院御位の時、高陽院殿に行幸御鞠の事」には、順徳天皇行幸の際の蹴鞠の人数に入っており「この人数ありがたきためしなるべし」とされている。承元二年四月一三日に「郁芳里第」すなわち頼実の大炊御門第で後鳥羽院が蹴鞠の宴を催しており、その様子が『承元御鞠記』として残る。

『和琴血脈』によれば「雅楽頭範基」を師としており、「大炊御門和琴始是也。子孫于レ今弾レ之」とある。『千載集』以下の勅撰集に二一首入集。頼実の事績と和歌については山崎桂子「藤原頼実の和歌とその考証（上・下）」（『鹿児島女子大学研究紀要』Vol.18 No.1・No.2、一九九六年七月・一九九七年三月）に詳しい。

94 頼盛　2、6

平頼盛（一一三一～一一八六）。時に正三位、参議、右兵衛督、遠江権守、四三歳。刑部卿平忠盛の五男、母は修

理大夫藤原宗兼女（池禅尼）。久安二年（一一四六）四月一一日皇后宮権少進、翌三年八月二三日には蔵人、一五歳。同年一〇月一四日には従五位下に叙される（統子内親王の久安元年未給分）。同五年（一一四九）六月四日には常陸介（『兵範記』は同年一〇月二日条に「常陸守」とある）。翌六年一〇月二日従五位上（美福門院金泥一切経供養行事賞）、一八歳。仁平二年（一一五二）の仁平御賀には参加していたらしく、『仁平御賀記』の院司見参に名が見える。翌三年正月五日正五位下（美福門院御給）に叙される、二一歳。保元元年（一一五六）七月一七日には昇殿をゆるされる。保元の乱での勲功により、清盛が申請したものであった（『兵範記』）。閏九月二二日には安芸守（前任は清盛）となり、翌二年正月二四日には兼任右兵衛佐。同年一〇月二二日には貞観殿造営の賞により従四位下。二七日には中務権大輔となる。同三年（一一五八）八月一〇日には常陸介兼任、一〇月三日にはさらに三河守も兼ね、一一月二六日には従四位下となる。平治元年（一一五九）一二月二七日には平治の乱の勲功により尾張守も兼ね、永暦二年（一一六一）二月二八日には正四位下。同年四月七日には兼任太皇太后宮亮（太皇太后は藤原多子か）。改元あって応保元年一〇月二九日には右馬頭（権大輔、亮、尾張守兼任）。翌二年四月七日には兼任内蔵頭（右馬頭、亮、尾張守兼任）、同年七月一七日には修理大夫（亮、尾張守兼任）となる。翌三年（一一六三）正月二四日には尾張守を辞した。男保盛を越前守とするためであった。永万二年（一一六六）七月一五日には大宰大弐を兼任。改元あって仁安元年八月二七日には大宰大弐赴任賞として従三位に叙される、三四歳。同年一〇月八日に赴任。同月二一日には皇太后宮権大夫を兼任する（皇太后は近衛妃呈子、大宰大弐修理大夫兼任）。翌二年正月二八日には正三位（行幸院賞、但し頼盛は在鎮西）。四月一七日には召しによって上洛する。翌三年三月には呈子に院号宣下（九条院）があり、権大夫停止。七月三日には右兵衛督となり、一〇月一八日には参議（右兵衛督大宰大弐留任）となるが、一一月二八日には諸職を解官される、三六歳。『兵範記』仁安三年（一一六八）一一月二八日条には、五節の役を勤めないなど、数ヶ条の罪状が挙げられており、子の保盛ともどもの解官であった。翌四年一二月三〇日に参議還任、翌嘉応二年正月一八日には尾張権守、七月二六日には右兵衛督となる。承安五年（一一七五）正月二二日には遠江権守、安元二年一二月五日には権中納言に昇る、四三歳。治承三年（一一七九）正月一九日には左兵衛督に遷り、一〇月九日には右衛門督となるも、一一月一七日には治承三年の政変により右衛門督停止。出仕を止められる。このとき、頼盛追討のため後白河院が鳥羽に避難するという風説が流れた（『玉葉』同年同月二〇日条）。翌四年正月二三日には許される。同年四月二一日には従二位。安徳天皇即位の臨時の除目であった。六月四日には正二位（行幸福原亭賞）に叙される。養和二年（一一八二）三月八日には兼任陸奥出羽按察使、一〇月三日には中納言に遷る。翌寿永二年（一一八三）四月五日には権大納言（按察使は九日に更任）となるが、八月六日には解官。一門の都落ちには従わず、一〇月一九日には関東へ下向する、五二歳。翌三年五月には帰洛、六月五日には権大納言に還任するも、一二月二〇日には辞任。息侍従光盛を左少将に任ずるためであった。同月二九日には本座。元暦二年（一一八五）五月二九日には病により出家し、翌文治二年（一一八六）六月二日逝去、五五歳。

仁平四年（一一五四）七月五日の法勝寺の御八講では「殿上五位」として重盛とともに右方の堂童子を務めている（『兵範記』）。また同年八月九日には新造された鳥羽の金剛心院の供養の場で楽が催されたが、院司であった「常陸守頼盛」は楽屋で饗饌の役を務めている（『兵範記』）。応保元年（一一六一）八月二〇日には平野大原野行幸があったが、その際には舞人の役を務めている（『山槐記』同日条）。

『平家物語』『愚管抄』では、兄清盛との確執が取り上げられており、保元の乱の際には、母池禅尼から「ヒシト兄ノ清盛ニツキテアレ」（『愚管抄』巻五）と言われたという。忠盛が白河に造った邸宅「池殿」（『今鏡』「御子たち第八腹々の御子」）を相続したことから「池殿」「池大納言」と呼ばれた。

95 頼定　2

藤原頼定（一一二七〜一一八一）。時に従三位、参議、出雲権守、五〇歳。正三位権中納言藤原経定男、母は家女房。本名は憲定。叔父左大臣藤原経宗の猶子。女は高倉院典侍、斎王潔子内親王の母。保延二年（一一三六）正月二二日大膳亮、同六年（一一四〇）一二月一六日には式部少丞、翌七年正月二九日には大丞となる。永治二年（一一四二）正月五日、叙爵。同月二三日には相模権守となり、仁平二年（一一五二）正月五日には従五位上、二六歳。久寿三年（一一五六）正月二七日には右兵衛佐となり、保元二年（一一五七）正月二四日には左少将。同年一〇月二二日には正五位下に叙される。白河院の大治二年朔旦の未給分であった。翌三年正月二七日には遠江権介となり、翌四年（一一五九）正月六日には少将の労として従四位下。永暦元年（一一六〇）正月二一日には右中将となるも、二月二八日には解官。養父経宗に連座したか。中山忠親は籠居中の頼定を訪ねており（『山槐記』同年七月一〇日条）、同年九月二八日には頼定が忠親邸を訪れている。『山槐記』同日条には「世間称二無頼之由一」とする。応保三年（一一六三）正月五日には従四位上（高松院去年未給）。同月二四日には左中将に還任し、長寛二年（一一六四）正月二一日には中将の労により加賀権介。同三年正月二三日には正四位下に叙せらる。養父経宗室の兄弟定隆の、造延勝寺五大堂賞の譲りであった。仁安元年（一一六六）一〇月一〇日には、高倉天皇即位に伴い昇殿（『兵範記』）、仁安四年（一一六九）正月一一日には備後権介。嘉応二年（一一七〇）正月五日には蔵人頭となり、一二月三〇日には**参議**となる。蔵人頭、左中将、備後権介は辞官、四四歳。翌三年正月一八日には周防権守を兼ね、承安三年（一一七三）正月一三日には**従三位**に叙される。行幸院賞、院分であった。安元二年正月三〇日には**出雲権守**を兼ね、治承二年（一一七八）四月五日には正三位（春日行幸行事賞）に叙されるも、治承五年（一一八一）三月一八日、薨去、五五歳（五七歳とも）。飲水病（糖尿病）による。『吉記』の同年三月一七日条には、「今日参議正三位藤原朝臣頼定薨逝、年五十五、故権中納言経定卿息也、当時左府猶子也、雖レ無二指才芸一、奉公漸久歟、可レ哀可レ哀」とあり、また『玉葉』同年三月一八日条も、「伝聞、堀川宰相頼定卿薨逝云々、経実孫、経定子、無二指芸業一、為レ朝非二殊要人一歟、相伝之家領有レ数、頗其家富云々」とする。

『兵範記』久寿二年（一一五五）一二月一七日条には、薨去した高陽院泰子の葬送に参仕したなかに「大膳亮頼定〈已上蔵人、御乳母子〉」とあり、高陽院の乳母子であった。建春門院、後白河院の院司も務め（『兵範記』嘉応元年六月五日条、同年一一月二〇日条）、承安元年（一一七一）一二月二六日の、平徳子の女御露顕に参集した者の中に「頼定朝臣〈為二左府親昵一故云々〉」とあり、養父経宗の縁で列している。

『玉葉』承安三年一月二日条には、正月七日の節会で内弁を務めた左大将師長が、「采女等逐電」の為、御膳の提供を「新宰相頼定」に代行させようとしたところ、頼定はこれを拒否。兼実は「此事未曾有也」としたが、頼定は御膳は蔵人方の沙汰であり、参議の役ではないと述べたという。そうしたことについて、兼実は、「道理雖レ可レ然似二守株一、内膳別当参候之時、下レ殿催レ之、不レ候之時、内弁仰二参議一催レ之、古来之流例也、或又内弁直尋催二職事一、頼定偏守二此儀一不レ知二彼説一也」とし、参議が務めることは「古来之流例」としてあり、頼定はそうしたことを知らないとする。さらに続けて「左相府被レ執下仰二職事一之記上云々、受二彼諷諫一歟」と、養父経宗の教えによるものかともしている。『達幸故実鈔』には経宗男頼実と頼定が経宗の故実に従っていた旨が見える（「雨皮持二装束一事」）。

嘉応二年（一一七〇）三月一九日の石清水臨時祭では行事を、仁安二年（一一六七）三月二〇日の同臨時祭では舞人（一舞、『愚昧記』）を務めた。

安元三年（一一七七）四月二八日の大火では綾小路堀川の邸宅が焼失しており（『玉葉』）、三条実房に「惘然而一切不二取出一云々」（『愚昧記』安元三年五月二日条）と語っている。「堀川宰相」と呼ばれた。

96 頼輔 16

藤原頼輔（一一一二〜一一八六）。時に正四位下、刑部卿、六五歳。正二位大納言忠教男、母は賀茂神主成継女。本名親忠（『尊卑分脈』『公卿補任』）。兄は教長。天治二年（一一二五）正月五日叙爵（従五位下）、大治二年（一一二七）正月二八（一九か）日山城守、保延二年（一一三六）正月五日治国賞により従五位上、久寿三年（一一五六）正月六日、新院崇徳の御給により正五位下、永暦元年（一一六〇）正月二一日には豊後守となるも、永万二年（一一六六）二月一日に辞す。男頼経を壱岐守に任ずるためであった。しかし『公卿補任』には「国務。猶豊後国也」とあって、辞任後も国務に携わっていたらしい。仁安元年（一一六六）一一月一四日、待賢門院の御給により従四位下、同年一二月二日皇（太か）后宮亮となる。翌二年三月には昇殿（『兵範記』同年三月二五日条）、同三年三月一三日には皇后宮亮を止められ、別当に補される。同年八月四日従四位上、嘉応二年（一一七〇）一二月三〇日刑部卿、承安元年（一一七一）一二月八日正四位下、寿永二年（一一八三）四月一三日従三位、七一歳。上臈五人を越えて叙任されている。翌三年（一一八四）正月二二日には周防権守兼任、文治元年（一一八五）六月一〇日には、刑部卿を男頼経に譲る。翌二年二月には出家。前年より病であったらしい。同年四月五日薨去、七五歳。

『台記』康治二年（一一四三）正月一二日条には、この日鳥羽法皇が鳥羽殿で心経会を行ったことが記されるが、そこで源成雅と「山城前司頼輔」が「闘諍」におよび、「相共取二本鳥一、成雅自抜レ剣、切二破頼輔面一」とありさらに「被レ切後、頼輔尚取付、搔二損成雅面一云々」となっている。『台記』は「我朝未曾有事也」とし、翌々日成雅解官を伝えている。仁平二年（一一五二）には「新院（崇徳）御使」として「山城前司頼輔」が不動尊の五十体供養に派遣されている（『兵範記』）。また同年八月一四日の左大臣頼長の石清水参詣に同行した「散位頼輔」も同人か（『兵範記』）。『愚昧記』仁安二年（一一六七）三月二〇日条の石清水臨時祭にも、陪従として「前豊後守頼輔」と見える。

『尊卑分脈』に、「藤家蹴鞠祖、本朝蹴鞠一道之長」とある。藤原成通を師とし、頼輔以後鞠の家として難波・飛鳥井家に別れる。岳父成継も蹴鞠の名手であり、その後裔も鞠をよくした。『古今著聞集』412「安元御賀の時、刑部卿頼輔朝臣賀茂神主家平に上鞠の故実を聴く事」では、御賀の上鞠の故実について、賀茂家平に故実を尋ねている。『玉葉』安元元年（一一七五）四月五日には、九条良通の許で蹴鞠が行われたが、「当世之上手等参入、刑部卿頼輔朝臣在二此中一、件人無双達者也」とされている。また同書は安元二年五月一七日条にも、「刑部卿頼輔朝臣」と「当世之蹴足七人」が蹴鞠の会合を催したらしく「其数経レ百事四ヶ度、人々入レ興」とある。また、『山槐記』治承三年（一一七九）三月五日条には、天皇の御前での蹴鞠会の装束について、頼輔に意見を徴している。文治元年（一一八五）九月一〇日条にも、「刑部卿已下、鞠足七八人会合」（『玉葉』）と見える。『蹴鞠口伝集』を著した。

皇嘉門院領であった石見国大宅庄を知行したらしく、『玉葉』安元二年一一月三〇日条に見える。また『玉葉』養和元年（一一八一）二月二九日条には、九州での源平の争乱により、「刑部卿頼輔」が豊後国へ下向するため、兼実のもとに挨拶に訪れているが、兼実は同人の下向を「但事已類二物狂一、万人不二甘心一」としている。また「仍国司下向」となるため、やはり豊後国を領していたのだろう。『山槐記』除目部類は治承四年（一一八〇）正月二八日の除目で頼輔の孫宗長の任豊後守を記すが、さらに「頼輔朝臣二男、実者孫、前司子也。父子前司新司雖レ不レ可レ然、称二兄弟一也」とあり、三代にわたって豊後への影響を維持した。御賀記にはその鼻の大きかったことが記されているが、『平家物語』巻八「緒環」でも平時忠に「鼻豊後」と言われている。

『千載集』以下の勅撰集に二九首入集。右大臣家百首などに出詠するほか、嘉応元年（一一六九）には自邸で歌合を催した。家集に『頼輔集』がある。

【り】

97 隆雅　8

藤原隆雅（生没年未詳）。時に従五位上、刑部少輔。藤原隆季三男、母は正三位藤原忠隆女。安元元年（一一七五）九月一三日に御賀の舞人、楽人の人選があり、笙の担当として「刑部少輔藤原朝臣隆雅〈中宮大夫三男〉」（『山槐記』）とある。仁安三年（一一六八）正月一一日に信濃守（『山槐記』除目部類、『兵範記』）、七月三日従五位下（『兵範記』）、嘉応二年（一一七〇）七月二六日宮内権少輔、承安二年（一一七二）二月には信濃守に重任（『愚昧記』同年同月二七日）、同年六月二一日刑部少輔に遷る。安元二年正月五日従五位上、治承四年（一一八〇）正月二八日右衛門佐、同年四月二〇日昇殿（『山槐記』）、寿永二年（一一八三）正月五日正五位下。元暦二年（一一八五）一月一一日に父隆季が没し、服喪。同年五月二日復任。翌文治二年（一一八六）二月三〇日能登権介、翌三年正月五日従四位下、建久元年（一一九〇）正月一〇日従四位上、同六年（一一九五）正月五日正四位下、建仁二年（一二〇二）一〇月二四日皇太后宮権大夫を経て、建仁四年（一二〇四）正月五日従三位。同年三月六日には皇后宮大夫となる。建永二年（一二〇七）四月四日出家。『猪隈関白記』には和琴を以て楽に参加する記述が散見される（建久八年〈一一九七〉四月二二日条、正治元年〈一一九九〉六月二二日条など）。父隆季は仁平の際、笙の役を務めており、安元では兄隆房とともに兄弟で笙の役に就いている。

98 隆季　1、2、5、6、7、12、15、23、24、27、29

藤原隆季（一一二七～一一八五）。時に正二位権大納言、中宮大夫、五〇歳。藤原家成一男、母は加賀守高階宗章女。父家成は鳥羽院の近臣として活躍したが、祖父家保も白河院の近臣として名高い。長承二年（一一三三）九月一八日蔵人、同年九月二〇日従五位下（中宮聖子御給）、同二一日但馬守、同三年二月二三日兼任右兵衛佐。閏一二月五日には従五位上（女院御給）。保延二年（一一三六）四月七日には正五位下に叙され、同三年正月四日には従四位下（院御給、一一歳）。同月三〇日には兼任左馬頭。同四年一二月二九日兼任越後守。久寿元年（一一五四）三月一一日には左馬頭を止められる。同月五日の石清水臨時祭の陪従役に不参のためであった。同五月六日には還任。翌二年正月二八日、土佐守。保元元年（一一五六）七月一一日には左京大夫となる。源義朝の任左馬頭による遷任であった。同三年（一一五八）一一月二六日には従三位、三一歳。永暦二年（一一六一）正月二三日には兼任讃岐権守、正三位に叙され、同年九月一三日には参議に進む。長寛三年（一一六五）八月一七日には左兵衛督、検非違使別当。仁安元年（一一六六）四月六日には右衛門督に転じ、六月六日には権中納言、七月一五日には左衛門督に遷る。翌二年正月二八日には従二位、「行二幸院一。院別当賞。超二光忠一」とあるため、この頃には後白河院の別当を勤めていたらしい。二月一一日には、中納言となる。翌三年七月三日には左衛門督、検非違使別当を辞す。聟である藤原家光を左兵衛佐に任ずるためであった。同月三〇日には帯剣を許され、一二月一三日には**権大納言**。嘉応三年（一一七一）正月六日には**正二位**。承安二年（一一七二）二月一〇日には平徳子の立后にともない、**中宮大夫**兼任。治承二年（一一七八）七月四日、一女を失ったことにより中宮大夫を辞す。翌三年一一月二〇日大宰権帥、翌四年（一一八〇）二月二一日新院高倉の別当となる。『山槐記』同年二月五日条には、

　頭弁示送云、今日被三仰二下後院別当一畢、帥大納言〈隆季〉、大蔵卿雅隆朝臣等也者、……帥大納言者法皇執事也、令三籠二居城南一之後、此人猶依レ堪二其器一、可レ仰二執事一云々、伝聞、為二法皇執事一、可レ有レ憚哉否之由、予有二内議一、不レ可レ憚云々。

とあって、隆季の執事としての器について、後白河院が前年（治承三年）城南宮に籠居させられた、いわゆる治承三年の政変の後、その職務を遂げうると評価されている。養和二年（一一八二）三月には病により、権大納言と大

宰権帥の辞意を示す。四月九日、大宰権帥は得替、五月二四日には出家、五六歳。元暦二年（一一八五）正月一一日薨去。

後白河院の近臣として活躍したが、『玉葉』寿永二年（一一八三）正月一日条には、隆季出家後のこととして、「備後国収公、帥入道、素《モトヨリ》院御気色不快之人也、尤不便不便」とも見える。父家成が、忠盛室池禅尼の従兄であった関係から、清盛、教盛、維盛と幾重にも婚姻関係を結んでいた。そのため平家の意見を代弁することが多く、『愚管抄』巻五には「隆季・通親ナド云公卿一スヂニ、平禅門ニナリカヘリタリケレバ」とされている。

仁平御賀では「笙」の役に就いていたが、安元の際も笙を務めている。さらに子息隆房、隆雅も笙の役である。『鳳笙師伝相承』によれば中院雅定から隆季に相承しており、隆房、隆衡、隆親、房名、隆名まで続いており、隆名の傍記に「自二四条大納言隆季卿一至二二位隆名卿一。子孫次第相伝」と見える。また、隆仲（隆季男）から隆兼、隆顕（隆親男）、隆良（隆親男）から隆嗣にも相承されており、代々の習いであった。『御遊抄』には清暑堂における二条院の平治元年（一一五九）一一月二五日の笙の役に「左京大夫隆季朝臣」と見え、六条院の仁安元年一一月一七日の御遊では「右少将隆房朝臣」が笙を務めている。また、同様の相承は『大家笛血脈』にも見える。

隆季の事績については平藤幸「藤原隆季像の考察―『玉葉』からの照射を軸に―」（『軍記と語り物』三九号・二〇〇三年）が詳しい。和歌事績については、野本瑠美「藤原隆季の和歌活動」（『中世百首歌の生成』二〇一九年・若草書房）を参照。後日、守覚法親王と、御賀についての消息の往来があったらしい（『釈氏往来』）。

99 隆成　13

藤原隆成（生没年未詳）。時に正五位下、中務権少輔。後に隆親。『尊卑分脈』は従五位下の位階と、備前守、伊予守、中務少輔の官歴を記す。正五位下主殿頭隆能男、母は未詳。父の隆能は「絵所預」「絵所一流祖」（『尊卑分脈』）とされ、国宝『源氏物語絵巻』をものしたとされており、隆成も同様に絵に巧みであった。『兵範記』久寿二年（一一五五）九月二三日には、昇殿した者のなかに「藤原隆成〈主殿頭隆能男〉」と見える。永万元年（一一六五）七月一八日の除目で備前守に「従五位下藤原朝臣隆成」（『山槐記』）が任ぜられているが、『尊卑分脈』の官歴にも合い、同一人物であろう。仁安二年（一一六七）正月二七日には女御となった滋子の家司と職事が定められたが、その中に「備前守隆成〈家司〉」（『兵範記』）と見える。その後同年三月二〇日の石清水臨時祭にも勤仕、七月二四日の季御読経始では堂童子を勤めている（『兵範記』）。『兵範記』仁安三年（一一六八）九月一八日条には行幸に供奉した者のなかに「従五位下」として「藤原朝臣隆成」と見えるが、翌四年正月六日条には「正五位下」として「藤原隆成」とある。この間昇任したか。また、同年三月一三日に後白河院が高野詣に向かうのを見送る一五人の中に「備前守隆成」（『兵範記』）と見える。嘉応元年（一一六九）一二月三〇日には除目があり、備前守を重任となっている（『兵範記』）。承安三年（一一七三）備前守を辞して中務権少輔（『玉葉』）、六条院の遺詔使も務めた（『玉葉』安元二年一〇月二六日条、一一月二日条）。治承三年（一一七九）一一月一八日には伊予守（『山槐記』）となるが、翌一九日の賀茂臨時祭では「中務少輔隆成」（『山槐記』）として舞人を務めている。同年一二月一一日に除目があり、蔵人に任ぜられた者の中に「藤原邦隆〈伊予守隆成子、内非蔵人、親宗朝臣子親能除籍替〉」と見える。『玉葉』は、治承二年（一一七八）七月六日条に、内裏で建春門院の供養が行われたことを記しているが、「奉レ懸二画像釈迦三尊一鋪一〈邦綱卿内々奉レ勅、中務少輔隆成画也〉」とあって、隆成の画いた釈迦三尊画像が懸けられたようである。隆成の絵師としての才能について、『古今著聞集』399「伊予入道、幼少の時不動明王の像を書く事」には次のような話を載せる。

伊予の入道は、をさなくより絵をよく書き侍りけり。父うけぬ事になん思へりけり。無下に幼少の時、父の家の中門の廊の壁に、かはらけのわれにて不動の立ち給へるを書きたりけるを、客人誰とかや慥かに聞きしを忘れにけり、これを見て、「たがかきて候ふにか」と、おどろきたる気色にて問ひければ、あるじうちわらひて、「これはまことしきもののかきたるには候はず。愚息の小童が書きて候」といはれければ、いよいよ尋ねて、「然るべき天骨とはこれを申し候ふぞ。この事制し給ふ事あるまじく候」となんいひける。げにもよく絵見知りたる人なるべし。

伊予入道とあって、後年出家したらしい。

100 **隆保**　8

藤原隆保（一一五六～没年未詳）。時に従五位上、侍従、因幡守、二一歳。正二位権大納言藤原隆季二男、母は従三位藤原忠隆女。『尊卑分脈』には「正三位左少将右京大夫」とある。『山槐記』安元元年（一一七五）九月一三日条には御賀の人選があり、左の笛の担当として「侍従因幡守藤原朝臣隆保〈中宮大夫二男〉」とある。

長寛三年（一一六五）三月二八日叙爵。仁安三年（一一六八）正月一一日備前権守（介とも）、嘉応二年（一一七〇）正月一八日**因幡守**となる。兄隆房が任期満了となったための譲りであった。承安二年（一一七二）正月二三日**従五位上**。同四年（一一七四）一二月一日**侍従**。『山槐記』除目部類には、「被レ示云、因幡守隆保任二侍従一、不レ付二兼字一之様所二覚悟一也、相二尋職事一、清書之時可レ被レ付也者、仍相二尋頭中将一、可レ被レ付之由被レ答、清書之時付レ之」と見える。安元二年三月六日、父隆季の譲りを受け、御賀行幸の賞として正五位下。治承二年（一一七八）正月二三日の法住寺で行われた尊勝陀羅尼供養には「右《ママ》治部少輔隆保」が勤仕したとあり、治部少輔に任官したか。同月二八日、因幡守任期満了、弟隆清に譲る。また『山槐記』同四年（一一八〇）一一月六日条には「今日被レ仰二昇殿一人々、……侍従隆保、因幡守隆清等也」とあり、弟とともに昇殿を許された。寿永二年（一一八三）一二月二一日左少将。『山槐記』元暦元年（一一八四）七月二八日条には、後鳥羽天皇の即位の儀に「不参次将」として、

「左中将良経朝臣、少将基宗朝臣、隆保」とある。『山槐記』元暦元年八月二二日条には、大嘗会主基所の「小忌所」を「治部少輔藤原朝臣隆保」が務めたとする。元暦二年（一一八五）正月六日、従四位下、文治四年（一一八八）正月二三日従四位上、建久二年（一一九一）正月七日正四位下、同四年（一一九三）一二月九日、左少将は止められ、右京大夫となる（『山槐記』除目部類は建久五年正月三〇日条にこれを記す）。同七年（一一九六）三月二〇日には、七条院藤原殖子の御所造進を命ぜられ、能登守に補任、翌八年三月二〇日には、御所完成の賞として従三位に昇る。右京大夫は元のままで、能登守は免ぜられた。正治元年（一一九九）三月二五日土佐権守、元久元年（一二〇四）正月五日、正三位となるも、建保四年（一二一六）九月一三日出家、六七歳。

治承三年（一一七九）一二月一四日には饗宴で「侍従隆保〈笛〉」として、笛を務めたことが記されている。また一二月七日の賀茂臨時祭には、舞人の「五位四人」として「侍従隆保」（『山槐記』）の名が見える。

101　隆輔　2

藤原隆輔（一一二八〜一一九〇）。時に従三位、四八歳。従三位右京大夫藤原長輔一男、母は正二位権中納言藤原清隆女。本名は季長。康治元年（一一四二）一一月二六日蔵人、一二月二二日には従五位下に叙される。大宮（白河皇女令子内親王）の永治元年分の御給であった。後日名を季長から隆長に改める。久安三年（一一四七）八月一一日には従五位上となる。鳥羽御堂供養行幸の賞であり、暲子内親王の御給。翌四年正月二八日には、父長輔が右馬頭を辞したことによって左兵衛権佐任官。仁平元年（一一五一）には、左大臣藤原頼長の一男と同名であったため、隆輔と改名する。翌二年正月五日には正五位下に叙される（府労）。久寿元年（一一五四）八月一八日、鳥羽院皇女寿子（後姝子）内親王の職事となる（『兵範記』）。また『兵範記』同年一〇月一八日条には美福門院の使者として「判官代兵衛佐隆輔」とあり、女院の判官代でもあった。翌二年正月六日には従四位下となる（佐労）。同年一〇月二二日には中務大輔となり、保元二年（一一五七）五月二一日には周防守（中務大輔辞官）。同年一〇月二二日には従四位上に叙される。『兵範記』同日条には「長明譲、宜陽殿」とあり兄弟長明の造営の賞による。翌三年五月六日には正四位下。行幸鳥羽殿賞。同月二一日には周防守。永暦元年（一一六〇）七月二二日、宮中に於いて七仏薬師法が修されたが、隆輔は「不レ仕人」として院宣により除籍されている（『山槐記』）。永暦二年（一一六一）八月一九日には中宮亮。中宮は二条中宮姝子内親王。応保二年（一一六二）正月二七日には得替。二月五日に院号宣下（高松院）があったため、中宮亮停止。長寛三年（一一六五）正月二三日には長門守となるも仁安二年（一一六七）正月三〇日には停止。翌三年三月二〇日の高倉天皇即位儀では左大将代を務める（『高倉院御即位記』『天祚礼祀職掌録』）。承安三年（一一七三）一〇月二一日従三位に叙される。四五歳。最勝光院供養に於ける高松院分の御給であった。養和元年（一一八一）三月二六日には皇太后宮権大夫（皇太后は後白河中宮欣子か）となり、六月には季隆と改名する（五三歳、五四歳とも）。『吉記』養和元年八月一七日条には、改名にあたり吉田経房が解状を「藤原大納言」に送った旨記されている。建久元年（一一九〇）五月一九日、薨去、六三歳。

仁安二年（一一六七）正月四日の後白河院の法住寺新造御所への移徙では殿上御装束の行事を務めており、同月一九日条に「四位別当長門守隆輔朝臣」とあって、院別当であった。

また、『玉葉』嘉応二年（一一七〇）一二月二六日条には、後白河院の召しにより、隆輔の「三条万里小路」の邸を摂政基房が借りていたが、しばらく無住であったため兼実が借り受けた旨、記述がある。邸内は「破損之為レ体、已以荒蕪」といった様子だったが、本邸が参内には遠いため借り受けたとする。また『清獬眼抄』承安四年（一一七四）六月五日には勘解由小路京極の隆輔邸が焼亡した旨記されている。

仁平御賀の際は青海波の垣代に加わっている（左兵衛佐、『兵範記』）。仁平二年（一一五二）八月二九日の高陽院白河御堂における鳥羽院五〇の賀では、崇徳院よりの引出物の馬引きを務める。安元御賀の際の隆輔の装束について『玉葉』は、「隆輔〈唐綾桜下重、人以称二尾籠尾籠一〉」（三月六日）と記す。

仁平二年（一一六七）五月一九日の法住寺に於ける最勝講や一二月一九日の御仏名（『山槐記』）、翌三年（一一五三）七月七日の法勝寺の御八講、久寿元年（一一五四）正月二〇日の鳥羽院の尊勝陀羅尼供養では堂童子を務めた。また久寿元年三月五日の石清水臨時祭（『兵範記』）では舞人を務め、仁平二年（一一六七）一一月一九日の賀茂臨時祭では、実施されたかは不明ながら舞人となっている（『山槐記』）。また、久寿元年九月二九日の鳥羽城南寺における競馬では鉦鼓を務め（『兵範記』）、『山槐記』応保元年（一一六一）七月八日条に、二八日の平野大原野行幸で歌人の役についたことが記されている。

治承三年（一一七九）正月二日の朝覲行幸では、笏を南の階の上に落とし、それを取ろうとして「地上」に落ちたらしい。『山槐記』は「衆人含咲云々」としている。

102 **隆房**　8、10、15、21、23、25、30

藤原隆房（一一四八～一二〇九）。時に正四位下、右少将、二九歳。権大納言隆季一男、母は従三位藤原忠隆女。永暦元年（一一六〇）二月二八日加賀守（元散位）。応保元年（一一六一）一〇月一九日因幡守に遷る。同三年（一一六三）正月五日、従五位上（中宮姝子当年御給）。長寛三年（一一六五）正月二三日には兼任左兵衛権佐。仁安元年（一一六六）六月六日には**右少将**となり、同三年（一一六八）正月六日、正五位下に叙せられ、一一月二〇日には父隆季の応保三年の石清水行幸行事賞により従四位下。嘉応二年（一一七〇）正月一八日秩満得替。承安二年（一一七二）正月一九日には行幸院賞により従四位上（院御給）。同四年（一一七四）正月五日には**正四位下**（中宮徳子御給）。治承三年（一一七九）一一月一七日、右中将となり、寿永二年（一一八三）正月二二日には左中将に遷り、蔵人頭に補せらる。『薩戒記』応永三二年（一四二五）六月一〇日条には「彼家貫主始也」とある。隆房が善勝寺流としては初任であったらしい。そして記者定親の祖中山忠親がその指南をしていたとある。八月二〇日には新帝後鳥羽の蔵人頭となり、一二月一〇日には参議、兼任右衛門督。元暦元年（一一八四）三月二七日には加賀権守。同年七月二四日には従三位となり、九月二八日大嘗会御禊御後長官、三七歳。翌二年には父隆季薨去により正月一一日服解、五月二日復任。文治二年（一一八六）一二月一五日には左衛門督に転じ、翌三年九月二四日には検非違使別当。同五年（一一八九）正月六日、正三位に昇り、同一八日伊予権守、七月一〇日には権中納言となる、四二歳。翌六年七月一八日には右衛門督、建久四年（一一九三）一二月九日には左衛門督に転じる。同六年（一一九五）正月五日には従二位に叙せられ、同一〇年（一一九九）六月二二日には中納言、一一月二七日には正二位（行幸院賞）。正治二年（一二〇〇）三月六日には辞任、五三歳。建仁二年（一二〇二）正月一三日には復任し、三月六日には権大納言となるも、元久二年（一二〇五）正月二九日に辞任。翌三年六月二三日出家、法名寂恵、五九歳。『三長記』同日条には「無レ病、無二遺恨一、生涯大幸之人也」とある。

笙を良くし、『鳳笙師伝相承』によれば父隆季からの相承であり、度々役を務めている（『玉葉』嘉応二年正月三日、承安二年正月一九日、安元元年（一一七五）閏九月二一日条など）。また琵琶や催馬楽、笛などにも長けていたらしく、『神楽血脈』『催馬楽師伝相承』『琵琶血脈』『大神氏笛系図』などにも名が見える。『玉葉』治承二年（一一七八）三月六日条には、春日行幸の際の舞拍子について、例に倣えば公卿が取るところ適任者がおらず殿上人から選出することになったが、その際隆房がそれを望んだらしく、

> 少将隆房望申、定能、泰通共上臈也、各重代也、隆房以下非二重代一之下臈上、致二此望一、乱望之甚、無二物于取レ喩〈父大納言教訓云々〉、但法皇及関白、可レ及二殿上人一者、定能可レ取之由、有レ仰云々、隆房之望、人々為二希異一云々。

とある。兼実は隆房を「非二重代一之下臈」としている。

清盛の婿となり、親平家派であったが、後白河院の近臣としても活躍した。隆房は院近臣高階泰経の婿となって後白河との関係を強めていたらしく、元暦元年七月二四日、正四位下であった隆房を超えて藤原兼光が従三位に叙せられたことについて『玉葉』は翌二五日条に次のように記している。

　披㆓見聞書㆒、実宗叙㆓従二位㆒、兼光超㆓隆房㆒叙㆓従三位㆒、過分之恩也、隆房者、法皇第一之近臣、泰経之婿也、兼光ハ、法皇無双之寵女丹後之婿也、論㆓其権盛㆒、泰経猶不㆑及㆓丹州㆒歟。

ただし二六日条に「伝聞、隆房事、泰経泣愁申、仍叙㆓三位㆒」とあって、隆房も従三位となっている。『尊卑分脈』には「号㆓冷泉㆒〈宿所冷泉万里小路也〉」とあり、冷泉、四条と号した。『玉葉』文治二年（一一八六）三月二一日条に「法興院殿摂政之後、氏院参賀日也、用㆑検可㆑在㆓御定㆒者、仰云、可□之所〈冷泉朝隆家破損殊甚、隆房卿所㆓借与㆒也〉」とあるのがその邸であろう。冷泉中納言藤原朝隆の邸を借りて在所としていた。『安元御賀記』の記者。後年孫にあたる西園寺実氏室貞子（北山准后）の九〇賀に際し、『増鏡』第一〇「老のなみ」には「かくのゝしる人は、安元の御賀に青海波舞たりし隆房大納言の孫なめり」とされている（ただし隆房は青海波を舞っていない。本文注（25）参照）。和歌も良くし、『隆房集』『朗詠百首』を残した。『千載集』以下の勅撰集に三四首入集。

【補】

兼忠

源兼忠（一一六〇～一二〇九）。時に従五位上、侍従、備中権介、一七歳。正二位権中納言雅頼二男、母は藤原家成女。本文注（8）の【補説】に記したように、兼忠は定家本、類従本両書に登場しない。しかし、『玉葉』『定能卿記』によれば摺（揩）鼓の役を務めており、参加している。長寛二年（一一六四）一〇月二〇日、美福門院保元二年の御給（未給分）によって叙爵。仁安三年（一一六八）一一月二〇日には父雅頼の大嘗会国司備中権守賞により従五位上となり、承安二年（一一七二）一〇月二六日、侍従。『公卿補任』には「養父俊定譲」とあるが「俊定」は不明。翌三年の最勝講では右の堂童子を務め（『玉葉』五月二五日条）、安元二年正月三〇日には備中権介。治承三年（一一七九）正月五日には正五位下（中宮徳子の去年の御給）となり、一一月一八日には右少弁。父雅頼が権中納言を辞しての申任であった。同四年（一一八〇）六月二九日には兼任大和守。養和二年（一一八二）四月九日には右宮城使となり、寿永二年（一一八三）一二月一〇日には左少弁（大和守は辞任か）。元暦元年（一一八四）九月一八日には権右中弁となり、一一月七日には近江権介を兼ねる。同月一七日には大嘗会国司賞（後鳥羽天皇）により従四位下。翌二年四月二五日に西海より神鏡と神璽が入京した際には行事を務めた（『玉葉』）。文治元年（一一八五）一〇月一〇日には近江守、一二月二九日には右中弁、蔵人頭となる。翌二年四月六日には上西門院の御給により従四位上となり、一二月一五日には左中弁に転じる。翌三年（一一八七）七月頃に母を失ったようである（『玉葉』同月一九日条）。同年九月一五日には左宮城使となり、一二月四日には正四位下。翌四年一〇月一四日には参議に昇る（蔵人頭と左中弁は辞任）。翌五年（一一八九）正月一八日には加賀権守兼任。建久元年（一一九〇）八月に父雅頼が逝去し、服喪。一〇月九日に復任。建久三年（一一九二）一二月九日、従三位。翌四年には周防権守。建久九年（一一九八）八月一日には、藤原宗頼に代わって大嘗会検校を務め、一一月九日には備中権守、同月二一日には大嘗会国司賞（土御門天皇）により正三位となり、建仁二年（一二〇二）七月二三日には権中納言に昇るが、翌三年四月二五日、辞任。承元三年（一二〇九）三月、出家、薨去（『尊卑分脈』は三月一七日）、四九歳。「壬生中納言」と号した。『玉葉』寿永二年九月四日条によれば、兼忠の乳母の夫は中原親能。父雅頼の家人であった。後白河院から兼実への、氏長者、摂政の打診の際には父雅頼とともに使者の役を務めている（『玉葉』文治二年（一一八六）三月一一日条）。『三長記』建永元年（一二〇六）八月七日条には、兼忠の晩年の行動を次のように記している。

於二内裏一蔵人大進語曰、前中納言兼忠卿、此間狂病一重増レ気、着二紅袴生単一、可レ参二八条院一之由称レ之、乗レ車。僮僕遣二入車親能入道許一、親能法師驚禁制云々、又去比送二書札於大理許一、其状曰、強盗三人所二召仕一也、早可レ被二召取一、注二送三人交名一、後見馬□兼季以下云々。件状及二度々一云々。前生宿業也、可レ悲可レ悲。

「狂病」とあり、晩年は奇矯な言動が多かったようである。

使用テキスト一覧

◆史書

『続日本後紀』…新訂増補国史大系『日本後紀　続日本後紀　日本文徳天皇実録』（一九六六年・吉川弘文館）
『百錬抄』…新訂増補国史大系『日本紀略　後篇　百錬抄』（一九六五年・吉川弘文館）

◆法令

『延喜式』…新訂増補国史大系『交替式　弘仁式　延喜式』（一九六五年・吉川弘文館）
『令義解』…新訂増補国史大系『律　令義解』（一九六六年・吉川弘文館）
『政事要略』…新訂増補国史大系『政事要略』（一九六四年・吉川弘文館）

◆補任

『公卿補任』…新訂増補国史大系『公卿補任』（一九六四～六六年・吉川弘文館）
『近衛府補任』…市川久編『近衛府補任』（一九九二～九三年・続群書類従完成会）
『楽所補任』…『群書類従』第四輯
『弁官補任』…飯倉晴武校訂『弁官補任』（一九八二～八三年・続群書類従完成会）

◆古記録

『九暦』…大日本古記録『九暦』（一九五八年・岩波書店）
『小右記』…大日本古記録『小右記』（一九五九～八六年・岩波書店）
『権記』…史料纂集『権記』（一九七八年～・続群書類従完成会）
『御堂関白記』…大日本古記録『御堂関白記』（一九五二～五四年・岩波書店）
『左経記』…増補史料大成『左経記』（一九六五年・臨川書店）

『春記』…増補史料大成『春記』(一九六五年・臨川書店)
『高野山御参詣記』…大日本古記録『平記　上』(二〇二二年・岩波書店)
『師記』…増補史料大成『権記　帥記』(一九六五年・臨川書店)
『後二条師通記』…大日本古記録『後二条師通記』(一九五六〜五八年・岩波書店)
『中右記』…大日本古記録『中右記』(一九九三年〜・岩波書店)／増補史料大成『中右記』(一九六五年・臨川書店)
『中右記部類』…大日本古記録『中右記　別巻』(二〇一一年・岩波書店)
『殿暦』…大日本古記録『殿暦』(一九六〇〜七〇年・岩波書店)
『台記』…増補史料大成『台記』(一九六五年・臨川書店)
『仁平御賀記』…『続群書類従』第三四輯
『兵範記』…増補史料大成『兵範記』(一九六五年・臨川書店)
『山槐記』…増補史料大成『山槐記』(一九六五年・臨川書店)
『愚昧記』…大日本古記録『愚昧記』(二〇一〇〜一八年・岩波書店)
『顕広王記』…髙橋昌明・樋口健太郎「[史料紹介]国立歴史民俗博物館所蔵『顕広王記』承安四年・安元二年・安元三年・治承二年巻」(『国立歴史民俗博物館研究報告』第一五三号・二〇〇九年)
『吉記』…増補史料大成『吉記』(一九六五年・臨川書店)
『左記』…『群書類従』第二四輯
『玉葉』…図書寮叢刊『九条家本玉葉』(一九九四〜二〇一三年・宮内庁書陵部)／国書刊行会本『玉葉』(一九七一年復刻版・名著刊行会)
『定能卿記』…藤原重雄・三島暁子「高松宮家旧蔵『定能卿記』(安元御賀記)」(田島公編『禁裏・公家文庫研究』第二輯・二〇〇六年・思文閣出版)
『仲資王記』…続史料大成『伯家五代記』(一九六七年・臨川書店)
『安徳天皇御五十日記』…『群書類従』第二九輯
『法親王供奉御賀儀』…『守覚法親王の儀礼世界―仁和寺蔵紺表紙小双紙の研究　本文篇』(一九九五年・勉誠社)

『親経卿記』：『親経卿記』（一九九四年・高科書店）
『明月記』：冷泉家時雨亭叢書『明月記』（一九九三～二〇〇三年・朝日新聞社）
『猪隈関白記』：大日本古記録『猪隈関白記』（一九七二～八三年・岩波書店）
『清獬眼抄』：『群書類従』第七輯
『文永五年院舞御覧記』：『続群書類従』第一九輯上
『文永七年宸筆御八講記』：『続群書類従』第二六輯下
『吾妻鏡』：髙橋秀樹編『新訂吾妻鏡』（二〇一五年～・和泉書院）
『実躬卿記』：大日本古記録『実躬卿記』（一九九一～二〇一三年・岩波書店）
『妙槐記除目部類』：『続群書類従』第一〇輯下
『九条家歴世記録』：図書寮叢刊『九条家歴世記録』（一九八九～二〇〇二年・宮内庁書陵部）
『三長記』：増補史料大成『三長記　三長記補遺』（一九六五年・臨川書店）
『皇代暦』：改訂史籍集覧『新加通記類』（一九八四年・臨川書店）
『吉続記』：増補史料大成『吉記　吉続記』（一九六五年・臨川書店）
『上皇御落飾部類』：『続群書類従』第二六輯上
『殿上燕酔部類』：『続群書類従』第一〇輯下
『仙洞御移徙部類記』：図書寮叢刊『仙洞御移徙部類記』（一九九〇～九一年・宮内庁書陵部）
『法住寺殿御移徙部類』：『続群書類従』第四輯上
『仁和寺諸師年譜』：『続群書類従』第八輯上
『神皇正統録』：『続群書類従』第二九輯上
『御産部類記』：図書寮叢刊『御産部類記』（一九八一～八二年・宮内庁書陵部）
『春日詣部類記』：『続群書類従』第二輯下
『東宝記』：『続々群書類従』第一二
『椿葉記』：『群書類従』第三輯

『後愚昧記』…大日本古記録『後愚昧記』（一九八〇～九二年・岩波書店）
『薩戒記』…大日本古記録『薩戒記』（二〇〇〇～一四年・岩波書店）

◆故実書
『西宮記』…神道大系『西宮記』（一九九三年・神道大系編纂会）
『新儀式』…『群書類従』第六輯
『江家次第』…神道大系『江家次第』（一九九一年・神道大系編纂会）
『侍中群要』…目崎徳衛　校訂・解説『侍中群要』（一九八五年・吉川弘文館）
『満佐須計装束抄』…『群書類従』第八輯
『禁秘抄』…『群書類従』第二六輯
『飾抄』…『群書類従』第八輯
『内外三時抄』…『続群書類従』第一九輯中
『後照念院殿装束抄』…『群書類従』第八輯
『三条家装束抄』…『群書類従』第八輯
『任官勘例』…『群書類従』第五輯

◆系図
『尊卑分脈』…新訂増補国史大系『尊卑分脈』（一九六六～六七年・吉川弘文館）
「藤原氏系図」…『続群書類従』第五輯上
「多氏系図」…『続群書類従』第七輯上
「狛系図」…『続群書類従』第七輯上
『仁和寺候人系図』…『続群書類従』第七輯下

◆漢籍

『尚書』…全釈漢文大系『尚書』（一九七六年・集英社）
『周易』…新訂中国古典選『易』（一九六六年・朝日新聞社）
『史記』…新釈漢文大系『史記』（一九七三〜二〇一四年・明治書院）
『論衡』…新釈漢文大系『論衡』（一九七六〜八四年・明治書院）
『芸文類聚』…『芸文類聚』（一九七三年・中文出版社）

◆仏書

『大慈恩寺三蔵法師伝』…築島裕『興福寺本大慈恩寺三蔵法師伝古点の国語学的研究　訳文篇』（一九六五年・東京大学出版会）
『往生要集』…日本思想大系『源信』（一九七〇年・岩波書店）

◆詩文集

『文選』…全釈漢文大系『文選』（一九七四〜一九七六年・集英社）
『白氏文集』…新釈漢文大系『白氏文集』（一九八八〜二〇一八年・明治書院）
『菅家文草』…日本古典文学大系『菅家文草　菅家後集』（一九六六年・岩波書店）
『本朝文粋』…新日本古典文学大系『本朝文粋』（一九九二年・岩波書店）
『本朝続文粋』…新訂増補国史大系『本朝文粋　本朝続文粋』（一九六五年・吉川弘文館）
『類聚句題抄』…本間洋一『類聚句題抄全注釈』（二〇一〇年・和泉書院）

◆歌書

『万葉集』…新日本古典文学大系『万葉集』（一九九九年〜二〇〇三年・岩波書店）
『古今和歌集』…『新編国歌大観』

『貫之集』…『新編国歌大観』
『檜垣嫗集』…『新編国歌大観』
『兼盛集』…『新編国歌大観』
『拾遺和歌集』…『新編国歌大観』
『為仲集』…『新編国歌大観』
『和漢朗詠集』…『和漢朗詠集』（二〇一三年・角川学芸出版）
天喜四年四月九日或所歌合…『新編国歌大観』
『後拾遺和歌集』…『新編国歌大観』
『四条宮主殿集』…『新編国歌大観』
『堀河百首』…『新編国歌大観』
『俊頼髄脳』…新編日本古典文学全集『歌論集』（二〇〇二年・小学館）
『散木奇歌集』…『新編国歌大観』
『月詣和歌集』…『新編国歌大観』
『今撰和歌集』…『新編国歌大観』
『袖中抄』…橋本不美男・後藤祥子『袖中抄の校本と研究』（一九八五年・笠間書院）
『林下集』…『新編国歌大観』
仁安二年八月太皇太后宮亮平経盛歌合…『新編国歌大観』
『山家集』…『新編国歌大観』
『有房中将集』…『新編国歌大観』
『千載和歌集』…『新編国歌大観』
『長秋詠藻』…『新編国歌大観』
『六百番歌合』…新日本古典文学大系『六百番歌合』（一九九八年・岩波書店）
『千五百番歌合』…『新編国歌大観』

『無名抄』…日本古典文学大系『歌論集　能楽論集』（一九六一年・岩波書店）
『新古今和歌集』…日本古典文学大系『新古今和歌集』（一九五八年・岩波書店）
『隆房集』…『新編国歌大観』
『百人秀歌』…『新編国歌大観』
『建礼門院右京大夫集』…新編日本古典文学全集『建礼門院右京大夫集　とはずがたり』（一九九九年・小学館）
『玉葉和歌集』…『新編国歌大観』
『夫木和歌抄』…『新編国歌大観』

◆物語

『竹取物語』…新編日本古典文学全集『竹取物語　伊勢物語　大和物語　平中物語』（一九九四年・小学館）
『伊勢物語』…新編日本古典文学全集『竹取物語　伊勢物語　大和物語　平中物語』（一九九四年・小学館）
『将門記』（真福寺本）…中田祝夫解説『将門記』（一九八五年・勉誠社文庫）
『うつほ物語』…新編日本古典文学全集『うつほ物語』（一九九九～二〇〇二年・小学館）
『落窪物語』…新編日本古典文学全集『落窪物語　堤中納言物語』（二〇〇〇年・小学館）
『源氏物語』…新編日本古典文学全集『源氏物語』（一九九四～九六年・小学館）
『源氏物語』（河内本）…加藤洋介編『河内本源氏物語校異集成』（二〇〇一年・風間書房）
『源氏物語』（別本）…『源氏物語別本集成』（一九八八～二〇一〇年・おうふう）
『栄花物語』…新編日本古典文学全集『栄花物語』（一九九五～九八年・小学館）
『浜松中納言物語』…日本古典文学大系『篁物語　平中物語　浜松中納言物語』（一九六四年・岩波書店）
『狭衣物語』…新編日本古典文学全集『狭衣物語』（一九九九～二〇〇一年・小学館）
『今鏡』…竹鼻績『今鏡』（一九八四年・講談社学術文庫）
『平家物語』（覚一本）…日本古典文学大系『平家物語』（一九五九～六〇年・岩波書店）
『平家物語』（延慶本）…延慶本注釈の会編『延慶本平家物語全注釈』（二〇〇五～一九年・汲古書院）

『増鏡』…日本古典文学大系『神皇正統記　増鏡』（一九六五年・岩波書店）
『源平盛衰記』…中世の文学『源平盛衰記』（一九九一～二〇一五年・三弥井書店）
『平家公達草紙』（福岡市美術館松永コレクション本）…櫻井陽子・鈴木裕子・渡邉裕美子『平家公達草紙―『平家物語』読者が創った美しき貴公子たちの物語』（二〇一七年・笠間書院）

◆注釈書（源氏物語）

『奥入』…源氏物語古註釈叢刊『源氏釈　奥入　光源氏物語抄』（二〇〇九年・武蔵野書院）
『紫明抄』…玉上琢彌編『紫明抄　河海抄』（一九六八年・角川書店）
『河海抄』…玉上琢彌編『紫明抄　河海抄』（一九六八年・角川書店）
『花鳥余情』…源氏物語古注集成『花鳥余情』（一九七八年・桜楓社）
『細流抄』…源氏物語古注集成『細流抄』（一九八〇年・桜楓社）
『原中最秘抄』…『群書類従』第一七輯

◆日記

『土佐日記』…新編日本古典文学全集『土佐日記　蜻蛉日記』（一九九五年・小学館）
『蜻蛉日記』…新編日本古典文学全集『土佐日記　蜻蛉日記』（一九九五年・小学館）
『和泉式部日記』…新編日本古典文学全集『和泉式部日記　紫式部日記　更級日記　讃岐典侍日記』（一九九四年・小学館）
『紫式部日記』…新編日本古典文学全集『和泉式部日記　紫式部日記　更級日記　讃岐典侍日記』（一九九四年・小学館）
『たまきはる』…新日本古典文学大系『とはずがたり　たまきはる』（一九九四年・岩波書店）
『源家長日記』…石田吉貞・佐津川修二『源家長日記全註解』（一九六八年・有精堂出版）

◆随筆・説話集

『枕草子』（三巻本）…和泉古典叢書『枕草子』（一九八七年・和泉書院）

『枕草子』（能因本）…松尾聰編『枕草子　能因本』（一九九二年・笠間書院）
『江談抄』…新日本古典文学大系『江談抄　中外抄　富家語』（一九九七年・岩波書店）
『今昔物語集』…新編日本古典文学全集『今昔物語集』（一九九九〜二〇〇二年・小学館）
『方丈記』…新編日本古典文学全集『方丈記　徒然草　正法眼蔵随聞記　歎異抄』（一九九五年・小学館）
『古事談』…新日本古典文学大系『古事談　続古事談』（二〇〇五年・岩波書店）
『続古事談』…新日本古典文学大系『古事談　続古事談』（二〇〇五年・岩波書店）
『沙石集』…日本古典文学大系『沙石集』（一九六六年・岩波書店）
『古今著聞集』…新潮日本古典集成『古今著聞集』（一九八四〜八五年・新潮社）
『十訓抄』…新編日本古典文学全集『十訓抄』（一九九七年・小学館）

◆辞書

『和名抄』…京都大学文学部国語学国文学研究室編『諸本集成　倭名類聚抄』（一九七一〜七七年・臨川書店）
『類聚名義抄』…正宗敦夫編『類聚名義抄』（一九七〇年・風間書房）
『色葉字類抄』…中田祝夫・峰岸明編『色葉字類抄　研究並びに索引』（一九六四年・風間書房）
『日葡辞書』…『邦訳日葡辞書』（一九八〇年・岩波書店）

◆楽書

『教訓抄』…日本思想大系『古代中世芸術論』（一九七三年・岩波書店）
『龍鳴抄』…『群書類従』第一九輯
『篳篥師伝相承』…『続群書類従』第一九輯下
『楽家録』…日本古典全集『楽家録』（一九三五〜三六年・日本古典全集刊行会）
催馬楽…新編日本古典文学全集『神楽歌　催馬楽　梁塵秘抄　閑吟集』（二〇〇〇年・小学館）
『八音抄』…『群書類従』第一九輯

『催馬楽注秘抄』…『続群書類従』第一九輯上
『御遊抄』…『続群書類従』第一九輯上
『残夜抄』…『群書類従』第一九輯
『舞楽談』…図書寮叢刊『伏見宮旧蔵楽書集成』一（一九八九年・宮内庁書陵部）
『青海波垣代之図』…三島暁子「御賀の故実継承と「青海波小輪」について―付早稲田大学図書館蔵『青海波垣代之図』翻刻」（『禁裏・公家文庫研究』第三輯・二〇〇八年・思文閣出版）
『催馬楽師伝相承』…『続群書類従』第一九輯上
『糸竹口伝』…『群書類従』第一九輯
『郢曲相承次第』…『続群書類従』第一九輯上
『神楽血脈』…『続群書類従』第一九輯上
『体源抄』…日本古典全集『体源抄』（一九三三年・日本古典全集刊行会）
『胡琴教録』…『群書類従』第一九輯
『和琴血脈』…『続群書類従』第一九輯上
『鳳笙師伝相承』…『続群書類従』第一九輯上
『文机談』…岩佐美代子『校注文机談』（一九八九年・笠間書院）

◆蹴鞠書

『革匊要略集』…渡辺融・桑山浩然『蹴鞠の研究　公家鞠の成立』（一九九四年・東京大学出版会）
『成通卿口伝日記』…『群書類従』第一九輯
『遊庭秘抄』…『群書類従』第一九輯
『蹴鞠口伝集』…桑山浩然代表『蹴鞠技術変遷の研究』（一九九一年度科学研究費補助金成果報告書）

◆その他

『口遊』…幼学の会編『口遊』（一九九七年・勉誠社）
『内宮長暦送官符』…『群書類従』第一輯
『世俗諺文』…濱田寛『世俗諺文全注釈』（二〇一五年・新典社）
『拾芥抄』…改訂増補　故実叢書『禁秘抄考註　拾芥抄』（一九九三年・明治図書）
『梁塵秘抄』…新編日本古典文学全集『神楽歌　催馬楽　梁塵秘抄　閑吟集』（二〇〇〇年・小学館）
『梁塵秘抄口伝集』…馬場光子『梁塵秘抄口伝集』（二〇一〇年・講談社学術文庫）
『正法眼蔵随聞記』…日本古典文学大系『正法眼蔵　正法眼蔵随聞記』（一九六五年・岩波書店）
『吉口伝』…『続群書類従』第一一輯下
『転法輪鈔』…貴重古典籍叢刊『安居院唱導集　上巻』（一九七二年・角川書店）
『後宮略伝』…『続群書類従』第三三輯上

あとがき

手もとの記録によれば、平成二四年（二〇一二）の五月一一日に鈴木徳男、北山円正、浜畑圭吾の間で、『安元御賀記』輪読の話が持ち上がり、約一ヶ月かけて対象とする本文や方法、配分などを決めた。当時、北山と浜畑は同じ時間に相愛大学へ出講しており、講義終了後は鈴木の個人研究室へ集まって雑談、日が暮れたころに連れだって引き上げるというのが常であった。そうしたなかで、自然と「何か作品を読もう」ということになったわけだが、誰が『安元御賀記』を提案したのかということはよくわからない。しかし、三人がそれぞれに関心を持っていた作品であり、また分量も短めであったため、こうした少人数での輪読には向いていたといえる。

初回の報告は六月一五日、担当は北山であった。毎週それぞれの担当箇所に注をつけ、『玉葉』などと比べながら読み進めていったが、わからないことも多く、議論も白熱して、気がつくと相愛大学の退校時間であったこともしばしばである。それでも二年後の平成二六年（二〇一四）の六月二〇日には、とりあえず最後まで読み終えたが、そのときにはわからないなりに多くの問題点が出てきた。すぐに二回目の注釈に入ると、一回目ではわからなかったことがわかるようになり、理解も進んだ。二回目の作業が終わる頃には、注釈書として世に問う意義を見出し、三回目の作業に入った。

そのあたりから『源氏物語』の音楽について研究していた藤井華子氏にも参加いただき、主に楽にかかわるところの助言をいただきながら進めた。またその頃、浜畑を代表として科研費の助成を受け、「平家文化と音楽―栄華を彩る雅楽の魅力―」と題して、講演と雅楽の実演を行った。読み進めるうちに、法住寺南殿においてどのような曲が、どのように演奏されていたのか、ということを具体的に知りたくなったのである。口絵の『安元御賀図』を手に入れたのもこのころである。鈴木が見つけてきたこの巻子を、相愛大学の広い会議室をいっぱいに使って実見した。これまで、本文からその様子を想像するだけであったが、絵になったものを見たことで、イメージが大きく膨らみ、注釈にもはずみがついた。

そして、本書の底本とした徳川美術館蔵本の伝本、いわゆる定家本の伝本を調査し始めたのもこのころである。非接触型スキャナーをスーツケースに入れ、時にはレンタカーで、時には飛行機でまわり、『安元御賀記』がどのように写され、読まれてきたのかということを見てまわったことは、後に『安元御賀記』享受の問題設定へとつながった。

始めたときの記憶は茫洋としているが、読むにつれ、様々な問題を含む作品であるということは明確になってきた。本書でもそうした点は指摘したつもりだが、まだまだ不明な点も多い。大方のご批正を乞うばかりである。

本書の刊行を快くお引き受けくださった廣橋研三社長に御礼申し上げる。また、本書をなすにあたり、底本の使用を許可してくださった徳川美術館をはじめ、お世話になった関係各機関は多く、深謝申し上げる次第である。とくに溝端悠朗氏には、最終的な整理、校正だけでなく、多くのご指摘もいただいた。深く感謝している。

なお本書は日本学術振興会令和六（二〇二四）年度科学研究費助成事業（科学研究費補助金）（研究成果公開促進費）（JP24HP5029）の交付を受けて刊行した。

二〇二五年二月

浜畑圭吾
北山円正
鈴木徳男

■著者紹介

浜畑圭吾（はまはた　けいご）
一九七八年生、佛教大学准教授。博士（文学）。
『平家物語生成考』（思文閣出版、二〇一四）など。

北山円正（きたやま　みつまさ）
一九五三年生、神戸女子大学名誉教授。博士（文学）。
『平安後期歌書と漢文学―真名序・跋・歌会注釈―』（鈴木徳男との共著、和泉書院、二〇一四）、『平安朝の歳時と文学』（和泉書院、二〇一八）など。

鈴木徳男（すずき　のりお）
一九五一年生、相愛大学名誉教授。博士（文学）。
『続詞花和歌集の研究』（和泉書院、一九八七）、『俊頼髄脳の研究』（思文閣出版、二〇〇六）、『時雨亭文庫二　俊頼髄脳』（冷泉家時雨亭文庫編、和泉書院、二〇一八）、など。

研究叢書577

安元御賀記注釈

二〇二五年二月二八日初版第一刷発行
（検印省略）

著　者　浜畑圭吾
　　　　北山円正
　　　　鈴木徳男
発行者　廣橋研三
印刷所　亜細亜印刷
製本所　渋谷文泉閣
発行所　有限会社　和泉書院
大阪市天王寺区上之宮町七－六
〒五四三－〇〇三七
電話　〇六－六七七一－一四六七
振替　〇〇九七〇－八－一五〇四三

ISBN978-4-7576-1114-6　C3395